# 广州统计年鉴

# 1999

## 总第11期

广州市统计局 编

中国统计出版社

ISBN 7-5037-2948-1

9 787503 729485 >

(京)新登字 041 号



图书在版编目(CIP)数据

广州统计年鉴　1999/广州市统计局编。

—北京：中国统计出版社，1999.6

ISBN　7—5037—2948—1/C.1619

Ⅰ.广…

Ⅱ.广…

Ⅲ.统计资料—广州市—1999—年鉴

Ⅳ.C832.651—54

中国版本图书馆 CIP 数据核字(1999)第 17713 号

中国统计出版社

(北京西城三里河月坛南街 75 号　100826)

广州美嘉彩印有限公司印刷

本书广告由广州市北斗星广告有限公司制作

★

787X1092 毫米　16 开本　30 印张　23 彩页　95 万字

1999 年 6 月第 1 版　1999 年 6 月第一次印刷

印数：1—1800

★

定价：180 元

# 《广州统计年鉴》编委会和编辑人员名单

# 编 者 说 明

一、《广州统计年鉴——1999》是一本大型的统计资料工具书。本书通过大量、翔实的统计数据，全面客观地反映了1998年及历史主要年份，特别是改革开放以来广州市经济、社会的发展情况。

二、全书内容分为17个篇目，即：1.综合；2.人口；3.从业人员和职工工资4.固定资产投资；5.原材料消费与库存；6.财政金融和保险业；7.物价；8.人民生活；9.城市公用事业；10.农业；11.工业；12.建筑业；13.运输和邮电；14.国内贸易；15.对外经济贸易和旅游；16.教育科技和文化；17.体育卫生社会福利和其他。在附录部分，收集了全国、广东省及全国十大城市、珠江三角洲、香港主要经济指标。为了便于读者正确地使用资料，每一篇目的后面还附有主要统计指标解释。

三、本年鉴总量指标计算所采用的价格除注明者外均为当年价格。

四、读者在使用历年资料时，凡与本年鉴有出入的，均以本年鉴为准。

五、本年鉴表中的符号使用说明："空格"表示没有这种情况；"…"表示数字很小，达不到计算单位要求的最低位；"#"表示其中数。

六、《广州统计年鉴》公开出版以来，受到了广大读者的关心和支持，对此我们深表谢意。欢迎广大读者对年鉴内容、编排等方面提出宝贵意见，以利于我们进一步提高年鉴的编辑工作水平，更好地为广大读者服务。

# 篇　目　索　引

# 广州市芳村区城

广州市芳村区城建开发总公司（原广州市芳村区经济开发公司，广州市芳村区城建开发公司），成立于1985年6月18日，是芳村区建区以来成立的第一家公司，是区直属的、具有独立法人资格的二级城市房地产综合开发企业。

总公司机构设置：办公室、企管部、总工室、开发部、工程部、预算部、经营部和财务部；下属的企业有：芳村区城建贸易公司、芳村区城建物业公司、芳村区城建装饰公司、广州市芳村区城建开发总公司工程监理分公司和芳村宾馆；另外还有三家合作公司：广州隆芳房地产投资有限公司，广州置地房地产投资有限公司和广州天顺房地产投资有限公司。总公司现有职工86人，其中高、中级技术职称技术人员20人，具有初级技术职称的各类专业技术人员占总人数的80%。

在芳村区委和区政府的领导下，经过全体员工的艰苦创业和努力开拓，公司不断发展壮大。已经开发了芳村桥东小区的丽芳苑、芳雅苑，建成各类商品楼40多万平方米；目前正在开发的项目有：芳村桥东小区的府前阁和汇成花苑，东山越秀中路东门苑，商住楼面积达20万平方米。创造了良好的经济效益、社会效益和环境效益，近年来连续被广州市工商局评为“重合同守信用单位”；1995年来连续被广州市建行分行建筑企业信用等级评委会评为“城建开发企业信用一等企业”；多次被广州市评为“花园式单位”和“卫生文明先进单位”。1997年被广州市地税局评为市的“纳税大户”。

公司现有资产近3亿元，1998年完成销售收入6000多万元，实现利润609万元，上缴税利近1000万元，成为芳村区历年利税“大户”。

展望未来，公司以集团化、现代化、国际化为方向，立足广州，辐射全国，走向世界。以房地产开发为龙头，带动贸易、财务金融、加工制造、建筑装饰、饮食旅业等各业的全面发展。

实力雄厚的区城建开发总公司

建设开发中的桥东汇成花园

# 建开发总公司

功能齐全的桥东文体中心

新投入使用的区文化中心

环境优美的桥东住宅小区

兴业地产
广州市一级房地产中介服务机构
广州市城市建设开发集团成员
专业精神 真诚服务

# 兴业地产简介

广州市兴业房地产中介有限责任公司成立于1993年，是广州市城市建设开发集团成员，广州市一级房地产中介服务机构，在广州市房地产中介行业中极具竞争力和影响力。其代理的“名雅苑”、“黄石花园”、“荟雅苑”、“可逸名庭”和二沙岛高尚住宅等楼盘声誉极高。公司秉承“规范操作、诚实守信、热情服务”的宗旨，为客户提供各项规范、优质的房地产中介服务。

## 服　务　内　容

### 专业服务、行业典范

公司具有高素质的专业人员，拥有丰富的商品房销售经验，在房地产中介业务方面亦具备较高的专业水平和良好的业务记录，建立了一套完善、规范、可操作性强的中介业务运作程序，拥有分设在广州市各区的十几个销售网点，可提供全面性的房地产中介服务。

### 提供项目策划及信息咨询

- 承接房地产开发的投资策划、工程建设咨询、商品房市务推广及物业管理策划业务

### 代理商品房租售业务

- 代理商品房销售
- 代理商品房租赁

### 代理房地产租赁业务

- 房地产出租放盘
- 介绍承租人、撮合租赁

### 代理房地产转让业务

- 房地产转让放盘
- 介绍承售人、撮合交易
- 代办房屋继承、析产手续

### 特别服务项目

我公司办理中介业务的客户，我公司将为其提供以下的特别服务项目。

- 免费为客户双方提供托管房款，租金、保证金服务
- 根据客户要求，免费提供代办租赁登记服务
- 中介业务所涉及的物业是由广州城建开发集团开发管理的，可提供代收租金、代办电话、代办暂住证、代缴管理费等有偿服务

# 广州市建筑集团有限公司

党政领导班子

董事长、总经理：李万年

广州市建筑集团有限公司前身是广州市建筑工程局、建筑总公司，现在拥有总资产60多亿元，10家直属子公司、建筑科研院、设计院、中专学校和职工大学，100多家孙公司，员工4万人，其中各类专业技术、经济管理人员5000多人。具有工程总承包一级、工程监理甲级、建筑设计甲级、建筑一级、建筑装修一级、市政施工一级、幕墙装饰一级和房地产开发、对外工程承包等资质。四十多年来，累计竣工房屋建筑面积3000多万平方米，相当于再造了两座多旧广州城。

1995年，广州建总转制为建筑集团有限公司，经市政府批准、市国资局授权经营建总系统内国有资产，在深化改革中实施母子公司制大型建筑企业集团建制，推进集团集约经营。根据集团建设的要求，制订了突出国有资产保值增值和科学、严格的“一、二、三、四”集团管理原则，建立了“财务、建材、建机、劳务”四个中心，以集团内龙头企业构建“工程总承包（房地产）、工业生产、境外经营、科技开发”四个发展体系，企业持续、稳定发展。现企业经营运作规模连续五年达100多亿元，综合销售额连续四年超过50亿元，利税总额连续四年在2.5亿元以上，对比1987年，经营运作规模和利税总额都增长10多倍。

企业分别被列为建设部和省、市建立现代企业制度的试点企业，建设部33家重点抓好的大型建筑业企业、49家企业集团试点单位，省70家重点发展大企业集团和市57家大企业集团。并被评为九四年度广州地区企业（集团）综合实力120强第2名，全国“中国的脊梁”国有企业500强，九五年度全国先进建筑施工企业，建设部“八五”期间工程管理先进单位，获得1项国家产品金质奖和8项工程质量鲁班奖殊荣。

荣获本年度鲁班奖的宜安广场

公司地址：广州市广卫路4号

电　　话：83331899

传　　真：83322747

邮　　编：510030

# 雲景花園

由广州百润置业有限公司斥巨资30亿元倾力兴建超大规模城中城云景花园，西依白云山麓，紧靠即将扩宽至40米的观赏休闲路——同和路，该小区占地32万平方米，总建筑面积达75万平方米，七个风格各异的全封闭组团，围绕3万平方米的中心湖景花园呈环形布局，生活配套设施周全备至，银行、超市、酒楼、邮局、中小学、幼儿园散布四周，更有规模庞大，功能多元化的花园星级会所。

云景花园曾荣获“全国城市物业管理优秀住宅小区”、“广州市优秀绿化建设小区”、“广州市安全文明小区”等多个称号。发展商广州百润置业有限公司是市二级房地产开发企业，公司实力雄厚，现正致力开发“云景花园”、“金湖花园城”、“白云商业中心”等大型住宅和商业项目，并将为广州市提供更多综合配套完善的大型住宅区。

公司地址：广州市机场路131号白云商业中心八楼
电　　话：86342471
售楼电话：86342417　86342496
总 经 理：赖 才 桂

# 廣州英華房地産實業有限公司

董事长：陈德良

广州英华房地产实业有限公司是一九九四年经广东省，广州市等有关部门审批成立的二级房地产开发企业，其目前开发的项目是广州市海珠区晓港湾商住区,该区位于工业大道尾与东晓路的交汇处，又处于广州市城建规划低密度重点开发的新型商业繁华区的中心，该区占地面积11万多平方米，建筑总面积50万平方米，目前数广州市海珠区最大型的综合商住区。

当你踏入晓港湾商住区时， 小区分60余幢欧陆情调的多,高层楼宇环绕在错落有致排布的近4万平方米的绿化地之间，满眼苍翠，花香四溢，园林小品千姿百态， 流连其间仿佛置身于欧陆园林之中。小区配套应有尽有，幼儿园、学校、 医院、银行、邮局、各类市场、游泳池、篮球场、网球场等生活娱乐设施一应俱全，小区居民足不出外就可以享受到一切生活和娱乐服务。

近年来晓港湾商住区就是凭借它优越的地理位置和便利的交通，新颖别致的规划设计，美丽而广阔的园林绿化，齐全的生活和娱乐配套，优质而多功能的物业管理服务等条件而吸引了广大的购房消费者，近几年晓港湾商住区的商品楼的销售量一直稳居广州市的前茅，晓港湾的开发商——广州英华房地产实业有限公司凭借实力在1997年广州市1500多家开发企业中脱颖而出，成为广州市30强企业之一。 晓港湾商住区在1998年的全省的物业管理优秀小区的评比中又荣获省优秀小区的称号。晓港湾已真正成了繁嚣都市中绿色的屏障，劳碌生活后温馨的港湾。

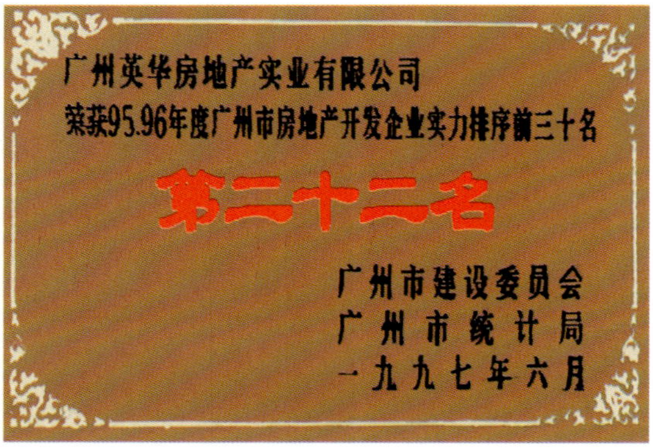

广州英华房地产实业有限公司
荣获95.96年度广州市房地产开发企业实力排序前三十名
第二十二名
广州市建设委员会
广州市统计局
一九九七年六月


地址：广州市海珠区东晓南路晓港湾商住区文华苑B7幢9楼

电话：(020) 84067055　　84067036

传真：(020) 84067026

# 广州新恒业房地产咨询有限公司

公司办公场所

广州新恒业房地产咨询有限公司，前身是芳村恒业房地产咨询有限公司，成立于一九九四年四月，注册资金200万元，九五年实际销售总额达一亿七千多万元；九六年业务进一步发展，销售额累计达四亿元。九六、九七年在广州市房管国土局主持的中介行业评级活动中，公司被评为市二级企业，并在同行业中排名十强之列。

目前，我公司有三间分公司、八大售楼部，公司内设行政部、财务部、广告部、工程部，销售部、办公实现现代化管理；配备了大量的自动化办公设备，广告设计和制作已经全电脑化。并创建了广州市新恒业广告公司、园艺公司、装修公司。走多元化、专业化和集团化的道路。

我公司经营特点是善于策划各种类型楼盘的销售方案，并采取灵活多样的宣传方式，最大成效地促进商品房的销售。同时，内部狠抓员工的服务态度和销售技能，不断提高员工的素质，注意精神文明建设，从而取得发展商和消费者的信任。

公司的合作宗旨:互相理解、真诚合作、顾客至上。本着“愿天下人，居者有其屋“的服务宗旨,出色地完成各个楼盘的销售工作，多次得到开发商的好评。

公司办公地点

曾策划销售的建丰大厦

曾策划销售代理的东鹏花园（一、二期）

地址：广州市芳村区荣兴路23号2楼
邮编：510370
电话：81576377 转接各部
传真：81591867

# 廣信花地灣物業管理有限公司

总经理：李卓章

广东广信花地湾物业管理有限公司是中港合资的企业，下设物业管理部、财务部、经营部和办公室，人员编制30人。公司是广州市一级物业管理资质，目前，管理着“红棉苑”“嘉乐花园”等五个小区（大厦），管理商住建筑面积50多万平方米。近期（两年）将接管6个住宅小区（含大厦）。

公司目前具有大专以上学历的有7人，中专文化程度的为5人，具有高级职称的1人，中级职称的4人，初级职称为6人，中共党员4人。专业包括经济管理、物业管理、建筑、结构、给排水、电脑、电气等技术人才。人员的综合素质较高，有的是获得省和国家建设部的嘉奖，是物业管理的专家。

公司以“信誉、服务、效益”为宗旨，以“物业管理为主，服务、经营为辅”的企业发展方向。在各级领导的关怀和社会各界的支持下，公司抓物质文明和精神文明建设，模范地执行国家和省市物业管理的条例和政策，不断地提高服务质量、管理水平，获得更好的社会、环境和经济效益。

因此，先后有“红棉苑住宅小区”和“嘉乐花园住宅小区”被评为“全国城市物业管理优秀示范小区”称号，是全国同行业中唯一连获二个国家级示范小区荣誉的单位。

广信玉兰苑

训练有素的保安人员

地址：广州市芳村花地湾红棉苑

电话：81578736　　81578723

传真：81581975

邮编：510370

花地湾红棉苑

# 廣州市康大經濟開發總公司

广州市康大经济开发总公司是广州市老龄工作委员会兴办的经济实体。总公司的宗旨是：贯彻党的十五大精神，繁荣社会主义市场经济，支持老龄事业的发展，为老龄事业及社会主义事业作出贡献。

总公司属下有康大房地产开发公司及康大白蚁防治工程公司等三个全资子公司及两个分公司。

广州市康大房地产开发公司是经市建委批准成立的房地产经营企业，主营房地产综合开发建设、经营和租赁等业务，项目：

1、康雅花园

--- 与广州嘉高实业有限公司联合开发。

位于广州市白云区机场路西侧，由11栋九层住宅组成的，布局合理，配有大型商场、康乐中心、网球场、幼儿园等齐全生活措施的大型生活小区，并采用大面积绿化，使区内绿意盎然，突出健康、雅致的清新风格。

2、康隆苑

--- 与广州市日隆置业有限公司联合开发。

位于广州市海珠区江南西路居士地地段，由3幢九层住宅组成，采用低密度、高绿化设计，合理的单元布局结合二层空中连廊及3000平方米的中心花园形成闹中带静、视野开阔的清新馥郁的生活小区。

广州市康大白蚁防治工程公司经市建委批准成立，公司具备白蚁防治方面的专业技术力量，具有独立承担各种类型楼宇和构造物、高层建筑的白蚁防治工程的设计、施工技术咨询能力，自一九九五年五月开业以来，共承造了包括二沙岛六区（花城苑），二沙岛十四区（新世界花园别墅）、江南港澳中心、天河体育西商业公寓等74个白蚁防治工程项目，以优良的施工质量及严谨的工作态度获得广大客户的好评。

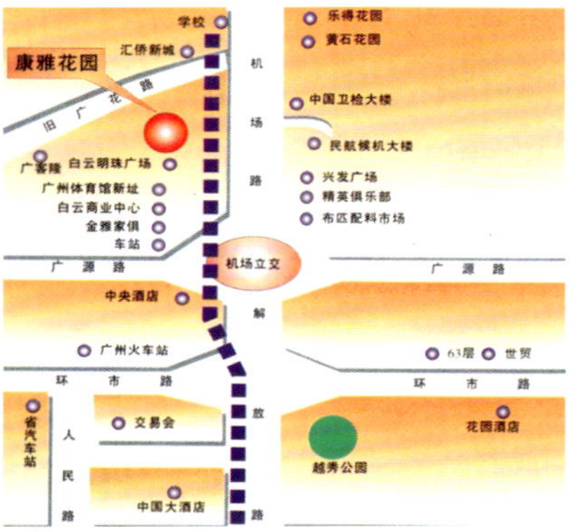


公司地址：　广州市天河东路203号二楼
公司电话：　38811423　38812479　38812480
邮政编码：　510620

# 廣州利才物業有限公司

**法人代表：韩 晖**

广州利才物业有限公司是广州市第一批核定一级资质的物业管理公司，专为不同类型的物业提供特别包装、设计的专业管理服务。

广州交易广场是该公司在激烈的市场竞争中凭籍本身的优势及完善的管理服务成功托管的商业大厦。广场雄踞越秀区东风中路、解放北路及连新路的交界处，交通便捷，广场三面单边面对中山纪念堂，是政治、商贸、金融、旅游及购物的心脏地带，为百分之百的黄金地段。广场设两层地库停车场、四层通讯产品交易商场，一层高级娱乐场所及二十三层甲级办公楼。

广州利才物业有限公司一贯坚持服务至上，礼貌第一，精益求精，优质服务的宗旨，并参照国内外高级写字楼物业管理的成功经验，以高起点、高标准实行专业性管理，赢得各方赞誉。

地址：广州市东风中路２６８号广州交易广场六楼６１３室
电话：（８６２０）８３５１１９８２
８３５１１９８３

光大花园

EVERBRIGHT GARDEN

# 大榕树下 健康人家

占地43万平方米的广州光大花园是由光大集团旗下的中国光大房地产开发公司在广州投资的超大型绿色住宅社区，总建筑面积超过100万平方米。

光大花园在规划设计上着力挖掘广州人传统的居住生活习惯，并借鉴国内外先进的住宅区营造经验，寻求居民、开发商及城市完美的统一。

制造一个不同于广州以往而又确为广州市民接受和欢迎的、新型的、现代人居住环境是光大花园住宅品牌的坚实基础。

大榕树下 健康人家

地址：广州市环市东路339号广东国际大厦A附楼七层 电话:83313497 83313409 邮政编码:510098

# 大众企业集团有限公司

中华之最

(1949 — 1995)

(中华之最荣誉大典)

入选证书

广州市大众企业集团公司

全国最早规模最大的专业搬迁企业

**大众企业集团有限公司**成立于一九九零年一月，是集搬迁、起重、物业管理、家庭劳务、楼宇清洁等社会服务、家庭服务于一体的集团化企业。其中的传统项目，亦即拳头项目——搬迁，被国务院经济发展研究中心核定为全国成立最早、规模最大的专业搬迁企业。

大众集团注册资金壹仟伍佰壹拾捌万元，等于全市三十多家搬家公司的总和，业务量更占广州地区市场的70%以上。拥有一支庞大的运输车队、迄今国内最先进的起重设备及其他服务设备，同时更拥有一支纪律严明的半军事化的专业搬迁队伍，成立以来为省内数十万的市民及企事业单位提供了安全快捷的搬迁服务，比如“一夜搬走广东电视台”，“几百地铁拆迁户一日内乔迁芳村”，近年来，更引进先进的搬迁设备和技术，成功地搬运安装了轰动全国的“长征一号，长征三号乙”运载火箭，一些诸如搬飞机、大炮、坦克、大鳄的佳话在在市民中广为流传。

不断更新企业的经营方式，以适应社会需要是企业发展的依据。目前“大众”除了传统的长短途搬屋、搬厂外，更特别开辟了精密仪器的搬迁，各港口内进出口的贵重、精密设备基本上指定由我公司转运；又开辟了高难度起重吊装服务，为大量企业迁移出市区解决了不少难题；同时，又开辟了劳务输出各大型企业的服务，为许多大型工矿企业提供长驻的搬迁服务。

“大众”取得的成绩，得到了社会各届的肯定和高度赞誉，一九九三年，大众集团作为开放改革成功的典型之一，被广州市政府选派到北京参加沿海开放城市改革开放成就展览会。

一九九四年度，大众集团董事长严锐忠被评为省优秀青年，获省十大杰出青年提名奖，九五年度，又被评为市十大杰出青年及十大杰出青年企业家，九八年当选为广州市政协常委。一九九六年度至今，集团内多名外来员工被评为十佳外来工之一。

**董事长：严锐忠**

**业务联系电话：83582288（50条线）**

# 广州电力工业局

为争创一流现代化电力企业，广州电力工业局坚持“两手抓，两手都要硬”的方针，大力推进职业道德建设和行风建设，努力提高企业社会主义精神文明建设整体水平，推动企业实现“两个根本性转变”。

全局干部职工在党政领导班子的带领下，积极改进工作作风，进一步强化和实践社会服务承诺，努力创出优质服务新水平。1998年该局将原来的八项社会服务承诺增加至十项承诺并形成制度，同时在全局各区、市供电（电力）局实施局长接待日活动。为使广大干部职工树立起爱岗敬业、激发主人翁精神，该局在青年职工中开展了创“青年文明号”及“青年岗位能手”活动。由于该局坚持奉行高效、优质的服务宗旨，在社会上树立了良好的企业形象。

一年多来，先后成功地举办了广州电力工业局第二届职工艺术节、大型歌舞汇演、书画摄影展览和首届局机关体育节。

1997年广州电力工业局被评为国家电力部和省电力系统“纠正行业不正之风先进集体”和“安全文明生产达标企业”，省电力系统“双文明建设达标单位”和“思想政治工作优秀企业”，“广州市企业文化建设先进单位”、广东省、广州市“职业道德建设先进集体”。1998年连续第六年被广州市委、市政府评为“广州市有突出贡献先进单位和机关为基层服务最佳单位”。

首届广州农村电力工作会议在增城召开，对农村工作提出实施“两改一同价”的目标

局党委书记、局长吴周春（中）在局长接待日亲自为客户解决问题

用电处业扩组被国家电力公司、共青团中央授予“青年文明号”称号

地址：中国广州市中山一路32号
邮编：510600
电话：87774223

# 广州港务局新风港务公司

广州港务局新风港务公司是广州港在市区唯一拥有铁路专用线与内地相连，集水、铁、公于一体的装卸码头，主要承办国内外经香港中转世界各地外贸货物，集装箱装卸、拆装，进口转口货物保税仓储，陆路集装箱运输，货运代理，代办报关等业务，并配合广州市发展“菜篮子”工程，在黄沙码头兴办大型海鲜、塘鱼批发市场，辐射广州地区、大珠江三角洲乃至全国一些大城市。

公司码头泊位总长1141米，生产性库场面积63162平方米，装卸运输机械200多台，最大起重能力50吨， 年装卸标准集装箱能力6万个，自办陆路集装箱运输车队、 港内设有海关等查验单位、外贸单位驻港办事处。

公司竭诚履行“ 客户至上、质量第一 ”的经营宗旨，热情向客户、航方提供良好的服务环境和优质服务。

**地址：** 广州市多宝路七号<br>
**经理：** 李锦和<br>
**电话：** 81815323<br>
**传真：** 81708246<br>
**邮编：** 510150

# 廣州市自來水公司

广州市自来水公司是国内第二家特大型供水企业，始建于1905年，现有职工6200多人，资产总值32亿元，基层厂队23个，水厂11座，净水供水能力380万立方米/日；最高日供水量374万立方米；年售水量10.8亿立方米；自来水工业总产值3.2亿元；年建安工作量3.5亿元；全员劳动生产率7.2万元／人。此外还生产各种规格的水表、钢管、铸管和预应力水泥管。

为适应广州经济发展需要，市自来水公司这几年在迅速发展生产能力的基础上积极进行管网建设改造，加快东水西调、北水南调及改善水源各项工程施工。为争创企业新优势，自来水公司正在积极进行机构改革。在企业管理、技术素质、水质检测手段和装备水平方面都达到了国内一流水平。已连续6年列入全国500家最大规模最佳效益企业并在本行业中名列前茅。近年来，发挥专业技术和施工力量的优势，积极谋求向外发展，为省内外各地完成了50多项自来水工程，并实行包设计施工、包人员培训、包投产运行，深受各地客户欢迎，促进了城乡自来水建设。我们真诚地期待上级领导和各界朋友的关心支持帮助，使我市自来水事业获得更大的发展。

西洲水厂全貌

总经理：蔡建中

地址：广州市环市西路5号

邮编：510160

电话：81814492　　电挂：1704

# 广州医药集团有限公司

广州医药集团有限公司是广州市政府授权经营管理国有资产的国有独资公司。是以药品制造、销售为主体，医疗器械、医药包装材料、医用敷料、制药机械、进出口业务全面发展的大型企业集团。集团公司现有企业55家，其中：全资子公司21家、控股公司16家、参股公司6家、海外公司6家，代管2个医药科研单位。集团公司拥有43.9亿元的总资产，15.9亿元的净资产。1997年的工业总产值达到24.95亿元，销售收入为45亿元，利税总额为3.80亿元，实现利润为1.80亿元。各项经济指标均居全国同行前列，实现利税居全省同行首位。

广州医药集团有限公司被列为广东省和广州市重点扶持发展的大型集团公司，属下的广州药业股份有限公司为全国最大的中成药制造企业和医药商业企业，1997年10月成功在香港上市H股。目前，集团公司正通过集资金、集技术、集规模、集人才、集效益，推动企业向大规模、高技术、高效益发展，为广州经济发展作出应有贡献。

地址：中国广州沙面北街45号
电话：81885712转各部门
传真：81876948
邮编：510132

福寿满人间
福寿仙、小精灵是应用世界先进水平生物技术研制的高科技产品，具有三高（高科技、高质量、高功效）、三结合（高新生物技术与传统中药、多种食用真菌高分子多糖、食疗与药疗相结合）、三全（全天然、全植物、全有机）、四无（无防腐剂、无性激素、无兴奋剂、无副作用）等特点的世界一流保健食品，是中华民族养生保健的瑰宝，是人类健康长寿的保护神。
中国青少年社会服务中心唯一向全国青少年推荐保健食品
全国消费者心目中十大理想品牌
小精灵
菇王口服液
预防感冒、改善记忆、消食健胃。
健美乐（片剂）
减脂健美、预防疾病、抗疲劳、抗缺氧。
福寿仙®
FUSHOUXIAN
福寿仙
多糖王口服液
保肝护肝，预防肿瘤、呼吸道疾病。
健美灵
预防糖尿病、免疫调节、调节血脂。
爱心宝
预防心脑血管病、免疫调节、调节血脂。
肝肾康
治疗乙肝、高脂血症、肿瘤放化疗。
各大医药商场有售
肝肾康口服液
GAN SHEN KANG ORAL LIQUID
健美乐
健美灵
Antilipemia Tablets
小精灵 菇王口服液
MUSHROOM KING ORAL LIQUID
LITTLE SPIRIT
FUSHOUXIAN
POLYSACCHARIDE ORAL LIQUID
福寿仙
AI-XIN-BAO ORAL LIQUID
爱心宝 口服液
高新技术企业 广州福寿仙
经销部：广州天河体育西路48号楼之一 邮编：510620 电话：(020)87545114 传真：87502720

# 东山人寿

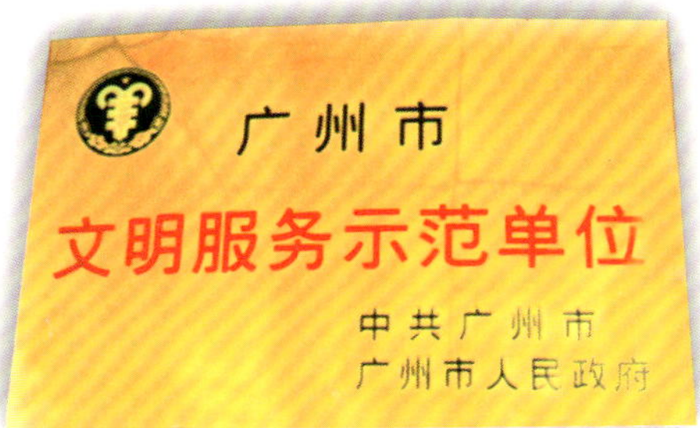

中国人寿保险公司广州市东山支公司隶属中国人寿保险公司，是目前国内最大、实力最强的人寿保险专业公司--中国人寿保险公司的分支机构。

本公司以“爱心经营，服务万家”为企业的宗旨，赢得了广大客户信赖，一九九七年保费收入达到了1.62亿元， 位居全市支公司级的前列，曾分别获得了一九九七年度“广州市文明单位”、“广州市文明服务示范单位”、“中保人寿广州市分公司系统先进集体”、“广东省金融系统文明单位”、“中保人寿广东省系统双文明建设先进单位”等光荣称号。

目前，本公司开办的险种有:团体人身保险、人身意外保险、个体劳动者人身保险、师生平安险、独生子女险、健康医疗险、住院医疗险、“为了明天”增值寿险、“鸿寿”养老保险、“锦绣前程”保险等，为广州地区各界人士提供各类的人寿保险服务。

中国人寿保险有限公司
广州市东山支公司

公司地址：广州市竹丝岗二马路47号
电话：87602751 87602773 87602762

# 中国人寿保险公司
## 广州市越秀支公司

孙荣嘉总经理在接受客户电话咨询

中国人寿保险公司广州市越秀支公司是中国人寿保险公司广州市分公司属下的最大城区支公司之一。其前身是1980年10月复办的中国人民保险公司广州市分公司下属机构，是广州市经营人寿保险业务最早的一家国有人寿保险支公司。

本公司是目前广州地区经营人寿保险历史最长，经济实力雄厚，管理规范，服务周到，机构健全的保险公司。多年来以精湛的承保技术，优质的服务赢得了良好的市场信誉。公司所经营的人寿保险业务有普通人寿保险、健康保险、人身意外伤害保险以及养老保险等，并且不断拓展人寿保险的业务范围。到1998年底止，年保险费收入达到1.2亿元，承保各类人寿保险50万人，承担风险150亿元。

本公司继续秉承“忠诚服务，笃守信誉”的一贯经营宗旨，遵循“主动、迅速、准确、合理”的理赔原则，不断提高服务水平，愿与社会各界人士一道，为安定人民生活，促进广州地区经济繁荣和发展做出应有的贡献。

上级领导检查正在人民公园开展的咨询活动
左四为市分公司总经理卓春先

孙荣嘉总经理正在对员工进行业务培训

公司地址：广州市东风西路191号13楼
咨询电话：81350210
服务部地址：广州市大德路137号三楼
咨询电话：81879943

# 目　　录

## 第二篇 人 口



## 第三篇 从业人员和职工工资

## 第四篇 固定资产投资

## 第五篇　原材料消费与库存

## 第六篇　财政、金融和保险业



## 第七篇　物　　价



## 第八篇　人民生活



## 第九篇　城市公用事业

## 第十篇　农　　业

## 第十一篇　工　　业

## 第十二篇　建筑业



## 第十三篇　运输和邮电

## 第十四篇　国内贸易

## 第十五篇　对外经济贸易和旅游



## 第十六篇　教育、科技和文化

## 第十七篇 体育、卫生、社会福利和其他



## 附 录

# CONTENTS



## CHAPTER 1 GENERAL SURVEY

## CHAPTER 2 POPULATION



## CHAPTER 3 EMPLOYMENT AND WAGES

## CHAPTER 4 INVESTMENT IN FIXED ASSETS

## CHAPTER 5 CONSUMPTION AND INVENTORY OF RAW MATERIALS



## CHAPTER 6 FINANCE 、BANKING AND INSURANCE



## CHAPTER 7 PRICE

## CHAPTER 8 PEOPLE'S LIVELIHOOD



## CHAPTER 9 URBAN PUBLIC UTILITIES



## CHAPTER 10 AGRICULTURE

## CHAPTER 11 INDUSTRY

## CHAPTER 12 CONSTRUCTION

## CHAPTER 13 TRANSPORTATION, POSTAL AND TELECOMMUNICATION SERVICE



## CHAPTER 14 DOMESTIC TRADE

## CHAPTER 15 FOREIGN ECONOMY TRADE AND TOURISM

## CHAPTER 16 CULTURE, EDUCATION, SCIENCE AND TECHNOLOGY

## CHAPTER 17 SPORTS, PUBLIC HEALTH, SOCIAL WELFARE AND OTHERS



## APPENDIX

# 广州市一九九八年国民经济和社会发展统计公报

（1999 年 3 月 9 日）

1998 年，面对复杂的国内外经济环境，广州市全面贯彻落实党的十五大和中共广东省第八次党代会精神，坚持“开拓进取，稳中求快，加强管理，有效增长”的发展思路，有针对性地采取一系列促进经济增长的启动和应变措施，主要经济和社会发展指标基本达到宏观调控目标要求，国民经济保持了健康、持续、稳定增长的态势，各项社会事业取得新的进步。

## 一、综　　合

国民经济持续稳定增长。据初步统计，1998 年广州市国内生产总值 1844.09 亿元，比上年增长 13%。其中：第一产业增加值 90.06 亿元，增长 4.1%；第二产业增加值 830.37 亿元，增长 12.9%；第三产业增加值 923.66 亿元，增长 14.1%。人均国内生产总值达 2.75 万元，增长 11.5%，按当年平均汇率计算，达到 3323 美元，在全国十大城市中居于前列。

经济结构调整取得阶段性进展。产业结构有所变化，1998 年，三次产业占国内生产总值的比重分别为 4.88%、45.03%和 50.09%。第一、第二产业比重比上年略有下降，第三产业比重上升。所有制结构不断调整，形成了以公有制为主体，多种经济成份共同发展的新格局。在工业总产值中，公有制经济与非公有制经济的比重由上年的 64:36 调整为 62:38。在大力发展非公有制经济的同时，公有制经济的实现形式也不断得到革新，以股份制经济为代表的混合所有制企业加快发展。在工业总产值中，混合所有制经济所占比重由上年的 47.26%上升为 48.34%。产品结构有所调整。钢、电梯、水泥、啤酒、软饮料、摩托车、汽车、房间空气调节器等产品产量分别比上年增长 1.9%、10.1%、21.4%、26.1%、27.7%、28.6%、43.0%和 74.2%。一些日用消费品及部分机电产品生产增长减缓或下降。

经济体制改革取得新进展。1998 年，广州市以国有企业改革为重点，坚持″抓大放小″的工作方针。大型企业集团制度创新工作稳步推进，全市 58 户重点大集团中，已有 49 户按照《公司法》规范改制并进行工商登记，建立了董事会、监事会等法人治理机构，初步形成现代企业制度的基本框架。目前，市属 2200 户独立核算公有小企业中，已有 1100 户进行了多种形式的转制，八区、四个县级市 9402 户公有小企业，已转制 5406 户。多层次的社会保障制度逐步完善，养老、失业保险的覆盖面进一步扩大，工伤、生育保险工作不断发展。金融、投融资、住房、价格等各项改革稳步推进。

宏观经济效益改善。随着科技进步在提高经济素质中作用日渐明显以及结构的改善，促进了全社会劳动生产率的稳步提高。全年全社会劳动生产率 41459 元/人，按可比价格计算，比上年增长 8.8%。其中第一产业 9621 元/人，增长 3.6%；第二产业 48702 元/人，增长 7.9%；第三产业 51115 元/人，增长 8.6%。

劳动就业工作加强。市政府采取多项措施解决劳动就业问题。完善困难职工解困和城镇居民最低生活保障制度，落实再就业专项基金，调控外来劳动力，完善再就业服务体系。据劳动部门统计，全年广州地区企业下岗职工10.38万人，已分流安置7.56万人，占下岗职工总数的72.9%。年末城镇登记失业率为2.29%。

市场价格总水平比上年下降。全年城市商品零售价格指数为96.3%，比上年下降3.7%；城市居民消费价格指数为97.7%，比上年下降2.3%。价格的下降幅度均大于全国和全省的平均值，而且在国内35个大中城市中，广州市的价格降幅也是相对较大的。

## 二、农　　业

广州市农业生产努力克服年初自然灾害的影响，积极推进农业产业化进程，增加对农业的投入，进一步推动"三高"农业基地、"菜蓝子"工程生产基地的建设，加大"科技兴农"的力度，农业生产持续稳定发展。全年农业增加值90.06亿元，比上年增长4.1%；农业总产值154.02亿元，增长4.6%。乡镇企业继续保持较快增长，为繁荣农村经济，转移农村富余劳动力，支持农业生产等发挥了积极的作用。全市乡镇企业营业收入1335.51亿元，比上年增长16.0%。

主要农产品产量有所增长，增加了城乡市场农副产品的有效供给。全年粮食总产量103.3万吨，比上年增长2.4%；蔬菜总产量256.28万吨，增长7.0%；肉类总产量30.62万吨，增长3.4%；水产品总产量30.68万吨，增长11.2%；牛奶总产量3.33万吨，增长7.6%；家禽出栏量1.48亿只，增长2.8%；生猪出栏量170.73万头，增长8.0%。

农业商品化程度进一步提高。农业商品率达85%，比上年提高0.2个百分点。集约经营有所加强，已建成蔬菜、优质米、塘鱼、商品猪、荔枝、龙眼等大型农产品商品生产基地10多个，逐步走上生产、加工、销售"一条龙"的发展轨道。

农业投入增加，生产条件继续改善。全年各级财政支农专项投入6.21亿元，比上年增长4.6%；年末农业机械总动力达245.75万千瓦，增长1.8%；有效灌溉面积11.91万公顷，与上年基本持平；农村用电量57.82亿千瓦·时，增长15.1%。

## 三、工业和建筑业

工业生产在改革调整中保持较快增长。全年全市工业增加值716.56亿元，比上年增长13.0%；工业总产值2520.75亿元，增长13.9%。其中，国有企业工业总产值554.87亿元，增长1.5%；集体企业工业总产值423.34亿元，增长1.4%；股份制企业工业总产值83.56亿元，增长25.9%；"三资"企业工业总产值1134.94亿元，增长15.7%；其他类型企业工业总产值324.04亿元，增长50.6%；。

重工业增速超过轻工业增速。全年轻工业总产值1573.39亿元，比上年增长12.4%；重工业总产值947.36亿元，增长16.9%；轻、重工业总产值占全市工业总产值比重分别为62.42%和37.58%。

工业出口生产有新发展。1998年，全市工业出口产品产值632.14亿元，比上年增长19.5%，占全市工业总产值的比重为25.08%。

建筑业生产加快发展。全市建筑业增加值113.81亿元，比上年增长11.8%；全员劳动生产率37742元/人，增长5.8%。建筑业单位工程施工个数为7733个，施工面积2874.54万平方米，增长4.0%；工程结算收入214.74亿元，增长4.2%。

## 四、固定资产投资

在国家扩大投资的宏观政策作用下，广州市固定资产投资力度加大，投资总量快速增长。全年全社会固定资产投资额746亿元，比上年增长13.6%。其中：基本建设投资额282.22亿元，增长23.6%；更新改造投资额121.95亿元，增长1.1%；房地产开发投资额268.78亿元，增长13.2%。全社会新增固定资产541.26亿元，增长14.2%。全年基本建设和更新改造施工项目1975个，增长12.1%，其中新开工项目782个，增长42.4%。

投资结构呈现一些变化。全年基本建设和更新改造投资中，第三产业投资比重增加。第三产业投资额297.06亿元，比上年增长33.0%，占投资比重由上年的64.02%上升为73.50%。城市建设投资额140.31亿元，增长52.5%；交通运输业投资额73.95亿元，增长61.3%；邮电通讯业投资额30.74亿元，增长58.1%；教育文化艺术广播影视投资额19.83亿元，增长26.4%。

重点建设项目进展比较顺利。全市重点建设项目完成投资额117.54亿元，占全市基本建设和更新改造投资额的比重为29.08%。其中市属重点建设项目完成投资额108.56亿元，城市交通建设项目和制造业项目占市属重点建设项目投资的62.43%和29.29%。广州地铁一号线已于1998年12月28日全线建成通车；内环路已有9个标段开工，环城高速公路东南环主体工程基本建成，本年新增高速公路6.5公里；广州钢铁集团—电炉扩建工程完成投产，新增生产能力40万吨/年电炉钢；五羊—本田摩托车工程新增生产能力20万辆/年摩托车。

房地产商品住宅建设加快发展。全年商品住宅完成投资148.66亿元，比上年增长22.3%，增幅比上年提高8.1个百分点，占全市房地产开发投资额的55.31%。商品住宅施工面积2100.89万平方米，比上年增长16.5%，占商品房施工面积的66.0%；商品住宅竣工面积602.79万平方米，增长19.3%，占商品房竣工面积的79.7%。

## 五、交通运输和邮电业

铁路、公路、水运、民航基础设施不断改善，综合运输能力得到加强。全年全市运输邮电业增加值194.19亿元，比上年增长10.4%。全社会民用汽车110.81万辆，增长8.9%。全社会货物周转量2621亿吨公里，旅客周转量256亿人公里，按可比口径计算，分别比上年增长3.6%和6.0%。全市港口货物吞吐量8716万吨，增长3.9%。广州白云机场旅客吞吐量1241万人次，与上年基本持平；货物吞吐量40.76万吨，增长15.8%。

邮电通信业发展迅速。全年邮电业务总量86.39亿元，比上年增长21.4%。传统的邮政业务减少，移动通信等新的电信业务发展强劲。年末市话交换机总容量达到219.04万门，新增20.85万门，增长10.5%；市话到达户数164.73万户，新增17.57万户，增长11.9%；市话普及率达到67部/百人，在全国十大城市中居于前列。无线寻呼机用户新增6万户，年末总用户数达150.75万户，增长3.8%；移动电话用户新增35.26万户，年末总用户数达100.84万户，增长53.8%。

## 六、国　内　贸　易

在买方市场格局下，广州市消费品市场保持稳定发展。全年社会消费品零售总额904.57亿元，比上年增长12.7%，剔除价格变动因素，实际增长17.0%。其中，城镇消费品零售额为830.65亿元，增长12.7%；农村消费品零售额为73.92亿元，增长12.3%。按行业分，贸易业零售额601.06亿元，增长12.8%，餐饮业零售额158.38亿元，增长14.2%。按经济类型分，国有经济消费品零售额253.62亿元，增长8.1%；集体经济214.67亿元，增长10.1%；私营经济68.46亿元，增长20.6%；个体经济218.55亿元，增长15.8%；股份制经济43.15亿元，增长13.2%；外商和港澳台投资经济59.31亿元，增长19.1%。

市场规模扩大，商品购销不断增长。全年贸易业商品购进总额2159.20亿元，销售总额2324.00亿元，分别比上年增长9.6%和10.2%。全年销售额超亿元的大型零售商店有23家。

集市贸易市场成交活跃。全年集市贸易成交额361.14亿元，比上年增长22.7%；成交额超亿元的大型集贸市场31个。全年新建市场91个，总面积35.48万平方米。

## 七、外经贸和旅游

广州市面对亚洲金融危机对外经贸的影响，适时调整出口产品结构，推动了外贸出口市场向多元化发展。全年外贸进出口总值130.63亿美元(外贸系统口径，下同)，比上年增长12.5%。其中进口总值50.45亿美元，增长24.0%；出口总值80.18亿美元，增长6.4%，增长幅度较上年有所下降。出口商品结构继续改善，出口商品由传统的初级产品向工业制成品转变。深加工、高附加值商品出口不断增加，机电产品出口加快，机电产品出口总值24.82亿美元，增长22.1%。一批重点出口商品和出口企业逐步形成，出口额超1亿美元的商品已达14种(类)。“三资”企业在对外贸易中的比重进一步提高，已占全市出口总额的64.94%。国际市场不断拓宽，出口商品所到达的国家和地区达到178个。在贸易伙伴中，香港仍居主要地位，其次为美国、日本、韩国、德国、印尼、英国、新加坡等。

随着投资环境的改善，实际利用外资不断增长。全年实际利用外资额30.45亿美元，比上年增长5.2%。其中外商直接投资额27.16亿美元，增长9.5%。新签协议外资投向继续优化，基础设施、基础产业以及资金、技术密集型项目增多。

旅游业稳步发展，入境旅游与国内旅游基本同步增长。全年全市接待过夜国内外游客2044.86万人次，比上年增长3.1%，其中国际游客303.59万人次，增长3.1%；国内游客1741.27万人次，增长3.1%。全年旅游外汇收入10.63亿美元，比上年增长4.1%；旅游营业总收入323.46亿元，增长10.9%。1998年，广州市被评为全国优秀旅游城市。

## 八、金融和保险业

金融形势稳定，融资及防范风险能力增强。1998年末，广州地区金融机构本外币各项存款余额4562.69亿元，比上年末增加714.64亿元，增长18.6%；本外币各项贷款余额2994.94亿元，比上年末增加312.77亿元，增长11.7 %。人民币存贷款增加较多。年末广州地区金融机构各项人民币存款余额4103.45亿元，比上年末增加649.35亿元，增长18.8%。其中：企业存款余额1744.03亿元，增加248.33亿元，增长16.6%；城乡居民储蓄存款余额1882.22亿元，增加301.32亿元，增长19.1%。各项人民币贷款余额2502.12亿元，比上年末增加354.28亿元，增长16.5%。其中：短期贷款余额1855.37亿元，增加240.28亿元，增长14.9%；中长期贷款余额365.44亿元，增加56.60亿元，增长18.3%。至年末止全市金融机构营业网点达2813家，外资金融机构在广州设立的分行或办事处达38家。

证券市场和股票市场在规范和发展两方面都取得积极的成效。年末全市在深、沪两证券交易所上市的公司共12家，股票13只。国债发行和兑付工作顺利完成。全年发行国库券78.75亿元，比上年增加36.73亿元，增长87.4%。

保险事业迅速发展。全市各类险种承保总额10416.32亿元，保费和储金收入56.28亿元。全市有7.56万户次企业参加财产保险，有23.89万户次居民参加了家庭财产保险，有686.06万人次参加了人身保险。外资保险机构在广州设立的分公司和代表处达25家。

## 九、科学技术和教育

科技事业有新发展。全年共获得重大科技成果137项，其中已投产应用130项。科技队伍有所壮大。年末全市各类专业技术人员41.46万人，比上年末增长0.9%；全市各类独立研究开发机构571家、从事科技活动人员3.85万人。

技术市场成交额快速增长。全年登记的技术合同3051项、合同金额5.59亿元，分别比上年增长46.2%和45.2%。全市受理专利申请2931件，批准授权专利1906件。全市认定的高新技术企业已发展到265家，高新技术产业产值达330亿元。

高等教育管理体制改革逐步深入，中等职业技术教育不断发展。全市高等院校共有研究生培养单位13个，招收研究生2921人，在校研究生7521人，分别比上年增长27.7%和17.7%；普通高校27所，成人高校32所；全年共招收本科、专科学生3.44万人，在校生达到10.84万人，分别比上年增长10.6%和5.9%。各类中等职业技术学校在校生达到20.86万人，增长4.9%。成人中等学校培训学生7.04万人。

基础教育普及程度继续提高。全市初中在校学生30.47万人，比上年增长5.6%，小学毕业生升学率达98.65%；小学在校学生73.34万人，比上年增长1.4%；小学学龄儿童入学率99.92%。

## 十、文化、卫生和体育

文化事业健康发展。全市现有各类专业艺术表演团体19个，群众文化馆、艺术馆14个，公共图书馆15间，博物馆23个，广播电台8座，电视台5座。广播覆盖人口率99.63%，电视覆盖人口率99.21%。全年发行各种新影片114部，有部分创作作品或出版物，在全国、全省获奖。

卫生事业稳步前进。全市共有各级卫生医疗机构2013个，比上年增加24个；医疗病床3.53万张，各类专业卫生技术人员5.41万人，其中医生2.28万人。

体育事业再创佳绩。我市运动员在国内外重大比赛中，夺得6个世界冠军、8个亚洲冠军、27个全国冠军。全民健身活动不断深入，学校体育活动更加活跃，有97.35%的在校学生达到了《国家体育锻炼标准》。

## 十一、环 境 保 护

环境保护事业加快发展。全年完成环境污染限期治理项目11个，总投资5482万元。建立定期公布城市环境污染指数制度。市区共建成烟尘控制区9个，覆盖面积266.75平方千米；环境噪声达标区19个，覆盖面积191.1平方千米。“三废”处理能力有所提高。工业废水处理率、工业废气处理率、工业固体废物综合利用率分别达到91.05%、93.23%和83.31%。绿化建设有新的进展。通过建设各类公园，扩大公共绿地面积，全年共新增公共绿地面积250公顷，新增公园8个。1998年，广州城市园林绿地面积达32340公顷，其中公共绿地面积2105公顷，人均公共绿地面积6.37平方米，建城区绿化覆盖率为28.08%。

## 十二、人口与人民生活

人口继续得到有效控制。年末全市总人口674.14万人，比上年末增加7.65万人。全市人口出生率10.10‰，死亡率6.11‰。人口自然增长率3.99‰，比上年下降1.98个千分点。

劳动力结构进一步调整。全市从业人员444.07万人，其中：第一产业占21.04%，第二产业占38.34%，第三产业占40.62%。年末职工总人数196.51万人，比上年末减少3.30万人；全市私营从业人员和个体劳动者63.34万人，比上年增加5.58万人，增长9.6%。

居民实际收入增加。市区居民年人均可支配收入11256元，比上年增长7.8%，剔除价格变动因素，实际增长10.3%。消费结构发生较大变化，居民用于食品的支出有所下降，食品支出占消费性支出的比重（恩格尔系数）由上年的49.1%下降为44.7%；居民用于交通和通讯类、家庭设备用品及服务类、居住类的支出明显增加，分别比上年增长55.8%、34.7%和34.1%。大屏幕彩电、家用电脑、组合音响、影碟机等新一代耐用消费品已不断进入居民家庭。年末，摩托车平均约四户拥有一辆，家用电脑平均约三户拥有一台，而彩电、冰箱、洗衣机等主要家电产品每百户拥有量已接近或超过100台。农村居民年人均纯收入5629元，比上年增长1.50%，剔除价格变动因素，实际增长3.56%。

全市职工工资总额282.55亿元，比上年增长8.0%。职工年平均工资14325元，增长9.2%，剔除价格变动因素，实际增长11.8%。

城乡居民居住条件有所改善。城市居民人均居住面积从上年的10.79平方米提高到本年的11.7平方米；农村居民人均居住面积由上年的32.21平方米提高到本年的35.73平方米。

经济发展中存在的主要问题是：受亚洲金融危机和国际市场需求萎缩等因素的影响，出口增幅有所下降；部分企业生产经营困难，经济效益下滑，亏损有所增加；金融风险和隐患不同程度存在，防范和化解金融风险的任务艰巨；职工下岗和再就业压力增大，社会保障制度有待完善等。

注：1. 本公报所列数据，有一部分是初步统计数。

2. 公报中国内生产总值、各产业的产值和增加值指标绝对数和劳动生产率均按当年价格计算，增长速度则按可比价格计算。

# 第一篇

# 综　　合

合　總

# 广 州 概 述

广州市，简称“穗”，是广东省省会，广东省政治、经济、科技、教育和文化的中心。广州位于广东省中部，地处珠江三角洲北端，东江、北江、西江在此汇合，珠江穿市而过，濒临南海，毗邻香港和澳门，背靠华南腹地，是华南地区的交通通讯枢纽和贸易口岸，是我国对外交往的重要门户，有中国“南大门”之称。

广州属亚热带季风气候，夏无酷暑，冬无严寒。1998年平均气温为23.0摄氏度，年降雨量为1736.1毫米，平均相对湿度为77%，日照时间长，终年树绿花繁，四季常青，有“花城”之誉。

广州市现辖东山、荔湾、越秀、海珠、天河、芳村、白云、黄埔等八个区和番禺、花都、增城、从化等四个县级市，总面积7434.4平方公里，其中市区面积1443.6平方公里，县级市面积5990.8平方公里。1998年末全市人口674.14万人，其中市区人口399.30万人，县级市人口274.84万人。广州市共设95个街道办事处、77个镇。市区平均每天有流动人口170多万人。

1998年，广州市国民经济运行状况良好，工农业生产增速较快，固定资产投资快速增长，消费品市场保持稳定发展，市场价格总水平比上年下降，人民生活水平稳步提高，总体经济保持了健康、持续、稳定增长的态势，各项社会事业取得新的进步。全年实现国内生产总值1841.61亿元，比上年增长13.1%。其中，第一产业增加值88.88亿元，增长4.0%；第二产业增加值826.43亿元，增长12.6%；第三产业增加值926.30亿元，增长14.7%。衡量综合经济实力水平的重要标志——人均国内生产总值达2.75万元，增长11.6%，按当年平均汇率计算，达到3319美元，在全国十大城市中居于前列。全年完成工业总产值2512.70亿元，农业总产值154.02亿元，分别比上年增长14.0%和4.6%；社会消费品零售总额904.57亿元、固定资产投资额758.83亿元、外贸出口总值80.18亿美元，分别比上年增长12.7%、15.6%和6.4%。

广州在全省的社会经济发展中占有重要地位。国内生产总值占全省的23.2%，其中农业增加值、工业增加值、第三产业增加值分别占全省的8.8%、20.5%和31.6%。全社会固定资产投资额、社会消费品零售总额、海关出口总值分别占全省的28.4%、27.8%和13.7%。

按每天平均，广州创造的财富逐年增多。1998年，平均每天创造国内生产总值50455万元、工农业总产值73061万元、地方财政收入3622万元，分别比上年多创造5352万元、3850万元和945万元。消费量不断增长。平均每天城乡居民消费粮食2479吨、肉类721吨、蛋类358吨，分别比上年增长3.5%、2.3%和2.6%。为社会提供的服务量不断增加。平均每天售电量、人工煤气销售量分别比上年增长13.0%和9.1%；平均每天铁路、汽电车、出租车客运量分别比上年增长3.8%、13.9%和5.4%；平均每天邮电业务总量、国内长途电话、国际港澳长途电话分别比上年增长21.4%、28.5%和5.9%。

按人口平均，广州市经济和社会发展水平逐年提高。1998年，人均工业总产值37486元、农业总产值2298元、预算内财政收入1972元，城乡居民人均储蓄存款余额27920元，分别比上年增加1564元、17元、494元和4115元；市区居民人均居住面积11.55平方米，比上年增加0.76平方米。1998年末，每万人拥有公共车辆13.77辆、出租汽车45.80辆、贸易餐饮服务业网点339个、医院床位46张、医生34人，在校大学生161人。

# 国内生产总值

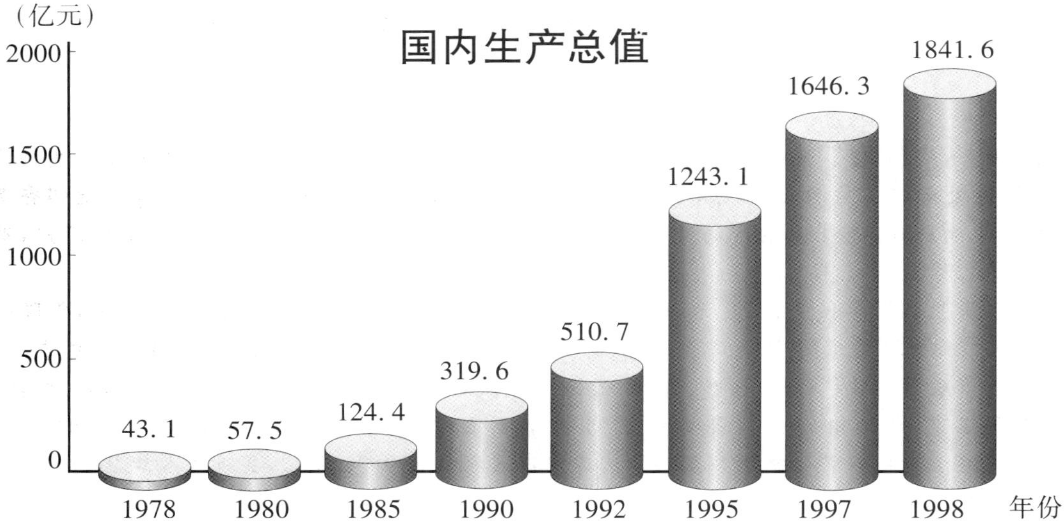


# 国内生产总值构成(%)

(按三次产业分)

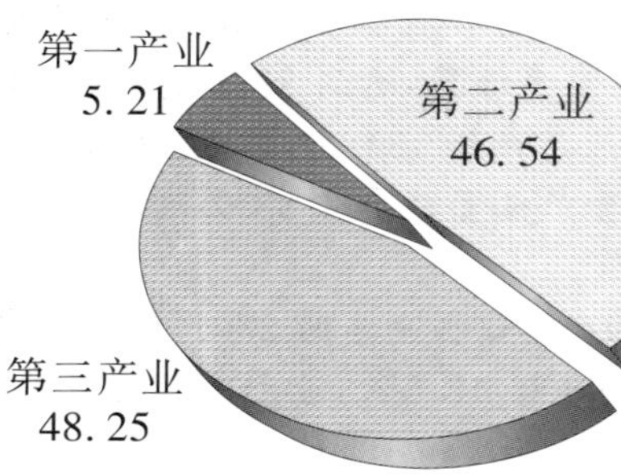


1997 年

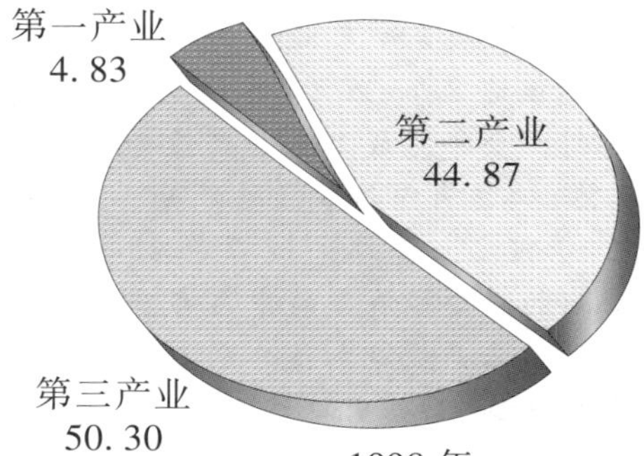


1998 年

# 第三产业构成(%)

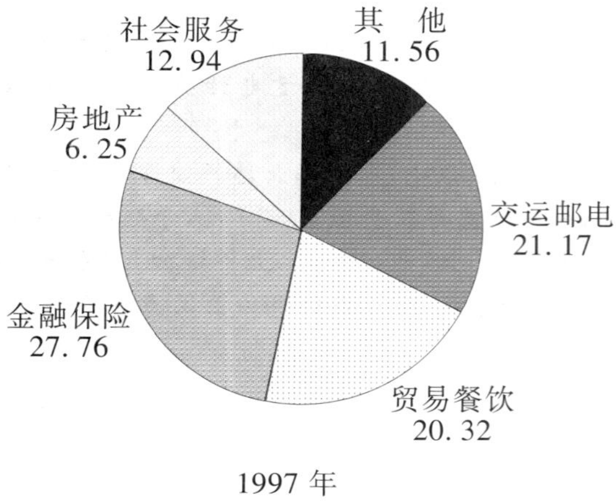


1997 年

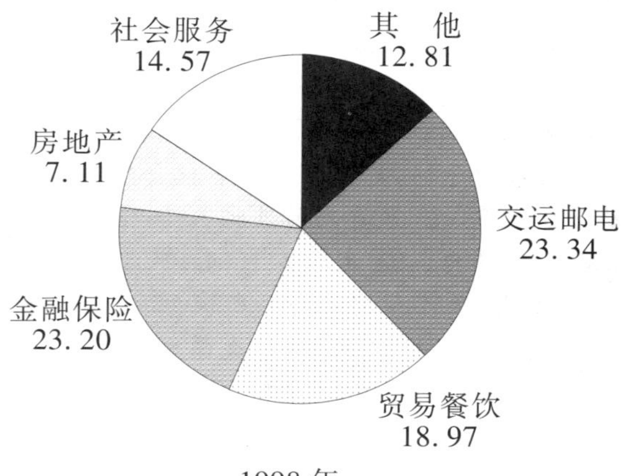


1998 年

# 1-1 行　政　区　划

（1998年末）　　单位：个

| 区、县级市 | 街道办事处 | 镇 | 居民委员会 | 村民委员会 |
|---|---|---|---|---|
| **合　计** | 95 | 77 | 1588 | 1275 |
| 市　区 | 88 | 22 | 1442 | 274 |
| 东山区 | 10 | | 217 | |
| 荔湾区 | 20 | | 280 | |
| 越秀区 | 19 | | 208 | |
| 海珠区 | 14 | 1 | 347 | 20 |
| 天河区 | 11 | 2 | 138 | 26 |
| 芳村区 | 5 | 1 | 75 | 17 |
| 白云区 | 5 | 15 | 111 | 195 |
| 黄埔区 | 4 | 3 | 66 | 16 |
| 县级市 | 7 | 55 | 146 | 1001 |
| 番禺市 | 6 | 16 | 71 | 305 |
| 花都市 | | 9 | 24 | 183 |
| 增城市 | 1 | 15 | 29 | 303 |
| 从化市 | | 15 | 22 | 210 |

各区、县级市的镇名单：
海珠区：新滘
天河区：沙河、东圃
白云区：萝岗、九佛、钟落潭、竹料、太和、同和、江高、神山、石井、新市、人和、蚌湖、雅瑶、龙归、良田
黄埔区：南岗、大沙、长洲
芳村区：东漖
番禺市：大岗、榄核、灵山、潭州、万顷沙、黄阁、鱼窝头、石楼、莲花山、化龙、新造、南村、东涌、横沥、新垦、石碁
花都市：北兴、花东、花山、梯面、芙蓉、狮岭、赤坭、炭步、新华
增城市：福和、仙村、永和、宁西、中新、荔城、正果、派潭、镇龙、石滩、小楼、朱村、三江、新塘、沙埔
从化市：东明、吕田、良口、桃园、温泉、灌村、江埔、街口、城郊、神岗、太平、民乐、棋杆、鳌头、龙潭

# 1-2 各月平均温度、湿度

（1998 年）

| 月 份 | 平均温度（℃） | | | | | | 平均湿度(%) | |
|---|---|---|---|---|---|---|---|---|
| | 全 市 | 市 区 | 番禺站 | 花都站 | 增城站 | 从化站 | 全 市 | 市 区 |
| 全 年 | 23.0 | 22.8 | 23.5 | 23.1 | 23.0 | 22.6 | 77 | 78 |
| 一 月 | 13.2 | 13.2 | 13.8 | 12.8 | 13.8 | 12.6 | 78 | 79 |
| 二 月 | 15.4 | 15.2 | 15.9 | 15.2 | 15.8 | 14.7 | 83 | 84 |
| 三 月 | 18.9 | 18.8 | 19.2 | 18.6 | 19.4 | 18.5 | 83 | 84 |
| 四 月 | 24.6 | 24.4 | 25.0 | 24.7 | 24.4 | 24.4 | 80 | 81 |
| 五 月 | 26.1 | 25.9 | 26.4 | 26.2 | 26.1 | 25.8 | 84 | 86 |
| 六 月 | 27.6 | 27.5 | 28.0 | 27.7 | 27.3 | 27.3 | 87 | 87 |
| 七 月 | 29.1 | 28.8 | 29.4 | 29.2 | 28.8 | 29.2 | 81 | 82 |
| 八 月 | 29.6 | 29.4 | 29.9 | 29.8 | 29.4 | 29.6 | 78 | 79 |
| 九 月 | 27.4 | 27.2 | 27.9 | 28.0 | 26.8 | 27.1 | 78 | 78 |
| 十 月 | 25.6 | 25.4 | 26.4 | 26.1 | 25.1 | 25.0 | 65 | 65 |
| 十一月 | 21.6 | 21.4 | 22.5 | 21.8 | 21.3 | 20.8 | 66 | 67 |
| 十二月 | 17.1 | 16.9 | 17.9 | 17.2 | 17.2 | 16.5 | 64 | 64 |

# 1-3 各月降雨量、日照时数

（1998 年）

| 月 份 | 降 雨 量(毫米) | | | | | 日 照 时 数(小时) | | | | |
|---|---|---|---|---|---|---|---|---|---|---|
| | 市 区 | 番禺站 | 花都站 | 增城站 | 从化站 | 市 区 | 番禺站 | 花都站 | 增城站 | 从化站 |
| 全 年 | 1736.1 | 1472.5 | 1433.2 | 2360.4 | 1881.6 | 1469.4 | 1490.2 | 1492.0 | 1521.3 | 1356.9 |
| 一 月 | 73.2 | 97.5 | 45.1 | 77.8 | 53.6 | 57.6 | 36.3 | 46.3 | 67.2 | 58.3 |
| 二 月 | 112.0 | 85.0 | 79.0 | 150.7 | 122.6 | 44.7 | 41.8 | 47.5 | 48.2 | 52.7 |
| 三 月 | 40.8 | 51.4 | 73.5 | 36.1 | 78.7 | 62.7 | 63.0 | 54.7 | 59.6 | 69.3 |
| 四 月 | 245.3 | 152.1 | 144.3 | 415.7 | 281.7 | 100.9 | 111.0 | 83.4 | 84.5 | 98.0 |
| 五 月 | 305.9 | 357.7 | 314.1 | 348.7 | 537.9 | 71.9 | 90.9 | 67.3 | 93.2 | 67.1 |
| 六 月 | 369.8 | 322.4 | 304.8 | 566.3 | 526.3 | 88.5 | 109.4 | 97.5 | 72.2 | 55.0 |
| 七 月 | 223.1 | 190.6 | 172.8 | 222.8 | 123.1 | 182.3 | 212.9 | 206.7 | 193.4 | 141.4 |
| 八 月 | 120.7 | 78.4 | 136.6 | 217.7 | 59.4 | 189.8 | 195.2 | 197.2 | 222.7 | 179.0 |
| 九 月 | 164.8 | 88.5 | 100.9 | 258.4 | 57.7 | 166.2 | 144.4 | 192.1 | 166.2 | 143.7 |
| 十 月 | 48.3 | 3.5 | 30.3 | 23.9 | 5.4 | 181.2 | 180.7 | 182.1 | 177.9 | 171.6 |
| 十一月 | 22.4 | 29.4 | 16.9 | 24.9 | 26.2 | 161.8 | 142.4 | 160.0 | 172.5 | 161.9 |
| 十二月 | 9.8 | 16.0 | 14.9 | 17.4 | 9.0 | 161.8 | 162.2 | 157.2 | 163.7 | 158.9 |

# 1-4 国民经济和社会发展主要指标

| 项　　目 | 单位 | 1980 年 | 1985 年 | 1990 年 | 1995 年 | 1997 年 | 1998 年 |
|---|---|---|---|---|---|---|---|
| **人口和劳动力** | | | | | | | |
| 年末总人口 | 万人 | 501.86 | 544.98 | 594.25 | 646.71 | 666.49 | 674.14 |
| 年末社会从业人员 | 万人 | 275.05 | 313.47 | 341.15 | 391.38 | 428.21 | 445.39 |
| #职工人数 | 万人 | 156.55 | 175.65 | 189.39 | 208.24 | 199.81 | 197.03 |
| **国内生产总值** | **亿元** | **57.55** | **124.36** | **319.60** | **1243.07** | **1646.26** | **1841.61** |
| 第一产业 | 亿元 | 6.24 | 12.04 | 25.73 | 73.46 | 85.72 | 88.88 |
| 第二产业 | 亿元 | 31.38 | 65.81 | 136.30 | 580.19 | 766.15 | 826.43 |
| 第三产业 | 亿元 | 19.93 | 46.51 | 157.57 | 589.42 | 794.39 | 926.30 |
| **农业生产** | | | | | | | |
| 农业总产值 | 亿元 | 8.95 | 18.02 | 43.93 | 126.81 | 150.81 | 154.02 |
| 主要农业产品产量 | | | | | | | |
| 粮 食 | 万吨 | 124.58 | 113.06 | 119.53 | 97.90 | 100.92 | 103.30 |
| 糖 蔗 | 万吨 | 140.94 | 239.59 | 202.63 | 75.43 | 77.39 | 87.45 |
| 水 果 | 万吨 | 6.79 | 17.22 | 30.89 | 31.80 | 29.39 | 29.26 |
| 花 生 | 万吨 | 4.30 | 5.02 | 3.88 | 2.73 | 2.47 | 2.33 |
| 蔬 菜 | 万吨 | 47.45 | 76.50 | 126.34 | 215.80 | 239.57 | 256.28 |
| 水产品 | 万吨 | 3.18 | 6.21 | 8.72 | 18.78 | 27.59 | 30.68 |
| **工业生产** | | | | | | | |
| 工业总产值 | 亿元 | 88.12 | 177.93 | 442.44 | 1935.34 | 2375.39 | 2512.70 |
| 主要工业产品产量 | | | | | | | |
| 汽 车 | 辆 | 1895.00 | 3533.00 | 6333.00 | 9963.00 | 7123.00 | 9458.00 |
| 摩托车 | 万辆 | | | 1.01 | 21.88 | 37.16 | 45.64 |
| 自行车 | 万辆 | 80.80 | 180.15 | 172.39 | 177.46 | 110.35 | 112.12 |
| 家用电冰箱 | 万台 | 0.15 | 20.84 | 68.39 | 90.02 | 80.78 | 50.85 |
| 家用洗衣机 | 万台 | 2.08 | 51.21 | 27.72 | 18.03 | 10.48 | 5.00 |
| 电视机 | 万台 | 7.29 | 38.72 | 36.06 | 32.88 | 16.74 | 8.50 |
| 照相机 | 万架 | 2.12 | 18.68 | 84.47 | 233.09 | 57.68 | 64.03 |
| 房间空气调节器 | 万台 | | 1.48 | 2.14 | 28.25 | 31.46 | 52.22 |
| 原电池 | 万只 | 31694 | 36738 | 82053 | 168460 | 133370 | 133347 |
| 发电量 | 亿千瓦.时 | 25.98 | 49.05 | 81.80 | 178.63 | 183.21 | 190.22 |
| 生 铁 | 万吨 | 18.34 | 23.61 | 32.15 | 51.15 | 56.64 | 58.11 |
| 钢 | 万吨 | 19.95 | 34.02 | 55.01 | 90.94 | 111.25 | 113.33 |
| 水 泥 | 万吨 | 102.41 | 202.82 | 342.60 | 954.31 | 979.31 | 1025.72 |
| 农用化肥 | 万吨 | 23.16 | 27.46 | 30.17 | 28.71 | 33.25 | 29.94 |
| **固定资产投资** | | | | | | | |
| 全社会固定资产投资 | 亿元 | 9.96 | 43.62 | 90.59 | 618.25 | 656.58 | 758.83 |
| #住 宅 | 亿元 | 2.43 | 10.40 | 23.28 | 169.63 | 190.25 | 233.01 |
| **社会消费品零售总额** | **亿元** | **28.71** | **74.98** | **147.78** | **549.97** | **802.59** | **904.57** |

注：预算内财政收支为当年口径，资料来源于市财政局年度总决算表。

1—4 续表

| 项　　目 | 单位 | 1980年 | 1985年 | 1990年 | 1995年 | 1997年 | 1998年 |
|---|---|---|---|---|---|---|---|
| **运输邮电** | | | | | | | |
| 货运量(全社会) | 万吨 | | 18233 | 17842 | 26992 | 23768 | 24443 |
| #铁路 | 万吨 | | 1359 | 1898 | 2286 | 2331 | 2122 |
| 公路 | 万吨 | | 10716 | 7799 | 11996 | 10188 | 11237 |
| 水运 | 万吨 | | 6154 | 7614 | 11987 | 10867 | 10700 |
| 空运 | 万吨 | | 4 | 8 | 11 | 14 | 17 |
| 客运量(全社会) | 万人次 | | | 9461 | 16107 | 17725 | 19587 |
| 铁路 | 万人次 | | | 1939 | 2530 | 2363 | 2453 |
| 公路 | 万人次 | | | 6368 | 12437 | 14477 | 16440 |
| 水运 | 万人次 | | | 711 | 660 | 417 | 258 |
| 空运 | 万人次 | | | 443 | 480 | 468 | 436 |
| 港口货物吞吐量 | 万吨 | 1824 | 3446 | 5099 | 8340 | 8390 | 8716 |
| 邮电业务总量(1990年不变价格) | 亿元 | 0.56 | 1.21 | 7.09 | 46.37 | 71.17 | 86.39 |
| **对外贸易、外经** | | | | | | | |
| 外贸进口总值 | 亿美元 | | | 6.72 | 34.38 | 40.69 | 50.45 |
| 外贸出口总值 | 亿美元 | 2.43 | 4.13 | 14.43 | 62.47 | 75.38 | 80.18 |
| 实际利用外资额 | 亿美元 | 0.30 | 1.58 | 2.67 | 22.53 | 28.94 | 30.45 |
| **财政** | | | | | | | |
| 预算内财政收入 | 亿元 | 15.43 | 28.85 | 36.94 | 97.08 | 97.72 | 132.19 |
| 预算内财政支出 | 亿元 | 4.35 | 10.75 | 24.31 | 111.24 | 138.99 | 175.11 |
| **物价指数(上年=100)** | | | | | | | |
| 居民消费价格总指数 | % | 107.20 | 121.50 | 97.30 | 113.50 | 102.20 | 97.70 |
| 商品零售价格总指数 | % | 107.60 | 122.50 | 96.30 | 109.70 | 99.40 | 96.30 |
| **人民生活** | | | | | | | |
| 职工年人均工资 | 元 | 941 | 1621 | 3504 | 10317 | 13118 | 14318 |
| 城镇居民年人均可支配收入 | 元 | 555 | 1099 | 2749 | 9038 | 10445 | 11256 |
| 农村居民年人均纯收入 | 元 | 323 | 649 | 1539 | 4483 | 5546 | 5629 |
| **教育文化** | | | | | | | |
| 普通高等学校所数 | 所 | 15 | 24 | 26 | 25 | 26 | 27 |
| 普通高等学校在校学生数 | 万人 | 2.72 | 5.16 | 6.55 | 9.54 | 10.24 | 10.84 |
| 中等学校所数 | 所 | 431 | 473 | 539 | 576 | 596 | 586 |
| 中等学校在校学生数 | 万人 | 32.73 | 29.53 | 36.00 | 48.17 | 55.78 | 58.81 |
| 小学学校所数 | 所 | 1545 | 1573 | 1575 | 1604 | 1614 | 1634 |
| 小学学校在校学生数 | 万人 | 59.01 | 54.14 | 57.23 | 69.44 | 72.32 | 73.34 |
| **卫生** | | | | | | | |
| 医院病床数 | 万张 | 1.47 | 1.94 | 2.44 | 2.87 | 3.01 | 3.08 |
| 专业卫生技术人员 | 万人 | 3.58 | 4.25 | 4.83 | 5.29 | 5.37 | 5.41 |
| #医生 | 万人 | 1.46 | 1.81 | 2.10 | 2.33 | 2.28 | 2.28 |

# 1—5 国民经济和社会发展主要指标发展速度

| 项　　目 | 1998年为各年(%) | | | | | | 平均每年增长% | |
|---|---|---|---|---|---|---|---|---|
| | 1978年 | 1980年 | 1985年 | 1990年 | 1995年 | 1997年 | 1979—1998年 | 1991—1998年 |
| **人口和劳动力** | | | | | | | | |
| 年末总人口 | 139.6 | 134.3 | 123.7 | 113.4 | 104.2 | 101.1 | 1.68 | 1.59 |
| 年末社会从业人员 | 166.9 | 161.9 | 142.1 | 130.6 | 113.8 | 104.0 | 2.59 | 3.39 |
| #职工人数 | 133.7 | 125.9 | 112.2 | 104.0 | 94.6 | 98.6 | 1.46 | 0.50 |
| **国内生产总值** | **1440.0** | **1099.9** | **604.7** | **361.6** | **144.3** | **113.1** | **14.27** | **17.43** |
| 第一产业 | 327.0 | 284.3 | 197.4 | 181.7 | 115.6 | 104.0 | 6.10 | 7.75 |
| 第二产业 | 1639.1 | 1280.8 | 677.3 | 451.6 | 144.1 | 112.6 | 15.01 | 20.74 |
| 第三产业 | 1659.6 | 1173.7 | 651.0 | 311.6 | 147.6 | 114.7 | 15.08 | 15.27 |
| **农业生产** | | | | | | | | |
| 农业总产值 | 356.9 | 323.8 | 239.5 | 191.4 | 118.9 | 104.6 | 6.57 | 8.45 |
| 主要农业产品产量 | | | | | | | | |
| 粮　食 | 93.0 | 82.9 | 91.4 | 86.4 | 105.5 | 102.4 | —0.36 | —1.81 |
| 糖　蔗 | 65.1 | 62.0 | 36.5 | 43.2 | 115.9 | 113.0 | —2.12 | —9.97 |
| 水　果 | 565.6 | 430.8 | 170.0 | 94.7 | 92.0 | 99.6 | 9.05 | —0.67 |
| 花　生 | 70.5 | 54.2 | 46.4 | 60.1 | 85.3 | 94.6 | —1.73 | —6.17 |
| 蔬　菜 | 460.2 | 540.1 | 335.0 | 202.9 | 118.8 | 107.0 | 7.93 | 9.24 |
| 水产品 | 970.1 | 966.1 | 494.3 | 352.0 | 163.4 | 111.2 | 12.03 | 17.04 |
| **工业生产** | | | | | | | | |
| 工业总产值 | 1994.8 | 1638.3 | 895.9 | 484.8 | 160.0 | 114.0 | 16.14 | 21.81 |
| 主要工业产品产量 | | | | | | | | |
| 汽　车 | 409.1 | 499.1 | 267.7 | 149.3 | 94.9 | 132.8 | 7.30 | 5.14 |
| 摩托车 | | | | 4518.8 | 208.6 | 122.8 | | 61.02 |
| 自行车 | 196.5 | 138.8 | 62.2 | 65.0 | 63.2 | 101.6 | 3.44 | —5.24 |
| 家用电冰箱 | | 339.0 | 244.0 | 74.4 | 56.5 | 63.0 | | —3.64 |
| 家用洗衣机 | | 240.4 | 9.8 | 18.0 | 27.7 | 47.7 | | —19.27 |
| 电视机 | 648.9 | 116.6 | 22.0 | 23.6 | 25.9 | 50.8 | 9.80 | —16.53 |
| 照相机 | 3701.2 | 3020.3 | 342.8 | 75.8 | 27.5 | 111.0 | 19.79 | —3.40 |
| 房间空气调节器 | | | 3528.1 | 2444.5 | 184.8 | 166.0 | | 49.12 |
| 原电池 | 495.4 | 420.7 | 363.0 | 162.5 | 79.2 | 100.0 | 8.33 | 6.26 |
| 发电量 | 1759.9 | 732.3 | 387.8 | 232.5 | 106.5 | 103.8 | 15.42 | 11.13 |
| 生　铁 | 282.7 | 316.8 | 246.1 | 180.8 | 113.6 | 102.6 | 5.33 | 7.69 |
| 钢 | 614.0 | 568.0 | 333.1 | 206.0 | 124.6 | 101.9 | 9.50 | 9.46 |
| 水　泥 | 1094.0 | 1001.6 | 505.7 | 299.4 | 107.5 | 104.7 | 12.71 | 14.69 |
| 农用化肥 | 329.9 | 129.2 | 109.0 | 99.2 | 104.3 | 90.1 | 6.15 | —0.10 |
| **固定资产投资** | | | | | | | | |
| 全社会固定资产投资 | 10446.3 | 7621.4 | 1739.6 | 837.6 | 122.7 | 115.6 | 27.70 | 37.20 |
| #住　宅 | 25927.5 | 9607.1 | 2240.2 | 1000.7 | 137.4 | 122.5 | 34.30 | 40.80 |
| 社会消费品零售总额 | 5130.9 | 3150.4 | 1206.4 | 612.1 | 164.5 | 112.7 | 21.76 | 25.42 |

注:预算内财政收支的增长速度按当年口径计算。

1—5 续表

| 项目 | 1998年为各年(%) | | | | | | 平均每年增长% | |
|---|---|---|---|---|---|---|---|---|
| | 1978年 | 1980年 | 1985年 | 1990年 | 1995年 | 1997年 | 1979—1998年 | 1991—1998年 |
| **运输邮电** | | | | | | | | |
| 货运量(全社会) | 360.3 | | 134.1 | 137.0 | 90.6 | 102.8 | 6.62 | 4.01 |
| #铁路 | | | 156.1 | 111.8 | 92.8 | 91.0 | | 1.40 |
| 公路 | | | 104.9 | 144.1 | 93.7 | 110.3 | | 4.67 |
| 水运 | | | 173.9 | 140.5 | 89.3 | 98.5 | | 4.34 |
| 空运 | | | 425.0 | 212.5 | 154.5 | 121.4 | | 9.88 |
| 客运量(全社会) | 632.7 | | | 207.0 | 121.6 | 110.5 | 9.66 | 9.52 |
| 铁路 | | | | 126.5 | 97.0 | 103.8 | | 2.98 |
| 公路 | | | | 258.2 | 132.2 | 113.6 | | 12.59 |
| 水运 | | | | 36.3 | 39.1 | 61.9 | | —11.90 |
| 空运 | | | | 98.4 | 90.8 | 93.2 | | —0.20 |
| 港口货物吞吐量 | 517.0 | 477.9 | 252.9 | 170.9 | 104.5 | 103.9 | 8.60 | 6.93 |
| 邮电业务总量 | 18779.7 | 15426.2 | 7141.8 | 1218.6 | 186.3 | 121.4 | 29.92 | 36.69 |
| **对外贸易、外经** | | | | | | | | |
| 外贸进口总值 | | | | 751.2 | 146.8 | 124.0 | | 28.67 |
| 外贸出口总值 | 5972.7 | 3299.2 | 1939.7 | 555.7 | 128.3 | 106.4 | 22.69 | 23.91 |
| 实际利用外资额 | | 10105.1 | 1929.2 | 1138.7 | 135.1 | 105.2 | | 35.54 |
| **财政** | | | | | | | | |
| 预算内财政收入 | 968.7 | 856.9 | 458.3 | 357.8 | 136.2 | 128.7 | 12.02 | 17.28 |
| 预算内财政支出 | 4524.8 | 4023.9 | 1629.5 | 720.2 | 157.4 | 122.3 | 21.00 | 27.99 |
| **物价指数** | | | | | | | | |
| 居民消费价格总指数 | 705.3 | 615.6 | 396.6 | 216.7 | 108.0 | 97.7 | 10.30 | 10.20 |
| 商品零售价格总指数 | 613.0 | 525.3 | 328.5 | 181.5 | 99.8 | 96.3 | 9.50 | 7.70 |
| **人民生活** | | | | | | | | |
| 职工年人均工资 | 2005.3 | 1521.6 | 883.3 | 408.6 | 138.8 | 109.1 | 16.17 | 19.24 |
| 城镇居民年人均可支配收入 | 2546.6 | 2028.1 | 1024.2 | 409.4 | 124.5 | 107.8 | 17.57 | 19.27 |
| 农村居民年人均纯收入 | 2251.6 | 1742.7 | 867.3 | 365.8 | 125.6 | 101.5 | 16.85 | 17.60 |
| **教育文化** | | | | | | | | |
| 普通高等学校所数 | 180.0 | 180.0 | 112.5 | 103.8 | 108.0 | 103.8 | 2.98 | 0.47 |
| 普通高等学校在校学生数 | 499.5 | 397.9 | 209.8 | 165.6 | 113.6 | 105.9 | 8.37 | 6.50 |
| 中等学校所数 | 170.8 | 136.0 | 123.9 | 108.7 | 101.7 | 98.3 | 2.71 | 1.05 |
| 中等学校在校学生数 | 144.9 | 179.7 | 199.1 | 163.3 | 122.1 | 105.4 | 1.87 | 6.33 |
| 小学学校所数 | 107.9 | 105.8 | 103.9 | 103.7 | 101.9 | 101.2 | 0.38 | 0.46 |
| 小学学校在校学生数 | 128.9 | 124.3 | 135.5 | 128.1 | 105.6 | 101.4 | 1.28 | 3.15 |
| **卫生** | | | | | | | | |
| 医院病床数 | 214.5 | 208.8 | 158.4 | 126.2 | 107.2 | 102.4 | 3.89 | 2.95 |
| 专业卫生技术人员 | 171.6 | 151.0 | 127.1 | 112.0 | 102.3 | 100.7 | 2.74 | 1.42 |
| #医生 | 188.4 | 153.0 | 126.0 | 108.9 | 98.0 | 99.9 | 3.22 | 1.07 |

# 1-6 平均每天主要社会经济活动

| 项目 | 单位 | 1990 年 | 1995 年 | 1997 年 | 1998 年 |
|---|---|---|---|---|---|
| **每天创造的财富** | | | | | |
| 国内生产总值 | 万元 | 8756 | 34057 | 45103 | 50455 |
| 工农业总产值 | 万元 | 13326 | 56497 | 69211 | 73061 |
| 工业总产值 | 万元 | 12122 | 53023 | 65079 | 68841 |
| 农业总产值 | 万元 | 1204 | 3474 | 4132 | 4220 |
| 预算内财政收入 | 万元 | 1012 | 2660 | 2677 | 3622 |
| **每天主要产品产量** | | | | | |
| 家用电冰箱 | 台 | 1874 | 2466 | 2213 | 1393 |
| 电风扇 | 台 | 4774 | 8325 | 3415 | 3806 |
| 家用洗衣机 | 台 | 743 | 494 | 287 | 137 |
| 电视机 | 台 | 988 | 901 | 459 | 233 |
| 原电池 | 只 | 225 | 462 | 365 | 365 |
| 钟 | 只 | 8200 | 15840 | 22361 | 21077 |
| 缝纫机 | 架 | 2659 | 1747 | 1585 | 1194 |
| 照相机 | 架 | 2314 | 6386 | 1580 | 1754 |
| 自行车 | 辆 | 4723 | 4862 | 3023 | 3072 |
| 汽车 | 辆 | 8 | 27 | 20 | 26 |
| 啤酒 | 吨 | 562 | 1108 | 1207 | 1517 |
| 卷烟 | 箱 | 1680 | 1931 | 1955 | 1990 |
| 机制纸及纸板 | 吨 | 743 | 1968 | 1156 | 1294 |
| **每天消费量** | | | | | |
| 城乡居民消费总额 | 万元 | 3432 | 11482 | 13940 | 14741 |
| 社会消费品零售总额 | 万元 | 4049 | 15068 | 21989 | 24783 |
| 城乡居民粮食消费量 | 吨 | 2680 | 2356 | 2395 | 2479 |
| 城乡居民肉类消费量 | 吨 | 577 | 649 | 705 | 721 |
| 城乡居民食油消费量 | 吨 | 75 | 143 | 146 | 162 |
| 城乡居民水产品消费量 | 吨 | 340 | 491 | 554 | 548 |
| 城乡居民蛋类消费量 | 吨 | 93 | 228 | 349 | 358 |
| 城乡居民食糖消费量 | 吨 | 80 | 66 | 66 | 63 |

1—6 续表

| 项　　目 | 单位 | 1990 年 | 1995 年 | 1997 年 | 1998 年 |
|---|---|---|---|---|---|
| **每天服务量** | | | | | |
| 售电量 | 万千瓦.时 | 1364 | 2989 | 3509 | 3966 |
| 售水量 | 万吨 | 236 | 304 | 297 | 298 |
| 液化气销售量 | 吨 | 143 | 349 | 416 | 422 |
| 人工煤气销售量 | 吨 | 1 | 19 | 22 | 24 |
| 港口货物吞吐量 | 吨 | 139699 | 228493 | 229863 | 238797 |
| 全社会货运量 | 吨 | 488822 | 739507 | 651178 | 669671 |
| 铁路货物到发量 | 吨 | 71123 | 99939 | 94825 | 91682 |
| 铁路客运量 | 人次 | 46712 | 69315 | 64740 | 67205 |
| 汽、电车客运量 | 万人次 | 192 | 208 | 294 | 335 |
| 出租汽车客运量 | 万人次 | 55 | 78 | 93 | 98 |
| 邮电业务总量 | 万元 | 194 | 1270 | 1950 | 2367 |
| 邮寄函件 | 万件 | 42 | 77 | 85 | 80 |
| 报纸发行量 | 万份 | 277 | 492 | 457 | 429 |
| 杂志发行量 | 万份 | 11 | 13 | 13 | 14 |
| 看电影 | 万人次 | 14 | 4 | 2 | 1 |
| 国内长途电话 | 万张 | 14 | 127 | 193 | 248 |
| 国际、港澳长途电话 | 万张 | 4 | 14 | 17 | 18 |
| 电报 | 份 | 12521 | 6055 | 2137 | 1644 |
| 接待来穗国际旅游人数 | 人次 | 5181 | 4676 | 8067 | 6257 |
| 接待来穗国内旅游人数 | 人次 | 13123 | 21752 | 46256 | 32218 |
| **每天人口变动和婚姻** | | | | | |
| 出生人口 | 人 | 242 | 208 | 206 | 185 |
| 死亡人口 | 人 | 89 | 98 | 98 | 112 |
| 迁入人口 | 人 | 173 | 361 | 382 | 385 |
| 迁出人口 | 人 | 147 | 213 | 227 | 258 |
| 结婚对数 | 对 | 151 | 169 | 167 | 163 |
| 离婚对数 | 对 | 12 | 13 | 20 | 22 |

## 1—7 主要年份人民物质文化生活水平

| 项　　目 | 单位 | 1978 年 | 1980 年 | 1985 年 | 1990 年 | 1995 年 | 1997 年 | 1998 年 |
|---|---|---|---|---|---|---|---|---|
| 职工年人均工资 | 元 | 714 | 941 | 1621 | 3504 | 10317 | 13118 | 14318 |
| 城市居民年人均可支配收入 | 元 | 442 | 555 | 1099 | 2749 | 9038 | 10445 | 11256 |
| 农村居民年人均纯收入 | 元 | 250 | 323 | 649 | 1539 | 4483 | 5546 | 5629 |
| 社会消费品零售总额 | 亿元 | 17.63 | 28.71 | 74.98 | 147.78 | 549.97 | 802.59 | 904.57 |
| 市区人均居住面积 | 米$^2$ | 3.82 | 3.97 | 6.62 | 7.99 | 9.61 | 10.79 | 11.55 |
| 储蓄 | | | | | | | | |
| 　城乡居民储蓄存款年末余额 | 亿元 | 5.67 | 9.56 | 39.86 | 181.14 | 961.49 | 1586.60 | 1882.22 |
| 　平均每人储蓄额 | 元 | 117 | 190 | 731 | 3048 | 14867 | 23805 | 27920 |
| 市区交通 | | | | | | | | |
| 　每万人拥有公共车辆 | 辆 | 4.00 | 3.93 | 4.63 | 5.09 | 8.75 | 12.31 | 13.77 |
| 　公共车辆平均每日乘客人数 | 万人次 | 182.85 | 228.65 | 237.24 | 186.34 | 207.73 | 284.77 | 326.42 |
| 　每万人拥有出租汽车 | 辆 | 1.57 | 2.55 | 24.46 | 34.33 | 45.82 | 47.66 | 45.80 |
| 　出租车平均每日乘客人数 | 万人次 | 0.76 | 2.00 | 17.73 | 55.45 | 78.28 | 92.83 | 98.25 |
| 通讯、电信 | | | | | | | | |
| 　市区每百人拥有电话机 | 部 | 1.31 | 1.41 | 3.00 | 9.00 | 41.00 | 53.15 | 67.43 |
| 　每人每年函件交寄 | 件 | 12 | 15 | 22 | 26 | 44 | 47 | 44 |
| 供气 | | | | | | | | |
| 　居民液化气、煤气普及率 | % | | | | 40.90 | 86.60 | 90.63 | 91.89 |
| 自来水 | | | | | | | | |
| 　人均日生活用水量 | 升 | 164 | 222 | 358 | 460 | 541 | 559 | 564 |
| 零售贸易业、餐饮业、服务业 | | | | | | | | |
| 　每万人口拥有网点数 | | | | | | | | |
| 　　零售贸易业 | 个 | 10 | 20 | 110 | 153 | 274 | 280 | 266 |
| 　　餐饮业 | 个 | 2.3 | 10 | 20 | 17 | 25 | 25 | 24 |
| 　　服务业 | 个 | 1.9 | 5 | 20 | 29 | 44 | 47 | 49 |
| 　每万人口拥有的服务人员 | | | | | | | | |
| 　　零售贸易业 | 人 | 160 | 210 | 430 | 674 | 932 | 1031 | 996 |
| 　　餐饮业 | 人 | 80 | 70 | 130 | 142 | 295 | 237 | 202 |
| 　　服务业 | 人 | 50 | 40 | 180 | 232 | 359 | 355 | 379 |

1—7 续表

| 项　　目 | 单位 | 1978年 | 1980年 | 1985年 | 1990年 | 1995年 | 1997年 | 1998年 |
|---|---|---|---|---|---|---|---|---|
| 文化 | | | | | | | | |
| 每百人拥有出版物 | | | | | | | | |
| 报纸(每天) | 份 | 18 | 27 | 75 | 54 | 74 | 72 | 78 |
| 杂志(每年) | 册 | 447 | 396 | 2228 | 1851 | 3098 | 3126 | 3152 |
| 图书(每年) | 册 | 3628 | 3396 | 6741 | 4745 | 5704 | 5988 | 4825 |
| 教育 | | | | | | | | |
| 每万人拥有大学生 | 人 | 45 | 54 | 95 | 110 | 148 | 154 | 161 |
| 学龄儿童入学率 | % | 98.12 | 98.64 | 99.24 | 99.85 | 99.92 | 99.95 | 99.92 |
| 卫生 | | | | | | | | |
| 每万人拥有医院床位 | 张 | 30 | 29 | 36 | 41 | 44 | 45 | 46 |
| 每万人拥有医生 | 人 | 25 | 29 | 33 | 35 | 36 | 34 | 34 |
| 就业 | | | | | | | | |
| 城镇每一就业者负担人口 | 人 | | 1.63 | 1.67 | 1.69 | 1.69 | 1.65 | 1.63 |
| 绿化 | | | | | | | | |
| 建成区绿化覆盖率 | % | 23.00 | 23.00 | 26.00 | 19.40 | 24.00 | 27.50 | 28.08 |
| 市区人均占有公共绿地 | 米$^2$ | 5.02 | 4.56 | 5.71 | 3.88 | 4.69 | 5.68 | 6.37 |
| 居民家庭耐用消费品拥有量 | | | | | | | | |
| 每百户城市居民家庭拥有 | | | | | | | | |
| 彩色电视机 | 台 | | 1.5 | 35.7 | 88.7 | 111.0 | 134.4 | 140.6 |
| 黑白电视机 | 台 | | 49.5 | 70.3 | 36.7 | 16.7 | | |
| 高级音响 | 台 | | | | 17.3 | 40.7 | 55.4 | 55.4 |
| 洗衣机 | 台 | | | 62.3 | 87.3 | 105.0 | 100.6 | 98.8 |
| 电冰箱 | 台 | | | 42.7 | 87.3 | 102.3 | 101.8 | 101.6 |
| 摩托车 | 台 | | | 1.0 | 4.0 | 12.7 | 16.8 | 22.8 |
| 空调器 | 台 | | | | 1.3 | 57.3 | 99.2 | 107.4 |
| 每百户农村居民家庭拥有 | | | | | | | | |
| 彩色电视机 | 台 | | | 28 | 20 | 62 | 73 | 80 |
| 黑白电视机 | 台 | | | | 67 | 49 | 48 | 44 |
| 洗衣机 | 台 | | | 1 | 22 | 42 | 49 | 50 |
| 电冰箱 | 台 | | | | 3 | 33 | 43 | 45 |
| 摩托车 | 台 | | | | 5 | 45 | 65 | 78 |

## 1-8 按人口平均的国民经济主要指标

| 项目 | 单位 | 1978年 | 1980年 | 1985年 | 1990年 | 1995年 | 1997年 | 1998年 |
|---|---|---|---|---|---|---|---|---|
| 国内生产总值 | 元 | 907 | 1160 | 2302 | 5418 | 19366 | 24895 | 27474 |
| 工业总产值 | 元 | 1586 | 1777 | 3294 | 7501 | 30152 | 35922 | 37486 |
| 农业总产值 | 元 | 168 | 180 | 333 | 745 | 1976 | 2281 | 2298 |
| 预算内财政收入 | 元 | 287 | 311 | 534 | 626 | 1513 | 1478 | 1972 |
| 粮食总产量 | 千克 | 234 | 251 | 209 | 203 | 153 | 153 | 154 |
| 社会消费品零售总额 | 元 | 371 | 579 | 1388 | 2505 | 8568 | 12137 | 13495 |
| 固定资产投资额 | 元 | 153 | 201 | 807 | 1536 | 9632 | 9929 | 11321 |
| 外贸出口总值 | 美元 | 28 | 49 | 77 | 245 | 973 | 1140 | 1196 |
| 城市居住面积 | 米$^2$ | 3.82 | 3.97 | 6.62 | 7.99 | 9.61 | 10.79 | 11.55 |

## 1-9 各时期主要指标平均每年增长速度

单位：%

| 时期 | 国内生产总值 | 工业总产值 | 农业总产值 | 社会消费品零售总额 | 预算内财政收入 | 居民消费水平 |
|---|---|---|---|---|---|---|
| "一五"时期 | 14.49 | 24.04 | 5.95 | 12.39 | 13.95 | 4.46 |
| "二五"时期 | 0.74 | 6.56 | 0.06 | 3.28 | 1.36 | 3.28 |
| 1963—1965年 | 16.32 | 16.39 | 11.21 | 0.02 | 11.35 | —0.15 |
| "三五"时期 | 7.94 | 12.22 | 0.47 | 2.63 | 9.62 | 1.87 |
| "四五"时期 | 5.99 | 7.23 | 2.47 | 7.11 | 6.43 | 4.21 |
| "五五"时期 | 9.20 | 7.02 | 4.36 | 13.55 | 4.02 | 10.32 |
| "六五"时期 | 12.71 | 12.83 | 6.22 | 21.17 | 13.33 | 13.00 |
| "七五"时期 | 10.83 | 13.07 | 4.58 | 14.53 | 10.39 | 15.79 |
| "八五"时期 | 20.18 | 26.10 | 9.98 | 28.94 | 21.32 | 9.10 |
| 1996—1998年 | 12.99 | 16.96 | 5.95 | 18.04 | 5.92 | 5.52 |

# 1-10 国民经济主要指标比例关系

单位：%

| 项　　目 | 1978 年 | 1980 年 | 1985 年 | 1990 年 | 1995 年 | 1997 年 | 1998 年 |
|---|---|---|---|---|---|---|---|
| **从业人员比例** | | | | | | | |
| 第一产业 | 43.69 | 40.23 | 31.26 | 28.24 | 23.38 | 21.77 | 21.04 |
| 第二产业 | 32.13 | 33.55 | 37.66 | 36.40 | 36.41 | 38.04 | 38.25 |
| 第三产业 | 24.18 | 26.22 | 31.08 | 35.36 | 40.21 | 40.19 | 40.71 |
| **国内生产总值三次产业比例** | | | | | | | |
| 第一产业 | 11.67 | 10.85 | 9.69 | 8.05 | 5.91 | 5.21 | 4.83 |
| 第二产业 | 58.59 | 54.52 | 52.92 | 42.65 | 46.67 | 46.54 | 44.87 |
| 第三产业 | 29.74 | 34.63 | 37.39 | 49.30 | 47.42 | 48.25 | 50.30 |
| **工业总产值中轻重工业比例** | | | | | | | |
| 轻工业 | 63.24 | 65.16 | 65.40 | 63.97 | 58.20 | 60.60 | 62.33 |
| 重工业 | 36.76 | 34.84 | 34.60 | 36.03 | 41.80 | 39.40 | 37.67 |
| **农业总产值中农林牧副渔比例** | | | | | | | |
| 种植业 | 77.82 | 77.72 | 65.18 | 63.77 | 53.13 | 49.62 | 50.02 |
| 林　业 | 1.71 | 2.59 | 1.28 | 1.14 | 0.84 | 0.84 | 0.82 |
| 牧　业 | 13.78 | 13.11 | 24.19 | 25.11 | 29.14 | 29.81 | 28.52 |
| 副　业 | 2.24 | 2.50 | 4.06 | 3.57 | 2.27 | 2.85 | 3.40 |
| 渔　业 | 4.45 | 4.08 | 5.29 | 6.41 | 14.62 | 16.88 | 17.24 |
| **社会消费品零售总额比例** | | | | | | | |
| 批发零售业 | 85.44 | 79.54 | 67.98 | 65.48 | 62.51 | 66.40 | 66.45 |
| 餐饮业 | 8.47 | 7.61 | 14.81 | 15.53 | 17.51 | 17.28 | 17.51 |
| 制造业 | 3.82 | 7.92 | 8.29 | 4.83 | 6.03 | 6.35 | 6.21 |
| 其他行业 | 2.27 | 4.93 | 8.92 | 14.16 | 13.95 | 9.97 | 9.83 |
| **固定资产投资比例** | | | | | | | |
| 第一产业 | | | | 1.32 | 0.69 | 0.60 | 0.53 |
| 第二产业 | | | | 38.29 | 27.48 | 21.16 | 17.03 |
| 第三产业 | | | | 60.39 | 71.83 | 78.24 | 82.44 |

# 1-11 主要年份国内生产总值

单位:万元

| 年份、时期 | 国内生产总值 | 第一产业 | 第二产业 | | | 第三产业 |
|---|---|---|---|---|---|---|
| | | | | 工业 | 建筑业 | |
| 1952 | 53910 | 10787 | 16940 | 16434 | 506 | 26183 |
| 1957 | 111836 | 14952 | 51153 | 46088 | 5065 | 45731 |
| 1962 | 124147 | 20314 | 61196 | 56196 | 5000 | 42637 |
| 1965 | 180348 | 25033 | 101444 | 93401 | 8043 | 53871 |
| 1970 | 266600 | 31234 | 170872 | 164979 | 5893 | 64494 |
| 1975 | 366351 | 44318 | 227351 | 219739 | 7612 | 94682 |
| 1978 | 430947 | 50287 | 252479 | 243585 | 8894 | 128181 |
| 1980 | 575497 | 62438 | 313734 | 295337 | 18397 | 199325 |
| 1985 | 1243623 | 120449 | 658130 | 577048 | 81082 | 465044 |
| 1990 | 3195952 | 257288 | 1362975 | 1180978 | 181997 | 1575689 |
| 1995 | 12430697 | 734606 | 5801945 | 4959398 | 842547 | 5894146 |
| 1996 | 14449358 | 811630 | 6753844 | 5814566 | 939278 | 6883884 |
| 1997 | 16462567 | 857155 | 7661529 | 6661968 | 999561 | 7943883 |
| 1998 | 18416052 | 888763 | 8264307 | 7142835 | 1121472 | 9262982 |
| 1950—1952 | 138545 | 29687 | 43557 | 42432 | 1125 | 65301 |
| "一五"时期 | 446375 | 70744 | 179270 | 163383 | 15887 | 196361 |
| "二五"时期 | 714451 | 84851 | 400777 | 372652 | 28125 | 228823 |
| 1963—1965 | 469514 | 71608 | 255258 | 232026 | 23232 | 142648 |
| "三五"时期 | 1065638 | 154579 | 603396 | 577866 | 25530 | 307663 |
| "四五"时期 | 1552917 | 197149 | 959585 | 930744 | 28841 | 396183 |
| "五五"时期 | 2253990 | 259115 | 1288406 | 1234654 | 53752 | 706469 |
| "六五"时期 | 4373327 | 459872 | 2395362 | 2137482 | 257880 | 1518093 |
| "七五"时期 | 11603019 | 1017120 | 5296091 | 4548434 | 747657 | 5289808 |
| "八五"时期 | 38574663 | 2454921 | 18098928 | 15601173 | 2497755 | 18020814 |
| 1979—1998 | 104941998 | 6603460 | 49053519 | 42460940 | 6592579 | 49285019 |

## 1—12 国内生产总值

单位：万元

| 项目 | 1997年 | 1998年 | 1998年比1997年增长（%） |
|---|---|---|---|
| 国内生产总值 | 16462567 | 18416052 | 13.13 |
| 第一产业 | 857155 | 888763 | 4.02 |
| 第二产业 | 7661529 | 8264307 | 12.61 |
| 工业 | 6661968 | 7142835 | 12.89 |
| 建筑业 | 999561 | 1121472 | 10.15 |
| 第三产业 | 7943883 | 9262982 | 14.67 |
| 农林牧渔服务业 | 15061 | 15394 | 3.90 |
| 地质勘查业、水利管理业 | 19135 | 19280 | 2.87 |
| 交通运输、仓储业及邮电通讯业 | 1681495 | 2162399 | 20.05 |
| 批发和零售贸易、餐饮业 | 1613922 | 1756925 | 11.90 |
| 金融、保险业 | 2204968 | 2149338 | 1.09 |
| 房地产业 | 496552 | 658664 | 30.82 |
| 社会服务业 | 1028122 | 1349343 | 22.51 |
| 卫生、体育和社会福利业 | 162716 | 236164 | 34.41 |
| 教育、文化艺术及广播电影电视业 | 330218 | 414849 | 24.85 |
| 科学研究和综合技术服务业 | 102458 | 129845 | 27.40 |
| 国家机关、政党机关和社会团体 | 257131 | 332157 | 26.63 |
| 其他行业 | 32105 | 38624 | 23.14 |

注：增长速度按可比价格计算。

## 1—13 县级市国内生产总值

（1998年）

单位：万元

| 项目 | 番禺市 | 花都市 | 增城市 | 从化市 |
|---|---|---|---|---|
| 国内生产总值 | 2445099 | 1242145 | 1222295 | 523497 |
| 第一产业 | 224161 | 126818 | 187608 | 79588 |
| 第二产业 | 1316214 | 755565 | 706644 | 332504 |
| 工业 | 1208704 | 705082 | 673878 | 313672 |
| 建筑业 | 107510 | 50483 | 32766 | 18832 |
| 第三产业 | 904724 | 359762 | 328043 | 111405 |
| 农林牧渔服务业 | 5176 | 127 | 721 | 200 |
| 地质勘查业、水利管理业 | 1825 | 2045 | 1405 | 605 |
| 交通运输、仓储业及邮电通讯业 | 239820 | 110327 | 98504 | 25799 |
| 批发和零售贸易、餐饮业 | 233600 | 92151 | 82969 | 26776 |
| 金融、保险业 | 180560 | 17277 | 61234 | 16065 |
| 房地产业 | 127363 | 58353 | 18903 | 5921 |
| 社会服务业 | 31536 | 18430 | 21518 | 6392 |
| 卫生、体育和社会福利业 | 20596 | 3796 | 7842 | 6221 |
| 教育、文化艺术及广播电影电视业 | 34838 | 12804 | 16727 | 12416 |
| 科学研究和综合技术服务业 | 7655 | 601 | 724 | 1371 |
| 国家机关、政党机关和社会团体 | 18334 | 43701 | 15560 | 8085 |
| 其他行业 | 3421 | 150 | 1936 | 1554 |

## 1—14 各行业增加值

（1998 年）　　单位：万元

| 项目 | 增加值 | 劳动者报酬 | 固定资产折旧 | 生产税净额 | 营业盈余 |
|---|---|---|---|---|---|
| **国内生产总值** | 18416052 | 7893828 | 2775024 | 2685906 | 5061294 |
| 第一产业 | 888763 | 655444 | 34876 | 17771 | 180672 |
| 第二产业 | 8264307 | 3315908 | 1167098 | 1627756 | 2153545 |
| 工　业 | 7142835 | 2456673 | 1084413 | 1487518 | 2114231 |
| 建筑业 | 1121472 | 859235 | 82685 | 140238 | 39314 |
| 第三产业 | 9262982 | 3922476 | 1573050 | 1040379 | 2727077 |
| 农林牧渔服务业 | 15394 | 9916 | 2198 | 263 | 3017 |
| 地质勘查业、水利管理业 | 19280 | 16499 | 1204 | 186 | 1391 |
| 交通运输、仓储业及邮电通讯业 | 2162399 | 734520 | 565613 | 153444 | 708822 |
| 批发和零售贸易、餐饮业 | 1756925 | 1172059 | 238284 | 317402 | 29180 |
| 金融、保险业 | 2149338 | 211099 | 91755 | 228430 | 1618054 |
| 房地产业 | 658664 | 109946 | 226755 | 142756 | 179207 |
| 社会服务业 | 1349343 | 706194 | 322792 | 190153 | 130204 |
| 卫生、体育和社会福利业 | 236164 | 193057 | 18192 | 181 | 24734 |
| 教育、文化艺术及广播电影电视业 | 414849 | 330770 | 56852 | 1431 | 25796 |
| 科学研究和综合技术服务业 | 129845 | 107311 | 11802 | 5373 | 5359 |
| 国家机关、政党机关和社会团体 | 332157 | 294438 | 36337 | 71 | 1311 |
| 其他行业 | 38624 | 36667 | 1266 | 689 | 2 |

## 1—15 各行业增加值构成

（1998 年）　　单位：%

| 项目 | 合计 | 劳动者报酬 | 固定资产折旧 | 生产税净额 | 营业盈余 |
|---|---|---|---|---|---|
| **国内生产总值** | 100 | 42.86 | 15.07 | 14.59 | 27.48 |
| 第一产业 | 100 | 73.75 | 3.92 | 2.00 | 20.33 |
| 第二产业 | 100 | 40.12 | 14.12 | 19.70 | 26.06 |
| 工　业 | 100 | 34.39 | 15.18 | 20.83 | 29.60 |
| 建筑业 | 100 | 76.62 | 7.37 | 12.50 | 3.51 |
| 第三产业 | 100 | 42.35 | 16.98 | 11.23 | 29.44 |
| 农林牧渔服务业 | 100 | 64.41 | 14.28 | 1.71 | 19.60 |
| 地质勘查业、水利管理业 | 100 | 85.58 | 6.25 | 0.96 | 7.21 |
| 交通运输、仓储业及邮电通讯业 | 100 | 33.97 | 26.16 | 7.09 | 32.78 |
| 批发和零售贸易、餐饮业 | 100 | 66.71 | 13.56 | 18.07 | 1.66 |
| 金融、保险业 | 100 | 9.82 | 4.27 | 10.63 | 75.28 |
| 房地产业 | 100 | 16.69 | 34.43 | 21.67 | 27.21 |
| 社会服务业 | 100 | 52.34 | 23.92 | 14.09 | 9.65 |
| 卫生、体育和社会福事业 | 100 | 81.75 | 7.70 | 0.08 | 10.47 |
| 教育、文化艺术及广播电影电视业 | 100 | 79.73 | 13.71 | 0.34 | 6.22 |
| 科学研究和综合技术服务业 | 100 | 82.64 | 9.09 | 4.14 | 4.13 |
| 国家机关、政党机关和社会团体 | 100 | 88.64 | 10.94 | 0.02 | 0.40 |
| 其他行业 | 100 | 94.93 | 3.28 | 1.78 | 0.01 |

## 1—16 总产出

单位：万元

| 项目 | 1997年 | 1998年 | 1998年比1997年增长(%) |
|---|---|---|---|
| 合计 | 46541149 | 51655902 | 14.29 |
| 第一产业 | 1508110 | 1540244 | 4.63 |
| 第二产业 | 29828255 | 32145024 | 13.62 |
| 工业 | 26021918 | 27838689 | 13.92 |
| 建筑业 | 3806337 | 4306335 | 11.07 |
| 第三产业 | 15204784 | 17970634 | 17.07 |
| 交通运输、仓储业、邮电通讯业 | 3934671 | 4427004 | 12.66 |
| 批发和零售贸易、餐饮业 | 3790583 | 4140630 | 13.43 |
| 其他行业 | 7479530 | 9403000 | 21.44 |

注：增长速度按可比价格计算。

## 1—17 县级市总产出

(1998年)

单位：万元

| 项目 | 番禺市 | 花都市 | 增城市 | 从化市 |
|---|---|---|---|---|
| 合计 | 7704433 | 3902309 | 3874941 | 1745208 |
| 第一产业 | 401025 | 247387 | 296686 | 131159 |
| 第二产业 | 5937273 | 2963670 | 3046062 | 1380700 |
| 工业 | 5531573 | 2795329 | 2934876 | 1317112 |
| 建筑业 | 405700 | 168341 | 111186 | 63588 |
| 第三产业 | 1366135 | 691252 | 532193 | 233349 |
| 交通运输、仓储业、邮电通讯业 | 392204 | 179973 | 151167 | 46353 |
| 批发和零售贸易、餐饮业 | 398070 | 181813 | 141385 | 73123 |
| 其他行业 | 575861 | 329466 | 239641 | 113873 |

## 1—18 国内生产总值使用表

单位:万元

| 项目 | 1997年 | 1998年 | 1998年比1997年增长(%) |
|---|---|---|---|
| 最终消费 | 7147914 | 7885084 | 13.40 |
| 1.居民消费 | 5087960 | 5380297 | 7.50 |
| 农村居民 | 914410 | 961052 | 8.70 |
| 城镇居民 | 4173550 | 4419245 | 7.20 |
| 2.政府消费 | 2059954 | 2504787 | 26.30 |
| 资本形成总额 | 7560783 | 8780544 | 14.80 |
| 1.固定资本形成总额 | 6757509 | 7946751 | 16.20 |
| 2.存货增加 | 803274 | 833793 | 2.30 |
| 货物和服务净流出 | 1615463 | 1574988 | 1.30 |

注:增长速度按可比价格计算。

## 1—19 资本形成总额

单位:万元

| 项目 | 1997年 | 1998年 |
|---|---|---|
| **资本形成总额** | **7560783** | **8780544** |
| 固定资本形成总额 | 6757509 | 7946751 |
| 第一产业 | 44562 | 47713 |
| 第二产业 | 1398868 | 1305749 |
| 第三产业 | 5314079 | 6593289 |
| 存货增加 | 803274 | 833793 |
| 第一产业 | 8753 | 13670 |
| 第二产业 | 477033 | 299008 |
| 第三产业 | 317488 | 521115 |

## 1-20 最　终　消　费

单位:万元

| 项　　目 | 1997年 | 1998年 |
| --- | --- | --- |
| **最终消费** | 7147914 | 7885084 |
| 居民消费 | 5087960 | 5380297 |
| 1.农村居民 | 914410 | 961052 |
| 自给性消费 | 115584 | 113094 |
| 商品性消费 | 448342 | 499040 |
| 文化生活服务性消费 | 172684 | 168332 |
| 住房及水电消费 | 177800 | 180586 |
| 2.城镇居民 | 4173550 | 4419245 |
| 商品性消费 | 2752148 | 2822737 |
| 文化生活服务性消费 | 624034 | 696989 |
| 住房及水电消费 | 369857 | 443968 |
| 公费医疗 | 325158 | 334276 |
| 集体福利事业补贴费和设施费 | 102353 | 121275 |
| 政府消费 | 2059954 | 2504787 |

## 1-21 居　民　消　费　水　平

单位:元/人

| 项　　目 | 1997年 | 1998年 | 1998年比1997年增长(%) |
| --- | --- | --- | --- |
| 全市居民消费水平 | 7694 | 8027 | 6.00 |
| 农村居民 | 3597 | 3751 | 7.90 |
| 城镇居民 | 10253 | 10673 | 5.40 |
| 农村居民与城镇居民对比(农村居民为1) | 1:2.85 | 1:2.85 | |

注:增长速度按可比价格计算。

# 1—22 公有制经济主要指标

单位：万元、%

| 项　目 | 1997年 | | | 1998年 | | |
|---|---|---|---|---|---|---|
| | 全　市 | #公有制经济 | 公有制经济占全市的比重 | 全　市 | #公有制经济 | 公有制经济占全市的比重 |
| **工业** | | | | | | |
| 工业总产值 | 16986804 | 10808211 | 63.63 | 17466879 | 10318573 | 59.08 |
| 工业增加值 | 4771809 | 3090199 | 64.76 | 4886186 | 3033877 | 62.09 |
| 产品销售收入 | 15686371 | 10011148 | 63.82 | 16630697 | 9869087 | 59.34 |
| 固定资产原价 | 12110826 | 8169859 | 67.46 | 14104610 | 9158740 | 64.93 |
| 固定资产净值年平均余额 | 8579388 | 5641777 | 65.76 | 9856558 | 6299370 | 63.91 |
| 流动资产年平均余额 | 11336249 | 7198868 | 63.50 | 12592099 | 7790411 | 61.87 |
| 企业资本金 | 6242690 | 3610522 | 57.84 | 7209319 | 4052358 | 56.21 |
| 利税总额 | 1944762 | 1358164 | 69.84 | 1623053 | 1091182 | 67.23 |
| **批发零售贸易、餐饮业** | | | | | | |
| 社会消费品零售总额 | 8025887 | 4609616 | 57.43 | 9045719 | 5036656 | 55.68 |
| 商品购进总额 | 19703497 | 15404868 | 78.18 | 21592032 | 15116369 | 70.01 |
| 商品销售总额 | 21091774 | 16261213 | 77.10 | 23239962 | 16327878 | 70.26 |
| ※固定资产原价 | 1402387 | 1236528 | 88.17 | 1583637 | 1321761 | 83.46 |
| ※固定资产净值 | 1071692 | 941857 | 87.89 | 1198969 | 994405 | 82.94 |
| ※实收资本 | 950488 | 735067 | 77.34 | 1063515 | 762828 | 71.73 |
| 利税总额 | | | | | | |
| #税金 | | | | | | |

注：1. 工业指标统计口径为独立核算工业企业；

2. 批发零售贸易、餐饮业中带"※"的指标统计口径为大中型企业；

3. 公有制经济的计算办法：凡经济类型为国有、集体的企业全部视为公有制经济，混合经济按企业实收资本中，国有和集体资本金的比例推算其公有制经济的部分。

## 1—23 国有土地使用权出让、划拨情况

| 项　　目 | 单位 | 1997 年 | 1998 年 |
|---|---|---|---|
| 国有土地使用权出让 | | | |
| 出让地块 | 宗 | 850 | 1281 |
| 出让面积 | 万米$^2$ | 915 | 5178.95 |
| 土地使用权出让总收入 | 万元 | 250672 | 342363 |
| 征地费 | 万元 | 18 | 341 |
| 开发费 | 万元 | 66752 | 84805 |
| 净收益 | 万元 | 183892 | 257217 |
| 其他 | 万元 | 10 | |
| 国有土地使用权划拨 | | | |
| 划拨地块 | 宗 | 855 | 233 |
| 划拨面积 | 万米$^2$ | 141 | 1129.45 |

注:1998 年广州国际机场(花都机场)占土地使用权划拨 1025 万米$^2$。

## 1—24 劳动力市场情况

| 项　　目 | 单位 | 1997 年 | 1998 年 |
|---|---|---|---|
| 职业介绍服务机构数 | 个 | 210 | 224 |
| 劳动部门所属 | 个 | 80 | 72 |
| 非劳动部门所属 | 个 | 130 | 152 |
| 年末实有外省劳动力 | 万人 | 35.93 | 32.22 |
| 年新增加的外省劳动力 | 万人 | 12.43 | 1.04 |
| 年末实有省内外来劳动力 | 万人 | 31.30 | 30.65 |
| 城镇 | 万人 | 8.36 | 7.26 |
| 农村 | 万人 | 22.94 | 23.39 |
| 年末实有外出劳动力 | 万人 | 1.87 | 4.47 |
| 城镇 | 万人 | 0.30 | 1.43 |
| 农村 | 万人 | 1.57 | 3.04 |

## 1—25 技术市场交易情况

| 项目 | 1997年 | | 1998年 | |
|---|---|---|---|---|
| | 合同数（项） | 金额（万元） | 合同数（项） | 金额（万元） |
| 合同类别 | 2087 | 38485 | 3051 | 55851 |
| #技术开发合同 | 271 | 12004 | 365 | 1729 |
| 技术转让合同 | 21 | 1317 | 54 | 2114 |
| 技术咨询合同 | 46 | 405 | 108 | 1877 |
| 技术服务合同 | 1749 | 24759 | 2524 | 34563 |
| 卖方类别 | 2087 | 38485 | 3051 | 55851 |
| 科研机构 | 406 | 12937 | 330 | 10513 |
| 大中专院校 | 37 | 108 | 54 | 499 |
| 工业企业 | 15 | 339 | 54 | 1262 |
| 技术贸易单位 | 1509 | 22329 | 2464 | 30137 |
| 个人及个人合伙 | 107 | 860 | 34 | 103 |
| 其他 | 13 | 1912 | 115 | 13337 |

## 1—26 股票发行情况

| 项目 | 单位 | 1998年 |
|---|---|---|
| 股票发行企业数 | 家 | 12 |
| 股票发行股数 | 万股 | 98078 |
| 股票发行总额 | | |
| 面值 | 万元 | 489325 |
| 市值 | 万元 | 3652700 |
| 总股本 | 万股 | 605974 |
| #国家持股 | 万股 | 161912 |
| 法人持股 | 万股 | 235603 |
| 个人持股 | 万股 | 203596 |
| 外资股 | 万股 | |

# 1-27 城市房地产市场交易情况

| 项　　目 | 单位 | 1997 年 | 1998 年 |
|---|---|---|---|
| **房产买卖** | | | |
| 成交宗数 | 宗 | 74067 | 131245 |
| 成交面积 | 万米² | 737.50 | 1017.49 |
| #住宅 | 万米² | 654.50 | 883.38 |
| 办公用房 | 万米² | 25.60 | 47.36 |
| 商业用房 | 万米² | 47.10 | 55.08 |
| 成交金额 | 万元 | 3805849 | 4233874 |
| #住宅 | 万元 | 2957928 | 2853121 |
| 办公用房 | 万元 | 335957 | 397998 |
| 商业用房 | 万元 | 436822 | 542138 |
| 契税 | 万元 | 42127 | 74737 |
| **房屋租赁** | | | |
| 出租面积 | 万米² | 600.67 | 555.08 |
| #住宅 | 万米² | 416.60 | 367.42 |
| 办公用房 | 万米² | 19 | 16.97 |
| 商业用房 | 万米² | 142.90 | 132.44 |
| 出租金额 | 万元 | 33167 | 36000 |
| #住宅 | 万元 | 7571 | 8851 |
| 办公用房 | 万元 | 1733 | 1699 |
| 商业用房 | 万元 | 18942 | 20694 |
| **向个人出售住宅** | | | |
| 新建住宅面积 | 万米² | | 200.31 |
| 新建住宅回收资金 | 万元 | | 774484 |
| 旧住宅面积 | 万米² | 135.50 | 636.04 |
| 旧住宅回收资金 | 万元 | 64986 | 352677 |

# 1—28 各区国民经济主要指标

（1998年）

| 项　　目 | 单位 | 东山区 | 荔湾区 | 越秀区 | 海珠区 |
| --- | --- | --- | --- | --- | --- |
| 土地面积 | 千米$^2$ | 17.2 | 11.8 | 8.9 | 90.4 |
| 年末总人口 | 人 | 586736 | 519239 | 441896 | 769384 |
| 街道办事处 | 个 | 10 | 20 | 19 | 14 |
| 居民委员会 | 个 | 217 | 280 | 208 | 347 |
| 国内生产总值 | 万元 | 220182 | 333589 | 205700 | 442959 |
| 年末职工人数 | 人 | 52499 | 68588 | 54881 | 78651 |
| 全年工资总额 | 万元 | 61942 | 72471 | 58661 | 83795 |
| 职工年人均工资 | 元 | 11784 | 10777 | 10696 | 10613 |
| 全社会固定资产投资额 | 万元 | 33678 | 43196 | 63224 | 66763 |
| #房地产开发 | 万元 | 27446 | 31389 | 57938 | 28526 |
| 财政收入 | 万元 | 54494 | 41151 | 45940 | 46122 |
| 财政支出 | 万元 | 65571 | 50678 | 52283 | 58736 |
| 年末耕地面积 | 公顷 | | | | 860 |
| 农业总产值 | 万元 | | | | 19740 |
| 乡镇企业人数 | 人 | | | | 38806 |
| 乡镇企业营业收入 | 万元 | | | | 528000 |
| 乡镇企业工资总额 | 万元 | | | | 29480 |
| 乡镇企业总产值 | 万元 | | | | 343228 |
| 工业增加值 | 万元 | 32127 | 69110 | 40137 | 160378 |
| 工业总产值 | 万元 | 126253 | 240803 | 149161 | 560327 |
| 工业产品销售率 | % | | | | |
| 商品销售总额 | 万元 | 720128 | 1667986 | 878703 | 1288500 |
| 社会消费品零售总额 | 万元 | 546643 | 655368 | 375887 | 393615 |
| 私营、个体经济企业户数 | 户 | 8813 | 12667 | 13466 | 15748 |
| 私营、个体经济从业人员 | 人 | 11218 | 20078 | 20370 | 19345 |
| 外贸出口总值 | 万美元 | 4277 | 3189 | 3747 | 22691 |
| 实际利用外资 | 万美元 | 3179 | 1697 | 6827 | 2492 |
| 小学学校数 | 所 | 49 | 50 | 54 | 85 |
| 小学在校学生数 | 人 | 43113 | 39667 | 32381 | 63209 |
| 幼儿园数 | 所 | 84 | 74 | 69 | 158 |
| 幼儿园在园人数 | 人 | 18645 | 12634 | 10921 | 24523 |
| 各类卫生机构数 | 个 | 18 | 25 | 27 | 17 |
| #医院 | 个 | 6 | 9 | 9 | 8 |
| 各类卫生机构床位数 | 张 | 396 | 721 | 666 | 612 |
| #医院 | 张 | 396 | 721 | 666 | 612 |
| 卫生技术人员 | 人 | 1198 | 1515 | 1393 | 1265 |
| #医生 | 人 | 516 | 659 | 513 | 562 |

1—28 续表

| 项　　目 | 单位 | 天河区 | 芳村区 | 白云区 | 黄埔区 |
|---|---|---|---|---|---|
| 土地面积 | 千米$^2$ | 108.3 | 42.6 | 1042.7 | 121.7 |
| 年末总人口 | 人 | 481625 | 172129 | 827243 | 194756 |
| 街道办事处 | 个 | 11 | 5 | 5 | 4 |
| 居民委员会 | 个 | 138 | 75 | 111 | 66 |
| 国内生产总值 | 万元 | 680002 | 174272 | 1033082 | 219013 |
| 年末职工人数 | 人 | 41315 | 22291 | 33796 | 31874 |
| 全年工资总额 | 万元 | 53725 | 26664 | 48711 | 41659 |
| 职工年人均工资 | 元 | 13322 | 11962 | 14118 | 13393 |
| 全社会固定资产投资额 | 万元 | 227747 | 69953 | 313107 | 73669 |
| #房地产开发 | 万元 | 105016 | 24769 | 99681 | 20356 |
| 财政收入 | 万元 | 58645 | 27742 | 79555 | 25480 |
| 财政支出 | 万元 | 73294 | 36578 | 95901 | 32014 |
| 年末耕地面积 | 公顷 | 886 | 988 | 18209 | 806 |
| 农业总产值 | 万元 | 27801 | 28435 | 366380 | 21631 |
| 乡镇企业人数 | 人 | 52105 | 19501 | 189008 | 36979 |
| 乡镇企业营业收入 | 万元 | 722781 | 267372 | 2238192 | 410823 |
| 乡镇企业工资总额 | 万元 | 39321 | 17682 | 192591 | 32376 |
| 乡镇企业总产值 | 万元 | 420390 | 214138 | 1668927 | 370467 |
| 工业增加值 | 万元 | 217652 | 61151 | 339246 | 101019 |
| 工业总产值 | 万元 | 729836 | 231534 | 1244885 | 433765 |
| 工业产品销售率 | % | | | | |
| 商品销售总额 | 万元 | 718931 | 263816 | 791714 | 307164 |
| 社会消费品零售总额 | 万元 | 800682 | 118680 | 588943 | 137436 |
| 私营、个体经济企业户数 | 户 | 19904 | 6391 | 36049 | 8638 |
| 私营、个体经济从业人员 | 人 | 60876 | 13011 | 73319 | 16623 |
| 外贸出口总值 | 万美元 | 24459 | 11388 | 56798 | 40919 |
| 实际利用外资 | 万美元 | 5560 | 2869 | 7653 | 5050 |
| 小学学校数 | 所 | 74 | 33 | 231 | 34 |
| 小学在校学生数 | 人 | 50112 | 16647 | 112476 | 20532 |
| 幼儿园数 | 所 | 116 | 41 | 324 | 54 |
| 幼儿园在园人数 | 人 | 19710 | 6791 | 34129 | 9075 |
| 各类卫生机构数 | 个 | 19 | 27 | 22 | 23 |
| #医院 | 个 | 5 | 4 | 3 | 4 |
| 各类卫生机构床位数 | 张 | 316 | 255 | 1132 | 435 |
| #医院 | 张 | 316 | 255 | 540 | 415 |
| 卫生技术人员 | 人 | 726 | 674 | 1838 | 717 |
| #医生 | 人 | 395 | 292 | 733 | 324 |

# 1—29 县级市国民经济主要指标

（1998 年）

| 项　　目 | 单　位 | 番禺市 | 花都市 | 增城市 | 从化市 |
|---|---|---|---|---|---|
| 土地面积 | 千米$^2$ | 1313.8 | 961.1 | 1741.4 | 1974.5 |
| 年末总人口 | 人 | 895520 | 587807 | 768577 | 496488 |
| 镇 | 个 | 16 | 9 | 15 | 15 |
| 居民委员会 | 个 | 71 | 24 | 29 | 22 |
| 村民委员会 | 个 | 305 | 183 | 303 | 210 |
| 国内生产总值 | 万元 | 2445099 | 1242145 | 1222295 | 523497 |
| 年末全部从业人员数 | 人 | 786569 | 342287 | 487548 | 256045 |
| ＃职工人数 | 人 | 164073 | 62675 | 75864 | 44392 |
| 全年工资总额 | 万元 | 184319 | 65275 | 79247 | 38750 |
| 职工年人均工资 | 元 | 11547 | 10369 | 10523 | 8829 |
| 全社会固定资产投资额 | 万元 | 560451 | 258907 | 199936 | 166648 |
| 财政收入 | 万元 | 100605 | 26987 | 28959 | 16808 |
| 财政支出 | 万元 | 129759 | 38618 | 42680 | 28526 |
| 城乡居民储蓄存款余额 | 万元 | 2161002 | 758791 | 835807 | 294100 |
| 年末耕地面积 | 公顷 | 33767 | 17675 | 32786 | 19463 |
| 农业总产值 | 万元 | 401025 | 247387 | 296686 | 131159 |
| 乡镇企业人数 | 人 | 406940 | 142214 | 144995 | 71552 |
| 乡镇企业营业收入 | 万元 | 4076595 | 2100577 | 1949586 | 1061177 |
| 乡镇企业工资总额 | 万元 | 350587 | 100384 | 72260 | 37166 |
| 乡镇企业总产值 | 万元 | 4027325 | 2295402 | 2126648 | 1099348 |
| 工业增加值 | 万元 | 1208704 | 705082 | 673878 | 313672 |
| 工业总产值 | 万元 | 5236744 | 2553745 | 2679296 | 1167274 |
| 工业产品销售率 | % | | | | |
| 社会消费品零售总额 | 万元 | 511000 | 390059 | 365000 | 226873 |
| 海关出口商品总值 | 万美元 | 250222 | 20531 | 27588 | 20810 |
| 实际利用外资 | 万美元 | 23771 | 21000 | 19900 | 5042 |
| 中等学校数 | 所 | 71 | 43 | 48 | 34 |
| 中等学校在校学生数 | 人 | 60586 | 41546 | 51436 | 35361 |
| 小学学校数 | 所 | 286 | 199 | 325 | 214 |
| 小学在校学生数 | 人 | 112773 | 77028 | 96697 | 68740 |
| 各类卫生机构数 | 个 | 100 | 57 | 41 | 72 |
| ＃医　院 | 个 | 26 | 16 | 20 | 21 |
| 各类卫生机构床位数 | 张 | 2622 | 1430 | 1653 | 1785 |
| ＃医　院 | 张 | 2305 | 1130 | 1653 | 730 |
| 卫生技术人员 | 人 | 3829 | 1905 | 2643 | 1703 |
| ＃医　生 | 人 | 1529 | 793 | 1006 | 681 |

# 1-30 广州经济技术开发区国民经济主要指标

| 项　　目 | 单位 | 1995 年 | 1996 年 | 1997 年 | 1998 年 |
|---|---|---|---|---|---|
| 年末社会从业人员 | 人 | 29863 | 43938 | 47735 | 55102 |
| #工业职工人数 | 人 | 24985 | 32446 | 41162 | 44275 |
| 国内生产总值 | 万元 | 560000 | 760557 | 859712 | 1014546 |
| 第一产业 | 万元 | | | | |
| 第二产业 | 万元 | 470000 | 569806 | 749712 | 786751 |
| 工业 | 万元 | 430000 | 520673 | 710772 | 719951 |
| 建筑业 | 万元 | 40000 | 49133 | 38940 | 66800 |
| 第三产业 | 万元 | 90000 | 190751 | 110000 | 227795 |
| 固定资产投资额 | 万元 | 389994 | 382761 | 374282 | 458295 |
| #基础(公共)设施 | 万元 | 143131 | 91605 | 71325 | 69252 |
| 工业项目 | 万元 | 230112 | 276616 | 297887 | 368486 |
| 区内税收 | 万元 | 131860 | 212043 | 228981 | 245041 |
| #外商投资企业 | 万元 | | | 204929 | 219131 |
| 利润总额 | 万元 | 137108 | 186623 | 192928 | 124080 |
| #工业利润 | 万元 | 120513 | 175634 | 185009 | 119345 |
| 财政收入 | 万元 | 142751 | 148746 | 147436 | 157937 |
| 财政支出 | 万元 | 141845 | 143431 | 152793 | 157578 |
| 工业总产值 | 万元 | 1409630 | 1789804 | 2271198 | 2315390 |
| #"三资"企业产值 | 万元 | 1360152 | 1727838 | 2200513 | 2206699 |
| 工业销售产值 | 万元 | 1263055 | 1695614 | 2087740 | 2309489 |
| 工业增加值 | 万元 | 430000 | 520673 | 710772 | 719951 |
| 商品销售总额 | 万元 | 467600 | 380919 | 357158 | 776713 |
| 出口总额 | 万美元 | 42607 | 46020 | 50178 | 58463 |
| 进口总额 | 万美元 | 32085 | 27663 | 38728 | 37729 |
| 利用外资项目(合同)数 | 个 | 67 | 65 | 47 | 63 |
| 合同利用外资金额 | 万美元 | 60521 | 65689 | 71700 | 75410 |
| 实际利用外资 | 万美元 | 45818 | 50401 | 40554 | 43084 |
| #外商直接投资 | 万美元 | 45818 | 38199 | 38154 | 41685 |
| 在校学生数 | 人 | 1417 | 1639 | 2076 | 2345 |
| #在校中学生 | 人 | 642 | 694 | 788 | 866 |
| 在校小学生 | 人 | 450 | 550 | 786 | 967 |
| 专业卫生技术人员 | 人 | 110 | 120 | 150 | 117 |

# 1-31 广州南沙经济技术开发区国民经济主要指标

| 项　　　目 | 单位 | 1995 年 | 1996 年 | 1997 年 | 1998 年 |
|---|---|---|---|---|---|
| 规划面积 | 千米$^2$ | 54 | 54 | 54 | 54 |
| 累计已开发面积 | 千米$^2$ | 8.5 | 8.7 | 17.8 | 21.1 |
| 年末总人口 | 人 | 28249 | 28805 | 30348 | 30816 |
| 年末社会从业人员 | 人 | 11730 | 12162 | 19614 | 19264 |
| 年末单位数 | 个 | 193 | 210 | 212 | 224 |
| 国内生产总值 | 万元 | 67220 | 104574 | 106143 | 120578 |
| 　第一产业 | 万元 | 1332 | 2376 | 2994 | 3215 |
| 　第二产业 | 万元 | 28490 | 53327 | 67786 | 78067 |
| 　第三产业 | 万元 | 37398 | 48871 | 35363 | 39296 |
| 固定资产投资额 | 万元 | 145564 | 125528 | 45793 | 47945 |
| 新开工项目 | 项 | 17 | 18 | 6 | 14 |
| 预算内财政收入 | 万元 | 4559 | 7519 | 6995 | 7016 |
| 预算内财政支出 | 万元 |  |  | 6323 | 7350 |
| 工业企业单位数 | 个 | 40 | 56 | 61 | 75 |
| 工业总产值 | 万元 | 52569 | 118468 | 176320 | 205236 |
| 工业增加值 | 万元 | 18399 | 43452 | 63475 | 72654 |
| 工业销售产值 | 万元 |  |  | 182033 | 1928774 |
| 批发零售贸易业销售总额 | 万元 | 51822 | 30347 | 34993 | 38947 |
| 社会消费品零售总额 | 万元 | 13772 | 17328 | 18007 | 18349 |
| 外贸出口总额 | 万美元 | 2050 | 8728 | 14773 | 16289 |
| 外贸进口总额 | 万美元 |  |  | 10483 | 12703 |
| 实际利用外资 | 万美元 | 6527 | 5600 | 5893 | 2270 |
| "三资"企业户数 | 个 | 57 | 75 | 81 | 95 |
| "三资"企业从业人员 | 人 |  |  |  |  |
| "三资"企业工业总产值 | 万元 | 28262 | 108092 | 164876 | 191150 |

## 1—32 广州保税区国民经济主要指标

| 项　　目 | 单位 | 1995 年 | 1996 年 | 1997 年 | 1998 年 |
|---|---|---|---|---|---|
| 外商投资企业 | | | | | |
| 项目(合同)数 | 个 | 40 | 56 | 50 | 59 |
| 项目总投资 | 万美元 | 4157 | 4347 | 6181 | 9829 |
| #外方认缴金额 | 万美元 | 2272 | 3738 | 4873 | 5696 |
| 外商实际投资 | 万美元 | | | | |
| 国内投资企业 | | | | | |
| 批准项目数 | 个 | 187 | 242 | 186 | 145 |
| 注册资本 | 万元 | 73099 | 66639 | 27089 | 29530 |
| 进出区货物总值 | 万美元 | 17079 | 14588 | 23125 | 30872 |
| #出口货值 | 万美元 | 1138 | 5078 | 9449 | 11341 |
| 进口货值 | 万美元 | 11663 | 6481 | 10946 | 15611 |
| 从保税区到非保税区货值 | 万美元 | 3875 | 2817 | 2728 | 3920 |
| 从非保税区到保税区货值 | 万美元 | 217 | 212 | | |
| 国内贸易额 | 万元 | | | 407195 | 279955 |
| 税收总额 | 万元 | 4192 | 5321 | 7226 | 11056 |

## 1—33 广州高新技术产业开发区国民经济主要指标

| 项　　目 | 单位 | 1990 年 | 1995 年 | 1997 年 | 1998 年 |
|---|---|---|---|---|---|
| 技工贸总收入 | 万元 | 17500 | 380000 | 739500 | 921000 |
| 工业总产值(当年价格) | 万元 | 12642 | 180000 | 367300 | 444000 |
| 开发区企业数 | 个 | 273 | 1346 | 1204 | 1261 |
| 认定企业数 | 个 | | 138 | 195 | 225 |
| 三资企业数 | 个 | 4 | 168 | 181 | 179 |
| 职工人数 | 人 | 1999 | 16400 | 16323 | 21435 |
| 利税总额 | 万元 | 776 | 37427 | 61200 | 83500 |
| 出口创汇 | 万美元 | | 3700 | 7039 | 7794 |
| 合同引进外资 | 万美元 | | 4252 | 9103 | 4193 |
| 实际利用外资 | 万美元 | | 2210 | 2830 | 3181 |
| 实施火炬计划项目数 | 个 | 5 | 65 | 86 | 97 |

# 主要统计指标解释

【国内生产总值】是按市场价格计算的国内生产总值的简称。它是一个国家(地区)所有常住单位在一定时期内生产活动的最终成果。国内生产总值有三种表现形态,即价值形态、收入形态和产品形态。从价值形态看,它是所有常住单位在一定时期内所生产的全部货物和服务价值超过同期投入的全部非固定资产货物和服务价值的差额,即所有常住单位的增加值之和;从收入形态看,它是所有常住单位在一定时期内所创造并分配给常住单位和非常住单位的初次分配收入之和;从产品形态看,它是最终使用的货物和服务减去进口货物和服务。在实际核算中,国内生产总值的三种表现形态表现为三种计算方法,即生产法、收入法和支出法。三种方法分别从不同的方面反映国内生产总值及其构成。

【常住单位】1.经济领土。我国经济领土由我国政府控制的地理领土组成,它包括我国的领海、领空和位于国际水域,但我国具有捕捞和海底开采管辖权的大陆架;它还包括我国在国外的所谓领土"飞地",即位于其他国家、但为我国政府拥有或租借,用于外交等目的,通过正式协议、具有明确边界的地域,如我国驻外使馆、领馆用地;不包括我国地理边界内的"飞地",即位于我国地理领土范围内,但为外国政府所拥有或租借,用于外交等目的、通过正式协议、具有明确边界的地域,如外国驻华使馆、领馆用地及国际组织用地。2.经济利益中心。一经济单位在我国的经济领土范围内具有一定的场所,如住房、厂房或其它建筑物,从事一定规模的经济活动并超过一定时期(一般以一年为操作准则),则说该经济单位在我国具有经济利益中心。3.常住单位。一经济单位在我国的经济领土上具有经济利益中心,则称之为我国的常住经济单位。

【当年价格】指报告期的实际价格,如工厂的出厂价格,农产品的收购价格,商业的零售价格等。使用当年价格计算的数字,是为了使国民经济各项指标互相衔接,便于考察当年社会经济效率,对生产和流通、生产和分配、生产和消费进行经济核算和综合平衡。

按当年价格计算的价值指标,在不同年份之间进行对比时,因为包含有各年间价格变动的因素,不能确切地反映实物量的增减变动。必须消除价格变动因素后,才能真实反映经济发展动态。因此,在计算增长速度时都使用按可比价格计算的数字。

【可比价格】指在不同时期的价值指标对比时,扣除了价格变动的因素,以确切反映物量的变化。按可比价格计算有两种方法:一种是直接用产品产量乘某一年的不变价格计算;另一种是用价格指数换算。

【不变价格】指用同类产品的年平均价格作为固定价格,来计算各年产品价值。按不变价格计算的产品价值消除了价格变动因素,不同时期对比可以反映生产的发展速度。新中国成立后,随着工农业产品价格水平的变化,国家统计局先后五次制定了全国统一的工业产品不变价格和农业产品不变价格,从1949年到1957年使用1952年工(农)业产品不变价格,从1957年到1971年使用1957年不变价格,从1971到1981年使用1970年不变价格,从1981年到1990年使用1980年不变价格,从1990年开始使用1990年不变价格。

【平均每年增长速度】在我国计算平均增长速度有两种方法,一种是习惯上经常使用的"水平法",又称几何平均法,是以间隔期最后一年的水平同基期水平对比来计算平均每年增长(或下降)速度。另一种是"累计法",又称代数平均法或方程法,是以间隔期内各年水平的总和同基期水平对比来计算平均每年增长(或下降)速度。

在一般正常情况下,两种方法计算的平均每年增长速度比较接近,但在经济发展不平衡,出现大起大落时,两种方法计算的结果差别较大。

本《年鉴》内所列的平均每年增长速度,除固定资产投资是用"累计法"计算以外,其余均用"水平法"计算。从某年到某年平均增长速度的年份,均不包括基期年在内。如建国四十三周年的平均增长速度是以1949年为基期计算的,则写为1950—1992年平均增长速度,余类推。

【各个计划时期】表内所用各个"时期"代表的年份如下:恢复时期为1950年到1952年;第一个五年计划时期(简称一五时期)为1953年到1957年;第二个五年计划时期(简称二五时期)为1958年到1962年;第三个五年计划时期(简称三五时期)为1966年到1970年;第四个五年计划时期(简称四五时期)为1971年到1975年;第五个五年计划时期(简称五五时期)为1976年到1980年;第六个五年计划时期(简称六五时期)为1981年到1985年;第七个五年计划时期(简称七五时期)为1986年到1990年;第八个五年计划时期(简称八五时期)为1991年到1995年。

【国有经济单位】指生产资料归国家所有的各种企业、事业单位,以及各级国家机关、人民团体等单位。

【集体经济单位】 指生产资料归公民集体所有的各种企业、事业单位。包括农村各种经济组织经营的农、林、牧、副、渔业，乡、村经营的企业、事业单位；城市、县、镇以及街道举办的集体经济性质的企业、事业单位。

【三次产业】 根据社会生产活动历史发展的顺序对产业结构的划分，产品直接取自自然界的部门称为第一产业，对初级产品进行再加工的部门称为第二产业，为生产和消费提供各种服务的部门称为第三产业。它是世界上通用的产业结构分类，但各国的划分不尽一致。我国的三次产业划分是：

第一产业：农业（包括种植业、林业、牧业、副业和渔业）。

第二产业：工业（包括采掘工业、制造业、自来水、电力、蒸气、热水、煤气）和建筑业。

第三产业：除第一、第二产业以外的其他各业。由于第三产业包括的行业多、范围广，根据我国的实际情况，第三产业可分为两大部分：一是流通部门，二是服务部门。具体又可分为四个层次：

第一层次：流通部门，包括交通运输业、邮电通讯业、商业、饮食业、物资供销和仓储业。

第二层次：为生产和生活服务的部门，包括金融、保险业、地质普查业、房地产、公用事业、居民服务业、咨询服务业和综合技术服务业，农、林、牧、渔、水利服务业和水利业，公路、内河（湖）航道养护业等。

第三层次：为提高科学文化水平和居民素质服务的部门，包括教育、文化、广播电视、科学研究、卫生、体育和社会福利事业等。

第四层次：为社会公共需要服务的部门，包括国家机关、政党机关、社会团体，以及军队和警察等。

【最终消费】最终消费是指常住单位在一定时期内对于货物和服务的全部最终消费支出，也就是常住单位为满足物质、文化和精神生活的需要，从本国经济领土和国外购买的货物和服务的支出。它不包括非常住单位在本国经济领土内的消费支出。最终消费分为居民消费和政府消费。

（1）居民消费 居民消费指常住住户在一定时期内对于货物和服务的全部最终消费支出。居民关于货物的最终消费支出在货物的所有权发生变化时记录，关于服务的最终消费支出在服务提供的时候记录。居民消费按市场价格计算，即按居民支付的购买者价格计算，货物的购买者价格是购买者取得交货所支付的价格，它包括购买者支付的运输费用和商业费用。居民消费除了包括直接以货币形式购买的货物和服务的消费支出外，还包括以其他方式获得的货物和服务的消费支出，即所谓的虚拟消费支出。居民虚拟消费支出包括如下几种类型：单位以实物报酬及实物转移的形式提供给劳动者的货物和服务；住户生产并由本住户消费了的货物和服务，其中的服务仅指住户的自有住房服务；金融机构提供的金融媒介服务；保险公司提供的保险服务。

（2）政府消费 政府消费指政府部门为全社会提供的公共服务的消费支出和免费或以较低的价格向居民住户提供的货物和服务的净支出，前者等于政府服务的产出价值减去政府单位所获得的经营收入的价值，政府服务的产出价值等于它的经常性业务支出加上固定资产折旧；后者等于政府部门免费或以较低的价格向居民住户提供的货物和服务的市场价值减去向住户收取的价值。

【资本形成总额】 资本形成总额指常住单位在一定时期内对固定资产和存货投资支出合计，包括固定资本形成总额和存货增加。

（1）固定资本形成总额 固定资本形成总额指常住单位在一定时期内购置、转入和自产自用的固定资产，扣除固定资产的销售和转出后的价值。可分为有形固定资本形成总额和无形固定资本形成总额。有形固定资本形成总额包括一定时期内完成的建筑工程、安装工程和设备工器具购置（减处置）价值，以及土地改良、新增役、种、奶、毛、娱乐用牲畜和新增经济林木价值。无形固定资本形成总额包括矿藏的勘探、计算机软件、娱乐和文学艺术品原件等获得减处置。

（2）存货增加 存货增加指常住单位在一定时期内存货实物量变动的市场价值，即期末价值减期初价值的差额。存货增加可以是正值，也可以是负值，正值表示存货上升，负值表示存货下降。它包括生产单位购进的原材料、燃料和储备物资等存货，以及生产单位生产的产成品、在制品和半成品等存货等。

【固定资产折旧】指一定时期内为弥补固定资产损耗而应提取的补偿价值，它反映了全部固定资产在本期生产中资产的转移价值。各类企业的固定资产折旧是指从成本费用中提取的折旧费。对不计提折旧的单位，如政府机关、事业单位、学校医院、部队和居民住房则应进行虚拟折旧。

【劳动者报酬】指劳动者为常住单位提供劳务而获得的各种报酬，它反映劳动者参与增加值创造而获得的原始收入。具体包括从各种来源开支的货币工资和实物工资，即单位以工资、福利、社会保险等形式，从成本、费用和利润中为劳动者支付的各种开支，以及个体和其他劳动者通过参加社会生产活动所获得的各种劳动报酬。

【生产税净额】 指生产税与补贴之差，它反映政府从本期创造的增加值中所得到的原始收入份额。生产税是指政府对生产单位的生产经营活动所征收的各种税、附加费和规费，具体包括销售（营业）税金及附加、增值税、管理费开支的税、应交纳的养路费、排污费和水电费附加等，以及烟酒专卖上缴政府的专项收入等。生产补贴与生产税相反，是政府对生产单位的单方面收入转移，因此视为负生产税处理，包括政策亏损补贴、粮食系统价格补贴、外贸企业出口退税收入等。

【营业盈余】 指常住单位创造的增加值扣除固定资产折旧价值、支付劳动者报酬和上缴政府生产税净额后的余额，它反映企业参与增加值创造而应得的原始收入份额。指标相当于企业的营业利润加上生产补贴，但要扣除利税后项目中支付的工资、福利及公益金等。

# 第二篇

# 人　　口

# 广州市人口增速继续减缓

1998年末，全市总人口为674.14万人，比上年末增加了7.65万人，增长率为1.15%，增幅比上年的1.59%下降了0.44个百分点。其中：市区人口为399.30万人。比上年增加3.65万人，增长率为0.92%。增幅比上年下降0.48个百分点；四个县级市人口为274.84万人，比上年增加4万人，增长率为1.48%，增幅比上年下降0.39个百分点。我市人口增长速度已呈下降趋势。

1.城镇人口增速加快

一个地区的人口城市化程度的高低，是衡量该地区社会经济发展水平的重要标志。1998年末，全市非农业人口为417.28万人，占总人口的比重为61.90%，比上年上升0.25个百分点；增长率为1.56%，比总人口的增长率高出0.41个百分点。其中四个县级市非农业人口为86.65万人，增长率为3.0%。四个县级市非农业人口的较快增长，促进了全市非农业人口增长。1998年末，全市城镇人口为416.61万人，比上年增加6.42万人，占人口增长总量的83.93%，增长率为1.57%；高出总人口增长率0.42个百分点；乡村人口为257.53万人，比上年增加1.23万人，增长率0.48%，低于总人口增长率0.67个百分点。城市化水平进一步提高。

2.人口区域分布趋于合理

随着近年来城市整体规划的实施、基础建设的发展，老城区人口继续向外扩散，越秀区、荔湾区、东山区人口占市区总人口的比重由上年的6.73%、7.85%和8.76%，分别下降为6.56%、7.70%和8.70%；天河区、白云区、芳村区则由上年的7.04%、12.21%和2.53%，分别上升为7.15%、12.27%和2.55%。各区、县级市随着人口规模的变化，人口密度也相应变化。市中心区的人口密度有所降低，促进了全市人口分布逐步趋向较为合理。

3.迁移对人口增长的影响

1998年全市迁入人口为14.06万人，比上年增加0.11万人，迁出人口为9.41万人，比上年增加1.14万人；迁移净增加人口为4.65万人，比上年减少1.03万人。在我市人口增长总量中，机械增长人口占60.68%；自然增长人口占34.90%，其他因素增长人口占4.42%。人口机械增长仍是我市人口增长的主要因素。

4.妇女生育水平降低、出生人口结构优化

"九五"期间，我市人口出生率逐年下降。根据市计生委1998年年报统计人口出生率为10.80‰，比1997年的11.58‰减少了0.78个千分点，比"八五"时期的14.13‰下降了3.33个千分点。从出生人口孩次结构看，1998年出生人口中：一孩率、二孩率和多孩率分别为72.75%、25.30%和1.95%；计划生育率为93.64%。与上年同期相比，一孩率和二孩率分别上升了1.03和0.01个百分点。多孩率下降了1.02个百分点，计划生育率上升了2.94个百分点，显示了出生人口孩次结构进一步优化。

5.外来人口以经济活动型人口为主

广州市的综合经济实力对外来人口仍有较强的吸引力，1998年我市的外来人口波动在175万人左右，按照市公安局办理外来人口暂住证的统计，从来源地区分类：省外的占62.66%，省内的占36.36%，来自港澳、国外占0.98%；从来穗目的分类：务工、务农的占61.99%，经商的占7.74%，从事服务业的占9.82%，投亲访友和旅游观光的占15.21%，其他的占5.24%。可见外来人口中从事生产活动的数量之大，他们大部分生产、工作在第一线，从事一些苦、脏、累的工作，是一支不可忽视的外来常住人口队伍。

## 年末总人口

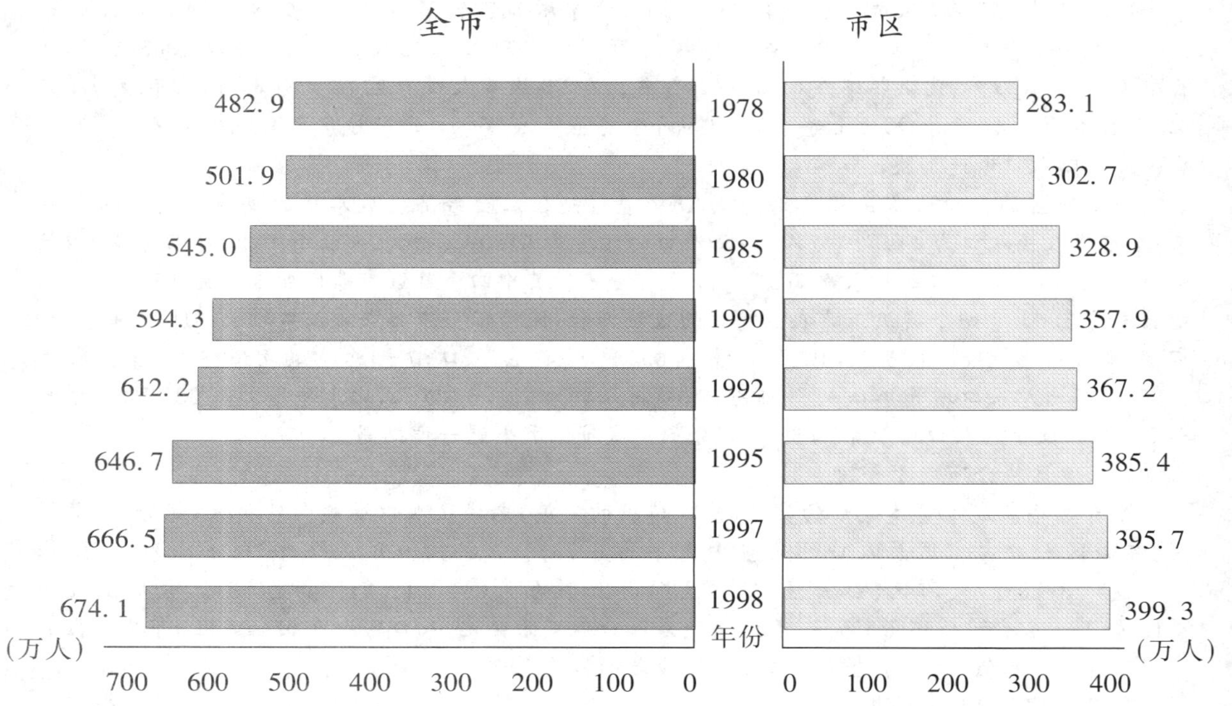


## 人口自然变动状况

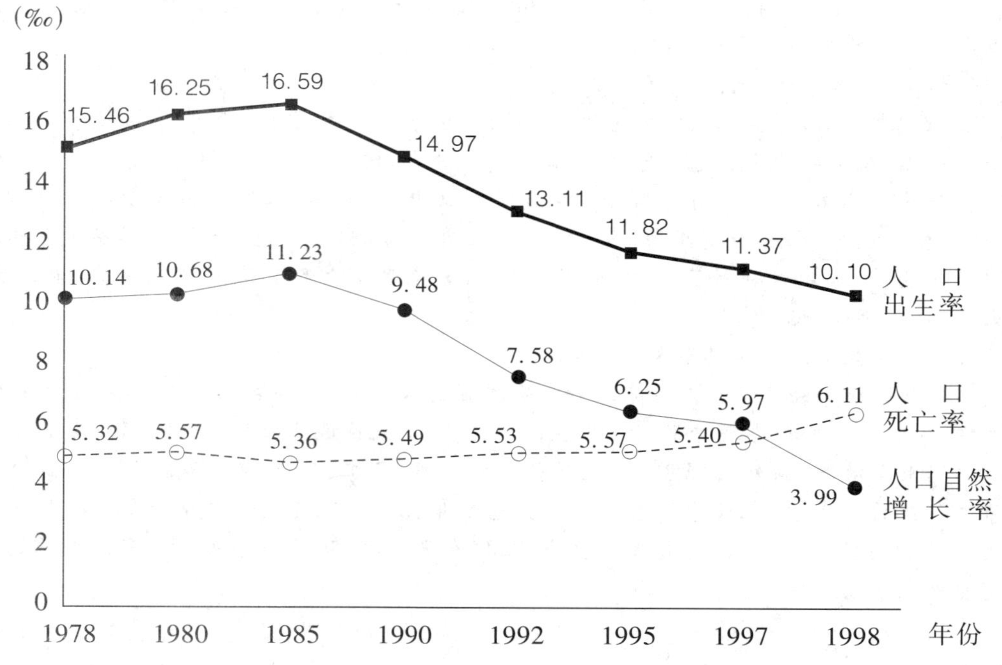

# 2-1 主要年份年末总户数、总人口数

| 年　份 | 总户数（户） | 总人口（人） | 农业人口 | 非农业人口 | #女 | 性别比（女=100） |
|---|---|---|---|---|---|---|
| 全　市 | | | | | | |
| 1949 | 618698 | 2475259 | 1295637 | 1179622 | 1207954 | 104.91 |
| 1952 | 678722 | 2719141 | 1370170 | 1348971 | 1322250 | 105.64 |
| 1957 | 811439 | 3377586 | 1513557 | 1864029 | 1659746 | 103.50 |
| 1962 | 864664 | 3702454 | 1588191 | 2114263 | 1830123 | 102.31 |
| 1965 | 888576 | 3985070 | 1795294 | 2189776 | 1963842 | 102.92 |
| 1970 | 979764 | 4185363 | 2095823 | 2089540 | 2083979 | 100.84 |
| 1975 | 1071998 | 4591000 | 2408674 | 2182326 | 2263898 | 102.79 |
| 1978 | 1145925 | 4828961 | 2507540 | 2321421 | 2374951 | 103.33 |
| 1980 | 1162717 | 5018638 | 2458247 | 2560391 | 2468837 | 103.28 |
| 1985 | 1369661 | 5449820 | 2493662 | 2956158 | 2663431 | 104.62 |
| 1990 | 1641840 | 5942534 | 2528674 | 3413860 | 2887427 | 105.81 |
| 1995 | 1871894 | 6467115 | 2514356 | 3952759 | 3132759 | 106.44 |
| 1996 | 1905998 | 6560508 | 2527804 | 4032704 | 3179757 | 106.32 |
| 1997 | 1945905 | 6664862 | 2556223 | 4108639 | 3231941 | 106.22 |
| 1998 | 2007082 | 6741400 | 2568576 | 4172824 | 3272236 | 106.02 |
| 市　区 | | | | | | |
| 1949 | 322133 | 1427648 | 388645 | 1039003 | 671270 | 112.68 |
| 1952 | 379087 | 1621776 | 415232 | 1206544 | 759811 | 113.44 |
| 1957 | 501793 | 2144799 | 455861 | 1688938 | 1032721 | 107.68 |
| 1962 | 542385 | 2394071 | 476997 | 1917074 | 1169713 | 104.67 |
| 1965 | 558343 | 2540688 | 560508 | 1980180 | 1235777 | 105.59 |
| 1970 | 605820 | 2515655 | 640643 | 1875012 | 1244494 | 102.14 |
| 1975 | 657669 | 2688779 | 747281 | 1941498 | 1313965 | 104.63 |
| 1978 | 706489 | 2831152 | 766176 | 2064976 | 1375737 | 105.79 |
| 1980 | 738713 | 3026616 | 737241 | 2289375 | 1472247 | 105.58 |
| 1985 | 883946 | 3288825 | 719278 | 2569547 | 1589830 | 106.87 |
| 1990 | 1054065 | 3579360 | 665079 | 2914281 | 1719027 | 108.22 |
| 1995 | 1172637 | 3853751 | 687037 | 3166714 | 1840191 | 109.42 |
| 1996 | 1193230 | 3901840 | 680430 | 3221410 | 1863900 | 109.34 |
| 1997 | 1211123 | 3956521 | 689200 | 3267321 | 1890134 | 109.32 |
| 1998 | 1229851 | 3993008 | 686731 | 3306277 | 1911456 | 108.90 |

# 2-2 主要年份年末常住户口户数、人口数

| 年份 | 户数（户） | 农业户 | 非农业户 | 人口数（人） | 农业人口 | 非农业人口 |
|---|---|---|---|---|---|---|
| **全市** | | | | | | |
| 1949 | 618698 | 367061 | 251637 | 2475259 | 1295637 | 1179622 |
| 1952 | 678722 | 376549 | 302173 | 2719141 | 1370170 | 1348971 |
| 1957 | 811439 | 387282 | 424157 | 3377586 | 1513557 | 1864029 |
| 1962 | 864664 | 404295 | 460369 | 3702454 | 1588191 | 2114263 |
| 1965 | 888576 | 411867 | 476709 | 3985070 | 1795294 | 2189776 |
| 1970 | 979764 | 465477 | 514287 | 4172967 | 2087525 | 2085442 |
| 1975 | 1071998 | 519843 | 552155 | 4578124 | 2399434 | 2178690 |
| 1978 | 1145925 | 548559 | 597366 | 4815417 | 2500559 | 2314858 |
| 1980 | 1162717 | 524818 | 637899 | 5000658 | 2444826 | 2555832 |
| 1985 | 1369170 | 556013 | 813157 | 5431487 | 2475329 | 2956158 |
| 1990 | 1641063 | 612283 | 1028780 | 5918462 | 2504602 | 3413860 |
| 1995 | 1871173 | 624968 | 1246205 | 6433241 | 2480482 | 3952759 |
| 1996 | 1905305 | 630640 | 1274665 | 6532967 | 2500263 | 4032704 |
| 1997 | 1945526 | 639199 | 1306327 | 6629339 | 2520700 | 4108639 |
| 1998 | 2006279 | 647144 | 1359135 | 6704699 | 2531875 | 4172824 |
| **市区** | | | | | | |
| 1949 | 322133 | 101914 | 220219 | 1427648 | 388645 | 1039003 |
| 1952 | 379087 | 109324 | 269763 | 1621776 | 415232 | 1206544 |
| 1957 | 501793 | 115283 | 386510 | 2144799 | 455861 | 1688938 |
| 1962 | 542385 | 117664 | 424721 | 2394071 | 476997 | 1917074 |
| 1965 | 558343 | 121828 | 436515 | 2540688 | 560508 | 1980180 |
| 1970 | 605820 | 135977 | 469843 | 2503726 | 632745 | 1870981 |
| 1975 | 657669 | 155781 | 501888 | 2675903 | 738041 | 1937862 |
| 1978 | 706489 | 163730 | 542759 | 2824263 | 761874 | 2062389 |
| 1980 | 738713 | 161018 | 577695 | 3017029 | 731851 | 2285178 |
| 1985 | 883612 | 173325 | 710287 | 3273789 | 704242 | 2569547 |
| 1990 | 1053971 | 178856 | 875115 | 3560658 | 646377 | 2914281 |
| 1995 | 1172515 | 186044 | 986471 | 3823234 | 656520 | 3166714 |
| 1996 | 1192970 | 188090 | 1004880 | 3877482 | 656072 | 3221410 |
| 1997 | 1211021 | 189945 | 1021076 | 3923866 | 656545 | 3267321 |
| 1998 | 1229635 | 190926 | 1038709 | 3960411 | 654134 | 3306277 |

# 2—3 主要年份总人口自然变动情况

单位：比率：‰；人数：人

| 年份 | 年平均人数 | 出生 | | 死亡 | | 自然增长率 |
|---|---|---|---|---|---|---|
| | | 人数 | 出生率 | 人数 | 死亡率 | |
| **全市** | | | | | | |
| 1949 | 2460084 | | | | | |
| 1952 | 2698816 | | | | | |
| 1957 | 3286712 | 129805 | 39.49 | 23395 | 7.12 | 32.37 |
| 1962 | 3683932 | 142881 | 38.78 | 25066 | 6.80 | 31.98 |
| 1965 | 3949440 | 106665 | 27.01 | 20739 | 5.25 | 21.76 |
| 1970 | 4157439 | 98912 | 23.79 | 22700 | 5.46 | 18.33 |
| 1975 | 4543684 | 76948 | 16.94 | 27019 | 5.95 | 10.99 |
| 1978 | 4753314 | 73470 | 15.46 | 25283 | 5.32 | 10.14 |
| 1980 | 4959822 | 80604 | 16.25 | 27643 | 5.57 | 10.68 |
| 1985 | 5402904 | 89630 | 16.59 | 28968 | 5.36 | 11.23 |
| 1990 | 5898400 | 88289 | 14.97 | 32388 | 5.49 | 9.48 |
| 1995 | 6418678 | 75867 | 11.82 | 35735 | 5.57 | 6.25 |
| 1996 | 6513812 | 78339 | 12.03 | 37216 | 5.71 | 6.32 |
| 1997 | 6612685 | 75184 | 11.37 | 35696 | 5.40 | 5.97 |
| 1998 | 6703131 | 67695 | 10.10 | 40981 | 6.11 | 3.99 |
| **市区** | | | | | | |
| 1949 | 1437368 | 38234 | 26.60 | 21992 | 15.30 | 11.30 |
| 1952 | 1610163 | 59254 | 36.80 | 16585 | 10.30 | 26.50 |
| 1957 | 2073385 | 93095 | 44.90 | 13477 | 6.50 | 38.40 |
| 1962 | 2393555 | 88574 | 37.01 | 14358 | 6.00 | 31.01 |
| 1965 | 2534506 | 53146 | 20.97 | 10982 | 4.33 | 16.64 |
| 1970 | 2513446 | 46984 | 18.69 | 13612 | 5.42 | 13.27 |
| 1975 | 2671601 | 32957 | 12.34 | 15302 | 5.73 | 6.61 |
| 1978 | 2770944 | 35159 | 12.69 | 14743 | 5.32 | 7.37 |
| 1980 | 2972122 | 40800 | 13.73 | 16519 | 5.56 | 8.17 |
| 1985 | 3255203 | 47881 | 14.71 | 17735 | 5.45 | 9.26 |
| 1990 | 3561652 | 44394 | 12.46 | 20329 | 5.71 | 6.75 |
| 1995 | 3828449 | 34888 | 9.11 | 22843 | 5.97 | 3.14 |
| 1996 | 3877796 | 37143 | 9.58 | 23259 | 6.00 | 3.58 |
| 1997 | 3929181 | 34205 | 8.71 | 22979 | 5.85 | 2.86 |
| 1998 | 3974765 | 30963 | 7.79 | 26096 | 6.57 | 1.22 |

# 2-4 土地面积、人口密度

（1998 年）

| 区、县级市 | 土地面积（千米²） | 年末总人口（人） | | | 平均每千米²人口（人） |
|---|---|---|---|---|---|
| | | | 男 | 女 | |
| 全　市 | 7434.40 | 6741400 | 3469164 | 3272236 | 907 |
| 市　区 | 1443.60 | 3993008 | 2081552 | 1911456 | 2766 |
| 东山区 | 17.20 | 586736 | 301776 | 284960 | 34113 |
| 荔湾区 | 11.80 | 519239 | 264475 | 254764 | 44003 |
| 越秀区 | 8.90 | 441896 | 222632 | 219264 | 49651 |
| 海珠区 | 90.40 | 769384 | 405685 | 363699 | 8511 |
| 天河区 | 108.30 | 481625 | 258054 | 223571 | 4447 |
| 芳村区 | 42.60 | 172129 | 91540 | 80589 | 4041 |
| 白云区 | 1042.70 | 827243 | 431602 | 395641 | 793 |
| 黄埔区 | 121.70 | 194756 | 105788 | 88968 | 1600 |
| 县级市 | 5990.80 | 2748392 | 1387612 | 1360780 | 459 |
| 番禺市 | 1313.80 | 895520 | 447790 | 447730 | 682 |
| 花都市 | 961.10 | 587807 | 295236 | 292571 | 612 |
| 增城市 | 1741.40 | 768577 | 391683 | 376894 | 441 |
| 从化市 | 1974.50 | 496488 | 252903 | 243585 | 251 |

# 2-5 年　末　总　人　口

（1998 年）　　单位：人

| 区、县级市 | 合　计 | 按农业与非农业分 | | 按乡村与城镇分 | |
|---|---|---|---|---|---|
| | | 农业人口 | 非农业人口 | 乡　村 | 城　镇 |
| 全　市 | 6741400 | 2568576 | 4172824 | 2575297 | 4166103 |
| 市　区 | 3993008 | 686731 | 3306277 | 686731 | 3306277 |
| 东山区 | 586736 | 1354 | 585382 | 1354 | 585382 |
| 荔湾区 | 519239 | 2267 | 516972 | 2267 | 516972 |
| 越秀区 | 441896 | 1207 | 440689 | 1207 | 440689 |
| 海珠区 | 769384 | 70071 | 699313 | 70071 | 699313 |
| 天河区 | 481625 | 61474 | 420151 | 61474 | 420151 |
| 芳村区 | 172129 | 36185 | 135944 | 36185 | 135944 |
| 白云区 | 827243 | 464739 | 362504 | 464739 | 362504 |
| 黄埔区 | 194756 | 49434 | 145322 | 49434 | 145322 |
| 县级市 | 2748392 | 1881845 | 866547 | 1888566 | 859826 |
| 番禺市 | 895520 | 550245 | 345275 | 552593 | 342927 |
| 花都市 | 587807 | 391886 | 195921 | 393079 | 194728 |
| 增城市 | 768577 | 571554 | 197023 | 571554 | 197023 |
| 从化市 | 496488 | 368160 | 128328 | 371340 | 125148 |

## 2-6 年末常住户口户数、人口数

(1998年)

| 区、县级市 | 户 数(户) | 农业户 | 非农业户 | 人口数(人) | 农业人口 | 非农业人口 |
|---|---|---|---|---|---|---|
| 全 市 | 2006279 | 647144 | 1359135 | 6704699 | 2531875 | 4172824 |
| 市 区 | 1229635 | 190926 | 1038709 | 3960411 | 654134 | 3306277 |
| 东山区 | 174444 | 175 | 174269 | 585770 | 388 | 585382 |
| 荔湾区 | 169184 | 888 | 168296 | 518722 | 1750 | 516972 |
| 越秀区 | 141985 | | 141985 | 440689 | | 440689 |
| 海珠区 | 238723 | 20122 | 218601 | 763959 | 64646 | 699313 |
| 天河区 | 137442 | 18529 | 118913 | 475635 | 55484 | 420151 |
| 芳村区 | 56133 | 11018 | 45115 | 171940 | 35996 | 135944 |
| 白云区 | 251365 | 123241 | 128124 | 810385 | 447881 | 362504 |
| 黄埔区 | 60359 | 16953 | 43406 | 193311 | 47989 | 145322 |
| 县级市 | 776644 | 456218 | 320426 | 2744288 | 1877741 | 866547 |
| 番禺市 | 262574 | 143004 | 119570 | 892238 | 546963 | 345275 |
| 花都市 | 178655 | 99257 | 79398 | 587807 | 391886 | 195921 |
| 增城市 | 202701 | 132127 | 70574 | 767755 | 570732 | 197023 |
| 从化市 | 132714 | 81830 | 50884 | 496488 | 368160 | 128328 |

## 2-7 人 口 迁 移 状 况

(1998年)

单位:比率:‰ 人数:人

| 区、县级市 | 迁入人数 | 迁入率 | 迁出人数 | 迁出率 | 净增人数 | 净增率 |
|---|---|---|---|---|---|---|
| 全 市 | 140570 | 20.97 | 94128 | 14.04 | 46442 | 6.93 |
| 市 区 | 91512 | 23.02 | 57720 | 14.52 | 33792 | 8.50 |
| 东山区 | 8923 | 15.24 | 4086 | 6.98 | 4837 | 8.26 |
| 荔湾区 | 2952 | 5.66 | 1785 | 3.42 | 1167 | 2.24 |
| 越秀区 | 4355 | 9.78 | 2670 | 6.00 | 1685 | 3.78 |
| 海珠区 | 17713 | 23.18 | 10628 | 13.91 | 7085 | 9.27 |
| 天河区 | 32285 | 67.93 | 27043 | 56.90 | 5242 | 11.03 |
| 芳村区 | 2891 | 16.96 | 1320 | 7.74 | 1571 | 9.22 |
| 白云区 | 19068 | 23.24 | 9237 | 11.26 | 9831 | 11.98 |
| 黄埔区 | 3325 | 17.30 | 951 | 4.95 | 2374 | 12.35 |
| 县级市 | 49058 | 17.98 | 36408 | 13.34 | 12650 | 4.64 |
| 番禺市 | 13216 | 14.89 | 8454 | 9.52 | 4762 | 5.37 |
| 花都市 | 12441 | 21.30 | 10439 | 17.87 | 2002 | 3.43 |
| 增城市 | 17470 | 22.88 | 12593 | 16.49 | 4877 | 6.39 |
| 从化市 | 5931 | 12.04 | 4922 | 9.99 | 1009 | 2.05 |

## 2-8 总人口自然变动状况

（1998年）

单位：比率：‰
人数：人

| 区、县级市 | 年平均人数 | 出生 | | 死亡 | | | |
|---|---|---|---|---|---|---|---|
| | | 人数 | 出生率 | 人数 | #婴儿 | 死亡率 | #婴儿 |
| **全市** | **6703131** | **67695** | **10.10** | **40981** | | **6.11** | |
| 市区 | 3974765 | 30963 | 7.79 | 26096 | 251 | 6.57 | 12.33 |
| 东山区 | 585423 | 4287 | 7.32 | 3437 | 26 | 5.87 | 7.57 |
| 荔湾区 | 521281 | 2831 | 5.43 | 4341 | 17 | 8.33 | 7.68 |
| 越秀区 | 445302 | 2698 | 6.06 | 3515 | 10 | 7.89 | 4.67 |
| 海珠区 | 764320 | 4904 | 6.42 | 5003 | 41 | 6.55 | 10.98 |
| 天河区 | 475281 | 4190 | 8.82 | 2187 | 14 | 4.60 | 4.53 |
| 芳村区 | 170507 | 1338 | 7.85 | 1448 | 16 | 8.49 | 15.63 |
| 白云区 | 820429 | 8186 | 9.98 | 5341 | 110 | 6.51 | 34.62 |
| 黄埔区 | 192222 | 2529 | 13.16 | 824 | 17 | 4.29 | 11.03 |
| 县级市 | 2728366 | 36732 | 13.46 | 14885 | | 5.46 | |
| 番禺市 | 887811 | 13726 | 15.46 | 5339 | 127 | 6.01 | 14.33 |
| 花都市 | 584266 | 6791 | 11.62 | 3133 | | 5.36 | |
| 增城市 | 763555 | 8453 | 11.07 | 3688 | | 4.83 | |
| 从化市 | 492734 | 7762 | 15.75 | 2725 | | 5.53 | |

注：1.1998年因换户口簿，死亡人口中含非1998年死亡注销户口人数3150人，其中：市区2766人，番禺市117人，花都市267人； 2.婴儿死亡率指未满周岁死亡婴儿数与活产婴儿数的比率，由市卫生局按常住户口本年出生人数计算。

## 2-9 主要年份农业人口转为非农业人口

单位：人

| 年份 | 全市 | 市区 | 番禺市 | 花都市 | 增城市 | 从化市 |
|---|---|---|---|---|---|---|
| 1980 | 109053 | 97924 | 3629 | 2043 | 4097 | 1360 |
| 1985 | 58578 | 44883 | 4294 | 3148 | 3315 | 2938 |
| 1990 | 34269 | 27302 | 2852 | 2055 | 1251 | 809 |
| 1991 | 33683 | 27555 | 1832 | 2187 | 1129 | 980 |
| 1992 | 33695 | 28435 | 1873 | 1061 | 1552 | 774 |
| 1993 | 57379 | 26699 | 1014 | 1534 | 1358 | 26774 |
| 1994 | 50803 | 44984 | 2381 | 2640 | 558 | 240 |
| 1995 | 45835 | 40362 | 2920 | 586 | 1285 | 682 |
| 1996 | 44565 | 41076 | 1907 | 498 | 344 | 740 |
| 1997 | 42078 | 38641 | 1841 | 758 | 514 | 324 |
| 1998 | 42877 | 39920 | 1723 | 802 | 161 | 271 |

## 2-10 农业人口转为非农业人口

(1998年)　　单位:人

| 区、县级市 | 合计 | 招生 | 招工 | 征用土地 | 随迁、投靠 | 其他 |
|---|---|---|---|---|---|---|
| 全市 | 42877 | 28852 | 747 | 5063 | 6202 | 2013 |
| 市区 | 39920 | 27380 | 659 | 5062 | 5043 | 1776 |
| 东山区 | 1587 | 680 | 195 | | 641 | 71 |
| 荔湾区 | 1518 | 202 | 57 | | 1136 | 123 |
| 越秀区 | 1651 | 775 | 48 | | 770 | 58 |
| 海珠区 | 8133 | 5820 | 121 | 311 | 1419 | 462 |
| 天河区 | 12572 | 10438 | 91 | 1191 | 343 | 509 |
| 芳村区 | 2489 | 978 | 42 | 1211 | 205 | 53 |
| 白云区 | 11153 | 8103 | 74 | 2200 | 284 | 492 |
| 黄埔区 | 817 | 384 | 31 | 149 | 245 | 8 |
| 县级市 | 2957 | 1472 | 88 | 1 | 1159 | 237 |
| 番禺市 | 1723 | 412 | 21 | | 1114 | 176 |
| 花都市 | 802 | 759 | 29 | | 10 | 4 |
| 增城市 | 161 | 124 | 22 | 1 | 11 | 3 |
| 从化市 | 271 | 177 | 16 | | 24 | 54 |

## 2-11 计划生育情况

(1998年)　　单位:比率:%　人数:人

| 区、县级市 | 已婚育龄妇女人数 | 晚婚率 | 节育率 | 计划生育率 | 一孩率 | 多孩率 | 独生子女领证率 |
|---|---|---|---|---|---|---|---|
| 全市 | 1315700 | 83.50 | 88.49 | 93.64 | 72.75 | 1.95 | 29.34 |
| 市区 | 803057 | 90.68 | 88.31 | 95.49 | 82.15 | 1.23 | 42.73 |
| 东山区 | 127716 | 95.36 | 88.89 | 98.37 | 92.98 | 0.09 | 53.86 |
| 荔湾区 | 111675 | 97.16 | 86.89 | 98.72 | 90.95 | 0.09 | 60.10 |
| 越秀区 | 97254 | 98.09 | 86.09 | 98.30 | 92.86 | 0.13 | 50.04 |
| 海珠区 | 162171 | 93.79 | 86.06 | 97.55 | 83.72 | 0.28 | 45.13 |
| 天河区 | 78054 | 94.08 | 94.33 | 96.83 | 83.86 | 0.70 | 46.18 |
| 芳村区 | 37941 | 90.51 | 91.50 | 96.81 | 77.45 | 0.75 | 35.28 |
| 白云区 | 146645 | 77.44 | 89.83 | 89.99 | 69.56 | 3.59 | 14.57 |
| 黄埔区 | 41601 | 86.21 | 84.68 | 94.08 | 79.09 | 1.26 | 35.13 |
| 县级市 | 512643 | 72.50 | 88.76 | 91.91 | 63.90 | 2.63 | 8.36 |
| 番禺市 | 185305 | 73.91 | 84.73 | 93.50 | 61.60 | 2.41 | 8.84 |
| 花都市 | 100424 | 77.10 | 92.92 | 91.13 | 71.68 | 2.66 | 8.43 |
| 增城市 | 141981 | 69.48 | 89.47 | 90.61 | 63.57 | 2.71 | 8.41 |
| 从化市 | 84933 | 70.30 | 91.48 | 91.65 | 61.00 | 2.88 | 7.16 |

注:1.此表数据由市计生委提供;2.1998年计划内多孩90人,其中:市区41人;四县级市49人。

# 主要统计指标解释

【总人口】包括有常住户口和未落常住户口人员，以及被注销户口的在押犯、劳改及劳教人员，不包括外来人口。未落常住户口人员包括持出生、迁移、复员转业、劳改释放、解除劳教等证件未落常住户口的人员，以及城乡均无户口和户口情况不明但定居一年以上的流入人口。

【人口数】指一定时点、一定地区范围内的有生命的个人的总和。年度统计的年末人口数是指每年12月31日24时的人口数。

【出生率(又称粗出生率)】指在一定时期内(通常为一年)平均每千人所出生的人数的比率，一般用千分率表示。计算公式：

$$出生率 = \frac{年出生人数}{年平均人数} \times 1000‰$$

出生人数是指活产婴儿，即胎儿脱离母体时(不管怀孕月数)，有过呼吸或其他生命现象。

年平均人数是年初、年底人口数的平均数，也可用年中人口数代替。

【死亡率(又称粗死亡率)】指在一定时期内(通常为一年)一定地区的死亡人数与同期平均人数(或期中人数)之比，一般用千分率表示。计算公式：

$$死亡率 = \frac{年死亡人数}{年平均人数} \times 1000‰$$

【人口自然增长率】指在一定时期内(通常为一年)人口自然增加数(出生人数减死亡人数)与该时期内平均人数(或期中人数)之比，一般用千分率表示。计算公式：

$$人口自然增长率 = \frac{本年出生人数 - 本年死亡人数}{年平均人数} \times 1000‰$$

人口自然增长率=人口出生率−人口死亡率

# 第三篇

# 从业人员和职工工资

# 就业结构调整力度加大，职工工资平稳增长

1998 年，我市经济体制改革继续深化，经济结构和所有制结构调整步伐加快，就业结构调整力度也随之加大。同时，由于我市经济保持了健康、持续、稳定的增长态势，带动了职工工资的平稳增长。

一、就业结构更趋合理

1998 年末，全市城镇从业人数 242.60 万人，比上年增加 3.07 万人，增长 1.3%，其中城镇个体、私营从业人员达 43.52 万人，比上年末增加 5.63 万人，增长 14.9%。但职工人数则仍呈减少趋势，至年末全市共有 197.03 万人，比上年末减少 2.78 万人，减幅 1.4%。

1. 第三产业从业人员比重上升

1998 年末城镇从业人员中，从事第一产业的有 1.92 万人，占 0.79%，从事第二产业的有 94.32 万人，占 38.88%，分别比上年减少 0.03 和 0.48 个百分点；从事第三产业的有 146.36 万人，占 60.33%，比上年上升 0.51 个百分点。这与我市三次产业增加值占国内生产总值的比重的变化趋势基本相同，说明我市就业结构的变化与经济结构的调整大致相符。

2. 混合经济单位及非公有制单位从业人数迅速增加

近年来，随着就业结构的调整，我市混合经济单位和非公有制单位从业人数迅速增加，比重上升。1998 年末，我市除国有、集体经济之外的混合经济和非公有制经济从业人员已达 83.32 万人，占城镇从业人员总数的 34.35%。其中联营及其他有限责任公司 2.85 万人，比上年增加 0.94 万人；外商及港澳台投资企业从业人员 31.50 万人，比上年增加 1.37 万人；股份制企业 5.45 万人，增加 1.89 万人；城镇私营、个体从业人员达 43.52 万人，比上年增加 5.63 万人。

3. 职工人数减少

1998 年末，全市共有职工 197.03 万人，比上年减少 2.78 万人，减幅达 1.4%。从行业看，我市职工人数减少最多的是批发零售贸易餐饮业，减少 1.33 万人；其次是交通运输仓储及邮电通信业，减少 1.32 万人；居第三位的是制造业，减少 1.26 万人。

二、职工工资平稳增长

1998 年广州市职工工资保持增长，但增势减缓。全年全市职工工资总额为 283.14 亿元，比上年增加 21.56 亿元，增长 8.2%，增幅比上年回落 1.0 个百分点，已连续四年增幅走低。全市职工年人均工资 14318 元，比上年增长 9.1%，增幅比上年回落 1.9 个百分点，扣除价格因素，实际增长 11.7%，高于上年增幅 3.1 个百分点。从企事业机关分组看：1998 年，企业单位职工年平均工资 13917 元，事业单位 15284 元，机关单位 18153 元，分别比上年增长 8.0%、13.5%和 16.1%。

三、城镇登记失业率有所下降

据劳动部门统计，1998 年度广州地区城镇登记失业人员总数为 15.05 万人，全年安置失业人员 8.83 万人，安置率为 58.7%，比上年增加 12.8%。年末城镇登记的失业人员尚有 5.74 万人，比上年同期减少 0.80 万人；城镇登记失业率为 2.31%，比上年同期下降 0.35%。

1998 年末，我市国有企业中离开本单位仍保留劳动关系的职工 4.97 万人，月平均生活费 387 元，剔除离岗退养和停薪留职人员，尚有不在岗职工 2.18 万人，其生活费月均 324 元。

## 职工工资总额

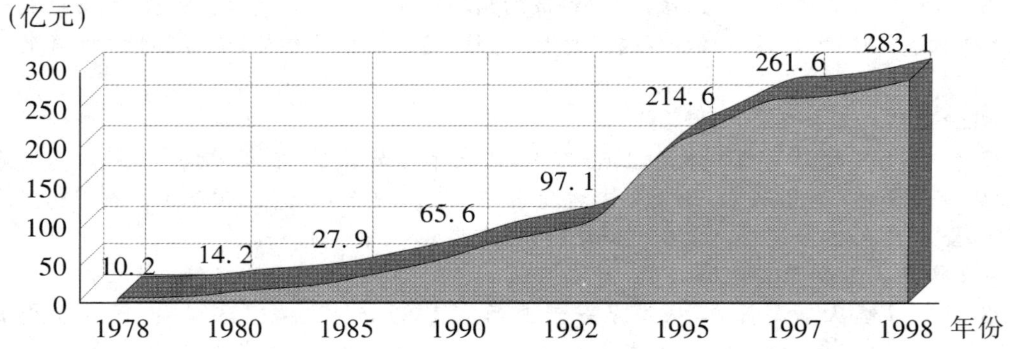


## 职工工资指数

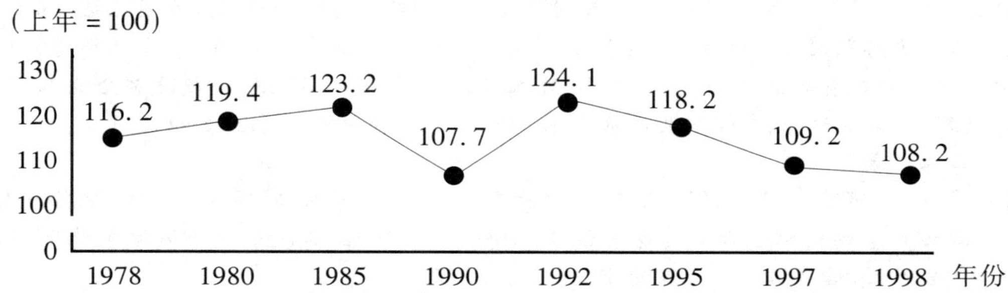


## 社会从业人员数

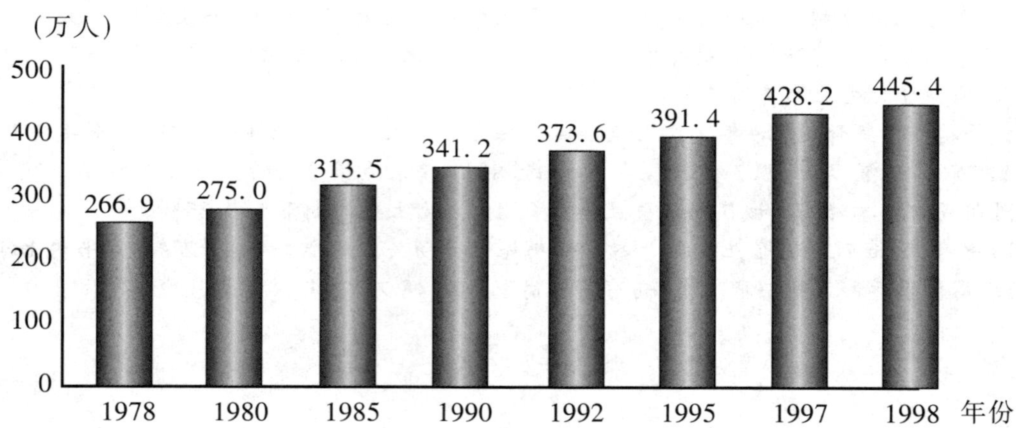

# 3-1 主要年份社会从业人员

单位:人

| 年份 | 全市 | 职工人数 | 农村劳动者 | 城镇私营个体及其他 |
|---|---|---|---|---|
| **全市** | | | | |
| 1952 | 1118684 | 258326 | 656361 | 203997 |
| 1957 | 1372154 | 583563 | 715936 | 72655 |
| 1962 | 1469806 | 728152 | 708931 | 32723 |
| 1965 | 1699954 | 864321 | 773445 | 62188 |
| 1970 | 1970034 | 940661 | 989239 | 40134 |
| 1975 | 2375975 | 1208401 | 1138712 | 28862 |
| 1978 | 2668989 | 1473615 | 1178422 | 16952 |
| 1980 | 2750467 | 1565533 | 1160625 | 24309 |
| 1985 | 3134739 | 1756497 | 1310633 | 67609 |
| 1990 | 3411513 | 1893944 | 1408961 | 108608 |
| 1995 | 3913824 | 2082361 | 1534939 | 296524 |
| 1996 | 3928907 | 2028859 | 1551831 | 348217 |
| 1997 | 4282130 | 1998075 | 1886755 | 397300 |
| 1998 | 4453911 | 1970276 | 2027885 | 455750 |
| **市区** | | | | |
| 1952 | 653940 | 239331 | 210612 | 203997 |
| 1957 | 816510 | 528539 | 215316 | 72655 |
| 1962 | 890078 | 656113 | 201242 | 32723 |
| 1965 | 1073976 | 773058 | 238730 | 62188 |
| 1970 | 1175850 | 838216 | 297500 | 40134 |
| 1975 | 1460693 | 1089596 | 342506 | 28591 |
| 1978 | 1699547 | 1332852 | 349914 | 16781 |
| 1980 | 1788188 | 1419816 | 345190 | 23182 |
| 1985 | 1991006 | 1559619 | 376128 | 55259 |
| 1990 | 2115276 | 1641416 | 393185 | 80675 |
| 1995 | 2402242 | 1768604 | 416216 | 217422 |
| 1996 | 2388640 | 1708226 | 418703 | 261711 |
| 1997 | 2495357 | 1657729 | 529613 | 308015 |
| 1998 | 2581462 | 1623272 | 597893 | 360297 |

注:本表1996年以前农村劳动者未包括外来劳动力;1997年农村劳动者已包括6个月以上的外来劳动力,未包括6个月以下的外来劳动力;1998年已包括6个月以上及6个月以下的外来劳动力,与历年口径不可比。

# 3-2 社会从业人员

（1998年末） 单位：人

| 项目 | 合计 | 职工人数 | 农村劳动者 | 城镇私营个体劳动者 | 其他劳动者 |
|---|---|---|---|---|---|
| **总计** | 4453911 | 1970276 | 2027885 | 435223 | 20527 |
| **按地区分** | | | | | |
| 市区 | 2581462 | 1623272 | 597893 | 343588 | 16709 |
| 县级市 | 1872449 | 347004 | 1429992 | 91635 | 3818 |
| 番禺市 | 786569 | 164073 | 595417 | 25317 | 1762 |
| 花都市 | 342287 | 62675 | 249738 | 29189 | 685 |
| 增城市 | 487548 | 75864 | 383669 | 26809 | 1206 |
| 从化市 | 256045 | 44392 | 201168 | 10320 | 165 |
| **按国民经济行业分** | | | | | |
| 农、林、牧、渔业 | 941717 | 23167 | 917771 | 716 | 63 |
| 采掘业 | 5316 | 4555 | | 730 | 31 |
| 制造业 | 1354895 | 657399 | 641768 | 51849 | 3879 |
| 电力、煤气及水的生产和供应业 | 28147 | 27225 | | | 922 |
| 建筑业 | 315394 | 191483 | 118740 | 3338 | 1833 |
| 地质勘查业、水利管理业 | 6962 | 6883 | | | 79 |
| 交通运输、仓储及邮电通信业 | 262063 | 193170 | 54882 | 13325 | 686 |
| 批发和零售贸易、餐饮业 | 682052 | 272695 | 136262 | 270370 | 2725 |
| #零售贸易业 | 75334 | 74257 | | | 1077 |
| 餐饮业 | 74266 | 41353 | | 32628 | 285 |
| 金融、保险业 | 52779 | 48239 | 3071 | | 1469 |
| 房地产业 | 27104 | 26196 | | | 908 |
| 社会服务业 | 236188 | 147214 | 5275 | 82130 | 1569 |
| #公共服务业 | 58095 | 57766 | | | 329 |
| 居民服务业 | 18018 | 11003 | | 6974 | 41 |
| 卫生、体育和社会福利事业 | 77932 | 69328 | 6982 | 799 | 823 |
| #卫生事业 | 63100 | 61561 | | 799 | 740 |
| 教育、文化艺术及广播电影电视业 | 167484 | 146996 | 12800 | 3696 | 3992 |
| #教育事业 | 136633 | 129435 | | 3696 | 3502 |
| 文化艺术业 | 10816 | 10571 | | | 245 |
| 科学研究和综合技术服务业 | 37972 | 36477 | 732 | | 763 |
| #科学研究业 | 14565 | 14326 | | | 239 |
| 国家机关、政党机关和社会团体 | 114695 | 105734 | 8513 | | 448 |
| 其他行业 | 143211 | 13515 | 121089 | 8270 | 337 |

# 3-3 市区社会从业人员

（1998年末）　　　　单位：人

| 行业 | 合计 | 职工人数 | 农村劳动者 | 城镇私营个体劳动者 | 其他劳动者 |
|---|---|---|---|---|---|
| 合计 | 2581462 | 1623272 | 597893 | 343588 | 16709 |
| 农、林、牧、渔业 | 239456 | 10399 | 228544 | 479 | 34 |
| 采掘业 | 2748 | 2421 | | 300 | 27 |
| 制造业 | 704216 | 502296 | 169842 | 29033 | 3045 |
| 电力、煤气及水的生产和供应业 | 21980 | 21066 | | | 914 |
| 建筑业 | 197745 | 150627 | 43434 | 2341 | 1343 |
| 地质勘查业、水利管理业 | 4768 | 4689 | | | 79 |
| 交通运输、仓储及邮电通信业 | 213563 | 183466 | 20160 | 9275 | 662 |
| 批发和零售贸易、餐饮业 | 522873 | 245948 | 52922 | 221372 | 2631 |
| #零售贸易 | 69738 | 68664 | | | 1074 |
| 餐饮业 | 60522 | 36833 | | 23408 | 281 |
| 金融、保险业 | 40161 | 38323 | 517 | | 1321 |
| 房地产业 | 23064 | 22239 | | | 825 |
| 社会服务业 | 211850 | 139185 | 1996 | 69156 | 1513 |
| #公共服务业 | 54698 | 54388 | | | 310 |
| 居民服务业 | 16157 | 10838 | | 5280 | 41 |
| 卫生、体育和社会福利事业 | 59141 | 55953 | 1927 | 555 | 706 |
| #卫生事业 | 50277 | 49095 | | 555 | 627 |
| 教育、文化艺术和广播电影电视业 | 123197 | 115163 | 2216 | 3641 | 2177 |
| #教育事业 | 103677 | 98318 | | 3641 | 1718 |
| 文化艺术业 | 10546 | 10325 | | | 221 |
| 科学研究和综合技术服务业 | 36198 | 35238 | 222 | | 738 |
| #科学研究业 | 14358 | 14124 | | | 234 |
| 国家机关、政党机关和社会团体 | 89242 | 85489 | 3387 | | 366 |
| 其他行业 | 91260 | 10770 | 72726 | 7436 | 328 |

# 3-4 主要年份三次产业从业人员及构成

| 年份 | 从业人员（人） | | | | 构成（从业人员=100） | | |
|---|---|---|---|---|---|---|---|
| | | 第一产业 | 第二产业 | 第三产业 | 第一产业 | 第二产业 | 第三产业 |
| 全市 | | | | | | | |
| 1952 | 1118684 | 646632 | 156720 | 315332 | 57.80 | 14.01 | 28.19 |
| 1957 | 1372154 | 706391 | 309909 | 355854 | 51.48 | 22.59 | 25.93 |
| 1962 | 1469806 | 712412 | 357782 | 399612 | 48.47 | 24.34 | 27.19 |
| 1965 | 1699954 | 780842 | 460044 | 459068 | 45.93 | 27.06 | 27.01 |
| 1970 | 1970034 | 958925 | 574633 | 436476 | 48.68 | 29.17 | 22.15 |
| 1975 | 2375975 | 1129317 | 700250 | 546408 | 47.53 | 29.47 | 23.00 |
| 1978 | 2668989 | 1165987 | 857527 | 645475 | 43.69 | 32.13 | 24.18 |
| 1980 | 2750467 | 1106432 | 922756 | 721279 | 40.23 | 33.55 | 26.22 |
| 1985 | 3134739 | 979869 | 1180526 | 974344 | 31.26 | 37.66 | 31.08 |
| 1990 | 3411513 | 963548 | 1241813 | 1206152 | 28.24 | 36.40 | 35.36 |
| 1995 | 3913824 | 915251 | 1424847 | 1573726 | 23.38 | 36.41 | 40.21 |
| 1996 | 3928907 | 921579 | 1364074 | 1643254 | 23.46 | 34.72 | 41.82 |
| 1997 | 4282130 | 932283 | 1628759 | 1721088 | 21.77 | 38.04 | 40.19 |
| 1998 | 4453911 | 936990 | 1703752 | 1813169 | 21.04 | 38.25 | 40.71 |
| 市区 | | | | | | | |
| 1952 | 653940 | 208230 | 179610 | 266100 | 31.84 | 27.47 | 40.69 |
| 1957 | 816510 | 211864 | 279569 | 325077 | 25.95 | 34.24 | 39.81 |
| 1962 | 890078 | 207976 | 323933 | 358169 | 23.37 | 36.39 | 40.24 |
| 1965 | 1073976 | 242858 | 422999 | 408119 | 22.61 | 39.39 | 38.00 |
| 1970 | 1175850 | 279618 | 511108 | 385124 | 23.78 | 43.47 | 32.75 |
| 1975 | 1460693 | 363095 | 628811 | 468787 | 24.86 | 43.05 | 32.09 |
| 1978 | 1699547 | 366748 | 767870 | 564929 | 21.58 | 45.18 | 33.24 |
| 1980 | 1788188 | 338240 | 818404 | 631544 | 18.91 | 45.77 | 35.32 |
| 1985 | 1991006 | 267498 | 903334 | 820174 | 13.44 | 45.37 | 41.19 |
| 1990 | 2115276 | 249162 | 900297 | 965817 | 11.78 | 42.56 | 45.66 |
| 1995 | 2402242 | 241493 | 927061 | 1233688 | 10.05 | 38.59 | 51.36 |
| 1996 | 2388640 | 232144 | 866527 | 1289969 | 9.72 | 36.28 | 54.00 |
| 1997 | 2495357 | 232534 | 915115 | 1347708 | 9.32 | 36.67 | 54.01 |
| 1998 | 2581462 | 236185 | 926689 | 1418588 | 9.15 | 35.90 | 54.95 |

注:1997 年及 1998 年增加的农村外来劳动力中,第二产业所占比重较大,与历年口径不可比。

# 3-5 三次产业从业人数及构成

（1998年末）

| 项目 | 人数（人） | #市区 | 构成（%） | #市区 |
|---|---|---|---|---|
| **合计** | **4453911** | **2581462** | **100.00** | **100.00** |
| 第一产业 | 936990 | 236185 | 21.04 | 9.15 |
| 第二产业 | 1703752 | 926689 | 38.25 | 35.90 |
| 工业 | 1388358 | 728944 | 31.17 | 28.24 |
| 建筑业 | 315394 | 197745 | 7.08 | 7.66 |
| 第三产业 | 1813169 | 1418588 | 40.71 | 54.95 |
| 农林牧渔服务业 | 4727 | 3271 | 0.11 | 0.13 |
| 地质勘查业、水利管理业 | 6962 | 4768 | 0.16 | 0.18 |
| 交通运输和仓储业 | 262063 | 213563 | 5.88 | 8.27 |
| 邮电通信业 | | | | |
| 批发和零售贸易、餐饮业 | 682052 | 522873 | 15.31 | 20.25 |
| 金融保险业 | 52779 | 40161 | 1.18 | 1.56 |
| 房地产业 | 27104 | 23064 | 0.61 | 0.89 |
| 社会服务业 | 236188 | 211850 | 5.30 | 8.21 |
| 卫生、体育、社会福利事业 | 77932 | 59141 | 1.75 | 2.29 |
| 教育、文艺、广播电影电视业 | 167484 | 123197 | 3.76 | 4.77 |
| 科学研究和综合技术服务事业 | 37972 | 36198 | 0.85 | 1.40 |
| 国家机关、政党机关和社会团体 | 114695 | 89242 | 2.58 | 3.46 |
| 其他 | 143211 | 91260 | 3.22 | 3.54 |

# 3-6 市区城镇从业人数

（1998年末）　　　　单位：人

| 行业 | 合计 | 国有单位 | 集体单位 | 其他单位 | 城镇私营个体 |
|---|---|---|---|---|---|
| **合计** | **1983569** | **1052921** | **291677** | **295383** | **343588** |
| 农、林、牧、渔业 | 10912 | 10305 | 63 | 65 | 479 |
| 采掘业 | 2748 | 2381 | | 67 | 300 |
| 制造业 | 534374 | 206846 | 102465 | 196030 | 29033 |
| 电力、煤气及水的生产和供应业 | 21980 | 20315 | 24 | 1641 | |
| 建筑业 | 154311 | 115115 | 33120 | 3735 | 2341 |
| 地质勘查业、水利管理业 | 4768 | 4768 | | | |
| 交通运输、仓储及邮电通信业 | 193403 | 154760 | 10377 | 18991 | 9275 |
| 批发和零售贸易、餐饮业 | 469951 | 125474 | 95344 | 27761 | 221372 |
| 金融、保险业 | 39644 | 29732 | 4369 | 5543 | |
| 房地产业 | 23064 | 14663 | 4010 | 4391 | |
| 社会服务业 | 209854 | 76535 | 28431 | 35732 | 69156 |
| 卫生、体育和社会福利业 | 57214 | 52228 | 4237 | 194 | 555 |
| 教育、文化艺术及广播电影电视业 | 120981 | 114227 | 2302 | 811 | 3641 |
| 科学研究和综合技术服务业 | 35976 | 34574 | 1164 | 238 | |
| 国家机关、政党机关和社会团体 | 85855 | 83367 | 2488 | | |
| 其他行业 | 18534 | 7631 | 3283 | 184 | 7436 |

# 3－7 城镇从业人数

（1998年末） 单位：人

| 项目 | 合计 | 国有单位 | 集体单位 | 其他单位 | 城镇私营个体 |
|---|---|---|---|---|---|
| 总计 | 2426026 | 1220718 | 372075 | 398010 | 435223 |
| 按地区分 | | | | | |
| 市区 | 1983569 | 1052921 | 291677 | 295383 | 343588 |
| 县级市 | 442457 | 167797 | 80398 | 102627 | 91635 |
| 番禺市 | 191152 | 64161 | 49336 | 52338 | 25317 |
| 花都市 | 92549 | 34313 | 5898 | 23149 | 29189 |
| 增城市 | 103879 | 40214 | 15389 | 21467 | 26809 |
| 从化市 | 54877 | 29109 | 9775 | 5673 | 10320 |
| 按国民经济行业分 | | | | | |
| 农、林、牧、渔业 | 23946 | 22882 | 217 | 131 | 716 |
| 采掘业 | 5316 | 4242 | 190 | 154 | 730 |
| 制造业 | 713127 | 242688 | 128421 | 290169 | 51849 |
| 电力、煤气及水的生产和供应业 | 28147 | 24258 | 688 | 3201 | |
| 建筑业 | 196654 | 123008 | 65840 | 4468 | 3338 |
| 地质勘查业、水利管理业 | 6962 | 6958 | 4 | | |
| 交通运输、仓储及邮电通信业 | 207181 | 161506 | 13108 | 19242 | 13325 |
| 批发和零售贸易、餐饮业 | 545790 | 140095 | 105021 | 30304 | 270370 |
| 金融、保险业 | 49708 | 35963 | 7946 | 5799 | |
| 房地产业 | 27104 | 15567 | 5150 | 6387 | |
| 社会服务业 | 230913 | 82292 | 30051 | 36440 | 82130 |
| 卫生、体育和社会福利业 | 70950 | 65374 | 4295 | 482 | 799 |
| 教育、文化艺术和广播电影电视业 | 154684 | 147450 | 2727 | 811 | 3696 |
| 科学研究和综合技术服务业 | 37240 | 35746 | 1256 | 238 | |
| 国家机关、政党机关和社会团体 | 106182 | 103624 | 2558 | | |
| 其他行业 | 22122 | 9065 | 4603 | 184 | 8270 |

# 3-8 职工人数与工资

（1998年、按地区分）

| 项　目 | 全　市 | 市　区 | 番禺市 | 花都市 | 增城市 | 从化市 |
|---|---|---|---|---|---|---|
| 职工年末人数(人) | 1970276 | 1623272 | 164073 | 62675 | 75864 | 44392 |
| 国有经济单位 | 1207178 | 1041973 | 62879 | 33718 | 39598 | 29010 |
| 集体经济单位 | 369907 | 289944 | 49148 | 5879 | 15166 | 9770 |
| 其他各种经济类型单位 | 393191 | 291355 | 52046 | 23078 | 21100 | 5612 |
| #三资企业 | 311598 | 216040 | 51086 | 21623 | 17572 | 5277 |
| 职工年平均人数(人) | 1977548 | 1635768 | 159627 | 62955 | 75309 | 43889 |
| 国有经济单位 | 1212022 | 1048899 | 61709 | 33446 | 39577 | 28391 |
| 集体经济单位 | 366873 | 290441 | 46141 | 5935 | 14671 | 9685 |
| 其他各种经济类型单位 | 398653 | 296428 | 51777 | 23574 | 21061 | 5813 |
| #三资企业 | 316545 | 220599 | 50818 | 22084 | 17508 | 5536 |
| 职工工资总额(万元) | 2831440 | 2463849 | 184319 | 65275 | 79247 | 38750 |
| 国有经济单位 | 1900631 | 1710245 | 73559 | 38972 | 49147 | 28708 |
| 集体经济单位 | 344677 | 271476 | 52029 | 5287 | 10789 | 5096 |
| 其他各种经济类型单位 | 586132 | 482128 | 58731 | 21016 | 19311 | 4946 |
| #三资企业 | 454061 | 355398 | 57787 | 19510 | 16623 | 4743 |
| 职工年平均工资(元) | 14318 | 15062 | 11547 | 10369 | 10523 | 8829 |
| 国有经济单位 | 15681 | 16305 | 11920 | 11652 | 12418 | 10112 |
| 集体经济单位 | 9395 | 9347 | 11276 | 8908 | 7354 | 5262 |
| 其他各种经济类型单位 | 14703 | 16265 | 11343 | 8915 | 9169 | 8509 |
| #三资企业 | 14344 | 16111 | 11371 | 8834 | 9495 | 8568 |

注：职工年人均工资是以“千元”为单位的工资总额计算的，下同。

## 3-9 职工工资总额及指数

| 年　　份 | 职工工资总额 | 国有经济单位 | 城镇集体经济单位 | 其他各种经济单位 | #三资企业 |
|---|---|---|---|---|---|
| **绝对数(万元)** | | | | | |
| 1978 | 101809 | 76913 | 24896 | | |
| 1980 | 142243 | 108015 | 34228 | | |
| 1985 | 278892 | 208829 | 65660 | 4403 | 3127 |
| 1990 | 656434 | 487524 | 121441 | 47469 | 41198 |
| 1991 | 783043 | 565974 | 148783 | 68286 | 61119 |
| 1992 | 971335 | 690135 | 183771 | 97429 | 89978 |
| 1993 | 1316773 | 941475 | 226929 | 148369 | 106957 |
| 1994 | 1815428 | 1277944 | 308933 | 228551 | 183030 |
| 1995 | 2146245 | 1481375 | 344494 | 320376 | 263343 |
| 1996 | 2395597 | 1672483 | 348629 | 374485 | 313623 |
| 1997 | 2615842 | 1798987 | 338388 | 478467 | 404483 |
| 1998 | 2831440 | 1900631 | 344677 | 586132 | 454061 |
| **指数(上年＝100)** | | | | | |
| 1978 | 116.20 | 121.34 | 102.76 | | |
| 1980 | 119.43 | 121.25 | 114.01 | | |
| 1985 | 123.19 | 121.95 | 124.25 | 190.69 | 236.36 |
| 1990 | 107.71 | 106.08 | 105.39 | 137.10 | 152.37 |
| 1991 | 119.29 | 116.09 | 122.51 | 143.85 | 148.35 |
| 1992 | 124.05 | 121.94 | 123.52 | 142.68 | 147.22 |
| 1993 | 135.56 | 136.42 | 123.48 | 152.28 | 118.87 |
| 1994 | 137.87 | 135.74 | 136.14 | 154.04 | 171.12 |
| 1995 | 118.22 | 115.92 | 111.51 | 140.18 | 143.88 |
| 1996 | 111.62 | 112.90 | 101.20 | 116.89 | 119.09 |
| 1997 | 109.19 | 107.56 | 97.06 | 127.77 | 128.97 |
| 1998 | 108.24 | 105.65 | 101.86 | 122.50 | 112.26 |

# 3—10 职工人数与工资

（1998 年、按行业分）

| 行业 | 职工年末人数(人) | 职工年平均人数(人) | 职工工资总额(万元) | 职工年人均工资(元) |
|---|---|---|---|---|
| 合计 | 1970276 | 1977548 | 2831440 | 14318 |
| 农、林、牧、渔业 | 23167 | 22505 | 17431 | 7745 |
| 农业 | 11255 | 10780 | 5674 | 5264 |
| 林业 | 2085 | 2114 | 1366 | 6461 |
| 畜牧业 | 3156 | 2949 | 2794 | 9474 |
| 渔业 | 2066 | 2125 | 1936 | 9112 |
| 农、林、牧、渔服务业 | 4605 | 4537 | 5661 | 12477 |
| 采掘业 | 4555 | 4597 | 6542 | 14231 |
| 制造业 | 657399 | 672511 | 836888 | 12444 |
| 电力、煤气及水的生产和供应业 | 27225 | 27501 | 68051 | 24745 |
| 建筑业 | 191483 | 179778 | 237302 | 13200 |
| 土木工程建筑业 | 154668 | 144547 | 188477 | 13039 |
| 线路、管道和设备安装业 | 23730 | 23239 | 35807 | 15408 |
| 建筑物的装修装饰业 | 13085 | 11992 | 13018 | 10856 |
| 地质勘查业、水利管理业 | 6883 | 6889 | 8378 | 12162 |
| 地质勘查业 | 4750 | 4760 | 5717 | 12012 |
| 水利管理业 | 2133 | 2129 | 2661 | 12497 |
| 交通运输、仓储及邮电通信业 | 193170 | 194173 | 364259 | 18759 |
| 铁路运输业 | 39357 | 40179 | 64491 | 16051 |
| 公路运输业 | 12076 | 12343 | 14938 | 12103 |
| 管道运输业 | | | | |
| 水上运输业 | 40059 | 40650 | 88651 | 21808 |
| 航空运输业 | 6368 | 6172 | 19554 | 31682 |
| 交通运输辅助业 | 52314 | 52371 | 96751 | 18474 |
| 交通运输业 | 108 | 116 | 215 | 18552 |
| 仓储业 | 11260 | 11476 | 17685 | 15410 |
| 邮电通信业 | 31628 | 30866 | 61974 | 20078 |
| 批发和零售贸易、餐饮业 | 272695 | 278463 | 326789 | 11735 |
| 食品、饮料、烟草和家庭用品批发商业 | 80361 | 82165 | 104073 | 12666 |
| 能源材料和机械电子设备批发业 | 54798 | 55803 | 68334 | 12246 |
| 其他批发业 | 19570 | 19844 | 22667 | 11422 |
| 零售业 | 74257 | 75408 | 83426 | 11063 |

附：离休、退休、退职年末人数：全市 571756 人，其中国有单位 395045 人，集体单位 130622 人，其他单位 46089 人。

3—10 续表

| 行　　业 | 职工年末人数(人) | 职工年平均人数(人) | 职工工资总额(万元) | 职工年人均工资(元) |
|---|---|---|---|---|
| 商业经纪与代理业 | 2356 | 2410 | 4954 | 20557 |
| 餐饮业 | 41353 | 42833 | 43335 | 10117 |
| 金融、保险业 | 48239 | 47874 | 93902 | 19615 |
| 金融业 | 45045 | 44625 | 88728 | 19883 |
| 保险业 | 3194 | 3249 | 5174 | 15926 |
| 房地产业 | 26196 | 25314 | 43959 | 17366 |
| 房地产开发与经营业 | 16151 | 15786 | 28626 | 18134 |
| 房地产管理业 | 8827 | 8338 | 13200 | 15831 |
| 房地产代理与经纪业 | 1218 | 1190 | 2133 | 17927 |
| 社会服务业 | 147214 | 147238 | 221677 | 15056 |
| 公共服务业 | 57766 | 57514 | 99596 | 17317 |
| 居民服务业 | 11003 | 10919 | 12333 | 11296 |
| 旅馆业 | 50189 | 51022 | 73169 | 14341 |
| 租赁服务业 | 736 | 761 | 881 | 11583 |
| 旅游业 | 5033 | 5034 | 7725 | 15345 |
| 娱乐服务业 | 5461 | 5553 | 6644 | 11966 |
| 信息、咨询服务业 | 6878 | 6877 | 10254 | 14910 |
| 计算机应用服务业 | 1791 | 1747 | 2441 | 13973 |
| 其他社会服务业 | 8357 | 7811 | 8634 | 11053 |
| 卫生、体育和社会福利业 | 69328 | 69075 | 108390 | 15692 |
| 卫生 | 61561 | 61279 | 96535 | 15753 |
| 体育 | 4373 | 4461 | 7112 | 15942 |
| 社会福利保障业 | 3394 | 3335 | 4743 | 14221 |
| 教育文化艺术和广播电影电视业 | 146996 | 146298 | 226913 | 15510 |
| 教育 | 129435 | 128700 | 199999 | 15540 |
| 文化艺术业 | 10571 | 10516 | 17173 | 16331 |
| 广播电影电视业 | 6990 | 7082 | 9741 | 13754 |
| 科学研究和综合技术服务业 | 36477 | 36618 | 61730 | 16858 |
| 科学研究业 | 14326 | 14322 | 19919 | 13908 |
| 综合技术服务业 | 22151 | 22296 | 41811 | 18752 |
| 国家机关、政党机关和社会团体 | 105734 | 104984 | 187094 | 17821 |
| 其他行业 | 13515 | 13730 | 22135 | 16122 |

# 3—11 市区职工人数与工资

（1998年、按行业分）

| 行业 | 职工年末人数（人） | 职工年平均人数（人） | 职工工资总额（万元） | 职工年人均工资（元） |
|---|---|---|---|---|
| **合计** | **1623272** | **1635768** | **2463849** | **15062** |
| 农、林、牧、渔业 | 10399 | 10044 | 10509 | 10463 |
| 农业 | 2062 | 1954 | 1134 | 5805 |
| 林业 | 291 | 292 | 333 | 11414 |
| 畜牧业 | 2757 | 2521 | 2438 | 9671 |
| 渔业 | 2066 | 2125 | 1936 | 9112 |
| 农、林、牧、渔服务业 | 3223 | 3152 | 4668 | 14808 |
| 采掘业 | 2421 | 2463 | 4111 | 16692 |
| 制造业 | 502296 | 517899 | 688695 | 13298 |
| 电力、煤气及水的生产和供应业 | 21066 | 21374 | 55414 | 25926 |
| 建筑业 | 150627 | 141962 | 199202 | 14032 |
| 土木工程建筑业 | 118190 | 109738 | 154157 | 14048 |
| 线路、管道和设备安装业 | 22195 | 21779 | 33948 | 15587 |
| 建筑物的装修装饰业 | 10242 | 10445 | 11097 | 10624 |
| 地质勘查业、水利管理业 | 4689 | 4688 | 6464 | 13789 |
| 地质勘查业 | 3449 | 3448 | 4635 | 13443 |
| 水利管理业 | 1240 | 1240 | 1829 | 14753 |
| 交通运输、仓储及邮电通信业 | 183466 | 184491 | 351571 | 19056 |
| 铁路运输业 | 39357 | 40179 | 64491 | 16051 |
| 公路运输业 | 11270 | 11533 | 14059 | 12191 |
| 管道运输业 | | | | |
| 水上运输业 | 38042 | 38626 | 87143 | 22561 |
| 航空运输业 | 6368 | 6172 | 19554 | 31682 |
| 交通运输辅助业 | 50031 | 50103 | 93907 | 18743 |
| 交通运输业 | 108 | 116 | 215 | 18552 |
| 仓储业 | 10788 | 11007 | 16941 | 15391 |
| 邮电通信业 | 27502 | 26755 | 55261 | 20654 |
| 批发和零售贸易、餐饮业 | 245948 | 251565 | 305568 | 12147 |
| 食品、饮料、烟草和家庭用品批发商业 | 70328 | 72085 | 96147 | 13338 |
| 能源材料和机械电子设备批发业 | 52633 | 53600 | 66560 | 12418 |
| 其他批发业 | 15410 | 15513 | 19383 | 12495 |
| 零售业 | 68664 | 69831 | 79445 | 11377 |

3—11 续表

| 行业 | 职工年末人数(人) | 职工年平均人数(人) | 职工工资总额(万元) | 职工年人均工资(元) |
|---|---|---|---|---|
| 商业经纪与代理业 | 2080 | 2135 | 4664 | 21845 |
| 餐饮业 | 36833 | 38401 | 39369 | 10252 |
| 金融、保险业 | 38323 | 37943 | 76768 | 20232 |
| 金融业 | 35526 | 35090 | 72138 | 20558 |
| 保险业 | 2797 | 2853 | 4630 | 16228 |
| 房地产业 | 22239 | 21454 | 39041 | 18198 |
| 房地产开发与经营业 | 12449 | 12151 | 23989 | 19743 |
| 房地产管理业 | 8578 | 8119 | 12930 | 15926 |
| 房地产代理与经纪业 | 1212 | 1184 | 2122 | 17920 |
| 社会服务业 | 139185 | 139475 | 214314 | 15366 |
| 公共服务业 | 54388 | 54437 | 96925 | 17805 |
| 居民服务业 | 10838 | 10762 | 12117 | 11259 |
| 旅馆业 | 47170 | 47974 | 70260 | 14645 |
| 租赁服务业 | 711 | 736 | 846 | 11496 |
| 旅游业 | 4420 | 4392 | 7050 | 16052 |
| 娱乐服务业 | 5009 | 5115 | 6233 | 12187 |
| 信息、咨询服务业 | 6750 | 6747 | 10111 | 14985 |
| 计算机应用服务业 | 1781 | 1737 | 2427 | 13974 |
| 其他社会服务业 | 8118 | 7575 | 8345 | 11017 |
| 卫生、体育和社会福利业 | 55953 | 55756 | 91299 | 16375 |
| 卫生 | 49095 | 48993 | 80741 | 16480 |
| 体育 | 3938 | 3895 | 6459 | 16583 |
| 社会福利保障业 | 2920 | 2868 | 4099 | 14293 |
| 教育文化艺术和广播电影电视业 | 115163 | 115297 | 183679 | 15931 |
| 教育 | 98318 | 98413 | 157622 | 16016 |
| 文化艺术业 | 10325 | 10270 | 16843 | 16400 |
| 广播电影电视业 | 6520 | 6614 | 9214 | 13932 |
| 科学研究和综合技术服务业 | 35238 | 35390 | 60159 | 16999 |
| 科学研究业 | 14124 | 14117 | 19723 | 13971 |
| 综合技术服务业 | 21114 | 21273 | 40436 | 19008 |
| 国家机关、政党机关和社会团体 | 85489 | 84967 | 157757 | 18567 |
| 其他行业 | 10770 | 11000 | 19298 | 17543 |

# 3-12 国有经济单位职工人数与工资

(1998 年)

| 项目 | 单位数（个） | 职工年末人数（人） | 职工年平均人数（人） | 职工工资总额（万元） | 职工年人均工资（元） |
|---|---|---|---|---|---|
| **总计** | 10234 | 1207178 | 1212022 | 1900631 | 15681 |
| **按企、事业和机关分** | | | | | |
| 企业 | 5246 | 838999 | 845833 | 1310087 | 15489 |
| 事业 | 3885 | 275784 | 274508 | 424048 | 15448 |
| 机关 | 1103 | 92395 | 91681 | 166496 | 18160 |
| **按国民经济行业分** | | | | | |
| 农、林、牧、渔业 | 255 | 22822 | 22153 | 17061 | 7701 |
| 农业 | 60 | 11159 | 10683 | 5596 | 5238 |
| 林业 | 21 | 2085 | 2114 | 1366 | 6461 |
| 畜牧业 | 30 | 3015 | 2801 | 2627 | 9379 |
| 渔业 | 4 | 2066 | 2125 | 1936 | 9112 |
| 农、林、牧、渔服务业 | 140 | 4497 | 4430 | 5536 | 12497 |
| 采掘业 | 25 | 4214 | 4256 | 6121 | 14382 |
| 制造业 | 740 | 241921 | 253201 | 329647 | 13019 |
| 电力、煤气及水的生产和供应业 | 70 | 23346 | 23624 | 58416 | 24727 |
| 建筑业 | 213 | 121731 | 113504 | 167135 | 14725 |
| 土木工程建筑业 | 149 | 104220 | 95848 | 137974 | 14395 |
| 线路、管道和设备安装业 | 31 | 15924 | 16060 | 27173 | 16920 |
| 建筑物的装修装饰业 | 33 | 1587 | 1596 | 1988 | 12457 |
| 地质勘查业、水利管理业 | 76 | 6879 | 6885 | 8375 | 12163 |
| 地质勘查业 | 36 | 4750 | 4760 | 5717 | 12012 |
| 水利管理业 | 40 | 2129 | 2125 | 2658 | 12504 |
| 交通运输、仓储及邮电通信业 | 419 | 160962 | 161449 | 311501 | 19294 |
| 铁路运输业 | 72 | 32203 | 32893 | 53804 | 16357 |
| 公路运输业 | 21 | 7581 | 7913 | 9934 | 12554 |
| 管道运输业 | | | | | |
| 水上运输业 | 36 | 35292 | 35726 | 84141 | 23552 |
| 航空运输业 | 10 | 6212 | 6016 | 19281 | 32049 |
| 交通运输辅助业 | 155 | 45466 | 45605 | 87703 | 19231 |
| 其他交通运输业 | 3 | 107 | 114 | 213 | 18702 |
| 仓储业 | 65 | 9815 | 10001 | 15560 | 15559 |
| 邮电通信业 | 57 | 24286 | 23181 | 40865 | 17629 |
| 批发和零售贸易、餐饮业 | 2399 | 138667 | 142681 | 199789 | 14002 |
| 食品、饮料、烟草和家庭用品批发业 | 1198 | 49716 | 51204 | 78258 | 15284 |
| 能源、材料和机械电子设备批发业 | 398 | 31038 | 31785 | 45828 | 14418 |

| 项　　　　目 | 单位数（个） | 职工年末人数（人） | 职工年平均人数（人） | 职工工资总额（万元） | 职工年人均工资（元） |
|---|---|---|---|---|---|
| 其他批发业 | 133 | 7461 | 7493 | 11113 | 14831 |
| 零售业 | 478 | 33257 | 34332 | 42823 | 12473 |
| 商业经纪与代理业 | 51 | 2070 | 2123 | 4686 | 22073 |
| 餐饮业 | 141 | 15125 | 15744 | 17081 | 10849 |
| 金融、保险业 | 208 | 34977 | 34734 | 64235 | 18494 |
| 金融业 | 181 | 32226 | 32015 | 60231 | 18813 |
| 保险业 | 27 | 2751 | 2719 | 4004 | 14727 |
| 房地产业 | 300 | 15182 | 14873 | 27278 | 18341 |
| 房地产开发与经营业 | 210 | 9777 | 9511 | 17763 | 18677 |
| 房地产管理业 | 73 | 5178 | 5139 | 8818 | 17159 |
| 房地产代理与经纪业 | 17 | 227 | 223 | 697 | 31251 |
| 社会服务业 | 718 | 81301 | 81307 | 129651 | 15946 |
| 公共服务业 | 207 | 45317 | 45023 | 81951 | 18202 |
| 居民服务业 | 53 | 2136 | 2141 | 3807 | 17780 |
| 旅馆业 | 148 | 21769 | 22012 | 25255 | 11473 |
| 租赁服务业 | 11 | 295 | 327 | 487 | 14908 |
| 旅游业 | 54 | 3571 | 3616 | 5077 | 14039 |
| 娱乐服务业 | 14 | 2278 | 2329 | 2532 | 10873 |
| 信息、咨询服务业 | 167 | 3344 | 3310 | 6557 | 19810 |
| 计算机应用服务业 | 16 | 619 | 594 | 889 | 14968 |
| 其他社会服务业 | 48 | 1972 | 1955 | 3096 | 15836 |
| 卫生、体育和社会福利业 | 369 | 64664 | 64234 | 101265 | 15765 |
| 卫生 | 253 | 57454 | 57107 | 90142 | 15785 |
| 体育 | 61 | 3986 | 3948 | 6543 | 16573 |
| 社会福利保障业 | 55 | 3224 | 3179 | 4580 | 14406 |
| 教育、文化艺术和广播电影电视业 | 2553 | 143512 | 142775 | 222544 | 15587 |
| 教育 | 2314 | 126608 | 125835 | 196472 | 15613 |
| 文化艺术业 | 171 | 9997 | 9941 | 16495 | 16593 |
| 广播电影电视业 | 68 | 6907 | 6999 | 9577 | 13683 |
| 科学研究和综合技术服务业 | 394 | 35015 | 35160 | 58429 | 16618 |
| 科学研究业 | 128 | 14252 | 14248 | 19804 | 13899 |
| 综合技术服务业 | 266 | 20763 | 20912 | 38625 | 18470 |
| 国家机关、政党机关和社会团体 | 1253 | 103212 | 102516 | 183868 | 17936 |
| 其他行业 | 242 | 8773 | 8670 | 15316 | 17666 |

# 3－13 市区国有经济单位职工人数与工资

（1998 年）

| 项　　目 | 单位数（个） | 职工年末人数（人） | 职工年平均人数（人） | 职工工资总额（万元） | 职工年人均工资（元） |
|---|---|---|---|---|---|
| **总　　计** | 7278 | 1041973 | 1048899 | 1710245 | 16305 |
| **按企、事业和机关分** | | | | | |
| 企业 | 4376 | 748575 | 755936 | 1217948 | 16112 |
| 事业 | 2251 | 220542 | 220626 | 354156 | 16052 |
| 机关 | 651 | 72856 | 72337 | 138141 | 19097 |
| **按国民经济行业分** | | | | | |
| 农、林、牧、渔业 | 129 | 10272 | 9916 | 10386 | 10474 |
| 农业 | 24 | 1995 | 1886 | 1075 | 5696 |
| 林业 | 4 | 291 | 292 | 333 | 11414 |
| 畜牧业 | 21 | 2757 | 2521 | 2438 | 9671 |
| 渔业 | 4 | 2066 | 2125 | 1936 | 9112 |
| 农、林、牧、渔服务业 | 76 | 3163 | 3092 | 4604 | 14891 |
| 采掘业 | 13 | 2354 | 2396 | 3981 | 16613 |
| 制造业 | 581 | 206162 | 217617 | 296120 | 13607 |
| 电力、煤气及水的生产和供应业 | 25 | 19407 | 19707 | 51824 | 26298 |
| 建筑业 | 186 | 114048 | 105767 | 156836 | 14828 |
| 土木工程建筑业 | 127 | 97735 | 89300 | 129222 | 14471 |
| 线路、管道和设备安装业 | 28 | 14803 | 14948 | 25650 | 17160 |
| 建筑物的装修装饰业 | 31 | 1510 | 1519 | 1964 | 12928 |
| 地质勘查业、水利管理业 | 45 | 4689 | 4688 | 6464 | 13789 |
| 地质勘查业 | 31 | 3449 | 3448 | 4635 | 13443 |
| 水利管理业 | 14 | 1240 | 1240 | 1829 | 14753 |
| 交通运输、仓储及邮电通信业 | 375 | 154233 | 154726 | 301578 | 19491 |
| 铁路运输业 | 72 | 32203 | 32893 | 53804 | 16357 |
| 公路运输业 | 19 | 7136 | 7448 | 9408 | 12631 |
| 管道运输业 | | | | | |
| 水上运输业 | 35 | 35219 | 35652 | 84088 | 23586 |
| 航空运输业 | 10 | 6212 | 6016 | 19281 | 32049 |
| 交通运输辅助业 | 120 | 43346 | 43500 | 84987 | 19537 |
| 其他交通运输业 | 3 | 107 | 114 | 213 | 18702 |
| 仓储业 | 64 | 9797 | 9983 | 15550 | 15577 |
| 邮电通信业 | 52 | 20213 | 19120 | 34247 | 17912 |
| 批发和零售贸易、餐饮业 | 2067 | 124095 | 128216 | 187827 | 14649 |
| 食品、饮料、烟草和家庭用品批发业 | 1020 | 43216 | 44677 | 72561 | 16241 |
| 能源、材料和机械电子设备批发业 | 348 | 29694 | 30421 | 44794 | 14725 |

3—13 **续表**

| 项　　　目 | 单位数（个） | 职工年末人数（人） | 职工年平均人数（人） | 职工工资总额（万元） | 职工年人均工资（元） |
|---|---|---|---|---|---|
| 其他批发业 | 122 | 7213 | 7245 | 10870 | 15004 |
| 零售业 | 407 | 29114 | 30262 | 39845 | 13167 |
| 商业经纪与代理业 | 38 | 1898 | 1951 | 4480 | 22963 |
| 餐饮业 | 132 | 12960 | 13660 | 15277 | 11184 |
| 金融、保险业 | 123 | 28894 | 28643 | 54568 | 19051 |
| 金融业 | 107 | 26540 | 26320 | 51108 | 19418 |
| 保险业 | 16 | 2354 | 2323 | 3460 | 14894 |
| 房地产业 | 258 | 14286 | 13972 | 26446 | 18928 |
| 房地产开发与经营业 | 169 | 8943 | 8673 | 17031 | 19637 |
| 房地产管理业 | 72 | 5116 | 5076 | 8718 | 17175 |
| 房地产代理与经纪业 | 17 | 227 | 223 | 697 | 31251 |
| 社会服务业 | 651 | 75555 | 75841 | 124379 | 16400 |
| 公共服务业 | 191 | 43101 | 43104 | 80310 | 18632 |
| 居民服务业 | 45 | 1974 | 1987 | 3592 | 18078 |
| 旅馆业 | 138 | 19456 | 19705 | 23024 | 11684 |
| 租赁服务业 | 11 | 295 | 327 | 487 | 14908 |
| 旅游业 | 41 | 2958 | 2974 | 4402 | 14801 |
| 娱乐服务业 | 12 | 2175 | 2223 | 2432 | 10938 |
| 信息、咨询服务业 | 156 | 3244 | 3208 | 6436 | 20063 |
| 计算机应用服务业 | 16 | 619 | 594 | 889 | 14968 |
| 其他社会服务业 | 41 | 1733 | 1719 | 2807 | 16331 |
| 卫生、体育和社会福利业 | 255 | 51631 | 51377 | 84694 | 16485 |
| 卫生 | 156 | 44995 | 44828 | 74358 | 16587 |
| 体育 | 51 | 3835 | 3794 | 6344 | 16721 |
| 社会福利保障业 | 48 | 2801 | 2755 | 3992 | 14492 |
| 教育、文化艺术和广播电影电视业 | 1310 | 112099 | 112199 | 179792 | 16024 |
| 教育 | 1095 | 95863 | 95926 | 154510 | 16107 |
| 文化艺术业 | 156 | 9758 | 9702 | 16177 | 16674 |
| 广播电影电视业 | 59 | 6478 | 6571 | 9105 | 13856 |
| 科学研究和综合技术服务业 | 344 | 33863 | 34017 | 56982 | 16751 |
| 科学研究业 | 116 | 14050 | 14043 | 19607 | 13963 |
| 综合技术服务业 | 228 | 19813 | 19974 | 37375 | 18712 |
| 国家机关、政党机关和社会团体 | 759 | 83037 | 82569 | 154667 | 18732 |
| 其他行业 | 157 | 7348 | 7248 | 13701 | 18904 |

# 3—14 市属国有经济单位职工人数与工资

（1998年）

| 项　　目 | 单位数（个） | 职工年末人数（人） | 职工年平均人数（人） | 职工工资总额（万元） | 职工年人均工资（元） |
|---|---|---|---|---|---|
| 总　　计 | 7852 | 703182 | 714658 | 1052658 | 14730 |
| 按企、事业和机关分 | | | | | |
| 企业 | 3614 | 463057 | 476630 | 652473 | 13689 |
| 事业 | 3280 | 170521 | 169013 | 266820 | 15787 |
| 机关 | 958 | 69604 | 69015 | 133365 | 19324 |
| 按国民经济行业分 | | | | | |
| 农、林、牧、渔业 | 179 | 17931 | 17332 | 11752 | 6781 |
| 农业 | 54 | 9417 | 8936 | 4885 | 5467 |
| 林业 | 19 | 1833 | 1860 | 1080 | 5805 |
| 畜牧业 | 26 | 2817 | 2617 | 2258 | 8627 |
| 渔业 | 3 | 2024 | 2085 | 1895 | 9090 |
| 农、林、牧、渔服务业 | 77 | 1840 | 1834 | 1634 | 8911 |
| 采掘业 | 17 | 2745 | 2764 | 3229 | 11681 |
| 制造业 | 629 | 194585 | 204895 | 247740 | 12091 |
| 电力、煤气及水的生产和供应业 | 33 | 12156 | 12288 | 29208 | 23769 |
| 建筑业 | 123 | 51816 | 51792 | 73710 | 14232 |
| 土木工程建筑业 | 83 | 46278 | 46288 | 65997 | 14258 |
| 线路、管道和设备安装业 | 18 | 4529 | 4480 | 6343 | 14158 |
| 建筑物的装修装饰业 | 22 | 1009 | 1024 | 1370 | 13383 |
| 地质勘查业、水利管理业 | 39 | 1481 | 1472 | 1559 | 10589 |
| 地质勘查业 | 5 | 344 | 338 | 460 | 13604 |
| 水利管理业 | 34 | 1137 | 1134 | 1099 | 9691 |
| 交通运输、仓储及邮电通信业 | 124 | 36031 | 36957 | 61656 | 16683 |
| 铁路运输业 | 2 | 36 | 44 | 54 | 12341 |
| 公路运输业 | 12 | 6338 | 6655 | 7264 | 10914 |
| 管道运输业 | | | | | |
| 水上运输业 | 5 | 1031 | 1038 | 1610 | 15507 |
| 航空运输业 | | | | | |
| 交通运输辅助业 | 57 | 24627 | 24851 | 46128 | 18562 |
| 其他交通运输业 | 1 | 39 | 38 | 107 | 28184 |
| 仓储业 | 32 | 3092 | 3281 | 4410 | 13442 |
| 邮电通信业 | 15 | 868 | 1050 | 2083 | 19841 |
| 批发和零售贸易、餐饮业 | 1937 | 89591 | 92533 | 116524 | 12593 |
| 食品、饮料、烟草和家庭用品批发业 | 1059 | 28920 | 29948 | 40902 | 13658 |
| 能源、材料和机械电子设备批发业 | 236 | 15755 | 16077 | 21625 | 13451 |

3—14 续表

| 项目 | 单位数（个） | 职工年末人数（人） | 职工年平均人数（人） | 职工工资总额（万元） | 职工年人均工资（元） |
|---|---|---|---|---|---|
| 其他批发业 | 58 | 2335 | 2319 | 2868 | 12367 |
| 零售业 | 406 | 26580 | 27603 | 32919 | 11926 |
| 商业经纪与代理业 | 40 | 1069 | 1088 | 1440 | 13239 |
| 餐饮业 | 138 | 14932 | 15498 | 16770 | 10821 |
| 金融、保险业 | 24 | 1196 | 1206 | 2890 | 23967 |
| 金融业 | 22 | 1130 | 1140 | 2772 | 24314 |
| 保险业 | 2 | 66 | 66 | 118 | 17970 |
| 房地产业 | 212 | 10900 | 10672 | 20659 | 19358 |
| 房地产开发与经营业 | 136 | 6196 | 5979 | 12249 | 20486 |
| 房地产管理业 | 61 | 4509 | 4502 | 7775 | 17270 |
| 房地产代理与经纪业 | 15 | 195 | 191 | 635 | 33267 |
| 社会服务业 | 483 | 62467 | 62429 | 105463 | 16893 |
| 公共服务业 | 197 | 44894 | 44606 | 81330 | 18233 |
| 居民服务业 | 45 | 1580 | 1598 | 2901 | 18153 |
| 旅馆业 | 54 | 9162 | 9417 | 11025 | 11707 |
| 租赁服务业 | 9 | 225 | 231 | 364 | 15766 |
| 旅游业 | 33 | 1492 | 1488 | 1704 | 11456 |
| 娱乐服务业 | 11 | 2030 | 2083 | 2286 | 10977 |
| 信息、咨询服务业 | 101 | 1941 | 1907 | 3829 | 20077 |
| 计算机应用服务业 | 6 | 202 | 176 | 339 | 19256 |
| 其他社会服务业 | 27 | 941 | 923 | 1685 | 18251 |
| 卫生、体育和社会福利业 | 282 | 41623 | 41421 | 63738 | 15388 |
| 卫生 | 200 | 37828 | 37597 | 57433 | 15276 |
| 体育 | 40 | 1198 | 1233 | 2694 | 21846 |
| 社会福利保障业 | 42 | 2597 | 2591 | 3611 | 13938 |
| 教育、文化艺术和广播电影电视业 | 2317 | 90529 | 89562 | 145348 | 16229 |
| 教育 | 2166 | 83247 | 82237 | 134959 | 16411 |
| 文化艺术业 | 100 | 4645 | 4634 | 6621 | 14287 |
| 广播电影电视业 | 51 | 2637 | 2691 | 3768 | 14003 |
| 科学研究和综合技术服务业 | 194 | 9157 | 9165 | 16068 | 17532 |
| 科学研究业 | 48 | 3029 | 3053 | 4232 | 13861 |
| 综合技术服务业 | 146 | 6128 | 6112 | 11836 | 19366 |
| 国家机关、政党机关和社会团体 | 1058 | 74406 | 73719 | 141411 | 19182 |
| 其他行业 | 201 | 6568 | 6451 | 11703 | 18142 |

# 3—15 独立核算工业企业职工人数

（1998 年末）　　单位：人

| 项　　目 | 职　工年末人数 | #市　区 | #市　属 | 职工年平均人数 | #市　区 | #市　属 |
|---|---|---|---|---|---|---|
| 总　　计 | 689179 | 525783 | 613398 | 704609 | 541736 | 627425 |
| 按隶属关系分 | | | | | | |
| 中　央 | 44509 | 40975 | | 45508 | 41952 | |
| 省　属 | 31010 | 27117 | | 31414 | 27384 | |
| 市　属 | 613398 | 457429 | 613398 | 627425 | 472138 | 627425 |
| 按国民经济行业分 | | | | | | |
| 采掘业 | 4555 | 2421 | 3086 | 4597 | 2463 | 3105 |
| 煤炭采选业 | 652 | 652 | 652 | 652 | 652 | 652 |
| 石油和天然气开采业 | 1195 | 1195 | | 1218 | 1218 | |
| 黑色金属矿采选业 | 13 | 13 | | 13 | 13 | |
| 有色金属矿采选业 | 261 | | | 261 | | |
| 非金属矿采选业 | 2422 | 561 | 2422 | 2441 | 580 | 2441 |
| 其他矿采选业 | | | | | | |
| 木材及竹材采运业 | 12 | | 12 | 12 | | 12 |
| 制造业 | 657399 | 502296 | 594277 | 672511 | 517899 | 608155 |
| 食品加工业 | 16167 | 4130 | 15804 | 15391 | 4326 | 15016 |
| 食品制造业 | 20931 | 17042 | 20166 | 20756 | 16991 | 20053 |
| 饮料制造业 | 10785 | 9506 | 8812 | 11153 | 9828 | 9290 |
| 烟草加工业 | 2945 | 2945 | | 2975 | 2975 | |
| 纺织业 | 29149 | 24819 | 29149 | 30924 | 26577 | 30924 |
| 服装及其他纤维制品制造业 | 54561 | 21418 | 54495 | 55874 | 22100 | 55805 |
| 皮革、毛皮、羽绒及其制品业 | 46375 | 35277 | 46044 | 47474 | 35368 | 47141 |
| 木材加工及竹、藤、棕、草制品业 | 5424 | 3933 | 3541 | 5375 | 4031 | 3456 |
| 家具制造业 | 5387 | 4075 | 4970 | 5805 | 4280 | 5260 |
| 造纸及纸制品业 | 13591 | 10905 | 13458 | 13840 | 11016 | 13706 |

3—15 **续表**　　单位：人

| 项　　目 | 职工年末人数 | #市区 | #市属 | 职工年平均人数 | #市区 | #市属 |
|---|---|---|---|---|---|---|
| 印刷业、记录媒介的复制 | 14433 | 12289 | 11004 | 14438 | 12433 | 10994 |
| 文教体育用品制造业 | 21302 | 12778 | 21014 | 21061 | 13335 | 20850 |
| 石油加工及炼焦业 | 8222 | 8108 | 229 | 8282 | 8168 | 229 |
| 化学原料及化学制品制造业 | 40151 | 34571 | 39807 | 41402 | 35755 | 41153 |
| 医药制造业 | 20236 | 19389 | 19470 | 20463 | 19588 | 19680 |
| 化学纤维制造业 | 2304 | 2046 | 2304 | 2454 | 2188 | 2454 |
| 橡胶制品业 | 25595 | 14148 | 25495 | 26287 | 14553 | 26175 |
| 塑料制品业 | 17224 | 13699 | 16485 | 17501 | 13957 | 16751 |
| 非金属矿物制品业 | 20409 | 14241 | 20179 | 21266 | 14949 | 21028 |
| 黑色金属冶炼及压延加工业 | 13631 | 12215 | 13609 | 14208 | 12910 | 14186 |
| 有色金属冶炼及压延加工业 | 7689 | 6800 | 5453 | 7806 | 6964 | 5504 |
| 金属制品业 | 30535 | 26027 | 27289 | 32373 | 27899 | 28402 |
| 普通机械制造业 | 28482 | 24511 | 26373 | 29113 | 25106 | 26971 |
| 专用设备制造业 | 23042 | 21111 | 20628 | 24034 | 22149 | 21355 |
| 交通运输设备制造业 | 62309 | 54160 | 36508 | 62817 | 54663 | 36885 |
| 武器弹药制造业 | 310 | 310 |  | 319 | 319 |  |
| 电气机械及器材制造业 | 59064 | 48219 | 58268 | 59723 | 49549 | 58917 |
| 电子及通信设备制造业 | 30354 | 24481 | 27774 | 30989 | 25475 | 28419 |
| 仪器仪表及文化、办公用机械制造业 | 11792 | 9625 | 11126 | 12482 | 10190 | 11812 |
| 其他制造业 | 15000 | 9518 | 14823 | 15926 | 10257 | 15739 |
| 电力、煤气及水的生产和供应业 | 27225 | 21066 | 16035 | 27501 | 21374 | 16165 |
| 电力、蒸气、热水的生产和供应业 | 15588 | 10611 | 5943 | 15792 | 10831 | 6000 |
| 煤气生产和供应业 | 2827 | 2685 | 2827 | 2859 | 2711 | 2859 |
| 自来水的生产和供应业 | 8810 | 7770 | 7265 | 8850 | 7832 | 7306 |

# 3-16 独立核算工业企业职工工资总额

（1998年）

| 项目 | 职工工资总额（万元） | #市区 | #市属 | 职工年人均工资（元） | #市区 | #市属 |
|---|---|---|---|---|---|---|
| 总计 | 911481 | 748220 | 765518 | 12936 | 13812 | 12201 |
| 按隶属关系分 | | | | | | |
| 中央 | 80884 | 77113 | | 17774 | 18381 | |
| 省属 | 64782 | 59340 | | 20622 | 21670 | |
| 市属 | 765518 | 611471 | 765518 | 12201 | 12951 | 12201 |
| 按国民经济行业分 | | | | | | |
| 采掘业 | 6542 | 4111 | 3650 | 14231 | 16692 | 11754 |
| 煤炭采选业 | 495 | 495 | 495 | 7597 | 7597 | 7597 |
| 石油和天然气开采业 | 2721 | 2721 | | 22341 | 22341 | |
| 黑色金属矿采选业 | 14 | 14 | | 10769 | 10769 | |
| 有色金属矿采选业 | 157 | | | 6015 | | |
| 非金属矿采选业 | 3146 | 881 | 3146 | 12889 | 15186 | 12889 |
| 其他矿采选业 | | | | | | |
| 木材及竹材采运业 | 9 | | 9 | 6917 | | 6917 |
| 制造业 | 836888 | 688695 | 723024 | 12444 | 13298 | 11889 |
| 食品加工业 | 17164 | 5555 | 16512 | 11152 | 12841 | 10996 |
| 食品制造业 | 32279 | 26717 | 30551 | 15552 | 15724 | 15235 |
| 饮料制造业 | 20811 | 19078 | 16872 | 18659 | 19412 | 18161 |
| 烟草加工业 | 13240 | 13240 | | 44503 | 44503 | |
| 纺织业 | 28250 | 25015 | 28250 | 9135 | 9412 | 9135 |
| 服装及其他纤维制品制造业 | 47261 | 18584 | 47219 | 8458 | 8409 | 8461 |
| 皮革、毛皮、羽绒及其制品业 | 51800 | 43042 | 51350 | 10911 | 12170 | 10893 |
| 木材加工及竹、藤、棕、草制品业 | 5486 | 4270 | 3097 | 10206 | 10592 | 8962 |
| 家具制造业 | 5017 | 3769 | 4582 | 8642 | 8805 | 8711 |
| 造纸及纸制品业 | 18049 | 15405 | 17850 | 13041 | 13984 | 13023 |

3—16 续表

| 项　　目 | 职工工资总额（万元） | #市区 | #市属 | 职工年人均工资（元） | #市区 | #市属 |
|---|---|---|---|---|---|---|
| 印刷业、记录媒介的复制 | 16293 | 14139 | 11518 | 11285 | 11372 | 10477 |
| 文教体育用品制造业 | 21223 | 14799 | 21055 | 10077 | 11098 | 10098 |
| 石油加工及炼焦业 | 21228 | 20984 | 432 | 25631 | 25690 | 18852 |
| 化学原料及化学制品制造业 | 68864 | 64496 | 68323 | 16633 | 18038 | 16602 |
| 医药制造业 | 37445 | 36526 | 36256 | 18299 | 18647 | 18423 |
| 化学纤维制造业 | 2861 | 2528 | 2861 | 11659 | 11556 | 11659 |
| 橡胶制品业 | 27449 | 15873 | 27346 | 10442 | 10907 | 10448 |
| 塑料制品业 | 18682 | 15659 | 17411 | 10675 | 11219 | 10394 |
| 非金属矿物制品业 | 29491 | 23478 | 29220 | 13868 | 15706 | 13896 |
| 黑色金属冶炼及压延加工业 | 21391 | 19853 | 21365 | 15055 | 15378 | 15060 |
| 有色金属冶炼及压延加工业 | 9481 | 8402 | 7149 | 12145 | 12065 | 12988 |
| 金属制品业 | 31360 | 27102 | 27249 | 9687 | 9715 | 9594 |
| 普通机械制造业 | 35374 | 28340 | 32870 | 12151 | 11288 | 12187 |
| 专用设备制造业 | 27796 | 25930 | 25412 | 11565 | 11707 | 11900 |
| 交通运输设备制造业 | 91873 | 83339 | 48442 | 14626 | 15246 | 13133 |
| 武器弹药制造业 | 937 | 937 |  | 29373 | 29373 |  |
| 电气机械及器材制造业 | 72727 | 59978 | 71553 | 12177 | 12105 | 12145 |
| 电子及通信设备制造业 | 37373 | 32111 | 33346 | 12060 | 12605 | 11734 |
| 仪器仪表及文化、办公用机械制造业 | 13016 | 11322 | 12478 | 10428 | 11111 | 10563 |
| 其他制造业 | 12667 | 8224 | 12455 | 7954 | 8018 | 7914 |
| 电力、煤气及水的生产和供应业 | 68051 | 55414 | 38844 | 24745 | 25926 | 24029 |
| 电力、蒸气、热水的生产和供应业 | 38728 | 28125 | 14133 | 24524 | 25967 | 23555 |
| 煤气生产和供应业 | 6045 | 5723 | 6045 | 21142 | 21112 | 21142 |
| 自来水的生产和供应业 | 23278 | 21566 | 18666 | 26303 | 27536 | 25549 |

# 3—17 独立核算工业企业职工人数分类

（1998 年末） 单位：人

| 行业 | 职工年末人数 | 工人和学徒 | 工程技术人员 | 管理人员 | 服务人员 | 其他人员 |
|---|---|---|---|---|---|---|
| **合计** | **689179** | **477518** | **47212** | **87247** | **40396** | **36806** |
| 采掘业 | 4555 | 1594 | 746 | 1445 | 345 | 425 |
| 煤炭采选业 | 652 | 275 | 4 | 101 | 134 | 138 |
| 石油和天然气开采业 | 1195 | 18 | 690 | 324 | 68 | 95 |
| 黑色金属矿采选业 | 13 |  | 8 | 5 |  |  |
| 有色金属矿采选业 | 261 | 88 | 8 | 18 | 19 | 128 |
| 非金属矿采选业 | 2422 | 1205 | 36 | 993 | 124 | 64 |
| 其他矿采选业 |  |  |  |  |  |  |
| 木材及竹材采运业 | 12 | 8 |  | 4 |  |  |
| 制造业 | 657399 | 459491 | 42780 | 82153 | 37478 | 35497 |
| 食品加工业 | 16167 | 11089 | 784 | 1661 | 1535 | 1098 |
| 食品制造业 | 20931 | 14708 | 910 | 2532 | 1209 | 1572 |
| 饮料制造业 | 10785 | 6319 | 875 | 1790 | 614 | 1187 |
| 烟草加工业 | 2945 | 1913 | 142 | 281 | 340 | 269 |
| 纺织业 | 29149 | 22568 | 1055 | 2724 | 1602 | 1200 |
| 服装及其他纤维制品制造业 | 54561 | 44674 | 1192 | 6048 | 1577 | 1070 |
| 皮革、毛皮、羽绒及其制品业 | 46375 | 39523 | 761 | 3876 | 1065 | 1150 |
| 木材加工及竹、藤、棕、草制品业 | 5424 | 3467 | 291 | 722 | 595 | 349 |
| 家具制造业 | 5387 | 3549 | 193 | 817 | 543 | 285 |
| 造纸及纸制品业 | 13591 | 9553 | 723 | 1467 | 1264 | 584 |
| 印刷业、记录媒介的复制 | 14433 | 9670 | 1054 | 2330 | 462 | 917 |
| 文教体育用品制造业 | 21302 | 16742 | 910 | 2177 | 756 | 717 |
| 石油加工及炼焦业 | 8222 | 4316 | 1160 | 1109 | 1565 | 72 |
| 化学原料及化学制品制造业 | 40151 | 25502 | 3349 | 6866 | 2451 | 1983 |
| 医药制造业 | 20236 | 10917 | 2850 | 3668 | 1510 | 1291 |
| 化学纤维制造业 | 2304 | 1734 | 91 | 227 | 159 | 93 |
| 橡胶制品业 | 25595 | 19944 | 841 | 1902 | 1124 | 1784 |
| 塑料制品业 | 17224 | 12100 | 845 | 2342 | 895 | 1042 |

3—17 续表 单位:人

| 行业 | 职工年末人数 | 工人和学徒 | 工程技术人员 | 管理人员 | 服务人员 | 其他人员 |
|---|---|---|---|---|---|---|
| 非金属矿物制品业 | 20409 | 14487 | 1271 | 2649 | 1467 | 535 |
| 黑色金属冶炼及压延加工业 | 13631 | 10341 | 894 | 1190 | 485 | 721 |
| 有色金属冶炼及压延加工业 | 7689 | 5311 | 642 | 808 | 521 | 407 |
| 金属制品业 | 30535 | 21028 | 1525 | 3839 | 1277 | 2866 |
| 普通机械制造业 | 28482 | 16472 | 2305 | 4349 | 2629 | 2727 |
| 专用设备制造业 | 23042 | 14408 | 2001 | 3316 | 1698 | 1619 |
| 交通运输设备制造业 | 62309 | 37600 | 7834 | 8950 | 4738 | 3187 |
| 武器弹药制造业 | 310 | 131 | 111 | 68 | | |
| 电气机械及器材制造业 | 59064 | 42505 | 3578 | 7489 | 2887 | 2605 |
| 电子及通信设备制造业 | 30354 | 19539 | 3495 | 3500 | 1428 | 2392 |
| 仪器仪表及文化、办公用机械制造业 | 11792 | 8109 | 622 | 1566 | 540 | 955 |
| 其他制造业 | 15000 | 11272 | 476 | 1890 | 542 | 820 |
| 电力、煤气及水的生产和供应业 | 27225 | 16433 | 3686 | 3649 | 2573 | 884 |
| 电力、蒸汽、热水的生产和供应业 | 15588 | 9257 | 2517 | 2031 | 1211 | 572 |
| 煤气生产和供应业 | 2827 | 1871 | 241 | 407 | 273 | 35 |
| 自来水的生产和供应业 | 8810 | 5305 | 928 | 1211 | 1089 | 277 |

## 3—18 建筑业企业职工人数分类

(1998年末)

单位:人

| 项目 | 职工年末人数 | 工人和学徒 | 工程技术人员 | 管理人员 | 服务人员 | 其他人员 |
|---|---|---|---|---|---|---|
| **合计** | **191483** | **138048** | **20449** | **19355** | **7126** | **6505** |
| 国有经济单位 | 121731 | 85533 | 13299 | 12683 | 6299 | 3917 |
| 集体经济单位 | 65377 | 49772 | 6438 | 6049 | 749 | 2369 |
| 其他经济单位 | 4375 | 2743 | 712 | 623 | 78 | 219 |

# 3—19 城镇集体经济单位职工人数与工资

（1998 年）

| 项目 | 单位数（个） | 职工年末人数（人） | 职工年平均人数（人） | 职工工资总额（万元） | 职工年人均工资（元） |
|---|---|---|---|---|---|
| **总计** | 20687 | 369907 | 366873 | 344677 | 9395 |
| **按企、事业和机关分** | | | | | |
| 企业 | 20097 | 352304 | 349180 | 321715 | 9213 |
| 事业 | 565 | 16362 | 16505 | 20872 | 12646 |
| 机关 | 25 | 1241 | 1188 | 2090 | 17589 |
| **按国民经济行业分** | | | | | |
| 农、林、牧、渔业 | 11 | 214 | 213 | 228 | 10681 |
| 农业 | 2 | 89 | 89 | 66 | 7438 |
| 林业 | | | | | |
| 畜牧业 | 2 | 75 | 75 | 96 | 12800 |
| 渔业 | | | | | |
| 农、林、牧、渔服务业 | 7 | 50 | 49 | 66 | 13327 |
| 采掘业 | 3 | 190 | 190 | 176 | 9253 |
| 制造业 | 4109 | 128000 | 128291 | 109101 | 8504 |
| 电力、煤气及水的生产和供应业 | 7 | 688 | 682 | 1370 | 20098 |
| 建筑业 | 1120 | 65377 | 61950 | 63771 | 10294 |
| 土木工程建筑业 | 246 | 48406 | 47080 | 47911 | 10176 |
| 线路、管道和设备安装业 | 231 | 7074 | 6466 | 7678 | 11875 |
| 建筑物的装修装饰业 | 643 | 9897 | 8404 | 8182 | 9736 |
| 地质勘查业、水利管理业 | 1 | 4 | 4 | 3 | 9250 |
| 地质勘查业 | | | | | |
| 水利管理业 | 1 | 4 | 4 | 3 | 9250 |
| 交通运输、仓储及邮电通信业 | 274 | 13023 | 13295 | 12947 | 9738 |
| 铁路运输业 | 3 | 379 | 378 | 421 | 11143 |
| 公路运输业 | 87 | 3415 | 3607 | 3768 | 10446 |
| 管道运输业 | | | | | |
| 水上运输业 | 16 | 4360 | 4500 | 3909 | 8688 |
| 航空运输业 | 1 | 5 | 5 | 4 | 8000 |
| 交通运输辅助业 | 131 | 3703 | 3634 | 3267 | 8990 |
| 其他交通运输业 | 1 | 1 | 2 | 2 | 10000 |
| 仓储业 | 25 | 763 | 773 | 1050 | 13577 |
| 邮电通信业 | 10 | 397 | 396 | 526 | 13278 |
| 批发和零售贸易、餐饮业 | 11911 | 104531 | 105031 | 86217 | 8209 |
| 食品、饮料、烟草和家庭用品批发业 | 3444 | 28952 | 29192 | 23166 | 7936 |
| 能源、材料和机械电子设备批发业 | 2538 | 22086 | 22336 | 19447 | 8707 |

3—19 续表

| 项　　目 | 单位数（个） | 职　工 年末人数（人） | 职工年 平均人数（人） | 职　工 工资总额（万元） | 职工年 人均工资（元） |
|---|---|---|---|---|---|
| 其他批发业 | 673 | 11444 | 11704 | 10574 | 9034 |
| 零售业 | 4528 | 28923 | 28679 | 21930 | 7647 |
| 商业经纪与代理业 | 21 | 252 | 254 | 207 | 8146 |
| 餐饮业 | 707 | 12874 | 12866 | 10893 | 8467 |
| 金融、保险业 | 91 | 7942 | 7756 | 15022 | 19369 |
| 金融业 | 90 | 7940 | 7754 | 15020 | 19371 |
| 保险业 | 1 | 2 | 2 | 2 | 10000 |
| 房地产业 | 180 | 4950 | 4595 | 5889 | 12817 |
| 房地产开发与经营业 | 66 | 1753 | 1777 | 2453 | 13806 |
| 房地产管理业 | 42 | 2441 | 2083 | 2735 | 13128 |
| 房地产代理与经纪业 | 72 | 756 | 735 | 702 | 9546 |
| 社会服务业 | 2236 | 29815 | 29392 | 28078 | 9553 |
| 公共服务业 | 194 | 8319 | 8458 | 9494 | 11225 |
| 居民服务业 | 998 | 7530 | 7451 | 6560 | 8804 |
| 旅馆业 | 76 | 2491 | 2557 | 2518 | 9846 |
| 租赁服务业 | 33 | 441 | 434 | 394 | 9078 |
| 旅游业 | 7 | 59 | 59 | 44 | 7525 |
| 娱乐服务业 | 195 | 1229 | 1222 | 951 | 7779 |
| 信息、咨询服务业 | 530 | 3175 | 3189 | 2876 | 9020 |
| 计算机应用服务业 | 51 | 892 | 873 | 1092 | 12511 |
| 其他社会服务业 | 152 | 5679 | 5149 | 4149 | 8058 |
| 卫生、体育和社会福利业 | 80 | 4186 | 4230 | 6375 | 15071 |
| 卫生 | 61 | 3913 | 3973 | 6097 | 15347 |
| 体育 | 4 | 103 | 101 | 115 | 11366 |
| 社会福利保障业 | 15 | 170 | 156 | 163 | 10442 |
| 教育、文化艺术和广播电影电视业 | 110 | 2674 | 2698 | 3208 | 11889 |
| 教育 | 88 | 2459 | 2483 | 2937 | 11828 |
| 文化艺术业 | 16 | 166 | 167 | 211 | 12641 |
| 广播电影电视业 | 6 | 49 | 48 | 60 | 12417 |
| 科学研究和综合技术服务业 | 70 | 1230 | 1224 | 2702 | 22076 |
| 科学研究业 | 3 | 74 | 74 | 115 | 15541 |
| 综合技术服务业 | 67 | 1156 | 1150 | 2587 | 22497 |
| 国家机关、政党机关和社会团体 | 100 | 2522 | 2468 | 3226 | 13069 |
| 其他行业 | 384 | 4561 | 4854 | 6364 | 13111 |

# 3-20 市区城镇集体经济单位职工人数与工资

(1998 年)

| 项目 | 单位数(个) | 职工年末人数(人) | 职工年平均人数(人) | 职工工资总额(万元) | 职工年人均工资(元) |
|---|---|---|---|---|---|
| **总计** | 20004 | 289944 | 290441 | 271476 | 9347 |
| **按企、事业和机关分** | | | | | |
| 企业 | 19473 | 273993 | 274412 | 250373 | 9124 |
| 事业 | 508 | 14762 | 14893 | 19081 | 12812 |
| 机关 | 23 | 1189 | 1136 | 2022 | 17802 |
| **按国民经济行业分** | | | | | |
| 农、林、牧、渔业 | 2 | 62 | 62 | 51 | 8290 |
| 农业 | 1 | 60 | 60 | 48 | 7967 |
| 林业 | | | | | |
| 畜牧业 | | | | | |
| 渔业 | | | | | |
| 农、林、牧、渔服务业 | 1 | 2 | 2 | 3 | 18000 |
| 采掘业 | | | | | |
| 制造业 | 3956 | 102095 | 103083 | 85955 | 8338 |
| 电力、煤气及水的生产和供应业 | 1 | 24 | 24 | 34 | 14125 |
| 建筑业 | 1049 | 32913 | 32549 | 36723 | 11283 |
| 土木工程建筑业 | 185 | 18547 | 18953 | 22517 | 11881 |
| 线路、管道和设备安装业 | 223 | 6664 | 6122 | 7347 | 12001 |
| 建筑物的装修装饰业 | 641 | 7702 | 7474 | 6859 | 9177 |
| 地质勘查业、水利管理业 | | | | | |
| 地质勘查业 | | | | | |
| 水利管理业 | | | | | |
| 交通运输、仓储及邮电通信业 | 250 | 10299 | 10589 | 10492 | 9908 |
| 铁路运输业 | 3 | 379 | 378 | 421 | 11143 |
| 公路运输业 | 78 | 3054 | 3262 | 3415 | 10469 |
| 管道运输业 | | | | | |
| 水上运输业 | 14 | 2513 | 2653 | 2648 | 9980 |
| 航空运输业 | 1 | 5 | 5 | 4 | 8000 |
| 交通运输辅助业 | 122 | 3540 | 3471 | 3139 | 9042 |
| 其他交通运输业 | 1 | 1 | 2 | 2 | 10000 |
| 仓储业 | 22 | 463 | 472 | 432 | 9155 |
| 邮电通信业 | 9 | 344 | 346 | 431 | 12462 |
| 批发和零售贸易、餐饮业 | 11697 | 94893 | 95134 | 79269 | 8332 |
| 食品、饮料、烟草和家庭用品批发业 | 3371 | 25440 | 25660 | 20964 | 8170 |
| 能源、材料和机械电子设备批发业 | 2496 | 21335 | 21576 | 18832 | 8728 |

3—20 续表

| 项目 | 单位数（个） | 职工年末人数（人） | 职工年平均人数（人） | 职工工资总额（万元） | 职工年人均工资（元） |
|---|---|---|---|---|---|
| 其他批发业 | 632 | 7555 | 7645 | 7560 | 9888 |
| 零售业 | 4481 | 27785 | 27488 | 21121 | 7684 |
| 商业经纪与代理业 | 14 | 151 | 154 | 125 | 8110 |
| 餐饮业 | 703 | 12627 | 12611 | 10667 | 8459 |
| 金融、保险业 | 35 | 4365 | 4171 | 8101 | 19421 |
| 金融业 | 34 | 4363 | 4169 | 8099 | 19426 |
| 保险业 | 1 | 2 | 2 | 2 | 10000 |
| 房地产业 | 142 | 3836 | 3508 | 4509 | 12856 |
| 房地产开发与经营业 | 31 | 808 | 828 | 1228 | 14827 |
| 房地产管理业 | 39 | 2272 | 1945 | 2580 | 13267 |
| 房地产代理与经纪业 | 72 | 756 | 735 | 701 | 9546 |
| 社会服务业 | 2213 | 28239 | 27785 | 26497 | 9536 |
| 公共服务业 | 183 | 7545 | 7688 | 8686 | 11298 |
| 居民服务业 | 997 | 7527 | 7448 | 6558 | 8804 |
| 旅馆业 | 72 | 1785 | 1816 | 1840 | 10134 |
| 租赁服务业 | 32 | 416 | 409 | 359 | 8768 |
| 旅游业 | 7 | 59 | 59 | 44 | 7525 |
| 娱乐服务业 | 194 | 1199 | 1192 | 929 | 7794 |
| 信息、咨询服务业 | 526 | 3147 | 3161 | 2854 | 9029 |
| 计算机应用服务业 | 50 | 882 | 863 | 1078 | 12495 |
| 其他社会服务业 | 152 | 5679 | 5149 | 4149 | 8058 |
| 卫生、体育和社会福利业 | 78 | 4128 | 4180 | 6309 | 15094 |
| 卫生 | 60 | 3906 | 3966 | 6088 | 15351 |
| 体育 | 4 | 103 | 101 | 115 | 11366 |
| 社会福利保障业 | 14 | 119 | 113 | 106 | 9425 |
| 教育、文化艺术和广播电影电视业 | 95 | 2254 | 2273 | 2726 | 11992 |
| 教育 | 77 | 2087 | 2105 | 2522 | 11979 |
| 文化艺术业 | 15 | 159 | 160 | 199 | 12425 |
| 广播电影电视业 | 3 | 8 | 8 | 5 | 6750 |
| 科学研究和综合技术服务业 | 59 | 1143 | 1139 | 2578 | 22630 |
| 科学研究业 | 3 | 74 | 74 | 115 | 15541 |
| 综合技术服务业 | 56 | 1069 | 1065 | 2463 | 23122 |
| 国家机关、政党机关和社会团体 | 96 | 2452 | 2398 | 3090 | 12884 |
| 其他行业 | 331 | 3241 | 3546 | 5142 | 14500 |

# 3-21 市属城镇集体经济单位职工人数与工资

（1998 年）

| 项　　目 | 单位数（个） | 职　工年末人数（人） | 职工年平均人数（人） | 职　工工资总额（万元） | 职工年人均工资（元） |
|---|---|---|---|---|---|
| **总　计** | 20279 | 348606 | 345559 | 313493 | 9072 |
| **按企、事业和机关分** | | | | | |
| 企　业 | 19699 | 331670 | 328508 | 291325 | 8868 |
| 事　业 | 555 | 15695 | 15863 | 20078 | 12657 |
| 机　关 | 25 | 1241 | 1188 | 2090 | 17589 |
| **按国民经济行业分** | | | | | |
| 农、林、牧、渔业 | 11 | 214 | 213 | 228 | 10681 |
| 农业 | 2 | 89 | 89 | 66 | 7438 |
| 林业 | | | | | |
| 畜牧业 | 2 | 75 | 75 | 96 | 12800 |
| 渔业 | | | | | |
| 农、林、牧、渔服务业 | 7 | 50 | 49 | 66 | 13327 |
| 采掘业 | 3 | 190 | 190 | 176 | 9253 |
| 制造业 | 4085 | 124986 | 124657 | 105772 | 8485 |
| 电力、煤气及水的生产和供应业 | 7 | 688 | 682 | 1370 | 20098 |
| 建筑业 | 1110 | 64117 | 61052 | 62498 | 10237 |
| 土木工程建筑业 | 241 | 47597 | 46479 | 47057 | 10124 |
| 线路、管道和设备安装业 | 229 | 7009 | 6401 | 7600 | 11874 |
| 建筑物的装修装饰业 | 640 | 9511 | 8172 | 7841 | 9595 |
| 地质勘查业、水利管理业 | 1 | 4 | 4 | 3 | 9250 |
| 地质勘查业 | | | | | |
| 水利管理业 | 1 | 4 | 4 | 3 | 9250 |
| 交通运输、仓储及邮电通信业 | 266 | 12082 | 12345 | 11921 | 9657 |
| 铁路运输业 | | | | | |
| 公路运输业 | 87 | 3415 | 3607 | 3768 | 10446 |
| 管道运输业 | | | | | |
| 水上运输业 | 14 | 4124 | 4266 | 3608 | 8459 |
| 航空运输业 | 1 | 5 | 5 | 4 | 8000 |
| 交通运输辅助业 | 130 | 3673 | 3604 | 3238 | 8986 |
| 其他交通运输业 | 1 | 1 | 2 | 2 | 10000 |
| 仓储业 | 24 | 551 | 557 | 865 | 15522 |
| 邮电通信业 | 9 | 313 | 304 | 436 | 14326 |
| 批发和零售贸易、餐饮业 | 11837 | 99777 | 100190 | 79574 | 7942 |
| 食品、饮料、烟草和家庭用品批发业 | 3428 | 28260 | 28480 | 22481 | 7894 |
| 能源、材料和机械电子设备批发业 | 2509 | 20207 | 20397 | 16666 | 8171 |

3—21 续表

| 项目 | 单位数（个） | 职工年末人数（人） | 职工年平均人数（人） | 职工工资总额（万元） | 职工年人均工资（元） |
| --- | --- | --- | --- | --- | --- |
| 其他批发业 | 655 | 9735 | 10015 | 7995 | 7983 |
| 零售业 | 4520 | 28583 | 28317 | 21496 | 7591 |
| 商业经纪与代理业 | 20 | 249 | 251 | 205 | 8139 |
| 餐饮业 | 705 | 12743 | 12730 | 10731 | 8430 |
| 金融、保险业 | 14 | 428 | 436 | 755 | 17328 |
| 金融业 | 13 | 426 | 434 | 753 | 17362 |
| 保险业 | 1 | 2 | 2 | 2 | 10000 |
| 房地产业 | 171 | 3816 | 3698 | 4734 | 12802 |
| 房地产开发与经营业 | 63 | 1624 | 1640 | 2273 | 13858 |
| 房地产管理业 | 37 | 1456 | 1341 | 1783 | 13299 |
| 房地产代理与经纪业 | 71 | 736 | 717 | 678 | 9459 |
| 社会服务业 | 2045 | 27855 | 27381 | 25616 | 9355 |
| 公共服务业 | 192 | 8169 | 8302 | 9045 | 10895 |
| 居民服务业 | 995 | 7392 | 7338 | 6425 | 8756 |
| 旅馆业 | 57 | 1606 | 1645 | 1592 | 9675 |
| 租赁服务业 | 32 | 431 | 425 | 384 | 9038 |
| 旅游业 | 6 | 26 | 26 | 16 | 6269 |
| 娱乐服务业 | 194 | 1186 | 1179 | 918 | 7782 |
| 信息、咨询服务业 | 373 | 2925 | 2968 | 2543 | 8567 |
| 计算机应用服务业 | 48 | 624 | 611 | 723 | 11836 |
| 其他社会服务业 | 148 | 5496 | 4887 | 3970 | 8124 |
| 卫生、体育和社会福利业 | 79 | 4174 | 4218 | 6365 | 15089 |
| 卫生 | 60 | 3901 | 3961 | 6087 | 15367 |
| 体育 | 4 | 103 | 101 | 115 | 11366 |
| 社会福利保障业 | 15 | 170 | 156 | 163 | 10442 |
| 教育、文化艺术和广播电影电视业 | 101 | 2242 | 2263 | 2716 | 12000 |
| 教育 | 84 | 2126 | 2147 | 2592 | 12075 |
| 文化艺术业 | 11 | 67 | 68 | 64 | 9368 |
| 广播电影电视业 | 6 | 49 | 48 | 60 | 12417 |
| 科学研究和综合技术服务业 | 68 | 1203 | 1198 | 2662 | 22216 |
| 科学研究业 | 3 | 74 | 74 | 115 | 15541 |
| 综合技术服务业 | 65 | 1129 | 1124 | 2547 | 22656 |
| 国家机关、政党机关和社会团体 | 100 | 2522 | 2468 | 3226 | 13069 |
| 其他行业 | 381 | 4308 | 4564 | 5877 | 12877 |

# 3－22 其他各种经济类型单位职工人数

（1998年末）　　单位：人

| 项　　目 | 单位数 | 职工年末人数 | #市区 | #市属 | 职工年平均人数 | #市区 | #市属 |
|---|---|---|---|---|---|---|---|
| **总　计** | 2778 | 393191 | 291355 | 340831 | 398653 | 296428 | 345413 |
| **按经济类型分** | | | | | | | |
| 联营经济 | 93 | 12083 | 10351 | 11598 | 12454 | 10751 | 11974 |
| 股份制经济 | 225 | 53631 | 50276 | 38094 | 54064 | 50721 | 38621 |
| 外商投资经济 | 331 | 80058 | 56831 | 62983 | 80256 | 57161 | 62455 |
| 港、澳、台投资经济 | 1856 | 231540 | 159209 | 216463 | 236289 | 163438 | 220704 |
| 其他经济 | 273 | 15879 | 14688 | 11693 | 15590 | 14357 | 11659 |
| **按国民经济行业分** | | | | | | | |
| 农、林、牧、渔业 | 3 | 131 | 65 | 131 | 139 | 66 | 139 |
| 采掘业 | 4 | 151 | 67 | 151 | 151 | 67 | 151 |
| 制造业 | 1955 | 287478 | 194039 | 274706 | 291019 | 197199 | 278603 |
| 电力、煤气及水的生产和供应业 | 19 | 3191 | 1635 | 3191 | 3195 | 1643 | 3195 |
| 建筑业 | 57 | 4375 | 3666 | 2390 | 4324 | 3646 | 2414 |
| 地质勘查业、水利管理业 | | | | | | | |
| 交通运输、仓储及邮电通信业 | 94 | 19185 | 18934 | 8755 | 19429 | 19176 | 8727 |
| 批发和零售贸易、餐饮业 | 292 | 29497 | 26960 | 23268 | 30751 | 28215 | 23761 |
| 金融、保险业 | 72 | 5320 | 5064 | 4051 | 5384 | 5129 | 4096 |
| 房地产业 | 117 | 6064 | 4117 | 4745 | 5846 | 3974 | 4588 |
| 社会服务业 | 133 | 36098 | 35391 | 18571 | 36539 | 35849 | 18703 |
| 卫生、体育和社会福利业 | 3 | 478 | 194 | 284 | 611 | 199 | 412 |
| 教育、文化艺术及广播电影电视业 | 8 | 810 | 810 | 205 | 825 | 825 | 214 |
| 科学研究和综合技术服务业 | 11 | 232 | 232 | 232 | 234 | 234 | 234 |
| 国家机关、政党机关和社会团体 | | | | | | | |
| 其他行业 | 10 | 181 | 181 | 151 | 206 | 206 | 176 |

# 3-23 其他各种经济类型单位职工工资总额

（1998 年）

| 项　　目 | 职　　工<br>工资总额<br>（万元） | #市区 | #市属 | 职工年<br>人均工资<br>（元） | #市区 | #市属 |
|---|---|---|---|---|---|---|
| **总　　计** | 586132 | 482128 | 484833 | 14703 | 16265 | 14036 |
| **按经济类型分** | | | | | | |
| 联营经济 | 13281 | 11632 | 12451 | 10664 | 10819 | 10399 |
| 股份制经济 | 96973 | 94320 | 70120 | 17937 | 18596 | 18156 |
| 外商投资经济 | 145967 | 114950 | 111857 | 18188 | 20110 | 17910 |
| 港、澳、台投资经济 | 308094 | 240449 | 275529 | 13039 | 14712 | 12484 |
| 其他经济 | 21817 | 20777 | 14876 | 13994 | 14472 | 12759 |
| **按国民经济行业分** | | | | | | |
| 农、林、牧、渔业 | 142 | 72 | 142 | 10259 | 10879 | 10259 |
| 采掘业 | 245 | 130 | 245 | 16238 | 19508 | 16238 |
| 制造业 | 398140 | 306620 | 369512 | 13681 | 15549 | 13263 |
| 电力、煤气及水的生产和供应业 | 8265 | 3556 | 8265 | 25869 | 21643 | 25869 |
| 建筑业 | 6396 | 5643 | 2948 | 14791 | 15477 | 12210 |
| 地质勘查业、水利管理业 | | | | | | |
| 交通运输、仓储及邮电通信业 | 39811 | 39501 | 19330 | 20491 | 20599 | 22149 |
| 批发和零售贸易、餐饮业 | 40783 | 38472 | 30435 | 13263 | 13635 | 12809 |
| 金融、保险业 | 14645 | 14099 | 10782 | 27201 | 27489 | 26322 |
| 房地产业 | 10792 | 8086 | 7861 | 18460 | 20346 | 17133 |
| 社会服务业 | 63948 | 63438 | 33607 | 17501 | 17696 | 17969 |
| 卫生、体育和社会福利业 | 750 | 296 | 454 | 12270 | 14854 | 11022 |
| 教育、文化艺术及广播电影电视业 | 1161 | 1161 | 278 | 14076 | 14076 | 12991 |
| 科学研究和综合技术服务业 | 599 | 599 | 599 | 25594 | 25594 | 25594 |
| 国家机关、政党机关和社会团体 | | | | | | |
| 其他行业 | 455 | 455 | 375 | 22063 | 22063 | 21307 |

# 3-24 城镇私营个体从业人员

单位：人

| 项　　目 | 1985 年 | 1990 | 1995 年 | 1997 年 | 1998 年 |
|---|---|---|---|---|---|
| **总　　计** | 57609 | 98608 | 274453 | 378916 | 435223 |
| **按地区分** | | | | | |
| 市　区 | 45259 | 70675 | 200287 | 293397 | 343588 |
| 县级市 | 12350 | 27933 | 74166 | 85519 | 91635 |
| 番禺市 | 5310 | 5610 | 15985 | 18623 | 25317 |
| 花都市 | 1039 | 6392 | 19340 | 26766 | 29189 |
| 增城市 | 5028 | 12389 | 31554 | 30789 | 26809 |
| 从化市 | 973 | 3542 | 7287 | 9341 | 10320 |
| **按行业分** | | | | | |
| 农、林、牧、渔业 | | | 109 | 433 | 716 |
| 采掘业 | | | 418 | 655 | 730 |
| 制造业<br>电力、煤气及水的生产和供应业（与采掘业合计） | 7168 | 16787 | 36251 | 45153 | 51849 |
| 建筑业 | 142 | 289 | 931 | 2220 | 3338 |
| 地质勘查业、水利管理业 | | | | | |
| 交通运输、仓储及邮电通信业 | 412 | 1188 | 7018 | 10493 | 13325 |
| 批发和零售贸易、餐饮业 | 41190 | 66804 | 183709 | 241295 | 270370 |
| 金融、保险业 | | | | | |
| 房地产业<br>社会服务业 | 8638 | 13253 | 33445 | 68699 | 82130 |
| 卫生、体育和社会福利业 | 54 | 286 | 526 | 735 | 799 |
| 教育、文化艺术和广播电影电视业 | 5 | 1 | 2728 | 3574 | 3696 |
| 科学研究和综合技术服务业 | | | 6658 | | |
| 国家机关、政党机关和社会团体 | | | | | |
| 其他行业 | | | 2660 | 5659 | 8270 |

## 3-25 女职工年末人数

（1998年）

| 行业 | 女职工年末人数（人） | #国有 | #集体 | 女职工比重(%) 合计 | #国有 | #集体 |
|---|---|---|---|---|---|---|
| 合计 | 819368 | 471612 | 149258 | 41.59 | 39.07 | 40.35 |
| 农、林、牧、渔业 | 9739 | 9631 | 81 | 42.04 | 42.20 | 37.85 |
| 采掘业 | 1080 | 1031 | 21 | 23.71 | 24.47 | 11.05 |
| 制造业 | 316379 | 103625 | 63892 | 48.13 | 42.83 | 49.92 |
| 电力、煤气及水的生产和供应业 | 7771 | 6923 | 187 | 28.54 | 29.65 | 27.18 |
| 建筑业 | 24886 | 16598 | 7744 | 13.00 | 13.63 | 11.85 |
| 地质勘查业、水利管理业 | 1713 | 1711 | 2 | 24.89 | 24.87 | 50.00 |
| 交通运输、仓储及邮电通信业 | 53083 | 43707 | 3056 | 27.48 | 27.15 | 23.47 |
| 批发和零售贸易、餐饮业 | 133684 | 68005 | 48126 | 49.02 | 49.04 | 46.04 |
| 金融、保险业 | 23085 | 17407 | 2952 | 47.86 | 49.77 | 37.17 |
| 房地产业 | 9907 | 5800 | 1685 | 37.82 | 38.20 | 34.04 |
| 社会服务业 | 66151 | 35833 | 11681 | 44.94 | 44.07 | 39.18 |
| 卫生、体育和社会福利业 | 44051 | 40787 | 3071 | 63.54 | 63.08 | 73.36 |
| 教育、文化艺术和广播电影电视业 | 78490 | 76105 | 2014 | 53.40 | 53.03 | 75.32 |
| 科学研究和综合技术服务业 | 11757 | 11287 | 389 | 32.23 | 32.23 | 31.63 |
| 国家机关、政党机关和社会团体 | 32294 | 30196 | 2098 | 30.54 | 29.26 | 83.19 |
| 其他行业 | 5298 | 2966 | 2259 | 39.20 | 33.81 | 49.53 |

## 3-26 单位从业人员变动情况

（1998年）

单位：人

| 项目 | 合计 | 国有经济单位 | 城镇集体经济单位 | 其他各种经济类型单位 |
|---|---|---|---|---|
| **本年增加人数** | 201642 | 98840 | 31665 | 71137 |
| 从农村招收 | 73815 | 21601 | 16725 | 35489 |
| 从城镇招收 | 39166 | 14128 | 6900 | 18138 |
| 录用的复员转业军人 | 1908 | 1321 | 132 | 455 |
| 录用的大中专技工学校毕业生 | 27195 | 18694 | 1556 | 6945 |
| 调入 | 36190 | 30427 | 3207 | 2556 |
| #由外省、自治区、直辖市调入 | 2170 | 1639 | 199 | 332 |
| 其他 | 23368 | 12669 | 3145 | 7554 |
| **本年减少人数** | 304431 | 158371 | 55924 | 90136 |
| 离休、退休、退职 | 38936 | 28226 | 5234 | 5476 |
| 开除、除名、辞退 | 46195 | 12600 | 8125 | 25470 |
| 终止、解除合同 | 99359 | 43862 | 19474 | 36023 |
| 不在岗职工 | 38901 | 28153 | 7418 | 3330 |
| 调出 | 32952 | 27386 | 2841 | 2725 |
| #调到外省、治区、辖市 | 390 | 374 | 1 | 15 |
| 其他 | 48088 | 18144 | 12832 | 17112 |

## 3—27 分企业事业机关的职工人数和工资总额

(1998年)

| 项目 | 合计 | 企业 | 事业 | 机关 |
|---|---|---|---|---|
| 职工人数(人) | 1970276 | 1583239 | 293401 | 93636 |
| 长期职工 | 1602236 | 1239704 | 270688 | 91844 |
| #合同制职工 | | | | |
| 临时职工 | 295142 | 272254 | 21184 | 1704 |
| 职工工资总额(万元) | 2831440 | 2216101 | 446753 | 168586 |
| 在工资总额中 | | | | |
| #奖金总额 | | | | |
| 职工年平均工资(元) | 14318 | 13917 | 15284 | 18153 |

## 3—28 职工保险福利费用构成情况

(1998年)

单位:万元

| 项目 | 合计 | 国有经济单位 | 城镇集体经济单位 | 其他各种经济类型单位 |
|---|---|---|---|---|
| **合计** | **394681** | **312246** | **26954** | **55481** |
| 集体福利设施补贴费 | 121275 | 96815 | 6643 | 17817 |
| 文体宣传费 | 14082 | 11176 | 890 | 2016 |
| 医疗卫生费 | 173676 | 142339 | 11483 | 19854 |
| 其他 | 85648 | 61916 | 7938 | 15794 |

## 3－29 市属职工保险福利费用构成情况

（1998 年）　　　　单位：万元

| 项　　目 | 合　计 | 国有经济单　位 | 城镇集体经济单位 | 其他各种经济类型单位 |
|---|---|---|---|---|
| 合　　计 | 232246 | 167677 | 25628 | 38941 |
| 集体福利设施补贴费 | 73459 | 53576 | 6362 | 13521 |
| 文体宣传费 | 8937 | 6537 | 832 | 1568 |
| 医疗卫生费 | 96945 | 72200 | 10730 | 14015 |
| 其他 | 52905 | 35364 | 7704 | 9837 |

## 3－30 非在职职工保险福利费用构成情况

（1998 年）　　　　单位：万元

| 项　　目 | 合　计 | 国有经济单　位 | 城镇集体经济单位 | 其他各种经济类型单位 |
|---|---|---|---|---|
| 合　　计 | 642589 | 512506 | 84457 | 45626 |
| 离休金 | 26974 | 24858 | 1034 | 1082 |
| 退休金 | 386024 | 291986 | 63761 | 30277 |
| 退职生活费 | 2080 | 1289 | 305 | 486 |
| 医疗卫生费 | 160600 | 137232 | 13096 | 10272 |
| 交通费补贴 | | | | |
| 丧葬抚恤救济 | | | | |
| 冬季取暖补贴 | | | | |
| 其他 | 66911 | 57141 | 6261 | 3509 |

# 3-31 市属非在职职工保险福利费用构成情况

（1998年）

单位：万元

| 项目 | 合计 | 国有经济单位 | 城镇集体经济单位 | 其他各种经济类型单位 |
|---|---|---|---|---|
| 合计 | 418142 | 301006 | 80015 | 37121 |
| 离休金 | 11237 | 9806 | 619 | 812 |
| 退休金 | 274370 | 188607 | 61246 | 24517 |
| 退职生活费 | 1410 | 668 | 274 | 468 |
| 医疗卫生费 | 90055 | 69194 | 12069 | 8792 |
| 交通费补贴 | | | | |
| 丧葬抚恤救济 | | | | |
| 冬季取暖补贴 | | | | |
| 其他 | 41070 | 32731 | 5807 | 2532 |

注：本表不包括由民政部门支付的离休金、退休金和退职生活费。

# 3-32 城镇登记失业人员安置情况

单位：人

| 项目 | 1985年 | 1990年 | 1995年 | 1997年 | 1998年 |
|---|---|---|---|---|---|
| 本年待业人员总数 | 114924 | 154869 | 137146 | 120945 | 150546 |
| 本年安排待业人员人数 | 76792 | 89473 | 68620 | 55561 | 88301 |
| 国有经济单位小计 | 34272 | 49619 | 18700 | 25141 | 21840 |
| 招工 | 32442 | 49619 | 18700 | 25141 | 21840 |
| 补员 | 1830 | | | | |
| 集体经济单位小计 | 17140 | 27837 | 9816 | 11989 | 23525 |
| 1. 区以上集体 | 10751 | 15810 | 4261 | 10502 | 22773 |
| 招工 | 10293 | 15810 | 4261 | 10502 | 22773 |
| 补员 | 458 | | | | |
| 2. 其他各种类型集体 | 6389 | 12027 | 5555 | 1487 | 752 |
| 城镇街道办集体 | 3446 | 1745 | 862 | | |
| 全民单位集体 | | 704 | 369 | | |
| 劳动服务公司办集体 | 2570 | 3998 | 1101 | 1487 | 752 |
| 群众自办集体 | 216 | 202 | 281 | | |
| 其他集体 | 157 | 5378 | 2942 | | |
| 个体劳动者 | 10620 | 5233 | 3940 | 6677 | 18749 |
| 临时性工作 | 14760 | | 32015 | 349 | |
| 其他各种经济类型单位 | | 6784 | 4149 | 11405 | 24187 |
| 其他原因减少的待业人数 | 2571 | 8854 | 5031 | 45 | 4861 |
| 本年末实有待业人员数 | 35561 | 56542 | 63495 | 65339 | 57384 |
| 城镇登记失业率(%) | 1.91 | 2.75 | 2.60 | 2.66 | 2.31 |

# 3—33 城乡劳动力资源与分配

单位：人

| 项　　目 | 1990 年 | 1995 年 | 1997 年 | 1998 年 |
|---|---|---|---|---|
| **年末劳动力资源总数** | 3768451 | 5670783 | 5863616 | 6008655 |
| ＃当年新增加的劳动力资源 | | 81597 | 95231 | 100604 |
| 年末 16 岁以上全部人数 | | 5006455 | 5012186 | 5069745 |
| ＃不计入劳动力资源的人数 | | 68851 | 103513 | 104701 |
| 经济活动人口 | 3402471 | 3977319 | 4347469 | 4511295 |
| 从业人员 | 3345929 | 3913824 | 4282130 | 4453911 |
| 1. 按就业身份分组 | | | | |
| 全部职工 | 1893944 | 2082361 | 1998075 | 1970276 |
| 再就业的离退休人员 | | 14675 | 10061 | 8537 |
| 私营业主 | | 26406 | 48419 | 60490 |
| 个体户主 | | 189307 | 203886 | 211667 |
| 私营企业和个体从业人员 | 108608 | 240961 | 330670 | 369527 |
| 乡镇企业从业人员 | 534097 | 687881 | 652423 | 634533 |
| 农村从业人员 | 785512 | 664837 | 1030273 | 1186891 |
| 其他 | 23768 | 7396 | 8323 | 11990 |
| 2. 按经济类型分组 | | | | |
| 国有经济 | 1365300 | 1344479 | 1272884 | 1220718 |
| 集体经济 | 1719510 | 1802190 | 2070378 | 2193499 |
| 私营经济 | 108608（私营经济、个体经济合计） | 140294 | 238438 | 265864 |
| 个体经济 | | 316380 | 344537 | 375820 |
| 联营经济 | 128743（联营、股份制、外商投资、港澳台投资经济合计） | 11665 | 16208 | 12213 |
| 股份制经济 | | 37517 | 35572 | 54495 |
| 外商投资经济 | | 74393 | 63116 | 81228 |
| 港澳台投资经济 | | 186568 | 238197 | 233804 |
| 其他经济 | 23768 | 338 | 2800 | 16270 |

3—33 续表

单位:人

| 项目 | 1990 年 | 1995 年 | 1997 年 | 1998 年 |
|---|---|---|---|---|
| 3.按国民经济行业分组 | | | | |
| 农、林、牧、渔业 | 962032 | 918335 | 937230 | 941717 |
| 采掘业 | | 6692 | 5075 | 5316 |
| 制造业 | 991632 | 1083083 | 1308834 | 1354895 |
| 电力、煤气及水的生产和供应业 | | 26850 | 26652 | 28147 |
| 建筑业 | 198631 | 308222 | 288198 | 315394 |
| 地质勘查业、水利管理业 | 6307 | 8446 | 8030 | 6962 |
| 交通运输、仓储及邮电通信业 | 211174 | 273704 | 273154 | 262063 |
| 批发和零售贸易、餐饮业 | 377766 | 559634 | 639006 | 682052 |
| 金融、保险业 | 25653 | 43311 | 49211 | 52779 |
| 房地产业 | 149263 | 14348 | 21468 | 27104 |
| 社会服务业 | | 185490 | 222158 | 236188 |
| 卫生、体育和社会福利业 | 61851 | 70987 | 77098 | 77932 |
| 教育、文化艺术和广播电影电视业 | 137077 | 158124 | 162260 | 167484 |
| 科学研究和综合技术服务业 | 33712 | 48382 | 38654 | 37972 |
| 国家机关、政党机关和社会团体 | 103942 | 103881 | 111143 | 114695 |
| 其他行业 | 86889 | 104335 | 113959 | 143211 |
| 失业人员 | 56542 | 63495 | 65339 | 57384 |
| 非经济活动人口 | 365980 | 1693464 | 1516147 | 1497360 |
| #16 岁以上在校学生 | 142823 | 367343 | 391407 | 425216 |
| 家务劳动者 | 162607 | 338243 | 318524 | 322182 |

# 主要统计指标解释

【从业人员】指从事一定社会劳动并取得劳动报酬或经营收入的全部劳动力。包括：

(1)全部职工(2)再就业的离退休人员(3)私营业主(4)个体户主(5)私营和个体从业人员(6)乡镇企业从业人员(7)农村从业人员(8)其他从业人员(包括民办教师、宗教职业者、现役军人等)

这一指标反映了一定时期内全部劳动力资源的实际利用情况，是研究我国基本国情国力的重要指标。

各单位的从业人员是指在各级国家机关、政党机关、社会团体及企业、事业单位中工作，并取得劳动报酬的全部人员。包括职工、再就业的离退休人员、民办教师以及在各单位中工作的外方人员和港、澳、台方人员。

各单位的从业人员反映了各单位实际参加生产或工作的全部劳动力。

【经济活动人口】指在16岁以上，有劳动能力，参加或要求参加社会经济活动的人口。包括：从业人员和失业人员。

【国有经济单位职工】指在国有经济单位及其附属机构工作，并由其支付工资的各类人员，国有经济单位职工不包括：返聘的离退休人员、民办教师、在国有经济单位工作的外方人员和港、澳、台人员。

【城镇私营和个体从业人员】城镇私营从业人员指在工商管理部门注册登记，其经营地址设在县城关镇(含城关镇)以上的私营企业从业人员。包括私营企业投资者和雇工。城镇个体从业人员指在工商管理部门注册登记，并持有城镇户口或在城镇长期居住，经批准从事个体工商经营的从业人员。包括：个体经营者和个体工商户劳动的家庭帮工和雇工。

【城镇登记失业人员及失业率】指有非农业户口，在一定的劳动年龄内(16岁以上，男50岁以下，女45岁以下)，有劳动能力，无业而要求就业，并在当地就业服务机构进行求职登记的人员。城镇登记失业率指城镇登记失业人数同城镇从业人数与城镇登记失业人数之和的比。计算公式：

$$\text{城镇登记失业率} = \frac{\text{城镇登记失业人数}}{\text{城镇从业人数} + \text{城镇登记失业人数}} \times 100\%$$

【职工】指在国有经济、城镇集体经济、联营经济、股份制经济、外商和港澳台投资经济、其他经济单位及其附属机构工作，并由其支付工资的各类人员。

【合同制职工】指各单位根据国务院国发(1986)77号文件和国务院令第99号的规定，通过签订有固定期限劳动合同、无固定期限劳动合同和以完成一项工作为期限劳动合同所使用的职工。包括实行全员劳动合同制单位的全部职工。

【城镇集体经济单位职工】指在城镇集体经济单位及其管理部门工作，并由其支付工资的各类人员。

【其他经济单位职工】指在联营经济、股份制经济、外商投资经济、港、澳、台投资经济单位工作，并由其支付工资的各类人员。

【职工工资总额】指各单位在一定时期内直接支付给本单位全部职工的劳动报酬总额。

工资总额的计算原则应以直接支付给职工的全部劳动报酬为根据。各单位支付给职工的劳动报酬以及其他根据有关规定支付的工资，不论是计入成本的还是不计入成本的，不论是按国家规定列入计征奖金税项目的，还是未列入计征奖金税项目的，不论是以货币形式支付的还是以实物形式支付的，均包括在工资总额内。

【计件超额工资】是计件工资的一部分，指计件工人超额完成定额任务后所得的工资。即计件工人实得的全部计件工资减去应得的计件标准工资后的数额。某些企业的工人由于从事生产的工作物等级高于本人工资等级，因而其计件标准工资高于本人标准工资，其计件超额工资也应是全部工资减去应得的计件标准工资后的数额。

【奖金】指支付给职工的超额劳动报酬和增收节支的劳动报酬。

【津贴和补贴】指为了补偿职工特殊或额外的劳动消耗和因其他特殊原因支付给职工的津贴，以及为了保证职工工资水平不受物价影响支付给职工的物价补贴。

【职工平均工资】指企业、事业、机关单位的职工在一定时期内平均每人所得的货币工资额。它表明一定时期职工工资收入的高低程度，是反映职工工资水平的主要指标。计算公式为：

$$\text{职工平均工资} = \frac{\text{报告期实际支付的全部职工工资总数}}{\text{报告期全部职工平均人数}}$$

【职工平均实际工资】指扣除物价变动因素后的职工平均工资，计算公式为：

$$\text{职工平均实际工资} = \frac{\text{报告期职工平均工资}}{\text{报告期城镇居民消费价格指数}}$$

【离休、退休、退职人员】 指正式办理了离休、退休、退职手续，并享受相应的离休、退休、退职待遇的人员。

【保险福利费用】 指企业、事业、机关单位在工资以外实际支付给职工和离休、退休、退职人员个人以及用于集体的劳动保险和福利费用。

1.职工保险福利费用具体包括：

(1)医疗卫生费 指实行公费医疗企业的职工及其供养的直系亲属的医疗费、医务经费、职工因工负伤就医路费以及住院伙食补助费等；卫生部门开支的事业及机关单位职工的公费医疗经费；未参加公费医疗的企业、事业和机关单位职工的医药费。

(2)丧葬抚恤救济费 指职工死亡的丧葬费、丧葬补助费和所遗供养直系亲属的抚恤费、救济费、生活补助费以及职工供养直系亲属死亡时的丧葬补助费等。

(3)生活困难补助 指对生活困难的职工实际支付的定期补助和临时性补助。

(4)文体宣传费 指企业、事业和机关单位实际支付的文体宣传费，不包括学习费。

(5)集体福利事业补贴费 指对职工浴室、理发室、洗衣店、哺乳室、托儿所等集体福利设施各项支出与收入相抵后的差额补助费。

(6)集体福利设施费 指按照国家规定开支的集体福利设施费用。如职工食堂炊事用具的购置费、修理费、职工宿舍的修缮费用。不包括由企业、事业、机关单位自筹经费开支的职工福利设施的基本建设费用。

(7)计划生育补贴 指发给职工独生子女的补贴费和保健费。

(8)其他 指上述费用以外，单位支付给职工的保险福利费。

2. 离休、退休、退职人员保险福利费用具体包括：

(1)离休金 指发给离休人员的工资和按1982年国务院发布的“关于老干部离职休养制度的几项规定”发给符合规定的离休干部相当于1—2个月标准工资的生活补贴和国务院(1982)82、83号文件规定提高离休人员的待遇所增加的费用及粮油价格补贴等。

(2)退休金 指按照国家有关规定发给退休人员的退休费和国务院(1989)82、83号文件规定提高退休人员的待遇所增加的费用及粮油价格补贴等。

(3)退职生活费 指按照1978年国务院《关于工人退休、退职的暂行办法》规定定期发给退职人员的生活费用和国务院(1989)82、83号文件规定提高退职人员的待遇所增加的费用及粮油价格补贴等。

(4)医疗卫生费 指离休、退休、退职人员的医疗费、住院费以及住院伙食补助等费用。

(5)护理费 指因工致残、饮食起居需要人扶助的离休、退休人员的护理费以及因病不能自理的离休人员的护理费。

(6)生活补贴 指按照1985年国务院《关于发给离休退休人员生活补贴费的通知》规定，发给离休、退休人员的生活补贴费。

(7)交通费补贴 指按月发给离休人员的交通费补贴。

(8)丧葬抚恤救济费 指离休、退休、退职人员死亡的丧葬费、丧葬补助费和所遗供养直系亲属的抚恤费、救济费、生活补助费以及供养直系亲属死亡时的丧葬补助费等。

(9)其他 包括易地安置的离休、退休、退职人员的安家补助费；离休、退休、退职人员的生活困难补助费、书报费、洗理费、副食品价格补贴、房租价格补贴、水电补贴、少数民族补贴以及老干部活动经费开支的旅游费用等。

# 第四篇

# 固定资产投资

# 固定资产投资与房地产

1998年，广州市固定资产投资规模有较大增长。全年全社会固定资产投资758.83亿元，比上年增长15.6%，增长幅度比上年上升12.8个百分点，是自1996年以来增速最高的一年。全社会新增固定资产633.88亿元，比上年增长33.7%。固定资产交付使用率83.5%，高于上年72.2%的水平。全社会房屋施工建筑面积5445.19万平方米，比上年增长10.3%；房屋竣工面积1893.83万平方米，增长8.6%，竣工率为34.8%。

固定资产投资的主要特点：1.三产业投资比重有所上升。在全社会投资中，第一、二、三产业分别完成投资4.01亿元、129.23亿元、625.59亿元，占全社会固定资产投资额的比重分别为0.53%、17.03%和82.44%。与上年相比，一、二产业投资比重下降，而第三产业则上升4.2个百分点。2.基本建设步伐加快，房地产开发增速提高，更新改造低位徘徊。全年基本建设完成投资292.70亿元，比上年增长28.19%，增幅在各类投资中位居榜首；房地产开发投资269.37亿元，比上年增长13.46%，增长速度明显高于上年3.6%的水平；更新改造完成投资123.17亿元，比上年只增长2.12%。3.国有经济仍占主导地位，港澳台投资经济增长迅速。国有经济和港澳台投资经济分别完成投资380.35亿元和187.79亿元，分别比上年增长7.34%和39.93%，占全社会固定资产投资比重分别为50.12%和24.75%。4.房地产投资仍居行业之首。在国民经济各行业中，房地产业投资274.34亿元，占全市投资比重为36.15%，居16个行业之首；其次是社会服务业投资135.93，占17.91%；工业投资123.17亿元，占16.23%；交通运输、邮电业投资101.01亿元，占13.31%；。5.在资金来源中，自筹资金仍是融资的主力。全市建设资金投入量712.87亿元(不包集体和个体经济)，其中自筹资金285.51亿元，比上年增长22.68%，占资金投入量的40.05% 。

1998年，全市在建项目1895个(不含个体、农村集体和房地产开发)，全部建成投产项目869个，投产率为45.86%。固定资产竣工投产后，带动了生产能力或工程效益的提高，其中：新增输变电线路长度(11万伏及以上)69公里，变电设备能力87万千伏安；新增内外轮胎年生产能力50万和60万条；新增摩托车制造年产能力25万辆；新增中学生席位21255个，小学生席位13307个；新增市内电话自动交换机23万门；新增医院病床828张。

1998年全市重点工程建设项目22个，完成投资118.25亿元。其中：市中心交通项目完成投资26.12亿元；广州地铁(一号线工程)完成投资22.56亿元；广州珠江钢铁厂完成投资21.39亿元；广州东南西环高速公路完成投资19.08；猎得污水处理厂完成投资6.60亿元；广州抽水蓄能电站二期工程完成投资6.19亿元。截至98年底止，广州地铁一号线已进入竣工验收调试阶段；广州抽水蓄能电站二期基本完成土建工程，5—8#机组均已完成了70%的工程量，发电机电压设备基本完成50%以上的工程量。

房地产开发施工、竣工面积进度加快，商品房销售活跃。全年房屋施工面积3269.46万平方米，比上年增长15.97%，其中新开工面积935.65万平方米，比上年增长75.22%；房屋竣工面积758.62万平方米，增长15.84%。受货币分房政策临近的影响，商品房销售活跃。全年商品房实际销售面积405.05万平方米，比上年增长39.25%；销售合同金额207.47亿元，比上年增长40.84%，房地产开发已逐步走出自1995年以来的调整期。

## 全社会固定资产投资额

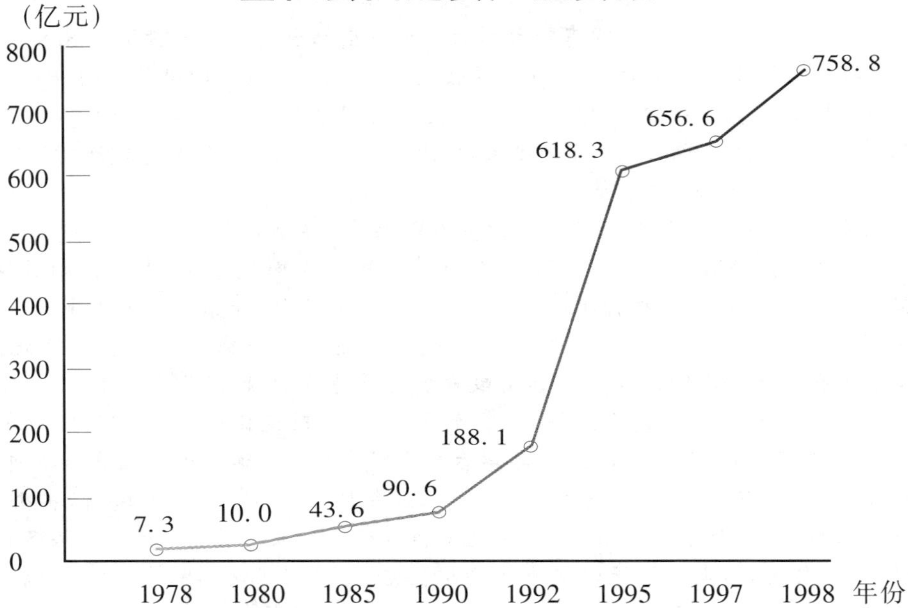


## 固定资产投资三次产业构成(%)

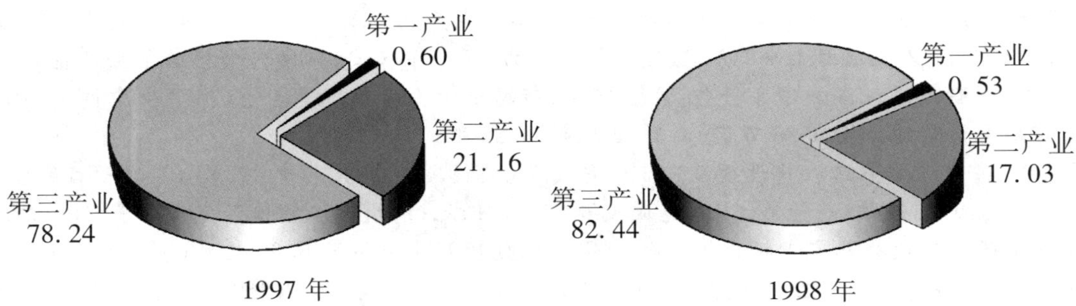


## 房 地 产 开 发

本年开发投资额(亿元)

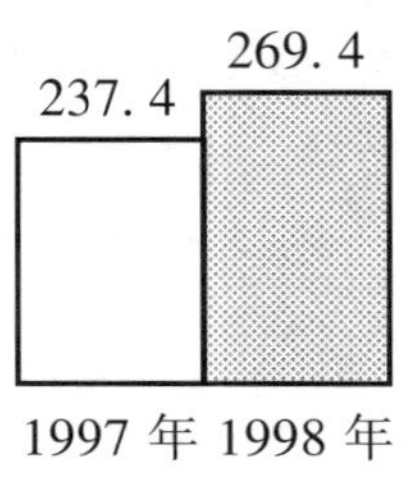


房屋施工面积(万平方米)

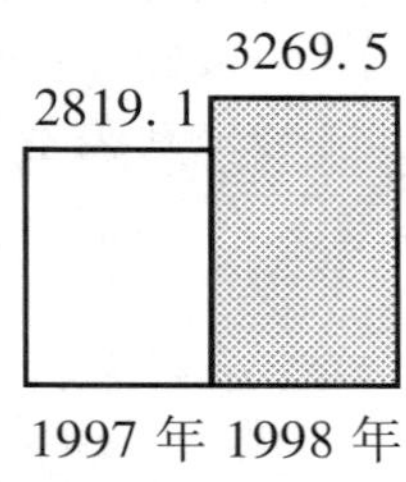


房屋竣工面积(万平方米)

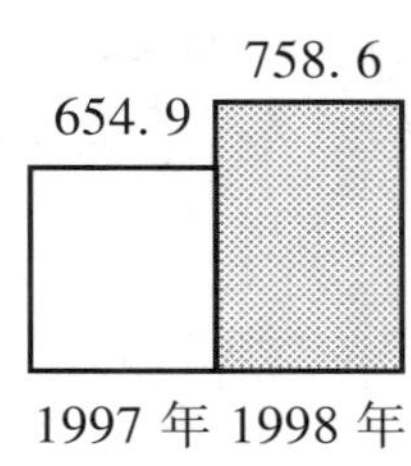

# 4-1 主要年份全社会固定资产投资额

单位:万元

| 年 份 | 合 计 | 全民所有制 | #基本建设 | #更新改造 | #房地产开发 | 城镇集体所有制 | 城镇私人 | 农村集体 | 农村私人 |
|---|---|---|---|---|---|---|---|---|---|
| **全 市** | | | | | | | | | |
| 1952 | 3931 | 3931 | 3931 | | | | | | |
| 1957 | 16560 | 16560 | 16560 | | | | | | |
| 1962 | 7456 | 7426 | 7426 | | | 30 | | | |
| 1965 | 20658 | 19760 | 19760 | | | 898 | | | |
| 1970 | 20668 | 19968 | 19968 | | | 700 | | | |
| 1975 | 56180 | 53556 | 53556 | | | 2624 | | | |
| 1978 | 72641 | 68584 | 65105 | 3479 | | 1325 | 637 | 430 | 1665 |
| 1980 | 99565 | 89823 | 79330 | 9801 | | 2709 | 1131 | 225 | 5677 |
| 1985 | 436197 | 346000 | 200457 | 98513 | 46472 | 17308 | 8832 | 27480 | 36577 |
| 1990 | 905937 | 761738 | 422295 | 221809 | 117419 | 29884 | 6677 | 43288 | 64350 |
| 1995 | 6182515 | 5346423 | 2137537 | 1093281 | 2091136 | 64312 | 49855 | 448439 | 273486 |
| 1996 | 6389360 | 5618981 | 2194209 | 1120865 | 2291640 | 65056 | 21980 | 387283 | 296060 |
| 1997 | 6565767 | 5888550 | 2283400 | 1206085 | 2374223 | 50702 | 20127 | 321523 | 284865 |
| 1998 | 7588283 | 6868046 | 2927028 | 1231700 | 2693689 | 50825 | 16138 | 358124 | 295150 |
| **市 区** | | | | | | | | | |
| 1952 | 3255 | 3255 | 3255 | | | | | | |
| 1957 | 15264 | 15264 | 15264 | | | | | | |
| 1962 | 6841 | 6811 | 6811 | | | 30 | | | |
| 1965 | 19609 | 18718 | 18718 | | | 891 | | | |
| 1970 | 19205 | 18575 | 18575 | | | 630 | | | |
| 1975 | 51934 | 49572 | 49572 | | | 2362 | | | |
| 1978 | 67021 | 64825 | 61547 | 3278 | | 1148 | 480 | 71 | 497 |
| 1980 | 88684 | 83831 | 74126 | 9446 | | 2300 | 818 | 39 | 1696 |
| 1985 | 362215 | 312993 | 189155 | 78828 | 44452 | 13321 | 4692 | 18498 | 12711 |
| 1990 | 688267 | 612465 | 330649 | 184139 | 97541 | 19816 | 1527 | 27518 | 26941 |
| 1995 | 4735978 | 4274483 | 1786962 | 785063 | 1702458 | 43165 | 27818 | 262144 | 128368 |
| 1996 | 4961794 | 4535627 | 1634670 | 968611 | 1928787 | 34277 | 3232 | 220292 | 168366 |
| 1997 | 5415077 | 5059142 | 1926341 | 1042755 | 2083116 | 25820 | 9584 | 166975 | 153556 |
| 1998 | 6402341 | 6056185 | 2592443 | 1052502 | 2402237 | 34207 | 3861 | 153992 | 154096 |

注:1.房地产开发含集体所有制部份;2."全民所有制"是按1992年以前的口径计算;包括:国有经济、联营经济、股份制经济、外商投资经济、港澳台投资经济。

# 4—2 各时期全社会固定资产投资额

单位：万元

| 时 期 | 合 计 | 基本建设 | 更新改造 | 其他投资 | 房地产开发 |
|---|---|---|---|---|---|
| **全 市** | | | | | |
| 1950—1952 | 8110 | 8110 | | | |
| “一五”时期 | 55375 | 55375 | | | |
| “二五”时期 | 122004 | 121780 | | 224 | |
| 1963—1965 | 50972 | 49217 | | 1755 | |
| “三五”时期 | 69853 | 66803 | | 3050 | |
| “四五”时期 | 167262 | 160829 | | 6433 | |
| “五五”时期 | 402292 | 358507 | 19628 | 24157 | |
| “六五”时期 | 1310742 | 591568 | 337346 | 292454 | 89374 |
| “七五”时期 | 3850377 | 1545049 | 1058484 | 714379 | 532465 |
| “八五”时期 | 18092347 | 5930203 | 3259794 | 3110538 | 5791812 |
| 1979—1998 | 43970729 | 15613326 | 8230423 | 6353777 | 13773203 |
| **市 区** | | | | | |
| 1950—1952 | 6753 | 6753 | | | |
| “一五”时期 | 49757 | 49757 | | | |
| “二五”时期 | 108373 | 108149 | | 224 | |
| 1963—1965 | 46782 | 45119 | | 1663 | |
| “三五”时期 | 64513 | 61706 | | 2807 | |
| “四五”时期 | 153532 | 147741 | | 5791 | |
| “五五”时期 | 369312 | 336720 | 18565 | 14027 | |
| “六五”时期 | 1080481 | 561550 | 291792 | 143135 | 84004 |
| “七五”时期 | 3037051 | 1286621 | 877951 | 407072 | 465407 |
| “八五”时期 | 12949086 | 4681034 | 2440633 | 1548825 | 4278594 |
| 1979—1998 | 34001690 | 12815240 | 6678020 | 3266285 | 11242145 |

注：房地产开发含集体所有制及私营经济部份。

# 4—3 各时期全社会固定资产投资额平均增长速度

单位:%

| 时　期 | 合　计 | 基本建设 | 更新改造 | 其他投资 | 房地产开发 |
|---|---|---|---|---|---|
| 全　　市 | | | | | |
| 1950—1952 | | | | | |
| "一五"时期 | 36.8 | 36.8 | | | |
| "二五"时期 | 13.2 | 13.1 | | | |
| 1963—1965 | 47.3 | 45.3 | | 249.7 | |
| "三五"时期 | —12.8 | —12.8 | | —12.6 | |
| "四五"时期 | 16.5 | 16.3 | | 21.0 | |
| "五五"时期 | 12.2 | 9.9 | | 21.1 | |
| "六五"时期 | 34.2 | 13.6 | 73.1 | 64.3 | |
| "七五"时期 | 19.6 | 14.8 | 26.7 | 15.5 | 29.1 |
| "八五"时期 | 50.4 | 36.7 | 38.4 | 53.4 | 89.2 |
| 1979—1998 | 27.7 | 20.5 | 38.3 | 35.1 | |
| 市　　区 | | | | | |
| 1950—1952 | | | | | |
| "一五"时期 | 39.9 | 39.9 | | | |
| "二五"时期 | 11.9 | 11.9 | | | |
| 1963—1965 | 47.3 | 45.2 | | 242.8 | |
| "三五"时期 | —13.6 | —13.6 | | —15.0 | |
| "四五"时期 | 16.1 | 15.9 | | 21.0 | |
| "五五"时期 | 12.0 | 10.4 | | 5.8 | |
| "六五"时期 | 31.3 | 14.2 | 68.4 | 64.2 | |
| "七五"时期 | 17.8 | 10.4 | 28.0 | 16.9 | 25.7 |
| "八五"时期 | 48.0 | 37.0 | 34.5 | 51.2 | 83.9 |
| 1979—1998 | 26.3 | 19.4 | 37.1 | 34.7 | |

注:房地产开发含集体所有制及私营经济部份。

# 4-4 全社会固定资产投资额

（1998 年）

单位：万元

| 项目 | 全市 | 市区 | 番禺市 | 花都市 | 增城市 | 从化市 |
|---|---|---|---|---|---|---|
| **全　市** | **7588283** | **6402341** | **560451** | **258907** | **199936** | **166648** |
| **按经济类型分** | | | | | | |
| 国有经济 | 3803451 | 3443918 | 107124 | 86701 | 56488 | 109220 |
| 联营经济 | 35596 | 34706 | 431 | | 459 | |
| 股份制经济 | 444474 | 427521 | 7868 | 5546 | 3539 | |
| 外商投资经济 | 333020 | 193290 | 14312 | 83339 | 26824 | 15255 |
| 港澳台投资经济 | 1877923 | 1681583 | 160941 | 6068 | 21706 | 7625 |
| 集体经济 | 685243 | 373854 | 194925 | 47453 | 49177 | 19834 |
| 城镇 | 327119 | 219862 | 82217 | 13411 | 4660 | 6969 |
| 农村 | 358124 | 153992 | 112708 | 34042 | 44517 | 12865 |
| 私人经济 | 408576 | 247469 | 74850 | 29800 | 41743 | 14714 |
| 城镇 | 113426 | 93373 | 5389 | 5165 | 7212 | 2287 |
| 农村 | 295150 | 154096 | 69461 | 24635 | 34531 | 12427 |
| **按投资类别分** | | | | | | |
| 基本建设 | 2927028 | 2592443 | 89058 | 77628 | 68281 | 99618 |
| 更新改造 | 1231700 | 1052502 | 57551 | 84787 | 14273 | 22587 |
| 其他投资 | 735866 | 355159 | 201887 | 63804 | 84777 | 30239 |
| 房地产开发 | 2693689 | 2402237 | 211955 | 32688 | 32605 | 14204 |
| **市　属** | **5727077** | **4702335** | **559700** | **176529** | **193612** | **94901** |
| **按经济类型分** | | | | | | |
| 国有经济 | 2198147 | 1925243 | 106373 | 78894 | 50164 | 37473 |
| 联营经济 | 35026 | 34136 | 431 | | 459 | |
| 股份制经济 | 375316 | 358363 | 7868 | 5546 | 3539 | |
| 外商投资经济 | 258365 | 193206 | 14312 | 8768 | 26824 | 15255 |
| 港澳台投资经济 | 1796213 | 1599873 | 160941 | 6068 | 21706 | 7625 |
| 集体经济 | 664070 | 352681 | 194925 | 47453 | 49177 | 19834 |
| 城镇 | 305946 | 198689 | 82217 | 13411 | 4660 | 6969 |
| 农村 | 358124 | 153992 | 112708 | 34042 | 44517 | 12865 |
| 私人经济 | 399940 | 238833 | 74850 | 29800 | 41743 | 14714 |
| 城镇 | 104790 | 84737 | 5389 | 5165 | 7212 | 2287 |
| 农村 | 295150 | 154096 | 69461 | 24635 | 34531 | 12427 |
| **按投资类别分** | | | | | | |
| 基本建设 | 2212755 | 1958332 | 88320 | 69821 | 68281 | 28001 |
| 更新改造 | 519736 | 421576 | 57538 | 10216 | 7949 | 22457 |
| 其他投资 | 735514 | 354807 | 201887 | 63804 | 84777 | 30239 |
| 房地产开发 | 2259072 | 1967620 | 211955 | 32688 | 32605 | 14204 |

## 4—5 固定资产投资和房屋建设

(1998 年)

金额单位:万元
面积单位:米²

| 项目 | 固定资产投资 | #住宅 | 新增固定资产 | 房屋施工面积 | #住宅 | 房屋竣工面积 | #住宅 |
|---|---|---|---|---|---|---|---|
| **总计** | 7588283 | 2330102 | 6338823 | 54451909 | 33070508 | 18938336 | 12751153 |
| **按经济类型分** | | | | | | | |
| 国有经济 | 3803451 | 845789 | 2748661 | 22308163 | 12986892 | 5773771 | 3412052 |
| 联营经济 | 35596 | 19811 | 52628 | 302485 | 220556 | 128364 | 84963 |
| 股份制经济 | 444474 | 267457 | 293660 | 4400094 | 3174129 | 1076457 | 752484 |
| 外商投资经济 | 333020 | 15044 | 306346 | 987957 | 269558 | 172700 | |
| 港澳台投资经济 | 1877923 | 592506 | 2043885 | 12322564 | 6612538 | 2777020 | 1850822 |
| 集体经济 | 685243 | 245254 | 524450 | 8233649 | 4323291 | 3962815 | 1808512 |
| 私人经济 | 408576 | 344241 | 369193 | 5896997 | 5483544 | 5047209 | 4842320 |
| 其他经济 | | | | | | | |
| **按投资类别分** | | | | | | | |
| 基本建设 | 2927028 | 311984 | 2542681 | 10997049 | 4756771 | 3345364 | 1571317 |
| 更新改造 | 1231700 | 40859 | 1048556 | 1956612 | 658913 | 647992 | 175088 |
| 其他投资 | 735866 | 340039 | 647648 | 8803673 | 5942579 | 7358742 | 5292035 |
| 房地产开发 | 2693689 | 1637220 | 2099938 | 32694575 | 21712245 | 7586238 | 5712713 |

## 4—6 市属固定资产投资和房屋建设

(1998 年)

金额单位:万元
面积单位:米²

| 项目 | 固定资产投资 | #住宅 | 新增固定资产 | 房屋施工面积 | #住宅 | 房屋竣工面积 | #住宅 |
|---|---|---|---|---|---|---|---|
| **全市** | 5727077 | 1903339 | 5225052 | 44603382 | 27395435 | 16980528 | 11511603 |
| **按经济类型分** | | | | | | | |
| 国有经济 | 2198147 | 531447 | 1761636 | 14092914 | 8186416 | 4026270 | 2338861 |
| 联营经济 | 35026 | 19811 | 52628 | 302485 | 220556 | 128364 | 84963 |
| 股份制经济 | 375316 | 224389 | 264432 | 3861088 | 2754129 | 1028121 | 716480 |
| 外商投资经济 | 258365 | 15044 | 231691 | 987957 | 269558 | 172700 | |
| 港澳台投资经济 | 1796213 | 541462 | 2031231 | 11726185 | 6379878 | 2702020 | 1780822 |
| 集体经济 | 664070 | 233822 | 516991 | 7854819 | 4194332 | 3920604 | 1776687 |
| 私人经济 | 399940 | 337364 | 366443 | 5777934 | 5390566 | 5002449 | 4813790 |
| 其他经济 | | | | | | | |
| **按投资类别分** | | | | | | | |
| 基本建设 | 2212755 | 198741 | 2301068 | 7252504 | 3082836 | 2420120 | 1098589 |
| 更新改造 | 519736 | 27219 | 409408 | 1606655 | 478442 | 547624 | 141853 |
| 其他投资 | 735514 | 340039 | 647493 | 8803136 | 5942579 | 7358742 | 5292035 |
| 房地产开发 | 2259072 | 1337340 | 1867083 | 26941087 | 17891578 | 6654042 | 4979126 |

# 4—7 主要年份全社会固定资产投资额和房屋竣工面积

| 年份、时期 | 投资额（万元） | | | | 新增固定资产（万元） | 房屋竣工面积（米²） | |
|---|---|---|---|---|---|---|---|
| | | 生产性 | 非生产性 | #住宅 | | | #住宅 |
| 1952 | 3931 | 1520 | 2411 | 389 | 3323 | 141584 | 50732 |
| 1957 | 16560 | 10399 | 6161 | 2166 | 13060 | 958931 | 418848 |
| 1962 | 7456 | 5602 | 1854 | 955 | 7260 | 282245 | 134644 |
| 1965 | 20658 | 14370 | 6288 | 2003 | 17530 | 826368 | 311853 |
| 1970 | 20668 | 18611 | 2057 | 1235 | 16458 | 725531 | 241125 |
| 1975 | 56180 | 45695 | 10485 | 3721 | 35511 | 1133021 | 384017 |
| 1978 | 72641 | 54975 | 17666 | 8987 | 95685 | 1849747 | 848210 |
| 1980 | 99565 | 59660 | 39905 | 24254 | 77438 | 2690656 | 1633282 |
| 1985 | 436197 | 210113 | 226084 | 104015 | 344990 | 7969554 | 5313303 |
| 1990 | 905937 | 501060 | 404877 | 232839 | 779577 | 8796832 | 5733580 |
| 1995 | 6182515 | 2965349 | 3217166 | 1696316 | 3449779 | 18478595 | 12128426 |
| 1996 | 6389360 | 2892084 | 3497276 | 1722037 | 4441604 | 18248918 | 11553673 |
| 1997 | 6565767 | 2518138 | 4047629 | 1902460 | 4739141 | 17433688 | 12027220 |
| 1998 | 7588283 | 2925488 | 4662795 | 2330102 | 6338823 | 18938336 | 12751153 |
| 1950—1952 | 8110 | 3701 | 4409 | 778 | 6584 | 280949 | 103873 |
| "一五"时期 | 55375 | 33478 | 21897 | 6464 | 47649 | 2902213 | 1042767 |
| "二五"时期 | 122004 | 95666 | 26338 | 7495 | 95387 | 4145187 | 1152438 |
| 1963—1965 | 50972 | 35291 | 15681 | 5162 | 44012 | 1647027 | 645539 |
| "三五"时期 | 69853 | 53863 | 15990 | 6402 | 58789 | 2969455 | 1229086 |
| "四五"时期 | 167262 | 132158 | 35104 | 11290 | 111348 | 4067848 | 1316812 |
| "五五"时期 | 402292 | 290433 | 111859 | 61679 | 323278 | 9479210 | 4593406 |
| "六五"时期 | 1310742 | 593130 | 717612 | 402770 | 1030043 | 33280917 | 23523501 |
| "七五"时期 | 3850377 | 2081127 | 1769250 | 989264 | 3056834 | 44542256 | 28087579 |
| "八五"时期 | 18092347 | 8651650 | 9440697 | 5632278 | 11179716 | 70454091 | 43397121 |
| 1979—1998 | 43970729 | 19767430 | 24203299 | 13020622 | 30920924 | 207516808 | 133960798 |

# 4-8 市区主要年份全社会固定资产投资额和房屋竣工面积

| 年份、时期 | 投资额（万元） | 生产性 | 非生产性 | #住　宅 | 新增固定资产（万元） | 房屋竣工面积（米²） | #住　宅 |
|---|---|---|---|---|---|---|---|
| 1952 | 3255 | 1388 | 1867 | 338 | 2615 | 127894 | 41454 |
| 1957 | 15264 | 9481 | 5783 | 2095 | 11968 | 936090 | 413137 |
| 1962 | 6841 | 5143 | 1698 | 894 | 6666 | 247809 | 114548 |
| 1965 | 19609 | 13699 | 5910 | 1922 | 16752 | 781187 | 300558 |
| 1970 | 19205 | 17342 | 1863 | 1112 | 18413 | 702473 | 232610 |
| 1975 | 51934 | 42149 | 9785 | 3157 | 32420 | 998282 | 341247 |
| 1978 | 67021 | 51873 | 15148 | 6663 | 91745 | 1586826 | 729665 |
| 1980 | 88684 | 55070 | 33614 | 17690 | 67451 | 2339027 | 1464616 |
| 1985 | 362215 | 183890 | 178325 | 89260 | 284680 | 5379115 | 3444301 |
| 1990 | 688267 | 360488 | 327779 | 172394 | 625292 | 5753257 | 3502276 |
| 1995 | 4735978 | 2155151 | 2580827 | 1237079 | 2510650 | 11177629 | 7354864 |
| 1996 | 4961794 | 2112147 | 2849647 | 1311832 | 3260735 | 11425342 | 7066578 |
| 1997 | 5415077 | 1939790 | 3475287 | 1519797 | 3654633 | 11792694 | 8067085 |
| 1998 | 6402341 | 2379710 | 4022631 | 1950859 | 5202937 | 12775312 | 8397729 |
| 1950—1952 | 6753 | 3005 | 3748 | 707 | 5406 | 257362 | 99018 |
| “一五”时期 | 49757 | 29911 | 19846 | 6140 | 42991 | 2792309 | 997627 |
| “二五”时期 | 108373 | 85576 | 22797 | 6115 | 82844 | 3871611 | 1053086 |
| 1963—1965 | 46782 | 32032 | 14750 | 4910 | 40884 | 1552175 | 609124 |
| “三五”时期 | 64513 | 49603 | 14910 | 5938 | 54434 | 2778822 | 1163913 |
| “四五”时期 | 153532 | 120591 | 32941 | 9718 | 102340 | 3675470 | 1191891 |
| “五五”时期 | 369312 | 272286 | 97026 | 47884 | 294926 | 8156790 | 3993399 |
| “六五”时期 | 1080481 | 516306 | 564175 | 297325 | 831751 | 22188099 | 14516901 |
| “七五”时期 | 3037051 | 1563055 | 1473996 | 758374 | 2415304 | 29594888 | 17671144 |
| “八五”时期 | 12949086 | 5963404 | 6985682 | 3931649 | 7725987 | 41612825 | 25567123 |
| 1979—1998 | 34001690 | 14572731 | 19428959 | 9801355 | 23224570 | 133306440 | 83533289 |

# 4-9 三次产业固定资产投资额及构成

（1998年、按经济类型分）

| 项　　目 | 投资额（万元） | 第一产业 | 第二产业 | 第三产业 | 构成（%） | 第一产业 | 第二产业 | 第三产业 |
|---|---|---|---|---|---|---|---|---|
| **全　市** | **7588283** | **40109** | **1292311** | **6255863** | **100** | **0.53** | **17.03** | **82.44** |
| 国有经济 | 3803451 | 1203 | 434980 | 3367268 | 100 | 0.03 | 11.44 | 88.53 |
| 联营经济 | 35596 | | 4463 | 31133 | 100 | | 12.54 | 87.46 |
| 股份制经济 | 444474 | 2072 | 35012 | 407390 | 100 | 0.47 | 7.88 | 91.65 |
| 外商投资经济 | 333020 | 1800 | 270351 | 60869 | 100 | 0.54 | 81.18 | 18.28 |
| 港澳台投资经济 | 1877923 | 762 | 376860 | 1500301 | 100 | 0.04 | 20.07 | 79.89 |
| 集体经济 | 685243 | 7676 | 170645 | 506922 | 100 | 1.12 | 24.90 | 73.98 |
| 私人经济 | 408576 | 26596 | | 381980 | 100 | 6.51 | | 93.49 |
| **市　区** | **6402341** | **14259** | **834677** | **5553405** | **100** | **0.22** | **13.04** | **86.74** |
| 国有经济 | 3443918 | 1203 | 294696 | 3148019 | 100 | 0.03 | 8.56 | 91.41 |
| 联营经济 | 34706 | | 4285 | 30421 | 100 | | 12.35 | 87.65 |
| 股份制经济 | 427521 | 2072 | 32551 | 392898 | 100 | 0.48 | 7.61 | 91.91 |
| 外商投资经济 | 193290 | | 138202 | 55088 | 100 | | 71.50 | 28.50 |
| 港澳台投资经济 | 1681583 | 762 | 326132 | 1354689 | 100 | 0.05 | 19.39 | 80.56 |
| 集体经济 | 373854 | 1810 | 38811 | 333233 | 100 | 0.48 | 10.38 | 89.14 |
| 私人经济 | 247469 | 8412 | | 239057 | 100 | 3.40 | | 96.60 |
| **市　属** | **5727077** | **39688** | **1019409** | **4667980** | **100** | **0.69** | **17.80** | **81.51** |
| 国有经济 | 2198147 | 782 | 248074 | 1949291 | 100 | 0.04 | 11.29 | 88.67 |
| 联营经济 | 35026 | | 4463 | 30563 | 100 | | 12.74 | 87.26 |
| 股份制经济 | 375316 | 2072 | 23587 | 349657 | 100 | 0.55 | 6.28 | 93.17 |
| 外商投资经济 | 258365 | 1800 | 195780 | 60785 | 100 | 0.70 | 75.78 | 23.52 |
| 港澳台投资经济 | 1796213 | 762 | 376860 | 1418591 | 100 | 0.04 | 20.98 | 78.98 |
| 集体经济 | 664070 | 7676 | 170645 | 485749 | 100 | 1.16 | 25.70 | 73.14 |
| 私人经济 | 399940 | 26596 | | 373344 | 100 | 6.65 | | 93.35 |

## 4—10 三次产业固定资产投资额及构成

（1998 年）　　　　单位：万元

| 项　　　目 | 全　市 | #市　区 | #市　属 | 构成(%) | #市区 | #市属 |
|---|---|---|---|---|---|---|
| 合　计 | 7588283 | 6402341 | 5727077 | 100.00 | 100.00 | 100.00 |
| 第一产业 | 40109 | 14259 | 39688 | 0.53 | 0.22 | 0.69 |
| 第二产业 | 1292311 | 834677 | 1019409 | 17.03 | 13.04 | 17.80 |
| 工　业 | 1231712 | 811688 | 966129 | 16.23 | 12.68 | 16.87 |
| 建筑业 | 60599 | 22989 | 53280 | 0.80 | 0.36 | 0.93 |
| 第三产业 | 6255863 | 5553405 | 4667980 | 82.44 | 86.74 | 81.51 |
| 农林牧渔服务业 | 2750 | 2481 | 910 | 0.04 | 0.04 | 0.02 |
| 地质勘探业 | 28488 | 17936 | 25886 | 0.38 | 0.28 | 0.45 |
| 交通运输业 | 769131 | 754185 | 118418 | 10.14 | 11.78 | 2.07 |
| 邮电通信业 | 240977 | 202035 | 21438 | 3.18 | 3.16 | 0.37 |
| 批发零售贸易餐饮业 | 62068 | 39930 | 56358 | 0.82 | 0.62 | 0.98 |
| 金融保险业 | 52523 | 46026 | 9214 | 0.69 | 0.72 | 0.16 |
| 房地产业 | 2743410 | 2448051 | 2308793 | 36.14 | 38.24 | 40.32 |
| 社会服务业 | 1359288 | 1261531 | 1347319 | 17.91 | 19.70 | 23.53 |
| 卫生体育社会福利业 | 62572 | 53368 | 39992 | 0.82 | 0.83 | 0.70 |
| 文教广播电视电影业 | 253493 | 211209 | 147355 | 3.34 | 3.30 | 2.57 |
| 科研和技术服务业 | 31845 | 30875 | 11499 | 0.42 | 0.48 | 0.20 |
| 党政机关和社会团体 | 308919 | 286714 | 250409 | 4.07 | 4.48 | 4.37 |
| 其他行业 | 340399 | 199064 | 330389 | 4.49 | 3.11 | 5.77 |

## 4—11 三次产业国有经济固定资产投资额及构成

（1998 年）　　　　单位：万元

| 项　　　目 | 全　市 | #市　区 | #市　属 | 构成(%) | #市区 | #市属 |
|---|---|---|---|---|---|---|
| 合　计 | 3803451 | 3443918 | 2198147 | 100.00 | 100.00 | 100.00 |
| 第一产业 | 1203 | 1203 | 782 | 0.03 | 0.03 | 0.04 |
| 第二产业 | 434980 | 294696 | 248074 | 11.44 | 8.56 | 11.29 |
| 工　业 | 389892 | 272404 | 210305 | 10.25 | 7.91 | 9.57 |
| 建筑业 | 45088 | 22292 | 37769 | 1.19 | 0.65 | 1.72 |
| 第三产业 | 3367268 | 3148019 | 1949291 | 88.53 | 91.41 | 88.67 |
| 农林牧渔服务业 | 2481 | 2481 | 641 | 0.07 | 0.07 | 0.03 |
| 地质勘探业 | 22702 | 17908 | 20100 | 0.60 | 0.52 | 0.91 |
| 交通运输业 | 739952 | 731309 | 89296 | 19.45 | 21.23 | 4.06 |
| 邮电通信业 | 237832 | 198971 | 18293 | 6.25 | 5.78 | 0.83 |
| 批发零售贸易餐饮业 | 22699 | 13768 | 16989 | 0.60 | 0.40 | 0.77 |
| 金融保险业 | 40957 | 37215 | 3218 | 1.08 | 1.08 | 0.15 |
| 房地产业 | 770099 | 735757 | 496542 | 20.25 | 21.36 | 22.59 |
| 社会服务业 | 925575 | 864602 | 916434 | 24.33 | 25.11 | 41.70 |
| 卫生体育社会福利业 | 51432 | 44870 | 28852 | 1.35 | 1.30 | 1.31 |
| 文教广播电视电影业 | 230497 | 197253 | 124359 | 6.06 | 5.73 | 5.66 |
| 科研和技术服务业 | 31542 | 30585 | 11486 | 0.83 | 0.89 | 0.52 |
| 党政机关和社会团体 | 266688 | 253354 | 208274 | 7.01 | 7.36 | 9.47 |
| 其他行业 | 24812 | 19946 | 14807 | 0.65 | 0.58 | 0.67 |

## 4—12 全社会固定资产投资额

（1998年、按行业分） 单位：万元

| 项目 | 合计 | #国有经济 | #联营经济 | #股份制经济 | #外商投资经济 | #港澳台投资经济 | #集体经济 |
|---|---|---|---|---|---|---|---|
| **全市** | 7588283 | 3803451 | 35596 | 444474 | 333020 | 1877923 | 685243 |
| **按地区分** | | | | | | | |
| 市区 | 6402341 | 3443918 | 34706 | 427521 | 193290 | 1681583 | 373854 |
| 县级市 | 1185942 | 359533 | 890 | 16953 | 139730 | 196340 | 311389 |
| 番禺市 | 560451 | 107124 | 431 | 7868 | 14312 | 160941 | 194925 |
| 花都市 | 258907 | 86701 | | 5546 | 83339 | 6068 | 47453 |
| 增城市 | 199936 | 56488 | 459 | 3539 | 26824 | 21706 | 49177 |
| 从化市 | 166648 | 109220 | | | 15255 | 7625 | 19834 |
| **按行业分** | | | | | | | |
| 农林牧渔业 | 42859 | 3684 | | 2072 | 1800 | 762 | 7945 |
| 采掘业 | 2618 | 2607 | | | | | 11 |
| 制造业 | 1011592 | 191628 | 4463 | 28732 | 265751 | 369949 | 151069 |
| 电力煤气及水生产供应业 | 217502 | 195657 | | 6280 | 4600 | 3111 | 7854 |
| 建筑业 | 60599 | 45088 | | | | 3800 | 11711 |
| 地质勘探业、水利管理业 | 28488 | 22702 | | | | | 5786 |
| 交通运输、仓储及邮电通信业 | 1010108 | 977784 | 3526 | 1367 | 2904 | 4164 | 20363 |
| 批发和零售贸易、餐饮业 | 62068 | 22699 | 1747 | 3113 | | | 34509 |
| 金融、保险业 | 52523 | 40957 | | 5570 | | | 5996 |
| 房地产业 | 2743410 | 770099 | 25610 | 388156 | 25915 | 1136152 | 300190 |
| 社会服务业 | 1359288 | 925575 | | 5542 | 11534 | 359985 | 56652 |
| 卫生体育和社会福利业 | 62572 | 51432 | | 220 | 6504 | | 4416 |
| 教育文化艺术及广播电影电视业 | 253493 | 230497 | 250 | 2154 | 1600 | | 18992 |
| 科学研究和综合技术服务业 | 31845 | 31542 | | | | | 303 |
| 国家机关政党机关社会团体 | 308919 | 266688 | | 96 | | | 42135 |
| 其他行业 | 340399 | 24812 | | 1172 | 12412 | | 17311 |
| **市区** | 6402341 | 3443918 | 34706 | 427521 | 193290 | 1681583 | 373854 |
| 农林牧渔业 | 16740 | 3684 | | 2072 | | 762 | 1810 |
| 采掘业 | 2607 | 2607 | | | | | |
| 制造业 | 688188 | 161529 | 4285 | 26271 | 133602 | 326132 | 36369 |
| 电力煤气及水生产供应业 | 120893 | 108268 | | 6280 | 4600 | | 1745 |

4—12 续表

单位:万元

| 项目 | 合计 | #国有经济 | #联营经济 | #股份制经济 | #外商投资经济 | #港澳台投资经济 | #集体经济 |
|---|---|---|---|---|---|---|---|
| 建筑业 | 22989 | 22292 | | | | | 697 |
| 地质勘探业、水利管理业 | 17936 | 17908 | | | | | 28 |
| 交通运输、仓储及邮电通信业 | 956220 | 930280 | 3526 | | 2904 | 2279 | 17231 |
| 批发和零售贸易、餐饮业 | 39930 | 13768 | 1747 | 2536 | | | 21879 |
| 金融、保险业 | 46026 | 37215 | | 5570 | | | 3241 |
| 房地产业 | 2448051 | 735757 | 25148 | 376728 | 20134 | 993425 | 207347 |
| 社会服务业 | 1261531 | 864602 | | 5542 | 11534 | 358985 | 20868 |
| 卫生体育和社会福利业 | 53368 | 44870 | | | 6504 | | 1994 |
| 教育文化艺术及广播电影电视业 | 211209 | 197253 | | 1254 | 1600 | | 11102 |
| 科学研究和综合技术服务业 | 30875 | 30585 | | | | | 290 |
| 国家机关政党机关社会团体 | 286714 | 253354 | | 96 | | | 33264 |
| 其他行业 | 199064 | 19946 | | 1172 | 12412 | | 15989 |
| **市属** | 5727077 | 2198147 | 35026 | 375316 | 258365 | 1796213 | 664070 |
| 农林牧渔业 | 40598 | 1423 | | 2072 | 1800 | 762 | 7945 |
| 采掘业 | 643 | 632 | | | | | 11 |
| 制造业 | 850520 | 116552 | 4463 | 17307 | 191180 | 369949 | 151069 |
| 电力煤气及水生产供应业 | 114966 | 93121 | | 6280 | 4600 | 3111 | 7854 |
| 建筑业 | 53280 | 37769 | | | | 3800 | 11711 |
| 地质勘探业、水利管理业 | 25886 | 20100 | | | | | 5786 |
| 交通运输、仓储及邮电通信业 | 139856 | 107589 | 3526 | 1367 | 2904 | 4164 | 20306 |
| 批发和零售贸易、餐饮业 | 56358 | 16989 | 1747 | 3113 | | | 34509 |
| 金融、保险业 | 9214 | 3218 | | | | | 5996 |
| 房地产业 | 2308793 | 496542 | 25040 | 337471 | 25915 | 1055804 | 279369 |
| 社会服务业 | 1347319 | 916434 | | 4160 | 11450 | 358623 | 56652 |
| 卫生体育和社会福利业 | 39992 | 28852 | | 220 | 6504 | | 4416 |
| 教育文化艺术及广播电影电视业 | 147355 | 124359 | 250 | 2154 | 1600 | | 18992 |
| 科学研究和综合技术服务业 | 11499 | 11486 | | | | | 13 |
| 国家机关政党机关社会团体 | 250409 | 208274 | | | | | 42135 |
| 其他行业 | 330389 | 14807 | | 1172 | 12412 | | 17306 |

# 4-13 全社会固定资产投资额

（1998年、按经济类型分） 单位：万元

| 项目 | 合计 | 基本建设 | 更新改造 | 其他投资 | 房地产开发 |
|---|---|---|---|---|---|
| 全市 | 7588283 | 2927028 | 1231700 | 735866 | 2693689 |
| 国有经济 | 3803451 | 2053652 | 1005521 | | 744278 |
| 联营经济 | 35596 | 2662 | 7324 | | 25610 |
| 股份制经济 | 444474 | 27674 | 22599 | 6045 | 388156 |
| 外商投资经济 | 333020 | 171338 | 131766 | 4001 | 25915 |
| 港澳台投资经济 | 1877923 | 671702 | 64490 | 5583 | 1136148 |
| 集体经济 | 685243 | | | 408949 | 276294 |
| 城镇集体 | 327119 | | | 50825 | 276294 |
| 农村集体 | 358124 | | | 358124 | |
| 私人经济 | 408576 | | | 311288 | 97288 |
| 城镇私人 | 113426 | | | 16138 | 97288 |
| 农村私人 | 295150 | | | 295150 | |
| 市区 | 6402341 | 2592443 | 1052502 | 355159 | 2402237 |
| 国有经济 | 3443918 | 1805317 | 926962 | | 711639 |
| 联营经济 | 34706 | 2234 | 7324 | | 25148 |
| 股份制经济 | 427521 | 24010 | 22599 | 4184 | 376728 |
| 外商投资经济 | 193290 | 140453 | 32703 | | 20134 |
| 港澳台投资经济 | 1681583 | 620429 | 62914 | 4819 | 993421 |
| 集体经济 | 373854 | | | 188199 | 185655 |
| 城镇集体 | 219862 | | | 34207 | 185655 |
| 农村集体 | 153992 | | | 153992 | |
| 私人经济 | 247469 | | | 157957 | 89512 |
| 城镇私人 | 93373 | | | 3861 | 89512 |
| 农村私人 | 154096 | | | 154096 | |
| 市属 | 5727077 | 2212755 | 519736 | 735514 | 2259072 |
| 国有经济 | 2198147 | 1340887 | 386539 | | 470721 |
| 联营经济 | 35026 | 2662 | 7324 | | 25040 |
| 股份制经济 | 375316 | 26166 | 5634 | 6045 | 337471 |
| 外商投资经济 | 258365 | 171338 | 57111 | 4001 | 25915 |
| 港澳台投资经济 | 1796213 | 671702 | 63128 | 5583 | 1055800 |
| 集体经济 | 664070 | | | 408597 | 255473 |
| 城镇集体 | 305946 | | | 50473 | 255473 |
| 农村集体 | 358124 | | | 358124 | |
| 私人经济 | 399940 | | | 311288 | 88652 |
| 城镇私人 | 104790 | | | 16138 | 88652 |
| 农村私人 | 295150 | | | 295150 | |

# 4—14 新增固定资产

（1998 年）　　　　单位：万元

| 项　　目 | 合　计 | 基本建设 | 更新改造 | 其他投资 | 房地产开发 | 固定资产交付使用率(%) |
|---|---|---|---|---|---|---|
| **全　市** | **6338823** | **2542681** | **1048556** | **647648** | **2099938** | **83.53** |
| 国有经济 | 2748661 | 1396985 | 831191 | | 520485 | 72.27 |
| 联营经济 | 52628 | 11605 | 5954 | | 35069 | 147.85 |
| 股份制经济 | 293660 | 73048 | 18979 | 1981 | 199652 | 66.07 |
| 外商投资经济 | 306346 | 179771 | 124326 | 2201 | 48 | 91.99 |
| 港澳台投资经济 | 2043885 | 881272 | 68106 | 5572 | 1088935 | 108.84 |
| 集体经济 | 524450 | | | 326606 | 197844 | 76.53 |
| 城镇集体 | 255731 | | | 57887 | 197844 | 78.18 |
| 农村集体 | 268719 | | | 268719 | | 75.04 |
| 私人经济 | 369193 | | | 311288 | 57905 | 90.36 |
| 城镇私人 | 74043 | | | 16138 | 57905 | 65.28 |
| 农村私人 | 295150 | | | 295150 | | 100.00 |
| **市　区** | **5202937** | **2243373** | **882117** | **305738** | **1771709** | **81.27** |
| 国有经济 | 2497826 | 1236616 | 769009 | | 492201 | 72.53 |
| 联营经济 | 52450 | 11427 | 5954 | | 35069 | 151.13 |
| 股份制经济 | 276913 | 70636 | 18979 | 120 | 187178 | 64.77 |
| 外商投资经济 | 164502 | 138920 | 25534 | | 48 | 85.11 |
| 港澳台投资经济 | 1751508 | 785774 | 62641 | 4808 | 898285 | 104.16 |
| 集体经济 | 248148 | | | 142853 | 105295 | 66.38 |
| 城镇集体 | 135671 | | | 30376 | 105295 | 61.71 |
| 农村集体 | 112477 | | | 112477 | | 73.04 |
| 私人经济 | 211590 | | | 157957 | 53633 | 85.50 |
| 城镇私人 | 57494 | | | 3861 | 53633 | 61.57 |
| 农村私人 | 154096 | | | 154096 | | 100.00 |
| **市　属** | **5225052** | **2301068** | **409408** | **647493** | **1867083** | **91.23** |
| 国有经济 | 1761636 | 1156754 | 279637 | | 325245 | 80.14 |
| 联营经济 | 52628 | 11605 | 5954 | | 35069 | 150.25 |
| 股份制经济 | 264432 | 71666 | 7402 | 1981 | 183383 | 70.46 |
| 外商投资经济 | 231691 | 179771 | 49671 | 2201 | 48 | 89.68 |
| 港澳台投资经济 | 2031231 | 881272 | 66744 | 5572 | 1077643 | 113.08 |
| 集体经济 | 516991 | | | 326451 | 190540 | 77.85 |
| 城镇集体 | 248272 | | | 57732 | 190540 | 81.15 |
| 农村集体 | 268719 | | | 268719 | | 75.04 |
| 私人经济 | 366443 | | | 311288 | 55155 | 91.62 |
| 城镇私人 | 71293 | | | 16138 | 55155 | 68.03 |
| 农村私人 | 295150 | | | 295150 | | 100.00 |

# 4-15 全社会固定资产投资额和新增固定资产

（1998 年）　　单位：万元

| 项　　目 | 固定资产投　资 | #基　本建　设 | #更　新改　造 | #其　他投　资 | 新　　增固定资产 | #基　本建　设 | #更　新改　造 | #其　他投　资 |
|---|---|---|---|---|---|---|---|---|
| 总　计 | 7588283 | 2927028 | 1231700 | 735866 | 6338823 | 2542681 | 1048556 | 647648 |
| 按地区分 | | | | | | | | |
| 市　区 | 6402341 | 2592443 | 1052502 | 355159 | 5202937 | 2243373 | 882117 | 305738 |
| 县级市 | 1185942 | 334585 | 179198 | 380707 | 1135886 | 299308 | 166439 | 341910 |
| 番禺市 | 560451 | 89058 | 57551 | 201887 | 647517 | 164097 | 53788 | 178638 |
| 花都市 | 258907 | 77628 | 84787 | 63804 | 203127 | 28215 | 90262 | 53201 |
| 增城市 | 199936 | 68281 | 14273 | 84777 | 212066 | 88606 | 12953 | 80532 |
| 从化市 | 166648 | 99618 | 22587 | 30239 | 73176 | 18390 | 9431 | 29539 |
| 按隶属关系分 | | | | | | | | |
| 中央项目 | 1200658 | 397675 | 637960 | | 807110 | 118446 | 595129 | |
| 省项目 | 660548 | 316598 | 74004 | 352 | 306661 | 123167 | 44019 | 155 |
| 市项目 | 4902270 | 2101227 | 478046 | 355377 | 4323243 | 2108824 | 369412 | 306153 |
| 县级市项目 | 824807 | 111528 | 41690 | 380137 | 901809 | 192244 | 39996 | 341340 |
| 其他项目 | | | | | | | | |
| 按工程用途分 | | | | | | | | |
| 农林牧渔业 | 61381 | 16301 | 3736 | 41344 | | | | |
| 工业、建筑业 | 1209152 | 729306 | 363603 | 116243 | | | | |
| 商业、运输、邮电业 | 1654955 | 390390 | 521201 | 76484 | | | | |
| 住　宅 | 2330102 | 311984 | 40859 | 340039 | | | | |
| 其　他 | 2332693 | 1479047 | 302301 | 161756 | | | | |
| 按建设性质分 | | | | | | | | |
| 新建 | 2521639 | 1996369 | 59888 | 465382 | 2506257 | 2027279 | 47299 | 431679 |
| 扩建 | 1296794 | 681508 | 448803 | 166483 | 893643 | 375576 | 390808 | 127259 |
| 改建 | 3038128 | 107604 | 202890 | 33945 | 2315178 | 52218 | 132945 | 30077 |
| 单纯建设生活设施 | 155737 | 124768 | 10477 | 20492 | 95092 | 82411 | 2625 | 10056 |
| 迁建 | 48189 | 16618 | 30461 | 1110 | 6533 | 5036 | 1222 | 275 |
| 恢复 | 344 | | 104 | 240 | 264 | | 99 | 165 |
| 单纯购置 | 527452 | 161 | 479077 | 48214 | 521856 | 161 | 473558 | 48137 |
| 按构成分 | | | | | | | | |
| 建筑工程 | 3805530 | 1395709 | 338547 | 559760 | | | | |
| 安装工程 | 433223 | 143654 | 50073 | 28027 | | | | |
| 设备工具器具购置 | 1465162 | 571734 | 732137 | 112084 | | | | |
| 其他 | 1884368 | 815931 | 110943 | 35995 | | | | |

4—15 **续表1** 单位:万元

| 项目 | 固定资产投资 | #基本建设 | #更新改造 | #其他投资 | 新增固定资产 | #基本建设 | #更新改造 | #其他投资 |
|---|---|---|---|---|---|---|---|---|
| **按行业分** | | | | | | | | |
| 农林牧渔业 | 42859 | 5155 | 1363 | 36341 | 42785 | 7394 | 2475 | 32916 |
| 农业 | 31421 | 18 | 123 | 31280 | 31421 | 18 | 123 | 31280 |
| 林业 | 192 | 135 | 57 | | 247 | 190 | 57 | |
| 畜牧业 | 7660 | 2922 | | 4738 | 5388 | 4050 | | 1338 |
| 渔业 | 836 | 407 | 375 | 54 | 1886 | 60 | 1772 | 54 |
| 农林牧渔服务业 | 2750 | 1673 | 808 | 269 | 3843 | 3076 | 523 | 244 |
| 工业 | 1231712 | 676612 | 391440 | 163660 | 1175916 | 708668 | 310479 | 156769 |
| 采掘业 | 2618 | 1661 | 946 | 11 | 1729 | 562 | 1156 | 11 |
| 制造业 | 1011592 | 507391 | 348406 | 155795 | 969203 | 559387 | 269211 | 140605 |
| 电力煤气及水生产供应业 | 217502 | 167560 | 42088 | 7854 | 204984 | 148719 | 40112 | 16153 |
| 建筑业 | 60599 | 34888 | 14000 | 11711 | 146887 | 124501 | 10427 | 11959 |
| 土木工程建筑业 | 55027 | 33354 | 11324 | 10349 | 141322 | 122056 | 8660 | 10606 |
| 线路管道和设备安装业 | 5520 | 1534 | 2624 | 1362 | 5565 | 2445 | 1767 | 1353 |
| 建筑物的装修装饰业 | 52 | | 52 | | | | | |
| 地质勘探业、水利管理业 | 28488 | 5061 | 17641 | 5786 | 27387 | 2160 | 19619 | 5608 |
| 地质勘探业 | 2500 | 2171 | 329 | | 329 | | 329 | |
| 水利管理业 | 25988 | 2890 | 17312 | 5786 | 27058 | 2160 | 19290 | 5608 |
| 交通运输、仓储及邮电通信业 | 1010108 | 449251 | 540383 | 20474 | 650163 | 118606 | 515219 | 16338 |
| 交通运输业 | 760441 | 360702 | 386589 | 13150 | 438059 | 57691 | 370589 | 9779 |
| 仓储业 | 8690 | 1585 | 22 | 7083 | 10385 | 2799 | 1268 | 6318 |
| 邮电通信业 | 240977 | 86964 | 153772 | 241 | 201719 | 58116 | 143362 | 241 |
| 批发和零售贸易、餐饮业 | 62068 | 15808 | 11751 | 34509 | 72255 | 33665 | 11585 | 27005 |
| 批发商业 | 21903 | 6679 | 5007 | 10217 | 19026 | 7522 | 3969 | 7535 |
| 零售业 | 36375 | 7435 | 6744 | 22196 | 39618 | 14716 | 7616 | 17286 |
| 餐饮业 | 3790 | 1694 | | 2096 | 13611 | 11427 | | 2184 |
| 金融、保险业 | 52523 | 12876 | 33651 | 5996 | 40000 | 2660 | 33651 | 3689 |
| 金融业 | 46696 | 12876 | 27824 | 5996 | 34173 | 2660 | 27824 | 3689 |
| 保险业 | 5827 | | 5827 | | 5827 | | 5827 | |
| 房地产业 | 2743410 | 25702 | 119 | 23900 | 2140765 | 19337 | 119 | 21371 |
| 房地产开发与经营 | 2715381 | | | 21692 | 2118699 | | | 18761 |
| 房地产管理业 | 26699 | 25702 | 119 | 878 | 20736 | 19337 | 119 | 1280 |
| 房地产代理与经纪业 | 1330 | | | 1330 | 1330 | | | 1330 |

4—15 续表2

单位:万元

| 项目 | 固定资产投资 | #基本建设 | #更新改造 | #其他投资 | 新增固定资产 | #基本建设 | #更新改造 | #其他投资 |
|---|---|---|---|---|---|---|---|---|
| 社会服务业 | 1359288 | 1142817 | 150855 | 65616 | 1320051 | 1200139 | 93418 | 26494 |
| 公共服务业 | 1283080 | 1113159 | 146352 | 23569 | 1230337 | 1122439 | 88718 | 19180 |
| 居民服务业 | 8794 | 6750 | | 2044 | 3453 | 1400 | | 2053 |
| 旅馆业 | 14562 | 3595 | 1662 | 9305 | 57528 | 55296 | 1662 | 570 |
| 租赁服务业 | | | | | | | | |
| 旅游业 | 30726 | 1355 | 876 | 28495 | 4125 | 254 | 876 | 2995 |
| 娱乐服务业 | 5477 | 3381 | 13 | 2083 | 1663 | | 13 | 1650 |
| 信息、咨询服务 | 1461 | | 1461 | | 1461 | | 1461 | |
| 计算机应用服务业 | 274 | 89 | 111 | 74 | 73 | | 73 | |
| 其他社会服务业 | 14914 | 14488 | 380 | 46 | 21411 | 20750 | 615 | 46 |
| 卫生体育和社会福利业 | 62572 | 48491 | 9665 | 4416 | 43792 | 28943 | 12045 | 2804 |
| 卫生 | 46302 | 35484 | 7892 | 2926 | 26077 | 12227 | 12045 | 1805 |
| 体育 | 9134 | 6604 | 1773 | 757 | 1054 | 307 | | 747 |
| 社会福利保障业 | 7136 | 6403 | | 733 | 16661 | 16409 | | 252 |
| 教育文化艺术及广播电影电视业 | 253493 | 212489 | 22012 | 18992 | 170037 | 130215 | 22458 | 17364 |
| 教育 | 159683 | 122197 | 19248 | 18238 | 153992 | 117331 | 19751 | 16910 |
| #高等 | 65492 | 52842 | 12650 | | 64374 | 51255 | 13119 | |
| 中等 | 52209 | 47986 | 4114 | 109 | 48931 | 44883 | 4043 | |
| 初等 | 16714 | 14481 | 2233 | | 16267 | 13934 | 2333 | |
| 文化艺术 | 76975 | 73575 | 2664 | 736 | 14422 | 11379 | 2607 | 436 |
| 广播电影电视业 | 16835 | 16717 | 100 | 18 | 1623 | 1505 | 100 | 18 |
| 科学研究和综合技术服务业 | 31845 | 23864 | 7678 | 303 | 23491 | 16016 | 7369 | 106 |
| 科学研究业 | 18883 | 12537 | 6043 | 303 | 20340 | 14470 | 5764 | 106 |
| 综合技术服务业 | 12962 | 11327 | 1635 | | 3151 | 1546 | 1605 | |
| 国家机关政党机关社会团体 | 308919 | 250148 | 16636 | 42135 | 176755 | 143741 | 5509 | 27505 |
| 国家机关 | 261224 | 243544 | 16102 | 1578 | 147976 | 141423 | 4975 | 1578 |
| 政党机关 | 3059 | 2864 | 195 | | 813 | 618 | 195 | |
| 社会团体 | 4079 | 3740 | 339 | | 2039 | 1700 | 339 | |
| 基层群众自治组织 | 40557 | | | 40557 | 25927 | | | 25927 |
| 其他行业 | 340399 | 23866 | 14506 | 302027 | 308539 | 6636 | 4183 | 297720 |

# 4-16 市区固定资产投资额和新增固定资产

（1998 年）　　单位：万元

| 项目 | 固定资产投资 | #基本建设 | #更新改造 | #其他投资 | 新增固定资产 | #基本建设 | #更新改造 | #其他投资 |
|---|---|---|---|---|---|---|---|---|
| **总计** | 6402341 | 2592443 | 1052502 | 355159 | 5202937 | 2243373 | 882117 | 305738 |
| **按隶属关系分** | | | | | | | | |
| 中央项目 | 1110521 | 388576 | 556922 | | 718700 | 111799 | 513366 | |
| 省项目 | 589485 | 245535 | 74004 | 352 | 306533 | 123039 | 44019 | 155 |
| 市项目 | 4702335 | 1958332 | 421576 | 354807 | 4177704 | 2008535 | 324732 | 305583 |
| 县级市项目 | | | | | | | | |
| 其他项目 | | | | | | | | |
| **按工程用途分** | | | | | | | | |
| 农林牧渔业 | 22916 | 6768 | 3158 | 12990 | | | | |
| 工业、建筑业 | 834209 | 546951 | 244611 | 42647 | | | | |
| 商业、运输、邮电业 | 1522585 | 358853 | 492626 | 27822 | | | | |
| 住宅 | 1950859 | 296044 | 37829 | 202756 | | | | |
| 其他 | 2071772 | 1383827 | 274278 | 68944 | | | | |
| **按建设性质分** | | | | | | | | |
| 新建 | 2051210 | 1783490 | 49071 | 218649 | 2016880 | 1773544 | 42747 | 200589 |
| 扩建 | 1033679 | 571017 | 390775 | 71887 | 723074 | 336933 | 330472 | 55669 |
| 改建 | 2707814 | 101052 | 177554 | 26971 | 1953334 | 46888 | 111487 | 23250 |
| 单纯建设生活设施 | 152115 | 122247 | 10221 | 19647 | 92740 | 80955 | 2574 | 9211 |
| 迁建 | 40834 | 14490 | 25234 | 1110 | 5776 | 4906 | 595 | 275 |
| 恢复 | 334 | | 104 | 230 | 254 | | 99 | 155 |
| 单纯购置 | 416355 | 147 | 399543 | 16665 | 410879 | 147 | 394143 | 16589 |
| **按构成分** | | | | | | | | |
| 建筑工程 | 3117018 | 1252733 | 275470 | 299209 | | | | |
| 安装工程 | 358667 | 112233 | 42271 | 7513 | | | | |
| 设备工具器具购置 | 1208169 | 488875 | 633435 | 38889 | | | | |
| 其他 | 1718487 | 738602 | 101326 | 9548 | | | | |
| **按行业分** | | | | | | | | |
| 农林牧渔业 | 16740 | 5155 | 1363 | 10222 | 20091 | 7394 | 2475 | 10222 |
| 农业 | 9345 | 18 | 123 | 9204 | 9345 | 18 | 123 | 9204 |
| 林业 | 192 | 135 | 57 | | 247 | 190 | 57 | |

4—16 续表1

单位：万元

| 项目 | 固定资产投资 | #基本建设 | #更新改造 | #其他投资 | 新增固定资产 | #基本建设 | #更新改造 | #其他投资 |
|---|---|---|---|---|---|---|---|---|
| 畜牧业 | 3940 | 2922 | | 1018 | 5068 | 4050 | | 1018 |
| 渔业 | 782 | 407 | 375 | | 1832 | 60 | 1772 | |
| 农林牧渔服务业 | 2481 | 1673 | 808 | | 3599 | 3076 | 523 | |
| 工业 | 811688 | 501108 | 272455 | 38125 | 854179 | 618672 | 199633 | 35874 |
| 采掘业 | 2607 | 1661 | 946 | | 1718 | 562 | 1156 | |
| 制造业 | 688188 | 421353 | 230455 | 36380 | 701776 | 507543 | 159399 | 34834 |
| 电力煤气及水生产供应业 | 120893 | 78094 | 41054 | 1745 | 150685 | 110567 | 39078 | 1040 |
| 建筑业 | 22989 | 9120 | 13172 | 697 | 19417 | 8416 | 9599 | 1402 |
| 土木工程建筑业 | 18749 | 7586 | 10496 | 667 | 15184 | 5971 | 7832 | 1381 |
| 线路管道和设备安装业 | 4188 | 1534 | 2624 | 30 | 4233 | 2445 | 1767 | 21 |
| 建筑物的装修装饰业 | 52 | | 52 | | | | | |
| 地质勘探业、水利管理业 | 17936 | 2531 | 15377 | 28 | 19966 | 360 | 19606 | |
| 地质勘探业 | 2487 | 2171 | 316 | | 316 | | 316 | |
| 水利管理业 | 15449 | 360 | 15061 | 28 | 19650 | 360 | 19290 | |
| 交通运输、仓储及邮电通信业 | 956220 | 429713 | 509276 | 17231 | 607335 | 107246 | 488714 | 11375 |
| 交通运输业 | 746918 | 356831 | 380099 | 9988 | 424965 | 54179 | 365889 | 4897 |
| 仓储业 | 7267 | 162 | 22 | 7083 | 8962 | 1376 | 1268 | 6318 |
| 邮电通信业 | 202035 | 72720 | 129155 | 160 | 173408 | 51691 | 121557 | 160 |
| 批发和零售贸易、餐饮业 | 39930 | 12603 | 5448 | 21879 | 46513 | 25207 | 5516 | 15790 |
| 批发商业 | 16840 | 5899 | 4977 | 5964 | 15678 | 7162 | 3969 | 4547 |
| 零售业 | 20221 | 5010 | 471 | 14740 | 18246 | 6618 | 1547 | 10081 |
| 餐饮业 | 2869 | 1694 | | 1175 | 12589 | 11427 | | 1162 |
| 金融、保险业 | 46026 | 11432 | 31353 | 3241 | 34690 | 2310 | 31353 | 1027 |
| 金融业 | 40199 | 11432 | 25526 | 3241 | 28863 | 2310 | 25526 | 1027 |
| 保险业 | 5827 | | 5827 | | 5827 | | 5827 | |
| 房地产业 | 2448051 | 23999 | 119 | 21696 | 1809027 | 18434 | 119 | 18765 |
| 房地产开发与经营 | 2423929 | | | 21692 | 1790470 | | | 18761 |
| 房地产管理业 | 24122 | 23999 | 119 | 4 | 18557 | 18434 | 119 | 4 |
| 房地产代理与经纪业 | | | | | | | | |

4—16 续表2

单位：万元

| 项目 | 固定资产投资 | #基本建设 | #更新改造 | #其他投资 | 新增固定资产 | #基本建设 | #更新改造 | #其他投资 |
|---|---|---|---|---|---|---|---|---|
| 社会服务业 | 1261531 | 1087538 | 144161 | 29832 | 1274396 | 1165520 | 88760 | 20116 |
| 公共服务业 | 1231525 | 1074553 | 139769 | 17203 | 1209858 | 1108996 | 84133 | 16729 |
| 居民服务业 | 7460 | 6750 |  | 710 | 2110 | 1400 |  | 710 |
| 旅馆业 | 14482 | 3515 | 1662 | 9305 | 57278 | 55046 | 1662 | 570 |
| 租赁服务业 |  |  |  |  |  |  |  |  |
| 旅游业 | 2221 | 850 | 876 | 495 | 1449 | 78 | 876 | 495 |
| 娱乐服务业 | 3823 | 1781 | 13 | 2029 | 1609 |  | 13 | 1596 |
| 信息、咨询服务 | 1461 |  | 1461 |  | 1461 |  | 1461 |  |
| 计算机应用服务业 | 163 | 89 |  | 74 |  |  |  |  |
| 其他社会服务业 | 396 |  | 380 | 16 | 631 |  | 615 | 16 |
| 卫生体育和社会福利业 | 53368 | 45244 | 6130 | 1994 | 33209 | 28722 | 4048 | 439 |
| 卫生 | 39455 | 33857 | 4357 | 1241 | 16285 | 12060 | 4048 | 177 |
| 体育 | 8397 | 6604 | 1773 | 20 | 317 | 307 |  | 10 |
| 社会福利保障业 | 5516 | 4783 |  | 733 | 16607 | 16355 |  | 252 |
| 教育文化艺术及广播电影电视业 | 211209 | 184123 | 15984 | 11102 | 129835 | 103965 | 16376 | 9494 |
| 教育 | 119623 | 96005 | 13220 | 10398 | 115345 | 92586 | 13669 | 9090 |
| #高等 | 65302 | 52652 | 12650 |  | 64374 | 51255 | 13119 |  |
| 中等 | 31788 | 31360 | 319 | 109 | 29506 | 29207 | 299 |  |
| 初等 | 6005 | 6005 |  |  | 5615 | 5615 |  |  |
| 文化艺术 | 76773 | 73405 | 2664 | 704 | 14390 | 11379 | 2607 | 404 |
| 广播电影电视业 | 14813 | 14713 | 100 |  | 100 |  | 100 |  |
| 科学研究和综合技术服务业 | 30875 | 22920 | 7665 | 290 | 23478 | 16016 | 7369 | 93 |
| 科学研究业 | 17913 | 11593 | 6030 | 290 | 20327 | 14470 | 5764 | 93 |
| 综合技术服务业 | 12962 | 11327 | 1635 |  | 3151 | 1546 | 1605 |  |
| 国家机关政党机关社会团体 | 286714 | 237832 | 15618 | 33264 | 162192 | 137811 | 4491 | 19890 |
| 国家机关 | 247034 | 231240 | 15084 | 710 | 140778 | 136111 | 3957 | 710 |
| 政党机关 | 3047 | 2852 | 195 |  | 195 |  | 195 |  |
| 社会团体 | 4079 | 3740 | 339 |  | 2039 | 1700 | 339 |  |
| 基层群众自治组织 | 32554 |  |  | 32554 | 19180 |  |  | 19180 |
| 其他行业 | 199064 | 19125 | 14381 | 165558 | 168609 | 3300 | 4058 | 161251 |

# 4—17 市属固定资产投资额和新增固定资产

（1998 年）

单位：万元

| 项目 | 固定资产投资 | #基本建设 | #更新改造 | #其他投资 | 新增固定资产 | #基本建设 | #更新改造 | #其他投资 |
|---|---|---|---|---|---|---|---|---|
| **总计** | **5727077** | **2212755** | **519736** | **735514** | **5225052** | **2301068** | **409408** | **647493** |
| **按地区分** | | | | | | | | |
| 市区 | 4702335 | 1958332 | 421576 | 354807 | 4177704 | 2008535 | 324732 | 305583 |
| 县级市 | 1024742 | 254423 | 98160 | 380707 | 1047348 | 292533 | 84676 | 341910 |
| 番禺市 | 559700 | 88320 | 57538 | 201887 | 647504 | 164097 | 53775 | 178638 |
| 花都市 | 176529 | 69821 | 10216 | 63804 | 128428 | 28087 | 15691 | 53201 |
| 增城市 | 193612 | 68281 | 7949 | 84777 | 205017 | 88606 | 5909 | 80532 |
| 从化市 | 94901 | 28001 | 22457 | 30239 | 66399 | 11743 | 9301 | 29539 |
| **按隶属关系分** | | | | | | | | |
| 市项目 | 4902270 | 2101227 | 478046 | 355377 | 4323243 | 2108824 | 369412 | 306153 |
| 县级市项目 | 824807 | 111528 | 41690 | 380137 | 901809 | 192244 | 39996 | 341340 |
| 其他项目 | | | | | | | | |
| **按工程用途分** | | | | | | | | |
| 农林牧渔业 | 57311 | 12411 | 3556 | 41344 | | | | |
| 工业、建筑业 | 957537 | 620127 | 221167 | 116243 | | | | |
| 商业、运输、邮电业 | 751915 | 45235 | 57410 | 76452 | | | | |
| 住宅 | 1903339 | 198741 | 27219 | 340039 | | | | |
| 其他 | 2056975 | 1336241 | 210384 | 161436 | | | | |
| **按建设性质分** | | | | | | | | |
| 新建 | 2280034 | 1754764 | 59888 | 465382 | 2497398 | 2018420 | 47299 | 431679 |
| 扩建 | 711406 | 263028 | 282242 | 166136 | 554547 | 184418 | 243020 | 127109 |
| 改建 | 2473394 | 81150 | 99227 | 33945 | 2004388 | 24895 | 82333 | 30077 |
| 单纯建设生活设施 | 138333 | 107654 | 10187 | 20492 | 82569 | 70778 | 1735 | 10056 |
| 迁建 | 37614 | 6043 | 30461 | 1110 | 3938 | 2441 | 1222 | 275 |
| 恢复 | 344 | | 104 | 240 | 264 | | 99 | 165 |
| 单纯购置 | 85952 | 116 | 37627 | 48209 | 81948 | 116 | 33700 | 48132 |
| **按构成分** | | | | | | | | |
| 建筑工程 | 3116641 | 1023639 | 271214 | 559644 | | | | |
| 安装工程 | 351016 | 119634 | 26342 | 27995 | | | | |
| 设备工具器具购置 | 807573 | 504501 | 147478 | 111961 | | | | |
| 其他 | 1451847 | 564981 | 74702 | 35914 | | | | |

4—17 续表1

单位:万元

| 项目 | 固定资产投资 | #基本建设 | #更改新造 | #其他投资 | 新增固定资产 | #基本建设 | #更改新造 | #其他投资 |
|---|---|---|---|---|---|---|---|---|
| **按行业分** | | | | | | | | |
| 农林牧渔业 | 40598 | 3316 | 941 | 36341 | 40559 | 5590 | 2053 | 32916 |
| 农业 | 31280 | | | 31280 | 31280 | | | 31280 |
| 林业 | | | | | | | | |
| 畜牧业 | 7572 | 2834 | | 4738 | 5300 | 3962 | | 1338 |
| 渔业 | 836 | 407 | 375 | 54 | 1886 | 60 | 1772 | 54 |
| 农林牧渔服务业 | 910 | 75 | 566 | 269 | 2093 | 1568 | 281 | 244 |
| 工业 | 966129 | 549481 | 252988 | 163660 | 1042983 | 673237 | 212977 | 156769 |
| 采掘业 | 643 | 562 | 70 | 11 | 853 | 562 | 280 | 11 |
| 制造业 | 850520 | 478640 | 216085 | 155795 | 865913 | 547097 | 178211 | 140605 |
| 电力煤气及水生产供应业 | 114966 | 70279 | 36833 | 7854 | 176217 | 125578 | 34486 | 16153 |
| 建筑业 | 53280 | 31639 | 9930 | 11711 | 138993 | 120677 | 6357 | 11959 |
| 土木工程建筑业 | 49764 | 31639 | 7776 | 10349 | 136395 | 120677 | 5112 | 10606 |
| 线路管道和设备安装业 | 3464 | | 2102 | 1362 | 2598 | | 1245 | 1353 |
| 建筑物的装修装饰业 | 52 | | 52 | | | | | |
| 地质勘探业、水利管理业 | 25886 | 2530 | 17570 | 5786 | 26956 | 1800 | 19548 | 5608 |
| 地质勘探业 | 298 | | 298 | | 298 | | 298 | |
| 水利管理业 | 25588 | 2530 | 17272 | 5786 | 26658 | 1800 | 19250 | 5608 |
| 交通运输、仓储及邮电通信业 | 139856 | 71316 | 48123 | 20417 | 77130 | 13902 | 46947 | 16281 |
| 交通运输业 | 109750 | 66827 | 29830 | 13093 | 49638 | 7725 | 32191 | 9722 |
| 仓储业 | 8668 | 1585 | | 7083 | 9117 | 2799 | | 6318 |
| 邮电通信业 | 21438 | 2904 | 18293 | 241 | 18375 | 3378 | 14756 | 241 |
| 批发和零售贸易、餐饮业 | 56358 | 12638 | 9211 | 34509 | 64878 | 28795 | 9078 | 27005 |
| 批发商业 | 16282 | 3541 | 2524 | 10217 | 11738 | 2684 | 1519 | 7535 |
| 零售业 | 36286 | 7403 | 6687 | 22196 | 39529 | 14684 | 7559 | 17286 |
| 餐饮业 | 3790 | 1694 | | 2096 | 13611 | 11427 | | 2184 |
| 金融、保险业 | 9214 | 1050 | 2168 | 5996 | 5857 | | 2168 | 3689 |
| 金融业 | 9214 | 1050 | 2168 | 5996 | 5857 | | 2168 | 3689 |
| 保险业 | | | | | | | | |
| 房地产业 | 2308793 | 25702 | 119 | 23900 | 1907910 | 19337 | 119 | 21371 |
| 房地产开发与经营 | 2280764 | | | 21692 | 1885844 | | | 18761 |
| 房地产管理业 | 26699 | 25702 | 119 | 878 | 20736 | 19337 | 119 | 1280 |
| 房地产代理与经纪业 | 1330 | | | 1330 | 1330 | | | 1330 |

4—17 续表2 单位:万元

| 项 目 | 固定资产投资 | #基本建设 | #更新改造 | #其他投资 | 新增固定资产 | #基本建设 | #更新改造 | #其他投资 |
|---|---|---|---|---|---|---|---|---|
| 社会服务业 | 1347319 | 1139296 | 142407 | 65616 | 1312922 | 1198757 | 87671 | 26494 |
| 公共服务业 | 1277657 | 1113159 | 140929 | 23569 | 1227615 | 1122439 | 85996 | 19180 |
| 居民服务业 | 8794 | 6750 |  | 2044 | 3453 | 1400 |  | 2053 |
| 旅馆业 | 11518 | 2213 |  | 9305 | 54484 | 53914 |  | 570 |
| 租赁服务业 |  |  |  |  |  |  |  |  |
| 旅游业 | 29581 | 1086 |  | 28495 | 3249 | 254 |  | 2995 |
| 娱乐服务业 | 3683 | 1600 |  | 2083 | 1650 |  |  | 1650 |
| 信息、咨询服务 | 1172 |  | 1172 |  | 1172 |  | 1172 |  |
| 计算机应用服务业 | 185 |  | 111 | 74 | 73 |  | 73 |  |
| 其他社会服务业 | 14729 | 14488 | 195 | 46 | 21226 | 20750 | 430 | 46 |
| 卫生体育和社会福利业 | 39992 | 29174 | 6402 | 4416 | 29736 | 18150 | 8782 | 2804 |
| 卫生 | 25216 | 17661 | 4629 | 2926 | 12021 | 1434 | 8782 | 1805 |
| 体育 | 9134 | 6604 | 1773 | 757 | 1054 | 307 |  | 747 |
| 社会福利保障业 | 5642 | 4909 |  | 733 | 16661 | 16409 |  | 252 |
| 教育文化艺术及广播电影电视业 | 147355 | 121645 | 6718 | 18992 | 103105 | 78973 | 6768 | 17364 |
| 教育 | 92143 | 67187 | 6718 | 18238 | 89815 | 66137 | 6768 | 16910 |
| #高等 | 8482 | 8102 | 380 |  | 7794 | 7414 | 380 |  |
| 中等 | 41684 | 37721 | 3854 | 109 | 41334 | 37530 | 3804 |  |
| 初等 | 16709 | 14476 | 2233 |  | 16267 | 13934 | 2333 |  |
| 文化艺术 | 47934 | 47198 |  | 736 | 11767 | 11331 |  | 436 |
| 广播电影电视业 | 7278 | 7260 |  | 18 | 1523 | 1505 |  | 18 |
| 科学研究和综合技术服务业 | 11499 | 10482 | 1004 | 13 | 2295 | 1558 | 724 | 13 |
| 科学研究业 | 2577 | 2278 | 286 | 13 | 1607 | 1558 | 35 | 13 |
| 综合技术服务业 | 8922 | 8204 | 718 |  | 688 |  | 688 |  |
| 国家机关政党机关社会团体 | 250409 | 197857 | 10417 | 42135 | 167613 | 135427 | 4681 | 27505 |
| 国家机关 | 204643 | 192739 | 10326 | 1578 | 139277 | 133109 | 4590 | 1578 |
| 政党机关 | 2711 | 2664 | 47 |  | 665 | 618 | 47 |  |
| 社会团体 | 2498 | 2454 | 44 |  | 1744 | 1700 | 44 |  |
| 基层群众自治组织 | 40557 |  |  | 40557 | 25927 |  |  | 25927 |
| 其他行业 | 330389 | 16629 | 11738 | 302022 | 304115 | 4865 | 1535 | 297715 |

# 4—18 全社会固定资产投资额

（1998年、按地区分） 单位：万元

| 项目 | 全市 | 市区 | 番禺市 | 花都市 | 增城市 | 从化市 |
|---|---|---|---|---|---|---|
| 总计 | 7588283 | 6402341 | 560451 | 258907 | 199936 | 166648 |
| 按隶属关系分 | | | | | | |
| 中央项目 | 1200658 | 1110521 | 751 | 74571 | 6324 | 8491 |
| 省项目 | 660548 | 589485 | | 7807 | | 63256 |
| 市项目 | 4902270 | 4702335 | 69665 | 46853 | 61375 | 22042 |
| 县级市项目 | 824807 | | 490035 | 129676 | 132237 | 72859 |
| 其他项目 | | | | | | |
| 按工程用途分 | | | | | | |
| 农林牧渔业 | 61381 | 22916 | 12202 | 7531 | 11713 | 7019 |
| 工业、建筑业 | 1209152 | 834209 | 119986 | 108818 | 56500 | 89639 |
| 商业、运输、邮电业 | 1654955 | 1522585 | 61301 | 34123 | 21028 | 15918 |
| 住宅 | 2330102 | 1950859 | 258592 | 47864 | 46071 | 26716 |
| 其他 | 2332693 | 2071772 | 108370 | 60571 | 64624 | 27356 |
| 按建设性质分 | | | | | | |
| 新建 | 2521639 | 2051210 | 170361 | 114401 | 122820 | 62847 |
| 扩建 | 1296794 | 1033679 | 128138 | 27307 | 27639 | 80031 |
| 改建 | 3038128 | 2707814 | 238749 | 34157 | 36089 | 21319 |
| 单纯建设生活设施 | 155737 | 152115 | 1550 | 302 | 1470 | 300 |
| 迁建 | 48189 | 40834 | 130 | 1998 | 4863 | 364 |
| 恢复 | 344 | 334 | | | | 10 |
| 单纯购置 | 527452 | 416355 | 21523 | 80742 | 7055 | 1777 |
| 按构成分 | | | | | | |
| 建筑工程 | 3805530 | 3117018 | 389014 | 104641 | 104257 | 90600 |
| 安装工程 | 433223 | 358667 | 39742 | 5781 | 22087 | 6946 |
| 设备工具器具购置 | 1465162 | 1208169 | 74318 | 98460 | 41516 | 42699 |
| 其他 | 1884368 | 1718487 | 57377 | 50025 | 32076 | 26403 |
| 按行业分 | | | | | | |
| 农林牧渔业 | 42859 | 16740 | 6942 | 8195 | 9352 | 1630 |
| 农业 | 31421 | 9345 | 6690 | 4795 | 9006 | 1585 |
| 林业 | 192 | 192 | | | | |

4—18 续表1

单位:万元

| 项目 | 全市 | 市区 | 番禺市 | 花都市 | 增城市 | 从化市 |
|---|---|---|---|---|---|---|
| 畜牧业 | 7660 | 3940 | | 3400 | 300 | 20 |
| 渔业 | 836 | 782 | 8 | | 46 | |
| 农林牧渔服务业 | 2750 | 2481 | 244 | | | 25 |
| 工业 | 1231712 | 811688 | 130819 | 113983 | 77225 | 97997 |
| 采掘业 | 2618 | 2607 | 10 | | | 1 |
| 制造业 | 1011592 | 688188 | 120544 | 105252 | 63467 | 34141 |
| 电力煤气及水生产供应业 | 217502 | 120893 | 10265 | 8731 | 13758 | 63855 |
| 建筑业 | 60599 | 22989 | 22976 | 13186 | 167 | 1281 |
| 土木工程建筑业 | 55027 | 18749 | 21811 | 13186 | | 1281 |
| 线路管道和设备安装业 | 5520 | 4188 | 1165 | | 167 | |
| 建筑物的装修装饰业 | 52 | 52 | | | | |
| 地质勘探业、水利管理业 | 28488 | 17936 | 4365 | 2213 | 896 | 3078 |
| 地质勘探业 | 2500 | 2487 | | 13 | | |
| 水利管理业 | 25988 | 15449 | 4365 | 2200 | 896 | 3078 |
| 交通运输、仓储及邮电通信业 | 1010108 | 956220 | 19212 | 12006 | 7904 | 14766 |
| 交通运输业 | 760441 | 746918 | 4617 | 1200 | 1580 | 6126 |
| 仓储业 | 8690 | 7267 | | | | 1423 |
| 邮电通信业 | 240977 | 202035 | 14595 | 10806 | 6324 | 7217 |
| 批发和零售贸易、餐饮业 | 62068 | 39930 | 15322 | 1120 | 4370 | 1326 |
| 批发商业 | 21903 | 16840 | 65 | 700 | 3613 | 685 |
| 零售业 | 36375 | 20221 | 14796 | 140 | 577 | 641 |
| 餐饮业 | 3790 | 2869 | 461 | 280 | 180 | |
| 金融、保险业 | 52523 | 46026 | 3008 | 340 | 1695 | 1454 |
| 金融业 | 46696 | 40199 | 3008 | 340 | 1695 | 1454 |
| 保险业 | 5827 | 5827 | | | | |
| 房地产业 | 2743410 | 2448051 | 213620 | 34018 | 33517 | 14204 |
| 房地产开发与经营 | 2715381 | 2423929 | 211955 | 32688 | 32605 | 14204 |
| 房地产管理业 | 26699 | 24122 | 1665 | | 912 | |
| 房地产代理与经纪业 | 1330 | | | 1330 | | |

4—18 续表2

单位：万元

| 项目 | 全市 | 市区 | 番禺市 | 花都市 | 增城市 | 从化市 |
|---|---|---|---|---|---|---|
| 社会服务业 | 1359288 | 1261531 | 36734 | 39200 | 21223 | 600 |
| 公共服务业 | 1283080 | 1231525 | 6841 | 38059 | 6135 | 520 |
| 居民服务业 | 8794 | 7460 | 1334 | | | |
| 旅馆业 | 14562 | 14482 | | | | 80 |
| 租赁服务业 | | | | | | |
| 旅游业 | 30726 | 2221 | 28505 | | | |
| 娱乐服务业 | 5477 | 3823 | 54 | 1000 | 600 | |
| 信息、咨询服务 | 1461 | 1461 | | | | |
| 计算机应用服务业 | 274 | 163 | | 111 | | |
| 其他社会服务业 | 14914 | 396 | | 30 | 14488 | |
| 卫生体育和社会福利业 | 62572 | 53368 | 2208 | 1754 | 1017 | 4225 |
| 卫生 | 46302 | 39455 | 2002 | 1754 | 287 | 2804 |
| 体育 | 9134 | 8397 | 206 | | 510 | 21 |
| 社会福利保障业 | 7136 | 5516 | | | 220 | 1400 |
| 教育文化艺术及广播电影电视业 | 253493 | 211209 | 27121 | 4263 | 3103 | 7797 |
| 教育 | 159683 | 119623 | 25079 | 4251 | 3103 | 7627 |
| #高等 | 65492 | 65302 | | | 190 | |
| 中等 | 52209 | 31788 | 12005 | 1761 | 1015 | 5640 |
| 初等 | 16714 | 6005 | 8028 | 1495 | 250 | 936 |
| 文化艺术 | 76975 | 76773 | 20 | 12 | | 170 |
| 广播电影电视业 | 16835 | 14813 | 2022 | | | |
| 科学研究和综合技术服务业 | 31845 | 30875 | 13 | 457 | | 500 |
| 科学研究业 | 18883 | 17913 | 13 | 457 | | 500 |
| 综合技术服务业 | 12962 | 12962 | | | | |
| 国家机关政党机关社会团体 | 308919 | 286714 | 8636 | 3126 | 5892 | 4551 |
| 国家机关 | 261224 | 247034 | 6557 | | 3655 | 3978 |
| 政党机关 | 3059 | 3047 | | | 12 | |
| 社会团体 | 4079 | 4079 | | | | |
| 基层群众自治组织 | 40557 | 32554 | 2079 | 3126 | 2225 | 573 |
| 其他行业 | 340399 | 199064 | 69475 | 25046 | 33575 | 13239 |

# 4—19 市属固定资产投资额

（1998年、按地区分）　　单位：万元

| 项　　目 | 全　市 | 市　区 | 番禺市 | 花都市 | 增城市 | 从化市 |
|---|---|---|---|---|---|---|
| 总　　计 | 5727077 | 4702335 | 559700 | 176529 | 193612 | 94901 |
| **按隶属关系分** | | | | | | |
| 市项目 | 4902270 | 4702335 | 69665 | 46853 | 61375 | 22042 |
| 县级市项目 | 824807 | | 490035 | 129676 | 132237 | 72859 |
| 其他项目 | | | | | | |
| **按工程用途分** | | | | | | |
| 农林牧渔业 | 57311 | 18846 | 12202 | 7531 | 11713 | 7019 |
| 工业、建筑业 | 957537 | 719814 | 119973 | 33467 | 56500 | 27783 |
| 商业、运输、邮电业 | 751915 | 640113 | 61301 | 27096 | 14704 | 8701 |
| 住宅 | 1903339 | 1526370 | 257854 | 47864 | 46071 | 25180 |
| 其他 | 2056975 | 1797192 | 108370 | 60571 | 64624 | 26218 |
| **按建设性质分** | | | | | | |
| 新建 | 2280034 | 1820893 | 170361 | 112874 | 122820 | 53086 |
| 扩建 | 711406 | 521971 | 128138 | 21807 | 21315 | 18175 |
| 改建 | 2473394 | 2143210 | 238749 | 34157 | 36089 | 21189 |
| 单纯建设生活设施 | 138333 | 135449 | 812 | 302 | 1470 | 300 |
| 迁建 | 37614 | 31039 | 130 | 1218 | 4863 | 364 |
| 恢复 | 344 | 334 | | | | 10 |
| 单纯购置 | 85952 | 49439 | 21510 | 6171 | 7055 | 1777 |
| **按构成分** | | | | | | |
| 建筑工程 | 3116641 | 2458990 | 388276 | 101742 | 101961 | 65672 |
| 安装工程 | 351016 | 282647 | 39742 | 5753 | 18699 | 4175 |
| 设备工具器具购置 | 807573 | 657521 | 74305 | 23762 | 40876 | 11109 |
| 其他 | 1451847 | 1303177 | 57377 | 45272 | 32076 | 13945 |
| **按行业分** | | | | | | |
| 农林牧渔业 | 40598 | 14479 | 6942 | 8195 | 9352 | 1630 |
| 　农业 | 31280 | 9204 | 6690 | 4795 | 9006 | 1585 |
| 　林业 | | | | | | |
| 　畜牧业 | 7572 | 3852 | | 3400 | 300 | 20 |

4—19 续表 1

单位:万元

| 项目 | 全市 | 市区 | 番禺市 | 花都市 | 增城市 | 从化市 |
|---|---|---|---|---|---|---|
| 渔业 | 836 | 782 | 8 | | 46 | |
| 农林牧渔服务业 | 910 | 641 | 244 | | | 25 |
| 工业 | 966129 | 683312 | 130819 | 38632 | 77225 | 36141 |
| 采掘业 | 643 | 632 | 10 | | | 1 |
| 制造业 | 850520 | 602467 | 120544 | 29901 | 63467 | 34141 |
| 电力煤气及水生产供应业 | 114966 | 80213 | 10265 | 8731 | 13758 | 1999 |
| 建筑业 | 53280 | 15670 | 22976 | 13186 | 167 | 1281 |
| 土木工程建筑业 | 49764 | 13486 | 21811 | 13186 | | 1281 |
| 线路管道和设备安装业 | 3464 | 2132 | 1165 | | 167 | |
| 建筑物的装修装饰业 | 52 | 52 | | | | |
| 地质勘探业、水利管理业 | 25886 | 15334 | 4365 | 2213 | 896 | 3078 |
| 地质勘探业 | 298 | 285 | | 13 | | |
| 水利管理业 | 25588 | 15049 | 4365 | 2200 | 896 | 3078 |
| 交通运输、仓储及邮电通信业 | 139856 | 106536 | 19212 | 4979 | 1580 | 7549 |
| 交通运输业 | 109750 | 96227 | 4617 | 1200 | 1580 | 6126 |
| 仓储业 | 8668 | 7245 | | | | 1423 |
| 邮电通信业 | 21438 | 3064 | 14595 | 3779 | | |
| 批发和零售贸易、餐饮业 | 56358 | 34220 | 15322 | 1120 | 4370 | 1326 |
| 批发商业 | 16282 | 11219 | 65 | 700 | 3613 | 685 |
| 零售业 | 36286 | 20132 | 14796 | 140 | 577 | 641 |
| 餐饮业 | 3790 | 2869 | 461 | 280 | 180 | |
| 金融、保险业 | 9214 | 3991 | 3008 | 340 | 1695 | 180 |
| 金融业 | 9214 | 3991 | 3008 | 340 | 1695 | 180 |
| 保险业 | | | | | | |
| 房地产业 | 2308793 | 2013434 | 213620 | 34018 | 33517 | 14204 |
| 房地产开发与经营 | 2280764 | 1989312 | 211955 | 32688 | 32605 | 14204 |
| 房地产管理业 | 26699 | 24122 | 1665 | | 912 | |
| 房地产代理与经纪业 | 1330 | | | 1330 | | |

4—19 续表2　　单位:万元

| 项　　目 | 全　市 | 市　区 | 番禺市 | 花都市 | 增城市 | 从化市 |
|---|---|---|---|---|---|---|
| 社会服务业 | 1347319 | 1249562 | 36734 | 39200 | 21223 | 600 |
| 公共服务业 | 1277657 | 1226102 | 6841 | 38059 | 6135 | 520 |
| 居民服务业 | 8794 | 7460 | 1334 | | | |
| 旅馆业 | 11518 | 11438 | | | | 80 |
| 租赁服务业 | | | | | | |
| 旅游业 | 29581 | 1076 | 28505 | | | |
| 娱乐服务业 | 3683 | 2029 | 54 | 1000 | 600 | |
| 信息、咨询服务 | 1172 | 1172 | | | | |
| 计算机应用服务业 | 185 | 74 | | 111 | | |
| 其他社会服务业 | 14729 | 211 | | 30 | 14488 | |
| 卫生体育和社会福利业 | 39992 | 32188 | 2208 | 1754 | 1017 | 2825 |
| 卫生 | 25216 | 18369 | 2002 | 1754 | 287 | 2804 |
| 体育 | 9134 | 8397 | 206 | | 510 | 21 |
| 社会福利保障业 | 5642 | 5422 | | | 220 | |
| 教育文化艺术及广播电影电视业 | 147355 | 105071 | 27121 | 4263 | 3103 | 7797 |
| 教育 | 92143 | 52083 | 25079 | 4251 | 3103 | 7627 |
| #高等 | 8482 | 8292 | | | 190 | |
| 中等 | 41684 | 21263 | 12005 | 1761 | 1015 | 5640 |
| 初等 | 16709 | 6000 | 8028 | 1495 | 250 | 936 |
| 文化艺术 | 47934 | 47732 | 20 | 12 | | 170 |
| 广播电影电视业 | 7278 | 5256 | 2022 | | | |
| 科学研究和综合技术服务业 | 11499 | 10529 | 13 | 457 | | 500 |
| 科学研究业 | 2577 | 1607 | 13 | 457 | | 500 |
| 综合技术服务业 | 8922 | 8922 | | | | |
| 国家机关政党机关社会团体 | 250409 | 228942 | 7898 | 3126 | 5892 | 4551 |
| 国家机关 | 204643 | 191191 | 5819 | | 3655 | 3978 |
| 政党机关 | 2711 | 2699 | | | 12 | |
| 社会团体 | 2498 | 2498 | | | | |
| 基层群众自治组织 | 40557 | 32554 | 2079 | 3126 | 2225 | 573 |
| 其他行业 | 330389 | 189067 | 69462 | 25046 | 33575 | 13239 |

# 4—20 新增固定资产

(1998年、按经济类型分)　　单位:万元

| 项目 | 合计 | #国有经济 | #联营经济 | #股份制经济 | #外商投资经济 | #港澳台投资经济 | #集体经济 |
|---|---|---|---|---|---|---|---|
| 总计 | 6338823 | 2748661 | 52628 | 293660 | 306346 | 2043885 | 524450 |
| 按地区分 | | | | | | | |
| 市区 | 5202937 | 2497826 | 52450 | 276913 | 164502 | 1751508 | 248148 |
| 县级市 | 1135886 | 250835 | 178 | 16747 | 141844 | 292377 | 276302 |
| 番禺市 | 647517 | 130458 | | 5632 | 14312 | 250982 | 171283 |
| 花都市 | 203127 | 29962 | | 6900 | 87059 | 8754 | 41630 |
| 增城市 | 212066 | 55490 | 178 | 4215 | 40473 | 28180 | 44313 |
| 从化市 | 73176 | 34925 | | | | 4461 | 19076 |
| 按隶属关系分 | | | | | | | |
| 中央项目 | 807110 | 715778 | | 16761 | 74571 | | |
| 省项目 | 306661 | 271247 | | 12467 | 84 | 12654 | 7459 |
| 市项目 | 4323243 | 1596280 | 52450 | 247685 | 229112 | 1747647 | 241229 |
| 县级市项目 | 901809 | 165356 | 178 | 16747 | 2579 | 283584 | 275762 |
| 其他项目 | | | | | | | |
| 按建设性质分 | | | | | | | |
| 新建 | 2506257 | 952363 | 11427 | 72685 | 159894 | 879909 | 145287 |
| 扩建 | 893643 | 635916 | 2428 | 4147 | 59717 | 66131 | 125304 |
| 改建 | 2315178 | 677332 | 38595 | 210801 | 11781 | 1090843 | 227921 |
| 单纯建设生活设施 | 95092 | 84858 | 178 | | | | 10056 |
| 迁建 | 6533 | 6258 | | | | | 275 |
| 恢复 | 264 | 99 | | | | | 165 |
| 单纯购置 | 521856 | 391835 | | 6027 | 74954 | 7002 | 15442 |
| 按行业分 | | | | | | | |
| 农林牧渔业 | 42785 | 5907 | | | | 3962 | 6320 |
| 农业 | 31421 | 141 | | | | | 4684 |
| 林业 | 247 | 247 | | | | | |
| 畜牧业 | 5388 | 88 | | | | 3962 | 1338 |
| 渔业 | 1886 | 1832 | | | | | 54 |
| 农林牧渔服务业 | 3843 | 3599 | | | | | 244 |

单位:万元

| 项目 | 合计 | #国有经济 | #联营经济 | #股份制经济 | #外商投资经济 | #港澳台投资经济 | #集体经济 |
|---|---|---|---|---|---|---|---|
| 工业 | 1175916 | 217869 | 2606 | 77140 | 302110 | 424137 | 152054 |
| 采掘业 | 1729 | 1718 | | | | | 11 |
| 制造业 | 969203 | 84720 | 2606 | 19740 | 302110 | 424137 | 135890 |
| 电力煤气及水生产供应业 | 204984 | 131431 | | 57400 | | | 16153 |
| 建筑业 | 146887 | 48928 | | | | 86000 | 11959 |
| 土木工程建筑业 | 141322 | 44716 | | | | 86000 | 10606 |
| 线路管道和设备安装业 | 5565 | 4212 | | | | | 1353 |
| 建筑物的装修装饰业 | | | | | | | |
| 地质勘探业、水利管理业 | 27387 | 21779 | | | | | 5608 |
| 地质勘探业 | 329 | 329 | | | | | |
| 水利管理业 | 27058 | 21450 | | | | | 5608 |
| 交通运输、仓储及邮电通信业 | 650163 | 624139 | 3526 | 1008 | 3378 | 1885 | 16227 |
| 交通运输业 | 438059 | 421972 | 3526 | 927 | | 1885 | 9749 |
| 仓储业 | 10385 | 4067 | | | | | 6318 |
| 邮电通信业 | 201719 | 198100 | | 81 | 3378 | | 160 |
| 批发和零售贸易、餐饮业 | 72255 | 32014 | 11427 | 1809 | | | 27005 |
| 批发商业 | 19026 | 11258 | | 233 | | | 7535 |
| 零售业 | 39618 | 20756 | | 1576 | | | 17286 |
| 餐饮业 | 13611 | | 11427 | | | | 2184 |
| 金融、保险业 | 40000 | 30741 | | 5570 | | | 3689 |
| 金融业 | 34173 | 24914 | | 5570 | | | 3689 |
| 保险业 | 5827 | 5827 | | | | | |
| 房地产业 | 2140765 | 539941 | 35069 | 199652 | 48 | 1088939 | 219211 |
| 房地产开发与经营 | 2118699 | 520485 | 35069 | 199652 | 48 | 1088935 | 216605 |
| 房地产管理业 | 20736 | 19456 | | | | 4 | 1276 |
| 房地产代理与经纪业 | 1330 | | | | | | 1330 |
| 社会服务业 | 1320051 | 857933 | | 1478 | 84 | 438962 | 21594 |
| 公共服务业 | 1230337 | 799928 | | | | 416033 | 14376 |

4—20 续表 2　　单位：万元

| 项目 | 合计 | #国有经济 | #联营经济 | #股份制经济 | #外商投资经济 | #港澳台投资经济 | #集体经济 |
|---|---|---|---|---|---|---|---|
| 居民服务业 | 3453 | 1400 | | | | | 2053 |
| 旅馆业 | 57528 | 32641 | | 1382 | 84 | 22851 | 570 |
| 租赁服务业 | | | | | | | |
| 旅游业 | 4125 | 1052 | | | | 78 | 2995 |
| 娱乐服务业 | 1663 | 13 | | 96 | | | 1554 |
| 信息、咨询服务 | 1461 | 1461 | | | | | |
| 计算机应用服务业 | 73 | 73 | | | | | |
| 其他社会服务业 | 21411 | 21365 | | | | | 46 |
| 卫生体育和社会福利业 | 43792 | 40758 | | 54 | 176 | | 2804 |
| 卫生 | 26077 | 24272 | | | | | 1805 |
| 体育 | 1054 | 131 | | | 176 | | 747 |
| 社会福利保障业 | 16661 | 16355 | | 54 | | | 252 |
| 教育文化艺术及广播电影电视业 | 170037 | 145844 | | 6829 | | | 17364 |
| 教育 | 153992 | 130253 | | 6829 | | | 16910 |
| #高等 | 64374 | 64374 | | | | | |
| 中等 | 48931 | 48931 | | | | | |
| 初等 | 16267 | 16267 | | | | | |
| 文化艺术 | 14422 | 13986 | | | | | 436 |
| 广播电影电视业 | 1623 | 1605 | | | | | 18 |
| 科学研究和综合技术服务业 | 23491 | 23385 | | | | | 106 |
| 科学研究业 | 20340 | 20234 | | | | | 106 |
| 综合技术服务业 | 3151 | 3151 | | | | | |
| 国家机关政党机关社会团体 | 176755 | 149154 | | 96 | | | 27505 |
| 国家机关 | 147976 | 146398 | | | | | 1578 |
| 政党机关 | 813 | 813 | | | | | |
| 社会团体 | 2039 | 1943 | | 96 | | | |
| 基层群众自治组织 | 25927 | | | | | | 25927 |
| 其他行业 | 308539 | 10269 | | 24 | 550 | | 13004 |

# 4—21 市区新增固定资产

（1998 年、按经济类型分）　　　　单位：万元

| 项目 | 合计 | #国有经济 | #联营经济 | #股份制经济 | #外商投资经济 | #港澳台投资经济 | #集体经济 |
|---|---|---|---|---|---|---|---|
| **总计** | 5202937 | 2497826 | 52450 | 276913 | 164502 | 1751508 | 248148 |
| **按隶属关系分** | | | | | | | |
| 中央项目 | 718700 | 701939 | | 16761 | | | |
| 省项目 | 306533 | 271119 | | 12467 | 84 | 12654 | 7459 |
| 市项目 | 4177704 | 1524768 | 52450 | 247685 | 164418 | 1738854 | 240689 |
| 县级市项目 | | | | | | | |
| 其他项目 | | | | | | | |
| **按建设性质分** | | | | | | | |
| 新建 | 2016880 | 835056 | 11427 | 69254 | 119421 | 781133 | 51044 |
| 扩建 | 723074 | 552618 | 2428 | 3466 | 44949 | 63944 | 55669 |
| 改建 | 1953334 | 634046 | 38595 | 198327 | 48 | 900140 | 128545 |
| 单纯建设生活设施 | 92740 | 83529 | | | | | 9211 |
| 迁建 | 5776 | 5501 | | | | | 275 |
| 恢复 | 254 | 99 | | | | | 155 |
| 单纯购置 | 410879 | 386977 | | 5866 | 84 | 6291 | 3249 |
| **按行业分** | | | | | | | |
| 农林牧渔业 | 20091 | 5907 | | | | 3962 | 1810 |
| 农业 | 9345 | 141 | | | | | 792 |
| 林业 | 247 | 247 | | | | | |
| 畜牧业 | 5068 | 88 | | | | 3962 | 1018 |
| 渔业 | 1832 | 1832 | | | | | |
| 农林牧渔服务业 | 3599 | 3599 | | | | | |
| 工业 | 854179 | 170637 | 2428 | 74679 | 160266 | 410295 | 35874 |
| 采掘业 | 1718 | 1718 | | | | | |
| 制造业 | 701776 | 76674 | 2428 | 17279 | 160266 | 410295 | 34834 |
| 电力煤气及水生产供应业 | 150685 | 92245 | | 57400 | | | 1040 |
| 建筑业 | 19417 | 18015 | | | | | 1402 |
| 土木工程建筑业 | 15184 | 13803 | | | | | 1381 |
| 线路管道和设备安装业 | 4233 | 4212 | | | | | 21 |
| 建筑物的装修装饰业 | | | | | | | |
| 地质勘探业、水利管理业 | 19966 | 19966 | | | | | |
| 地质勘探业 | 316 | 316 | | | | | |
| 水利管理业 | 19650 | 19650 | | | | | |
| 交通运输、仓储及邮电通信业 | 607335 | 589056 | 3526 | | 3378 | | 11375 |
| 交通运输业 | 424965 | 416542 | 3526 | | | | 4897 |
| 仓储业 | 8962 | 2644 | | | | | 6318 |
| 邮电通信业 | 173408 | 169870 | | | 3378 | | 160 |
| 批发和零售贸易、餐饮业 | 46513 | 17487 | 11427 | 1809 | | | 15790 |
| 批发商业 | 15678 | 10898 | | 233 | | | 4547 |

4—21 续表

单位：万元

| 项目 | 合计 | #国有经济 | #联营经济 | #股份制经济 | #外商投资经济 | #港澳台投资经济 | #集体经济 |
|---|---|---|---|---|---|---|---|
| 零售业 | 18246 | 6589 | | 1576 | | | 10081 |
| 餐饮业 | 12589 | | 11427 | | | | 1162 |
| 金融、保险业 | 34690 | 28093 | | 5570 | | | 1027 |
| 金融业 | 28863 | 22266 | | 5570 | | | 1027 |
| 保险业 | 5827 | 5827 | | | | | |
| 房地产业 | 1809027 | 510754 | 35069 | 187178 | 48 | 898289 | 124056 |
| 房地产开发与经营 | 1790470 | 492201 | 35069 | 187178 | 48 | 898285 | 124056 |
| 房地产管理业 | 18557 | 18553 | | | | 4 | |
| 房地产代理与经纪业 | | | | | | | |
| 社会服务业 | 1274396 | 818656 | | 1478 | 84 | 438962 | 15216 |
| 公共服务业 | 1209858 | 781900 | | | | 416033 | 11925 |
| 居民服务业 | 2110 | 1400 | | | | | 710 |
| 旅馆业 | 57278 | 32391 | | 1382 | 84 | 22851 | 570 |
| 租赁服务业 | | | | | | | |
| 旅游业 | 1449 | 876 | | | | 78 | 495 |
| 娱乐服务业 | 1609 | 13 | | 96 | | | 1500 |
| 信息、咨询服务 | 1461 | 1461 | | | | | |
| 计算机应用服务业 | | | | | | | |
| 其他社会服务业 | 631 | 615 | | | | | 16 |
| 卫生体育和社会福利业 | 33209 | 32594 | | | 176 | | 439 |
| 卫生 | 16285 | 16108 | | | | | 177 |
| 体育 | 317 | 131 | | | 176 | | 10 |
| 社会福利保障业 | 16607 | 16355 | | | | | 252 |
| 教育文化艺术及广播电影电视业 | 129835 | 114262 | | 6079 | | | 9494 |
| 教育 | 115345 | 100176 | | 6079 | | | 9090 |
| #高等 | 64374 | 64374 | | | | | |
| 中等 | 29506 | 29506 | | | | | |
| 初等 | 5615 | 5615 | | | | | |
| 文化艺术 | 14390 | 13986 | | | | | 404 |
| 广播电影电视业 | 100 | 100 | | | | | |
| 科学研究和综合技术服务业 | 23478 | 23385 | | | | | 93 |
| 科学研究业 | 20327 | 20234 | | | | | 93 |
| 综合技术服务业 | 3151 | 3151 | | | | | |
| 国家机关政党机关社会团体 | 162192 | 142206 | | 96 | | | 19890 |
| 国家机关 | 140778 | 140068 | | | | | 710 |
| 政党机关 | 195 | 195 | | | | | |
| 社会团体 | 2039 | 1943 | | 96 | | | |
| 基层群众自治组织 | 19180 | | | | | | 19180 |
| 其他行业 | 168609 | 6808 | | 24 | 550 | | 11682 |

# 4—22 市属新增固定资产

（1998年、按经济类型分）　　　　单位：万元

| 项　　目 | 合　计 | #国　有经　济 | #联营经济 | #股份制经　济 | #外　商投　资经　济 | #港澳台投　资经　济 | #集　体经　济 |
|---|---|---|---|---|---|---|---|
| **总　　计** | 5225052 | 1761636 | 52628 | 264432 | 231691 | 2031231 | 516991 |
| **按地区分** | | | | | | | |
| 市　区 | 4177704 | 1524768 | 52450 | 247685 | 164418 | 1738854 | 240689 |
| 县级市 | 1047348 | 236868 | 178 | 16747 | 67273 | 292377 | 276302 |
| 番禺市 | 647504 | 130445 | | 5632 | 14312 | 250982 | 171283 |
| 花都市 | 128428 | 29834 | | 6900 | 12488 | 8754 | 41630 |
| 增城市 | 205017 | 48441 | 178 | 4215 | 40473 | 28180 | 44313 |
| 从化市 | 66399 | 28148 | | | | 4461 | 19076 |
| **按隶属关系分** | | | | | | | |
| 市项目 | 4323243 | 1596280 | 52450 | 247685 | 229112 | 1747647 | 241229 |
| 县级市项目 | 901809 | 165356 | 178 | 16747 | 2579 | 283584 | 275762 |
| 其他项目 | | | | | | | |
| **按建设性质分** | | | | | | | |
| 新建 | 2497398 | 943504 | 11427 | 72685 | 159894 | 879909 | 145287 |
| 扩建 | 554547 | 296970 | 2428 | 4147 | 59717 | 66131 | 125154 |
| 改建 | 2004388 | 411450 | 38595 | 187239 | 11781 | 1079551 | 220617 |
| 单纯建设生活设施 | 82569 | 72335 | 178 | | | | 10056 |
| 迁建 | 3938 | 3663 | | | | | 275 |
| 恢复 | 264 | 99 | | | | | 165 |
| 单纯购置 | 81948 | 33615 | | 361 | 299 | 5640 | 15437 |
| **按行业分** | | | | | | | |
| 农林牧渔业 | 40559 | 3681 | | | | 3962 | 6320 |
| 农业 | 31280 | | | | | | 4684 |
| 林业 | | | | | | | |
| 畜牧业 | 5300 | | | | | 3962 | 1338 |
| 渔业 | 1886 | 1832 | | | | | 54 |
| 农林牧渔服务业 | 2093 | 1849 | | | | | 244 |
| 工业 | 1042983 | 165418 | 2606 | 71229 | 227539 | 424137 | 152054 |
| 采掘业 | 853 | 842 | | | | | 11 |
| 制造业 | 865913 | 61912 | 2606 | 13829 | 227539 | 424137 | 135890 |
| 电力煤气及水生产供应业 | 176217 | 102664 | | 57400 | | | 16153 |
| 建筑业 | 138993 | 41034 | | | | 86000 | 11959 |
| 土木工程建筑业 | 136395 | 39789 | | | | 86000 | 10606 |
| 线路管道和设备安装业 | 2598 | 1245 | | | | | 1353 |
| 建筑物的装修装饰业 | | | | | | | |
| 地质勘探业、水利管理业 | 26956 | 21348 | | | | | 5608 |
| 地质勘探业 | 298 | 298 | | | | | |
| 水利管理业 | 26658 | 21050 | | | | | 5608 |
| 交通运输、仓储及邮电通信业 | 77130 | 51163 | 3526 | 1008 | 3378 | 1885 | 16170 |
| 交通运输业 | 49638 | 33608 | 3526 | 927 | | 1885 | 9692 |
| 仓储业 | 9117 | 2799 | | | | | 6318 |
| 邮电通信业 | 18375 | 14756 | | 81 | 3378 | | 160 |

## 4－22 续表

单位：万元

| 项　　目 | 合　计 | #国有经济 | #联营经济 | #股份制经济 | #外商投资经济 | #港澳台投资经济 | #集体经济 |
|---|---|---|---|---|---|---|---|
| 批发和零售贸易、餐饮业 | 64878 | 24637 | 11427 | 1809 | | | 27005 |
| 　批发商业 | 11738 | 3970 | | 233 | | | 7535 |
| 　零售业 | 39529 | 20667 | | 1576 | | | 17286 |
| 　餐饮业 | 13611 | | 11427 | | | | 2184 |
| 金融、保险业 | 5857 | 2168 | | | | | 3689 |
| 　金融业 | 5857 | 2168 | | | | | 3689 |
| 　保险业 | | | | | | | |
| 房地产业 | 1907910 | 344701 | 35069 | 183383 | 48 | 1077647 | 211907 |
| 　房地产开发与经营 | 1885844 | 325245 | 35069 | 183383 | 48 | 1077643 | 209301 |
| 　房地产管理业 | 20736 | 19456 | | | | 4 | 1276 |
| 　房地产代理与经纪业 | 1330 | | | | | | 1330 |
| 社会服务业 | 1312922 | 853632 | | 96 | | 437600 | 21594 |
| 　公共服务业 | 1227615 | 797206 | | | | 416033 | 14376 |
| 　居民服务业 | 3453 | 1400 | | | | | 2053 |
| 　旅馆业 | 54484 | 32425 | | | | 21489 | 570 |
| 　租赁服务业 | | | | | | | |
| 　旅游业 | 3249 | 176 | | | | 78 | 2995 |
| 　娱乐服务业 | 1650 | | | 96 | | | 1554 |
| 　信息、咨询服务 | 1172 | 1172 | | | | | |
| 　计算机应用服务业 | 73 | 73 | | | | | |
| 　其他社会服务业 | 21226 | 21180 | | | | | 46 |
| 卫生体育和社会福利业 | 29736 | 26702 | | 54 | 176 | | 2804 |
| 　卫生 | 12021 | 10216 | | | | | 1805 |
| 　体育 | 1054 | 131 | | | 176 | | 747 |
| 　社会福利保障业 | 16661 | 16355 | | 54 | | | 252 |
| 教育文化艺术及广播电影电视业 | 103105 | 78912 | | 6829 | | | 17364 |
| 　教育 | 89815 | 66076 | | 6829 | | | 16910 |
| 　　#高等 | 7794 | 7794 | | | | | |
| 　　　中等 | 41334 | 41334 | | | | | |
| 　　　初等 | 16267 | 16267 | | | | | |
| 　文化艺术 | 11767 | 11331 | | | | | 436 |
| 　广播电影电视业 | 1523 | 1505 | | | | | 18 |
| 科学研究和综合技术服务业 | 2295 | 2282 | | | | | 13 |
| 　科学研究业 | 1607 | 1594 | | | | | 13 |
| 　综合技术服务业 | 688 | 688 | | | | | |
| 国家机关政党机关社会团体 | 167613 | 140108 | | | | | 27505 |
| 　国家机关 | 139277 | 137699 | | | | | 1578 |
| 　政党机关 | 665 | 665 | | | | | |
| 　社会团体 | 1744 | 1744 | | | | | |
| 　基层群众自治组织 | 25927 | | | | | | 25927 |
| 其他行业 | 304115 | 5850 | | 24 | 550 | | 12999 |

# 4—23 工业固定资产投资额和新增固定资产

（1998 年）　　单位：万元

| 项　　目 | 固定资产投　资 | #基　本建　设 | #更　新改　造 | 新　增固定资产 | #基　本建　设 | #更　新改　造 |
|---|---|---|---|---|---|---|
| **总　　计** | 1231712 | 676612 | 391440 | 1175916 | 708668 | 310479 |
| **按地区分** | | | | | | |
| 市　区 | 811688 | 501108 | 272455 | 854179 | 618672 | 199633 |
| 番禺市 | 130819 | 45254 | 21497 | 101872 | 21324 | 16229 |
| 花都市 | 113983 | 10760 | 79499 | 120025 | 9805 | 88349 |
| 增城市 | 77225 | 40949 | 6806 | 86682 | 55148 | 5059 |
| 从化市 | 97997 | 78541 | 11183 | 13158 | 3719 | 1209 |
| **按行业分** | | | | | | |
| 采掘业 | 2618 | 1661 | 946 | 1729 | 562 | 1156 |
| 煤炭采选业 | 731 | 661 | 70 | 280 | | 280 |
| 石油和天然气开采业 | 876 | | 876 | 876 | | 876 |
| 黑色金属矿采选业 | | | | | | |
| 有色金属矿采选业 | | | | | | |
| 非金属矿采选业 | 1011 | 1000 | | 573 | 562 | |
| 其他矿采选业 | | | | | | |
| 木材及竹材采选业 | | | | | | |
| 制造业 | 1011592 | 507391 | 348406 | 969203 | 559387 | 269211 |
| 食品加工业 | 30299 | 25036 | 157 | 53252 | 48125 | 21 |
| 食品制造业 | 13802 | 9671 | 2740 | 14903 | 12790 | 592 |
| 饮料制造业 | 12314 | | 10573 | 20682 | | 18941 |
| 烟草加工业 | 20858 | 4300 | 16558 | 1166 | | 1166 |
| 纺织业 | 16420 | 1383 | 4607 | 13346 | 1456 | 1783 |
| 服装及其他纤维制品制造业 | 24795 | 320 | 30 | 21410 | 235 | |
| 皮革、毛皮、羽绒及其制品业 | 6713 | 3373 | 198 | 10252 | 7610 | |
| 木材加工及竹、藤、棕、草制品业 | 6134 | 252 | 4946 | 1036 | 90 | 261 |

4—23 续表 单位:万元

| 项　　　目 | 固定资产投资 | #基本建设 | #更新改造 | 新增固定资产 | #基本建设 | #更新改造 |
|---|---|---|---|---|---|---|
| 家具制造业 | 4996 | | | 5030 | | |
| 造纸及纸制品业 | 69496 | 37604 | 29760 | 18553 | 1164 | 15619 |
| 印刷业、记录媒介的复制 | 21961 | 19306 | 982 | 40458 | 38000 | 879 |
| 文教体育用品制造业 | 25473 | | 9126 | 10471 | | 900 |
| 石油加工及炼焦业 | 29298 | 12583 | 16709 | 8740 | 3943 | 4791 |
| 化学原料及化学制品制造业 | 42357 | 9018 | 28202 | 324730 | 308269 | 11806 |
| 医药制造业 | 17191 | 968 | 13282 | 24141 | 624 | 21576 |
| 化学纤维制造业 | 20355 | 18740 | 979 | 25387 | 24450 | 909 |
| 橡胶制品业 | 4703 | 302 | 4127 | 14266 | 310 | 13682 |
| 塑料制品业 | 48593 | 45693 | 914 | 35038 | 32259 | 804 |
| 非金属矿物制品业 | 30058 | 18280 | 3577 | 22001 | 13138 | 2923 |
| 黑色金属冶炼及压延加工业 | 251843 | 221598 | 28993 | 41750 | 96 | 40402 |
| 有色金属冶炼及压延加工业 | 16753 | 40 | 15913 | 800 | | |
| 金属制品业 | 21246 | 3099 | 5581 | 18150 | 3143 | 1190 |
| 普通机械制造业 | 10421 | 2272 | 7076 | 4463 | 377 | 3013 |
| 专用设备制造业 | 7057 | 2032 | 1790 | 4194 | 537 | 422 |
| 交通运输设备制造业 | 80092 | 17981 | 56607 | 70812 | 15365 | 50443 |
| 电气机械及器材制造业 | 57081 | 36062 | 8093 | 45050 | 33314 | 1863 |
| 电子及通讯设备制造业 | 24706 | 17153 | 929 | 18292 | 11978 | 479 |
| 仪器仪表及文化、办公用机械制造业 | 1475 | 140 | 1266 | 244 | | 175 |
| 其他制造业 | 95102 | 185 | 74691 | 100586 | 2084 | 74571 |
| 电力、煤气及水的生产和供应业 | 217502 | 167560 | 42088 | 204984 | 148719 | 40112 |
| 电力、蒸气、热水的生产和供应业 | 151984 | 142077 | 6289 | 137439 | 127516 | 6660 |
| 煤气生产和供应业 | 7660 | 7013 | 604 | 7417 | 6913 | 504 |
| 自来水的生产和供应业 | 57858 | 18470 | 35195 | 60128 | 14290 | 32948 |

# 4－24 市区工业固定资产投资额和新增固定资产

（1998 年）　　　　单位：万元

| 行　　业 | 固定资产投资 | #基本建设 | #更新改造 | 新增固定资产 | #基本建设 | #更新改造 |
|---|---|---|---|---|---|---|
| 合　　计 | 811688 | 501108 | 272455 | 854179 | 618672 | 199633 |
| 采掘业 | 2607 | 1661 | 946 | 1718 | 562 | 1156 |
| 煤炭采选业 | 731 | 661 | 70 | 280 |  | 280 |
| 石油和天然气开采业 | 876 |  | 876 | 876 |  | 876 |
| 黑色金属矿采选业 |  |  |  |  |  |  |
| 有色金属矿采选业 |  |  |  |  |  |  |
| 非金属矿采选业 | 1000 | 1000 |  | 562 | 562 |  |
| 其他矿采选业 |  |  |  |  |  |  |
| 木材及竹材采选业 |  |  |  |  |  |  |
| 制造业 | 688188 | 421353 | 230455 | 701776 | 507543 | 159399 |
| 食品加工业 | 5115 | 4537 | 136 | 21777 | 21335 |  |
| 食品制造业 | 12358 | 9431 | 2728 | 9701 | 8792 | 580 |
| 饮料制造业 | 10115 |  | 9874 | 18666 |  | 18425 |
| 烟草加工业 | 20858 | 4300 | 16558 | 1166 |  | 1166 |
| 纺织业 | 6694 | 1200 | 4607 | 3903 | 1456 | 1783 |
| 服装及其他纤维制品制造业 | 709 |  | 30 | 469 |  |  |
| 皮革、毛皮、羽绒及其制品业 | 3789 | 2583 | 198 | 6888 | 5880 |  |
| 木材加工及竹、藤、棕、草制品业 | 5849 | 252 | 4946 | 751 | 90 | 261 |
| 家具制造业 | 76 |  |  | 110 |  |  |
| 造纸及纸制品业 | 30128 |  | 29760 | 15625 |  | 15619 |
| 印刷业、记录媒介的复制 | 20367 | 19306 | 755 | 38864 | 38000 | 652 |
| 文教体育用品制造业 | 12956 |  | 9126 | 3535 |  | 900 |
| 石油加工及炼焦业 | 29292 | 12583 | 16709 | 8734 | 3943 | 4791 |
| 化学原料及化学制品制造业 | 27114 | 8781 | 17716 | 319614 | 307723 | 11711 |
| 医药制造业 | 14236 | 954 | 13282 | 22186 | 610 | 21576 |
| 化学纤维制造业 | 19545 | 18740 | 169 | 24577 | 24450 | 99 |
| 橡胶制品业 | 806 |  | 553 | 661 |  | 408 |
| 塑料制品业 | 47265 | 45693 | 914 | 33710 | 32259 | 804 |
| 非金属矿物制品业 | 5528 | 395 | 1730 | 3069 | 861 | 1076 |
| 黑色金属冶炼及压延加工业 | 250791 | 221598 | 28993 | 40698 | 96 | 40402 |
| 有色金属冶炼及压延加工业 | 16753 | 40 | 15913 | 800 |  |  |
| 金属制品业 | 9783 | 3099 | 5513 | 6854 | 3143 | 1190 |
| 普通机械制造业 | 7611 | 2094 | 5503 | 2533 | 199 | 2320 |
| 专用设备制造业 | 4972 | 2032 | 1790 | 2109 | 537 | 422 |
| 交通运输设备制造业 | 55314 | 16608 | 37407 | 46326 | 12067 | 32960 |
| 电气机械及器材制造业 | 36326 | 30923 | 3230 | 35834 | 33314 | 1600 |
| 电子及通讯设备制造业 | 18738 | 15879 | 929 | 13113 | 10704 | 479 |
| 仪器仪表及文化、办公用机械制造业 | 1406 | 140 | 1266 | 175 |  | 175 |
| 其他制造业 | 13694 | 185 | 120 | 19328 | 2084 |  |
| 电力、煤气及水的生产和供应业 | 120893 | 78094 | 41054 | 150685 | 110567 | 39078 |
| 电力、蒸气、热水的生产和供应业 | 66118 | 59663 | 5255 | 109974 | 103558 | 5626 |
| 煤气生产和供应业 | 7617 | 7013 | 604 | 7417 | 6913 | 504 |
| 自来水的生产和供应业 | 47158 | 11418 | 35195 | 33294 | 96 | 32948 |

# 4－25 市属工业固定资产投资额和新增固定资产

（1998 年）　　单位：万元

| 项目 | 固定资产投资 | #基本建设 | #更新改造 | 新增固定资产 | #基本建设 | #更新改造 |
|---|---|---|---|---|---|---|
| **总　　计** | 966129 | 549481 | 252988 | 1042983 | 673237 | 212977 |
| **按地区分** | | | | | | |
| 市　区 | 683312 | 436613 | 208574 | 795817 | 583241 | 176702 |
| 番禺市 | 130819 | 45254 | 21497 | 101872 | 21324 | 16229 |
| 花都市 | 38632 | 9980 | 4928 | 45454 | 9805 | 13778 |
| 增城市 | 77225 | 40949 | 6806 | 86682 | 55148 | 5059 |
| 从化市 | 36141 | 16685 | 11183 | 13158 | 3719 | 1209 |
| **按行业分** | | | | | | |
| 采掘业 | 643 | 562 | 70 | 853 | 562 | 280 |
| 煤炭采选业 | 70 | | 70 | 280 | | 280 |
| 石油和天然气开采业 | | | | | | |
| 黑色金属矿采选业 | | | | | | |
| 有色金属矿采选业 | | | | | | |
| 非金属矿采选业 | 573 | 562 | | 573 | 562 | |
| 其他矿采选业 | | | | | | |
| 木材及竹材采选业 | | | | | | |
| 制造业 | 850520 | 478640 | 216085 | 865913 | 547097 | 178211 |
| 食品加工业 | 30186 | 24923 | 157 | 53252 | 48125 | 21 |
| 食品制造业 | 13802 | 9671 | 2740 | 14903 | 12790 | 592 |
| 饮料制造业 | 12314 | | 10573 | 20682 | | 18941 |
| 烟草加工业 | | | | | | |
| 纺织业 | 16130 | 1183 | 4517 | 12306 | 506 | 1693 |
| 服装及其他纤维制品制造业 | 24795 | 320 | 30 | 21410 | 265 | |
| 皮革、毛皮、羽绒及其制品业 | 6713 | 3373 | 198 | 10252 | 7610 | |
| 木材加工及竹、藤、棕、草制品业 | 936 | | | 685 | | |

4—25 续表

单位：万元

| 项　　目 | 固定资产投资 | #基本建设 | #更新改造 | 新增固定资产 | #基本建设 | #更新改造 |
|---|---|---|---|---|---|---|
| 家具制造业 | 4996 | | | 5030 | | |
| 造纸及纸制品业 | 69496 | 37604 | 29760 | 18553 | 1164 | 15619 |
| 印刷业、记录媒介的复制 | 21748 | 19093 | 982 | 40458 | 38000 | 879 |
| 文教体育用品制造业 | 25473 | | 9126 | 10471 | | 900 |
| 石油加工及炼焦业 | 6 | | | 6 | | |
| 化学原料及化学制品制造业 | 39125 | 8586 | 25402 | 324684 | 308223 | 11806 |
| 医药制造业 | 17191 | 968 | 13282 | 24141 | 624 | 21576 |
| 化学纤维制造业 | 20355 | 18740 | 979 | 25387 | 24450 | 909 |
| 橡胶制品业 | 4703 | 302 | 4127 | 14266 | 310 | 13682 |
| 塑料制品业 | 48593 | 45693 | 914 | 35038 | 32259 | 804 |
| 非金属矿物制品业 | 30038 | 18280 | 3557 | 21981 | 13138 | 2903 |
| 黑色金属冶炼及压延加工业 | 251843 | 221598 | 28993 | 41750 | 96 | 40402 |
| 有色金属冶炼及压延加工业 | 16753 | 40 | 15913 | 800 | | |
| 金属制品业 | 21225 | 3078 | 5581 | 18085 | 3078 | 1190 |
| 普通机械制造业 | 10115 | 2272 | 6770 | 4357 | 377 | 2907 |
| 专用设备制造业 | 6857 | 1901 | 1721 | 4147 | 537 | 375 |
| 交通运输设备制造业 | 57068 | 10885 | 40679 | 57864 | 12041 | 40819 |
| 电气机械及器材制造业 | 57081 | 36062 | 8093 | 45050 | 33314 | 1863 |
| 电子及通讯设备制造业 | 21157 | 13928 | 605 | 16180 | 10190 | 155 |
| 仪器仪表及文化、办公用机械制造业 | 1475 | 140 | 1266 | 244 | | 175 |
| 其他制造业 | 20346 | | 120 | 23931 | | |
| 电力、煤气及水的生产和供应业 | 114966 | 70279 | 36833 | 176217 | 125578 | 34486 |
| 电力、蒸气、热水的生产和供应业 | 49448 | 44796 | 1034 | 108672 | 104375 | 1034 |
| 煤气生产和供应业 | 7660 | 7013 | 604 | 7417 | 6913 | 504 |
| 自来水的生产和供应业 | 57858 | 18470 | 35195 | 60128 | 14290 | 32948 |

# 4—26 工业固定资产投资额

（1998 年、按经济类型分） 单位：万元

| 项 目 | 合 计 | 国有经济 | 联营经济 | 股份制经济 | 外商投资经济 | 港澳台投资经济 | 集体经济 |
|---|---|---|---|---|---|---|---|
| **总 计** | 1231712 | 389892 | 4463 | 35012 | 270351 | 373060 | 158934 |
| **按地区分** | | | | | | | |
| 市 区 | 811688 | 272404 | 4285 | 32551 | 138202 | 326132 | 38114 |
| 番禺市 | 130819 | 16649 | | | 14312 | 38315 | 61543 |
| 花都市 | 113983 | 10423 | | 1700 | 77539 | 2469 | 21852 |
| 增城市 | 77225 | 17105 | 178 | 761 | 25368 | 4619 | 29194 |
| 从化市 | 97997 | 73311 | | | 14930 | 1525 | 8231 |
| **按行业分** | | | | | | | |
| 采掘业 | 2618 | 2607 | | | | | 11 |
| 煤炭采选业 | 731 | 731 | | | | | |
| 石油和天然气开采业 | 876 | 876 | | | | | |
| 黑色金属矿采选业 | | | | | | | |
| 有色金属矿采选业 | | | | | | | |
| 非金属矿采选业 | 1011 | 1000 | | | | | 11 |
| 其他矿采选业 | | | | | | | |
| 木材及竹材采选业 | | | | | | | |
| 制造业 | 1011592 | 191628 | 4463 | 28732 | 265751 | 369949 | 151069 |
| 食品加工业 | 30299 | 3052 | | | 22141 | | 5106 |
| 食品制造业 | 13802 | 503 | | | 12041 | 519 | 739 |
| 饮料制造业 | 12314 | 9499 | | | | 1074 | 1741 |
| 烟草加工业 | 20858 | 20858 | | | | | |
| 纺织业 | 16420 | 2947 | | | 3009 | 34 | 10430 |
| 服装及其他纤维制品制造业 | 24795 | 30 | | | 529 | 589 | 23647 |
| 皮革、毛皮、羽绒及其制品业 | 6713 | 198 | | | | 3373 | 3142 |
| 木材加工及竹、藤、棕、草制品业 | 6134 | 5198 | | | | | 936 |

4—26 续表　　　　单位：万元

| 项　　目 | 合　计 | 国　有<br>经　济 | 联营<br>经济 | 股份制<br>经　济 | 外　商<br>投　资<br>经　济 | 港澳台<br>投　资<br>经　济 | 集　体<br>经　济 |
|---|---|---|---|---|---|---|---|
| 家具制造业 | 4996 | | | | | | 4996 |
| 造纸及纸制品业 | 69496 | 577 | | 963 | 494 | 66405 | 1057 |
| 印刷业、记录媒介的复制 | 21961 | 1195 | | | 19093 | | 1673 |
| 文教体育用品制造业 | 25473 | 9126 | | | | | 16347 |
| 石油加工及炼焦业 | 29298 | 29292 | | | | | 6 |
| 化学原料及化学制品制造业 | 42357 | 13265 | 3391 | 1244 | 18068 | 1252 | 5137 |
| 医药制造业 | 17191 | 10969 | 643 | 759 | 1288 | 591 | 2941 |
| 化学纤维制造业 | 20355 | 979 | | | 18740 | | 636 |
| 橡胶制品业 | 4703 | 855 | | | 2968 | 606 | 274 |
| 塑料制品业 | 48593 | | | 1845 | 43726 | 1047 | 1975 |
| 非金属矿物制品业 | 30058 | 12349 | | 2639 | 4914 | 2469 | 7687 |
| 黑色金属冶炼及压延加工业 | 251843 | 2902 | | | | 247731 | 1210 |
| 有色金属冶炼及压延加工业 | 16753 | 15953 | | | | | 800 |
| 金属制品业 | 21246 | 3567 | | | 4278 | 1020 | 12381 |
| 普通机械制造业 | 10421 | 6432 | 178 | | 2000 | 738 | 1073 |
| 专用设备制造业 | 7057 | 2589 | 126 | 38 | | 1107 | 3197 |
| 交通运输设备制造业 | 80092 | 25803 | | 17883 | 27128 | 3774 | 5504 |
| 电气机械及器材制造业 | 57081 | 6957 | 5 | 2761 | 5139 | 29325 | 12894 |
| 电子及通讯设备制造业 | 24706 | 4942 | | 600 | 5624 | 8266 | 5274 |
| 仪器仪表及文化、办公用机械制造业 | 1475 | 1406 | | | | | 69 |
| 其他制造业 | 95102 | 185 | 120 | | 74571 | 29 | 20197 |
| 电力、煤气及水的生产和供应业 | 217502 | 195657 | | 6280 | 4600 | 3111 | 7854 |
| 电力、蒸气、热水的生产和供应业 | 151984 | 137486 | | 6280 | 4600 | | 3618 |
| 煤气生产和供应业 | 7660 | 7617 | | | | | 43 |
| 自来水的生产和供应业 | 57858 | 50554 | | | | 3111 | 4193 |

# 4-27 市区工业固定资产投资额

（1998 年、按经济类型分）　　单位：万元

| 行　　业 | 合　计 | 国　有<br>经　济 | 联营<br>经济 | 股份制<br>经　济 | 外　商<br>投　资<br>经　济 | 港澳台<br>投　资<br>经　济 | 集　体<br>经　济 |
|---|---|---|---|---|---|---|---|
| **合　　计** | **811688** | **272404** | **4285** | **32551** | **138202** | **326132** | **38114** |
| 采掘业 | 2607 | 2607 | | | | | |
| 煤炭采选业 | 731 | 731 | | | | | |
| 石油和天然气开采业 | 876 | 876 | | | | | |
| 黑色金属矿采选业 | | | | | | | |
| 有色金属矿采选业 | | | | | | | |
| 非金属矿采选业 | 1000 | 1000 | | | | | |
| 其他矿采选业 | | | | | | | |
| 木材及竹材采选业 | | | | | | | |
| 制造业 | 688188 | 161529 | 4285 | 26271 | 133602 | 326132 | 36369 |
| 食品加工业 | 5115 | 1516 | | | 3157 | | 442 |
| 食品制造业 | 12358 | 491 | | | 11154 | 514 | 199 |
| 饮料制造业 | 10115 | 8800 | | | | 1074 | 241 |
| 烟草加工业 | 20858 | 20858 | | | | | |
| 纺织业 | 6694 | 2764 | | | 3009 | 34 | 887 |
| 服装及其他纤维制品制造业 | 709 | 30 | | | | | 679 |
| 皮革、毛皮、羽绒及其制品业 | 3789 | 198 | | | | 2583 | 1008 |
| 木材加工及竹、藤、棕、草制品业 | 5849 | 5198 | | | | | 651 |
| 家具制造业 | 76 | | | | | | 76 |
| 造纸及纸制品业 | 30128 | 577 | | 163 | | 29020 | 368 |
| 印刷业、记录媒介的复制 | 20367 | 968 | | | 19093 | | 306 |
| 文教体育用品制造业 | 12956 | 9126 | | | | | 3830 |
| 石油加工及炼焦业 | 29292 | 29292 | | | | | |
| 化学原料及化学制品制造业 | 27114 | 12570 | 3391 | 1244 | 8162 | 1130 | 617 |
| 医药制造业 | 14236 | 10955 | 643 | 759 | 1288 | 591 | |
| 化学纤维制造业 | 19545 | 169 | | | 18740 | | 636 |
| 橡胶制品业 | 806 | 553 | | | | | 253 |
| 塑料制品业 | 47265 | | | 1845 | 43726 | 1047 | 647 |
| 非金属矿物制品业 | 5528 | 509 | | 1616 | | | 3403 |
| 黑色金属冶炼及压延加工业 | 250791 | 2902 | | | | 247689 | 200 |
| 有色金属冶炼及压延加工业 | 16753 | 15953 | | | | | 800 |
| 金属制品业 | 9783 | 3499 | | | 4278 | 835 | 1171 |
| 普通机械制造业 | 7611 | 5552 | | | 2000 | 45 | 14 |
| 专用设备制造业 | 4972 | 2589 | 126 | | | 1107 | 1150 |
| 交通运输设备制造业 | 55314 | 17833 | | 17883 | 15395 | 2904 | 1299 |
| 电气机械及器材制造业 | 36326 | 2094 | 5 | 2761 | | 29293 | 2173 |
| 电子及通讯设备制造业 | 18738 | 4942 | | | 3600 | 8266 | 1930 |
| 仪器仪表及文化、办公用机械制造业 | 1406 | 1406 | | | | | |
| 其他制造业 | 13694 | 185 | 120 | | | | 13389 |
| 电力、煤气及水的生产和供应业 | 120893 | 108268 | | 6280 | 4600 | | 1745 |
| 电力、蒸气、热水的生产和供应业 | 66118 | 54038 | | 6280 | 4600 | | 1200 |
| 煤气生产和供应业 | 7617 | 7617 | | | | | |
| 自来水的生产和供应业 | 47158 | 46613 | | | | | 545 |

## 4－28 市属工业固定资产投资额

（1998 年、按经济类型分）　　单位：万元

| 项目 | 合计 | 国有经济 | 联营经济 | 股份制经济 | 外商投资经济 | 港澳台投资经济 | 集体经济 |
|---|---|---|---|---|---|---|---|
| 总　计 | 966129 | 210305 | 4463 | 23587 | 195780 | 373060 | 158934 |
| 按地区分 | | | | | | | |
| 市　区 | 683312 | 155453 | 4285 | 21126 | 138202 | 326132 | 38114 |
| 番禺市 | 130819 | 16649 | | | 14312 | 38315 | 61543 |
| 花都市 | 38632 | 9643 | | 1700 | 2968 | 2469 | 21852 |
| 增城市 | 77225 | 17105 | 178 | 761 | 25368 | 4619 | 29194 |
| 从化市 | 36141 | 11455 | | | 14930 | 1525 | 8231 |
| 按行业分 | | | | | | | |
| 采掘业 | 643 | 632 | | | | | 11 |
| 煤炭采选业 | 70 | 70 | | | | | |
| 石油和天然气开采业 | | | | | | | |
| 黑色金属矿采选业 | | | | | | | |
| 有色金属矿采选业 | | | | | | | |
| 非金属矿采选业 | 573 | 562 | | | | | 11 |
| 其他矿采选业 | | | | | | | |
| 木材及竹材采选业 | | | | | | | |
| 制造业 | 850520 | 116552 | 4463 | 17307 | 191180 | 369949 | 151069 |
| 食品加工业 | 30186 | 2939 | | | 22141 | | 5106 |
| 食品制造业 | 13802 | 503 | | | 12041 | 519 | 739 |
| 饮料制造业 | 12314 | 9499 | | | | 1074 | 1741 |
| 烟草加工业 | | | | | | | |
| 纺织业 | 16130 | 2657 | | | 3009 | 34 | 10430 |
| 服装及其他纤维制品制造业 | 24795 | 30 | | | 529 | 589 | 23647 |
| 皮革、毛皮、羽绒及其制品业 | 6713 | 198 | | | | 3373 | 3142 |
| 木材加工及竹、藤、棕、草制品业 | 936 | | | | | | 936 |

**4—28 续表**

单位：万元

| 项　　目 | 合　计 | 国　有<br>经　济 | 联营<br>经济 | 股份制<br>经　济 | 外　商<br>投　资<br>经　济 | 港澳台<br>投　资<br>经　济 | 集　体<br>经　济 |
|---|---|---|---|---|---|---|---|
| 家具制造业 | 4996 | | | | | | 4996 |
| 造纸及纸制品业 | 69496 | 577 | | 963 | 494 | 66405 | 1057 |
| 印刷业、记录媒介的复制 | 21748 | 982 | | | 19093 | | 1673 |
| 文教体育用品制造业 | 25473 | 9126 | | | | | 16347 |
| 石油加工及炼焦业 | 6 | | | | | | 6 |
| 化学原料及化学制品制造业 | 39125 | 10033 | 3391 | 1244 | 18068 | 1252 | 5137 |
| 医药制造业 | 17191 | 10969 | 643 | 759 | 1288 | 591 | 2941 |
| 化学纤维制造业 | 20355 | 979 | | | 18740 | | 636 |
| 橡胶制品业 | 4703 | 855 | | | 2968 | 606 | 274 |
| 塑料制品业 | 48593 | | | 1845 | 43726 | 1047 | 1975 |
| 非金属矿物制品业 | 30038 | 12329 | | 2639 | 4914 | 2469 | 7687 |
| 黑色金属冶炼及压延加工业 | 251843 | 2902 | | | | 247731 | 1210 |
| 有色金属冶炼及压延加工业 | 16753 | 15953 | | | | | 800 |
| 金属制品业 | 21225 | 3546 | | | 4278 | 1020 | 12381 |
| 普通机械制造业 | 10115 | 6126 | 178 | | 2000 | 738 | 1073 |
| 专用设备制造业 | 6857 | 2389 | 126 | 38 | | 1107 | 3197 |
| 交通运输设备制造业 | 57068 | 14204 | | 6458 | 27128 | 3774 | 5504 |
| 电气机械及器材制造业 | 57081 | 6957 | 5 | 2761 | 5139 | 29325 | 12894 |
| 电子及通讯设备制造业 | 21157 | 1393 | | 600 | 5624 | 8266 | 5274 |
| 仪器仪表及文化、办公用机械制造业 | 1475 | 1406 | | | | | 69 |
| 其他制造业 | 20346 | | 120 | | | 29 | 20197 |
| 电力、煤气及水的生产和供应业 | 114966 | 93121 | | 6280 | 4600 | 3111 | 7854 |
| 电力、蒸气、热水的生产和供应业 | 49448 | 34950 | | 6280 | 4600 | | 3618 |
| 煤气生产和供应业 | 7660 | 7617 | | | | | 43 |
| 自来水的生产和供应业 | 57858 | 50554 | | | | 3111 | 4193 |

# 4－29 工业新增固定资产

（1998 年、按经济类型分）　　　　单位：万元

| 项　　目 | 合　计 | 国　有经　济 | 联营经济 | 股份制经　济 | 外　商投　资经　济 | 港澳台投　资经　济 | 集　体经　济 |
|---|---|---|---|---|---|---|---|
| 总　　计 | 1175916 | 217869 | 2606 | 77140 | 302110 | 424137 | 152054 |
| **按地区分** | | | | | | | |
| 市　区 | 854179 | 170637 | 2428 | 74679 | 160266 | 410295 | 35874 |
| 番禺市 | 101872 | 24656 | | | 14312 | 1110 | 61794 |
| 花都市 | 120025 | 8798 | | 1700 | 87059 | 2469 | 19999 |
| 增城市 | 86682 | 11273 | 178 | 761 | 40473 | 7798 | 26199 |
| 从化市 | 13158 | 2505 | | | | 2465 | 8188 |
| **按行业分** | | | | | | | |
| 采掘业 | 1729 | 1718 | | | | | 11 |
| 煤炭采选业 | 280 | 280 | | | | | |
| 石油和天然气开采业 | 876 | 876 | | | | | |
| 黑色金属矿采选业 | | | | | | | |
| 有色金属矿采选业 | | | | | | | |
| 非金属矿采选业 | 573 | 562 | | | | | 11 |
| 其他矿采选业 | | | | | | | |
| 木材及竹材采选业 | | | | | | | |
| 制造业 | 969203 | 84720 | 2606 | 19740 | 302110 | 424137 | 135890 |
| 食品加工业 | 53252 | 2188 | | | 45958 | | 5106 |
| 食品制造业 | 14903 | 205 | | | 13310 | 519 | 869 |
| 饮料制造业 | 20682 | 17867 | | | | 1074 | 1741 |
| 烟草加工业 | 1166 | 1166 | | | | | |
| 纺织业 | 13346 | 1192 | | | 2013 | 34 | 10107 |
| 服装及其他纤维制品制造业 | 21410 | | | | 529 | 534 | 20347 |
| 皮革、毛皮、羽绒及其制品业 | 10252 | | | | | 7610 | 2642 |
| 木材加工及竹、藤、棕、草制品业 | 1036 | 351 | | | | | 685 |

4—29 续表

单位：万元

| 项　　目 | 合　计 | 国　有<br>经　济 | 联营<br>经济 | 股份制<br>经　济 | 外　商<br>投　资<br>经　济 | 港澳台<br>投　资<br>经　济 | 集　体<br>经　济 |
|---|---|---|---|---|---|---|---|
| 家具制造业 | 5030 | | | | | | 5030 |
| 造纸及纸制品业 | 18553 | | | 963 | 1439 | 15456 | 695 |
| 印刷业、记录媒介的复制 | 40458 | 879 | | | 38000 | | 1579 |
| 文教体育用品制造业 | 10471 | 900 | | | | | 9571 |
| 石油加工及炼焦业 | 8740 | 8734 | | | | | 6 |
| 化学原料及化学制品制造业 | 324730 | 9143 | 215 | 1409 | 7782 | 301526 | 4655 |
| 医药制造业 | 24141 | 14423 | 2213 | 3023 | 1786 | 755 | 1941 |
| 化学纤维制造业 | 25387 | 909 | | | 24450 | | 28 |
| 橡胶制品业 | 14266 | 718 | | | 12488 | 786 | 274 |
| 塑料制品业 | 35038 | | | 264 | 31873 | 926 | 1975 |
| 非金属矿物制品业 | 22001 | 2964 | | 1843 | 9299 | 2469 | 5426 |
| 黑色金属冶炼及压延加工业 | 41750 | | | | | 40540 | 1210 |
| 有色金属冶炼及压延加工业 | 800 | | | | | | 800 |
| 金属制品业 | 18150 | 3498 | | | | 1020 | 13632 |
| 普通机械制造业 | 4463 | 2474 | 178 | | | 738 | 1073 |
| 专用设备制造业 | 4194 | 872 | | 38 | | 87 | 3197 |
| 交通运输设备制造业 | 70812 | 9198 | | 10820 | 36588 | 9202 | 5004 |
| 电气机械及器材制造业 | 45050 | 1863 | | 780 | | 32566 | 9841 |
| 电子及通讯设备制造业 | 18292 | 2917 | | 600 | 2024 | 8266 | 4485 |
| 仪器仪表及文化、办公用机械制造业 | 244 | 175 | | | | | 69 |
| 其他制造业 | 100586 | 2084 | | | 74571 | 29 | 23902 |
| 电力、煤气及水的生产和供应业 | 204984 | 131431 | | 57400 | | | 16153 |
| 电力、蒸气、热水的生产和供应业 | 137439 | 76776 | | 57400 | | | 3263 |
| 煤气生产和供应业 | 7417 | 7417 | | | | | |
| 自来水的生产和供应业 | 60128 | 47238 | | | | | 12890 |

# 4-30 市区工业新增固定资产

（1998年、按经济类型分）

单位：万元

| 行业 | 合计 | 国有经济 | 联营经济 | 股份制经济 | 外商投资经济 | 港澳台投资经济 | 集体经济 |
|---|---|---|---|---|---|---|---|
| 合计 | 854179 | 170637 | 2428 | 74679 | 160266 | 410295 | 35874 |
| 采掘业 | 1718 | 1718 | | | | | |
| 煤炭采选业 | 280 | 280 | | | | | |
| 石油和天然气开采业 | 876 | 876 | | | | | |
| 黑色金属矿采选业 | | | | | | | |
| 有色金属矿采选业 | | | | | | | |
| 非金属矿采选业 | 562 | 562 | | | | | |
| 其他矿采选业 | | | | | | | |
| 木材及竹材采选业 | | | | | | | |
| 制造业 | 701776 | 76674 | 2428 | 17279 | 160266 | 410295 | 34834 |
| 食品加工业 | 21777 | | | | 21335 | | 442 |
| 食品制造业 | 9701 | 193 | | | 8665 | 514 | 329 |
| 饮料制造业 | 18666 | 17351 | | | | 1074 | 241 |
| 烟草加工业 | 1166 | 1166 | | | | | |
| 纺织业 | 3903 | 1192 | | | 2013 | 34 | 664 |
| 服装及其他纤维制品制造业 | 469 | | | | | | 469 |
| 皮革、毛皮、羽绒及其制品业 | 6888 | | | | | 5880 | 1008 |
| 木材加工及竹、藤、棕、草制品业 | 751 | 351 | | | | | 400 |
| 家具制造业 | 110 | | | | | | 110 |
| 造纸及纸制品业 | 15625 | | | 163 | | 15456 | 6 |
| 印刷业、记录媒介的复制 | 38864 | 652 | | | 38000 | | 212 |
| 文教体育用品制造业 | 3535 | 900 | | | | | 2635 |
| 石油加工及炼焦业 | 8734 | 8734 | | | | | |
| 化学原料及化学制品制造业 | 319614 | 9048 | 215 | 1409 | 7289 | 301473 | 180 |
| 医药制造业 | 22186 | 14409 | 2213 | 3023 | 1786 | 755 | |
| 化学纤维制造业 | 24577 | 99 | | | 24450 | | 28 |
| 橡胶制品业 | 661 | 408 | | | | | 253 |
| 塑料制品业 | 33710 | | | 264 | 31873 | 926 | 647 |
| 非金属矿物制品业 | 3069 | 1117 | | 820 | | | 1132 |
| 黑色金属冶炼及压延加工业 | 40698 | | | | | 40498 | 200 |
| 有色金属冶炼及压延加工业 | 800 | | | | | | 800 |
| 金属制品业 | 6854 | 3498 | | | | 835 | 2521 |
| 普通机械制造业 | 2533 | 2474 | | | | 45 | 14 |
| 专用设备制造业 | 2109 | 872 | | | | 87 | 1150 |
| 交通运输设备制造业 | 46326 | 7434 | | 10820 | 24855 | 1918 | 1299 |
| 电气机械及器材制造业 | 35834 | 1600 | | 780 | | 32534 | 920 |
| 电子及通讯设备制造业 | 13113 | 2917 | | | | 8266 | 1930 |
| 仪器仪表及文化、办公用机械制造业 | 175 | 175 | | | | | |
| 其他制造业 | 19328 | 2084 | | | | | 17244 |
| 电力、煤气及水的生产和供应业 | 150685 | 92245 | | 57400 | | | 1040 |
| 电力、蒸气、热水的生产和供应业 | 109974 | 51784 | | 57400 | | | 790 |
| 煤气生产和供应业 | 7417 | 7417 | | | | | |
| 自来水的生产和供应业 | 33294 | 33044 | | | | | 250 |

# 4－31 市属工业新增固定资产

（1998年、按经济类型分）

单位：万元

| 项目 | 合计 | 国有经济 | 联营经济 | 股份制经济 | 外商投资经济 | 港澳台投资经济 | 集体经济 |
|---|---|---|---|---|---|---|---|
| **总计** | 1042983 | 165418 | 2606 | 71229 | 227539 | 424137 | 152054 |
| **按地区分** | | | | | | | |
| 市区 | 795817 | 118186 | 2428 | 68768 | 160266 | 410295 | 35874 |
| 番禺市 | 101872 | 24656 | | | 14312 | 1110 | 61794 |
| 花都市 | 45454 | 8798 | | 1700 | 12488 | 2469 | 19999 |
| 增城市 | 86682 | 11273 | 178 | 761 | 40473 | 7798 | 26199 |
| 从化市 | 13158 | 2505 | | | | 2465 | 8188 |
| **按行业分** | | | | | | | |
| 采掘业 | 853 | 842 | | | | | 11 |
| 煤炭采选业 | 280 | 280 | | | | | |
| 石油和天然气开采业 | | | | | | | |
| 黑色金属矿采选业 | | | | | | | |
| 有色金属矿采选业 | | | | | | | |
| 非金属矿采选业 | 573 | 562 | | | | | 11 |
| 其他矿采选业 | | | | | | | |
| 木材及竹材采选业 | | | | | | | |
| 制造业 | 865913 | 61912 | 2606 | 13829 | 227539 | 424137 | 135890 |
| 食品加工业 | 53252 | 2188 | | | 45958 | | 5106 |
| 食品制造业 | 14903 | 205 | | | 13310 | 519 | 869 |
| 饮料制造业 | 20682 | 17867 | | | | 1074 | 1741 |
| 烟草加工业 | | | | | | | |
| 纺织业 | 12306 | 152 | | | 2013 | 34 | 10107 |
| 服装及其他纤维制品制造业 | 21410 | | | | 529 | 534 | 20347 |
| 皮革、毛皮、羽绒及其制品业 | 10252 | | | | | 7610 | 2642 |
| 木材加工及竹、藤、棕、草制品业 | 685 | | | | | | 685 |

单位:万元

| 项目 | 合计 | 国有经济 | 联营经济 | 股份制经济 | 外商投资经济 | 港澳台投资经济 | 集体经济 |
|---|---|---|---|---|---|---|---|
| 家具制造业 | 5030 | | | | | | 5030 |
| 造纸及纸制品业 | 18553 | | | 963 | 1439 | 15456 | 695 |
| 印刷业、记录媒介的复制 | 40458 | 879 | | | 38000 | | 1579 |
| 文教体育用品制造业 | 10471 | 900 | | | | | 9571 |
| 石油加工及炼焦业 | 6 | | | | | | 6 |
| 化学原料及化学制品制造业 | 324684 | 9097 | 215 | 1409 | 7782 | 301526 | 4655 |
| 医药制造业 | 24141 | 14423 | 2213 | 3023 | 1786 | 755 | 1941 |
| 化学纤维制造业 | 25387 | 909 | | | 24450 | | 28 |
| 橡胶制品业 | 14266 | 718 | | | 12488 | 786 | 274 |
| 塑料制品业 | 35038 | | | 264 | 31873 | 926 | 1975 |
| 非金属矿物制品业 | 21981 | 2944 | | 1843 | 9299 | 2469 | 5426 |
| 黑色金属冶炼及压延加工业 | 41750 | | | | | 40540 | 1210 |
| 有色金属冶炼及压延加工业 | 800 | | | | | | 800 |
| 金属制品业 | 18085 | 3433 | | | | 1020 | 13632 |
| 普通机械制造业 | 4357 | 2368 | 178 | | | 738 | 1073 |
| 专用设备制造业 | 4147 | 825 | | 38 | | 87 | 3197 |
| 交通运输设备制造业 | 57864 | 2161 | | 4909 | 36588 | 9202 | 5004 |
| 电气机械及器材制造业 | 45050 | 1863 | | 780 | | 32566 | 9841 |
| 电子及通讯设备制造业 | 16180 | 805 | | 600 | 2024 | 8266 | 4485 |
| 仪器仪表及文化、办公用机械制造业 | 244 | 175 | | | | | 69 |
| 其他制造业 | 23931 | | | | | 29 | 23902 |
| 电力、煤气及水的生产和供应业 | 176217 | 102664 | | 57400 | | | 16153 |
| 电力、蒸气、热水的生产和供应业 | 108672 | 48009 | | 57400 | | | 3263 |
| 煤气生产和供应业 | 7417 | 7417 | | | | | |
| 自来水的生产和供应业 | 60128 | 47238 | | | | | 12890 |

# 4－32 国有经济固定资产投资额

（1998 年、按地区分）　　单位：万元

| 项目 | 全市 | 市区 | 番禺市 | 花都市 | 增城市 | 从化市 |
|---|---|---|---|---|---|---|
| 总计 | 3803451 | 3443918 | 107124 | 86701 | 56488 | 109220 |
| 按隶属关系分 | | | | | | |
| 中央项目 | 1067029 | 1051463 | 751 | | 6324 | 8491 |
| 省项目 | 538275 | 467212 | | 7807 | | 63256 |
| 市项目 | 2029478 | 1925243 | 19371 | 43885 | 34560 | 6419 |
| 县级市项目 | 168669 | | 87002 | 35009 | 15604 | 31054 |
| 其他项目 | | | | | | |
| 按工程用途分 | | | | | | |
| 农林牧渔业 | 6566 | 5258 | 1015 | | 293 | |
| 工业、建筑业 | 424576 | 294217 | 25190 | 16720 | 15579 | 72870 |
| 商业、运输、邮电业 | 1049340 | 990239 | 22581 | 19921 | 7401 | 9198 |
| 住宅 | 845789 | 802315 | 23717 | 6943 | 4770 | 8044 |
| 其他 | 1477180 | 1351889 | 34621 | 43117 | 28445 | 19108 |
| 按建设性质分 | | | | | | |
| 新建 | 1182239 | 1052847 | 14447 | 60917 | 31906 | 22122 |
| 扩建 | 1034157 | 871619 | 59237 | 15383 | 10192 | 77726 |
| 改建 | 1007640 | 954968 | 29503 | 6722 | 7674 | 8773 |
| 单纯建设生活设施 | 135014 | 132415 | 1254 | 302 | 1043 | |
| 迁建 | 46943 | 39588 | 130 | 1998 | 4863 | 364 |
| 恢复 | 104 | 104 | | | | |
| 单纯购置 | 397354 | 392377 | 2553 | 1379 | 810 | 235 |
| 按构成分 | | | | | | |
| 建筑工程 | 1731087 | 1552257 | 65533 | 37785 | 24315 | 51197 |
| 安装工程 | 204338 | 170570 | 10561 | 3181 | 15957 | 4069 |
| 设备工具器具购置 | 903176 | 835797 | 17766 | 5605 | 7855 | 36153 |
| 其他 | 964850 | 885294 | 13264 | 40130 | 8361 | 17801 |
| 按行业分 | | | | | | |
| 农林牧渔业 | 3684 | 3684 | | | | |
| 农业 | 141 | 141 | | | | |
| 林业 | 192 | 192 | | | | |

4—32 续表1

单位:万元

| 项目 | 全市 | 市区 | 番禺市 | 花都市 | 增城市 | 从化市 |
|---|---|---|---|---|---|---|
| 畜牧业 | 88 | 88 | | | | |
| 渔业 | 782 | 782 | | | | |
| 农林牧渔服务业 | 2481 | 2481 | | | | |
| 工业 | 389892 | 272404 | 16649 | 10423 | 17105 | 73311 |
| 采掘业 | 2607 | 2607 | | | | |
| 制造业 | 191628 | 161529 | 10673 | 2205 | 6529 | 10692 |
| 电力煤气及水生产供应业 | 195657 | 108268 | 5976 | 8218 | 10576 | 62619 |
| 建筑业 | 45088 | 22292 | 9383 | 12585 | | 828 |
| 土木工程建筑业 | 40878 | 18082 | 9383 | 12585 | | 828 |
| 线路管道和设备安装业 | 4158 | 4158 | | | | |
| 建筑物的装修装饰业 | 52 | 52 | | | | |
| 地质勘探业、水利管理业 | 22702 | 17908 | 730 | 2213 | 293 | 1558 |
| 地质勘探业 | 2500 | 2487 | | 13 | | |
| 水利管理业 | 20202 | 15421 | 730 | 2200 | 293 | 1558 |
| 交通运输、仓储及邮电通信业 | 977784 | 930280 | 14514 | 10806 | 7904 | 14280 |
| 交通运输业 | 738345 | 731125 | | | 1580 | 5640 |
| 仓储业 | 1607 | 184 | | | | 1423 |
| 邮电通信业 | 237832 | 198971 | 14514 | 10806 | 6324 | 7217 |
| 批发和零售贸易、餐饮业 | 22699 | 13768 | 7746 | 700 | | 485 |
| 批发商业 | 11379 | 10569 | | 700 | | 110 |
| 零售业 | 11320 | 3199 | 7746 | | | 375 |
| 餐饮业 | | | | | | |
| 金融、保险业 | 40957 | 37215 | 2468 | | | 1274 |
| 金融业 | 35130 | 31388 | 2468 | | | 1274 |
| 保险业 | 5827 | 5827 | | | | |
| 房地产业 | 770099 | 735757 | 18058 | 6322 | 6534 | 3428 |
| 房地产开发与经营 | 744278 | 711639 | 17258 | 6322 | 5631 | 3428 |
| 房地产管理业 | 25821 | 24118 | 800 | | 903 | |
| 房地产代理与经纪业 | | | | | | |

4—32 续表 2

单位：万元

| 项目 | 全市 | 市区 | 番禺市 | 花都市 | 增城市 | 从化市 |
|---|---|---|---|---|---|---|
| 社会服务业 | 925575 | 864602 | 6868 | 34552 | 19253 | 300 |
| 公共服务业 | 896958 | 851769 | 6363 | 34441 | 4165 | 220 |
| 居民服务业 | 6750 | 6750 | | | | |
| 旅馆业 | 1294 | 1214 | | | | 80 |
| 租赁服务业 | | | | | | |
| 旅游业 | 1650 | 1145 | 505 | | | |
| 娱乐服务业 | 2394 | 1794 | | | 600 | |
| 信息、咨询服务 | 1461 | 1461 | | | | |
| 计算机应用服务业 | 200 | 89 | | 111 | | |
| 其他社会服务业 | 14868 | 380 | | | 14488 | |
| 卫生体育和社会福利业 | 51432 | 44870 | 1989 | 1746 | 227 | 2600 |
| 卫生 | 43376 | 38214 | 1989 | 1746 | 227 | 1200 |
| 体育 | 1873 | 1873 | | | | |
| 社会福利保障业 | 6183 | 4783 | | | | 1400 |
| 教育文化艺术及广播电影电视业 | 230497 | 197253 | 22037 | 3256 | 1205 | 6746 |
| 教育 | 139041 | 107971 | 20033 | 3256 | 1205 | 6576 |
| #高等 | 65492 | 65302 | | | 190 | |
| 中等 | 52100 | 31679 | 12005 | 1761 | 1015 | 5640 |
| 初等 | 16464 | 6005 | 8028 | 1495 | | 936 |
| 文化艺术 | 74639 | 74469 | | | | 170 |
| 广播电影电视业 | 16817 | 14813 | 2004 | | | |
| 科学研究和综合技术服务业 | 31542 | 30585 | | 457 | | 500 |
| 科学研究业 | 18580 | 17623 | | 457 | | 500 |
| 综合技术服务业 | 12962 | 12962 | | | | |
| 国家机关政党机关社会团体 | 266688 | 253354 | 6557 | | 2867 | 3910 |
| 国家机关 | 259646 | 246324 | 6557 | | 2855 | 3910 |
| 政党机关 | 3059 | 3047 | | | 12 | |
| 社会团体 | 3983 | 3983 | | | | |
| 基层群众自治组织 | | | | | | |
| 其他行业 | 24812 | 19946 | 125 | 3641 | 1100 | |

# 4—33 市属国有经济固定资产投资额

（1998年、按地区分）　　单位：万元

| 项　　目 | 全　市 | 市　区 | 番禺市 | 花都市 | 增城市 | 从化市 |
|---|---|---|---|---|---|---|
| **总　　计** | 2198147 | 1925243 | 106373 | 78894 | 50164 | 37473 |
| **按隶属关系分** | | | | | | |
| 市项目 | 2029478 | 1925243 | 19371 | 43885 | 34560 | 6419 |
| 县级市项目 | 168669 | | 87002 | 35009 | 15604 | 31054 |
| 其他项目 | | | | | | |
| **按工程用途分** | | | | | | |
| 农林牧渔业 | 2496 | 1188 | 1015 | | 293 | |
| 工业、建筑业 | 258957 | 191247 | 25177 | 15940 | 15579 | 11014 |
| 商业、运输、邮电业 | 169312 | 130779 | 22581 | 12894 | 1077 | 1981 |
| 住宅 | 531447 | 490247 | 22979 | 6943 | 4770 | 6508 |
| 其他 | 1235935 | 1111782 | 34621 | 43117 | 28445 | 17970 |
| **按建设性质分** | | | | | | |
| 新建 | 940634 | 822530 | 14447 | 59390 | 31906 | 12361 |
| 扩建 | 449242 | 360384 | 59237 | 9883 | 3868 | 15870 |
| 改建 | 616647 | 564105 | 29503 | 6722 | 7674 | 8643 |
| 单纯建设生活设施 | 117610 | 115749 | 516 | 302 | 1043 | |
| 迁建 | 36368 | 29793 | 130 | 1218 | 4863 | 364 |
| 恢复 | 104 | 104 | | | | |
| 单纯购置 | 37542 | 32578 | 2540 | 1379 | 810 | 235 |
| **按构成分** | | | | | | |
| 建筑工程 | 1136173 | 988204 | 64795 | 34886 | 22019 | 26269 |
| 安装工程 | 129915 | 102334 | 10561 | 3153 | 12569 | 1298 |
| 设备工具器具购置 | 335983 | 300974 | 17753 | 5478 | 7215 | 4563 |
| 其他 | 596076 | 533731 | 13264 | 35377 | 8361 | 5343 |
| **按行业分** | | | | | | |
| 农林牧渔业 | 1423 | 1423 | | | | |
| 　农业 | | | | | | |
| 　林业 | | | | | | |
| 　畜牧业 | | | | | | |

4—33 续表1 单位：万元

| 项目 | 全市 | 市区 | 番禺市 | 花都市 | 增城市 | 从化市 |
|---|---|---|---|---|---|---|
| 渔业 | 782 | 782 | | | | |
| 农林牧渔服务业 | 641 | 641 | | | | |
| 工业 | 210305 | 155453 | 16649 | 9643 | 17105 | 11455 |
| 采掘业 | 632 | 632 | | | | |
| 制造业 | 116552 | 87233 | 10673 | 1425 | 6529 | 10692 |
| 电力煤气及水生产供应业 | 93121 | 67588 | 5976 | 8218 | 10576 | 763 |
| 建筑业 | 37769 | 14973 | 9383 | 12585 | | 828 |
| 土木工程建筑业 | 35615 | 12819 | 9383 | 12585 | | 828 |
| 线路管道和设备安装业 | 2102 | 2102 | | | | |
| 建筑物的装修装饰业 | 52 | 52 | | | | |
| 地质勘探业、水利管理业 | 20100 | 15306 | 730 | 2213 | 293 | 1558 |
| 地质勘探业 | 298 | 285 | | 13 | | |
| 水利管理业 | 19802 | 15021 | 730 | 2200 | 293 | 1558 |
| 交通运输、仓储及邮电通信业 | 107589 | 80653 | 14514 | 3779 | 1580 | 7063 |
| 交通运输业 | 87711 | 80491 | | | 1580 | 5640 |
| 仓储业 | 1585 | 162 | | | | 1423 |
| 邮电通信业 | 18293 | | 14514 | 3779 | | |
| 批发和零售贸易、餐饮业 | 16989 | 8058 | 7746 | 700 | | 485 |
| 批发商业 | 5758 | 4948 | | 700 | | 110 |
| 零售业 | 11231 | 3110 | 7746 | | | 375 |
| 餐饮业 | | | | | | |
| 金融、保险业 | 3218 | 750 | 2468 | | | |
| 金融业 | 3218 | 750 | 2468 | | | |
| 保险业 | | | | | | |
| 房地产业 | 496542 | 462200 | 18058 | 6322 | 6534 | 3428 |
| 房地产开发与经营 | 470721 | 438082 | 17258 | 6322 | 5631 | 3428 |
| 房地产管理业 | 25821 | 24118 | 800 | | 903 | |
| 房地产代理与经纪业 | | | | | | |

4—33 续表 2

单位:万元

| 项目 | 全市 | 市区 | 番禺市 | 花都市 | 增城市 | 从化市 |
|---|---|---|---|---|---|---|
| 社会服务业 | 916434 | 855461 | 6868 | 34552 | 19253 | 300 |
| 公共服务业 | 891535 | 846346 | 6363 | 34441 | 4165 | 220 |
| 居民服务业 | 6750 | 6750 | | | | |
| 旅馆业 | 1078 | 998 | | | | 80 |
| 租赁服务业 | | | | | | |
| 旅游业 | 505 | | 505 | | | |
| 娱乐服务业 | 600 | | | | 600 | |
| 信息、咨询服务 | 1172 | 1172 | | | | |
| 计算机应用服务业 | 111 | | | 111 | | |
| 其他社会服务业 | 14683 | 195 | | | 14488 | |
| 卫生体育和社会福利业 | 28852 | 23690 | 1989 | 1746 | 227 | 1200 |
| 卫生 | 22290 | 17128 | 1989 | 1746 | 227 | 1200 |
| 体育 | 1873 | 1873 | | | | |
| 社会福利保障业 | 4689 | 4689 | | | | |
| 教育文化艺术及广播电影电视业 | 124359 | 91115 | 22037 | 3256 | 1205 | 6746 |
| 教育 | 71501 | 40431 | 20033 | 3256 | 1205 | 6576 |
| #高等 | 8482 | 8292 | | | 190 | |
| 中等 | 41575 | 21154 | 12005 | 1761 | 1015 | 5640 |
| 初等 | 16459 | 6000 | 8028 | 1495 | | 936 |
| 文化艺术 | 45598 | 45428 | | | | 170 |
| 广播电影电视业 | 7260 | 5256 | 2004 | | | |
| 科学研究和综合技术服务业 | 11486 | 10529 | | 457 | | 500 |
| 科学研究业 | 2564 | 1607 | | 457 | | 500 |
| 综合技术服务业 | 8922 | 8922 | | | | |
| 国家机关政党机关社会团体 | 208274 | 195678 | 5819 | | 2867 | 3910 |
| 国家机关 | 203065 | 190481 | 5819 | | 2855 | 3910 |
| 政党机关 | 2711 | 2699 | | | 12 | |
| 社会团体 | 2498 | 2498 | | | | |
| 基层群众自治组织 | | | | | | |
| 其他行业 | 14807 | 9954 | 112 | 3641 | 1100 | |

# 4—34 国有经济新增固定资产

（1998 年、按地区分）　　单位：万元

| 项　　目 | 全　市 | 市　区 | 番禺市 | 花都市 | 增城市 | 从化市 |
|---|---|---|---|---|---|---|
| **总　　计** | 2748661 | 2497826 | 130458 | 29962 | 55490 | 34925 |
| **按隶属关系分** | | | | | | |
| 中央项目 | 715778 | 701939 | 13 | | 7049 | 6777 |
| 省项目 | 271247 | 271119 | | 128 | | |
| 市项目 | 1596280 | 1524768 | 15504 | 8259 | 41269 | 6480 |
| 县级市项目 | 165356 | | 114941 | 21575 | 7172 | 21668 |
| 其他项目 | | | | | | |
| **按建设性质分** | | | | | | |
| 新建 | 952363 | 835056 | 39701 | 20177 | 40670 | 16759 |
| 扩建 | 635916 | 552618 | 65195 | 6106 | 8115 | 3882 |
| 改建 | 677332 | 634046 | 22896 | 2041 | 4664 | 13685 |
| 单纯建设生活设施 | 84858 | 83529 | 51 | 310 | 968 | |
| 迁建 | 6258 | 5501 | 130 | | 263 | 364 |
| 恢复 | 99 | 99 | | | | |
| 单纯购置 | 391835 | 386977 | 2485 | 1328 | 810 | 235 |
| **按行业分** | | | | | | |
| 农林牧渔业 | 5907 | 5907 | | | | |
| 农业 | 141 | 141 | | | | |
| 林业 | 247 | 247 | | | | |
| 畜牧业 | 88 | 88 | | | | |
| 渔业 | 1832 | 1832 | | | | |
| 农林牧渔服务业 | 3599 | 3599 | | | | |
| 工业 | 217869 | 170637 | 24656 | 8798 | 11273 | 2505 |
| 采掘业 | 1718 | 1718 | | | | |
| 制造业 | 84720 | 76674 | 5877 | 580 | 1073 | 516 |
| 电力煤气及水生产供应业 | 131431 | 92245 | 18779 | 8218 | 10200 | 1989 |
| 建筑业 | 48928 | 18015 | 24500 | 5585 | | 828 |
| 土木工程建筑业 | 44716 | 13803 | 24500 | 5585 | | 828 |
| 线路管道和设备安装业 | 4212 | 4212 | | | | |
| 建筑物的装修装饰业 | | | | | | |
| 地质勘探业、水利管理业 | 21779 | 19966 | | 1813 | | |
| 地质勘探业 | 329 | 316 | | 13 | | |
| 水利管理业 | 21450 | 19650 | | 1800 | | |
| 交通运输、仓储及邮电通信业 | 624139 | 589056 | 13901 | 983 | 8629 | 11570 |
| 交通运输业 | 421972 | 416542 | | | 1580 | 3850 |
| 仓储业 | 4067 | 2644 | | | | 1423 |
| 邮电通信业 | 198100 | 169870 | 13901 | 983 | 7049 | 6297 |
| 批发和零售贸易、餐饮业 | 32014 | 17487 | 14167 | | | 360 |
| 批发商业 | 11258 | 10898 | | | | 360 |

4—34 续表

单位:万元

| 项目 | 全市 | 市区 | 番禺市 | 花都市 | 增城市 | 从化市 |
|---|---|---|---|---|---|---|
| 零售业 | 20756 | 6589 | 14167 | | | |
| 餐饮业 | | | | | | |
| 金融、保险业 | 30741 | 28093 | 2168 | | | 480 |
| 金融业 | 24914 | 22266 | 2168 | | | 480 |
| 保险业 | 5827 | 5827 | | | | |
| 房地产业 | 539941 | 510754 | 13802 | 2041 | 3817 | 9527 |
| 房地产开发与经营 | 520485 | 492201 | 13802 | 2041 | 2914 | 9527 |
| 房地产管理业 | 19456 | 18553 | | | 903 | |
| 房地产代理与经纪业 | | | | | | |
| 社会服务业 | 857933 | 818656 | 4541 | 3514 | 30752 | 470 |
| 公共服务业 | 799928 | 781900 | 4365 | 3441 | 10002 | 220 |
| 居民服务业 | 1400 | 1400 | | | | |
| 旅馆业 | 32641 | 32391 | | | | 250 |
| 租赁服务业 | | | | | | |
| 旅游业 | 1052 | 876 | 176 | | | |
| 娱乐服务业 | 13 | 13 | | | | |
| 信息、咨询服务 | 1461 | 1461 | | | | |
| 计算机应用服务业 | 73 | | | 73 | | |
| 其他社会服务业 | 21365 | 615 | | | 20750 | |
| 卫生体育和社会福利业 | 40758 | 32594 | 5861 | 972 | | 1331 |
| 卫生 | 24272 | 16108 | 5861 | 972 | | 1331 |
| 体育 | 131 | 131 | | | | |
| 社会福利保障业 | 16355 | 16355 | | | | |
| 教育文化艺术及广播电影电视业 | 145844 | 114262 | 21352 | 3256 | 65 | 6909 |
| 教育 | 130253 | 100176 | 19847 | 3256 | 65 | 6909 |
| #高等 | 64374 | 64374 | | | | |
| 中等 | 48931 | 29506 | 11819 | 1761 | 65 | 5780 |
| 初等 | 16267 | 5615 | 8028 | 1495 | | 1129 |
| 文化艺术 | 13986 | 13986 | | | | |
| 广播电影电视业 | 1605 | 100 | 1505 | | | |
| 科学研究和综合技术服务业 | 23385 | 23385 | | | | |
| 科学研究业 | 20234 | 20234 | | | | |
| 综合技术服务业 | 3151 | 3151 | | | | |
| 国家机关政党机关社会团体 | 149154 | 142206 | 5385 | | 618 | 945 |
| 国家机关 | 146398 | 140068 | 5385 | | | 945 |
| 政党机关 | 813 | 195 | | | 618 | |
| 社会团体 | 1943 | 1943 | | | | |
| 基层群众自治组织 | | | | | | |
| 其他行业 | 10269 | 6808 | 125 | 3000 | 336 | |

# 4—35 市属国有经济新增固定资产

（1998年、按地区分）　　单位：万元

| 项目 | 全市 | 市区 | 番禺市 | 花都市 | 增城市 | 从化市 |
|---|---|---|---|---|---|---|
| **总　　计** | 1761636 | 1524768 | 130445 | 29834 | 48441 | 28148 |
| **按隶属关系分** | | | | | | |
| 市项目 | 1596280 | 1524768 | 15504 | 8259 | 41269 | 6480 |
| 县级市项目 | 165356 | | 114941 | 21575 | 7172 | 21668 |
| 其他项目 | | | | | | |
| **按建设性质分** | | | | | | |
| 新建 | 943504 | 832972 | 39701 | 20049 | 40670 | 10112 |
| 扩建 | 296970 | 220721 | 65195 | 6106 | 1066 | 3882 |
| 改建 | 411450 | 368294 | 22896 | 2041 | 4664 | 13555 |
| 单纯建设生活设施 | 72335 | 71006 | 51 | 310 | 968 | |
| 迁建 | 3663 | 2906 | 130 | | 263 | 364 |
| 恢复 | 99 | 99 | | | | |
| 单纯购置 | 33615 | 28770 | 2472 | 1328 | 810 | 235 |
| **按行业分** | | | | | | |
| 农林牧渔业 | 3681 | 3681 | | | | |
| 农业 | | | | | | |
| 林业 | | | | | | |
| 畜牧业 | | | | | | |
| 渔业 | 1832 | 1832 | | | | |
| 农林牧渔服务业 | 1849 | 1849 | | | | |
| 工业 | 165418 | 118186 | 24656 | 8798 | 11273 | 2505 |
| 采掘业 | 842 | 842 | | | | |
| 制造业 | 61912 | 53866 | 5877 | 580 | 1073 | 516 |
| 电力煤气及水生产供应业 | 102664 | 63478 | 18779 | 8218 | 10200 | 1989 |
| 建筑业 | 41034 | 10121 | 24500 | 5585 | | 828 |
| 土木工程建筑业 | 39789 | 8876 | 24500 | 5585 | | 828 |
| 线路管道和设备安装业 | 1245 | 1245 | | | | |
| 建筑物的装修装饰业 | | | | | | |
| 地质勘探业、水利管理业 | 21348 | 19535 | | 1813 | | |
| 地质勘探业 | 298 | 285 | | 13 | | |
| 水利管理业 | 21050 | 19250 | | 1800 | | |
| 交通运输、仓储及邮电通信业 | 51163 | 29554 | 13901 | 855 | 1580 | 5273 |
| 交通运输业 | 33608 | 28178 | | | 1580 | 3850 |
| 仓储业 | 2799 | 1376 | | | | 1423 |
| 邮电通信业 | 14756 | | 13901 | 855 | | |
| 批发和零售贸易、餐饮业 | 24637 | 10110 | 14167 | | | 360 |
| 批发商业 | 3970 | 3610 | | | | 360 |
| 零售业 | 20667 | 6500 | 14167 | | | |

4-35 续表

单位:万元

| 项目 | 全市 | 市区 | 番禺市 | 花都市 | 增城市 | 从化市 |
|---|---|---|---|---|---|---|
| 餐饮业 | | | | | | |
| 金融、保险业 | 2168 | | 2168 | | | |
| 金融业 | 2168 | | 2168 | | | |
| 保险业 | | | | | | |
| 房地产业 | 344701 | 315514 | 13802 | 2041 | 3817 | 9527 |
| 房地产开发与经营 | 325245 | 296961 | 13802 | 2041 | 2914 | 9527 |
| 房地产管理业 | 19456 | 18553 | | | 903 | |
| 房地产代理与经纪业 | | | | | | |
| 社会服务业 | 853632 | 814355 | 4541 | 3514 | 30752 | 470 |
| 公共服务业 | 797206 | 779178 | 4365 | 3441 | 10002 | 220 |
| 居民服务业 | 1400 | 1400 | | | | |
| 旅馆业 | 32425 | 32175 | | | | 250 |
| 租赁服务业 | | | | | | |
| 旅游业 | 176 | | 176 | | | |
| 娱乐服务业 | | | | | | |
| 信息、咨询服务 | 1172 | 1172 | | | | |
| 计算机应用服务业 | 73 | | | 73 | | |
| 其他社会服务业 | 21180 | 430 | | | 20750 | |
| 卫生体育和社会福利业 | 26702 | 18538 | 5861 | 972 | | 1331 |
| 卫生 | 10216 | 2052 | 5861 | 972 | | 1331 |
| 体育 | 131 | 131 | | | | |
| 社会福利保障业 | 16355 | 16355 | | | | |
| 教育文化艺术及广播电影电视业 | 78912 | 47330 | 21352 | 3256 | 65 | 6909 |
| 教育 | 66076 | 35999 | 19847 | 3256 | 65 | 6909 |
| #高等 | 7794 | 7794 | | | | |
| 中等 | 41334 | 21909 | 11819 | 1761 | 65 | 5780 |
| 初等 | 16267 | 5615 | 8028 | 1495 | | 1129 |
| 文化艺术 | 11331 | 11331 | | | | |
| 广播电影电视业 | 1505 | | 1505 | | | |
| 科学研究和综合技术服务业 | 2282 | 2282 | | | | |
| 科学研究业 | 1594 | 1594 | | | | |
| 综合技术服务业 | 688 | 688 | | | | |
| 国家机关政党机关社会团体 | 140108 | 133160 | 5385 | | 618 | 945 |
| 国家机关 | 137699 | 131369 | 5385 | | | 945 |
| 政党机关 | 665 | 47 | | | 618 | |
| 社会团体 | 1744 | 1744 | | | | |
| 基层群众自治组织 | | | | | | |
| 其他行业 | 5850 | 2402 | 112 | 3000 | 336 | |

# 4—36 国有经济工业新增固定资产

（1998年）

单位：万元

| 项目 | 全市 | 基本建设 | 更新改造 | #市属 | 基本建设 | 更新改造 |
|---|---|---|---|---|---|---|
| **总计** | 217869 | 111844 | 106025 | 165418 | 76413 | 89005 |
| **按地区分** | | | | | | |
| 市区 | 170637 | 71201 | 99436 | 118186 | 35770 | 82416 |
| 番禺市 | 24656 | 20946 | 3710 | 24656 | 20946 | 3710 |
| 花都市 | 8798 | 7508 | 1290 | 8798 | 7508 | 1290 |
| 增城市 | 11273 | 10200 | 1073 | 11273 | 10200 | 1073 |
| 从化市 | 2505 | 1989 | 516 | 2505 | 1989 | 516 |
| **按行业分** | | | | | | |
| 采掘业 | 1718 | 562 | 1156 | 842 | 562 | 280 |
| 煤炭采选业 | 280 | | 280 | 280 | | 280 |
| 石油和天然气开采业 | 876 | | 876 | | | |
| 黑色金属矿采选业 | | | | | | |
| 有色金属矿采选业 | | | | | | |
| 非金属矿采选业 | 562 | 562 | | 562 | 562 | |
| 其他矿采选业 | | | | | | |
| 木材及竹材采选业 | | | | | | |
| 制造业 | 84720 | 19963 | 64757 | 61912 | 7673 | 54239 |
| 食品加工业 | 2188 | 2167 | 21 | 2188 | 2167 | 21 |
| 食品制造业 | 205 | 193 | 12 | 205 | 193 | 12 |
| 饮料制造业 | 17867 | | 17867 | 17867 | | 17867 |
| 烟草加工业 | 1166 | | 1166 | | | |
| 纺织业 | 1192 | 956 | 236 | 152 | 6 | 146 |
| 服装及其他纤维制品制造业 | | | | | | |
| 皮革、毛皮、羽绒及其制品业 | | | | | | |
| 木材加工及竹、藤、棕、草制品业 | 351 | 90 | 261 | | | |
| 家具制造业 | | | | | | |
| 造纸及纸制品业 | | | | | | |
| 印刷业、记录媒介的复制 | 879 | | 879 | 879 | | 879 |
| 文教体育用品制造业 | 900 | | 900 | 900 | | 900 |
| 石油加工及炼焦业 | 8734 | 3943 | 4791 | | | |
| 化学原料及化学制品制造业 | 9143 | 61 | 9082 | 9097 | 15 | 9082 |
| 医药制造业 | 14423 | 624 | 13799 | 14423 | 624 | 13799 |
| 化学纤维制造业 | 909 | | 909 | 909 | | 909 |
| 橡胶制品业 | 718 | 310 | 408 | 718 | 310 | 408 |
| 塑料制品业 | | | | | | |
| 非金属矿物制品业 | 2964 | 861 | 2103 | 2944 | 861 | 2083 |
| 黑色金属冶炼及压延加工业 | | | | | | |
| 有色金属冶炼及压延加工业 | | | | | | |
| 金属制品业 | 3498 | 2308 | 1190 | 3433 | 2243 | 1190 |
| 普通机械制造业 | 2474 | 154 | 2320 | 2368 | 154 | 2214 |
| 专用设备制造业 | 872 | 450 | 422 | 825 | 450 | 375 |
| 交通运输设备制造业 | 9198 | 3324 | 5874 | 2161 | | 2161 |
| 电气机械及器材制造业 | 1863 | | 1863 | 1863 | | 1863 |
| 电子及通讯设备制造业 | 2917 | 2438 | 479 | 805 | 650 | 155 |
| 仪器仪表及文化、办公用机械制造业 | 175 | | 175 | 175 | | 175 |
| 其他制造业 | 2084 | 2084 | | | | |
| 电力、煤气及水的生产和供应业 | 131431 | 91319 | 40112 | 102664 | 68178 | 34486 |
| 电力、蒸气、热水的生产和供应业 | 76776 | 70116 | 6660 | 48009 | 46975 | 1034 |
| 煤气生产和供应业 | 7417 | 6913 | 504 | 7417 | 6913 | 504 |
| 自来水的生产和供应业 | 47238 | 14290 | 32948 | 47238 | 14290 | 32948 |

# 4－37 城镇集体经济固定资产投资额

（1998年、按地区分） 单位：万元

| 项目 | 全市 | 市区 | 番禺市 | 花都市 | 增城市 | 从化市 |
|---|---|---|---|---|---|---|
| **总计** | 327119 | 219862 | 82217 | 13411 | 4660 | 6969 |
| **按隶属关系分** | | | | | | |
| 中央项目 | | | | | | |
| 省项目 | 21173 | 21173 | | | | |
| 市项目 | 199229 | 198689 | 540 | | | |
| 县级市项目 | 106717 | | 81677 | 13411 | 4660 | 6969 |
| 其他项目 | | | | | | |
| **按工程用途分** | | | | | | |
| 农林牧渔业 | | | | | | |
| 工业、建筑业 | 15024 | 8573 | 4451 | | | 2000 |
| 商业、运输、邮电业 | 58416 | 42901 | 11317 | 2440 | 490 | 1268 |
| 住宅 | 193261 | 124847 | 56350 | 9106 | 1086 | 1872 |
| 其他 | 60418 | 43541 | 10099 | 1865 | 3084 | 1829 |
| **按建设性质分** | | | | | | |
| 新建 | 14350 | 5998 | 5763 | 340 | 206 | 2043 |
| 扩建 | 29186 | 22295 | 5402 | | 1489 | |
| 改建 | 278214 | 186898 | 70566 | 13071 | 2753 | 4926 |
| 单纯建设生活设施 | 681 | 469 | | | 212 | |
| 迁建 | 995 | 995 | | | | |
| 恢复 | | | | | | |
| 单纯购置 | 3693 | 3207 | 486 | | | |
| **按构成分** | | | | | | |
| 建筑工程 | 201155 | 128809 | 54631 | 11672 | 2749 | 3294 |
| 安装工程 | 27125 | 14499 | 12149 | 80 | 32 | 365 |
| 设备工具器具购置 | 20626 | 18908 | 950 | 7 | 261 | 500 |
| 其他 | 78213 | 57646 | 14487 | 1652 | 1618 | 2810 |
| **按行业分** | | | | | | |
| 农林牧渔业 | | | | | | |
| 采掘业 | | | | | | |
| 制造业 | 11389 | 7239 | 2150 | | | 2000 |
| 电力煤气及水生产供应业 | 2029 | | 1986 | | | 43 |
| 建筑业 | 609 | 535 | 74 | | | |
| 地质勘探业、水利管理业 | | | | | | |
| 交通运输、仓储及邮电通信业 | 5806 | 3160 | 2646 | | | |
| 批发和零售贸易、餐饮业 | 6217 | 2725 | 2917 | | | 575 |
| 金融、保险业 | 5816 | 3241 | 540 | 340 | 1695 | |
| 房地产业 | 276544 | 185655 | 70774 | 13071 | 2693 | 4351 |
| 社会服务业 | 9441 | 9135 | 306 | | | |
| 卫生体育和社会福利业 | 85 | 25 | | | 60 | |
| 教育文化艺术及广播电影电视业 | 133 | 109 | 24 | | | |
| 科学研究和综合技术服务业 | 290 | 290 | | | | |
| 国家机关政党机关社会团体 | 5751 | 5751 | | | | |
| 其他行业 | 3009 | 1997 | 800 | | 212 | |

# 4－38 城镇集体经济新增固定资产

（1998年、按地区分）

单位：万元

| 项目 | 全市 | 市区 | 番禺市 | 花都市 | 增城市 | 从化市 |
|---|---|---|---|---|---|---|
| 总计 | 255731 | 135671 | 93110 | 16391 | 3956 | 6603 |
| 按隶属关系分 | | | | | | |
| 中央项目 | | | | | | |
| 省项目 | 7459 | 7459 | | | | |
| 市项目 | 128752 | 128212 | 540 | | | |
| 县级市项目 | 119520 | | 92570 | 16391 | 3956 | 6603 |
| 其他项目 | | | | | | |
| 按建设性质分 | | | | | | |
| 新建 | 14277 | 3847 | 7884 | 340 | 206 | 2000 |
| 扩建 | 36818 | 20855 | 14567 | | 1396 | |
| 改建 | 199756 | 106787 | 70173 | 16051 | 2142 | 4603 |
| 单纯建设生活设施 | 1027 | 815 | | | 212 | |
| 迁建 | 160 | 160 | | | | |
| 恢复 | | | | | | |
| 单纯购置 | 3693 | 3207 | 486 | | | |
| 按行业分 | | | | | | |
| 农林牧渔业 | | | | | | |
| 采掘业 | | | | | | |
| 制造业 | 7126 | 2803 | 2323 | | | 2000 |
| 电力煤气及水生产供应业 | 10978 | | 10978 | | | |
| 建筑业 | 1414 | 1340 | 74 | | | |
| 地质勘探业、水利管理业 | | | | | | |
| 交通运输、仓储及邮电通信业 | 7344 | 2978 | 4366 | | | |
| 批发和零售贸易、餐饮业 | 6884 | 3658 | 2916 | | | 310 |
| 金融、保险业 | 3509 | 1027 | 540 | 340 | 1602 | |
| 房地产业 | 198496 | 105295 | 70783 | 16051 | 2074 | 4293 |
| 社会服务业 | 9420 | 9114 | 306 | | | |
| 卫生体育和社会福利业 | 93 | 25 | | | 68 | |
| 教育文化艺术及广播电影电视业 | 24 | | 24 | | | |
| 科学研究和综合技术服务业 | 93 | 93 | | | | |
| 国家机关政党机关社会团体 | 7341 | 7341 | | | | |
| 其他行业 | 3009 | 1997 | 800 | | 212 | |

# 4-39 重点建设项目投资完成情况

（1998 年）　　单位：万元

| 项目名称 | 开工年月 | 竣工年月 | 本年计划 | 累计完成投资 | #本年 |
|---|---|---|---|---|---|
| 广州地铁一号线 | 1993 年 12 月 | 1998 年 12 月 | 228519 | 1086550 | 225605 |
| 市中心交通项目 | 1996 年 1 月 | | 297586 | 334700 | 261247 |
| 广州东南西环高速公路 | 1993 年 8 月 | | 202773 | 277384 | 190800 |
| 黄埔新沙港一期工程 | 1987 年 2 月 | | 9000 | 198458 | 11511 |
| 广钢一电炉工程及配套项目 | 1996 年 11 月 | 1998 年 8 月 | 11012 | 41182 | 25643 |
| 广钢公司科技大楼 | 1998 年 5 月 | | 500 | 448 | 448 |
| 广州珠江钢铁厂 | 1997 年 5 月 | | 212800 | 267408 | 213939 |
| 广纸热电并供一、二期工程 | 1995 年 12 月 | | 15461 | 36219 | 15770 |
| 广纸双加工程 | 1996 年 11 月 | | 11422 | 17072 | 13250 |
| 五羊—本田摩托车工程 | 1994 年 10 月 | 1998 年 12 月 | 12631 | 86613 | 11561 |
| 猎得污水处理厂 | 1995 年 3 月 | | 61000 | 98000 | 66000 |
| 威达高十万吨涂布白板纸项目 | 1996 年 5 月 | | 62885 | 110422 | 37385 |
| 广州艺术博物馆 | 1995 年 8 月 | | 8000 | 7441 | 4012 |
| 交互式图文服务系统首期工程 | | | 9800 | 140 | 74 |
| 三高农业服务系统首期工程 | | | 2185 | 2072 | 2072 |
| 广州保税区电脑工业城 | 1997 年 11 月 | | 18100 | 9654 | 6303 |
| 广州抽水蓄能电站二期工程 | 1994 年 9 月 | | 69042 | 293051 | 61856 |
| 广东广播中心工程 | 1997 年 10 月 | | 6200 | 12388 | 9457 |
| 广东演艺中心 | 1996 年 7 月 | | 699 | 8237 | 2430 |
| 广东省档案大楼 | 1997 年 2 月 | | 5000 | 8397 | 3110 |
| 广州市邮重件处理中心 | 1998 年 7 月 | | 1500 | 5500 | 5500 |
| 广东省人民医院门诊住院大楼 | 1997 年 1 月 | | 12010 | 41360 | 14483 |

## 4—40 固定资产投资财务拨款

（1998 年、按隶属关系分）　　单位：万元

| 项　　目 | 合　计 | 中央项目 | 省项目 | 市项目 | 县级市 | 其　他 |
|---|---|---|---|---|---|---|
| **本年资金来源合计** | 8424118 | 1290007 | 823856 | 5855979 | 454276 | |
| 1. 上年末结余资金 | 1295370 | 49184 | 200365 | 978373 | 67448 | |
| 2. 本年资金来源小计 | 7128748 | 1240823 | 623491 | 4877606 | 386828 | |
| 国家预算内资金 | 200069 | 22134 | 67883 | 109549 | 503 | |
| 国内贷款 | 1169635 | 54575 | 98637 | 923225 | 93198 | |
| 债　券 | 1029 | | | 1000 | 29 | |
| 利用外资 | 1181131 | 83817 | 26755 | 1049393 | 21166 | |
| 自筹资金 | 2855165 | 1004975 | 255532 | 1441153 | 153505 | |
| ＃发行股票 | 423 | | | 423 | | |
| 其他资金 | 1721719 | 75322 | 174684 | 1353286 | 118427 | |
| **本年各项应付款合计** | 996323 | 62606 | 51524 | 804968 | 77225 | |
| ＃工程款 | 494862 | 33131 | 14113 | 388169 | 59449 | |
| 设备、器材款 | 71465 | 12380 | 1019 | 54194 | 3872 | |

注：不包集体和个体经济。

## 4—41 固定资产投资财务拨款

（1998 年、按地区分）　　单位：万元

| 项　　目 | 全　市 | 市　区 | 番禺市 | 花都市 | 增城市 | 从化市 |
|---|---|---|---|---|---|---|
| **本年资金来源合计** | 8424118 | 7573315 | 357851 | 198777 | 118908 | 175267 |
| 1. 上年末结余资金 | 1295370 | 1188179 | 30814 | 18644 | 15998 | 41735 |
| 2. 本年资金来源小计 | 7128748 | 6385136 | 327037 | 180133 | 102910 | 133532 |
| 国家预算内资金 | 200069 | 194678 | 2609 | 1892 | | 890 |
| 国内贷款 | 1169635 | 1005571 | 66726 | 52920 | 10741 | 33677 |
| 债　券 | 1029 | | 29 | 1000 | | |
| 利用外资 | 1181131 | 1026808 | 9459 | 77475 | 36225 | 31164 |
| 自筹资金 | 2855165 | 2571223 | 159855 | 33485 | 38636 | 51966 |
| ＃发行股票 | 423 | 423 | | | | |
| 其他资金 | 1721719 | 1586856 | 88359 | 13361 | 17308 | 15835 |
| **本年各项应付款合计** | 996323 | 901865 | 56680 | 20997 | 2236 | 14545 |
| ＃工程款 | 494862 | 422755 | 46070 | 11293 | 2021 | 12723 |
| 设备、器材款 | 71465 | 65380 | 2745 | 1898 | 215 | 1227 |

注：不包集体和个体经济。

# 4—42 基本建设投资财务拨款

（1998年、按隶属关系分）

单位：万元

| 项　　目 | 合　计 | 中央项目 | 省项目 | 市项目 | 县级市 | 其　他 |
|---|---|---|---|---|---|---|
| **本年资金来源合计** | 3264623 | 479555 | 397763 | 2265947 | 121358 | |
| 1. 上年末结余资金 | 310346 | 22361 | 104637 | 178359 | 4989 | |
| 2. 本年资金来源小计 | 2954277 | 457194 | 293126 | 2087588 | 116369 | |
| 国家预算内资金 | 173528 | 14091 | 55412 | 103775 | 250 | |
| 国内贷款 | 565844 | 3484 | 17230 | 499392 | 45738 | |
| 债　券 | 29 | | | | 29 | |
| 利用外资 | 634237 | | 22078 | 607420 | 4739 | |
| 自筹资金 | 1439418 | 435016 | 188784 | 760366 | 55252 | |
| #发行股票 | 300 | | | 300 | | |
| 其他资金 | 141221 | 4603 | 9622 | 116635 | 10361 | |
| **本年各项应付款合计** | 332393 | 4207 | 10840 | 290152 | 27194 | |
| #工程款 | 172754 | 4207 | 6037 | 142680 | 19830 | |
| 设备、器材款 | 21474 | | 12 | 19660 | 1802 | |

注：不包集体和个体经济。

# 4—43 基本建设投资财务拨款

（1998年、按地区分）

单位：万元

| 项　　目 | 全　市 | 市　区 | 番禺市 | 花都市 | 增城市 | 从化市 |
|---|---|---|---|---|---|---|
| **本年资金来源合计** | 3264623 | 2892501 | 117631 | 80791 | 68643 | 105057 |
| 1. 上年末结余资金 | 310346 | 277354 | 3680 | 9629 | 13445 | 6238 |
| 2. 本年资金来源小计 | 2954277 | 2615147 | 113951 | 71162 | 55198 | 98819 |
| 国家预算内资金 | 173528 | 171386 | 188 | 1892 | | 62 |
| 国内贷款 | 565844 | 456096 | 36192 | 46440 | 1156 | 25960 |
| 债　券 | 29 | | 29 | | | |
| 利用外资 | 634237 | 576462 | 3687 | 1000 | 28101 | 24987 |
| 自筹资金 | 1439418 | 1281093 | 66143 | 20128 | 25063 | 46991 |
| #发行股票 | 300 | 300 | | | | |
| 其他资金 | 141221 | 130110 | 7712 | 1702 | 878 | 819 |
| **本年各项应付款合计** | 332393 | 298745 | 14235 | 13249 | 890 | 5274 |
| #工程款 | 172754 | 147440 | 13722 | 6440 | 890 | 4262 |
| 设备、器材款 | 21474 | 19232 | 10 | 1750 | | 482 |

注：不包集体和个体经济。

## 4—44 更新改造投资财务拨款

(1998年、按隶属关系分)　　单位:万元

| 项目 | 合计 | 中央项目 | 省项目 | 市项目 | 县级市 | 其他 |
|---|---|---|---|---|---|---|
| **本年资金来源合计** | 1336795 | 620007 | 109646 | 558372 | 48770 | |
| 1.上年末结余资金 | 112617 | 4624 | 29132 | 70952 | 7909 | |
| 2.本年资金来源小计 | 1224178 | 615383 | 80514 | 487420 | 40861 | |
| 国家预算内资金 | 26541 | 8043 | 12471 | 5774 | 253 | |
| 国内贷款 | 131505 | 9157 | 31012 | 86369 | 4967 | |
| 债券 | 1000 | | | 1000 | | |
| 利用外资 | 85409 | 74571 | | 10705 | 133 | |
| 自筹资金 | 843898 | 514168 | 36396 | 263836 | 29498 | |
| #发行股票 | 123 | | | 123 | | |
| 其他资金 | 135825 | 9444 | 635 | 119736 | 6010 | |
| **本年各项应付款合计** | 114434 | 30421 | 80 | 77923 | 6010 | |
| #工程款 | 53264 | 18700 | 80 | 29921 | 4563 | |
| 设备、器材款 | 27351 | 10160 | | 15772 | 1419 | |

注:不包集体和个体经济。

## 4—45 更新改造投资财务拨款

(1998年、按地区分)　　单位:万元

| 项目 | 全市 | 市区 | 番禺市 | 花都市 | 增城市 | 从化市 |
|---|---|---|---|---|---|---|
| **本年资金来源合计** | 1336795 | 1142292 | 57738 | 84226 | 18108 | 34431 |
| 1.上年末结余资金 | 112617 | 92968 | 2513 | 619 | 223 | 16294 |
| 2.本年资金来源小计 | 1224178 | 1049324 | 55225 | 83607 | 17885 | 18137 |
| 国家预算内资金 | 26541 | 23292 | 2421 | | | 828 |
| 国内贷款 | 131505 | 119682 | 8163 | 950 | 2610 | 100 |
| 债券 | 1000 | | | 1000 | | |
| 利用外资 | 85409 | 5155 | 133 | 74571 | | 5550 |
| 自筹资金 | 843898 | 787036 | 38715 | 6836 | 7621 | 3690 |
| #发行股票 | 123 | 123 | | | | |
| 其他资金 | 135825 | 114159 | 5793 | 250 | 7654 | 7969 |
| **本年各项应付款合计** | 114434 | 97645 | 7541 | 2912 | 277 | 6059 |
| #工程款 | 53264 | 41527 | 3509 | 2800 | 62 | 5366 |
| 设备、器材款 | 27351 | 24159 | 2186 | 98 | 215 | 693 |

注:不包集体和个体经济。

## 4—46 固定资产投资财务拨款

(1998年)　　单位：万元

| 项目 | 合计 | 基本建设 | 更新改造 | 其他投资 | 房地产开发 |
|---|---|---|---|---|---|
| **本年资金来源合计** | 9178563 | 3264623 | 1336795 | 70530 | 4506615 |
| 1. 上年末结余资金 | 1433763 | 310346 | 112617 | 6206 | 1004594 |
| 2. 本年资金来源小计 | 7744800 | 2954277 | 1224178 | 64324 | 3502021 |
| 国家预算内资金 | 200069 | 173528 | 26541 | | |
| 国内贷款 | 1257452 | 565844 | 131505 | 7708 | 552395 |
| 债券 | 1029 | 29 | 1000 | | |
| 利用外资 | 1184066 | 634237 | 85409 | 3895 | 460525 |
| 自筹资金 | 3159448 | 1439418 | 843898 | 49202 | 826930 |
| #发行股票 | 423 | 300 | 123 | | |
| 其他资金 | 1942736 | 141221 | 135825 | 3519 | 1662171 |
| **本年各项应付款合计** | 1057982 | 332393 | 114434 | 5462 | 605693 |
| #工程款 | 528364 | 172754 | 53264 | 4427 | 297919 |
| 设备、器材款 | 72470 | 21474 | 27351 | 405 | 23240 |

注：不包农村集体、个体经济的投资。

## 4—47 市属固定资产投资财务拨款

(1998年)　　单位：万元

| 项目 | 合计 | 基本建设 | 更新改造 | 其他投资 | 房地产开发 |
|---|---|---|---|---|---|
| **本年资金来源合计** | 7031196 | 2387305 | 607142 | 70188 | 3966561 |
| 1. 上年末结余资金 | 1178349 | 183348 | 78861 | 6206 | 909934 |
| 2. 本年资金来源小计 | 5852847 | 2203957 | 528281 | 63982 | 3056627 |
| 国家预算内资金 | 110052 | 104025 | 6027 | | |
| 国内贷款 | 1099190 | 545130 | 91336 | 7708 | 455016 |
| 债券 | 1029 | 29 | 1000 | | |
| 利用外资 | 1073494 | 612159 | 10838 | 3895 | 446602 |
| 自筹资金 | 1886639 | 815618 | 293334 | 48860 | 728827 |
| #发行股票 | 423 | 300 | 123 | | |
| 其他资金 | 1682443 | 126996 | 125746 | 3519 | 1426182 |
| **本年各项应付款合计** | 938529 | 317346 | 83933 | 5412 | 531838 |
| #工程款 | 479717 | 162510 | 34484 | 4377 | 278346 |
| 设备、器材款 | 58891 | 21462 | 17191 | 405 | 19833 |

注：不包农村集体、个体经济的投资。

## 4—48 城镇集体经济固定资产投资财务拨款

（1998 年、按地区分）　　单位：万元

| 项　　目 | 全　市 | 市　区 | 番禺市 | 花都市 | 增城市 | 从化市 | ＃市　属 |
|---|---|---|---|---|---|---|---|
| **本年资金来源合计** | 754445 | 338569 | 380117 | 19604 | 5469 | 10686 | 720941 |
| 1.上年末结余资金 | 138393 | 83406 | 51486 | 2204 | 509 | 788 | 132528 |
| 2.本年资金来源小计 | 616052 | 255163 | 328631 | 17400 | 4960 | 9898 | 588413 |
| 国家预算内资金 | | | | | | | |
| 国内贷款 | 87817 | 54917 | 23123 | 5853 | 970 | 2954 | 82767 |
| 债券 | | | | | | | |
| 利用外资 | 2935 | 2900 | | | | 35 | 2935 |
| 自筹资金 | 304283 | 100906 | 192233 | 4276 | 2119 | 4749 | 291981 |
| ＃发行股票 | | | | | | | |
| 其他资金 | 221017 | 96440 | 113275 | 7271 | 1871 | 2160 | 210730 |
| **本年各项应付款合计** | 61659 | 39884 | 12665 | 6442 | 540 | 2128 | 56336 |
| ＃工程款 | 33502 | 14337 | 12475 | 4904 | 334 | 1452 | 32099 |
| 设备、器材款 | 1005 | 660 | 190 | 15 | | 140 | 825 |

## 4—49 固定资产投资主要经济效益指标

（1998 年）

| 项　　目 | 单　位 | 合　计 | 基　本<br>建　设 | 更　新<br>改　造 | 其　他<br>投　资 | 房地产<br>开　发 |
|---|---|---|---|---|---|---|
| 1.建设项目竣工投产率 | % | 45.86 | 38.16 | 52.23 | 21.43 | |
| 施工建设项目数 | 个 | 1895 | 828 | 1053 | 14 | |
| 竣工建设项目数 | 个 | 869 | 316 | 550 | 3 | |
| 2.建设项目平均建设周期 | 年 | 4.80 | 4.44 | 2.76 | 5.39 | 6.33 |
| 施工项目计划总投资 | 万元 | 31159271 | 12995019 | 3394796 | 84266 | 14685190 |
| 本年完成投资额 | 万元 | 6494464 | 2927028 | 1231700 | 15629 | 2320107 |
| 3.新增固定资产交付使用率 | % | 83.84 | 86.87 | 85.13 | 62.41 | 79.49 |
| 本年完成投资额 | 万元 | 6494464 | 2927028 | 1231700 | 15629 | 2320107 |
| 新增固定资产 | 万元 | 5445180 | 2542681 | 1048556 | 9754 | 1844189 |
| 4.未完工程占用率 | % | 152.02 | 131.21 | 60.56 | 26.35 | 227.67 |
| 本年完成投资额 | 万元 | 6494464 | 2927028 | 1231700 | 15629 | 2320107 |
| 本年未完成工程投资额 | 万元 | 9873000 | 3840689 | 745933 | 4118 | 5282260 |
| 5.房屋面积竣工率 | % | 24.62 | 30.42 | 33.12 | 31.35 | 21.68 |
| 施工房屋建筑面积 | 米$^2$ | 40321263 | 10997049 | 1956612 | 15630 | 27351972 |
| 竣工房屋建筑面积 | 米$^2$ | 9928312 | 3345364 | 647992 | 4900 | 5930056 |
| 6.竣工房屋平均造价 | 元/米$^2$ | 1275 | 1173 | 1119 | 565 | 1350 |
| 竣工房屋价值 | 万元 | 1265409 | 392378 | 72482 | 277 | 800272 |

注：不包集体和个体经济。房地产开发按企业统计，故不计算施、竣工项目个数。

## 4—50 市区固定资产投资主要经济效益指标

（1998 年）

| 项　　目 | 单　位 | 合　计 | 基　本<br>建　设 | 更　新<br>改　造 | 其　他<br>投　资 | 房地产<br>开　发 |
|---|---|---|---|---|---|---|
| 1.建设项目竣工投产率 | % | 44.63 | 36.60 | 50.94 | | |
| 施工建设项目数 | 个 | 1602 | 694 | 905 | 3 | |
| 竣工建设项目数 | 个 | 715 | 254 | 461 | | |
| 2.建设项目平均建设周期 | 年 | 4.85 | 4.55 | 2.71 | 7.66 | 6.26 |
| 施工项目计划总投资 | 万元 | 28036651 | 11807879 | 2849548 | 68984 | 13310240 |
| 本年完成投资额 | 万元 | 5781018 | 2592443 | 1052502 | 9003 | 2127070 |
| 3.新增固定资产交付使用率 | % | 82.05 | 86.54 | 83.81 | 54.74 | 75.82 |
| 本年完成投资额 | 万元 | 5781018 | 2592443 | 1052502 | 9003 | 2127070 |
| 新增固定资产 | 万元 | 4743199 | 2243373 | 882117 | 4928 | 1612781 |
| 4.未完工程占用率 | % | 153.80 | 127.17 | 62.04 | 22.80 | 232.21 |
| 本年完成投资额 | 万元 | 5781018 | 2592443 | 1052502 | 9003 | 2127070 |
| 本年未完成工程投资额 | 万元 | 8891235 | 3296890 | 652967 | 2053 | 4939325 |
| 5.房屋面积竣工率 | % | 22.40 | 28.43 | 29.46 | | 19.54 |
| 施工房屋建筑面积 | 米$^2$ | 35830997 | 9919182 | 1436560 | 730 | 24474525 |
| 竣工房屋建筑面积 | 米$^2$ | 8025826 | 2820063 | 423148 | | 4782615 |
| 6.竣工房屋平均造价 | 元/米$^2$ | 1318 | 1211 | 1223 | | 1390 |
| 竣工房屋价值 | 万元 | 1057980 | 341479 | 51771 | | 664730 |

注：不包集体和个体经济。

## 4—51 市属固定资产投资主要经济效益指标

（1998 年）

| 项　　目 | 单　位 | 合　计 | 基　本<br>建　设 | 更　新<br>改　造 | 其　他<br>投　资 | 房地产<br>开　发 |
|---|---|---|---|---|---|---|
| 1.建设项目竣工投产率 | % | 41.88 | 39.62 | 44.65 | 21.43 | |
| 施工建设项目数 | 个 | 1077 | 530 | 533 | 14 | |
| 竣工建设项目数 | 个 | 451 | 210 | 238 | 3 | |
| 2.建设项目平均建设周期 | 年 | 5.18 | 4.27 | 4.20 | 5.39 | 6.51 |
| 施工项目计划总投资 | 万元 | 24176173 | 9443214 | 2184798 | 84266 | 12463895 |
| 本年完成投资额 | 万元 | 4663067 | 2212755 | 519736 | 15629 | 1914947 |
| 3.新增固定资产交付使用率 | % | 93.11 | 103.99 | 78.77 | 62.41 | 84.67 |
| 本年完成投资额 | 万元 | 4663067 | 2212755 | 519736 | 15629 | 1914947 |
| 新增固定资产 | 万元 | 4341618 | 2301068 | 409408 | 9754 | 1621388 |
| 4.未完工程占用率 | % | 167.97 | 125.82 | 105.11 | 26.35 | 234.88 |
| 本年完成投资额 | 万元 | 4663067 | 2212755 | 519736 | 15629 | 1914947 |
| 本年未完成工程投资额 | 万元 | 7832407 | 2784106 | 546272 | 4118 | 4497911 |
| 5.房屋面积竣工率 | % | 26.02 | 33.37 | 34.08 | 31.35 | 23.01 |
| 施工房屋建筑面积 | 米$^2$ | 30970629 | 7252504 | 1606655 | 15630 | 22095840 |
| 竣工房屋建筑面积 | 米$^2$ | 8057475 | 2420120 | 547624 | 4900 | 5084831 |
| 6.竣工房屋平均造价 | 元/米$^2$ | 1275 | 1177 | 1157 | 565 | 1335 |
| 竣工房屋价值 | 万元 | 1027051 | 284852 | 63351 | 277 | 678571 |

注：不包集体和个体经济。

# 4—52 引进技术建设投资额

（1998 年）

| 项目 | 项目个数 | 本年实际完成投资额 | | | 引进设备器材价值 | |
|---|---|---|---|---|---|---|
| | | 人民币（万元） | #用汇额（万美元） | #外资引进（万美元） | 累计到货（万美元） | 本年到货（万美元） |
| 总计 | 36 | 485873 | 34436 | 28049 | 78264 | 23271 |
| 按投资类别分 | | | | | | |
| 基本建设 | 15 | 358082 | 24145 | 19660 | 71643 | 21269 |
| 更新改造 | 21 | 127791 | 10291 | 8389 | 6621 | 2002 |
| 其他投资 | | | | | | |
| 按隶属关系分 | | | | | | |
| 中央项目 | 1 | 7778 | 80 | 80 | 1881 | 80 |
| 省项目 | 2 | 62282 | 2660 | 2660 | 18777 | 2736 |
| 市项目 | 33 | 415813 | 31696 | 25309 | 57676 | 20455 |
| 按经济类型分 | | | | | | |
| 国有经济 | 25 | 355905 | 23535 | 21052 | 68609 | 20400 |
| 集体经济 | | | | | | |
| 外资及港澳台经济 | 11 | 129968 | 10901 | 6997 | 9655 | 2871 |
| 其他经济 | | | | | | |
| 按引进方式分 | | | | | | |
| 许可证贸易 | | | | | | |
| 成套设备 | 10 | 96124 | 5415 | 2660 | 19864 | 2736 |
| 生产线 | 3 | 19098 | 1948 | 1182 | 1663 | 963 |
| 单机、样机或关键设备 | 23 | 370651 | 27073 | 24207 | 56737 | 19572 |
| 其他 | | | | | | |
| 按行业分 | | | | | | |
| 工业 | 34 | 252490 | 17356 | 10969 | 30780 | 6747 |
| 运输、邮电业 | 2 | 233383 | 17080 | 17080 | 47484 | 16524 |

# 4—53 农村集体经济固定资产投资额

（1998 年）

单位：万元

| 项　　目 | 全　市 | 市　区 | 番禺市 | 花都市 | 增城市 | 从化市 |
|---|---|---|---|---|---|---|
| 总　计 | 358124 | 153992 | 112708 | 34042 | 44517 | 12865 |
| **按村镇分** | | | | | | |
| 村属 | 213313 | 126197 | 45377 | 19167 | 20687 | 1885 |
| 镇属 | 144811 | 27795 | 67331 | 14875 | 23830 | 10980 |
| **按工程用途分** | | | | | | |
| 农、林、牧、渔业 | 12948 | 4578 | 4602 | 1386 | 1873 | 509 |
| 工业、建筑业 | 96515 | 34035 | 34346 | 10390 | 13941 | 3803 |
| 商业、运输邮电业 | 67971 | 23969 | 24193 | 7320 | 9820 | 2669 |
| 住宅 | 51993 | 46059 | 3747 | 1092 | 286 | 809 |
| 其他 | 128697 | 45351 | 45820 | 13854 | 18597 | 5075 |
| **按行业分** | | | | | | |
| 农林牧渔业 | 7945 | 1810 | 357 | 2050 | 3573 | 155 |
| 采掘业 | 11 | | 10 | | | 1 |
| 制造业 | 139680 | 29130 | 55094 | 21339 | 29123 | 4994 |
| 电力、煤气及水生产供应业 | 5825 | 1745 | 2303 | 513 | 71 | 1193 |
| 建筑业 | 11102 | 162 | 9719 | 601 | 167 | 453 |
| 地质勘查业、水利管理业 | 5786 | 28 | 3635 | | 603 | 1520 |
| 交通运输、仓储及邮电通信业 | 14557 | 14071 | | | | 486 |
| 批发和零售贸易、餐饮业 | 28292 | 19154 | 4659 | 420 | 3793 | 266 |
| 金融、保险业 | 180 | | | | | 180 |
| 房地产业 | 23646 | 21692 | 615 | 1330 | 9 | |
| 社会服务业 | 47211 | 11733 | 29560 | 3648 | 1970 | 300 |
| 卫生、体育和社会福利业 | 4331 | 1969 | 219 | 8 | 510 | 1625 |
| 教育文化艺术及广播电影电视业 | 18859 | 10993 | 4160 | 1007 | 1648 | 1051 |
| 科学研究和综合技术服务业 | 13 | | 13 | | | |
| 国家机关、政党机关和社会团体 | 36384 | 27513 | 2079 | 3126 | 3025 | 641 |
| 其他行业 | 14302 | 13992 | 285 | | 25 | |

# 4—54 农村集体经济新增固定资产及房屋建筑面积

（1998 年）　　单位：万元

| 项　　目 | 全　市 | 市　区 | 番禺市 | 花都市 | 增城市 | 从化市 |
|---|---|---|---|---|---|---|
| 新增固定资产 | 268719 | 112477 | 78173 | 25239 | 40357 | 12473 |
| 农林牧渔业 | 6320 | 1810 | 357 | 450 | 3573 | 130 |
| 采掘业 | 11 |  | 10 |  |  | 1 |
| 制造业 | 128764 | 32031 | 46125 | 19486 | 26128 | 4994 |
| 电力、煤气及水生产供应业 | 5175 | 1040 | 2358 | 513 | 71 | 1193 |
| 建筑业 | 10545 | 62 | 9562 | 301 | 167 | 453 |
| 地质勘查业、水利管理业 | 5608 |  | 3635 |  | 453 | 1520 |
| 交通运输、仓储及邮电通信业 | 8883 | 8397 |  |  |  | 486 |
| 批发和零售贸易、餐饮业 | 20121 | 12132 | 4600 | 330 | 2793 | 266 |
| 金融、保险业 | 180 |  |  |  |  | 180 |
| 房地产业 | 20715 | 18761 | 615 | 1330 | 9 |  |
| 社会服务业 | 12174 | 6102 | 4069 | 48 | 1955 |  |
| 卫生、体育和社会福利业 | 2711 | 414 | 219 | 8 | 510 | 1560 |
| 教育文化艺术及广播电影电视业 | 17340 | 9494 | 4246 | 901 | 1648 | 1051 |
| 科学研究和综合技术服务业 | 13 |  | 13 |  |  |  |
| 国家机关、政党机关和社会团体 | 20164 | 12549 | 2079 | 1872 | 3025 | 639 |
| 其他行业 | 9995 | 9685 | 285 |  | 25 |  |
| 房屋施工面积（米$^2$） | 3444016 | 2445261 | 489935 | 187206 | 200647 | 120967 |
| 房屋竣工面积（米$^2$） | 2276580 | 1350590 | 456206 | 176128 | 177399 | 116257 |
| #住宅 | 511227 | 425193 | 45413 | 18584 | 6315 | 15722 |

# 4－55 城镇私人建房情况

（1998 年）

| 区、县级市 | 建房户数（户） | 竣工房屋面积（米²） | #住宅 | 竣工房屋价值（万元） | #住宅 |
|---|---|---|---|---|---|
| 全　市 | 1442 | 287625 | 261774 | 16138 | 14853 |
| 市　区 | 349 | 47871 | 43800 | 3861 | 3576 |
| 县级市所在镇 | 734 | 180680 | 169250 | 9438 | 8904 |
| 番禺市 | 433 | 102307 | 102307 | 5115 | 5115 |
| 花都市 | 14 | 13043 | 13043 | 1115 | 1115 |
| 增城市 | 201 | 38100 | 26670 | 1834 | 1300 |
| 从化市 | 86 | 27230 | 27230 | 1374 | 1374 |
| 镇 | 359 | 59074 | 48724 | 2839 | 2373 |
| 在总计中：农村户在城建房 | 316 | 48230 | 44159 | 2902 | 2617 |

# 4－56 农村私人建房情况

（1998 年）

| 区、县级市 | 建房户数（户） | 竣工房屋面积（米²） | #住宅 | 竣工房屋价值（万元） | #住宅 |
|---|---|---|---|---|---|
| 全　市 | 28990 | 4492743 | 4371363 | 268554 | 263400 |
| 市　区 | 13683 | 2347361 | 2325031 | 145684 | 144745 |
| 县级市 | 15307 | 2145382 | 2046332 | 122870 | 118655 |
| 番禺市 | 5710 | 1019295 | 993729 | 62876 | 61646 |
| 花都市 | 2884 | 383183 | 375989 | 20290 | 19968 |
| 增城市 | 4022 | 495435 | 441808 | 28752 | 26457 |
| 从化市 | 2691 | 247469 | 234806 | 10952 | 10584 |

附：农村私人购买生产性固定资产投资 26596 万元，其中市区 8112 万元。

# 4-57 房地产开发与经营

(1998年)

| 项目 | 单位 | 全市 | 市区 | 番禺市 | 花都市 | 增城市 | 从化市 |
|---|---|---|---|---|---|---|---|
| **年末房地产开发** | | | | | | | |
| 公司个数 | 个 | 1212 | 968 | 65 | 50 | 70 | 59 |
| 年末从业人数 | 人 | 42786 | 34117 | 4423 | 1119 | 2231 | 896 |
| 年平均从业人数 | 人 | 41394 | 32624 | 4580 | 1147 | 2201 | 842 |
| 本年开发投资额 | 万元 | 2693689 | 2402237 | 211955 | 32688 | 32605 | 14204 |
| 中央、省属公司 | 万元 | 434617 | 434617 | | | | |
| 市属各公司 | 万元 | 2259072 | 1967620 | 211955 | 32688 | 32605 | 14204 |
| 本年已开发土地 | 万米$^2$ | 398.17 | 224.70 | 105.31 | 28.72 | 30.00 | 9.44 |
| **本年房屋建设** | | | | | | | |
| 房屋建筑施工面积 | 万米$^2$ | 3269.46 | 2775.71 | 308.89 | 82.99 | 58.64 | 43.23 |
| #新开工 | 万米$^2$ | 935.65 | 777.80 | 113.98 | 25.28 | 13.05 | 5.54 |
| 在施工面积中 | | | | | | | |
| #住宅 | 万米$^2$ | 2171.22 | 1761.76 | 275.75 | 61.20 | 42.35 | 30.16 |
| 商业用房 | 万米$^2$ | 442.13 | 384.63 | 16.45 | 19.51 | 9.65 | 11.89 |
| 办公用房 | 万米$^2$ | 338.73 | 333.13 | 1.50 | 1.67 | 2.02 | 0.41 |
| 房屋建筑竣工面积 | 万米$^2$ | 758.62 | 557.67 | 134.03 | 33.81 | 19.52 | 13.59 |
| #住宅 | 万米$^2$ | 571.27 | 393.10 | 123.44 | 28.19 | 15.86 | 10.68 |
| 商业用房 | 万米$^2$ | 80.07 | 67.64 | 3.69 | 4.84 | 1.76 | 2.14 |
| 办公用房 | 万米$^2$ | 42.97 | 41.30 | 0.91 | 0.29 | 0.34 | 0.13 |
| 竣工住宅造价 | 元/米$^2$ | 1279 | 1382 | 1161 | 745 | 831 | 940 |
| 竣工住宅套数 | 套 | 75517 | 56291 | 14038 | 2750 | 1363 | 1075 |
| **本年房屋销售** | | | | | | | |
| 本年实际销售房屋面积 | 万米$^2$ | 405.05 | 262.81 | 85.54 | 36.28 | 11.78 | 8.64 |
| #住宅 | 万米$^2$ | 349.30 | 219.24 | 80.61 | 33.54 | 8.37 | 7.54 |
| 向个人出售 | 万米$^2$ | 200.30 | 136.66 | 27.39 | 21.12 | 7.59 | 7.54 |
| 向单位出售 | 万米$^2$ | 149.00 | 82.58 | 53.22 | 12.42 | 0.78 | |
| 本年销售房屋合同金额 | 万元 | 2074683 | 1690195 | 300149 | 54213 | 17444 | 12682 |

# 4-58 房地产外资合作公司开发与经营

| 项目 | 单位 | 1995年 | | 1997年 | | 1998年 | |
|---|---|---|---|---|---|---|---|
| | | 全市 | #市区 | 全市 | #市区 | 全市 | #市区 |
| **年末房地产开发** | | | | | | | |
| 公司个数 | 个 | 309 | 227 | 284 | 219 | 352 | 293 |
| 本年完成开发投资额 | 万元 | 789884 | 634122 | 1016786 | 892609 | 1162063 | 1013555 |
| **本年房屋建设** | | | | | | | |
| 房屋建筑施工面积 | 万米$^2$ | 828.61 | 624.44 | 939.13 | 761.06 | 1183.45 | 1016.45 |
| #新开工 | 万米$^2$ | 114.24 | 81.92 | 154.51 | 81.78 | 301.92 | 247.78 |
| 在施工面积中 | | | | | | | |
| #住宅 | 万米$^2$ | 405.01 | 260.00 | 495.00 | 349.08 | 681.27 | 540.18 |
| 商业用房 | 万米$^2$ | | | 182.53 | 158.40 | 196.84 | 177.94 |
| 办公用房 | 万米$^2$ | | | 176.72 | 175.03 | 179.32 | 178.85 |
| 房屋建筑竣工面积 | 万米$^2$ | 128.84 | 53.19 | 160.77 | 111.56 | 257.39 | 179.96 |
| #住宅 | 万米$^2$ | 89.08 | 34.17 | 110.07 | 70.10 | 183.42 | 111.91 |
| 商业用房 | 万米$^2$ | | | 16.86 | 11.21 | 28.04 | 25.22 |
| 办公用房 | 万米$^2$ | | | 16.77 | 16.23 | 26.26 | 25.78 |
| 竣工住宅造价 | 元/米$^2$ | 1093 | 1140 | 1214 | 1248 | 1369 | 1365 |
| 竣工住宅套数 | 套 | 10629 | 3838 | 11925 | 7594 | 24014 | 15565 |
| **本年房屋销售** | | | | | | | |
| 本年预售房屋面积 | 万米$^2$ | 93.96 | 50.00 | 127.39 | 73.75 | 137.37 | 108.10 |
| 本年实际销售房屋面积 | 万米$^2$ | 67.45 | 20.84 | 79.00 | 48.31 | 134.66 | 80.95 |

注：本表包括外资投资经济和港澳台投资经济。

# 4—59 房地产开发投资额

（1998 年）

单位：万元

| 项　　目 | 合　计 | 住宅 | 办公楼 | 商业用房 | 其他用房 | 新增固定资产 |
|---|---|---|---|---|---|---|
| **全　　市** | **2693689** | **1637220** | **329018** | **337862** | **389589** | **2099938** |
| **按经济类型分** | | | | | | |
| 国有经济 | 744278 | 497649 | 67239 | 85351 | 94039 | 520485 |
| 集体经济 | 276294 | 183468 | 24555 | 25447 | 42824 | 197844 |
| 私营经济 | 97288 | 65988 | 3664 | 10256 | 17380 | 57905 |
| 联营经济 | 25610 | 19427 | 6 | 1527 | 4650 | 35069 |
| 股份有限公司 | 135446 | 86107 | 7918 | 13154 | 28267 | 59408 |
| 有限责任公司 | 252710 | 179858 | 10399 | 28656 | 33797 | 140244 |
| 中外合作经营 | 25915 | 13371 | 2828 | 6486 | 3230 | 48 |
| 与港澳台合资 | 75732 | 62895 | 69 | 101 | 12667 | 103798 |
| 与港澳台合作 | 1000619 | 526720 | 178783 | 152137 | 142979 | 984237 |
| 港澳台独资 | 59797 | 1737 | 33557 | 14747 | 9756 | 900 |
| **按资质分** | | | | | | |
| 一级资质 | 206390 | 136711 | 21041 | 23134 | 25504 | 104261 |
| 二级资质 | 1861579 | 1122179 | 212516 | 255429 | 271455 | 1171416 |
| 三级资质 | 401178 | 238340 | 49670 | 48098 | 65070 | 319286 |
| 四级以下（包四级） | 224542 | 139990 | 45791 | 11201 | 27560 | 504975 |
| **按隶属关系分** | | | | | | |
| 中央项目 | 165023 | 101296 | 19170 | 28901 | 15656 | 93535 |
| 省属项目 | 269594 | 198584 | 26215 | 19776 | 25019 | 139320 |
| 市属项目 | 2259072 | 1337340 | 283633 | 289185 | 348914 | 1867083 |
| **市　　区** | **2402237** | **1414230** | **326561** | **316723** | **344723** | **1771709** |
| **按经济类型分** | | | | | | |
| 国有经济 | 711639 | 472513 | 67199 | 82306 | 89621 | 492201 |
| 集体经济 | 185655 | 116471 | 22578 | 16470 | 30136 | 105295 |
| 私营经济 | 89512 | 60019 | 3661 | 8973 | 16859 | 53633 |
| 联营经济 | 25148 | 19043 | 6 | 1527 | 4572 | 35069 |
| 股份有限公司 | 131816 | 83722 | 7918 | 11909 | 28267 | 54208 |
| 有限责任公司 | 244912 | 172866 | 10219 | 28346 | 33481 | 132970 |
| 中外合作经营 | 20134 | 9951 | 2828 | 4150 | 3205 | 48 |
| 与港澳台合资 | 2343 | 2042 | | | 301 | |
| 与港澳台合作 | 932181 | 475866 | 178595 | 148295 | 129425 | 898285 |
| 港澳台独资 | 58897 | 1737 | 33557 | 14747 | 8856 | |
| **按资质分** | | | | | | |
| 一级资质 | 190143 | 121485 | 21041 | 23134 | 24483 | 91829 |
| 二级资质 | 1742815 | 1025343 | 211438 | 250311 | 255723 | 1024826 |
| 三级资质 | 334421 | 195869 | 49208 | 38318 | 51026 | 253611 |
| 四级以下（包四级） | 134858 | 71533 | 44874 | 4960 | 13491 | 401443 |
| **按隶属关系分** | | | | | | |
| 中央项目 | 165023 | 101296 | 19170 | 28901 | 15656 | 93535 |
| 省属项目 | 269594 | 198584 | 26215 | 19776 | 25019 | 139320 |
| 市属项目 | 1967620 | 1114350 | 281176 | 268046 | 304048 | 1538854 |

# 4－60 房地产开发房屋面积

（1998 年）

单位：米²

| 项目 | 施工面积 | #住宅 | 竣工面积 | #住宅 | 销售面积 | #住宅 |
|---|---|---|---|---|---|---|
| **全市** | **32694575** | **21712245** | **7586238** | **5712713** | **4050499** | **3493016** |
| **按经济类型分** | | | | | | |
| 国有经济 | 11029574 | 7668981 | 2285206 | 1704812 | 1186139 | 1015160 |
| 集体经济 | 4225974 | 3013849 | 1389341 | 1149614 | 820089 | 741501 |
| 私营经济 | 1116629 | 850407 | 266841 | 209183 | 129567 | 115163 |
| 联营经济 | 261437 | 214168 | 102064 | 82463 | 69193 | 61394 |
| 股份有限公司 | 1249992 | 904537 | 417887 | 274893 | 131748 | 119732 |
| 有限责任公司 | 2976505 | 2247557 | 550995 | 457598 | 367195 | 329881 |
| 中外合作经营 | 394924 | 216880 | | | 25482 | 22985 |
| 与港澳台合资 | 602322 | 568016 | 383502 | 368258 | 255039 | 254861 |
| 与港澳台合作 | 10555310 | 5998639 | 2178162 | 1465892 | 1030471 | 829201 |
| 港澳台独资 | 281908 | 29211 | 12240 | | 35576 | 3138 |
| **按资质分** | | | | | | |
| 一级资质 | 3809603 | 2686803 | 491707 | 364459 | 413596 | 372917 |
| 二级资质 | 21291968 | 13663809 | 4426002 | 3350040 | 2379744 | 2033534 |
| 三级资质 | 5330878 | 3588630 | 1606981 | 1198820 | 664032 | 573289 |
| 四级以下（包四级） | 2262126 | 1773003 | 1061548 | 799394 | 593127 | 513276 |
| **按隶属关系分** | | | | | | |
| 中央项目 | 1831706 | 980573 | 366518 | 247965 | 135600 | 109562 |
| 省属项目 | 3921782 | 2840094 | 565678 | 485622 | 284109 | 235806 |
| 市属项目 | 26941087 | 17891578 | 6654042 | 4979126 | 3630790 | 3147648 |
| **市区** | **27757093** | **17617627** | **5576690** | **3931036** | **2628122** | **2192355** |
| **按经济类型分** | | | | | | |
| 国有经济 | 10363053 | 7148007 | 2050259 | 1508865 | 1057609 | 896308 |
| 集体经济 | 2307437 | 1392493 | 564632 | 440903 | 203909 | 184291 |
| 私营经济 | 975131 | 753713 | 229443 | 176766 | 100170 | 86016 |
| 联营经济 | 223997 | 188728 | 102064 | 82463 | 67343 | 59544 |
| 股份有限公司 | 1067374 | 751006 | 339663 | 203092 | 42898 | 37791 |
| 有限责任公司 | 2655650 | 1981913 | 490995 | 399798 | 346690 | 309376 |
| 中外合作经营 | 303009 | 160677 | | | 1409 | 142 |
| 与港澳台合资 | 37900 | 31350 | | | 5416 | 5282 |
| 与港澳台合作 | 9553874 | 5180529 | 1799634 | 1119149 | 797102 | 610467 |
| 港澳台独资 | 269668 | 29211 | | | 5576 | 3138 |
| **按资质分** | | | | | | |
| 一级资质 | 3514080 | 2398362 | 334264 | 214098 | 319176 | 278497 |
| 二级资质 | 19679442 | 12258148 | 3708234 | 2692239 | 1854734 | 1570557 |
| 三级资质 | 3849536 | 2481373 | 1130764 | 792513 | 361046 | 292309 |
| 四级以下（包四级） | 714035 | 479744 | 403428 | 232186 | 93166 | 50992 |
| **按隶属关系分** | | | | | | |
| 中央项目 | 1831706 | 980573 | 366518 | 247965 | 135600 | 109562 |
| 省属项目 | 3921782 | 2840094 | 565678 | 485622 | 284109 | 235806 |
| 市属项目 | 22003605 | 13796960 | 4644494 | 3197449 | 2208413 | 1846987 |

# 4-61 房地产开发资金来源

(1998年)

单位:万元

| 项目 | 合计 | #国内贷款 | #利用外资 | #自筹资金 | #其他资金 |
|---|---|---|---|---|---|
| 全市 | 3609380 | 574852 | 461525 | 863799 | 1709204 |
| 按经济类型分 | | | | | |
| 国有经济 | 890815 | 186954 | 17413 | 229259 | 457189 |
| 集体经济 | 563798 | 80384 | 2935 | 262140 | 218339 |
| 私营经济 | 107359 | 22457 | 1000 | 36869 | 47033 |
| 联营经济 | 35292 | 1325 | | 7694 | 26273 |
| 股份有限公司 | 153350 | 43526 | 13633 | 44756 | 51435 |
| 有限责任公司 | 312111 | 92358 | 5800 | 80528 | 133425 |
| 中外合作经营 | 15850 | 1460 | 9714 | 1260 | 3416 |
| 与港澳台合资 | 64508 | 15105 | 3140 | 945 | 45318 |
| 与港澳台合作 | 1405763 | 125982 | 405985 | 200348 | 673448 |
| 港澳台独资 | 60534 | 5301 | 1905 | | 53328 |
| 按资质分 | | | | | |
| 一级资质 | 210801 | 25026 | | 57827 | 127948 |
| 二级资质 | 2469685 | 435347 | 308728 | 499236 | 1226374 |
| 三级资质 | 458978 | 79297 | 62973 | 103853 | 212855 |
| 四级以下(包四级) | 469916 | 35182 | 89824 | 202883 | 142027 |
| 按隶属关系分 | | | | | |
| 中央项目 | 168246 | 41934 | 9246 | 55791 | 61275 |
| 省属项目 | 287948 | 57245 | 5677 | 46312 | 178714 |
| 市属项目 | 3153186 | 475673 | 446602 | 761696 | 1469215 |
| 市区 | 3035989 | 502402 | 447909 | 605766 | 1479912 |
| 按经济类型分 | | | | | |
| 国有经济 | 845691 | 174052 | 17413 | 221408 | 432818 |
| 集体经济 | 220840 | 52232 | 2900 | 71237 | 94471 |
| 私营经济 | 99864 | 20377 | 1000 | 34923 | 43564 |
| 联营经济 | 34712 | 1325 | | 7694 | 25693 |
| 股份有限公司 | 146462 | 39626 | 13633 | 44756 | 48447 |
| 有限责任公司 | 304269 | 91478 | 5800 | 77610 | 129381 |
| 中外合作经营 | 11703 | 1000 | 9160 | 1247 | 296 |
| 与港澳台合资 | 6055 | | 3003 | | 3052 |
| 与港澳台合作 | 1306759 | 117011 | 393995 | 146891 | 648862 |
| 港澳台独资 | 59634 | 5301 | 1005 | | 53328 |
| 按资质分 | | | | | |
| 一级资质 | 174378 | 25026 | | 21404 | 127948 |
| 二级资质 | 2340791 | 411417 | 306278 | 480417 | 1142679 |
| 三级资质 | 375848 | 61664 | 56814 | 96326 | 161044 |
| 四级以下(包四级) | 144972 | 4295 | 84817 | 7619 | 48241 |
| 按隶属关系分 | | | | | |
| 中央项目 | 168246 | 41934 | 9246 | 55791 | 61275 |
| 省属项目 | 287948 | 57245 | 5677 | 46312 | 178714 |
| 市属项目 | 2579795 | 403223 | 432986 | 503663 | 1239923 |

## 4－62 房地产开发主要财务指标

（1998 年）

单位：万元

| 项目 | 资产总计 | 所有者权益 | 经营总收入 | 经营成本 | 经营税金及附加 | 利润总额 |
|---|---|---|---|---|---|---|
| **全　　市** | **17700884** | **4308495** | **2501825** | **1786979** | **129986** | **207415** |
| **按经济类型分** | | | | | | |
| 国有经济 | 6314035 | 882869 | 677833 | 477987 | 35318 | 40169 |
| 集体经济 | 1863223 | 315338 | 328536 | 246238 | 18646 | 19537 |
| 私营经济 | 390583 | 93768 | 89058 | 67113 | 5234 | 4220 |
| 联营经济 | 110404 | 20121 | 26576 | 20332 | 1911 | 1419 |
| 股份有限公司 | 570061 | 212457 | 72686 | 62544 | 4138 | －928 |
| 有限责任公司 | 1100017 | 183624 | 153920 | 114570 | 7635 | 3948 |
| 中外合作经营 | 216476 | 56567 | 5218 | 3287 | 318 | 428 |
| 与港澳台合资 | 435052 | 264002 | 162576 | 69392 | 6165 | 69692 |
| 与港澳台合作 | 6519301 | 2235430 | 972103 | 719724 | 50055 | 63226 |
| 港澳台独资 | 181732 | 44319 | 13319 | 5792 | 566 | 5704 |
| **按资质分** | | | | | | |
| 一级资质 | 2406567 | 389946 | 174215 | 99339 | 9312 | 47908 |
| 二级资质 | 11440940 | 3024089 | 1648667 | 1179503 | 85523 | 133777 |
| 三级资质 | 2734796 | 701179 | 481978 | 368578 | 25547 | 18113 |
| 四级以下（包四级） | 1118581 | 193281 | 196965 | 139559 | 9604 | 7617 |
| **按隶属关系分** | | | | | | |
| 中央项目 | 586542 | 152787 | 86867 | 60359 | 4654 | 5628 |
| 省属项目 | 1795344 | 268199 | 257928 | 196907 | 14604 | 6875 |
| 市属项目 | 15318998 | 3887509 | 2157030 | 1529713 | 110728 | 194912 |
| **市　　区** | **15235174** | **3802004** | **2009413** | **1494175** | **107133** | **113145** |
| **按经济类型分** | | | | | | |
| 国有经济 | 5870193 | 867736 | 628005 | 442498 | 32835 | 37640 |
| 集体经济 | 863528 | 193295 | 177523 | 147902 | 10414 | －832 |
| 私营经济 | 360660 | 87366 | 86107 | 64569 | 5115 | 4906 |
| 联营经济 | 74401 | 21435 | 26576 | 20332 | 1911 | 2044 |
| 股份有限公司 | 533466 | 223416 | 66417 | 57402 | 3814 | －362 |
| 有限责任公司 | 1053171 | 180048 | 148014 | 109769 | 7411 | 3486 |
| 中外合作经营 | 193370 | 51709 | 2377 | 1101 | 136 | 777 |
| 与港澳台合资 | 174913 | 127026 | 2322 | 901 | 229 | 1380 |
| 与港澳台合作 | 5936416 | 2009069 | 861395 | 646122 | 44833 | 58168 |
| 港澳台独资 | 175056 | 40904 | 10677 | 3579 | 435 | 5938 |
| **按资质分** | | | | | | |
| 一级资质 | 2188001 | 332229 | 130989 | 80434 | 6943 | 32991 |
| 二级资质 | 10686740 | 2800065 | 1398383 | 1037416 | 75177 | 59883 |
| 三级资质 | 2022384 | 594371 | 404843 | 315298 | 21839 | 17944 |
| 四级以下（包四级） | 338049 | 75339 | 75198 | 61027 | 3174 | 2327 |
| **按隶属关系分** | | | | | | |
| 中央项目 | 586542 | 152787 | 86867 | 60359 | 4654 | 5628 |
| 省属项目 | 1795344 | 268199 | 257928 | 196907 | 14604 | 6875 |
| 市属项目 | 12853288 | 3381018 | 1664618 | 1236909 | 87875 | 100642 |

# 主要统计指标解释

【全社会固定资产投资】 固定资产投资是社会固定资产再生产的主要手段。通过建造和购置固定资产的活动，国民经济不断采用先进技术装备，建立新兴部门，进一步调整经济结构和生产力的地区分布，增强经济实力，为改善人民物质文化生活创造物质条件。这对我国的社会主义现代化建设具有重要意义。

固定资产投资额是以货币表现的建造和购置固定资产活动的工作量，它是反映固定资产投资规模、速度、比例关系和使用方向的综合性指标。全社会固定资产投资包括国有经济单位投资、城乡集体经济单位投资、其他各种经济类型的单位投资和城乡居民个人投资。按照我国现行计划管理体制，全社会固定资产投资总额分为基本建设、更新改造、房地产开发投资和其他固定资产投资四个部分；城乡集体经济单位投资包括城镇集体所有制单位投资和农村集体所有制单位投资；其他各种经济类型单位投资包括联营经济、股份制经济、中外合资经营、中外合作经营、外资、与大陆合资经营、与大陆合作经营、港澳台独资及其他经济单位的投资。城乡居民个人投资包括城市、县城、镇、工矿区所辖范围内的个人建房和农村个人建房及购买生产性固定资产的投资。

【基本建设投资】 基本建设是企业、事业、行政单位以扩大生产能力或工程效益为主要目的的新建、扩建工程及有关工作。包括(1)列入中央和各级地方本年基本建设计划的建设项目，以及虽未列入本年基本建设计划，但使用以前年度基建计划内结转投资(包括利用基建设备材料)在本年继续施工的建设项目；(2)本年基本建设计划内投资与更新改造计划内投资结合安排的新建项目和新增生产能力(或工程效益)达到大中型项目标准的扩建项目，以及为改变生产力布局而进行的全厂性迁建项目；(3)国有单位既未列入基建计划，也未列入更新改造计划的总投资在5万元以上的新建、扩建、恢复项目和为改变生产力布局而进行的全厂性迁建项目，以及行政、事业单位增建业务用房和行政单位增建生活福利设施的项目。

【更新改造投资】更新改造是指企业、事业单位对原有设施进行固定资产更新和技术改造，以及相应配套的工程和有关工作(不包括大修理和维护工程)。包括：(1)列入中央和各级地方本年更新改造计划的项目和虽未列入本年更新改造计划，但使用上年更新改造计划内结转的投资在本年继续施工的项目；(2)本年更新改造计划内投资与基本建设计划内投资结合安排的对企、事业单位原有设施进行技术改造或更新的项目，和增建主要生产车间、分厂等其新增生产能力(或工程效益)未达到大中型项目标准的项目，以及由于城市环境保护和安全生产的需要而进行的迁建工作；(3)国有企、事业单位既未列入基建计划也未列入更新改造计划，总投资在5万元以上的属于改建或更新改造性质的项目，以及由于城市环境保护和安全生产的需要而进行的迁建工程。

【房地产开发投资】 包括各种经济类型的房地产开发公司、商品房建设公司及其他房地产开发单位统一开发的包括统代建、拆迁还建的住宅、厂房、仓库、饭店、宾馆、度假村、写字楼、办公楼等房屋建筑物和配套的服务设施、土地开发工程，如道路、给水、排水、供电、供热、通讯、平整场地等基础设施工程的投资。包括非房地产企业实际从事房地产开发或经营活动，不包括单纯的土地交易活动。

【其他固定资产投资】 全社会固定资产投资中未列入基本建设、更新改造和房地产开发投资的建造和购置固定资产的活动。包括：

1. 国有单位按规定不纳入基本建设计划和更新改造计划管理，总投资在5万元以上的以下工程：(1)用油田维护费和石油开发基金进行的油田维护和开发工程；(2)煤炭、铁矿、森工等采掘采伐业用维简费进行的开拓延伸工程；(3)交通部门用公路养路费对原有公路、桥梁进行改建的工程；(4)商业部门用简易建筑费建造的仓库工程。

2. 集体经济单位固定资产投资：包括城镇集体经济单位和农村集体经济单位建造和购置固定资产计划总投资在5万元以上的项目。农村集体经济单位固定资产投资为农村抽样调查总队根据抽样调查资料推算。

3. 联营经济、股份制经济、外商投资经济、港澳台投资经济及其经济类型的企、事业单位建造和购置固定资产其计划总投资在5万元以上的、未列入基本建设计划和更新改造计划的项目。

4. 城镇和工矿区私人建房投资和农村个人投资。城镇和工矿区私人建房包括市、县城、镇、工矿区所辖范围内的全部私人建房，不论其房主是否系本地的常住户口均应包括：农村个人投资包括农村个人建房及购置生产性固定资产的投资。

农村个人固定资产投资为农村抽样调查总队根据抽样调查资料推算。

【固定资产投资的资金来源】 根据固定资产投资的资金来源不同，分为上年末结余资金、本年资金来源小计和各项应付款。其中本年资金来源小计又分为国家预算内资金、国内贷款、股票、债券、利用外资、自筹资金和其他资金来源七种：

(1)国家预算内资金 指国家预算、地方财政、主要部门和国家专业投资公司拨给或委托银行贷给建设单位的基本建设拨款和中央基本建设基金，拨给企业单位的更新改造拨款，以及中央财政安排的专项拨款中用于基本建设的资金。

(2)国内贷款 指报告期企、事业单位向银行及非银行金融机构借入的用于固定资产投资的各种国内借款。国内贷款包括：银行利用自有资金及吸收的存款发放的贷款、上级主管部门拨入的国内贷款、国家专项贷款（包括煤代油贷款、劳改煤矿专项贷款等），地方财政专项资金安排的贷款、国内储备贷款、周转贷款等。

(3)股票 是股份制企业通过发行股票筹集到的，用于固定资产投资的资金。

(4)债券 是企业（公司）或金融机构通过发行各种债券筹集到的用于固定资产投资的资金，包括由银行代理国家专业投资公司发行的重点企业债券和重点建设债券。

(5)利用外资 指报告期收到的用于固定资产投资的国外资金，包括统借统还、自借自还的国外贷款，中外合资项目中的外资，以及无偿捐赠等。其中，国家统借统还的外资，是指由我国政府出面同外国政府、团体或金融组织签订贷款协议，并负责偿还本息的国外贷款。

(6)自筹资金 指建设单位报告期收到的，用于进行固定资产投资的上级主管部门、地方和本单位自筹资金。

(7)其他资金来源 指报告期收到的除以上各种拨款、借款、自筹资金之外，其他用于固定资产投资的资金。

【固定资产投资按国民经济行业分】 建设项目归哪个行业，按其建成投产后的主要产品或主要用途及社会经济活动性质来确定。基本建设按建设项目划分国民经济行业，更新改造、国有经济单位其他固定资产投资及城镇集体投资根据整个企业、事业单位所属的行业来划分。一般情况下，一个建设项目或一个企业、事业单位只能属于一种国民经济行业。为了更准确地反映国民经济各行业之间的比例关系，联合企业（总厂）所属分厂属于不同行业的，原则上按分厂划分行业。

【固定资产投资按建设性质分】 建设项目的性质一般分为新建、扩建、改建、迁建、恢复。基本建设按建设项目划分建设性质，更新改造、国有经济单位其他固定资产投资及城镇集体投资按整个企业、事业单位的建设情况确定建设性质。目前基本建设和更新改造是根据我国现行的计划管理体制区分的，所以基本建设和更新改造都可以分别按新建、扩建等划分。

(1)新建 一般指从无到有、“平地起家”新开始建设单位。有的单位原有的基础很小，经过建设后其新增加的固定资产价值超过原有固定资产价值（原值）三倍以上的也算新建。

(2)扩建 一般是指为扩大原有产品的生产能力，在厂内或其他地点增建主要生产车间（或主要工程）、独立的生产线或总厂之下的分厂的企业；事业单位和行政单位在原单位增建业务用房（如学校增建教学用房、医院增建门诊部或病床用房、行政机关增建办公楼等）也作为扩建。

(3)改建 一般是指现有企业、事业单位为了技术进步，提高产品质量，增加花色品种，促进产品升级换代、降低消耗和成本，加强资源综合利用和三废治理、劳保安全等，采用新技术、新工艺、新设备、新材料等对现有设施、工艺条件进行技术改造或更新（包括相应配套的辅助性生产、生活福利设施）。有的企业为充分发挥现有生产能力，进行填平补齐而增建不增加本单位主要产品生产能力的车间等，也属于改建。

【固定资产投资按用途分】 固定资产投资按工程的经济用途分为用于第一产业、第二产业、第三产业和住宅四部分的建设，是研究不同用途的固定资产投资之间比例关系的重要指标。基本建设投资、国有经济单位其他固定资产投资及城镇集体投资的用途按单项工程确定，现有企业、事业单位更新改造投资的用途按更新改造项目确定。

【固定资产投资按构成分】 固定资产投资活动按其工作内容和实现方式分为建筑安装工程，设备、工具、器具购置，其他费用三个部分。

(1)建筑安装工程（建筑工作量）指各种房屋、建筑物的建造工程和各种设备、装置的安装工程。包括各种房屋建造工程，各种用途设备基础和各种工业窑炉的砌筑工程；为施工而进行的各种准备工作和临时工程以及完工后的清理工作等；铁路、道路的铺设、矿井的开凿及石油管道的架设等；水利工程；防空地下建筑等特殊工程；以及各种机械设备的安装工程；为测定安装工程质量，对设备进行的试行工作。在安装工程中，不包括被安装设备本身的价值。

(2)设备、工具、器具购置 指购置或自制达到固定资产标准的设备、工具、器具的价值，固定资产的标准按财务部门规定。新建单位、扩建单位的新建车间按照设计和计划要求购置或自制的全部设备、工具、器具，不论是否达到固定资产标准均计入“设备、工具、器具购置”中。

(3)其他费用 指除建筑安装工程和设备、工具、器具购置以外的投资完成额。它包括两种性质的费用,一种是属于增加固定资产的费用,主要有:建设单位管理费,土地、青苗等补偿费和安置补助费、勘察设计费、研究实验费、农林单位牧畜购置费、各种经济林木的营造费、办公和生活家具、器具购置费、引进技术和进口设备项目的其他费用、联合试运转费等;一种是属于不增加固定资产的费用,主要有:施工机械转移费、生产职工培训费、农业开荒费用及报废工程损失费等。

【施工项目】 指报告期内曾进行建筑或安装工程施工活动的建设项目。包括报告期内新开工项目、报告期以前开工跨入报告期继续施工的项目以及报告期施工过并在报告期内全部建设投产或停缓建的项目。

【全部建成投产项目】 工业项目是指设计文件规定形成生产能力的主体工程及其相应配套的辅助设施全部建成,经负荷试运转,证明具备生产设计规定合格产品的条件,并经过验收鉴定合格或达到竣工验收标准,与生产性工程配套的生产福利设施可以满足近期正常生产的需要,正式移交生产的建设项目。非工业项目是指设计文件规定的主体工程和相应的配套工程全部建成,能够发挥设计规定的全部效益,经验收鉴定合格或达到竣工验收标准,正式移交使用的建设项目。

【新增生产能力】 指通过固定资产投资活动而增加的设计能力或工程效益,它是用实物形态表示的固定资产投资的成果。新增生产能力的计算,是以能独立发挥生产能力或效益的单项工程(或项目)为对象。当单项工程(或项目)建成,经有关部门鉴定合格,正式移交投入生产,即可计算新增生产能力。

新增生产能力或工程效益有以下几种表现形式:

(1)以建设项目或单位工程建成后的年产能力表示。如煤炭开采、石油开采等。

(2)以建设项目或单项工程建成后处理原料的能力表示。如选矿工程的年处理矿石能力,洗煤厂年洗原煤能力等。

(3)以新建的主要设备数量或容量表示。如棉纺锭枚数,发电机组容量等。

(4)以建筑物容积、容量、面积或长度表示。如水库容量、铁路公路里程等。

新增生产能力的数量一般按设计能力计算。设计能力是指设计文件中规定的在正常情况下能够达到的生产能力,而不论投产后的实际产量如何。以设备数量、建筑物容积、面积、长度等表示的新增生产能力(或效益),则按建成的实际数量计算。

【施工和竣工房屋建筑面积】 房屋建筑面积是从房屋外墙线算起的各层平面面积的总和,包括房屋结构(如柱、墙)占用的面积和地下室面积。多层建筑按各自然层面积总和计算,包括房屋内的楼隔层,突出墙面的眺望间、门斗、有柱雨罩的面积。不包括突出墙面结构的构件、艺术装饰等所占的面积,如台阶等。凹阳台、挑阳台,按其水平投影面积一半计算建筑面积。

【住宅建筑面积】指施工和竣工房屋建筑面积中供居住用的施工和竣工房屋建筑面积。

【房屋建筑面积竣工率】 指一定时期内房屋竣工面积占同期房屋施工面积的比率。它是从房屋建筑施工速度的角度反映投资效果和建筑业经济效益的指标。

【新增固定资产】 指通过投资活动所形成的新的固定资产价值。包括已建成投入生产或交付使用的工程价值和达到固定资产标准的设备、工具、器具的价值及有关应摊入的费用。它是以价值形式表示的固定资产投资成果的综合性指标,可以综合反映不同时期、不同部门、不同地区的固定资产投资成果。

【固定资产交付使用率】 指一定时期新增固定资产与同期完成投资额的比率。是反映各个时期固定资产动用速度,衡量建设过程中投资效果的一个综合性指标。

【未完工程占用率】 指年末未完工程累计完成投资额占全年实际完成投资额的比率。它反映未完工程的相对规模,并可从资金占用的角度反映固定资产投资效果。由于未完工程是指已经开工,但尚未建成交付使用的工程,有个跨年度问题,因此未完工程占用率会出现大于1的情况。

# 第五篇

# 原材料消费与库存

# 原材料生产稳步增长，消费需求适度增加

1998年，我市国民经济保持稳步协调发展。与经济发展相适应，原材料生产稳步增长，消费需求适度增加，市场货源充裕，价格继续下降。

一、原材料生产稳步增长

1998年，我市生产的22种主要原材料产品中，产量比上年增加的有铜材、锡、铜、铅、液化石油气、钢材等13个品种，占总量的59.1%，其中锡、铜、铅产量增加较多，增幅达44%以上；产量下降的9个品种中，下降幅度较大的是锌、原煤、锯材。原材料生产的稳步增长，有力地支持了我市工业经济的平稳增长。

二、原材料消费适度增加

在统计的25种主要原材料消费中，比上年消费增加的有铜、铝、合成橡胶、钢材等20个品种，占80%。

从原材料的消费用向看，在工业生产消费方面，由于工业总产值增长幅度达到14.0%，原材料消费也保持了适度的增长。25种工业用主要原材料消费品种中，消费比上年增幅较大的有：铜（增长55.8%）、铝（增长16.4%）、合成橡胶（增长15.0%）、水泥（增长15.0%）、原油（增长10.5%），而生铁和钢材的消费增幅只有1.4%和2.9%；消费比上年下降的有6种，其中：铝材（下降10.5%）、燃料油（下降3.1%）、铜材（下降2.8%）、锯材（下降2.7%）、煤油（下降1.9%）、原煤（下降0.5%）；在建筑施工消费方面，由于我市1998年加大投资力度，使基本建设用原材料消费增加，建筑用钢材消费比上年增长14.8%，水泥增长5.1%，木材增长3.0%；我市交通运输邮电业在货源偏紧、市场竞争激烈的情况下，采取一系列有效措施，保证了客、货运量稳步增长，使交通运输柴油消费较上年增长6.7%、汽油增长2.6%；在原材料消费中工业企业消费仍占绝大多数，其中生铁、铜、铝、铅、锌、铜材、硫酸、烧碱、纯碱、天然橡胶、合成橡胶、煤炭、焦炭、原油14个品种的工业消费均占总消费的95%以上。

从企业的隶属关系看，市属企业消费占的比重较大，其中生铁、铜、锌、锡、铜材、铝材、硫酸、烧碱、纯碱、天然橡胶、合成橡胶、原木、锯材、焦炭14个品种的市属企业消费占了九成以上。而原油、煤油、柴油、燃料油的消费则主要集中在中央企业。

从地区消费看，市区消费占九成以上的有生铁、铝、铅、锌、锡、铜材、铝材、烧碱、纯碱、焦炭、原油、煤油等12个品种，而在四县级市消费中，消费最多的品种也只占四成。

从行业消费看，钢材消费所占比重较大的主要是建筑业和制造业中的金属制品业，分别占总消费的40%和20%；铜材主要是有色金属冶炼及压延加工业，占总消费的28%；木材消费主要是造纸及纸制品业和建筑业，分别占总消费的27%和39%；煤炭主要用于电力、蒸汽、热水的生产和供应业，占总消费的48%；燃料油则主要用于电力、蒸汽、热水生产供应业和交通运输业，分别占总消费的58%和16%。

三、库存升少降多

1998年，原材料供应继续保持相对宽松的格局，企业用原材料没有后顾之忧，为加速资金周转，多采取以消定购的策略，压缩现有库存，使全市年末库存量出现了降多升少的局面，在25种主要原材料的库存中，除电力无库存外，其余24种中有14种库存较年初下降，占58%；其中下降幅度较大的有纯碱（下降53%）、烧碱（下降26%）、锯材（下降24%）、汽油（下降22%）；库存上升的有10种，其中增幅较大的有生铁（增长1.9倍）、铝（增长36%）、锌（增长34%）、柴油（增长30%）。

## 主要物资消费量

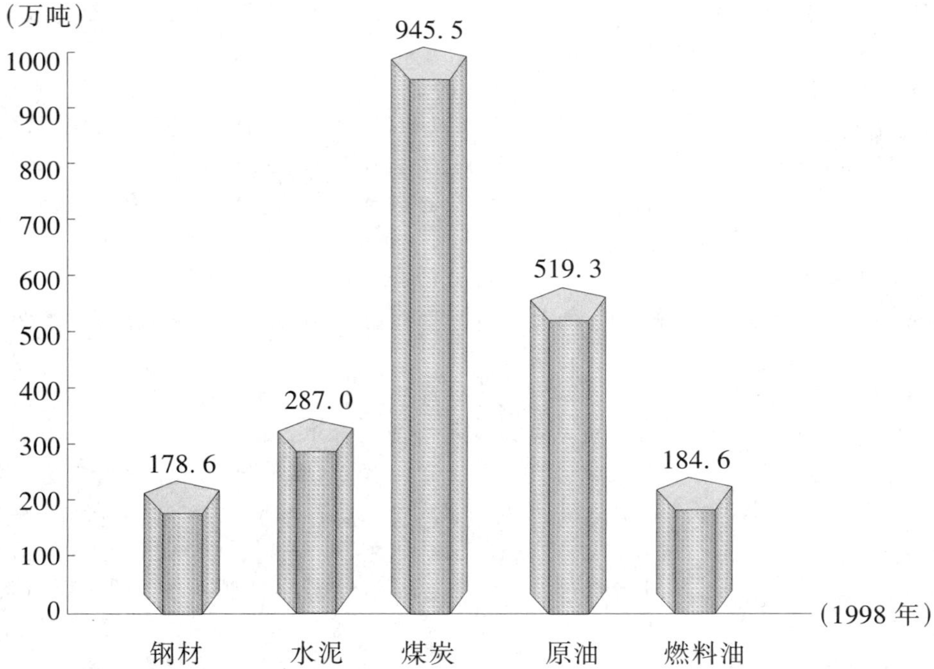


## 主要物资库存量

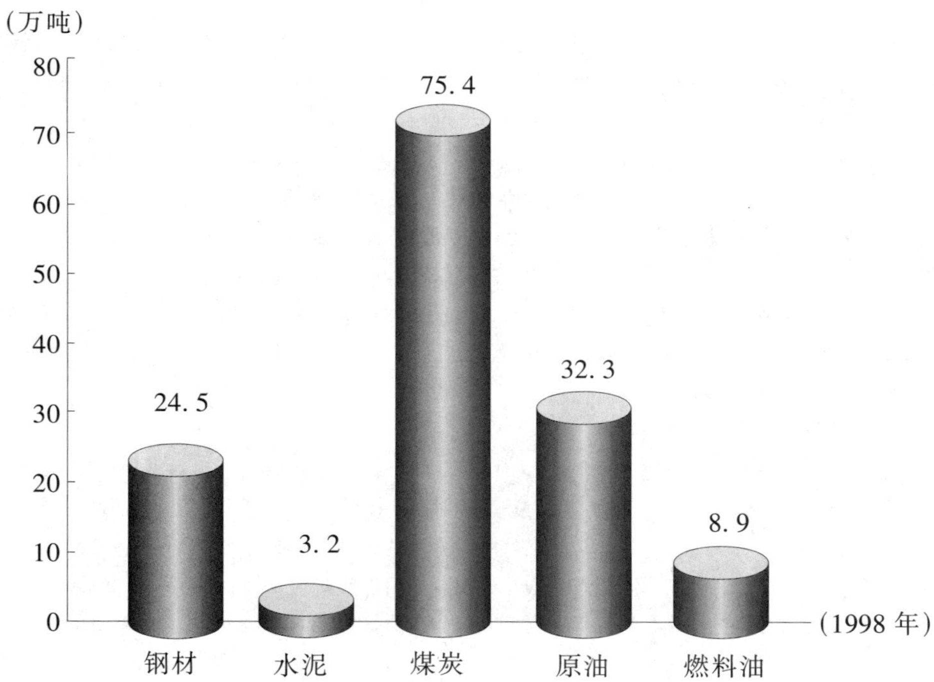

# 5-1 主要物资消费与库存量

单位:吨

| 物资名称 | 1997年 | | 1998年 | |
|---|---|---|---|---|
| | 消费量 | 库存量 | 消费量 | 库存量 |
| 生铁 | 705275 | 6519 | 715271 | 18976 |
| 钢材 | 1751338 | 255781 | 1786463 | 244697 |
| #普通中型钢材 | 103356 | 13647 | 110845 | 15608 |
| 普通小型钢材 | 380977 | 31083 | 431603 | 28044 |
| 钢带 | 113767 | 12805 | 131658 | 11228 |
| 线材 | 269447 | 13165 | 309278 | 10391 |
| 中厚钢板 | 307121 | 35190 | 269477 | 38607 |
| 薄钢板 | 277003 | 60560 | 275913 | 42232 |
| 硅钢板 | 26988 | 2384 | 27047 | 2118 |
| 焊接钢管 | 48924 | 5694 | 46030 | 5954 |
| 铜 | 10905 | 1140 | 16830 | 952 |
| 铝 | 34493 | 633 | 40159 | 860 |
| 铅 | 8653 | 509 | 9503 | 495 |
| 锌 | 26898 | 352 | 30926 | 472 |
| 锡 | 778 | 57 | 826 | 61 |
| 铜材 | 26658 | 3454 | 25913 | 4180 |
| 铝材 | 25455 | 2732 | 22755 | 2462 |
| 硫酸 | 167494 | 3378 | 170895 | 2813 |
| 烧碱 | 56572 | 1623 | 65038 | 1193 |
| 纯碱 | 66934 | 4737 | 69804 | 2228 |
| 天然橡胶 | 30207 | 4382 | 34738 | 4789 |
| 合成橡胶 | 26119 | 7999 | 30054 | 7047 |
| 水泥 | 2713181 | 36363 | 2869585 | 31914 |
| 原木(米$^3$) | 793884 | 103840 | 796591 | 108289 |
| #原木直接消费 | 656467 | | 657525 | |
| 锯材(米$^3$) | 274440 | 43879 | 292145 | 33421 |
| 煤炭 | 9498489 | 642689 | 9454833 | 753584 |
| 焦炭 | 304584 | 26730 | 445241 | 40741 |
| 原油 | 4700051 | 354635 | 5192601 | 323285 |
| 汽油 | 113855 | 3981 | 116834 | 3109 |
| 煤油 | 388904 | 41662 | 383319 | 40362 |
| 柴油 | 549064 | 19048 | 585654 | 24845 |
| 燃料油 | 2039613 | 89286 | 1846095 | 88704 |
| 电力(万千瓦.时) | 939657 | | 946296 | |

# 5－2 市区主要物资消费与库存量

单位：吨

| 物资名称 | 1997年 | | 1998年 | |
|---|---|---|---|---|
| | 消费量 | 库存量 | 消费量 | 库存量 |
| 生铁 | 687431 | 5921 | 697175 | 17236 |
| 钢材 | 1278962 | 235783 | 1304654 | 225562 |
| ＃普通中型钢材 | 67307 | 11356 | 72182 | 12987 |
| 普通小型钢材 | 274444 | 29356 | 310927 | 26485 |
| 钢带 | 95203 | 12635 | 110171 | 11079 |
| 线材 | 178052 | 12001 | 204371 | 9472 |
| 中厚钢板 | 194931 | 28407 | 171037 | 31164 |
| 薄钢板 | 248832 | 56320 | 247853 | 39276 |
| 硅钢板 | 25549 | 2345 | 25605 | 2083 |
| 焊接钢管 | 45892 | 5285 | 43176 | 5527 |
| 铜 | 4742 | 1128 | 7318 | 942 |
| 铝 | 32078 | 545 | 37348 | 739 |
| 铅 | 8651 | 506 | 9501 | 492 |
| 锌 | 26100 | 306 | 30007 | 410 |
| 锡 | 751 | 51 | 797 | 55 |
| 铜材 | 24191 | 3055 | 23516 | 3696 |
| 铝材 | 23835 | 2500 | 21308 | 2253 |
| 硫酸 | 114841 | 2194 | 117166 | 1827 |
| 烧碱 | 54455 | 1523 | 62606 | 1120 |
| 纯碱 | 63192 | 4668 | 65902 | 2195 |
| 天然橡胶 | 14882 | 2950 | 17115 | 3224 |
| 合成橡胶 | 14364 | 6854 | 16527 | 6039 |
| 水泥 | 1774368 | 25192 | 1876709 | 22110 |
| 原木(米$^3$) | 418352 | 94740 | 419803 | 98803 |
| ＃原木直接消费 | 354363 | | 354932 | |
| 锯材(米$^3$) | 204955 | 41031 | 218174 | 31252 |
| 煤炭 | 5863936 | 408850 | 5794196 | 479430 |
| 焦炭 | 299841 | 26337 | 438295 | 40142 |
| 原油 | 4700051 | 354635 | 5192601 | 323285 |
| 汽油 | 90783 | 3732 | 93163 | 2915 |
| 煤油 | 388696 | 41661 | 379994 | 40362 |
| 柴油 | 473207 | 16419 | 504717 | 21416 |
| 燃料油 | 1611087 | 71150 | 1364382 | 70688 |
| 电力(万千瓦.时) | 758785 | | 764134 | |

# 5-3 市属主要物资消费与库存量

单位:吨

| 物资名称 | 1997年 | | 1998年 | |
|---|---|---|---|---|
| | 消费量 | 库存量 | 消费量 | 库存量 |
| 生铁 | 699274 | 6269 | 709191 | 18249 |
| 钢材 | 1309742 | 144699 | 1336096 | 138425 |
| #普通中型钢材 | 65080 | 9206 | 69799 | 10529 |
| 普通小型钢材 | 318980 | 26106 | 361381 | 23554 |
| 钢带 | 104947 | 12784 | 121455 | 11210 |
| 线材 | 242732 | 12583 | 278629 | 9932 |
| 中厚钢板 | 167670 | 14333 | 147107 | 15725 |
| 薄钢板 | 219198 | 44236 | 218330 | 30846 |
| 硅钢板 | 25816 | 2240 | 25873 | 1990 |
| 焊接钢管 | 29590 | 3895 | 27839 | 4073 |
| 铜 | 10504 | 1091 | 16211 | 911 |
| 铝 | 30879 | 371 | 35950 | 504 |
| 铅 | 6237 | 377 | 6850 | 367 |
| 锌 | 26025 | 267 | 29921 | 358 |
| 锡 | 718 | 54 | 762 | 58 |
| 铜材 | 26199 | 3146 | 25467 | 3807 |
| 铝材 | 24992 | 2606 | 22341 | 2349 |
| 硫酸 | 165869 | 3366 | 169237 | 2803 |
| 烧碱 | 51449 | 1252 | 59146 | 920 |
| 纯碱 | 66863 | 4732 | 69727 | 2226 |
| 天然橡胶 | 30198 | 4379 | 34728 | 4786 |
| 合成橡胶 | 25177 | 2704 | 28969 | 2382 |
| 水泥 | 2213287 | 31037 | 2341007 | 27239 |
| 原木(米$^3$) | 779365 | 103502 | 782013 | 107932 |
| #原木直接消费 | 646972 | | 647991 | |
| 锯材(米$^3$) | 258459 | 41351 | 275142 | 31496 |
| 煤炭 | 7529393 | 575513 | 7509357 | 674834 |
| 焦炭 | 302904 | 26726 | 442792 | 40737 |
| 原油 | 4521 | 423 | 5143 | 388 |
| 汽油 | 101867 | 3796 | 104531 | 2964 |
| 煤油 | 2712 | 82 | 1080 | 81 |
| 柴油 | 244420 | 7587 | 260733 | 9896 |
| 燃料油 | 970991 | 52451 | 822359 | 52105 |
| 电力(万千瓦.时) | 743634 | | 748899 | |

# 5-4 主要物资消费量

（1998 年）

单位：吨

| 行业 | 煤炭 | 焦炭 | 原油 | 燃料油 | 汽油 |
|---|---|---|---|---|---|
| **合计** | 9454833 | 445241 | 5192601 | 1846095 | 116834 |
| 采掘业 | 1634 | 1 | 63499 | 4 | 960 |
| #木材加工及竹材采运业 | | | | | |
| 制造业 | 4879986 | 443710 | 4876392 | 484565 | 72299 |
| #食品加工业 | 943617 | 630 | | 4965 | 1026 |
| 食品制造业 | 116257 | 1 | | 2889 | 10856 |
| 饮料制造业 | 81643 | | | 4284 | 1165 |
| 烟草加工业 | 7324 | | | | 64 |
| 纺织业 | 109471 | 2989 | | 70271 | 1951 |
| 服装及其他纤维制品制造业 | 3014 | | | 5377 | 5302 |
| 皮革、毛皮、羽绒及其制造业 | 592 | | | 5004 | 2050 |
| 木材加工及竹、藤、棕、草制造业 | 20955 | | | 1063 | 257 |
| 家具制造业 | 12 | | | 2 | 361 |
| 造纸及纸制品业 | 481604 | | | 5685 | 963 |
| 印刷业、记录媒介的复制 | | | | | 748 |
| 文教体育用品制造业 | 9593 | | | | 919 |
| 石油加工及炼焦业 | 494690 | | 4876392 | 58789 | 1052 |
| 化学原料及化学制品制造业 | 694508 | 43988 | | 80878 | 3983 |
| 医药制造业 | 57924 | | | 1329 | 1440 |
| 化学纤维制造业 | | | | 1208 | 147 |
| 橡胶制品业 | 68556 | | | 31144 | 2627 |
| 塑料制品业 | 10310 | | | 9295 | 10527 |
| 黑色金属冶炼及压延加工业 | 179893 | 375161 | | 93273 | 1185 |
| 有色金属冶炼及压延加工业 | 5060 | 1919 | | 4847 | 512 |
| 金属制品业 | 5864 | 6385 | | 1254 | 2375 |
| 电力、煤气及水的生产和供应业 | 4563196 | 322 | 252710 | 1064639 | 1215 |
| #电力、蒸气、热水的生产和供应业 | 4516569 | 210 | 252710 | 1041984 | 339 |
| 自来水的生产和供应业 | 3 | 111 | | | 495 |
| 建筑业 | 47 | 28 | | 5929 | 9384 |
| 交通运输及邮电通信业 | 9970 | 1180 | | 290958 | 32976 |
| #邮电通信业 | | | | | 316 |

5—4 续表1 单位:吨

| 行业 | 柴油 | 煤油 | 电力（万千瓦.时） | 生铁 |
|---|---|---|---|---|
| **合计** | **585654** | **383319** | **946296** | **715271** |
| 采掘业 | 34546 | | 49956 | 2 |
| #木材加工及竹材采运业 | | | | |
| 制造业 | 186655 | 2438 | 719129 | 709263 |
| #食品加工业 | 9023 | | 27177 | 401 |
| 食品制造业 | 13079 | | 16444 | 14 |
| 饮料制造业 | 5112 | 80 | 12502 | |
| 烟草加工业 | 153 | 1 | 2985 | |
| 纺织业 | 14347 | 165 | 26463 | 33 |
| 服装及其他纤维制品制造业 | 6642 | 55 | 34967 | |
| 皮革、毛皮、羽绒及其制造业 | 14270 | 16 | 11346 | |
| 木材加工及竹、藤、棕、草制造业 | 1002 | | 3857 | |
| 家具制造业 | 690 | 3 | 1426 | 117 |
| 造纸及纸制品业 | 2319 | 29 | 45899 | 61 |
| 印刷业、记录媒介的复制 | 401 | 167 | 4343 | 8 |
| 文教体育用品制造业 | 4977 | 56 | 10454 | 378 |
| 石油加工及炼焦业 | 1378 | 34 | 44239 | |
| 化学原料及化学制品制造业 | 11522 | 345 | 101175 | 281 |
| 医药制造业 | 4558 | 5 | 6927 | 6 |
| 化学纤维制造业 | 1655 | | 5390 | |
| 橡胶制品业 | 2715 | | 18176 | 952 |
| 塑料制品业 | 28142 | 12 | 18329 | 2137 |
| 黑色金属冶炼及压延加工业 | 9481 | 16 | 70813 | 627446 |
| 有色金属冶炼及压延加工业 | 7814 | 338 | 9768 | |
| 金属制品业 | 2637 | 347 | 12455 | 36076 |
| 电力、煤气及水的生产和供应业 | 28713 | 21 | 144265 | 701 |
| #电力、蒸气、热水的生产和供应业 | 27294 | 21 | 83893 | 461 |
| 自来水的生产和供应业 | 579 | | 57870 | 239 |
| 建筑业 | 43342 | 248 | 10348 | 2368 |
| 交通运输及邮电通信业 | 292398 | 380612 | 22598 | 2937 |
| #邮电通信业 | 252 | | 232 | 1 |

5—4 续表2 单位:吨

| 行业 | 钢材 | 铜材 | 铝材 | 原木直接消费（米³） | 锯材（米³） |
|---|---|---|---|---|---|
| 合计 | 1786463 | 25913 | 22755 | 657525 | 292145 |
| 采掘业 | 238 | | | | |
| #木材加工及竹材采运业 | | | | | |
| 制造业 | 1054278 | 25794 | 21384 | 435584 | 151644 |
| #食品加工业 | 6994 | 7 | | | 9 |
| 食品制造业 | 9819 | 2 | | 1 | |
| 饮料制造业 | 732 | 5 | 3 | | 12 |
| 烟草加工业 | 7 | | | | |
| 纺织业 | 198 | 15 | | | |
| 服装及其他纤维制品制造业 | 4422 | 7 | 29 | 14 | |
| 皮革、毛皮、羽绒及其制造业 | 849 | 1 | 124 | | 182 |
| 木材加工及竹、藤、棕、草制造业 | 27 | | | 111875 | 11069 |
| 家具制造业 | 14177 | | 30 | 23023 | 18600 |
| 造纸及纸制品业 | 1236 | 4 | 2 | 287611 | 3608 |
| 印刷业、记录媒介的复制 | 1445 | 4 | 15 | | 5 |
| 文教体育用品制造业 | 9964 | 313 | 402 | 9415 | 95328 |
| 石油加工及炼焦业 | 8250 | | 3 | 5 | 1 |
| 化学原料及化学制品制造业 | 9201 | 19 | 38 | 40 | 152 |
| 医药制造业 | 448 | 3 | 42 | | 9 |
| 化学纤维制造业 | 32 | 1 | | | 1 |
| 橡胶制品业 | 3078 | 2 | 1 | | |
| 塑料制品业 | 1006 | 16 | 71 | | |
| 黑色金属冶炼及压延加工业 | 86624 | 6 | 50 | 5 | 2327 |
| 有色金属冶炼及压延加工业 | 512 | 7150 | 24 | | |
| 金属制品业 | 354345 | 1690 | 9452 | 52 | 477 |
| 电力、煤气及水的生产和供应业 | 6812 | 12 | 20 | 3 | 38 |
| #电力、蒸气、热水的生产和供应业 | 3859 | 9 | 18 | 1 | 24 |
| 自来水的生产和供应业 | 1225 | 3 | | 2 | 14 |
| 建筑业 | 714663 | 66 | 1328 | 221242 | 136520 |
| 交通运输及邮电通信业 | 10472 | 41 | 23 | 696 | 3943 |
| #邮电通信业 | 110 | 20 | | | |

# 5—5 工业企业能源加工转换情况

（1998 年）

| 项 目 | 单 位 | 火力发电 | 供 热 | 炼 焦 | 炼 油 | 制 气 |
|---|---|---|---|---|---|---|
| 投入量合计 | 万吨标准煤 | —634.28 | —98.91 | —28.28 | —696.62 | —12.05 |
| 产出量合计 | 万吨标准煤 | 220.03 | 85.14 | 24.57 | 686.03 | 8.03 |
| 加工转换损失量 | 万吨标准煤 | —414.25 | —13.77 | —3.71 | —10.59 | —4.02 |
| 加工转换效率 | % | 34.69 | 86.08 | 86.88 | 98.48 | 66.64 |
| 原 煤 | 万吨 | —604.19 | —108.85 | | | —2.20 |
| 洗精煤 | 万吨 | —0.22 | | —29.91 | | |
| 其他煤气 | 亿米$^3$ | —2.61 | —2.11 | | | 0.86 |
| 焦 炭 | 万吨 | | | 21.79 | | |
| 原 油 | 万吨 | —26.58 | | | —487.63 | |
| 燃料油 | 万吨 | —98.13 | —1.47 | | 20.34 | —5.31 |
| 汽 油 | 万吨 | | | | 131.52 | |
| 煤 油 | 万吨 | | | | 30.51 | |
| 柴 油 | 万吨 | —7.01 | —0.20 | | 157.27 | —0.01 |
| 液化石油气 | 万吨 | | | | 17.25 | —1.43 |
| 炼厂干气 | 万吨 | —0.57 | —2.04 | | 20.69 | |
| 焦炉煤气 | 亿米$^3$ | | | 0.34 | | |
| 其他石油制品 | 万吨 | | —4.56 | | 71.89 | |
| 其他焦化产品 | 万吨 | | | 1.27 | | |
| 热 力 | 万百万千焦 | | 2496.91 | | | |
| 电 力 | 亿千瓦.时 | 179.03 | | | | |
| 其他能源 | 万吨标准煤 | —1.01 | —6.27 | | 31.70 | —0.25 |

# 5-6 地区能源平衡表(实物量)

(1998 年)

| 项　　目 | 原　煤<br>(万吨) | 洗精煤<br>(万吨) | 其他洗煤<br>(万吨) | 煤制品<br>(万吨) | 焦　炭<br>(万吨) | 焦炉煤气<br>(亿米$^3$) | 其他煤气<br>(亿米$^3$) |
|---|---|---|---|---|---|---|---|
| 可供本地区消费的能源量 | 1211.88 | 30.39 | | 0.01 | 28.46 | | 0.04 |
| 年初库存量 | 72.80 | 4.28 | | 0.06 | 2.67 | | 0.04 |
| 一次能源生产量 | 1.28 | | | | | | |
| 回收能 | | | | | | | |
| 外省(区、市)调入量 | 1204.93 | 33.93 | | | 29.96 | | |
| 进口量 | 19.22 | | | | | | |
| 我轮、机在外国加油量 | | | | | | | |
| 本省(区、市)调出量(-) | | | | | | | |
| 出口量(-) | | | | | | | |
| 外轮、机在我国加油量(-) | | | | | | | |
| 年末库存量(-) | -86.35 | -7.82 | | -0.05 | -4.17 | | |
| 加工转换投入(-)产出(+)量 | -717.19 | -30.13 | | 2.01 | 21.79 | 0.34 | 0.86 |
| 火力发电 | -604.19 | -0.22 | | | | | |
| 供热 | -108.85 | | | | | | |
| 洗选煤 | | | | | | | |
| 炼焦 | | -29.91 | | | 21.79 | 0.34 | |
| 炼油 | | | | | | | |
| 制气 | -2.20 | | | | | | 0.86 |
| #焦炭再投入量(-) | | | | | | | |
| 煤制品加工 | -1.95 | | | 2.01 | | | |
| 损失量 | 17.40 | | | | | | 0.05 |
| #运输和输配损失 | 8.60 | | | | | | |
| 终端消费量 | 477.29 | 0.26 | | 2.02 | 50.25 | 0.34 | 0.85 |
| 第一产业 | 4.69 | | | | | | |
| 农、林、牧、渔业 | 4.69 | | | | | | |
| 第二产业 | 444.62 | 0.26 | | | 50.12 | 0.32 | |
| 工业 | 444.58 | 0.26 | | | 50.12 | 0.32 | |
| #用作原料、材料 | 72.83 | | | | | | |
| 建筑业 | 0.04 | | | | | | |
| 第三产业 | 13.32 | | | | 0.13 | | 0.09 |
| 交通运输、仓储及邮电通信业 | 0.93 | | | | 0.08 | | |
| 批发和零售贸易、餐饮业 | 11.89 | | | | | | 0.05 |
| 其他 | 0.50 | | | | 0.05 | | 0.04 |
| 生活消费 | 14.66 | | | 2.02 | | 0.02 | 0.76 |
| 城镇 | 13.34 | | | 1.79 | | 0.02 | 0.76 |
| 乡村 | 1.32 | | | 0.23 | | | |
| 平衡差额 | | | | | | | |
| 消费量合计 | 1211.88 | 30.39 | | 2.02 | 50.25 | 0.34 | 0.90 |

5—6续表1

| 项　　目 | 原　油（万吨） | 汽　油（万吨） | 煤　油（万吨） | 柴　油（万吨） | 燃料油（万吨） | 液化石油气（万吨） | 炼厂干气（万吨） |
|---|---|---|---|---|---|---|---|
| 可供本地区消费的能源量 | 519.26 | —63.97 | 8.22 | —53.15 | 177.35 | 3.25 | |
| 年初库存量 | 64.75 | 5.31 | 5.53 | 8.05 | 10.04 | 0.47 | |
| 一次能源生产量 | 1254.67 | | | | | | |
| 回收能 | | | | | | | |
| 外省(区、市)调入量 | 74.51 | 19.48 | 22.67 | 27.52 | 32.27 | 4.75 | |
| 进口量 | 412.26 | 0.03 | 6.10 | 13.34 | 129.54 | 1.29 | |
| 我轮、机在外国加油量 | | | | 8.08 | 23.99 | | |
| 本省(区、市)调出量(—) | —762.81 | —67.94 | —17.28 | —96.44 | —6.57 | —1.23 | |
| 出口量(—) | —462.14 | —17.21 | —4.19 | —6.36 | —0.75 | —1.63 | |
| 外轮、机在我国加油量(—) | | | —0.37 | —0.42 | —0.92 | | |
| 年末库存量(—) | —61.98 | —3.64 | —4.24 | —6.92 | —10.25 | —0.40 | |
| 加工转换投入(—)产出(+)量 | —514.21 | 131.52 | 30.51 | 150.05 | —84.57 | 15.82 | 18.08 |
| 火力发电 | —26.58 | | | —7.01 | —98.13 | | —0.57 |
| 供热 | | | | —0.20 | —1.47 | | —2.04 |
| 洗选煤 | | | | | | | |
| 炼焦 | | | | | | | |
| 炼油 | —487.63 | 131.52 | 30.51 | 157.27 | 20.34 | 17.25 | 20.69 |
| 制气 | | | | —0.01 | —5.31 | —1.43 | |
| #焦炭再投入量(—) | | | | | | | |
| 煤制品加工 | | | | | | | |
| 损失量 | 4.95 | | | | | | |
| #运输和输配损失 | | | | | | | |
| 终端消费量 | 0.10 | 67.55 | 38.73 | 96.90 | 92.78 | 19.07 | 18.08 |
| 第一产业 | | 0.56 | 0.22 | 8.43 | | | |
| 农、林、牧、渔业 | | 0.56 | 0.22 | 8.43 | | | |
| 第二产业 | 0.10 | 15.10 | 0.32 | 42.08 | 58.91 | 5.07 | 18.08 |
| 工业 | 0.10 | 13.79 | 0.28 | 37.07 | 58.30 | 5.05 | 18.08 |
| #用作原料、材料 | | | | | 3.06 | | |
| 建筑业 | | 1.31 | 0.04 | 5.01 | 0.61 | 0.02 | |
| 第三产业 | | 43.22 | 38.19 | 46.39 | 33.87 | 1.04 | |
| 交通运输、仓储及邮电通信业 | | 28.03 | 38.01 | 31.64 | 29.13 | 0.22 | |
| 批发和零售贸易、餐饮业 | | 0.72 | | 3.99 | 0.53 | 0.10 | |
| 其他 | | 14.47 | 0.18 | 10.76 | 4.21 | 0.72 | |
| 生活消费 | | 8.67 | | | | 12.96 | |
| 城镇 | | 8.67 | | | | 9.47 | |
| 乡村 | | | | | | 3.49 | |
| 平衡差额 | | | | | | | |
| 消费量合计 | 519.26 | 67.55 | 38.73 | 104.12 | 197.69 | 20.50 | 20.69 |

5—6续表2

| 项　　目 | 天然气（亿米³） | 其他石油制品（万吨） | 其他焦化产品（万吨） | 热力（万百万千焦） | 电力（亿千瓦·时） | 其他能源（万吨标准煤） |
|---|---|---|---|---|---|---|
| 可供本地区消费的能源量 | 0.50 | −8.56 | | | 13.46 | 27.49 |
| 年初库存量 | | 0.74 | | | | 5.61 |
| 一次能源生产量 | | | | | 13.53 | |
| 回收能 | 0.50 | | | | | 23.72 |
| 外省(区、市)调入量 | | 0.69 | | | | |
| 进口量 | | | | | | |
| 我轮、机在外国加油量 | | 0.62 | | | | |
| 本省(区、市)调出量(—) | | −0.73 | | | −0.07 | |
| 出口量(—) | | −5.37 | | | | |
| 外轮、机在我国加油量(—) | | | | | | |
| 年末库存量(—) | | −4.51 | | | | −1.84 |
| 加工转换投入(—)产出(+)量 | −0.50 | 65.99 | 1.27 | 2496.91 | 179.03 | 19.45 |
| 火力发电 | −0.50 | −1.34 | | | 179.03 | −3.62 |
| 供热 | | −4.56 | | 2496.91 | | −8.38 |
| 洗选煤 | | | | | | |
| 炼焦 | | | 1.27 | | | |
| 炼油 | | 71.89 | | | | 31.70 |
| 制气 | | | | | | −0.25 |
| #焦炭再投入量(—) | | | | | | |
| 煤制品加工 | | | | | | |
| 损失量 | | | | | 9.26 | |
| #运输和输配损失 | | | | | 9.26 | |
| 终端消费量 | | 57.43 | 1.27 | 2496.91 | 183.23 | 46.94 |
| 第一产业 | | 0.29 | | | 2.82 | |
| 农、林、牧、渔业 | | 0.29 | | | 2.82 | |
| 第二产业 | | 53.60 | 1.27 | 2462.47 | 103.53 | 46.94 |
| 工业 | | 53.26 | 1.27 | 2462.47 | 100.61 | 46.94 |
| #用作原料、材料 | | 26.30 | | | | |
| 建筑业 | | 0.34 | | | 2.92 | |
| 第三产业 | | 3.54 | | 34.44 | 42.16 | |
| 交通运输、仓储及邮电通信业 | | 1.86 | | | 3.68 | |
| 批发和零售贸易、餐饮业 | | | | | 19.32 | |
| 其他 | | 1.68 | | 34.44 | 19.16 | |
| 生活消费 | | | | | 34.72 | |
| 城镇 | | | | | 12.43 | |
| 乡村 | | | | | 22.29 | |
| 平衡差额 | | | | | | |
| 消费量合计 | 0.50 | 63.33 | 1.27 | 2496.91 | 192.49 | 59.19 |

# 5-7 地区能源平衡表(标准量)

(1998年)　　单位:万吨标准煤

| 项　　目 | 原　煤 | 洗精煤 | 其他洗煤 | 煤制品 | 焦　炭 | 焦炉煤气 | 其他煤气 |
|---|---|---|---|---|---|---|---|
| 可供本地区消费的能源量 | 865.64 | 28.28 | | 0.01 | 27.64 | | 0.37 |
| 年初库存量 | 52.00 | 3.98 | | 0.04 | 2.59 | | 0.37 |
| 一次能源生产量 | 0.91 | | | | | | |
| 回收能 | | | | | | | |
| 外省(区、市)调入量 | 860.68 | 31.58 | | | 29.10 | | |
| 进口量 | 13.73 | | | | | | |
| 我轮、机在外国加油量 | | | | | | | |
| 本省(区、市)调出量(—) | | | | | | | |
| 出口量(—) | | | | | | | |
| 外轮、机在我国加油量(—) | | | | | | | |
| 年末库存量(—) | —61.68 | —7.28 | | —0.03 | —4.05 | | |
| 加工转换投入(—)产出(+)量 | —512.28 | —28.04 | | 1.39 | 21.17 | 2.09 | 7.99 |
| 火力发电 | —431.57 | —0.20 | | | | | |
| 供热 | —77.75 | | | | | | |
| 洗选煤 | | | | | | | |
| 炼焦 | | —27.84 | | | 21.17 | 2.09 | |
| 炼油 | | | | | | | |
| 制气 | —1.57 | | | | | | 7.99 |
| #焦炭再投入量(—) | | | | | | | |
| 煤制品加工 | —1.39 | | | 1.39 | | | |
| 损失量 | 12.43 | | | | | | 0.46 |
| #运输和输配损失 | 6.14 | | | | | | |
| 终端消费量 | 340.93 | 0.24 | | 1.40 | 48.81 | 2.09 | 7.90 |
| 第一产业 | 3.35 | | | | | | |
| 农、林、牧、渔业 | 3.35 | | | | | | |
| 第二产业 | 317.60 | 0.24 | | | 48.68 | 1.97 | |
| 工业 | 317.57 | 0.24 | | | 48.68 | 1.97 | |
| #用作原料、材料 | 52.02 | | | | | | |
| 建筑业 | 0.03 | | | | | | |
| 第三产业 | 9.51 | | | | 0.13 | | 0.84 |
| 交通运输、仓储及邮电通信业 | 0.66 | | | | 0.08 | | |
| 批发和零售贸易、餐饮业 | 8.49 | | | | | | 0.46 |
| 其他 | 0.36 | | | | 0.05 | | 0.38 |
| 生活消费 | 10.47 | | | 1.40 | | 0.12 | 7.06 |
| 城镇 | 9.53 | | | 1.24 | | 0.12 | 7.06 |
| 乡村 | 0.94 | | | 0.16 | | | |
| 平衡差额 | | | | | | | |
| 消费量合计 | | | | | | | |

5—7 续表 1

单位：万吨标准煤

| 项　　　目 | 原　油 | 汽　油 | 煤　油 | 柴　油 | 燃料油 | 液化石油气 | 炼厂干气 |
|---|---|---|---|---|---|---|---|
| 可供本地区消费的能源量 | 741.81 | −94.14 | 12.10 | −77.44 | 253.36 | 5.57 | |
| 年初库存量 | 92.50 | 7.81 | 8.14 | 11.73 | 14.34 | 0.81 | |
| 一次能源生产量 | 1792.42 | | | | | | |
| 回收能 | | | | | | | |
| 外省(区、市)调入量 | 106.44 | 28.66 | 33.36 | 40.10 | 46.10 | 8.14 | |
| 进口量 | 588.95 | 0.04 | 8.98 | 19.44 | 185.06 | 2.21 | |
| 我轮、机在外国加油量 | | | | 11.77 | 34.27 | | |
| 本省(区、市)调出量(—) | −1089.75 | −99.97 | −25.43 | −140.52 | −9.39 | −2.11 | |
| 出口量(—) | −660.21 | −25.32 | −6.17 | −9.27 | −1.07 | −2.79 | |
| 外轮、机在我国加油量(—) | | | −0.54 | −0.61 | −1.31 | | |
| 年末库存量(—) | −88.54 | −5.36 | −6.24 | −10.08 | −14.64 | −0.69 | |
| 加工转换投入(—)产出(+)量 | −734.60 | 193.52 | 44.89 | 218.65 | −120.82 | 27.12 | 28.40 |
| 火力发电 | −37.97 | | | −10.21 | −140.19 | | −0.90 |
| 供热 | | | | −0.29 | −2.10 | | −3.21 |
| 洗选煤 | | | | | | | |
| 炼焦 | | | | | | | |
| 炼油 | −696.63 | 193.52 | 44.89 | 229.16 | 29.06 | 29.57 | 32.51 |
| 制气 | | | | −0.01 | −7.59 | −2.45 | |
| #焦炭再投入量(—) | | | | | | | |
| 煤制品加工 | | | | | | | |
| 损失量 | 7.07 | | | | | | |
| #运输和输配损失 | | | | | | | |
| 终端消费量 | 0.14 | 99.38 | 56.99 | 141.21 | 132.54 | 32.69 | 28.40 |
| 第一产业 | | 0.81 | 0.33 | 12.29 | | | |
| 农、林、牧、渔业 | | 0.81 | 0.33 | 12.29 | | | |
| 第二产业 | 0.14 | 22.22 | 0.47 | 61.32 | 84.16 | 8.69 | 28.40 |
| 工业 | 0.14 | 20.29 | 0.41 | 54.02 | 83.29 | 8.66 | 28.40 |
| #用作原料、材料 | | | | | 4.37 | | |
| 建筑业 | | 1.93 | 0.06 | 7.30 | 0.87 | 0.03 | |
| 第三产业 | | 63.59 | 56.19 | 67.60 | 48.38 | 1.78 | |
| 交通运输、仓储及邮电通信业 | | 41.24 | 55.93 | 46.11 | 41.61 | 0.38 | |
| 批发和零售贸易、餐饮业 | | 1.06 | | 5.81 | 0.76 | 0.17 | |
| 其他 | | 21.29 | 0.26 | 15.68 | 6.01 | 1.23 | |
| 生活消费 | | 12.76 | | | | 22.22 | |
| 城镇 | | 12.76 | | | | 16.24 | |
| 乡村 | | | | | | 5.98 | |
| 平衡差额 | | | | | | | |
| 消费量合计 | | | | | | | |

5—7 续表 2

单位：万吨标准煤

| 项　　目 | 天然气 | 其他石油制品 | 其他焦化产品 | 热　力 | 电　力 | 其他能源 | 合　计（当量值） | 合计（电热等价值） |
|---|---|---|---|---|---|---|---|---|
| 可供本地区消费的能源量 | 6.07 | —12.21 | | | 16.54 | 27.49 | 1801.09 | 1832.12 |
| 年初库存量 | | 1.06 | | | | 5.61 | 200.98 | 200.98 |
| 一次能源生产量 | | | | | 16.63 | | 1809.96 | 1841.15 |
| 回收能 | 6.07 | | | | | 23.72 | 29.79 | 29.79 |
| 外省(区、市)调入量 | | 0.99 | | | | | 1185.15 | 1185.15 |
| 进口量 | | | | | | | 818.41 | 818.41 |
| 我轮、机在外国加油量 | | 0.89 | | | | | 46.93 | 46.93 |
| 本省(区、市)调出量(—) | | —1.04 | | | —0.09 | | —1368.30 | —1368.46 |
| 出口量(—) | | —7.67 | | | | | —712.50 | —712.50 |
| 外轮、机在我国加油量(—) | | | | | | | —2.46 | —2.46 |
| 年末库存量(—) | | —6.44 | | | | —1.84 | —206.87 | —206.87 |
| 加工转换投入(—)产出(＋)量 | —6.07 | 82.88 | 1.47 | 85.14 | 220.03 | 19.45 | —447.62 | —21.91 |
| 火力发电 | —6.07 | —1.91 | | | 220.03 | —3.62 | —412.61 | |
| 供热 | | —6.51 | | 85.14 | | —8.38 | —13.10 | |
| 洗选煤 | | | | | | | | |
| 炼焦 | | | 1.47 | | | | —3.11 | —3.11 |
| 炼油 | | 91.30 | | | | 31.70 | —14.92 | —14.92 |
| 制气 | | | | | | —0.25 | —3.88 | —3.88 |
| #焦炭再投入量(—) | | | | | | | | |
| 煤制品加工 | | | | | | | | |
| 损失量 | | | | | 11.38 | | 31.34 | 52.68 |
| #运输和输配损失 | | | | | 11.38 | | 17.52 | 38.86 |
| 终端消费量 | | 70.67 | 1.47 | 85.14 | 225.19 | 46.94 | 1322.13 | 1757.53 |
| 第一产业 | | 0.35 | | | 3.47 | | 20.60 | 27.12 |
| 农、林、牧、渔业 | | 0.35 | | | 3.47 | | 20.60 | 27.12 |
| 第二产业 | | 65.96 | 1.47 | 83.97 | 127.24 | 46.94 | 899.47 | 1150.99 |
| 工业 | | 65.54 | 1.47 | 83.97 | 123.65 | 46.94 | 885.24 | 1130.02 |
| #用作原料、材料 | | 32.36 | | | | | 88.75 | 88.75 |
| 建筑业 | | 0.42 | | | 3.59 | | 14.23 | 20.97 |
| 第三产业 | | 4.36 | | 1.17 | 51.81 | | 305.36 | 402.71 |
| 交通运输、仓储及邮电通信业 | | 2.29 | | | 4.52 | | 192.82 | 201.31 |
| 批发和零售贸易、餐饮业 | | | | | 23.74 | | 40.49 | 85.02 |
| 其他 | | 2.07 | | 1.17 | 23.55 | | 72.05 | 116.38 |
| 生活消费 | | | | | 42.67 | | 96.70 | 176.71 |
| 城镇 | | | | | 15.28 | | 62.23 | 90.88 |
| 乡村 | | | | | 27.39 | | 34.47 | 85.83 |
| 平衡差额 | | | | | | | | |
| 消费量合计 | | | | 86.67 | 34.78 | | 1801.09 | 1832.12 |

# 主要统计指标解释

【能源消费总量】指一定时期内全国(地区)物质生产部门、非物质生产部门和生活消费的各种能源的总和，是观察能源消费水平、构成和增长速度的总量指标，能源消费总量包括原煤和原油及其制品、天然气、电力。不包括低热值燃料、生物质能和太阳能等的利用。能源消费总量分为三部分，即终端能源消费量、能源加工转换损失量和损失量。

(1)终端能源消费量 指一定时期内全国(地区)物质生产部门、非物质生产部门和生活消费的各种能源在扣除了用于加工转换二次能源消费量和损失量以后的数量。

(2)能源加工转换损失量 指一定时期内全国(地区)投入加工转换的各种能源数量之和与产出各种能源产品之和的差额。它是观察能源在加工转换过程中损失量变化的指标。

(3)能源损失量 指一定时期内能源在输送、分配、储存过程中发生的损失和由客观原因造成的各种损失量。不包括各种气体能源放空、放散量。

【能源加工转换效率】 指一定时期内能源经过加工、转换后，产出的各种能源产品的数量与同期内投入加工转换的各种能源数量的比率。它是观察能源加工转换装置和生产工艺先进与落后、管理水平高低等的重要指标。计算公式：

$$\text{能源加工转换效率} = \frac{\text{能源加工、转换产出量}}{\text{能源加工、转换投入量}} \times 100\%$$

# 第六篇

# 财政、金融和保险业

# 财政收支持续增长　金融信贷运行稳定

1998 年，广州市财政收入持续稳步增长，财政支出基本保证了我市经济建设和社会各项事业发展的需要，总体执行情况良好。金融业信贷运行态势良好。保险业务持续发展。

财政收支持续增长。1998 年，广州市地方财政收支完成情况良好，全市地方财政收入完成 137.32 亿元，比上年增长 29.46%，其中一般预算收入 132.19 亿元，比上年增长 28.65%。地方财政支出 179.61 亿元，比上年增长 22.25%，其中一般预算支出 175.11 亿元，比上年增长 22.28%。

财政收支基本情况：1. 工商各税持续稳步增长。全年工商各税入库 96.07 亿元，比上年增长 22.65%，其中：增值税、营业税、涉外企业所得税和个人所得税等主体税种共计增收 13.58 亿元，占工商税收增收额的 76.52%，比上年分别增长 13.70%、23.72%、32.12%、25.78%；2. 企业所得税及国有资产经营收益入库增加。全年企业所得税及国有资产经营收益入库 10.28 亿元，比上年增长 7.61%；3. 契税、罚没收入和行政性收费增收较大。契税、罚没收入和行政性收费全年入库分别为 7.10 亿元、14.15 亿元和 2.10 亿元，比上年分别增长 1.83 倍、43.62%和 13.87%；4. 上缴中央和省的财政收入继续保持稳步增长。全年全市上缴中央增值税(75%)、消费税共计为 112.03 亿元，比上年增长 9.63%，上缴省共享四税收入为 37.97 亿元，比上年增长 25.53%；5. 财政支出加大了对生产建设和重点项目的投入。基本建设和企业挖潜改造资金支出、科技三项费用和科学事业费支出、教育事业费支出和社会保障补助支出增长较大，分别比上年增长 30.22%、31.88%、23.73%和 18.7 倍。

金融信贷平稳运行。1998 年，广州市金融机构严格执行各项货币政策、落实各项金融监管措施，促进了金融竞争的有序化，有效防范和化解辖区内的金融风险。全年全市金融机构各项存款、贷款大幅增加，现金净投放较多，金融信贷运行平稳。1998 年末，全市金融机构各项存款余额 4103.45 亿元，比年初增加 649.35 亿元，增长 18.80%。各项贷款余额 2502.12 亿元，比年初增加 354.28 亿元，增长 16.49%。

信贷资金运行基本情况：1. 企业存款止跌回升。下半年，企业存款扭转了上半年比年初下降的局面，从 7 月份开始逐月回升，至 1998 年末，全市金融机构企业存款余额 1744.03 亿元，比年初增加 248.33 亿元，增长 16.60%；2. 储蓄存款持续增长。1998 年末，全市居民储蓄存款余额 1882.22 亿元，比年初增加 301.32 亿元，增长 19.06%；3. 贷款新增态势良好。新增贷款投向重点突出，投放力度不断加大。1998 年末，在贷款结构中短期贷款余额 1855.37 亿元，中长期贷款余额 365.44 亿元。新增贷款对交通、能源、邮电通信、房地产等支柱产业的投入屡有大手笔，此外个人住房按揭贷款的增长亦非常迅猛；4. 现金投放继续增加。1998 年，我市金融机构现金净投放 89.04 亿元，比上年多投放 44.15 亿元。今年现金投放主要通过储蓄收支渠道，储蓄收支轧差后净投放 91.31 亿元。

保险业务寿险强于产险。1998 年，随着市场经济的发展和人们物质文化生活水平的提高，我市居民的保险意识不断提高。参加财产保险的企业和参加家庭财产保险的居民比上年增加，参加各种人身保险的人数大幅增长。全年全市国内财产保险的承保金额 7259.28 亿元，保险业务总收入为 23.12 亿元。

1998 年，全市国内人身保险增长较快，人身保险的保费收入为 33.16 亿元，比上年增加 8.81 亿元，增长 36.18%。在人身保险业务中，个人保费收入占 44.41%，团体保费收入占 55.59%。在人身保险业务中，人寿保险的保费收入 30.43 亿元，比上年增长 36.10%，占人身保险业务的 91.78%。人身保险满期给付 8.81 亿元，死伤医疗给付 1.14 亿元。

## 财 政 收 支（按当年口径）

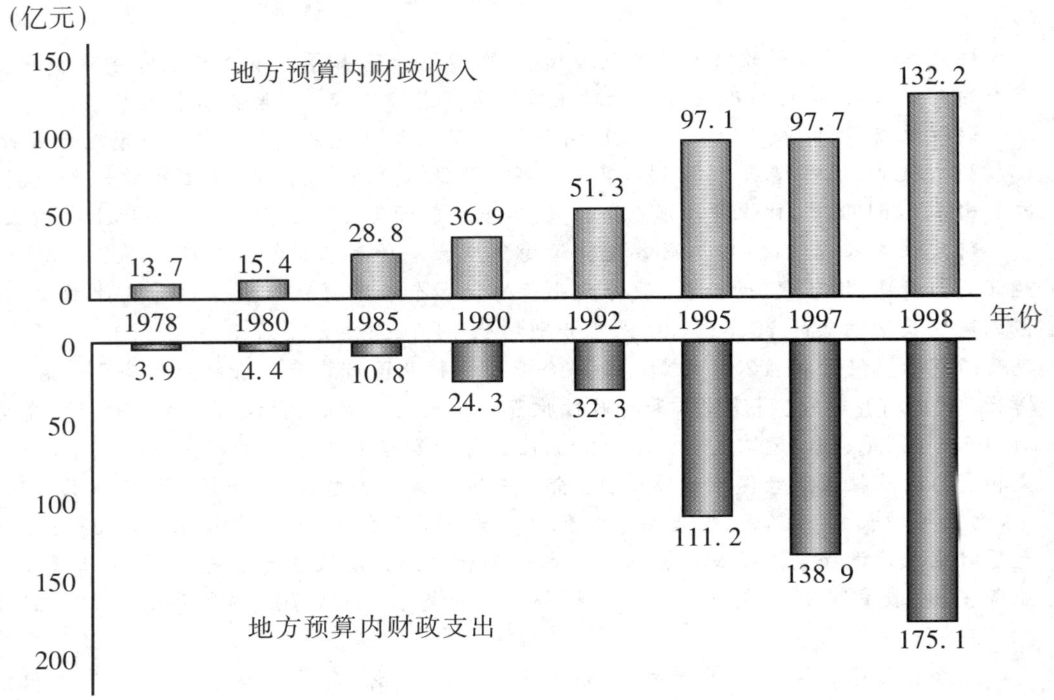


## 金融机构存、贷款余额

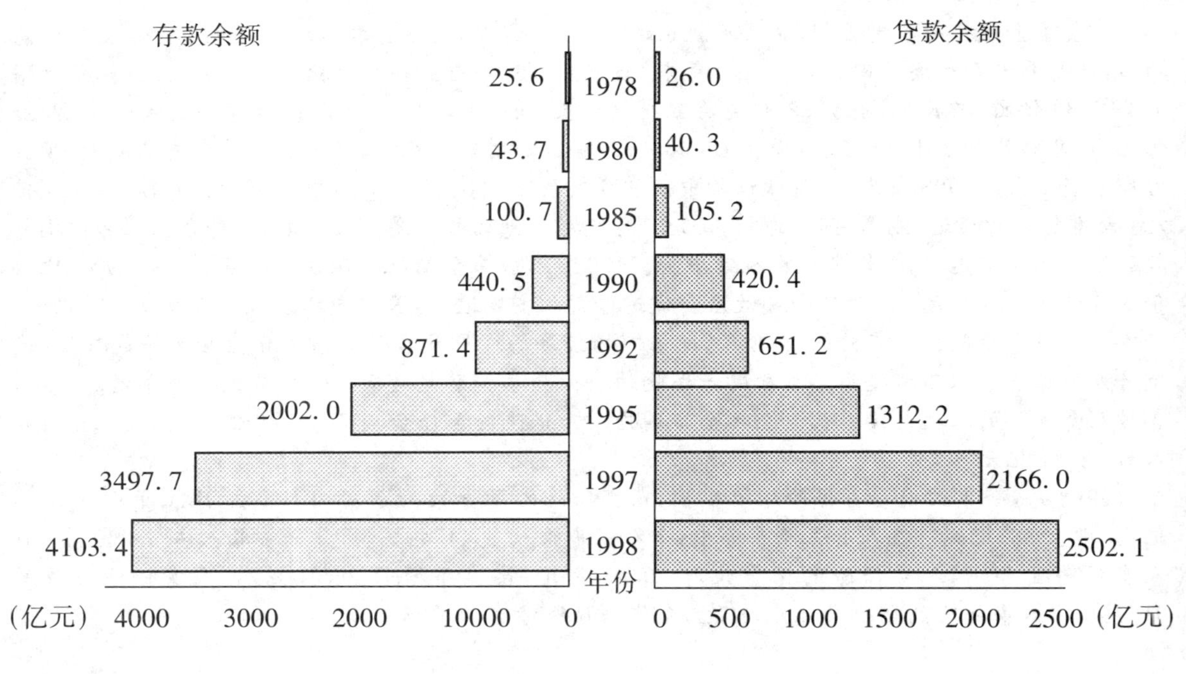

# 6-1 地 方 财 政 收 入

（1998 年）

单位：万元

| 项 目 | 全 市 | 市 区 | 番禺市 | 花都市 | 增城市 | 从化市 |
|---|---|---|---|---|---|---|
| **地方财政收入合计** | 1373217 | 1198342 | 101432 | 27264 | 29061 | 17118 |
| 一般预算收入 | 1321934 | 1148575 | 100605 | 26987 | 28959 | 16808 |
| #增值税 | 240748 | 207312 | 19747 | 5814 | 5002 | 2873 |
| 营业税 | 356097 | 306514 | 30001 | 8395 | 7085 | 4102 |
| 企业所得税 | 99709 | 91331 | 4736 | 1112 | 1886 | 644 |
| 外商投资企业和外国企业所得税 | 78927 | 71985 | 4486 | 639 | 492 | 1325 |
| 个人所得税 | 94147 | 83468 | 5393 | 1624 | 2608 | 1054 |
| 城市维护建设税 | 97479 | 87983 | 5302 | 1768 | 1481 | 945 |
| 房产税 | 53417 | 47923 | 1813 | 1638 | 1466 | 577 |
| 印花税 | 16439 | 14774 | 1170 | 179 | 183 | 133 |
| 城镇土地使用税 | 9282 | 8608 | 278 | 102 | 149 | 145 |
| 车船使用税 | 7179 | 5538 | 891 | 310 | 359 | 81 |
| 农业税 | 9896 | 2163 | 4433 | 1015 | 1595 | 690 |
| 契税 | 70991 | 66521 | 2432 | 800 | 770 | 468 |
| 国有企业计划亏损补贴 | -81861 | -80695 | -1166 | | | |
| 行政性收费收入 | 21043 | 17346 | 1579 | 954 | 635 | 529 |
| 罚没收入 | 141494 | 124541 | 11387 | 25 | 3925 | 1616 |
| 土地和海域有偿使用收入 | 21346 | 20720 | | | | 626 |
| 专项收入 | 63042 | 55975 | 4415 | 1135 | 934 | 583 |
| 其他收入 | 7741 | 7533 | 114 | | | 94 |
| 基金预算收入 | 51283 | 49767 | 827 | 277 | 102 | 310 |
| 附：上级补助收入 | 466730 | 411208 | 19772 | 11028 | 12225 | 12497 |
| #税收返还收入 | 355168 | 318443 | 15494 | 8036 | 7782 | 5413 |

# 6-2 地方财政支出

（1998年） 单位：万元

| 项目 | 全市 | 市区 | 番禺市 | 花都市 | 增城市 | 从化市 |
|---|---|---|---|---|---|---|
| **地方财政支出合计** | 1796146 | 1555362 | 130461 | 38748 | 42729 | 28846 |
| 一般预算支出 | 1751114 | 1511531 | 129759 | 38618 | 42680 | 28526 |
| #基本建设支出 | 311959 | 304209 | 5980 | 749 | 379 | 642 |
| 企业挖潜改造资金 | 139142 | 132831 | 3464 | 971 | 1083 | 793 |
| 科技三项费用 | 26876 | 25375 | 424 | 815 | 149 | 113 |
| 流动资金 | 2897 | 2897 | | | | |
| 支援农村生产支出 | 40265 | 21387 | 12029 | 2452 | 2593 | 1804 |
| 农业综合开发支出 | 3207 | 2217 | 246 | 200 | 371 | 173 |
| 农林水利气象等部门的事业费 | 18608 | 12814 | 2216 | 1283 | 1270 | 1025 |
| 工业交通等部门的事业费 | 8317 | 7117 | 122 | 165 | 856 | 57 |
| 文体广播事业费 | 37200 | 31247 | 3153 | 1164 | 945 | 691 |
| 教育事业费 | 178485 | 128013 | 27287 | 7551 | 7854 | 7780 |
| 科学事业费 | 12092 | 11450 | 358 | 193 | 51 | 40 |
| 卫生经费 | 84607 | 71087 | 7683 | 1766 | 2392 | 1679 |
| 税务统计财政审计等部门的事业费 | 78157 | 56919 | 11076 | 3992 | 4361 | 1809 |
| 抚恤和社会福利救济费 | 22833 | 18347 | 1846 | 771 | 1072 | 797 |
| 行政事业单位离退休经费 | 80143 | 66574 | 5398 | 2939 | 3002 | 2230 |
| 社会保障补助支出 | 29555 | 28909 | 506 | | | 140 |
| 行政管理费 | 106848 | 88681 | 6480 | 3890 | 5395 | 2402 |
| 公检法司支出 | 186369 | 163267 | 12132 | 3078 | 4928 | 2964 |
| 城市维护费 | 137147 | 121645 | 11464 | 2704 | 669 | 665 |
| 政策性补贴支出 | 10365 | 7829 | 969 | 826 | 620 | 121 |
| 专项支出 | 47820 | 39214 | 4896 | 1468 | 1445 | 797 |
| 其他支出 | 181099 | 163873 | 11692 | 1625 | 2507 | 1402 |
| 基金预算支出 | 45032 | 43831 | 702 | 130 | 49 | 320 |
| 附：上解支出 | 661 | 150 | | | 336 | 175 |

# 6—3 金融机构信贷资金平衡表

（1998年末）

单位：万元

| 项　　目 | 全　市 | 市　区 | 番禺市 | 花都市 | 增城市 | 从化市 |
|---|---|---|---|---|---|---|
| **资金来源合计** | 28015548 | 23349107 | 2377599 | 919933 | 959258 | 409651 |
| 各项存款 | 41034482 | 34883338 | 3327817 | 1192737 | 1203355 | 427235 |
| 企业存款 | 17440301 | 15739227 | 952314 | 324189 | 306814 | 117757 |
| 财政存款 | 1772435 | 1733030 | 14941 | 21808 | 1243 | 1413 |
| 机关团体存款 | 603729 | 581525 | 14523 | 2487 | 3270 | 1924 |
| 城乡储蓄存款 | 18822232 | 14772532 | 2161002 | 758791 | 835807 | 294100 |
| 农业存款 | 904936 | 607256 | 173352 | 65089 | 47769 | 11470 |
| 信托存款 | 183095 | 171001 | 8854 | 285 | 2867 | 88 |
| 委托存款 | 709433 | 709433 | | | | |
| 其他存款 | 598321 | 569334 | 2831 | 20088 | 5585 | 483 |
| 金融债券 | 52121 | 52100 | 6 | | 1 | 14 |
| 国家投资债券 | | | | | | |
| 证券业务款项 | 150629 | 150629 | | | | |
| 所有者权益 | 1468931 | 1369399 | 75917 | 6790 | 14124 | 2701 |
| 其他 | —14690615 | —13106359 | —1026141 | —279594 | —258222 | —20299 |
| **资金运用合计** | 28015548 | 23349107 | 2377599 | 919933 | 959258 | 409651 |
| 各项贷款 | 25021194 | 20668294 | 2179726 | 885188 | 898949 | 389037 |
| 短期贷款 | 18553708 | 15120419 | 1684646 | 717702 | 715923 | 315018 |
| #工业贷款 | 4448438 | 3649873 | 349436 | 178044 | 200974 | 70111 |
| 商业贷款 | 5719606 | 5007993 | 259605 | 149027 | 217313 | 85668 |
| 中期流动资金贷款 | 391588 | 391588 | | | | |
| 中长期贷款 | 3654401 | 3135677 | 282665 | 76915 | 97493 | 61651 |
| 信托贷款 | 380602 | 371066 | 7658 | 48 | 1821 | 9 |
| 融资租赁 | 13858 | 13858 | | | | |
| 委托贷款 | 720023 | 720023 | | | | |
| 逾期类贷款 | 1307014 | 915663 | 204757 | 90523 | 83712 | 12359 |
| 国家投资债券贷款 | 11620 | 11620 | | | | |
| 有价证券及投资 | 1244742 | 1118094 | 96721 | 6475 | 18887 | 4565 |
| 证券业务占款 | 68806 | 68806 | | | | |
| 委托投资 | 5302 | —94215 | 56206 | 16799 | 17692 | 8820 |
| 金银占款 | 38686 | 38670 | 16 | | | |
| 外汇占款 | 1244818 | 1244818 | | | | |
| 库存现金 | 380380 | 293020 | 44930 | 11471 | 23730 | 7229 |

## 6-4 金融机构信贷资金平衡表

（1998年末、不包省行）　　单位：万元

| 项目 | 年末余额 | 项目 | 年末余额 |
|---|---|---|---|
| **资金来源合计** | **23028589** | **资金运用合计** | **23028589** |
| 各项存款 | 34738171 | 各项贷款 | 21054986 |
| 企业存款 | 13981932 | 短期贷款 | 16186647 |
| 财政存款 | 209847 | #工业贷款 | 3759445 |
| 机关团体存款 | 587571 | 商业贷款 | 4639935 |
| 城乡储蓄存款 | 18377898 | 中期流动资金贷款 | 265494 |
| 农业存款 | 892806 | 中长期贷款 | 2931578 |
| 信托存款 | 24318 | 信托贷款 | 191907 |
| 委托存款 | 167925 | 融资租赁 | 5859 |
| 其他存款 | 495874 | 委托贷款 | 343462 |
| 金融债券 | 8465 | 逾期类贷款 | 1130039 |
| 国家投资债券 | | 国家投资债券贷款 | 1620 |
| 证券业务款项 | 81508 | 有价证券及投资 | 901624 |
| 所有者权益 | 594271 | 证券业务占款 | 58708 |
| 其他 | —12393826 | 委托投资 | 1902 |
| | | 金银占款 | 38686 |
| | | 外汇占款 | 606019 |
| | | 库存现金 | 365044 |

注：本表为中国人民银行广州市分行监管的金融机构数字。

## 6-5 国内金融机构外币存贷款情况

（1998年末）　　单位：万美元

| 项目 | 年末余额 |
|---|---|
| **各项存款** | **554759** |
| 单位活期存款 | 63490 |
| 单位定期存款 | 102148 |
| 储蓄存款 | 323876 |
| 信托存款 | 8829 |
| 委托存款 | 16944 |
| 其他存款 | 17729 |
| 境外存款 | 21743 |
| **各项贷款** | **595331** |
| 短期贷款 | 167259 |
| 中长期贷款 | 137171 |
| 进出口贸易融资 | 9261 |
| 票据融资 | 309 |
| 融资租赁 | 11433 |
| 信托贷款 | 183365 |
| 委托贷款 | 16689 |
| 逾期类贷款 | 69844 |

# 6-6 银　行　现　金　收　支

（1998 年）　　　　单位：万元

| 项　　目 | 全　市 | 市　区 | 番禺市 | 花都市 | 增城市 | 从化市 |
|---|---|---|---|---|---|---|
| **现金收入合计** | 78837967 | 63496192 | 6531087 | 2940654 | 4527725 | 1342309 |
| 商品销售收入 | 7616407 | 6317528 | 549915 | 243234 | 374042 | 131688 |
| 服务业收入 | 3523995 | 3021121 | 237302 | 112260 | 93154 | 60158 |
| 税款收入 | 233560 | 152080 | 25289 | 39312 | 8273 | 8606 |
| 城乡个体经营收入 | 2374008 | 1656184 | 167533 | 254567 | 215576 | 80148 |
| 储蓄存款收入 | 58928238 | 47055100 | 5213223 | 2008276 | 3665947 | 985692 |
| 其他金融机构收入 | 243595 | 121037 | 61680 | 21809 | 31335 | 7734 |
| 居民归还贷款收入 | 52753 | 52753 | | | | |
| 汇兑收入 | 1100939 | 917767 | 110256 | 37606 | 24112 | 11198 |
| 有价证券收入 | 459647 | 424584 | 14542 | 12001 | 5400 | 3120 |
| 其他收入 | 4304825 | 3778038 | 151347 | 211589 | 109886 | 53965 |
| **现金支出合计** | 79728405 | 63785727 | 6900162 | 3021003 | 4616103 | 1405410 |
| 工资性支出 | 5102589 | 3984554 | 529520 | 298236 | 184873 | 105406 |
| 产品采购支出 | 1520647 | 1155980 | 68861 | 61728 | 214917 | 19161 |
| 行政企事业管理费支出 | 3892487 | 3391434 | 219969 | 116802 | 105900 | 58382 |
| 城乡个体经营支出 | 2812238 | 1937897 | 196586 | 282724 | 308200 | 86831 |
| 储蓄存款支出 | 59841312 | 47671379 | 5526941 | 2016866 | 3638033 | 988093 |
| 其他金融机构支出 | 156061 | 99332 | 17537 | 18113 | 14969 | 6110 |
| 居民提取贷款支出 | 28690 | 28690 | | | | |
| 汇兑支出 | 495514 | 415463 | 65373 | 1888 | 7098 | 5692 |
| 有价证券支出 | 312604 | 292871 | 7890 | 2779 | 8039 | 1025 |
| 其他支出 | 5566263 | 4808127 | 267485 | 221867 | 134074 | 134710 |
| 现金净投放(＋)净回笼(—) | 890438 | 289535 | 369075 | 80349 | 88378 | 63101 |

# 6-7 国内财产保险业务情况

（1998年）　　　　单位：万元

| 项　　目 | 全　市 | 市　区 | 番禺市 | 花都市 | 增城市 | 从化市 |
|---|---|---|---|---|---|---|
| 保险金额 | 72592756 | 65427146 | 4843953 | 962755 | 833948 | 524954 |
| 财产保险 | 68891572 | 62011114 | 4619460 | 952579 | 813628 | 494791 |
| 责任保险 | 2778319 | 2509198 | 215697 | 10076 | 18380 | 24968 |
| 信用保险 | 564913 | 564913 | | | | |
| 保证保险 | 354125 | 338598 | 8292 | 100 | 1940 | 5195 |
| 农业保险 | 3827 | 3323 | 504 | | | |
| 保险业务总收入 | 231207 | 194293 | 21684 | 5930 | 5778 | 3522 |
| 按来源分 | | | | | | |
| 保费收入 | 205148 | 173649 | 18108 | 5157 | 5165 | 3069 |
| 储金收入 | 26059 | 20644 | 3576 | 773 | 613 | 453 |
| 按险种分 | | | | | | |
| 财产保险 | 221676 | 187273 | 19733 | 5736 | 5555 | 3379 |
| 责任保险 | 8326 | 5918 | 1864 | 193 | 218 | 133 |
| 信用保险 | 469 | 469 | | | | |
| 保证保险 | 511 | 461 | 34 | 1 | 5 | 10 |
| 农业保险 | 225 | 172 | 53 | | | |
| 赔付给付件数(件) | 73907 | 53715 | 9119 | 3188 | 3952 | 3933 |
| 保险业务总支出 | 95703 | 79487 | 8191 | 2648 | 3254 | 2123 |
| 财产保险 | 89868 | 75991 | 6198 | 2571 | 3094 | 2014 |
| 责任保险 | 5055 | 2734 | 1975 | 77 | 160 | 109 |
| 信用保险 | 513 | 513 | | | | |
| 保证保险 | 230 | 212 | 18 | | | |
| 农业保险 | 37 | 37 | | | | |

# 6-8 国内人身保险业务情况

(1998 年)

单位:万元

| 项目 | 全市 | 市区 | 番禺市 | 花都市 | 增城市 | 从化市 |
|---|---|---|---|---|---|---|
| **个人人身保险** | | | | | | |
| 保费 | 147242 | 129318 | 10502 | 3007 | 2483 | 1932 |
| 人寿保险 | 140618 | 123891 | 9983 | 2820 | 2101 | 1823 |
| 意外伤害保险 | 1283 | 1125 | 71 | 44 | 25 | 18 |
| 健康保险 | 5341 | 4302 | 448 | 143 | 357 | 91 |
| 期满给付 | 223 | 221 | 1 | 1 | | |
| 人寿保险 | 223 | 221 | 1 | 1 | | |
| 意外伤害保险 | | | | | | |
| 健康保险 | | | | | | |
| 死伤医疗给付 | 2315 | 1617 | 517 | 50 | 70 | 61 |
| 人寿保险 | 835 | 746 | 25 | 32 | 28 | 4 |
| 意外伤害保险 | 194 | 188 | 3 | 2 | | 1 |
| 健康保险 | 1286 | 683 | 489 | 16 | 42 | 56 |
| 储金有效余额 | | | | | | |
| **团体人身保险** | | | | | | |
| 保费 | 181169 | 163403 | 9219 | 3454 | 3495 | 1598 |
| 人寿保险 | 163702 | 149300 | 6838 | 3118 | 3162 | 1284 |
| 意外伤害保险 | 8953 | 8309 | 281 | 171 | 99 | 93 |
| 健康保险 | 8514 | 5794 | 2100 | 165 | 234 | 221 |
| 期满给付 | 87805 | 77651 | 3487 | 2745 | 2972 | 950 |
| 人寿保险 | 87501 | 77347 | 3487 | 2745 | 2972 | 950 |
| 意外伤害保险 | 304 | 304 | | | | |
| 健康保险 | | | | | | |
| 死伤医疗给付 | 9131 | 4362 | 4141 | 148 | 207 | 273 |
| 人寿保险 | 1977 | -201 | 2058 | 24 | 60 | 36 |
| 意外伤害保险 | 1200 | 936 | 121 | 47 | 56 | 40 |
| 健康保险 | 5954 | 3627 | 1962 | 77 | 91 | 197 |
| 储金有效余额 | 3165 | 3068 | 37 | 24 | 10 | 26 |
| **本年承保或期末有效合同** | | | | | | |
| 人数(人) | 6671895 | 5341115 | 742614 | 204856 | 199490 | 183820 |
| 件数(件) | 4207828 | 3672561 | 308752 | 58437 | 122077 | 46001 |
| 保额 | 27679932 | 24798935 | 1583806 | 554805 | 311255 | 431131 |

# 主 要 统 计 指 标 解 释

【中央财政收入和地方财政收入】 按财政体制划分的中央本级收入和地方本级收入。1994年分税制财政体制以后，属于中央财政的收入包括关税、海关代征消费税和增值税，消费税，中央企业所得税，地方银行和外资银行及非银行金融企业所得税，铁道、银行总行、保险总公司等集中缴纳的营业税、所得税、利润和城市维护建设税，增值税75%部分，海洋石油资源税和证券(印花)税50%部分。属于地方财政的收入包括营业税、地方企业所得税、个人所得税、城镇土地使用税、固定资产投资方向调节税、城镇维护建设税、房产税、车船使用税、印花税，屠宰税，农牧业税、农业特产税，耕地占用税，契税，增值税25%部分，证券交易税(印花税)的50%部分和除海洋石油资源税以外的其他资源税。

【中央财政支出和地方财政支出】 根据政府在经济和社会活动中的不同职责，划分中央和地方政府的责权，按照政府的责权划分确定的支出。中央财政支出包括国防支出，武装警察部队支出，中央级行政管理费和各项事业费，重点建设支出以及中央政府调整国民经济结构、协调地区发展，实施宏观调控的支出。地方财政支出主要包括地方行政管理和各项事业费，地方统筹的基本建设、技术改造支出，支援农村生产支出，城市维护和建设经费，价格补贴支出等。

【地方财政预算内收入】 指按国家预算收入科目规定，除“预算调拨收入类”以外的，属于各市负责组织征收、筹集的财政资金。主要项目有：1. 工商税收类；2. 关税类；3. 农牧业税和耕地占用税类；4. 企业所得税及上缴利润类；5. 国有企业亏损补贴类；6. 国家能源交通重点建设基金收入类；7. 债务收入类；8. 专项收入；9. 基本建设贷款归还收入；10. 其他收入类。

【地方财政预算内支出】 指城市政府为满足城市经济、文化建设和军政费用等方面资金的需要，为实现地方政府职能，对筹集的财政资金按照预算科目进行有计划的分配和使用。地方财政预算内支出的项目根据财政部的规定每年都有适当调整，其中主要项目有：1. 基本建设支出类；2. 企业挖潜改造资金类；3. 工业交通等部门的事业费类；4. 城市维护费类；5. 文教卫生事业费类；6. 科学事业费类；7. 简易建筑费类；8. 地质勘探费类；9. 流动资金类；10. 支援农村生产支出类；11. 商业部门事业费类；12. 城镇青年就业经费类；13. 抚恤和社会福利救济费类；以及其他支出类。

【信贷资金】 国家银行用于发放贷款的资金叫信贷资金。中国人民银行信贷资金的来源有各项存款、对国际金融机构负债、流通中货币、银行自有资金及当年结益等。信贷资金的运用有各项贷款、黄金款、外汇占款、财政借款及在国际金融机构中的资产等。

【存款】 企业、机关、团体或居民根据可以收回的原则，把货币资金存入银行或其他信用机构保管并取得一定利息的一种信用活动形式。根据存款对象的不同可划分为企业存款、财政存款、机关团体存款、基本建设存款、城镇储蓄存款、农村存款等科目。它是银行信贷资金的主要来源。

【贷款】 银行或其他信用机构根据必须归还的原则，按一定利率，为企业、个人等提供资金的一种信用活动形式。我国银行贷款，分流动资金贷款、固定资产贷款、城乡个体工商户贷款以及农业贷款等科目。

【承保额】 也称保险金额。它是保险人对被保险人负担损失补偿或约定给付的金额。它是保险合同上的最高责任额，也是计算保费的依据。

【保费】 又叫保险费。是保险人根据保险合同的有关规定，为被保险人取得因约定危险事故发生所造成的经济损失补偿(或给付)权利，付给保险人的代价。包括财产险和人身险储金收入。

【赔款】保险事故发生后，经查证确属保险责任范围以内的保险标的损失，保险人根据保险合同的规定履行赔偿义务，给予被保险人的款项叫做赔款。赔款可分为已决赔款和未决赔款两种。

【城乡储蓄存款余额】城乡储蓄存款，包括城镇居民储蓄存款和农民个人储蓄存款两部分。不包括居民的手存现金和工矿企业、部队、机关团体等集团存款。储蓄存款余额，是指城乡居民存入银行及农村信用社储蓄的时点数(存入数扣除取出数的余额)，如月末、季末或年末数额。

# 第七篇

# 物价

# 价格总水平稳中趋降

1998年,广州市居民消费价格总水平与商品零售价格总水平均比上年下降,这是改革开放以来第二次出现价格总水平比上年下降(第一次是1990年)。其中城市居民消费价格总水平比上年下降2.3%,农村居民消费价格总水平比上年下降2.31 %;城市商品零售价格总水平比上年下降3.7%,农村商品零售价格总水平比上年下降3.80%;农业生产资料价格总水平比上年下降2.17%。

一、城市价格方面

食品类价格自1990年以来,再次出现下降。1998年食品类价格比上年下降4.3%,影响城市居民消费价格总水平下降2.2个百分点,成为影响全年价格总水平下降的主要原因。从食品分类来看,粮食类价格承1997年下降之势再降3.5%;由于禽畜及水产品的机械化、科学化饲养水平提高,商品上市量增多,肉禽及其制品、水产品和蛋类价格分别比上年下降9.7%、4.2%和1.2%;广州市"菜篮子"工程建设成效显著,全年蔬菜供应充足,鲜菜价格下降近一成;干果类价格下降13.2%,拉动干鲜果类价格下降0.8%。

家庭设备类及文娱耐用消费品类的价格呈回落态势,后者的降幅高于前者。目前工业消费品大部份处于供大于求的状况,买方市场特点明显。1998年,广州市工业品出厂价格下降4.8%,引发工业消费品零售价格下降,牵动家庭设备类价格比上年下降7.3%,其中微波炉、空调器、热水器和电冰箱的价格降势较明显,分别下降27.0%、5.1%、4.0%和2.7%;文娱耐用消费品类价格比上年下降18.2 %,其中录放像机、摄像机、照相机和彩色电视机的价格降幅均达两位数,分别下降36.8%、16.1%、14.2%和11.9%。

服务项目价格升幅较大。房改方案的出台及医疗改革的深入,公房租金和医疗保健服务收费有所提高,其中城市居民住房租金比上年上升30.5%,影响城市居民消费价格总水平上升0.4个百分点;医疗保健服务价格比上年上升18.2%,影响城市居民消费价格总水平上升0.1个百分点,其中住院费、注射费和挂号费分别上升49.1%、40.1%和22.4%;学杂保育费价格上升7.1%,影响城市居民消费价格总水平上升0.3个百分点。

二、农村价格方面

1998年由于食品类价格比上年下降5.72%,流动资产类价格比上年下降1.88%,分别影响农村居民消费价格总水平下降1.53和0.59个百分点,成为影响全年农村居民消费价格总水平下降的主要原因。从食品分类来看,粮食价格下降2.87%、食用油价格下降3.46%、鲜菜价格下降7.76%、肉禽及制品价格下降10. 29%、水产品价格下降9.79%,拉动食品类价格下降5.44个百分点。从流动资产分类看,幼禽幼畜价格下降18.98%、化学肥料价格下降12.40%、生产用燃料价格下降5.49%,拉动流动资产类价格下降6.10个百分点。

农村商品零售价格由于食品类价格下降6.21%、服装鞋帽类价格下降5.34%、家用电器类价格下降6.73%,而分别影响其价格总水平下降2.24、0.62和0.53个百分点。从服装鞋帽分类来看,下降幅度较大的有:服装价格下降12.45%、其他衣着价格下降5.91%。从家用电器分类来看,下降幅度较大的有:电冰箱价格下降5.95%、空调机价格下降9.67%、彩色电视机价格下降16.72%。

农业生产资料价格由于幼禽幼畜类、大牲畜类和化学肥料类价格分别比上年下降19.03%、28.10%和6.85%,而分别影响农业生产资料价格总水平下降2. 21、1.32和1.70个百分点,成为影响全年农业生产资料价格总水平下降的主要原因。

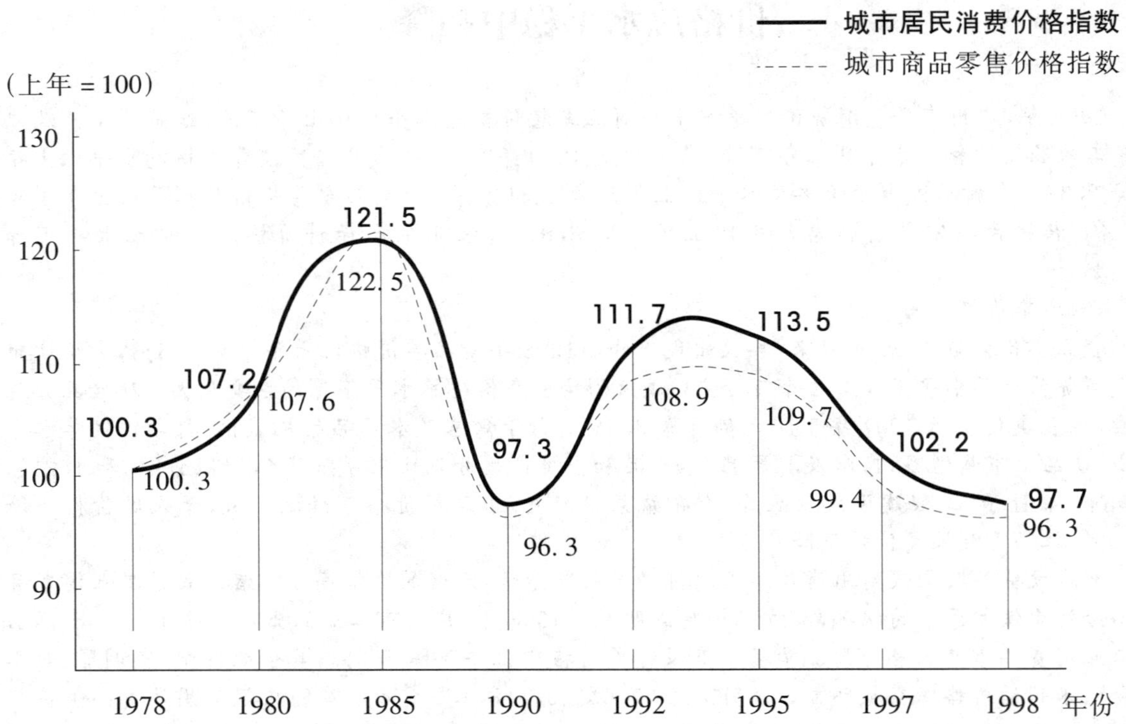
城市居民消费价格指数
城市商品零售价格指数
(上年＝100)
130
120
110
100
90
121.5
122.5
111.7
113.5
107.2
107.6
108.9
109.7
100.3
100.3
97.3
96.3
102.2
99.4
97.7
96.3
1978
1980
1985
1990
1992
1995
1997
1998
年份

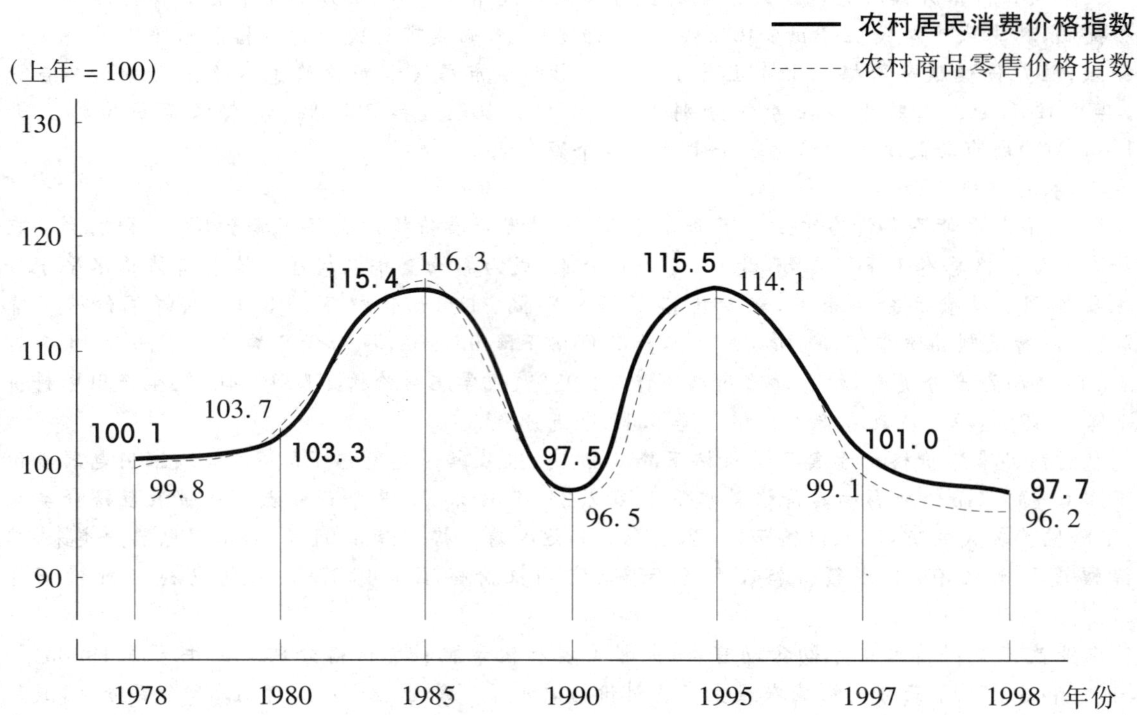
农村居民消费价格指数
农村商品零售价格指数
(上年＝100)
130
120
110
100
90
116.3
115.4
115.5
114.1
103.7
100.1
103.3
99.8
97.5
96.5
101.0
99.1
97.7
96.2
1978
1980
1985
1990
1995
1997
1998
年份

# 7—1 城市居民消费价格指数

（上年＝100）

| 项　　目 | 1994 年 | 1995 年 | 1996 年 | 1997 年 | 1998 年 |
|---|---|---|---|---|---|
| **居民消费价格指数** | 120.0 | 113.5 | 108.2 | 102.2 | 97.7 |
| 食品类 | 128.2 | 118.9 | 105.8 | 100.5 | 95.7 |
| #粮食类 | 158.5 | 120.7 | 101.2 | 99.0 | 96.5 |
| 油脂类 | 143.8 | 109.3 | 96.1 | 96.5 | 96.9 |
| 肉禽及其制品类 | 134.1 | 124.8 | 105.7 | 103.5 | 90.3 |
| 蛋　类 | 112.2 | 112.0 | 116.1 | 79.9 | 98.8 |
| 水产品类 | 121.7 | 116.5 | 106.8 | 96.9 | 95.8 |
| 菜　类 | 121.1 | 124.5 | 98.9 | 109.3 | 91.2 |
| #鲜菜 | 122.7 | 127.1 | 98.2 | 110.4 | 90.8 |
| 衣着类 | 118.9 | 116.1 | 107.6 | 101.7 | 98.8 |
| 家庭设备及用品类 | 112.9 | 102.8 | 99.9 | 96.3 | 96.7 |
| 医疗保健类 | 112.5 | 107.9 | 109.9 | 106.1 | 98.7 |
| 交通和通讯工具类 | 108.0 | 104.3 | 98.9 | 94.0 | 96.4 |
| 娱乐教育文化用品类 | 104.8 | 94.6 | 103.0 | 96.7 | 91.3 |
| 居住类 | 117.0 | 115.8 | 109.7 | 107.9 | 100.7 |
| #房租 | 100.9 | 125.3 | 128.6 | 142.1 | 122.8 |
| 服务项目类 | 104.3 | 111.8 | 127.3 | 112.2 | 105.6 |
| #交通费 | 104.8 | 114.7 | 121.9 | 108.6 | 104.7 |

# 7—2 城市商品零售价格指数

（上年＝100）

| 项　　目 | 1994 年 | 1995 年 | 1996 年 | 1997 年 | 1998 年 |
|---|---|---|---|---|---|
| **商品零售价格指数** | 116.6 | 109.7 | 104.3 | 99.4 | 96.3 |
| 食品类 | 127.4 | 118.3 | 105.8 | 100.2 | 95.3 |
| 饮料、烟酒类 | 108.9 | 107.7 | 105.7 | 98.9 | 99.0 |
| 服装、鞋帽类 | 127.3 | 122.7 | 108.9 | 101.6 | 97.9 |
| 纺织品类 | 116.5 | 118.9 | 107.1 | 100.5 | 100.7 |
| 中西药品类 | 111.5 | 108.6 | 111.8 | 105.7 | 102.1 |
| 化妆品类 | 112.1 | 103.1 | 102.3 | 102.2 | 99.9 |
| 书报杂志类 | 145.1 | 106.8 | 133.0 | 107.4 | 113.4 |
| 文化体育用品类 | 104.3 | 99.5 | 106.9 | 98.6 | 93.6 |
| 日用品类 | 119.7 | 108.5 | 103.2 | 99.8 | 99.6 |
| 家用电器类 | 101.6 | 96.5 | 96.6 | 94.2 | 92.0 |
| 首饰类 | 113.1 | 97.3 | 98.6 | 94.6 | 90.6 |
| 燃料类 | 116.3 | 114.4 | 103.6 | 109.1 | 90.6 |
| 建筑装璜材料类 | 98.1 | 95.7 | 96.9 | 97.4 | 88.9 |
| 机电产品类 | 96.7 | 93.4 | 92.6 | 87.0 | 90.0 |

## 7—3 主要工业品出厂价格指数

（上年＝100）

| 项　　目 | 1994 年 | 1995 年 | 1996 年 | 1997 年 | 1998 年 |
|---|---|---|---|---|---|
| **主要工业品出厂价格指数** | 126.00 | 112.33 | 101.37 | 100.16 | 95.23 |
| 轻工业 | 120.97 | 111.67 | 101.65 | 100.19 | 96.71 |
| 以农产品为原材料 | 134.23 | 122.58 | 105.20 | 100.64 | 95.96 |
| 以非农产品为原材料 | 111.84 | 103.88 | 98.97 | 99.88 | 97.29 |
| 重工业 | 137.14 | 113.77 | 100.77 | 100.10 | 92.30 |
| 采掘工业 | 101.72 | 97.27 | 94.59 | 90.02 | 90.81 |
| 原材料工业 | 156.43 | 116.65 | 100.62 | 102.05 | 90.30 |
| 加工工业 | 109.86 | 109.82 | 101.26 | 97.02 | 95.75 |
| 生产资料 | 138.17 | 116.05 | 100.99 | 99.79 | 92.16 |
| 采掘工业 | 110.72 | 97.27 | 94.59 | 90.02 | 90.81 |
| 原材料工业 | 152.32 | 117.39 | 100.43 | 101.43 | 90.12 |
| 加工工业 | 113.56 | 114.29 | 102.42 | 97.17 | 95.79 |
| 生活资料 | 120.33 | 110.53 | 101.55 | 100.28 | 96.72 |
| 食品类 | 122.14 | 124.92 | 106.58 | 103.97 | 94.39 |
| 衣着类 | 152.93 | 120.74 | 102.62 | 99.58 | 99.00 |
| 一般日用品类 | 116.88 | 111.97 | 104.73 | 100.50 | 97.86 |
| 耐用消费品类 | 105.71 | 96.96 | 94.60 | 97.86 | 96.57 |

## 7—4 原材料、燃料、动力购进价格指数

（上年＝100）

| 项　　目 | 1994 年 | 1995 年 | 1996 年 | 1997 年 | 1998 年 |
|---|---|---|---|---|---|
| **原材料、燃料、动力购进价格指数** | 121.09 | 118.66 | 104.45 | 96.93 | 91.06 |
| 燃料、动力类 | 124.62 | 121.03 | 113.40 | 104.19 | 88.62 |
| 黑色金属材料类 | 98.37 | 96.35 | 98.80 | 96.80 | 94.49 |
| #钢材 | 96.80 | 97.10 | 98.46 | 96.35 | 93.59 |
| 其他 | 105.48 | 93.22 | 100.27 | 98.38 | 97.41 |
| 有色金属材料和电线类 | 113.27 | 120.07 | 95.84 | 96.15 | 90.63 |
| 化工原料类 | 117.72 | 123.23 | 93.08 | 92.35 | 84.71 |
| 木材及纸浆类 | 124.59 | 103.66 | 101.28 | 97.33 | 99.20 |
| 建筑材料及非金属矿类 | 114.53 | 105.41 | 84.43 | 94.39 | 98.25 |
| 其他工业原料及半成品类 |  | 103.19 | 93.04 | 85.38 | 95.37 |
| 农副产品类 | 134.05 | 136.03 | 112.03 | 96.40 | 95.13 |
| 纺织原料类 | 150.08 | 131.49 | 100.04 | 98.76 | 90.46 |

注：根据国家城调总队的物价调查方法制度，从 1997 年开始把非金属矿类并入建筑材料类，故 1994 年—1996 年该栏数据只反映建筑材料类的价格变动指数。

## 7—5 集市贸易价格指数

（上年＝100）

| 项　　目 | 1985 年 | 1990 年 | 1995 年 | 1997 年 | 1998 年 |
|---|---|---|---|---|---|
| **总指数** | 112.7 | 93.1 | 115.8 | 96.2 | 90.3 |
| 粮食类 | 124.7 | 73.2 | 118.6 | 98.1 | 96.0 |
| 食用植物油类 | 100.4 | 91.9 | 109.3 | 96.5 | 96.9 |
| 鲜菜类 | 121.9 | 93.6 | 122.2 | 104.5 | 87.1 |
| 干菜类 | 113.1 | 92.4 | 101.4 | 102.0 | 94.1 |
| 肉禽蛋类 | 112.3 | 94.6 | 118.8 | 97.4 | 88.8 |
| 水产品类 | 111.3 | 92.3 | 115.1 | 93.6 | 92.5 |
| 鲜果类 | 129.5 | 94.0 | 110.3 | 84.1 | 98.1 |
| 干果类 | 102.3 | 99.9 | 121.0 | 102.3 | 90.7 |
| 其他 | 86.8 | 86.8 | | | |

## 7—6 主要食品平均价格

单位：元/千克

| 商品名称 | 代表规格品 | 1995 年 | 1997 年 | 1998 年 |
|---|---|---|---|---|
| 大米 | 三级 | 2.906 | 2.961 | 2.750 |
| 黄豆 | 中等 | 4.473 | 5.206 | 4.900 |
| 绿豆 | 中等 | 5.937 | 8.480 | 7.830 |
| 花生油 | 纯净 | 12.526 | 11.622 | 11.260 |
| 鲜菜类 | 37 种 | 3.320 | 3.471 | 3.010 |
| 猪肉 | 无皮去骨鲜上肉 | 18.017 | 18.384 | 16.830 |
| 牛肉 | 净肉 | 22.667 | 21.568 | 18.700 |
| 鸡 | 中等本地活鸡项 | 24.820 | 25.969 | 22.340 |
| 鸡蛋 | 新鲜完整 | 7.751 | 6.898 | 6.840 |
| 鲜带鱼 | 冰鲜二级原条 | 11.258 | 12.548 | 12.720 |
| 鳙鱼 | 二级原条 | 9.178 | 9.585 | 9.100 |
| 鳊鱼 | 二级原条 | 7.963 | 7.509 | 7.720 |
| 草鱼 | 二级原条 | 12.150 | 11.691 | 11.120 |
| 香蕉 | 黄熟一级 | 5.429 | 4.325 | 4.030 |
| 橙 | 甜橙一级 | 4.340 | 4.598 | 4.130 |
| 西瓜 | 普通一级 | 2.693 | 2.214 | 2.190 |

注：本表为混合平均价。

# 7-7 农村居民消费价格指数

（上年＝100）

| 项　　目 | 1978 年 | 1980 年 | 1985 年 | 1990 年 | 1995 年 | 1996 年 | 1997 年 | 1998 年 |
|---|---|---|---|---|---|---|---|---|
| **农村居民消费价格总指数** | 100.05 | 103.26 | 115.38 | 97.50 | 115.46 | 105.79 | 101.01 | 97.69 |
| 生活消费指数 | | | | | 114.73 | 105.96 | 101.19 | 97.66 |
| 食品 | | | | | 117.60 | 106.92 | 100.65 | 94.28 |
| #粮食 | | | | | 114.59 | 102.54 | 97.20 | 97.13 |
| 蔬菜 | | | | | 130.65 | 92.50 | 99.96 | 92.24 |
| 油脂 | | | | | 111.00 | 97.77 | 107.12 | 96.54 |
| 肉禽及制品 | | | | | 113.98 | 110.93 | 102.96 | 89.71 |
| 蛋类 | | | | | 114.52 | 119.91 | 87.16 | 90.02 |
| 水产品 | | | | | 121.31 | 105.43 | 94.79 | 90.21 |
| 干鲜果品 | | | | | 134.36 | 98.84 | 87.25 | 98.81 |
| 在外饮食 | | | | | 120.90 | 107.47 | 100.58 | 98.30 |
| 衣着 | | | | | 116.64 | 108.24 | 100.77 | 93.58 |
| #服装 | | | | | 115.60 | 107.51 | 99.50 | 87.60 |
| 居住 | | | | | 107.30 | 101.94 | 101.07 | 97.61 |
| #建筑材料 | | | | | 102.76 | 96.69 | 96.58 | 98.35 |
| 燃料 | | | | | 111.41 | 99.79 | 108.25 | 78.94 |
| 家庭设备用品 | | | | | 115.19 | 104.79 | 98.87 | 97.60 |
| #耐用消费品 | | | | | 110.72 | 104.09 | 97.66 | 94.91 |
| 家庭日杂用品 | | | | | 117.83 | 105.56 | 99.67 | 101.28 |
| 医疗保健 | | | | | 110.20 | 113.53 | 106.75 | 101.36 |
| #中药 | | | | | 121.08 | 111.11 | 106.60 | 101.51 |
| 西药 | | | | | 115.51 | 118.79 | 107.45 | 101.78 |
| 交通和通讯 | | | | | 106.35 | 93.53 | 92.44 | 94.37 |
| #交通工具 | | | | | 104.23 | 93.60 | 91.97 | 93.71 |

7—7 续表

| 项　目 | 1978年 | 1980年 | 1985年 | 1990年 | 1995年 | 1996年 | 1997年 | 1998年 |
|---|---|---|---|---|---|---|---|---|
| 文教娱乐用品 | | | | | 116.21 | 108.27 | 94.92 | 103.72 |
| #文娱用机电消费品 | | | | | 110.93 | 105.69 | 93.13 | 94.13 |
| 书报杂志 | | | | | 113.75 | 127.83 | 106.97 | 109.88 |
| 服务项目 | | | | | 124.33 | 110.99 | 108.64 | 103.55 |
| #交通费 | | | | | 117.83 | 105.12 | 106.85 | 98.82 |
| 学习培训费 | | | | | 117.29 | 112.36 | 110.25 | 107.76 |
| 修理费 | | | | | 120.87 | 113.02 | 108.88 | 102.26 |
| 医疗保健服务费 | | | | | 107.57 | 103.23 | 113.57 | 121.12 |
| 生产消费指数 | | | | | 117.28 | 105.24 | 100.47 | 97.74 |
| 流动资产类 | | | | | 118.24 | 105.58 | 100.59 | 98.12 |
| 小农具 | | | | | 119.09 | 109.13 | 102.48 | 97.15 |
| 饲料 | | | | | 117.44 | 108.85 | 100.51 | 109.80 |
| 幼禽幼畜 | | | | | 123.18 | 121.27 | 94.17 | 81.02 |
| 化学肥料 | | | | | 119.53 | 100.72 | 102.20 | 87.60 |
| 化学农药 | | | | | 118.03 | 102.84 | 102.61 | 98.97 |
| 农药械 | | | | | 115.70 | 111.62 | 106.76 | 96.71 |
| 生产用燃料 | | | | | 107.92 | 101.79 | 103.79 | 94.51 |
| 其他 | | | | | 120.50 | 104.18 | 95.25 | 99.30 |
| 固定资产类 | | | | | 110.24 | 95.34 | 97.62 | 91.44 |
| 大牲畜 | | | | | 116.52 | 97.99 | 98.41 | 71.90 |
| 半机械化农具 | | | | | 115.41 | 103.44 | 95.26 | 90.72 |
| 机械化农具 | | | | | 118.23 | 101.50 | 99.44 | 94.40 |
| 运输工具 | | | | | 109.37 | 91.96 | 97.07 | 97.76 |
| 其他 | | | | | | | | |

# 7-8 农村商品零售价格指数

（上年＝100）

| 项　　目 | 1978年 | 1980年 | 1985年 | 1990年 | 1995年 | 1996年 | 1997年 | 1998年 |
|---|---|---|---|---|---|---|---|---|
| **农村商品零售价格总指数** | 99.77 | 103.65 | 116.33 | 96.50 | 114.13 | 105.60 | 99.07 | 96.20 |
| 食品类 | | | | | 118.13 | 106.21 | 98.20 | 93.79 |
| 粮食 | | | | | 114.54 | 104.39 | 98.00 | 97.46 |
| 油脂 | | | | | 111.29 | 97.79 | 107.14 | 97.06 |
| 肉禽蛋 | | | | | 114.06 | 111.54 | 100.22 | 90.29 |
| 水产品 | | | | | 121.10 | 103.44 | 92.38 | 89.53 |
| 鲜菜 | | | | | 136.36 | 92.86 | 99.68 | 91.92 |
| 干菜及菜制品 | | | | | 120.63 | 107.16 | 101.77 | 102.33 |
| 鲜果 | | | | | 136.09 | 100.99 | 86.50 | 102.36 |
| 干果 | | | | | 116.64 | 106.34 | 104.81 | 95.96 |
| 其他食品 | | | | | 115.03 | 103.05 | 101.69 | 97.30 |
| 饮食业 | | | | | 119.97 | 107.50 | 100.15 | 97.41 |
| 主食 | | | | | 118.08 | 110.00 | 104.72 | 102.71 |
| 炒菜 | | | | | 119.11 | 105.46 | 97.23 | 95.97 |
| 地方小食 | | | | | 121.59 | 108.39 | 101.59 | 98.07 |
| 饮料和烟酒类 | | | | | 116.03 | 108.51 | 102.38 | 102.21 |
| 饮料 | | | | | 114.64 | 108.11 | 101.64 | 102.63 |
| 茶叶 | | | | | 117.68 | 111.21 | 103.20 | 101.21 |
| 烟 | | | | | 115.64 | 110.13 | 103.54 | 103.49 |
| 酒 | | | | | 117.56 | 103.64 | 100.55 | 101.78 |
| 服装、鞋帽类 | | | | | 115.72 | 107.17 | 100.53 | 94.66 |
| 服装 | | | | | 114.21 | 107.06 | 99.07 | 87.55 |
| 鞋 | | | | | 119.09 | 107.31 | 103.64 | 105.83 |
| 其他衣着 | | | | | 121.66 | 109.15 | 103.04 | 94.09 |

7—8 续表

| 项目 | 1978年 | 1980年 | 1985年 | 1990年 | 1995年 | 1996年 | 1997年 | 1998年 |
|---|---|---|---|---|---|---|---|---|
| 纺织品类 | | | | | 115.34 | 108.48 | 99.65 | 96.25 |
| 中西药品类 | | | | | 118.03 | 112.83 | 107.16 | 102.37 |
| 中药 | | | | | 120.62 | 112.43 | 107.34 | 102.25 |
| 西药 | | | | | 116.65 | 114.96 | 108.28 | 102.67 |
| 医疗用品 | | | | | 114.01 | 106.19 | 101.38 | 100.19 |
| 化妆品类 | | | | | 120.53 | 110.62 | 98.19 | 102.70 |
| 书报杂志类 | | | | | 112.94 | 127.83 | 106.65 | 110.78 |
| 教材及参考书 | | | | | 117.76 | 118.57 | 106.87 | 107.89 |
| 报纸杂志 | | | | | 109.47 | 132.46 | 106.30 | 124.49 |
| 文化体育用品类 | | | | | 119.88 | 110.89 | 102.64 | 106.62 |
| 文化用品 | | | | | 119.73 | 111.09 | 102.25 | 108.32 |
| 体育用品 | | | | | 121.62 | 110.07 | 103.81 | 99.35 |
| 日用品类 | | | | | 115.62 | 106.34 | 100.16 | 98.76 |
| 一般日用品 | | | | | 115.01 | 105.74 | 100.93 | 98.67 |
| 家具 | | | | | 111.40 | 109.48 | 100.10 | 94.42 |
| 日用杂品 | | | | | 123.14 | 105.15 | 99.59 | 112.54 |
| 家用电器类 | | | | | 108.81 | 100.96 | 92.68 | 93.27 |
| 首饰类 | | | | | 103.43 | 100.08 | 100.30 | 93.94 |
| 燃料类 | | | | | 109.16 | 100.82 | 105.10 | 91.78 |
| 建筑装璜材料类 | | | | | 104.79 | 96.74 | 97.10 | 95.11 |
| 建筑材料 | | | | | 103.21 | 96.35 | 96.75 | 95.89 |
| 装璜材料 | | | | | 111.87 | 97.71 | 97.89 | 92.72 |
| 机电产品类 | | | | | 105.45 | 91.82 | 92.38 | 94.45 |

## 7-9 农业生产资料价格指数

（上年＝100）

| 项　　目 | 1978 年 | 1980 年 | 1985 年 | 1990 年 | 1995 年 | 1996 年 | 1997 年 | 1998 年 |
|---|---|---|---|---|---|---|---|---|
| **农业生产资料价格指数** | 99.90 | 101.85 | 112.58 | 95.49 | 119.44 | 105.66 | 98.41 | 97.83 |
| 小农具 | | | | | 119.16 | 108.35 | 100.53 | 98.60 |
| 饲料 | | | | | 117.81 | 107.18 | 100.67 | 113.48 |
| 幼禽幼畜 | | | | | 123.57 | 121.27 | 94.46 | 80.97 |
| 大牲畜 | | | | | 116.35 | 98.04 | 98.40 | 71.90 |
| 半机械化农具 | | | | | 116.92 | 102.82 | 89.19 | 97.50 |
| 机械化农具 | | | | | 112.51 | 100.87 | 97.32 | 93.68 |
| 化学肥料 | | | | | 119.54 | 101.42 | 96.81 | 93.15 |
| 农药及农药械 | | | | | 119.06 | 103.74 | 102.52 | 97.82 |
| 化学农药 | | | | | 119.33 | 103.33 | 102.38 | 97.80 |
| 农药械 | | | | | 115.41 | 111.31 | 105.69 | 98.04 |
| 农用机油 | | | | | 108.91 | 102.46 | 103.84 | 98.23 |
| 其他 | | | | | 120.97 | 103.35 | 94.97 | 98.93 |

## 主要统计指标解释

【零售价格指数】是反映城乡商品零售价格变动趋势的一种经济指数。零售物价的调整变动消费与积累的比例。因此，计算零售价格指数，可以从一个侧面对上述经济活动进行观察和分析。

【居民消费价格指数】是反映一定时期内城乡居民所购买的生活消费品价格和服务项目价格变动趋势和程度的相对数。是综合了城市居民消费价格指数和农民消费价格指数计算取得。利用居民消费价格指数，可以观察和分析消费品的零售价格和服务价格变动对城乡居民实际生活费支出的影响程度。

【城市居民消费价格指数】是反映城市职工及其家庭所购买的生活消费品和服务项目价格变动趋势及其程度的相对数。编制城市居民消费价格指数，可以观察和分析消费品的零售价格和服务项目价格变动对职工货币工资的影响，作为研究职工生活和确定工资政策的依据。

【农村居民消费价格指数】是反映农村居民家庭购买的生活消费品的价格和服务项目价格变动趋势和程度的相对数。用它可以观察农村消费品的零售价格和服务项目价格变动对农村居民生活消费支出的影响，直接反映农民生活水平的实际变化情况，为分析和研究农村居民生活问题提供依据。

【工业品出厂价格指数】是反映全部工业产品出厂价格总水平的变动趋势和程度的相对数。其中除包括工业企业售给商业、外贸、物资部门的产品外，还包括售给工业和其他部门的生产资料以及直接售给居民的生活消费品。通过工业生产价格指数能观察出厂价格变动对工业总产值的影响。

# 第八篇

## 人民生活

# 人民生活水平继续提高

1998年，广州市城市居民家庭人均可支配收入11255.70元，农村居民家庭人均纯收入5628.95元，分别比上年增长7.8％和1.5％，扣除价格变动因素，实际分别增长10.3％和3.6％。

城市居民可支配收入的主体仍是工资性收入。年人均工资性收入8486.68元，比上年增加15.1％，占可支配收入的75.4％；职工年人均从工作单位得到的其他收入927.82元，比上年增加15.8％；下岗职工再就业人数略增，使其他就业者收入比上年增加61.5％。但由于受经济大环境的影响，消费市场紧缩，个体经营困难较大，使个体劳动者的收入比上年缩减20.3％；被聘用和留用离退休人员收入缩减48.8％银行存款利率下调以及股市低迷使居民家庭年人均利息、红利收入分别比上年下降了29.3％和21.9％。

农村居民从收入渠道来看，人均劳动者报酬收入2139.15元，比上年增长17.58％，成为本年农村居民收入增长的主要来源。由于受经济大环境的影响，农副产品价格持续下跌，农业经济效益相对下降，农户经营的农业生产规模有所缩少，生产和出售的农副产品大幅减少，致使农村居民人均家庭经营纯收入比上年减少6.56％，人均该项收入为2957.87元，其中人均家庭经营农业纯收入减少14.04％，经营第二产业纯收入减少11.95％。全年农村居民转移性纯收入和财产性收入分别减少2.77％和7.60％，其中利息收入和股息收入分别减少23.55％和9.09％。从收入构成来看，尽管农村居民家庭经营纯收入下降，但仍占农村居民纯收入比重一半以上，达52.55％；劳动者报酬收入比重达38.00％，比上年上升5.20个百分点。

1998年，城市居民人均消费性支出9422.33元，比上年增加7.5％，扣除价格变动因素，实际增长10.0％。城市居民人均全年收支节余额为1833.37元，节余率为16.3％，与上年基本持平。人均储蓄存款净储额—395.30元，是九十年代第三次呈负值(前二次分别是1992年、1993年)。

食品类支出占消费性支出的比重继续下降。由于食品类价格水平出现自1991年以来的首次下降，致使城市居民家庭虽然主要副食品消费量增加，但年人均食品类支出额出现自1980年以来的首次负增长。食品类支出占消费性支出的比重(恩格尔系数)为44.7％，是改革开放后历年来的最低值。

居住消费支出增势强劲。限期取消福利分房以及一系列刺激住房消费政策的推出，使住房消费逐步成为城市居民家庭新的消费热点，并带动住房装修支出的上升。城市居民家庭年人均购建房支出725.39元，比上年增长3.7倍；年人均购买建筑材料支出268.00元，增长86.6％；年人均住房装修服务支出117.99元，增长52.7％。

非消费性支出大幅增长。随着城市居民参与保险意识和纳税意识的增强，城市居民家庭用于非消费性支出年人均1431.52元，增长85.7％。其中购买社会非储蓄性保险支出增长37.9％，购买储蓄性保险增长63.0％，缴纳个人所得税增长1.9倍。

农村居民虽然收入增长速度不快，但由于各类商品价格普遍持续下降，农村居民仍然舍得花钱去改善生活条件，提高生活质量。1998年，农村居民人均生活消费支出4143.55元，比上年增长15.03％。在生活消费的八大类项目中，除了家庭设备用品支出和其它商品及服务支出两大类减少外，分别减少11.24％和17.19％，其余六大类均有不同程度的增长，其中增长最快的是居住支出，增长58.50％，增长较快的有交通通讯支出、医疗保健支出和衣着支出，分别增长29.84％、26.33％和19.25％，食品支出和文教娱乐用品支出分别增长3.38％和7.72％。

由于建筑材料价格跌到近年来的最低点，引发农村建房热的再度兴起。1998年农村居民家庭新建房屋面积比上年增长1.32倍，年末人均住房面积35.73平方米，比上年末增长10.93％。

至1998年末，农村居民人均货币结余额6176.33元，比上年末减少10.31％，其中人均手存现金3200.95元、存款余额2975.38元，分别比上年末减少17.89％和0.43％。

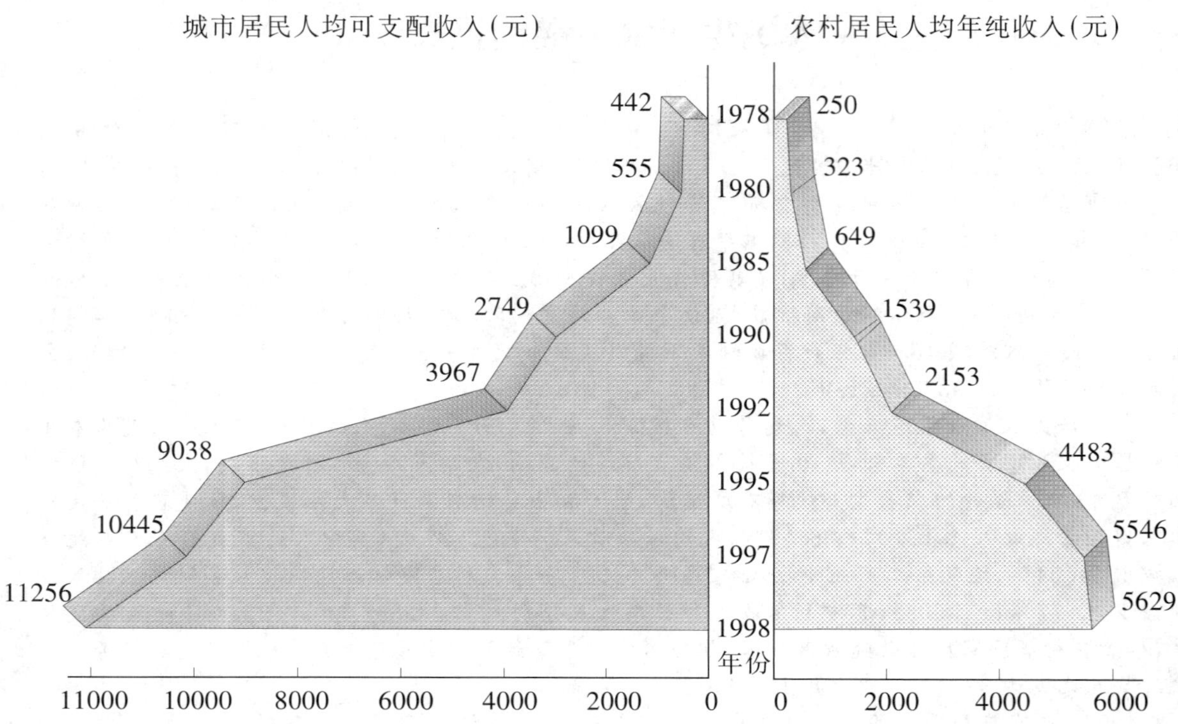


# 平均每百户城市居民和农村居民家庭耐用消费品拥有量

(1998 年)

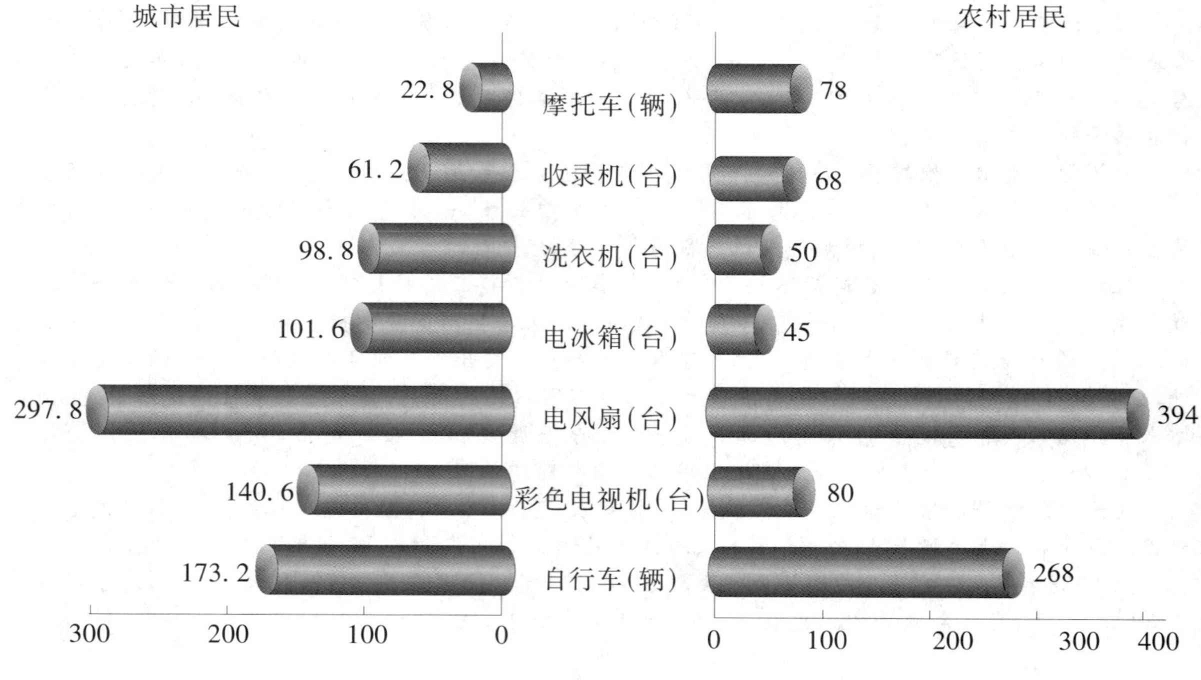

# 8—1 城市居民家庭基本情况

(1998 年)　　单位:人

| 项　　目 | 合　计 | 低收入户 | 中等偏下收入户 | 中　等收入户 | 中等偏上收入户 | 高收入户 |
|---|---|---|---|---|---|---|
| 调查户数(户) | 500 | 100 | 100 | 100 | 100 | 100 |
| 家庭人数 | 1626.36 | 350.17 | 332.50 | 327.10 | 310.50 | 306.09 |
| 平均每户人数 | 3.25 | 3.50 | 3.33 | 3.27 | 3.11 | 3.06 |
| (一)有收入者人数 | 1150.00 | 218.57 | 235.66 | 232.19 | 224.91 | 238.67 |
| 平均每户有收入者人数 | 2.30 | 2.19 | 2.36 | 2.32 | 2.25 | 2.39 |
| 1.就业人数 | 997.31 | 177.39 | 201.23 | 209.69 | 202.66 | 206.34 |
| 国有经济单位职工 | 691.25 | 91.58 | 133.74 | 154.59 | 142.25 | 169.09 |
| 集体经济单位职工 | 165.24 | 50.49 | 38.00 | 31.75 | 30.00 | 15.00 |
| 其他经济单位职工 | 83.09 | 23.75 | 12.00 | 12.76 | 19.00 | 15.58 |
| 个体雇主与自营者 | 6.91 | 2.08 | 1.00 | 1.00 | 1.83 | 1.00 |
| 个体被雇人员 | 27.99 | 3.33 | 11.33 | 4.75 | 5.58 | 3.00 |
| 被聘.留用离退休人员 | 19.32 | 5.41 | 5.16 | 3.75 | 2.33 | 2.67 |
| 其他就业人员 | 3.51 | 0.75 |  | 1.09 | 1.67 |  |
| 平均每户就业人数 | 1.99 | 1.77 | 2.01 | 2.10 | 2.03 | 2.06 |
| 平均每一就业者负担人数 | 1.63 | 1.97 | 1.65 | 1.56 | 1.53 | 1.48 |
| 2.离退休人数 | 146.86 | 39.18 | 32.01 | 22.17 | 22.25 | 31.25 |
| 3.其他有收入者人数 | 5.83 | 2.00 | 2.42 | 0.33 |  | 1.08 |
| (二)无收入者人数 | 476.36 | 131.60 | 96.84 | 94.91 | 85.59 | 67.42 |
| 本组最低人均年收入(元) | 3760.32 | 3760.32 | 7774.56 | 9712.32 | 11642.40 | 14655.84 |
| 本组最高人均年收入(元) | 34043.64 | 7766.28 | 9706.80 | 11630.28 | 14624.52 | 34043.64 |

注:本表是500户抽样调查资料,以下各城市居民家庭表同。

# 8—2 城市居民家庭平均每人全年现金收支情况

(1998 年)　　单位:元

| 项　　目 | 总平均 | 低收入户 | 中等偏下收入户 | 中等收入户 | 中等偏上收入户 | 高收入户 |
|---|---|---|---|---|---|---|
| 期初手存现金 | 569.94 | 304.93 | 432.25 | 688.45 | 699.28 | 764.81 |
| 现金收入 | 14529.75 | 7789.00 | 10924.05 | 14044.35 | 16727.63 | 24447.19 |
| 实际收入 | 11322.42 | 6215.61 | 8760.89 | 10701.94 | 13034.32 | 18873.73 |
| #可支配收入 | 11255.70 | 6189.23 | 8726.35 | 10665.60 | 12952.37 | 18708.89 |
| 1.国有经济单位职工工资 | 6543.70 | 2677.26 | 5001.62 | 6458.98 | 7495.24 | 11767.35 |
| 2.集体经济单位职工工资 | 1108.22 | 1082.10 | 1068.38 | 1199.21 | 1400.00 | 788.17 |
| 3.其他经济单位职工工资 | 834.76 | 752.47 | 444.63 | 600.53 | 1000.67 | 1434.67 |
| 4.职工从单位得到的其他收入 | 927.82 | 341.87 | 564.10 | 831.46 | 1027.61 | 1994.99 |
| 5.个体劳动者经营收入 | 295.07 | 102.71 | 416.58 | 282.75 | 477.48 | 211.28 |
| 雇主、自营者净收益 | 71.25 | 46.21 | 58.88 | 31.33 | 181.32 | 44.37 |
| 被雇者收入 | 223.82 | 56.50 | 357.70 | 251.42 | 296.16 | 166.91 |
| 6.被聘或留用离退休人员收入 | 78.73 | 69.70 | 76.39 | 61.72 | 53.79 | 135.11 |
| 7.其他就业者收入 | 18.42 | 6.83 |  | 28.26 | 59.00 |  |
| 8.其他劳动收入 | 76.19 | 23.08 | 62.22 | 73.36 | 69.25 | 162.17 |
| 9.财产性收入 | 292.36 | 126.55 | 195.77 | 212.00 | 272.02 | 693.50 |
| 10.转移性收入 | 1147.15 | 1033.04 | 931.20 | 953.67 | 1179.26 | 1686.49 |
| #赡养收入 | 53.71 | 24.50 | 11.43 | 50.02 | 108.92 | 80.99 |
| 赠送收入 | 175.44 | 78.70 | 105.65 | 110.24 | 301.09 | 304.15 |
| 离退休金 | 788.00 | 831.94 | 744.00 | 652.93 | 687.64 | 1031.69 |
| 记帐补贴 | 29.63 | 24.66 | 29.17 | 22.53 | 32.93 | 40.04 |
| 出售财物 | 30.21 | 23.57 | 2.14 | 1.58 | 9.62 | 119.76 |

8—2 续表

单位:元

| 项　　目 | 总平均 | 低收入户 | 中等偏下收入户 | 中等收入户 | 中等偏上收入户 | 高收入户 |
|---|---|---|---|---|---|---|
| 储蓄借贷收入 | 3207.33 | 1573.39 | 2163.16 | 3342.41 | 3693.31 | 5573.46 |
| #提取储蓄存款 | 2538.95 | 781.56 | 1588.47 | 2694.00 | 3046.76 | 4901.06 |
| 借入款 | 56.01 | 52.83 | 34.59 | 105.78 | 78.26 | 7.19 |
| 收回借出款 | 8.21 |  | 18.05 |  |  | 24.01 |
| 兑售有价证券 | 75.91 | 6.85 | 10.53 | 18.95 | 251.85 | 108.33 |
| 现金支出 | 14213.20 | 7601.57 | 10630.57 | 13839.00 | 16270.64 | 23981.55 |
| 实际支出 | 10853.85 | 6536.57 | 8337.51 | 11124.98 | 12571.07 | 16494.64 |
| 1.消费性支出 | 9422.33 | 6225.20 | 7624.09 | 9370.92 | 10580.66 | 13913.20 |
| 2.非消费性支出 | 1431.52 | 311.37 | 713.42 | 1754.06 | 1990.41 | 2581.44 |
| #个人所得税 | 37.09 | 1.72 | 5.37 | 13.81 | 49.02 | 124.80 |
| 赡养支出 | 187.89 | 77.79 | 143.68 | 165.59 | 247.58 | 325.15 |
| 赠送支出 | 428.35 | 151.98 | 286.81 | 358.34 | 599.23 | 799.74 |
| 购房与建房支出 | 725.39 | 66.90 | 234.75 | 1174.83 | 1026.20 | 1226.26 |
| 储蓄借贷支出 | 3359.35 | 1065.00 | 2293.06 | 2714.02 | 3699.57 | 7486.91 |
| #存入储蓄款 | 2143.65 | 518.87 | 1386.02 | 1620.22 | 2150.80 | 5377.52 |
| 归还借款 | 21.12 |  | 3.91 | 17.12 | 20.61 | 68.79 |
| 购买有价证券 | 27.55 | 8.57 | 29.47 | 6.11 |  | 98.01 |
| 归还购买住房贷款 | 0.43 |  | 2.13 |  |  |  |
| 期末手存现金 | 885.04 | 489.81 | 722.46 | 894.08 | 1154.41 | 1234.86 |

# 8-3 城市居民家庭平均每人全年消费性支出情况

（1998 年）　　　　单位:元

| 项　　目 | 总平均 | 低收入户 | 中等偏下收入户 | 中　等收入户 | 中等偏上收入户 | 高收入户 |
|---|---|---|---|---|---|---|
| **消费性支出合计** | **9422.33** | **6225.20** | **7624.09** | **9370.92** | **10580.66** | **13913.20** |
| 食品 | 4210.00 | 3713.86 | 3995.23 | 4246.54 | 4296.81 | 4883.75 |
| 粮食 | 267.74 | 238.32 | 287.58 | 273.82 | 276.89 | 264.07 |
| 淀粉及薯类 | 16.20 | 13.30 | 16.17 | 16.17 | 18.41 | 17.32 |
| 干豆类及制品 | 24.91 | 23.41 | 25.83 | 22.94 | 25.79 | 26.81 |
| 油脂类 | 85.87 | 84.07 | 85.43 | 89.56 | 87.26 | 83.04 |
| 肉禽及制品 | 945.06 | 870.11 | 997.57 | 952.74 | 952.16 | 958.32 |
| 蛋类 | 59.62 | 62.23 | 56.61 | 57.77 | 65.89 | 55.56 |
| 水产品类 | 377.05 | 331.58 | 387.64 | 386.01 | 384.70 | 400.24 |
| 菜类 | 331.54 | 321.67 | 338.83 | 324.50 | 342.77 | 331.07 |
| 调味品 | 34.41 | 30.96 | 37.19 | 32.27 | 36.03 | 35.96 |
| 糖类 | 37.57 | 34.72 | 37.21 | 35.89 | 38.98 | 41.60 |
| 烟草类 | 70.67 | 45.35 | 71.14 | 68.04 | 72.20 | 100.39 |
| 酒和饮料 | 84.52 | 64.63 | 73.74 | 88.02 | 88.51 | 111.22 |
| 干鲜瓜果类 | 253.54 | 217.94 | 236.70 | 278.06 | 257.69 | 282.15 |
| 坚果及果仁类 | 31.78 | 29.36 | 28.34 | 34.29 | 34.05 | 33.29 |
| 糕点类 | 117.80 | 101.17 | 119.94 | 120.60 | 114.21 | 135.14 |
| 奶及奶制品 | 120.16 | 100.54 | 128.87 | 106.58 | 112.06 | 155.85 |
| 其他食品 | 57.55 | 53.50 | 41.17 | 71.33 | 60.79 | 61.97 |
| 在外用餐 | 1294.01 | 1091.00 | 1025.27 | 1287.95 | 1328.42 | 1789.75 |
| 食品加工费 | | | | | | |
| 衣着 | 535.16 | 216.33 | 346.41 | 543.17 | 630.96 | 999.18 |
| 服装 | 378.67 | 142.53 | 226.96 | 379.63 | 446.91 | 743.34 |
| 衣着材料 | 12.43 | 6.28 | 10.62 | 12.56 | 11.34 | 22.41 |
| 鞋袜帽及其他 | 136.34 | 63.89 | 103.68 | 140.09 | 166.74 | 219.88 |
| 衣着加工费 | 7.72 | 3.63 | 5.15 | 10.89 | 5.97 | 13.55 |
| 设备用品及服务 | 819.69 | 286.23 | 516.84 | 755.96 | 987.23 | 1657.09 |
| 耐用消费品 | 436.81 | 106.63 | 248.83 | 395.39 | 539.98 | 958.33 |
| 家具 | 170.45 | 15.76 | 114.69 | 162.89 | 199.88 | 386.21 |
| 住房装饰 | 8.32 | 2.64 | 9.21 | 7.42 | 8.08 | 15.02 |

8—3 续表

单位：元

| 项目 | 总平均 | 低收入户 | 中等偏下收入户 | 中等收入户 | 中等偏上收入户 | 高收入户 |
|---|---|---|---|---|---|---|
| 家庭设备 | 258.04 | 88.23 | 124.93 | 225.08 | 332.02 | 557.10 |
| 室内装饰品 | 26.84 | 2.34 | 11.95 | 14.18 | 46.92 | 64.17 |
| 床上用品 | 54.70 | 15.75 | 46.74 | 49.00 | 59.20 | 109.44 |
| 家庭日用杂品 | 188.68 | 108.54 | 135.77 | 181.93 | 218.98 | 314.32 |
| 家具材料 | 10.53 | 2.21 | 6.58 | 13.54 | 22.52 | 8.97 |
| 家庭服务 | 102.13 | 50.76 | 66.97 | 101.92 | 99.63 | 201.86 |
| 医疗保健 | 375.98 | 223.98 | 235.43 | 380.45 | 452.55 | 620.11 |
| 医疗器具 | 3.06 | 0.06 | 0.90 | 3.40 | 6.04 | 5.44 |
| 保健用品 | 8.85 | 1.40 | 2.25 | 1.50 | 6.23 | 35.05 |
| 医药费 | 254.09 | 171.09 | 164.36 | 262.88 | 297.38 | 393.21 |
| 补药品 | 42.39 | 13.66 | 28.16 | 45.29 | 63.36 | 66.32 |
| 医疗保健服务 | 63.48 | 35.76 | 38.14 | 61.86 | 72.45 | 115.39 |
| 其他 | 4.11 | 2.01 | 1.62 | 5.52 | 7.09 | 4.70 |
| 交通和通讯 | 691.76 | 275.23 | 371.01 | 649.66 | 1021.69 | 1227.03 |
| 交通 | 367.44 | 114.71 | 182.71 | 353.75 | 643.11 | 592.25 |
| #交通费 | 160.33 | 82.78 | 109.48 | 156.07 | 196.22 | 272.46 |
| 通讯 | 324.32 | 160.52 | 188.30 | 295.91 | 378.58 | 634.78 |
| #电讯费 | 223.26 | 137.96 | 162.01 | 227.39 | 274.16 | 331.32 |
| 邮费 | 3.66 | 0.91 | 1.07 | 1.98 | 6.18 | 8.88 |
| 娱乐文教服务 | 1063.46 | 587.34 | 769.49 | 1132.64 | 1180.69 | 1734.64 |
| 耐用消费品 | 279.15 | 73.40 | 168.30 | 322.73 | 340.40 | 526.21 |
| 教育 | 484.31 | 390.94 | 386.27 | 520.58 | 494.49 | 648.55 |
| 文化娱乐 | 300.00 | 123.00 | 214.92 | 289.33 | 345.80 | 559.88 |
| 居住 | 1223.60 | 757.15 | 1121.37 | 1252.19 | 1324.23 | 1735.68 |
| 住房 | 683.09 | 292.29 | 620.76 | 760.19 | 716.42 | 1081.68 |
| 水电燃料 | 540.51 | 464.86 | 500.61 | 492.00 | 607.81 | 654.00 |
| 杂项商品及服务 | 502.68 | 165.08 | 268.31 | 410.31 | 686.50 | 1055.72 |
| 个人消费 | 419.26 | 129.99 | 223.76 | 343.53 | 594.82 | 865.41 |
| 其他商品 | 36.64 | 16.47 | 28.48 | 33.80 | 43.00 | 65.12 |
| 其他服务 | 46.78 | 18.62 | 16.07 | 32.98 | 48.68 | 125.19 |

## 8-4 城市居民家庭平均每人全年可支配收入和消费性支出情况

单位:元

| 项　　目 | 1980 年 | 1985 年 | 1990 年 | 1995 年 | 1998 年 |
|---|---|---|---|---|---|
| 期初手存现金 | 12.05 | 34.21 | 283.96 | 530.44 | 569.94 |
| 可支配收入 | 606.12 | 1099.77 | 2748.95 | 9038.16 | 11255.70 |
| 消费性支出 | 521.04 | 1011.48 | 2409.60 | 7601.73 | 9422.33 |
| 　食　品 | 366.57 | 632.13 | 1461.41 | 3816.34 | 4210.00 |
| 　衣　着 | 49.10 | 65.33 | 154.14 | 498.13 | 535.16 |
| 　设备用品及服务 | 23.98 | 86.83 | 174.15 | 690.69 | 819.69 |
| 　医疗保健 | 6.36 | 13.20 | 40.08 | 244.53 | 375.98 |
| 　交通及通讯 | 5.09 | 31.47 | 73.05 | 476.24 | 691.76 |
| 　娱乐文教服务 | 23.67 | 78.92 | 193.59 | 734.42 | 1063.46 |
| 　居　住 | 23.74 | 52.45 | 192.88 | 658.94 | 1223.60 |
| 　杂项商品及服务 | 22.53 | 51.15 | 120.30 | 482.44 | 502.68 |
| 期末手存现金 | 15.20 | 74.02 | 386.10 | 1122.25 | 885.04 |

## 8-5 城市居民家庭平均每百户年末耐用消费品拥有量

| 项　　目 | 单　位 | 1985 年 | 1990 年 | 1995 年 | 1997 年 | 1998 年 |
|---|---|---|---|---|---|---|
| 组合家具 | 套 |  | 51.7 | 55.0 | 55.4 | 57.4 |
| 自行车 | 辆 | 165.7 | 191.7 | 190.7 | 189.0 | 173.2 |
| 电风扇 | 台 | 235.3 | 335.7 | 326.0 | 322.6 | 297.8 |
| 洗衣机 | 台 | 62.3 | 87.3 | 105.0 | 100.6 | 98.8 |
| 电冰箱 | 台 | 42.7 | 87.3 | 102.3 | 101.8 | 101.6 |
| 摩托车 | 辆 | 1.0 | 4.0 | 12.7 | 16.8 | 22.8 |
| 彩色电视机 | 台 | 35.7 | 88.7 | 111.0 | 134.4 | 140.6 |
| 黑白电视机 | 台 | 70.3 | 36.7 | 16.7 |  |  |
| 立体声收录机 | 台 | 42.0 | 44.7 | 36.0 |  | 61.2 |
| 照相机 | 架 | 14.0 | 33.7 | 66.0 | 75.0 | 73.6 |
| 中高档乐器 | 件 |  | 8.3 | 13.7 | 9.6 | 8.6 |
| 空调器 | 台 |  | 1.3 | 57.3 | 99.2 | 107.4 |
| 电炊具 | 台 |  | 128.3 | 160.3 | 139.8 | 150.0 |
| 高级音响 | 套 |  | 17.3 | 40.7 | 55.4 | 55.4 |
| 录放像机 | 台 |  | 31.0 | 63.0 | 52.8 | 50.6 |

注:中高档乐器不包括钢琴。

# 8-6 城市居民家庭平均每百户年末耐用消费品拥有量

（1998 年）

| 项　　目 | 单位 | 总平均 | 低收入户 | 中等偏下收入户 | 中等收入户 | 中等偏上收入户 | 高收入户 |
|---|---|---|---|---|---|---|---|
| 组合家具 | 套 | 57.4 | 47.0 | 59.0 | 56.0 | 47.0 | 78.0 |
| 大衣柜 | 个 | 166.0 | 152.0 | 144.0 | 171.0 | 168.0 | 195.0 |
| 写字台 | 张 | 90.0 | 78.0 | 84.0 | 82.0 | 95.0 | 111.0 |
| 摩托车 | 辆 | 22.8 | 12.0 | 17.0 | 25.0 | 21.0 | 39.0 |
| 自行车 | 辆 | 173.2 | 179.0 | 192.0 | 166.0 | 165.0 | 164.0 |
| 洗衣机 | 台 | 98.8 | 94.0 | 96.0 | 99.0 | 102.0 | 103.0 |
| 电风扇 | 台 | 297.8 | 297.0 | 286.0 | 311.0 | 290.0 | 305.0 |
| 电冰箱 | 台 | 101.6 | 100.0 | 97.0 | 104.0 | 100.0 | 107.0 |
| 彩色电视机 | 台 | 140.6 | 121.0 | 133.0 | 136.0 | 143.0 | 170.0 |
| 录放像机 | 台 | 50.6 | 37.0 | 51.0 | 60.0 | 52.0 | 53.0 |
| 影碟机 | 台 | 54.0 | 37.0 | 54.0 | 56.0 | 54.0 | 69.0 |
| 组合音响 | 套 | 55.4 | 42.0 | 47.0 | 52.0 | 67.0 | 69.0 |
| 家用电脑 | 台 | 30.8 | 15.0 | 23.0 | 34.0 | 37.0 | 45.0 |
| 照相机 | 架 | 73.6 | 47.0 | 60.0 | 86.0 | 72.0 | 103.0 |
| 钢琴 | 架 | 3.4 | 1.0 | 4.0 | 5.0 | 1.0 | 6.0 |
| 中高档乐器 | 件 | 8.6 | 3.0 | 6.0 | 10.0 | 9.0 | 15.0 |
| 移动电话 | 台 | 16.0 | 7.0 | 6.0 | 17.0 | 14.0 | 36.0 |
| 空调器 | 台 | 107.4 | 65.0 | 91.0 | 99.0 | 129.0 | 153.0 |
| 淋浴热水器 | 台 | 85.4 | 70.0 | 86.0 | 90.0 | 85.0 | 96.0 |
| 脱排油烟机 | 台 | 72.2 | 58.0 | 68.0 | 77.0 | 73.0 | 85.0 |
| 吸尘机 | 台 | 10.4 | 4.0 | 8.0 | 11.0 | 7.0 | 22.0 |
| 健身器材 | 件 | 9.4 | 1.0 | 5.0 | 7.0 | 12.0 | 12.0 |

# 8-7 城市居民家庭购买的主要商品数量

（1998 年）

| 项　　目 | 单位 | 购买量 | 项　　目 | 单位 | 购买量 |
|---|---|---|---|---|---|
| **平均每人每月购买** | | | 服　　装 | 件 | 80.27 |
| 粮　　食 | 千克 | 7.30 | #男士服装 | 件 | 23.20 |
| 食用植物油 | 千克 | 0.85 | 女士服装 | 件 | 38.11 |
| 鲜　　菜 | 千克 | 13.41 | 童　　装 | 件 | 18.96 |
| 猪　　肉 | 千克 | 2.03 | 鞋 | 双 | 18.50 |
| 牛 羊 肉 | 千克 | 0.34 | 肥　　皂 | 块 | 11.40 |
| 家　　禽 | 千克 | 1.18 | 洗 衣 粉 | 千克 | 14.58 |
| 鲜　　蛋 | 千克 | 0.94 | 煤　　炭 | 千克 | 20.41 |
| 其他肉禽蛋 | 千克 | 1.40 | 液化石油气 | 千克 | 283.04 |
| 水 产 品 | 千克 | 3.15 | 管道煤气 | $米^3$ | 234.56 |
| 食　　糖 | 千克 | 0.22 | **平均每百户全年购买** | | |
| 卷　　烟 | 盒 | 1.49 | 自 行 车 | 辆 | 10.60 |
| 白　　酒 | 千克 | 0.08 | 家用电脑 | 台 | 4.80 |
| 啤　　酒 | 千克 | 0.17 | 电 风 扇 | 台 | 14.20 |
| 茶　　叶 | 千克 | 0.02 | 洗 衣 机 | 台 | 4.60 |
| 鲜 瓜 果 | 千克 | 3.90 | 电 冰 箱 | 台 | 5.60 |
| 糖　　果 | 千克 | 0.06 | 空 调 器 | 台 | 9.20 |
| 糕　　点 | 千克 | 0.45 | 吸 尘 器 | 台 | 1.20 |
| 鲜　　奶 | 千克 | 0.60 | 摩 托 车 | 台 | 1.80 |
| **平均每百人每月购买** | | | 彩色电视机 | 台 | 8.20 |
| 棉　　布 | 米 | 1.24 | 组合音响 | 套 | 1.40 |
| 棉花化纤混纺布 | 米 | 0.86 | 收 录 机 | 台 | 6.20 |
| 化 纤 布 | 米 | 3.41 | 照 相 机 | 台 | 1.40 |
| 呢　　绒 | 米 | 0.09 | 录放像机 | 台 | 0.40 |
| 绸　　缎 | 米 | 0.04 | 影 碟 机 | 台 | 6.80 |
| 毛　　线 | 千克 | 0.14 | | | |

# 8-8 城市居民家庭居住情况

（1998 年）

| 项　　目 | 调查户数（户） | 家庭常住人口（人） | 项　　目 | 调查户数（户） | 家庭常住人口（人） |
|---|---|---|---|---|---|
| **总　　计** | 500 | 1626 | 空调设备 | 316 | 1011 |
| **按居住面积分** | | | 暖气 | | |
| 无房户 | | | 火坑、火炉 | | |
| 4 平方米以下 | 11 | 39 | **按厨房使用情况分** | | |
| 4—6 平方米 | 36 | 124 | 无厨房 | | |
| 6—8 平方米 | 69 | 242 | 独用厨房 | 477 | 1551 |
| 8—10 平方米 | 76 | 249 | 公用厨房 | 23 | 75 |
| 10—12 平方米 | 70 | 231 | **按燃料使用情况分** | | |
| 12—14 平方米 | 67 | 218 | 管道煤气 | 183 | 587 |
| 14 平方米以上 | 171 | 523 | 液化石油气 | 313 | 1025 |
| **按房屋产权分** | | | 煤 | 4 | 14 |
| 公房 | 228 | 732 | 其他 | | |
| 租赁私房 | 15 | 49 | **按电话拥有情况分** | | |
| 自有房 | 30 | 100 | 无电话 | 49 | 155 |
| 部分产权的自有房 | 227 | 745 | 公费电话 | 63 | 206 |
| **按自来水使用情况分** | | | 自费电话 | 388 | 1265 |
| 无自来水 | | | 公用电话 | | |
| 独用自来水 | 479 | 1561 | **按住宅建筑式样分** | | |
| 公用自来水 | 21 | 65 | 家庭单栋配套住宅 | 2 | 8 |
| **按卫生设备拥有情况分** | | | 单元式配套住宅 | 439 | 1422 |
| 无卫生设备 | 12 | 38 | 一居室 | 36 | 105 |
| 有浴室厕所 | 392 | 1277 | 二居室 | 123 | 390 |
| 有厕所无浴室 | 64 | 211 | 三居室 | 220 | 719 |
| 公用卫生设备 | 32 | 100 | 四居室及以上 | 60 | 208 |
| **按取暖设备拥有情况分** | | | 普通楼房 | 43 | 140 |
| 无取暖设备 | 184 | 615 | 普通平房 | 16 | 56 |

附：调查户合计居住面积 19289.40 平方米，居住间数 1364 间，辅助面积 4301 平方米。

# 8-9 农村居民家庭基本情况

（1998 年）

| 项目 | 单位 | 总平均 | 低收入户 | 中等偏下收入户 | 中等收入户 | 中等偏上收入户 | 高收入户 |
|---|---|---|---|---|---|---|---|
| 调查户数 | 户 | 240 | 48 | 48 | 48 | 48 | 48 |
| 各组比重 | % | 100 | 20 | 20 | 20 | 20 | 20 |
| 本组最低人均年纯收入 | 元 | 716 | 716 | 3128 | 4695 | 6309 | 7421 |
| 本组最高人均年纯收入 | 元 | 34949 | 3085 | 4629 | 6306 | 7385 | 34949 |
| 调查户常住人口 | 人 | 1152 | 270 | 247 | 221 | 208 | 206 |
| 平均每户常住人口 | 人 | 4.80 | 5.63 | 5.15 | 4.60 | 4.33 | 4.29 |
| #整半劳动力 | 人 | 3.19 | 3.44 | 3.31 | 2.96 | 3.02 | 3.23 |
| 平均每一劳动力负担人口数 | 人 | 1.50 | 1.64 | 1.55 | 1.56 | 1.43 | 1.33 |
| 平均每户生产性固定资产原价 | 元 | 4792.85 | 7939.17 | 4628.75 | 4400.65 | 1738.75 | 5256.96 |
| 平均每人经营耕地面积 | 亩 | 1.02 | 1.18 | 1.06 | 1.13 | 0.92 | 0.73 |
| 平均每人全年粮食产量 | 千克 | 345.92 | 410.99 | 393.98 | 354.17 | 348.95 | 191.10 |
| 出售量 | 千克 | 80.45 | 81.66 | 75.38 | 105.57 | 91.79 | 43.95 |
| 平均每人全年油料产量 | 千克 | 4.21 | 7.17 | 4.21 | 5.38 | 2.13 | 1.16 |
| 出售量 | 千克 | 1.55 | 3.27 | 1.06 | 2.33 | 0.43 | 0.16 |
| 平均每人全年糖料产量 | 千克 | 435.42 | 32.67 | 303.95 | 678.17 | 687.20 | 606.26 |
| 出售量 | 千克 | 403.56 | 27.94 | 283.36 | 637.85 | 609.01 | 581.21 |
| 平均每人全年蔬菜产量 | 千克 | 866.02 | 686.36 | 972.05 | 1082.74 | 942.78 | 776.20 |
| 出售量 | 千克 | 681.70 | 615.13 | 785.34 | 829.43 | 638.84 | 659.22 |
| 平均每人全年水果产量 | 千克 | 141.40 | 11.68 | 26.72 | 171.25 | 404.22 | 151.55 |
| 出售量 | 千克 | 102.81 | 10.16 | 22.80 | 95.92 | 285.09 | 143.53 |
| 平均每人全年猪肉产量 | 千克 | 9.59 | 4.16 | 6.50 | 10.14 | 19.09 | 10.21 |
| 出售量 | 千克 | 7.18 | 4.16 | 6.50 | 8.69 | 12.00 | 5.50 |
| 平均每人全年家禽产量 | 千克 | 45.21 | 6.21 | 4.70 | 60.74 | 87.91 | 85.13 |
| 出售量 | 千克 | 38.97 | 1.26 | 0.57 | 54.93 | 81.89 | 74.00 |
| 平均每人全年禽蛋产量 | 千克 | 0.50 | 0.57 | 0.72 | 0.43 | 0.41 | 0.31 |
| 出售量 | 千克 | 0.03 | 0.05 |  |  | 0.09 | 0.01 |
| 平均每人全年水产品产量 | 千克 | 36.82 | 1.25 | 9.84 | 36.77 | 30.42 | 122.29 |
| 出售量 | 千克 | 27.55 | 1.15 | 9.77 | 13.85 | 11.06 | 114.84 |
| 平均每户拥有住房间数 | 间 | 8.78 | 7.33 | 7.17 | 7.52 | 8.46 | 13.42 |
| 平均每人住房面积 | 平方米 | 35.73 | 24.44 | 28.88 | 34.58 | 41.45 | 54.20 |

8—9 续表

| 项目 | 单位 | 总平均 | 低收入户 | 中等偏下收入户 | 中等收入户 | 中等偏上收入户 | 高收入户 |
|---|---|---|---|---|---|---|---|
| 平均每人全年消费 | | | | | | | |
| 粮食 | 千克 | 209.90 | 232.22 | 226.28 | 205.23 | 195.30 | 180.75 |
| 蔬菜 | 千克 | 138.84 | 138.69 | 138.13 | 137.74 | 149.69 | 130.14 |
| 食用油 | 千克 | 6.51 | 4.88 | 6.46 | 6.51 | 8.15 | 7.04 |
| 肉禽类 | 千克 | 33.20 | 21.48 | 31.12 | 36.76 | 37.53 | 42.90 |
| 蛋类 | 千克 | 3.92 | 2.29 | 5.65 | 4.17 | 2.63 | 4.99 |
| 水产品 | 千克 | 16.43 | 9.44 | 14.95 | 17.90 | 23.32 | 18.81 |
| 糖类 | 千克 | 4.73 | 4.85 | 4.19 | 4.94 | 6.32 | 3.39 |
| 酒和饮料 | 千克 | 8.78 | 2.20 | 6.32 | 13.04 | 13.64 | 10.89 |
| 干鲜果 | 千克 | 19.55 | 16.08 | 14.31 | 24.03 | 20.99 | 24.14 |
| 平均每户年内购买 | | | | | | | |
| 水泥 | 千克 | 1243.26 | 160.67 | 118.73 | 1319.81 | 568.40 | 4048.69 |
| 钢材 | 千克 | 193.54 | 31.25 | 0.04 | 80.71 | 76.25 | 779.46 |
| 砖瓦 | 块 | 1958.88 | 44.27 | 449.13 | 378.29 | 1133.27 | 7789.42 |
| 化肥 | 千克 | 775.37 | 618.90 | 735.77 | 1063.60 | 960.06 | 498.50 |
| 饼肥 | 千克 | 48.55 | 33.79 | 48.19 | 27.60 | 41.50 | 91.65 |
| 农药 | 千克 | 15.82 | 16.13 | 14.90 | 18.77 | 13.90 | 15.42 |
| 农用薄膜 | 千克 | 0.55 | 0.04 | 0.10 | 0.56 | 0.94 | 1.13 |
| 柴油 | 千克 | 3.87 | 1.15 | 8.50 | 4.81 | 3.02 | 1.85 |
| 汽油 | 千克 | 45.13 | 18.77 | 41.48 | 53.92 | 40.75 | 70.75 |
| 平均每百户年末拥有 | | | | | | | |
| 自行车 | 辆 | 268 | 254 | 292 | 263 | 258 | 273 |
| 缝纫机 | 架 | 103 | 119 | 96 | 98 | 98 | 102 |
| 电风扇 | 台 | 394 | 325 | 350 | 394 | 458 | 444 |
| 洗衣机 | 台 | 50 | 23 | 38 | 56 | 69 | 67 |
| 电冰箱 | 台 | 45 | 17 | 33 | 48 | 54 | 71 |
| 摩托车 | 辆 | 78 | 65 | 73 | 73 | 77 | 102 |
| 黑白电视机 | 台 | 44 | 63 | 44 | 42 | 38 | 33 |
| 彩色电视机 | 台 | 80 | 60 | 77 | 81 | 90 | 94 |
| 收录机 | 台 | 68 | 65 | 63 | 71 | 65 | 79 |
| 电饭煲 | 台 | 91 | 81 | 88 | 88 | 110 | 88 |
| 液化汽炉具 | 台 | 95 | 54 | 83 | 96 | 115 | 127 |
| 电话机 | 台 | 42 | 15 | 29 | 33 | 69 | 63 |
| 汽车 | 辆 | 5 | 10 | 4 | 4 | | 8 |
| 拖拉机 | 台 | 21 | 21 | 32 | 18 | 19 | 13 |
| 耕牛 | 头 | 18 | 46 | 21 | 16 | 8 | |

# 8—10 农村居民家庭平均每人全年收支情况

（1998 年） 单位：元

| 项　　目 | 总平均 | 低收入户 | 中等偏下收入户 | 中等收入户 | 中等偏上收入户 | 高收入户 |
|---|---|---|---|---|---|---|
| 全年纯收入 | 5628.95 | 2218.18 | 3867.79 | 5603.71 | 6697.13 | 11159.61 |
| 全年总收入 | 7120.09 | 2844.33 | 4611.54 | 7519.52 | 8565.75 | 13843.84 |
| 基本收入 | 6503.75 | 2634.06 | 4430.26 | 6887.88 | 8025.50 | 12113.18 |
| 劳动者的报酬收入 | 2139.15 | 314.04 | 842.89 | 1717.51 | 2984.17 | 5684.64 |
| #企业劳动收入 | 1140.86 | 198.72 | 736.54 | 1069.27 | 2190.79 | 1877.19 |
| 家庭经营收入 | 4364.60 | 2320.02 | 3587.37 | 5170.37 | 5041.33 | 6428.54 |
| #农林牧副渔业收入 | 3155.64 | 1965.15 | 2655.06 | 3580.40 | 4045.05 | 3962.49 |
| 转移性收入 | 357.52 | 118.72 | 138.61 | 533.30 | 369.06 | 732.78 |
| 财产性收入 | 258.82 | 91.55 | 42.67 | 98.34 | 171.19 | 997.88 |
| 全年总支出 | 5829.06 | 2541.64 | 3488.90 | 6124.62 | 6196.67 | 12255.49 |
| 家庭经营费用支出 | 1222.32 | 416.58 | 542.99 | 1655.49 | 1603.43 | 2243.38 |
| 购置生产性固定资产支出 | 21.06 | 40.64 | 12.55 | 23.58 | 3.17 | 20.95 |
| 缴纳税金 | 82.92 | 58.99 | 74.33 | 94.93 | 68.61 | 126.16 |
| 上交集体任务提留和摊派 | 34.91 | 24.01 | 19.77 | 15.31 | 47.85 | 75.32 |
| 生活消费支出 | 4143.55 | 1937.12 | 2699.43 | 3922.65 | 4258.91 | 8887.53 |
| 食品支出 | 1773.13 | 1158.96 | 1572.36 | 1836.02 | 2054.31 | 2467.45 |
| #副食支出 | 990.67 | 653.38 | 963.51 | 1053.69 | 1184.47 | 1202.05 |
| 衣着支出 | 110.00 | 64.99 | 88.28 | 98.15 | 134.90 | 182.59 |
| 居住支出 | 1036.14 | 152.47 | 220.94 | 721.20 | 704.29 | 3844.77 |
| #住房支出 | 845.28 | 50.39 | 68.57 | 537.33 | 451.68 | 3546.19 |
| 家庭设备、用品及服务 | 224.59 | 99.57 | 139.35 | 244.27 | 283.29 | 410.28 |
| 医疗保健 | 167.03 | 72.01 | 122.85 | 232.38 | 102.38 | 339.72 |
| 交通和通讯 | 270.11 | 56.48 | 140.15 | 236.42 | 222.55 | 790.09 |
| 文教娱乐用品及服务 | 470.81 | 308.32 | 335.04 | 489.07 | 606.73 | 689.76 |
| 其他商品及服务支出 | 91.74 | 24.32 | 80.46 | 65.14 | 150.46 | 162.87 |
| 其他非借贷性支出 | 324.30 | 64.30 | 139.83 | 412.66 | 214.70 | 902.15 |
| 全年货币总收入 | 7609.10 | 2244.76 | 3919.52 | 7586.46 | 7651.91 | 19045.03 |
| #出售产品收入 | 2241.75 | 1138.63 | 1810.08 | 2568.30 | 2774.47 | 3316.95 |
| 储蓄借贷收入 | 1270.37 | 173.28 | 69.85 | 1007.75 | 295.95 | 5413.42 |
| 全年货币总支出 | 6897.92 | 1982.82 | 3216.71 | 7012.90 | 7472.59 | 16986.72 |
| #家庭经营费用支出 | 1186.28 | 371.00 | 494.70 | 1619.37 | 1573.26 | 2228.68 |
| 生活消费支出 | 3722.94 | 1351.59 | 2224.74 | 3553.48 | 3939.38 | 8590.68 |
| 储蓄借贷支出 | 1406.27 | 106.41 | 320.45 | 1185.75 | 1449.52 | 4604.83 |
| 年末手存现金 | 3200.95 | 1917.43 | 2475.61 | 2958.55 | 1601.22 | 7628.24 |
| 年末存款余额 | 2975.38 | 467.05 | 1576.34 | 2607.62 | 4810.61 | 6481.94 |

# 主要统计指标解释

【城镇居民家庭就业人口】 指城镇居民从事社会劳动并取得劳动报酬或经营收入的人口。就业人口包括通过国家统筹规划和指导由劳动部门介绍就业，自愿组织起来就业和自谋职业等方式，在国有制、集体所有制、中外合资、中外合作、外资在华独资的企事业单位和私营企业单位工作或从事个体劳动的有固定性职业或临时性职业的人口。被聘用和留用的离退休人员也计入就业人口。本指标可以反映城镇居民的就业情况，是计算就业面、负担系数的重要资料。

【城镇居民家庭全部收入】 指被调查城镇居民家庭全部的实际现金收入，包括经常或固定得到的收入和一次性收入。不包括周转性收入，如提取银行存款、向亲友借入款、收回借出款以及其他各种暂收款。

【城镇居民家庭生活费收入】 指被调查的城镇居民家庭全部收入中能用于安排家庭日常生活的实际收入。即城镇居民家庭的全部实际收入扣除"赡养费支出"、"赠送支出"和缴纳的各种税款以及被调查户非本家庭人口的经常用饭人口所交的"搭伙费"。

【城镇居民家庭可支配收入】 指被调查城镇居民家庭在支付个人所得税之后，所余下的实际收入。

【城镇居民家庭消费性支出】指被调查的城镇居民家庭用于日常生活的全部支出，包括购买商品支出和文化生活、服务等非商品性支出。不包括罚没、丢失款和缴纳的各种税款(如个人所得税、牌照税、房产税等)，也不包括个体劳动者生产经营过程中发生的各项费用。

【城镇居民家庭购买商品支出】指被调查的城镇居民家庭购买商品的全部支出，包括从商店、工厂、饮食业、工作单位食堂、集市以及直接从农民购买各种商品的开支。共分九类：食品、衣着品、日用品、文化娱乐用品、书报杂志、药及医疗用品、房屋及建筑材料、燃料、其他商品。不论自用的或赠送亲友的都包括在内。

【农村居民家庭纯收入】 指农村常住居民家庭总收入中，扣除从事生产和非生产经营费用支出、缴纳税款和上交承包集体任务金额以后剩余的，可直接用于进行生产性、非生产性建设投资、生活消费和积蓄的那一部分收入。它是反映农民家庭实际收入水平的综合性的主要指标。农民家庭纯收入，既包括从事生产性和非生产性的经营收入，又包括取自在外人口寄回带回和国家财政救济、各种补贴等非经营性收入；既包括货币收入，又包括自产自用的实物收入。但不包括向银行、信用社和向亲友借款等属于借贷性的收入。

【农村居民家庭整半劳动力】 指农村常住居民家庭成员中有劳动能力并经常参加实际劳动的人员。它是生产的基本要素指标之一，是发展生产增加农民家庭收入的重要源泉。按规定，农村男18周岁至50周岁、女18周岁至45周岁为整劳动力；男16周岁到17周岁、51周岁到60周岁，女16周岁到17周岁、46周岁到55周岁为半劳动力。农民家庭整半劳动力，既包括在上述规定劳动年龄内和在劳动年龄以外有劳动能力并经常参加实际劳动的男女整半劳动力，也包括农民家庭常住人员中属于职工的劳动力。但不包括在劳动年龄内已丧失劳动能力的人员。

【农村居民家庭生活消费支出】 指农村常住居民家庭年内用于日常生活的全部开支。它是用来反映和研究农民家庭实际生活消费水平高低的重要指标。农民家庭生活消费支出，包括用于吃、穿、住、烧、用等生活消费品开支和文化、生活服务费用开支两大部分。

【农村居民家庭商品性生活消费支出】 指农村常住居民家庭用其货币收入，在市场上购买食品、衣着、家庭用家具器皿、日用杂品、燃料、耐用消费品、以及文教卫生用品等生活消费总量。包括向国有商店、集体商店和集市贸易市场以及其他流通渠道购买的全部生活消费品。农民家庭商品性生活消费支出，是农民家庭生活消费支出的一个重要组成部分，是用来反映和分析农民家庭生活消费水平的商品化程度，及其由自给性经济向商品经济发展趋势的重要指标，也是研究和预测农民家庭对市场消费品需求，制定商品供应计划的重要依据。

# 第九篇

# 城市公用事业

# 城市基础设施建设又添新姿

1998年，广州市政府为了扩大内需和改善投资环境，全年城市建设投入140.31亿元(含市区维护费)，其中用于城市建设固定资产投资额133.38亿元，比上年增长45%。公用事业(不包自来水、煤气)和公共设施建设全年完成投资额128.14亿元，比上年增长48.5%，占城市建设完成投资额的96.07%，比重比上年提高2.28个百分点。一年来，旧城区的改造和新城区的开发，地铁二号线、港口、机场、高速公路、内环路等一大批跨世纪工程相继铺开，促进了我市基础设施建设的速度不断加快，也使广州市城区规模、城市面貌、城市功能不断发生令人瞩目的变化。

1.城市路桥建设加快步伐。1998年我市市政工程建设投资完成100.37亿元，扩建和改善多条道路，增建多座桥梁。年末城市道路总长度1908千米，比上年增加22千米；道路总面积2302万平方米，比上年增加73万平方米；人均拥有道路面积6.96平方米。年末城市桥梁达619座，比上年增加15座，其中立交桥新增7座，人行天桥新增2座。年末路灯共有7.06万盏，比上年增加五千多盏。

2.城市公共交通不断改善。年末市区实有营运公共汽(电)车4552辆，比上年增加531辆；客运量达11.91亿人次，比上年增加1.52亿人次。出租汽车15142辆，因到期报废等因素减少429辆，但出租车客运量仍达3.59亿人次，比上年增加0.2亿人次。每万人拥有公共交通车辆16.77标台。地铁一号线于1998年12月28日全线开通，运营线路长度18公里，试营运期客运量达44.76万人次。地铁一号线的开通，将进一步改善广州城区的交通状态，也为广州城建史增添绚丽的一笔。

3. 园林绿化显成效。1998年我市对城市园林绿化建设投入资金5.86亿元，比上年增加1.66亿元，增长39.52%。1998年末，广州城市园林绿地面积达32340公顷，其中公共绿地面积2105公顷，分别比上年增加156公顷和250公顷；建成区绿化覆盖率达28.08%。年末公园数62个，比上年新增8个公园；人均公共绿地面积达6.37平方米。

4.供水、供电量继续上升。全年城市新铺设自来水管道311千米，日供水能力351万吨，供水总量达12.23亿立方米，平均每人每天用水量(按市区用水人口计)567升，用水普及率达98.94%，比上年上升0.31个百分点。全年供电总量168.15亿千瓦·时，比上年增长9.4%，市区供电总量120.11亿千瓦·时，增长9.2%。在全市供电总量中，工业用电85.46亿千瓦·时，比上年增长3.8%，占全市供电总量50.82%；全市城乡居民生活用电34.72亿千瓦·时，比上年增长15.1%。市区城乡居民生活用电26.07亿千瓦·时，增长16.9%。

5.管道煤气有所发展。城市煤气管道总长度1296千米，比上年增加28千米，增长2.2%；煤气销售量0.86亿立方米，比上年增长8.7%，使用煤气居民户数为34.61万户，比上年增长10.6%。城市液化气供气量15.41万吨，比上年增长1.6%，使用液化气居民户数为44.71万户，比上年增长1.5%。城市气化率达91.9%，比上年提高1.26个百分点。

6.市容环境卫生有所改观。城市年末实际清扫保洁面积2516万平方米，全年生活垃圾粪便清运量达258万吨，粪便无害化日处理能力达1004吨，年末城市公共厕所有1498座，比上年增加7座；清洁卫生工具不断现代化，机械拥有量达908辆。城市主要道路实行24小时保洁制度；对居民生活垃圾收运采用上门收集方式等，逐步减少环境污染，使城市环境卫生不断改观。

7.城市住宅建设投资增加，居民居住水平有所提高。1998年市区住宅投资额190.48亿元，比上年增长25.1%。年末市区实有住宅居住面积3817.17万平方米，城市人均居住面积达11.55平方米，比上年增加0.76平方米，离我市预期在2000年人均居住面积达12平方米的目标不远。

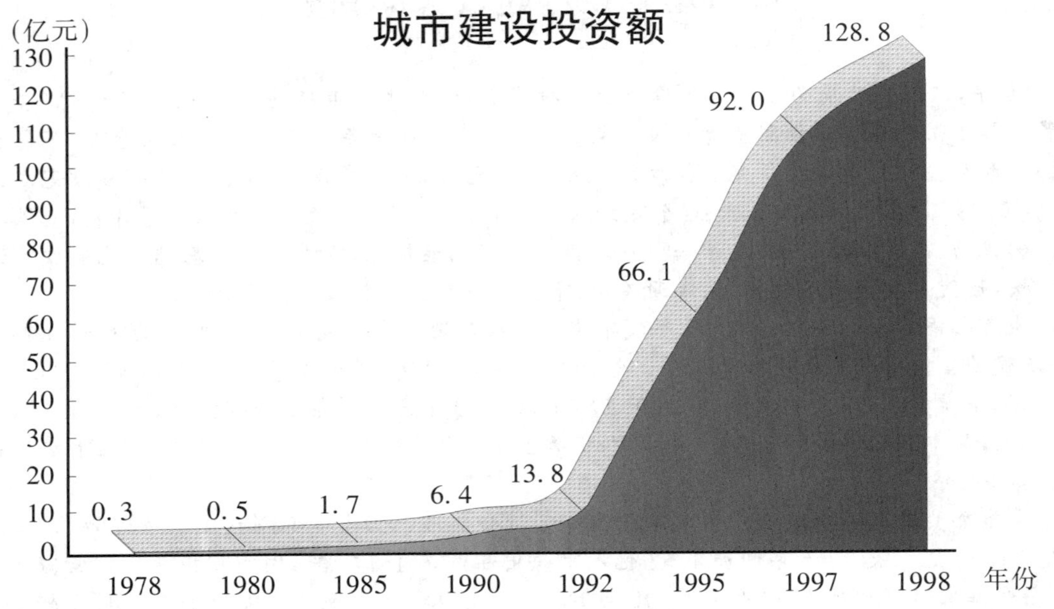
城市建设投资额
(亿元)
130
120
110
100
90
80
70
60
50
40
30
20
10
0
0. 3
0. 5
1. 7
6. 4
13. 8
66. 1
92. 0
128. 8
1978
1980
1985
1990
1992
1995
1997
1998
年份

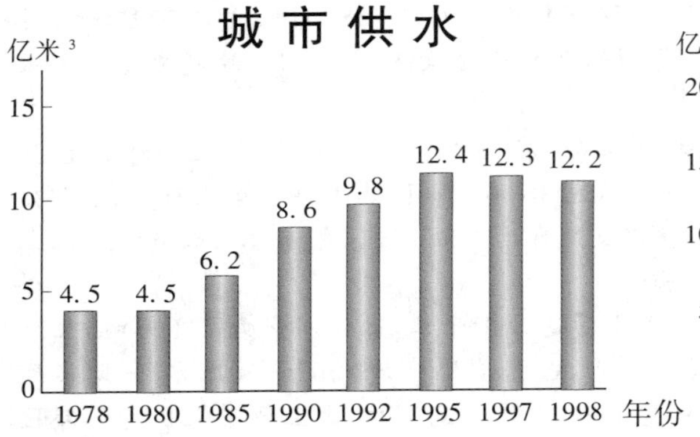
城 市 供 水
亿米3
15
10
5
0
4. 5
4. 5
6. 2
8. 6
9. 8
12. 4
12. 3
12. 2
1978
1980
1985
1990
1992
1995
1997
1998
年份

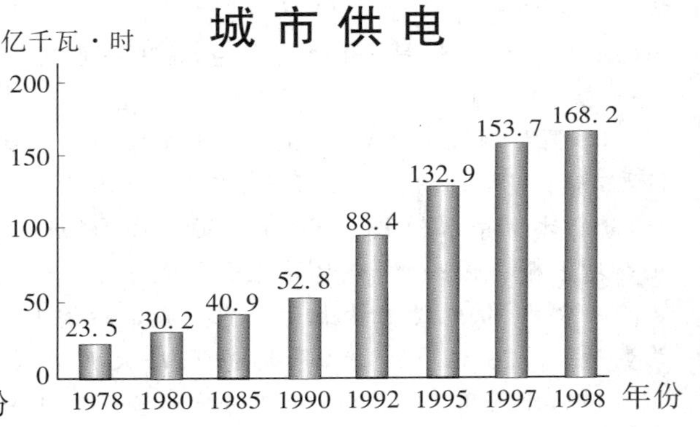
城 市 供 电
亿千瓦·时
200
150
100
50
0
23. 5
30. 2
40. 9
52. 8
88. 4
132. 9
153. 7
168. 2
1978
1980
1985
1990
1992
1995
1997
1998
年份

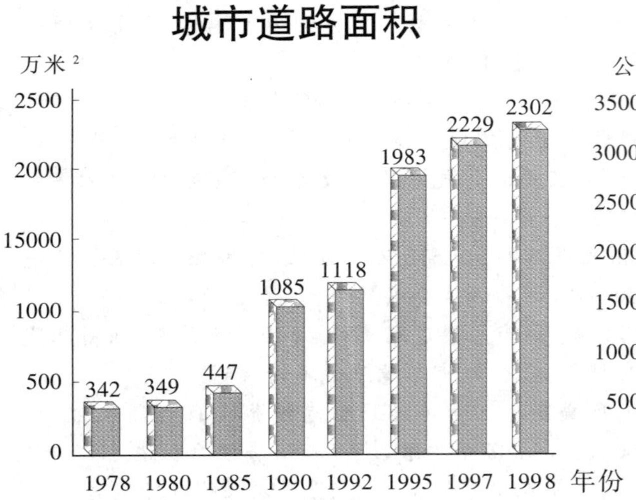
城市道路面积
万米2
2500
2000
15000
1000
500
0
342
349
447
1085
1118
1983
2229
2302
1978
1980
1985
1990
1992
1995
1997
1998
年份

城市园林绿地面积
公顷
35000
30000
25000
20000
15000
10000
5000
0
6143
6200
8644
14262
19383
27198
32184
32340
1978
1980
1985
1990
1992
1995
1997
1998
年份

# 9—1 城市（市区）供水

| 项目 | 单位 | 1980 年 | 1985 年 | 1990 年 | 1995 年 | 1997 年 | 1998 年 |
|---|---|---|---|---|---|---|---|
| 自来水管长度 | 千米 | 1849 | 2354 | 2947 | 4138 | 4497 | 4808 |
| #干管 | 千米 | 368 | 641 | 886 | 1197 | 1550 | 1809 |
| 年底自来水综合生产能力 | 万吨/日 | 158 | 202 | 260 | 364 | 372 | 351 |
| 全年供水量 | 万米$^3$ | 45122 | 62469 | 86136 | 124184 | 122953 | 122294 |
| 全年售水量 | 万米$^3$ | 43005 | 58633 | 82307 | 110899 | 108510 | 108602 |
| 生产用水 | 万米$^3$ | 20489 | 23639 | 27902 | 37377 | 30412 | 28149 |
| 生活用水 | 万米$^3$ | 22516 | 34994 | 54405 | 73522 | 78098 | 80453 |
| 最高日供水量 | 万米$^3$ | 147 | 193 | 265 | 374 | 364 | 366 |
| 年末用水人数 | 万人 | 282 | 273 | 328 | 372 | 383 | 391 |
| 用水普及率 | % | 93.07 | 100.00 | 100.00 | 98.20 | 98.63 | 98.94 |
| 人均每天用水量(按市区用水人口) | 升 | 208 | 293 | 419 | 544 | 585 | 567 |
| 人均每天用水量(按用水人口) | 升 | 222 | 358 | 460 | 541 | 559 | 564 |

# 9—2 城市供电

单位：万千瓦.时

| 项目 | 1980 年 | 1985 年 | 1990 年 | 1995 年 | 1997 年 | 1998 年 |
|---|---|---|---|---|---|---|
| 全市 | | | | | | |
| 供电总量 | 302354 | 408657 | 527670 | 1329050 | 1536644 | 1681543 |
| 售电总量 | 291081 | 390904 | 498014 | 1090811 | 1280836 | 1447556 |
| #工业用电 | 222072 | 251572 | 297277 | 737951 | 823416 | 854596 |
| 城乡居民生活用电 | | | 81301 | 252491 | 301610 | 347175 |
| 城市 | | | 57250 | 177549 | 196283 | 222910 |
| 乡村 | | | 24051 | 74942 | 105327 | 124265 |
| 市区 | | | | | | |
| 供电总量 | 255176 | 336549 | 428107 | 958143 | 1100404 | 1201077 |
| 售电总量 | 246000 | 328946 | 404046 | 790334 | 881167 | 1004670 |
| #工业用电 | 197146 | 218267 | 239331 | 482226 | 527734 | 528383 |
| 城乡居民生活用电 | | | 60192 | 189711 | 222980 | 260692 |
| 城市 | | | 49013 | 147861 | 163909 | 197799 |
| 乡村 | | | 11179 | 41850 | 59071 | 62893 |

# 9-3 全 市 用 电

（1998 年）　　　　单位：万千瓦.时

| 项　目 | 全　市 | 市　区 | 番禺市 | 花都市 | 增城市 | 从化市 |
|---|---|---|---|---|---|---|
| **供电总量** | **1681543** | **1201077** | **230908** | **103224** | **102955** | **43379** |
| #售电总量 | 1447556 | 1004670 | 213166 | 98030 | 92869 | 38821 |
| 农、林、牧、渔、水利业 | 28185 | 21067 | 1691 | 2551 | 1711 | 1165 |
| #排 灌 | 5584 | 4149 | 212 | 785 | 106 | 332 |
| 工　业 | 854596 | 528383 | 157793 | 71304 | 69914 | 27202 |
| 轻工业 | 298145 | 209616 | 36847 | 19516 | 17127 | 15039 |
| 重工业 | 556451 | 318767 | 120946 | 51788 | 52787 | 12163 |
| 1.煤炭采选业 | 1151 | 1143 |  | 8 |  |  |
| 2.石油及天然气开采业 | 2877 | 2872 | 5 |  |  |  |
| 3.黑色金属矿采选业 | 48 | 13 | 35 |  |  |  |
| 4.有色金属矿采选业 | 118 | 14 | 1 |  |  | 103 |
| 5.建材及其他非金属矿采选业 | 14964 | 7199 | 4465 | 2862 |  | 438 |
| 6.其他矿采选业 | 836 | 128 | 626 | 4 |  | 78 |
| 7.木材及竹材采运业 | 1681 | 1302 | 379 |  |  |  |
| 8.自来水生产和供应业 | 47369 | 36438 | 3236 | 1034 | 6526 | 135 |
| 9.食品饮料供应业 | 43832 | 30908 | 4949 | 2825 | 2282 | 2868 |
| 10.纺织业 | 34441 | 18796 | 6876 | 5156 | 2617 | 996 |
| 11.造纸及纸制品业 | 23444 | 15935 | 4920 | 1730 | 859 |  |
| 12.电力生产业 | 92793 | 55213 | 17742 | 5194 | 10086 | 4558 |
| #线路损失电量 | 75502 | 37922 | 17742 | 5194 | 10086 | 4558 |
| 13.石油加工业 | 1953 | 1900 | 47 | 6 |  |  |
| 14.炼焦煤气及煤制品业 | 2551 | 2209 | 59 | 11 | 66 | 206 |
| 15.化学工业 | 56322 | 48601 | 2222 | 1307 | 2808 | 1384 |
| 16.医药工业 | 10732 | 9608 | 104 | 273 | 215 | 532 |
| 17.化学纤维工业 | 15500 | 13601 | 387 | 962 |  | 550 |
| 18.橡胶及塑料制品业 | 74390 | 27026 | 33736 | 8839 | 2815 | 1974 |
| 19.建材及其他非金属矿物制品业 | 105452 | 50488 | 6635 | 30612 | 14889 | 2828 |
| 20.黑色金属冶炼及压延加工业 | 70971 | 68244 | 1172 | 2 | 1233 | 320 |
| 21.有色金属冶炼及压延加工业 | 18801 | 11946 | 5560 | 196 |  | 1099 |
| 22.金属制品业 | 41137 | 21729 | 9663 | 3475 | 1603 | 4667 |
| 23.机械工业 | 26839 | 21507 | 3464 | 758 | 499 | 611 |
| 24.交通运输电气电子设备制造业 | 53564 | 38503 | 13449 | 445 | 745 | 422 |
| 25.其他工业 | 112830 | 43060 | 38061 | 5605 | 22671 | 3433 |
| 地质普查和勘探业、水利管理业 | 787 | 508 | 22 | 164 |  | 93 |
| 建 筑 业 | 29208 | 24436 | 1401 | 1330 | 636 | 1405 |
| 交通运输邮电通讯业 | 36830 | 31772 | 1759 | 1209 | 720 | 1370 |
| 商业公共饮食物资供销和仓储业 | 193176 | 159982 | 21205 | 4240 | 6666 | 1083 |
| 其他事业 | 191586 | 174237 | 6379 | 6517 | 2763 | 1690 |
| 城乡居民生活用电 | 347175 | 260692 | 40658 | 15909 | 20545 | 9371 |
| 城 市 | 222910 | 197799 | 5227 | 3286 | 10672 | 5926 |
| 乡 村 | 124265 | 62893 | 35431 | 12623 | 9873 | 3445 |

# 9-4 城　市　供　气

| 项　目 | 单位 | 1995年 | | 1997年 | | 1998年 | |
|---|---|---|---|---|---|---|---|
| | | 合　计 | #煤气公司 | 合　计 | #煤气公司 | 合　计 | #煤气公司 |
| **液化气** | | | | | | | |
| 液化气储气能力 | 米³ | 24442 | 5000 | 28912 | 10000 | 29242 | 10000 |
| 液化气供气量 | 吨 | 127334 | 51168 | 151719 | 44267 | 154126 | 42837 |
| 液化气销售量 | 吨 | 127334 | 51168 | 151719 | 44267 | 154126 | 42837 |
| #家庭使用 | 吨 | 102818 | 47421 | 92244 | 36084 | 94752 | 36405 |
| 居民液化气使用户数 | 户 | 448295 | 181052 | 440630 | 180630 | 447119 | 176989 |
| 居民液化气使用人数 | 万人 | 170.30 | 72.40 | 173.17 | 70.99 | 171.24 | 67.78 |
| **人工煤气** | | | | | | | |
| 煤气管道长度 | 千米 | 1184 | 1169 | 1268 | 1251 | 1296 | 1280 |
| 煤气销售量 | 万米³ | 7078 | 6378 | 7952 | 7380 | 8641 | 8033 |
| #家庭使用 | 万米³ | 6724 | 6028 | 7326 | 6754 | 7774 | 7166 |
| 居民煤气使用户数 | 户 | 256705 | 250882 | 312840 | 303310 | 346135 | 336005 |
| 居民煤气使用人数 | 万人 | 102.70 | 100.00 | 122.94 | 119.20 | 132.57 | 128.69 |
| 按人口计算气化率 | % | 86.60 | | 90.63 | | 91.89 | |

注:煤气销售量不包括工业自产自销量。

# 9-5 主要年份城市房屋建筑面积

| 年　份 | 年末实有房屋建筑面积（万米²） | 年末实有住宅建筑面积（万米²） | 年末实有住宅居住面积（万米²） | 平均每人居住面积（米²） |
|---|---|---|---|---|
| 1952 | 1256.38 | 789.76 | 473.86 | 3.93 |
| 1957 | 1484.49 | 868.31 | 520.99 | 3.08 |
| 1962 | 1823.35 | 943.00 | 565.86 | 2.95 |
| 1965 | 1957.95 | 992.63 | 595.50 | 3.01 |
| 1970 | 2166.65 | 1056.93 | 634.16 | 3.39 |
| 1975 | 2484.36 | 1153.38 | 692.03 | 3.57 |
| 1978 | 2889.89 | 1314.03 | 788.42 | 3.82 |
| 1980 | 3247.82 | 1512.88 | 907.73 | 3.97 |
| 1985 | 5511.97 | 2834.43 | 1700.66 | 6.62 |
| 1990 | 7567.44 | 3974.23 | 2327.55 | 7.99 |
| 1995 | 9666.45 | 5276.22 | 3043.65 | 9.61 |
| 1996 | 10273.31 | 5644.83 | 3246.39 | 10.08 |
| 1997 | 11022.22 | 6149.90 | 3524.18 | 10.79 |
| 1998 | 11884.05 | 6682.61 | 3817.17 | 11.55 |

## 9-6 城市建设固定资产投资额

单位：万元

| 年份 | 合计 | 自来水 | 公用设施 | 煤气 |
|---|---|---|---|---|
| 1978 | 3150 | 803 | 2296 | 51 |
| 1980 | 5407 | 774 | 4348 | 285 |
| 1985 | 17212 | 2525 | 13397 | 1290 |
| 1990 | 64424 | 12405 | 32741 | 19278 |
| 1991 | 81781 | 11616 | 49310 | 20855 |
| 1992 | 137813 | 16742 | 102870 | 18201 |
| 1993 | 251411 | 13008 | 218251 | 20152 |
| 1994 | 422510 | 58679 | 357345 | 6486 |
| 1995 | 661264 | 87382 | 559769 | 14113 |
| 1996 | 595693 | 87903 | 497870 | 9920 |
| 1997 | 919932 | 47523 | 862770 | 9639 |
| 1998 | 1333760 | 45179 | 1281400 | 7181 |

## 9-7 城市维护费收支情况

单位：万元

| 项目 | 1980年 | 1985年 | 1990年 | 1995年 | 1997年 | 1998年 |
|---|---|---|---|---|---|---|
| 维护费收入 | 9553 | 14319 | 30693 | 644878 | 792843 | 1236183 |
| 维护费支出 | 9028 | 23667 | 31825 | 639215 | 785020 | 1228308 |
| 用于养护维修 | 3200 | 6443 | 16741 | 101806 | 85144 | 95603 |
| 用于更新改造 | 5828 | 17224 | 9623 | 529620 | 686899 | 1088608 |
| 上缴能源交通基金税 | | | | | | |
| 偿还贷款 | | | 4700 | 3200 | 4763 | 33863 |
| 其他 | | | 761 | 4589 | 8214 | 10234 |

## 9—8 公 共 交 通

（1998 年）

| 项目 | 单位 | 汽、电车 | #市区 | #汽车 | 轮渡 | 市区出租汽车 | #小汽车 | 地铁 |
|---|---|---|---|---|---|---|---|---|
| 年末营运车、船数 | 辆、艘 | 5163 | 4552 | 4422 | 70 | 15142 | 15038 | 84 |
| 营运车船座位数 | 个 | 353915 | 329091 | 318041 | 23754 | 62648 | 60152 | 4704 |
| 营运线路条数 | 条 | 415 | 266 | 259 | 31 | | | 1 |
| 营运线路长度 | 千米 | 15509 | 3998 | 3941 | 350 | | | 18 |
| 客运量 | 万人次 | 122385 | 119144 | 112164 | 4267 | 35860 | 34096 | 45 |
| 客运周转量 | 万人千米 | 826173 | 706773 | 684184 | 4965 | 205726 | 191897 | 23547 |
| 客运收入 | 万元 | 137481 | 117222 | 113453 | 3394 | 194817 | 191502 | 125 |
| 车船完好率 | % | 97.56 | 97.47 | 97.46 | 86.85 | 98.61 | 99.00 | 84.01 |
| 每辆汽、电车负担人数（按市区人口计） | 人 | | 726 | | | | | |

## 9—9 城市（市区）公共设施

| 项目 | 单位 | 1980 年 | 1985 年 | 1990 年 | 1995 年 | 1997 年 | 1998 年 |
|---|---|---|---|---|---|---|---|
| 道路总长度 | 千米 | 391 | 415 | 945 | 1809 | 1886 | 1908 |
| #高级路面 | 千米 | 385 | 415 | 833 | 1573 | 1650 | 1672 |
| 道路总面积 | 万米$^2$ | 349 | 447 | 1085 | 1983 | 2229 | 2302 |
| #高级路面 | 万米$^2$ | 346 | 447 | 993 | 1811 | 2057 | 2130 |
| 桥梁 | 座 | 144 | 165 | 265 | 524 | 604 | 619 |
| #立交桥 | 座 | 5 | 13 | 24 | 52 | 60 | 67 |
| 人行天桥 | 座 | 2 | 13 | 42 | 74 | 87 | 89 |
| 隧道 | 座 | | | 5 | 7 | 7 | 7 |
| 路灯 | 盏 | 25042 | 29560 | 39138 | 59643 | 65065 | 70584 |
| #汞灯、钠灯 | 盏 | 6777 | 10173 | 18919 | 38293 | 44530 | 48808 |
| 路灯线路总长度 | 千米 | 1834 | 1985 | 2718 | 3329 | 3799 | 4244 |
| 下水道总长度 | 千米 | 586 | 697 | 1217 | 1535 | 1652 | 1680 |

注:1990 年起包系统外数字。

## 9-10 城市(市区)园林情况

| 项目 | 单位 | 1980年 | 1985年 | 1990年 | 1995年 | 1997年 | 1998年 |
|---|---|---|---|---|---|---|---|
| 城市园林绿地面积 | 公顷 | 6200 | 8644 | 14262 | 27198 | 32184 | 32340 |
| #公共绿地 | 公顷 | 1043 | 1466 | 1132 | 1485 | 1855 | 2105 |
| 建成区绿化覆盖面积 | 公顷 | 3793 | 5830 | 3655 | 6240 | 7336 | 7710 |
| 建成区园林绿地面积 | 公顷 | 3793 | 5830 | 3508 | 5763 | 6758 | 7106 |
| 市园林局系统 | 公顷 | | | 783 | 1559 | 1629 | 1671 |
| 非园林局系统 | 公顷 | | | 2725 | 4204 | 5129 | 5435 |
| 建成区道路绿化覆盖面积 | 公顷 | 657 | 657 | 147 | 295 | 358 | 376 |
| 建成区绿化覆盖率 | % | 23.00 | 26.00 | 19.50 | 24.08 | 27.51 | 28.08 |
| 公园个数 | 个 | 18 | 19 | 24 | 38 | 54 | 62 |
| #游乐园 | 个 | | | 3 | 3 | 3 | 3 |
| 动物园 | 个 | 1 | 1 | 1 | 1 | 1 | 1 |
| 公园面积 | 公顷 | 612 | 779 | 1026 | 1264 | 1527 | 1727 |
| #游乐园 | 公顷 | | | 69 | 73 | 69 | 69 |
| 动物园 | 公顷 | 43 | 43 | 43 | 43 | 43 | 43 |
| 公园面积中:水面积 | 公顷 | 133 | 133 | 139 | 135 | 138 | 172 |
| #游乐园 | 公顷 | | | 5 | 6 | 3 | 3 |
| 动物园 | 公顷 | 3 | 3 | 3 | 2 | 2 | 2 |
| 风景区个数 | 个 | 3 | 6 | 6 | 4 | 1 | 1 |
| 风景区面积 | 公顷 | 2607 | 2814 | 2664 | 2130 | 1681 | 1681 |
| #水面积 | 公顷 | 200 | 275 | 113 | 30 | 2 | 2 |
| 建成区面积 | 千米$^2$ | 170.0 | 183.0 | 187.4 | 259.1 | 266.7 | 274.6 |

## 9-11 城市环境卫生

| 项目 | 单位 | 1980年 | 1985年 | 1990年 | 1995年 | 1997年 | 1998年 |
|---|---|---|---|---|---|---|---|
| 实际清扫保洁面积 | 万米$^2$ | 896 | 1030 | 2112 | 2372 | 2433 | 2516 |
| 环卫职工人数 | 人 | 8815 | 9832 | 12479 | 15587 | 16105 | 17639 |
| 生活垃圾粪便全年清运量 | 万吨 | 94.89 | 77.01 | 136.00 | 188.00 | 226.00 | 258.00 |
| 生活垃圾 | 万吨 | 45.80 | 64.60 | 105.00 | 155.00 | 189.00 | 222.00 |
| 粪便 | 万吨 | 49.09 | 12.41 | 31.00 | 33.00 | 37.00 | 36.00 |
| 清洁卫生机械拥有量 | 辆 | 289 | 339 | 475 | 872 | 913 | 908 |
| 粪便无害化处理厂日处理能力 | 吨 | | | 400 | 1000 | 1010 | 1004 |
| 公共厕所 | 座 | 361 | 415 | 558 | 619 | 581 | 588 |

注:1998年公共厕所座数包括系统外为1498座。

## 9—12 立交桥、人行天桥（隧道）一览表

| 名　　称 | 竣工日期 | 名　　称 | 竣工日期 |
|---|---|---|---|
| 立　交　桥 | | 34. 东风路越秀北立交桥 | 1993.09. |
| 1. 沙河顶铁路立交桥 | 1950年、1971年扩 | 35. 花地立交桥 | 1993.12. |
| 2. 大北立交桥 | 1964.04. | 36. 东华东立交桥 | 1993.12. |
| 3. 德坭路立交桥 | 1964.09. | 37. 高速公路沙河立交桥 | 1993.12. |
| 4. 黄花东铁路立交桥 | 1965.9、1987.5扩 | 38. 北环高速公路濂泉立交桥 | 1993.12. |
| 5. 黑山铁路立交桥 | 1978.12. | 39. 北环高速公路元岗立交桥 | 1993.12. |
| 6. 广园西路铁路立交桥（一） | 1981.12. 注 | 40. 北环高速公路轻工技校立交桥 | 1993.12. |
| 7. 广园西路铁路立交桥（二） | 1981.12. | 41. 北环高速公路华南路立交桥 | 1993.12. |
| 8. 石围塘铁路立交桥 | 1983.09. | 42. 北环高速公路双燕岗立交桥 | 1993.12. |
| 9. 区庄立交桥 | 1983.11. | 43. 省高速公路（广深珠）罗岗互通立交 | 1993.10. |
| 10. 广花立交桥 | 1984.09. | 44. 广花路黄石立交桥 | 1994.01. |
| 11. 洪德路立交桥 | 1984.11. | 45. 岗顶立交桥 | 1994.09. |
| 12. 麓景路立交桥 | 1985.12. | 46. 广从路广园立交桥 | 1994.05. |
| 13. 中山一路立交桥 | 1985.06. | 47. 广从路铁路跨线桥 | 1994.05. |
| 14. 天河立交桥 | 1986.12. | 48. 广从路东方乐园立交桥 | 1994.05. |
| 15. 石牌立交桥 | 1987.08. | 49. 广从路黄石立交桥 | 1994.05. |
| 16. 茅岗铁路立交桥 | 1987.09. | 50. 省高速公路（广深珠）新塘互通立交 | 1994.06. |
| 17. 横枝岗立交桥 | 1987.12. | 51. 北村三立交 | 1995.04. |
| 18. 西场立交桥 | 1989.06. | 52. 龙溪路、花地大道立交 | 1995.06. |
| 19. 客村立交桥 | 1989.12. | 53. 解放路、中山路立交 | 1995.09. |
| 20. 高速公路沙贝立交跨主线立交桥 | 1989.08. | 54. 果园场立交 | 1995.12. |
| 21. 北环高速公路沙河立交桥 | 1990.03. | 55. 石牌立交 | 1996.01. |
| 22. 高速公路跨广清公路立交桥 | 1989.08. | 56. 北村一立交 | 1996.05. |
| 23. 高速公路西槎路跨线立交桥 | 1990.12. | 57. 丰乐路立交 | 1996.09. |
| 24. 高速公路广北立交桥 | 1990.12. | 58. 南江立交 | 1996.12. |
| 25. 高速公路广花立交桥 | 1990.12. | 59. 苍头立交 | 1996.12. |
| 26. 机场路、广园路立交桥 | 1991.10. | 60. 新港路、昌岗路立交 | 1996.12. |
| 27. 环市东、淘金坑立交桥 | 1987. | 61. 五山路立交 | 1998.02. |
| 28. 机场路候机楼立交桥 | 1992.08. | 62. 广中路立交 | 1998.07. |
| 29. 新市立交桥 | 1992.10. | 63. 昌岗路立交 | 1998.07. |
| 30. 东风路农林下路立交桥 | 1992.08. | 64. 黄埔大道立交 | 1998.07 |
| 31. 先烈路立交桥 | 1992.10. | 65. 新洲立交 | 1998.08. |
| 32. 小北路立交桥 | 1992.08. | 66. 新滘立交 | 1998.08. |
| 33. 盘福路立交桥 | 1992.10. | 67. 东圃立交 | 1998.08. |

注：6项是广园西与五股道，7项是广园西与三股道。

9—12 续表1

| 名　　称 | 竣工日期 | 名　　称 | 竣工日期 |
| --- | --- | --- | --- |
| 高　架　路 | | 15.流花东方宾馆天桥 | 1986.10. |
| 1.小北路高架路 | 1986.08. | 16.执信南中山一院天桥 | 1986.12. |
| 2.大北路高架路 | 1986.09. | 17.中山一农林东天桥 | 1987.07. |
| 3.人民路、六二三路高架路 | 1987.09. | 18.解放北、桂花岗天桥 | 1987.01. |
| 4.解放北路高架路 | 1993.09. | 19.环市东、东环路天桥 | 1987.08. |
| 5.高速公路双燕岗高架路 | 1993.12. | 20.环市东、建设六马路天桥 | 1987.10. |
| 6.高速公路侨乐路高架路 | 1993.12. | 21.环市东、建设大马路天桥 | 1987.10. |
| 7.高速公路元岗高架路 | 1993.12. | 22.人民北、环市路天桥 | 1987.11. |
| 8.高速公路濂泉路高架路 | 1993.12. | 23.中山大道、港湾路东天桥 | 1987.11. |
| 9.高速公路广园路高架路 | 1993.12. | 24.中山大道、港湾路西天桥 | 1987.11. |
| 10.东濠涌高架路 | 1994.07. | 25.西华路源头天桥 | 1988.03. |
| 人　行　天　桥 | | 26.解放北、应元路天桥 | 1988.10. |
| 1.人民南、西濠二马路天桥 | 1980.10. | 27.江南大道、万松园天桥 | 1988.11. |
| 2.北京路、中山五路天桥 | 1980.12. | 28.中山大道武警天桥 | 1988.11. |
| 3.北京路、大南路天桥 | 1981.12. | 29.中山大道岗顶天桥 | 1988.11. |
| 4.北京路、文明路天桥 | 1981.12. | 30.中山大道水厂天桥 | 1988.12. |
| 5.北京路、惠福东路天桥 | 1984.08. | 31.广州客运站人行天桥 | 1989.01. |
| 6.南方大厦北门人行天桥 | 1984.09. | 32.流花万宝天桥 | 1989.04. |
| 7.先烈路省科学院天桥 | 1984.12. | 33.环市东假日酒店天桥 | 1989.05. |
| 8.六二三路人行天桥 | 1985.12. | 34.环市西华丽宫天桥 | 1989.12. |
| 9.东风东、陵园西东侧天桥 | 1985.12. | 35.荔湾北热力天桥 | 1989.12. |
| 10.东风东、陵园西西侧天桥 | 1985.12. | 36.工业大道凤宁南天桥 | 1989.12. |
| 11.江南大道北人行天桥 | 1985.12. | 37.环市东农林下路天桥 | 1989.12. |
| 12.环市西、水厂路人行天桥 | 1985.12. | 38.沿江西555天桥 | 1990.09. |
| 13.环市东、广工学院天桥 | 1986.09. | 39.东风美特天桥 | 1990.09. |
| 14.环市西、省汽车站天桥 | 1986.10. | 40.一德路海珠广场天桥 | 1990.11. |

9—12　续表 2

| 名　　称 | 竣工日期 | 名　　称 | 竣工日期 |
|---|---|---|---|
| 41.洪德路、厚德路天桥 | 1991.01. | 70.东风西路人民北东天桥 | 1994.09. |
| 42.西站、铁路人行天桥 | 1991.04. | 71.东风西路人民北西天桥 | 1994.09. |
| 43.高速公路沙贝收费站人行天桥 | 1991.04. | 72.东风西路荔湾北天桥 | 1994.09. |
| 44.寺右路天桥 | 1991.08. | 73.芳村大道北天桥 | 1994.02. |
| 45.机场路、广园路天桥 | 1991.10. | 74.岗顶天桥(石牌) | 1994.12. |
| 46.交易会天桥 | 1991.10. | 75.龙溪路花地人行天桥 | 1995.07. |
| 47.中山七路天桥 | 1991.11. | 76.棠下天桥 | 1995.12. |
| 48.西增路天桥 | 1991.10. | 77.新市天桥 | 1995.12. |
| 49.机场路 1 号天桥 | 1992.03. | 78.槎头天桥 | 1995.12. |
| 50.机场路 2 号天桥 | 1992.10. | 79.海珠购物中心天桥 | 1996.01. |
| 51.中医学院天桥 | 1992.07. | 80.文明路文德路天桥 | 1996.04. |
| 52.东风路先烈天桥 | 1992.11. | 81.燕塘天桥 | 1996.12. |
| 53.小北立交东侧天桥 | 1992.12. | 82.广深公路文冲段双岗天桥 | 1996.12. |
| 54.小北立交西侧天桥 | 1992.12. | 83.水荫路天桥 | 1997.01. |
| 55.盘福路天桥 | 1992.10. | 84.解放路迎宾馆天桥 | 1997.10. |
| 56.蓬莱路天桥 | 1993.09. | 85.解放路大新路天桥 | 1997.11. |
| 57.东风路解放北 1 号天桥 | 1993.09. | 86.解放路惠福路天桥 | 1997.12. |
| 58.东风路解放北 2 号天桥 | 1993.09. | 87.黄埔区广深公路庙头天桥 | 1997.12. |
| 59.东风路越秀北天桥 | 1993.09. | 88.黄埔区夏围天桥 | 1997.12. |
| 60.东风路正南路天桥 | 1993.07. | 89.石化路天桥 | 1998.03. |
| 61.东风路梅东路天桥 | 1993.08. | **人　行　隧　道** | |
| 62.东风路执信路天桥 | 1993.09. | 1.起义路人行隧道 | 1986.11. |
| 63.德政北天桥 | 1994.05. | 2.天河路体育中心东侧隧道 | 1987.09. |
| 64.机械学院人行天桥 | 1994.07. | 3.天河路体育中心隧道 | 1987.09. |
| 65.农科院一号人行天桥 | 1994.07. | 4.天河路体育中心西侧隧道 | 1987.09. |
| 66.农科院二号人行天桥 | 1994.07. | 5.中山大道石牌人行隧道 | 1987.12. |
| 67.五羊新城天桥 | 1994.09. | 6.黄沙隧道北出口疏解 1 号人行隧道 | 1995.12. |
| 68.广园路景泰直街天桥 | 1994.09. | **过　江　隧　道** | |
| 69.小北路环市路天桥 | 1994.09. | 珠江隧道 | 1994.01. |

# 主要统计指标解释

【年底自来水生产能力】 指年底城建部门管理的自来水厂和自备水源的社会单位取水、净化、送水、出厂输水干管等环节的实际生产能力。

【年底供水管道长度】 指从送水泵到用户水表之间所有管道的长度。

【全年供水量】 指公用自来水厂和自备水源的社会单位全年的供水总量,包括有效供水量及损失水量。

【生活用水量】 指居民日常生活与公共福利设施的用水量。包括居民、饮食店、旅馆、医院、理发店、浴池、洗衣店、游泳池、商店、学校、机关、部队等单位的用水量。

【城市人口用水普及率】 指城市用水的非农业人口数(不包括临时人口和流动人口)与城市非农业人口总数之比。计算公式:

$$用水普及率 = \frac{城市用水的非农业人口数}{城市非农业人口数} \times 100\%$$

【人工煤气生产能力】 指城市煤气厂制气、净化、输送等环节的综合实际生产能力。

【输气管道长度】指由压缩机、鼓风机、储气罐的出口到用户立管之间的全部管道长度。

【全年供气总量】 指全年售给各类用户的全部煤气量。包括工业用量、家庭用量和其他用量。

【城市用气普及率】 指使用煤气(包括人工煤气、液化石油气,天然气)的城市非农业人口数(不包括临时人口和流动人口)与城市非农业人口总数之比。计算公式:

$$城市用气普及率 = \frac{城市用气的非农业人口数}{城市非农业人口总数} \times 100\%$$

【年底实有铺装道路长度】 指除土路外,路面经过铺装宽度在3.5米以上的道路,包括高级、次高级道路和普通道路。

【城市桥梁】 指城市范围内,修建在河道上的桥梁和道路与道路立交、道路跨越铁路的立交桥,以及人行天桥。包括永久性桥和半永久性桥,不包括临时性桥、铁路桥、涵洞。

【城市下水道总长度】 指所有排水总管、干管、支管及暗渠、检查井、连接井进出水口等长度之和。

【年末实有公共汽(电)车】 指年底可参加营运的全部车辆数,包括年底营运车辆数和库存查封未参加营运的车辆,不包括非营运车辆,如架线车、油罐车、工程车、货车及其他专用车辆和借人的客运车辆。

【营运线路长度】 指设置的固定营运线路的长度,包括郊区营运线路长度。不包括临时行驶的线路长度。

【城市园林绿地面积】 指城市公共绿地、专用绿地、生产绿地、防护绿地、郊区风景名胜区的全部面积。

【公共绿地】 指供游览休息的各种公园、动物园、植物园、陵园以及花园、游园和供游览休息用的林荫道绿地、广场绿地。不包括一般栽植的行道树及林荫道的面积。

# 第十篇

# 农　　业

# 农村经济再跃新台阶

1998 年，广州市农村广大干部群众认真贯彻落实党的十五大和中央、省、市农村工作会议精神，加快农村产业结构的调整，大力发展“三高”农业，使农业生产获得好收成，全市农业总产值(按当年价格计算)达 154.02 亿元，比上年增长 4.6%(按可比口径计算)。其中：种植业产值增长 0.1%，牧业产值增长 3.7%，副业产值增长 21.8%，渔业产值增长 12.1%，林业产值减少 2.8%。乡镇企业在改革转制中继续保持快速增长势头，农村经济再跃新台阶。

农业生产获得好收成。1998 年，广州市克服了年初长时间低温阴雨，年中部分地区暴雨成灾等不利农业生产的困难，积极推进农业产业化进程，增加对农业的投入，加强“三高”农业基地建设，农业生产平稳发展。粮食生产迎来了第五个丰收年，全年粮食总产量达 103.3 万吨，比上年增长 2.4%；稻谷亩产 392 公斤，比上年增加 12 公斤，再创历史新高。糖蔗总产量继续增加，我市糖蔗生产受价格上升等因素的拉动，产量继续增加，年总产量达 87.45 万吨，比上年增长 13%。花卉生产成为种植业新的增长点。因比较效益高，1998 年我市花卉生产有长足的发展，种植面积 3.24 万亩，比上年增加 0.39 万亩，增长 13.8%；花卉产值 3.60 亿元，比上年增长 42.9%。全年花生总产量 2.33 万吨，水果总产量 29.26 万吨，分别比上年减少 5.4%和 0.5%。

“菜篮子”工程建设持续发展。广州市自 1989 年实施“菜篮子”工程建设以来，取得了显著成效，“菜篮子”生产已成为农业的主导产业。1998 年我市继续推动新一轮“菜篮子”工程建设，增加生产投入，提高科技含量，使主要产品产量保持稳定增长，增加了城乡市场农副产品的有效供给，全年肉类总产量达 30.62 万吨，比上年增长 3.4%；当年肉猪出栏 170.73 万头，增长 8.0%；家禽出栏 1.48 亿只，增长 2.8%；牛奶产量 3.33 万吨，增长 7.6%；水产品产量 30.68 万吨，增长 11.2%。蔬菜生产仍在高起步上继续发展，全年播种面积 166.95 万亩，总产量 256.28 万吨，分别比上年增长 2.2%和 7.0%。目前，我市“菜篮子”产品除禽蛋、生猪产量有一定缺口外，蔬菜、家禽生产量已自给有余，水果、水产品和牛奶产量也基本可以自给。农产品商品率不断提高。1998 年农业商品产值 130.95 亿元，商品率为 85.02%，比上年上升 0.27 个百分点，其中畜牧业、副业、渔业的商品率已达九成多，进一步满足城乡人民生活的需要。

乡镇企业稳定发展。1998 年我市乡镇企业以“增创广州发展新优势，建设现代化中心城市”为契机，努力克服亚洲金融危机等不利因素的影响，加快产业结构调整与企业经营机制的转换，使经济总量和经济效益同步增长。1998 年全市乡镇企业完成总产值 1256.59 亿元，比上年增加 214.42 亿元，增长 13.3%，超额完成了市下达的乡镇企业总产值计划；完成增加值 270.19 亿元，比上年增长 11.6%，占全市国内生产总值的 14.6%。1998 年全市乡镇企业实现营业收入 1335.51 亿元，按可比口径(下同)比上年增长 16.0%；净利润 73.76 亿元，增长 9.3%；实缴税金 23.30 亿元，增长 11.9%；固定资产原值 386.39 亿元，增长 15.0%。完成出口产品交货值 303.35 亿元，折合美元 36.55 亿元，比上年增长 15.9%。

## 农业总产值及增加值

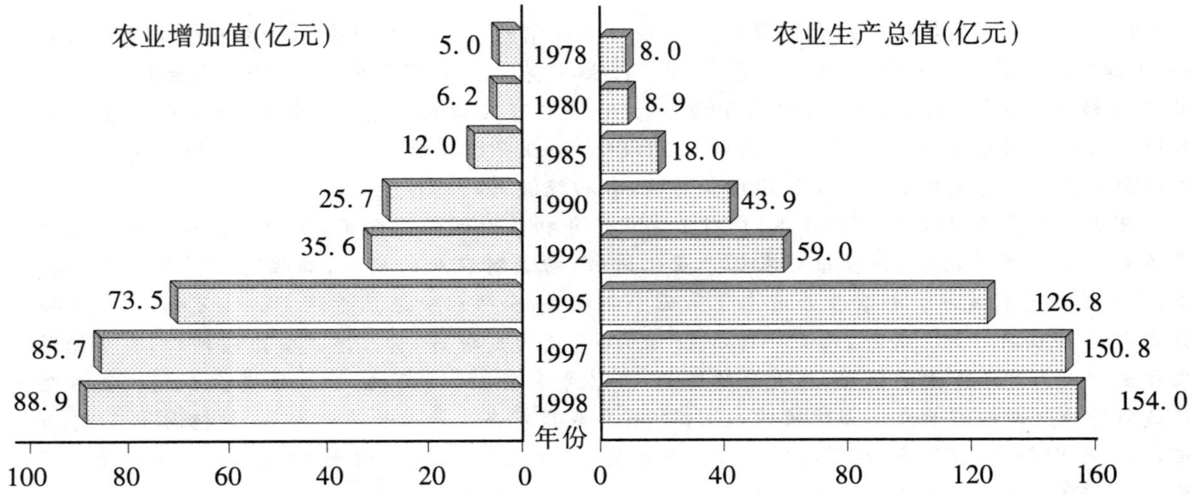


## 乡镇企业营业总收入

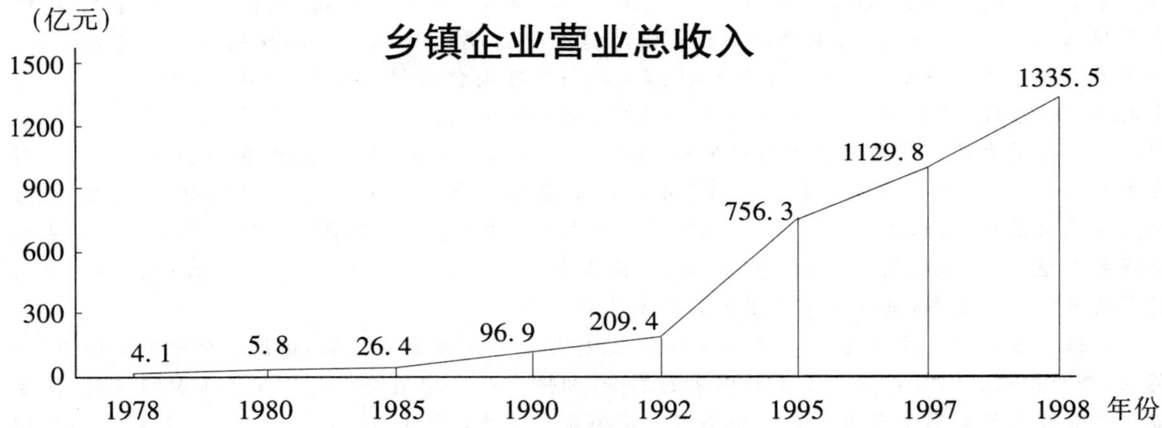


## 乡镇企业总产值

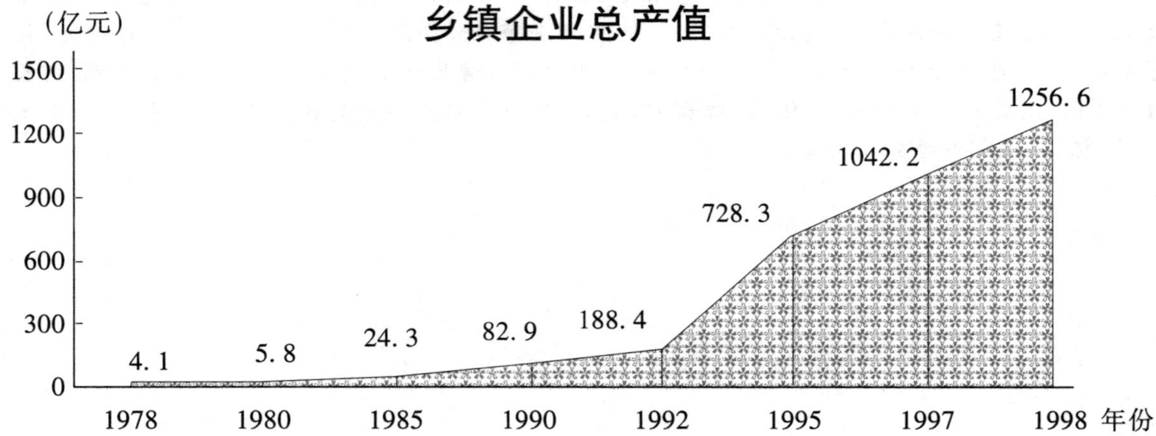

# 10－1 农业主要指标

| 项　　目 | 单　位 | 1990 年 | 1995 年 | 1997 年 | 1998 年 |
|---|---|---|---|---|---|
| 乡镇户数 | 户 | 723782 | 841016 | 810847 | 825485 |
| 乡镇劳动力 | 人 | 1387731 | 1516681 | 1539793 | 1559933 |
| 第一产业 | 人 | 911286 | 879715 | 882106 | 884903 |
| 第二产业 | 人 | 295251 | 390257 | 406766 | 415080 |
| 第三产业 | 人 | 181194 | 246709 | 250921 | 259950 |
| 耕地面积 | 公顷 | 164635 | 132439 | 126340 | 125440 |
| 实际机耕面积 | 公顷 | 126104 | 101865 | 94980 | 90334 |
| 有效灌溉面积 | 公顷 | 152075 | 125060 | 119662 | 119101 |
| 农业机械总动力 | 万瓦 | 174421 | 241922 | 241379 | 245754 |
| 化肥供应量(折纯) | 吨 | 134591 | 106953 | 120921 | 109043 |
| 农药供应量 | 吨 | 7483 | 6737 | 5067 | 4373 |
| 农村用电量 | 万千瓦.时 | 84909 | 376000 | 502411 | 578229 |
| 农村社会总产值 | 万元 | 1138369 | 8547293 | 11900361 | 13681818 |
| 农业增加值 | 万元 | 257288 | 734606 | 857154 | 888763 |
| 农业总产值 | 万元 | 439322 | 1268076 | 1508110 | 1540244 |
| 农业商品率 | % | 74 | 83 | 85 | 85 |
| 主要产品产量 | | | | | |
| 粮　食 | 吨 | 1195283 | 978988 | 1009207 | 1032994 |
| 糖　蔗 | 吨 | 2026304 | 754327 | 773910 | 874504 |
| 花　生 | 吨 | 38812 | 27325 | 24660 | 23320 |
| 水　果 | 吨 | 308886 | 318018 | 293917 | 292629 |
| 水产品 | 吨 | 87172 | 187775 | 275869 | 306837 |
| 猪　肉 | 吨 | 84542 | 100928 | 116473 | 123291 |
| 蔬　菜 | 吨 | 1263415 | 2158004 | 2395695 | 2562844 |
| 乡镇企业单位数 | 个 | 61324 | 85088 | 86569 | 92902 |
| 乡镇企业人数 | 人 | 534097 | 966132 | 1047991 | 1102100 |
| 乡镇企业营业总收入 | 万元 | 968773 | 7562954 | 11298225 | 13355103 |
| 乡镇企业固定资产原价 | 万元 | 370354 | 2136796 | 3360954 | 3863877 |

注:1995 年、1997 年猪肉产量按国家统计局规定作了调整。

## 10-2 乡镇户数、人口和农村劳动力

(1998 年)　　单位:人

| 区、县级市 | 乡镇户数(户) | #农业户 | 乡镇人口 | #农业人口 | 农村劳动力 | #农业劳动力 |
|---|---|---|---|---|---|---|
| **全　市** | **825485** | **657299** | **3000823** | **2570649** | **1614259** | **906797** |
| 海珠区 | 19986 | 19986 | 64729 | 64729 | 41551 | 22098 |
| 天河区 | 29742 | 19307 | 79933 | 53937 | 38854 | 14544 |
| 芳村区 | 14285 | 10482 | 42925 | 35793 | 26035 | 15733 |
| 白云区 | 165184 | 119223 | 544267 | 437345 | 304723 | 152556 |
| 黄埔区 | 28413 | 16871 | 79104 | 46906 | 33830 | 14368 |
| 番禺市 | 204680 | 158056 | 717920 | 599367 | 417078 | 177560 |
| 花都市 | 109365 | 100021 | 430921 | 390806 | 230563 | 131988 |
| 增城市 | 163750 | 130468 | 653822 | 572284 | 314857 | 216015 |
| 从化市 | 90080 | 82885 | 387202 | 369482 | 206768 | 161935 |

## 10-3 农村镇、村组织情况

(1998 年)　　单位:个

| 区、县级市 | 镇政府 | | 村民委员会 | | 村民小组 |
|---|---|---|---|---|---|
| | 个数 | 干部人数(人) | 个数 | 干部人数(人) | |
| **全　市** | **77** | **6789** | **1275** | **8359** | **13295** |
| 海珠区 | 1 | 90 | 20 | 180 | 229 |
| 天河区 | 2 | 184 | 26 | 194 | 182 |
| 芳村区 | 1 | 85 | 17 | 137 | 141 |
| 白云区 | 15 | 1214 | 195 | 1376 | 1998 |
| 黄埔区 | 3 | 207 | 16 | 133 | 224 |
| 番禺市 | 16 | 878 | 305 | 1957 | 2721 |
| 花都市 | 9 | 795 | 183 | 1142 | 1698 |
| 增城市 | 15 | 1678 | 303 | 2037 | 3439 |
| 从化市 | 15 | 1658 | 210 | 1203 | 2663 |

# 10－4 主要年份年末耕地面积

单位：公顷

| 年　　份 | 耕地面积 | | | 平均每个农业人口有耕地 | 平均每个农业劳动力有耕地 |
|---|---|---|---|---|---|
| | | 水(旱)田 | 旱　　地 | | |
| 1952 | 212968 | 188312 | 24656 | 0.16 | 0.33 |
| 1957 | 216368 | 188579 | 27789 | 0.14 | 0.31 |
| 1962 | 198186 | 168447 | 29739 | 0.12 | 0.28 |
| 1965 | 191252 | 166566 | 24686 | 0.11 | 0.24 |
| 1970 | 188398 | 165393 | 23005 | 0.09 | 0.20 |
| 1975 | 186869 | 164740 | 22129 | 0.08 | 0.17 |
| 1978 | 185735 | 164062 | 21673 | 0.07 | 0.16 |
| 1980 | 184827 | 163178 | 21649 | 0.08 | 0.17 |
| 1985 | 174338 | 153675 | 20663 | 0.07 | 0.18 |
| 1990 | 164635 | 145404 | 19231 | 0.07 | 0.18 |
| 1995 | 132439 | 117683 | 14756 | 0.05 | 0.15 |
| 1996 | 128186 | 113596 | 14590 | 0.05 | 0.14 |
| 1997 | 126340 | 112336 | 14004 | 0.05 | 0.14 |
| 1998 | 125440 | 111752 | 13688 | 0.05 | 0.14 |

## 10—5 年末耕地面积

（1998 年）　　　　单位：公顷

| 区、县级市 | 合计 | 水(旱)田 | 旱地 | #粮食占用耕地面积 | #蔬菜占用耕地面积 | 平均每个农业人口有耕地 | 平均每个农业劳动力有耕地 |
|---|---|---|---|---|---|---|---|
| 全市 | 125440 | 111752 | 13688 | 84753 | 25970 | 0.05 | 0.14 |
| 海珠区 | 860 | 860 | | | 623 | 0.01 | 0.04 |
| 天河区 | 886 | 876 | 10 | 6 | 721 | 0.02 | 0.06 |
| 芳村区 | 988 | 988 | | 18 | 461 | 0.03 | 0.06 |
| 白云区 | 18209 | 17520 | 689 | 11765 | 6311 | 0.04 | 0.12 |
| 黄埔区 | 806 | 791 | 15 | 162 | 575 | 0.02 | 0.06 |
| 番禺市 | 33767 | 31210 | 2557 | 18254 | 5972 | 0.06 | 0.19 |
| 花都市 | 17675 | 16014 | 1661 | 14193 | 3068 | 0.05 | 0.13 |
| 增城市 | 32786 | 27045 | 5741 | 24960 | 5568 | 0.06 | 0.15 |
| 从化市 | 19463 | 16448 | 3015 | 15395 | 2671 | 0.05 | 0.12 |

## 10—6 耕地面积变动情况

（1998 年）　　　　单位：公顷

| 区、县级市 | 年内增加的耕地面积 | 当年减少的耕地面积 | #国家基建占用 | #农村建设占用 | #农民建房占用 | #改鱼塘 | #改种果 |
|---|---|---|---|---|---|---|---|
| 全市 | 1144 | 2044 | 1001 | 272 | 22 | 301 | 405 |
| 海珠区 | 2 | 73 | 56 | 17 | | | |
| 天河区 | 1 | 70 | 69 | 1 | | | |
| 芳村区 | 4 | 71 | 65 | 4 | | 1 | |
| 白云区 | 132 | 374 | 325 | 30 | 5 | 10 | |
| 黄埔区 | 79 | 19 | 8 | 4 | | 2 | 3 |
| 番禺市 | 592 | 823 | 139 | 154 | 4 | 195 | 322 |
| 花都市 | 144 | 347 | 218 | 41 | 6 | 59 | 1 |
| 增城市 | 33 | 133 | 33 | 8 | 5 | 22 | 63 |
| 从化市 | 157 | 134 | 88 | 13 | 2 | 12 | 16 |

# 10—7 农村乡镇劳动力分布情况

(1998年)　　　　单位:人

| 行　　业 | 全　市 | 海珠区 | 天河区 | 芳村区 | 白云区 |
|---|---|---|---|---|---|
| 合　　计 | 1559933 | 41551 | 38854 | 26035 | 270025 |
| 农、林、牧、副、渔业 | 884903 | 22098 | 14544 | 15733 | 143347 |
| 种植业 | 740914 | 20344 | 11942 | 14113 | 121772 |
| 林业 | 2775 |  | 22 |  | 200 |
| 牧业 | 36711 | 351 | 818 | 824 | 11395 |
| 副业 | 69400 | 1042 | 1356 | 500 | 4904 |
| 渔业 | 35103 | 361 | 406 | 296 | 5076 |
| 工　业 | 335389 | 5874 | 4868 | 3307 | 61945 |
| 镇　办 | 113555 | 1412 | 994 | 345 | 14698 |
| 村及村以下办 | 221834 | 4462 | 3874 | 2962 | 47247 |
| 建筑业 | 79691 | 748 | 645 | 1293 | 15970 |
| 交通运输和邮电业 | 61002 | 1437 | 2182 | 1459 | 13592 |
| 商业、饮食业、物资供销和仓储业 | 82951 | 1869 | 3546 | 1865 | 13390 |
| 房地产管理、公用事业、居民服务和咨询服务业 | 5275 | 1009 | 176 | 32 | 761 |
| 卫生、体育和社会福利事业 | 8158 | 137 | 403 | 145 | 1350 |
| 教育、文化、艺术和广播电视事业 | 12800 | 107 | 112 | 107 | 1804 |
| 科学研究和综合技术服务事业 | 732 | 6 | 6 |  | 209 |
| 金融、保险业 | 3071 | 31 | 33 | 89 | 285 |
| 镇经济组织管理 | 8513 | 945 | 219 | 52 | 1882 |
| 其他 | 77448 | 7290 | 12120 | 1953 | 15490 |

10—7 续表

单位:人

| 行业 | 黄埔区 | 番禺市 | 花都市 | 增城市 | 从化市 |
|---|---|---|---|---|---|
| **合　计** | **33802** | **410068** | **227851** | **314441** | **197306** |
| 农、林、牧、副、渔业 | 14348 | 173371 | 130806 | 215726 | 154930 |
| 种植业 | 13346 | 140020 | 110596 | 172949 | 135832 |
| 林业 | 6 | 457 | 244 | 1430 | 416 |
| 牧业 | 374 | 3059 | 3355 | 12574 | 3961 |
| 副业 | 264 | 13625 | 9048 | 25278 | 13383 |
| 渔业 | 358 | 16210 | 7563 | 3495 | 1338 |
| 工业 | 7479 | 133995 | 52063 | 49252 | 16606 |
| 镇办 | 3189 | 63018 | 15417 | 7559 | 6923 |
| 村及村以下办 | 4290 | 70977 | 36646 | 41693 | 9683 |
| 建筑业 | 1194 | 22752 | 15563 | 12628 | 8898 |
| 交通运输和邮电业 | 2443 | 18021 | 6735 | 11749 | 3384 |
| 商业、饮食业、物资供销和仓储业 | 3385 | 29230 | 11017 | 13253 | 5396 |
| 房地产管理、公用事业、居民服务和咨询服务业 | 18 | 2364 | 318 | 301 | 296 |
| 卫生、体育和社会福利事业 | 254 | 3389 | 671 | 1196 | 613 |
| 教育、文化、艺术和广播电视事业 | 86 | 4734 | 1717 | 2618 | 1515 |
| 科学研究和综合技术服务事业 | 1 | 281 | 56 | 105 | 68 |
| 金融、保险业 | 79 | 1762 | 163 | 451 | 178 |
| 镇经济组织管理 | 289 | 1845 | 2018 | 655 | 608 |
| 其他 | 4226 | 18324 | 6724 | 6507 | 4814 |

# 10—8 主要年份农业总产值

单位：万元

| 年份、时期 | 合　计 | 种植业 | 林　业 | 牧　业 | 副　业 | 渔　业 |
|---|---|---|---|---|---|---|
| 1949 | 11728 | | | | | |
| 1952 | 15485 | | | | | |
| 1957 | 19719 | | | | | |
| 1962 | 28180 | | | | | |
| 1965 | 34122 | | | | | |
| 1970 | 43923 | | | | | |
| 1975 | 64116 | | | | | |
| 1978 | 79940 | | | | | |
| 1980 | 89465 | 69534 | 2316 | 11730 | 2235 | 3650 |
| 1985 | 180163 | 117429 | 2312 | 43583 | 7309 | 9530 |
| 1990 | 439322 | 280156 | 5011 | 110313 | 15700 | 28142 |
| 1995 | 1268076 | 673678 | 10672 | 369589 | 28741 | 185396 |
| 1996 | 1429078 | 701636 | 11152 | 429758 | 38649 | 247883 |
| 1997 | 1508110 | 748281 | 12706 | 449656 | 42965 | 254502 |
| 1998 | 1540244 | 770438 | 12643 | 439267 | 52376 | 265520 |
| “一五”时期 | 101614 | | | | | |
| “二五”时期 | 117821 | | | | | |
| 1963—1965 | 98476 | | | | | |
| “三五”时期 | 214065 | | | | | |
| “四五”时期 | 281725 | | | | | |
| “五五”时期 | 393414 | | | | | |
| “六五”时期 | 658543 | 455112 | 8949 | 135454 | 24174 | 34854 |
| “七五”时期 | 1691762 | 1078926 | 21001 | 422369 | 65706 | 103760 |
| “八五”时期 | 4155220 | 2323337 | 41125 | 1196610 | 100512 | 493636 |
| 1979—1998 | 11154175 | 6211447 | 110893 | 3096650 | 328525 | 1406660 |

# 10－9 主要年份农业总产值

（按1990年不变价格计算）　　　　单位：万元

| 年份、时期 | 合　计 | 种植业 | 林　业 | 牧　业 | 副　业 | 渔　业 |
|---|---|---|---|---|---|---|
| 1949 | 68280 | 60747 | 201 | 4469 | 460 | 2403 |
| 1952 | 89974 | 79078 | 942 | 6405 | 696 | 2853 |
| 1957 | 120114 | 103118 | 2248 | 9491 | 1120 | 4137 |
| 1962 | 120447 | 105817 | 674 | 7939 | 1546 | 4471 |
| 1965 | 165669 | 136850 | 3305 | 18024 | 1739 | 5751 |
| 1970 | 169630 | 140158 | 2860 | 18268 | 1897 | 6447 |
| 1975 | 191602 | 152505 | 6523 | 23603 | 2026 | 6945 |
| 1978 | 215148 | 172325 | 3364 | 26916 | 2108 | 10435 |
| 1980 | 237153 | 190343 | 5634 | 27956 | 2629 | 10591 |
| 1985 | 320648 | 223981 | 4180 | 63571 | 7180 | 21736 |
| 1990 | 401185 | 257523 | 4236 | 93613 | 13605 | 32208 |
| 1995 | 645542 | 321622 | 5086 | 186517 | 28307 | 104010 |
| 1996 | 688222 | 312286 | 5454 | 199327 | 38018 | 133137 |
| 1997 | 733870 | 335355 | 5318 | 209847 | 41879 | 141471 |
| 1998 | 767853 | 335554 | 5168 | 217531 | 51017 | 158583 |
| “一五”时期 | 553719 | 487317 | 6951 | 37099 | 4987 | 17365 |
| “二五”时期 | 582393 | 500684 | 9075 | 40951 | 6901 | 24782 |
| 1963—1965 | 449833 | 375443 | 7037 | 46222 | 4885 | 16246 |
| “三五”时期 | 857179 | 715633 | 9948 | 90044 | 9182 | 32372 |
| “四五”时期 | 920132 | 748517 | 22591 | 104802 | 9842 | 34380 |
| “五五”时期 | 1074271 | 868603 | 17322 | 130153 | 11094 | 47099 |
| “六五”时期 | 1411784 | 1041800 | 17560 | 245663 | 26175 | 80586 |
| “七五”时期 | 1839727 | 1208758 | 26386 | 408483 | 55507 | 140593 |
| “八五”时期 | 2692799 | 1483898 | 27362 | 756865 | 95715 | 328959 |
| 1979—1998 | 8590661 | 5085781 | 95331 | 2094161 | 313184 | 1002204 |

# 10—10 农业总产值及构成

（1998年）

| 区、县级市 | 合计 | 种植业 | 林业 | 牧业 | 副业 | 渔业 |
|---|---|---|---|---|---|---|
| **绝对数（万元）** | | | | | | |
| 全市 | 1540244 | 770438 | 12643 | 439267 | 52376 | 265520 |
| 海珠区 | 19740 | 13288 | | 5924 | | 528 |
| 天河区 | 27801 | 13232 | 24 | 13619 | | 926 |
| 芳村区 | 28435 | 20024 | | 7996 | | 415 |
| 白云区 | 366380 | 151204 | 659 | 163462 | 15281 | 35774 |
| 黄埔区 | 21631 | 11531 | | 8792 | | 1308 |
| 番禺市 | 401025 | 183482 | 261 | 58405 | 3467 | 155410 |
| 花都市 | 247387 | 112592 | 5313 | 76342 | 6938 | 46202 |
| 增城市 | 296686 | 189049 | 4312 | 72856 | 9897 | 20572 |
| 从化市 | 131159 | 76036 | 2074 | 31871 | 16793 | 4385 |
| **构成（%）** | | | | | | |
| 全市 | 100 | 50.02 | 0.82 | 28.52 | 3.40 | 17.24 |
| 海珠区 | 100 | 67.32 | | 30.01 | | 2.67 |
| 天河区 | 100 | 47.59 | 0.09 | 48.99 | | 3.33 |
| 芳村区 | 100 | 70.42 | | 28.12 | | 1.46 |
| 白云区 | 100 | 41.27 | 0.18 | 44.62 | 4.17 | 9.76 |
| 黄埔区 | 100 | 53.31 | | 40.64 | | 6.05 |
| 番禺市 | 100 | 45.75 | 0.07 | 14.56 | 0.87 | 38.75 |
| 花都市 | 100 | 45.51 | 2.15 | 30.86 | 2.80 | 18.68 |
| 增城市 | 100 | 63.72 | 1.45 | 24.56 | 3.34 | 6.93 |
| 从化市 | 100 | 57.97 | 1.58 | 24.30 | 12.81 | 3.34 |

# 10—11 农业总产值

（1998年、按1990年不变价格计算）　　单位：万元

| 区、县级市 | 合计 | 种植业 | 林业 | 牧业 | 副业 | 渔业 |
|---|---|---|---|---|---|---|
| **全市** | **767853** | **335554** | **5168** | **217531** | **51017** | **158583** |
| 海珠区 | 7212 | 4920 | | 1992 | | 300 |
| 天河区 | 11928 | 5198 | 11 | 6029 | | 690 |
| 芳村区 | 11498 | 7991 | | 3292 | | 215 |
| 白云区 | 191889 | 61643 | 361 | 87382 | 15228 | 27275 |
| 黄埔区 | 12013 | 6581 | | 4524 | | 908 |
| 番禺市 | 219911 | 100402 | 75 | 32340 | 3466 | 83628 |
| 花都市 | 104328 | 38933 | 827 | 32680 | 5633 | 26255 |
| 增城市 | 135873 | 73352 | 2530 | 33250 | 9897 | 16844 |
| 从化市 | 73201 | 36534 | 1364 | 16042 | 16793 | 2468 |

## 10—12 农业商品产值

（1998 年）　　单位：万元

| 区、县级市 | 合计 | 种植业 | 林业 | 牧业 | 副业 | 渔业 |
|---|---|---|---|---|---|---|
| 全市 | 1309501 | 605290 | 7568 | 402745 | 51217 | 242681 |
| 海珠区 | 19014 | 12630 | | 5865 | | 519 |
| 天河区 | 27220 | 13030 | | 13353 | | 837 |
| 芳村区 | 26941 | 18754 | | 7801 | | 386 |
| 白云区 | 334634 | 124305 | 412 | 160697 | 15112 | 34108 |
| 黄埔区 | 19732 | 10311 | | 8241 | | 1180 |
| 番禺市 | 336881 | 141297 | 160 | 49638 | 3461 | 142325 |
| 花都市 | 201682 | 89708 | 1759 | 64383 | 6627 | 39205 |
| 增城市 | 239256 | 140493 | 3742 | 65039 | 9897 | 20085 |
| 从化市 | 104141 | 54762 | 1495 | 27728 | 16120 | 4036 |

## 10—13 农业商品产值率

（1998 年）　　单位：%

| 区、县级市 | 合计 | 种植业 | 林业 | 牧业 | 副业 | 渔业 |
|---|---|---|---|---|---|---|
| 全市 | 85.02 | 78.56 | 59.86 | 91.69 | 97.79 | 91.40 |
| 海珠区 | 96.32 | 95.05 | | 99.00 | | 98.30 |
| 天河区 | 97.91 | 98.47 | | 98.05 | | 90.39 |
| 芳村区 | 94.75 | 93.66 | | 97.56 | | 93.01 |
| 白云区 | 91.34 | 82.21 | 62.52 | 98.31 | 98.89 | 95.34 |
| 黄埔区 | 91.22 | 89.42 | | 93.73 | | 90.21 |
| 番禺市 | 84.00 | 77.01 | 61.30 | 84.99 | 99.83 | 91.58 |
| 花都市 | 81.52 | 79.68 | 33.11 | 84.33 | 95.52 | 84.86 |
| 增城市 | 80.64 | 74.32 | 86.78 | 89.27 | 100.00 | 97.63 |
| 从化市 | 79.40 | 72.02 | 72.08 | 87.00 | 95.99 | 92.04 |

# 10—14 农 业 增 加 值

（1998年）　　单位：万元

| 区、县级市 | 合计 | 种植业 | 林业 | 牧业 | 副业 | 渔业 |
|---|---|---|---|---|---|---|
| 全市 | 888763 | 540350 | 10256 | 162417 | 32345 | 143395 |
| 海珠区 | 12374 | 8637 | | 3411 | | 326 |
| 天河区 | 15290 | 10410 | 19 | 4237 | | 624 |
| 芳村区 | 15272 | 12171 | | 2874 | | 227 |
| 白云区 | 213881 | 123444 | 527 | 61166 | 8475 | 20269 |
| 黄埔区 | 13771 | 8084 | | 4885 | | 802 |
| 番禺市 | 224161 | 118712 | 120 | 23754 | 2243 | 79332 |
| 花都市 | 126818 | 65032 | 4822 | 27627 | 3389 | 25948 |
| 增城市 | 187608 | 140709 | 3367 | 24771 | 5146 | 13615 |
| 从化市 | 79588 | 53151 | 1401 | 9692 | 13092 | 2252 |

# 10—15 农 业 中 间 消 耗

（1998年）　　单位：万元

| 区、县级市 | 合计 | 种植业 | 林业 | 牧业 | 副业 | 渔业 |
|---|---|---|---|---|---|---|
| 全市 | 651481 | 230088 | 2387 | 276850 | 20031 | 122125 |
| 海珠区 | 7366 | 4651 | | 2513 | | 202 |
| 天河区 | 12511 | 2822 | 5 | 9382 | | 302 |
| 芳村区 | 13163 | 7853 | | 5122 | | 188 |
| 白云区 | 152499 | 27760 | 132 | 102296 | 6806 | 15505 |
| 黄埔区 | 7860 | 3447 | | 3907 | | 506 |
| 番禺市 | 176864 | 64770 | 141 | 34651 | 1224 | 76078 |
| 花都市 | 120569 | 47560 | 491 | 48715 | 3549 | 20254 |
| 增城市 | 109078 | 48340 | 945 | 48085 | 4751 | 6957 |
| 从化市 | 51571 | 22885 | 673 | 22179 | 3701 | 2133 |

## 10—16 主要农作物生产水平

单位:千克

| 产品名称 | 平均每一农业人口生产 | | | 平均每一农业劳动力生产 | | |
|---|---|---|---|---|---|---|
| | 1995年 | 1997年 | 1998年 | 1995年 | 1997年 | 1998年 |
| 粮食 | 400 | 397 | 402 | 1087 | 1116 | 1139 |
| 花生 | 11 | 10 | 9 | 30 | 27 | 26 |
| 糖蔗 | 308 | 305 | 340 | 838 | 856 | 964 |
| 蔬菜 | 882 | 943 | 997 | 2396 | 2650 | 2826 |
| 水果 | 130 | 116 | 114 | 353 | 325 | 323 |

## 10—17 畜牧业生产水平

单位:头

| 区、县级市 | 平均每一农户生猪存栏量 | | 平均每一农户生猪饲养量 | | 平均每公顷耕地养猪(按饲养量计) | |
|---|---|---|---|---|---|---|
| | 1997年 | 1998年 | 1997年 | 1998 | 1997年 | 1998年 |
| **全市** | **1.67** | **1.64** | **4.11** | **4.24** | **21.05** | **22.20** |
| 海珠区 | 0.81 | 0.93 | 2.25 | 2.50 | 47.66 | 58.17 |
| 天河区 | 3.71 | 3.79 | 9.69 | 9.34 | 179.66 | 203.62 |
| 芳村区 | 3.96 | 3.33 | 10.17 | 8.84 | 101.35 | 93.77 |
| 白云区 | 2.29 | 2.20 | 6.16 | 6.39 | 39.53 | 41.83 |
| 黄埔区 | 1.68 | 2.10 | 4.68 | 5.46 | 104.00 | 112.97 |
| 番禺市 | 0.64 | 0.76 | 1.56 | 1.96 | 7.27 | 9.16 |
| 花都市 | 1.30 | 1.13 | 3.25 | 3.04 | 18.52 | 17.19 |
| 增城市 | 1.67 | 1.64 | 4.16 | 4.29 | 16.24 | 17.06 |
| 从化市 | 2.75 | 2.47 | 5.52 | 5.26 | 21.45 | 22.40 |

注:上年生猪出栏量按国家统计局规定作了调整,相应的平均数也作变动。

# 10—18 主要农作物播种面积和产量

（1998 年）

| 区、县级市 | 粮食作物 | | | 一、稻谷 | | |
|---|---|---|---|---|---|---|
| | 播种面积（公顷） | 公顷产量（千克） | 总产量（吨） | 播种面积（公顷） | 公顷产量（千克） | 总产量（吨） |
| **全　市** | 180266 | 5730 | 1032994 | 167761 | 5877 | 985908 |
| 海珠区 | | | | | | |
| 天河区 | 12 | 4500 | 54 | 8 | 5000 | 40 |
| 芳村区 | 35 | 4514 | 158 | 35 | 4514 | 158 |
| 白云区 | 25269 | 5497 | 138899 | 23501 | 5567 | 130820 |
| 黄埔区 | 335 | 3788 | 1269 | 122 | 5549 | 677 |
| 番禺市 | 36944 | 6413 | 236914 | 35629 | 6523 | 232417 |
| 花都市 | 34067 | 5859 | 199592 | 32034 | 5999 | 192171 |
| 增城市 | 51611 | 5398 | 278599 | 47569 | 5575 | 265201 |
| 从化市 | 31993 | 5548 | 177509 | 28863 | 5697 | 164424 |

## 10—18 续表 1

| 区、县级市 | 1. 夏收 | | | 2. 秋收 | | |
|---|---|---|---|---|---|---|
| | 播种面积（公顷） | 公顷产量（千克） | 总产量（吨） | 播种面积（公顷） | 公顷产量（千克） | 总产量（吨） |
| **全　市** | 81677 | 5891 | 481164 | 86084 | 5863 | 504744 |
| 海珠区 | | | | | | |
| 天河区 | | | | 8 | 5000 | 40 |
| 芳村区 | 16 | 5125 | 82 | 19 | 4000 | 76 |
| 白云区 | 11302 | 5541 | 62626 | 12199 | 5590 | 68194 |
| 黄埔区 | 60 | 5617 | 337 | 62 | 5484 | 340 |
| 番禺市 | 17834 | 6530 | 116464 | 17795 | 6516 | 115953 |
| 花都市 | 15622 | 5844 | 91290 | 16412 | 6147 | 100881 |
| 增城市 | 23144 | 5618 | 130031 | 24425 | 5534 | 135170 |
| 从化市 | 13699 | 5864 | 80334 | 15164 | 5545 | 84090 |

10—18 续表2

| 区、县级市 | 二、杂粮 | | | 三、薯类 | | |
|---|---|---|---|---|---|---|
| | 播种面积（公顷） | 公顷产量（千克） | 总产量（吨） | 播种面积（公顷） | 公顷产量（千克） | 总产量（吨） |
| **全　市** | 4212 | 3386 | 14262 | 8293 | 3958 | 32824 |
| 海珠区 | | | | | | |
| 天河区 | 3 | 3667 | 11 | 1 | 3000 | 3 |
| 芳村区 | | | | | | |
| 白云区 | 682 | 4284 | 2922 | 1086 | 4749 | 5157 |
| 黄埔区 | 167 | 2575 | 430 | 46 | 3522 | 162 |
| 番禺市 | 501 | 3182 | 1594 | 814 | 3566 | 2903 |
| 花都市 | 858 | 3519 | 3019 | 1175 | 3746 | 4402 |
| 增城市 | 1456 | 3229 | 4701 | 2586 | 3363 | 8697 |
| 从化市 | 545 | 2908 | 1585 | 2585 | 4449 | 11500 |

10—18 续表3

| 区、县级市 | 大豆 | | | 花生 | | |
|---|---|---|---|---|---|---|
| | 播种面积（公顷） | 公顷产量（千克） | 总产量（吨） | 播种面积（公顷） | 公顷产量（千克） | 总产量（吨） |
| **全　市** | 1455 | 1964 | 2857 | 9731 | 2396 | 23320 |
| 海珠区 | | | | | | |
| 天河区 | | | | | | |
| 芳村区 | | | | | | |
| 白云区 | 1 | 1000 | 1 | 1641 | 2493 | 4091 |
| 黄埔区 | 7 | 3429 | 24 | 22 | 2273 | 50 |
| 番禺市 | 486 | 1907 | 927 | 712 | 2177 | 1550 |
| 花都市 | 92 | 2641 | 243 | 1199 | 2535 | 3039 |
| 增城市 | 399 | 1870 | 746 | 3202 | 2460 | 7877 |
| 从化市 | 470 | 1949 | 916 | 2955 | 2272 | 6713 |

10—18 **续表 4**

| 区、县级市 | 糖蔗 | | | 红（土）烟 | | |
|---|---|---|---|---|---|---|
| | 播种面积（公顷） | 公顷产量（千克） | 总产量（吨） | 播种面积（公顷） | 公顷产量（千克） | 总产量（吨） |
| **全　市** | 7341 | 119126 | 874504 | 126 | 2349 | 296 |
| 海珠区 | | | | | | |
| 天河区 | | | | | | |
| 芳村区 | | | | | | |
| 白云区 | 9 | 73222 | 659 | 1 | 1000 | 1 |
| 黄埔区 | | | | | | |
| 番禺市 | 7135 | 120585 | 860373 | | | |
| 花都市 | 54 | 88407 | 4774 | 7 | 2286 | 16 |
| 增城市 | 134 | 62388 | 8360 | 13 | 1692 | 22 |
| 从化市 | 9 | 37556 | 338 | 105 | 2448 | 257 |

10—18 **续表 5**

| 区、县级市 | 木薯 | | | 蔬菜 | | |
|---|---|---|---|---|---|---|
| | 播种面积（公顷） | 公顷产量（千克） | 总产量（吨） | 播种面积（公顷） | 公顷产量（千克） | 总产量（吨） |
| **全　市** | 2840 | 20061 | 56973 | 111303 | 23026 | 2562844 |
| 海珠区 | | | | 3042 | 18452 | 56131 |
| 天河区 | | | | 3604 | 22547 | 81258 |
| 芳村区 | | | | 3198 | 13496 | 43161 |
| 白云区 | 21 | 7429 | 156 | 34599 | 23030 | 796816 |
| 黄埔区 | 5 | 20200 | 101 | 2826 | 21071 | 59547 |
| 番禺市 | 3 | 14667 | 44 | 24366 | 22000 | 536053 |
| 花都市 | 308 | 32734 | 10082 | 8255 | 26943 | 222413 |
| 增城市 | 1123 | 16560 | 18597 | 20465 | 27362 | 559965 |
| 从化市 | 1380 | 20285 | 27993 | 10948 | 18953 | 207500 |

10－18 续表 6

| 区、县级市 | 果用瓜 | | | 马蹄 | | 水果 | |
|---|---|---|---|---|---|---|---|
| | 播种面积（公顷） | 公顷产量（千克） | 总产量（吨） | 播种面积（公顷） | 总产量（吨） | 年末面积（公顷） | 总产量（吨） |
| 全 市 | 887 | 23751 | 21067 | 622 | 14383 | 58698 | 292629 |
| 海珠区 | | | | 2 | 47 | 1295 | 9028 |
| 天河区 | | | | | | 215 | 1327 |
| 芳村区 | | | | 4 | 85 | 9 | 80 |
| 白云区 | 64 | 41625 | 2664 | 49 | 1324 | 7089 | 19372 |
| 黄埔区 | 5 | 16000 | 80 | … | 1 | 1175 | 12898 |
| 番禺市 | 55 | 19345 | 1064 | 114 | 2819 | 6345 | 135896 |
| 花都市 | 441 | 28005 | 12350 | 67 | 1922 | 6679 | 15208 |
| 增城市 | 127 | 9654 | 1226 | 348 | 7932 | 20340 | 69062 |
| 从化市 | 195 | 18887 | 3683 | 38 | 253 | 15551 | 29758 |

10－18 续表 7

| 区、县级市 | #荔枝 | | #柑桔橙 | | #香(大)蕉 | | #龙眼 | |
|---|---|---|---|---|---|---|---|---|
| | 年末面积（公顷） | 总产量（吨） | 年末面积（公顷） | 总产量（吨） | 年末面积（公顷） | 总产量（吨） | 年末面积（公顷） | 总产量（吨） |
| 全 市 | 28317 | 15878 | 2537 | 24734 | 5753 | 155259 | 6410 | 9843 |
| 海珠区 | 120 | 77 | 32 | 120 | 151 | 3272 | 299 | 249 |
| 天河区 | 66 | 207 | 5 | 80 | 8 | 176 | 18 | 78 |
| 芳村区 | | | | | 1 | 15 | | |
| 白云区 | 3281 | 828 | 979 | 9142 | 123 | 2664 | 551 | 880 |
| 黄埔区 | 253 | 27 | 110 | 2162 | 314 | 8330 | 117 | 86 |
| 番禺市 | 786 | 838 | 91 | 1800 | 3945 | 120544 | 676 | 724 |
| 花都市 | 3121 | 2522 | 90 | 653 | 245 | 4417 | 2649 | 2208 |
| 增城市 | 11847 | 4771 | 723 | 8985 | 896 | 14983 | 1640 | 4115 |
| 从化市 | 8843 | 6608 | 507 | 1792 | 70 | 858 | 460 | 1503 |

# 10—19 畜 牧 业 生 产 情 况

（1998 年）

单位：头

| 区、县级市 | 耕牛年末实有头数 | #能劳役的 | 黄 牛 | 水 牛 | 奶牛年末实有头数 | # 良种奶牛 |
|---|---|---|---|---|---|---|
| 全 市 | 101312 | 75475 | 34740 | 66572 | 13551 | 13081 |
| 海珠区 | 15 | 15 | | 15 | 1837 | 1837 |
| 天河区 | 76 | 44 | 41 | 35 | 570 | 570 |
| 芳村区 | 4 | 4 | | 4 | 424 | 424 |
| 白云区 | 8619 | 7167 | 2628 | 5991 | 9373 | 9353 |
| 黄埔区 | 138 | 35 | 43 | 95 | 6 | 6 |
| 番禺市 | 2506 | 2377 | 783 | 1723 | 648 | 198 |
| 花都市 | 6015 | 4997 | 666 | 5349 | 693 | 693 |
| 增城市 | 56020 | 40883 | 28504 | 27516 | | |
| 从化市 | 27919 | 19953 | 2075 | 25844 | | |

10—19 续表 1

单位：头

| 区、县级市 | 牛奶产量（吨） | 牛全年出栏量 | | 羊年末实有头数 | 羊全年出栏量 | |
|---|---|---|---|---|---|---|
| | | 头 数 | 牛肉产量（吨） | | 头 数 | 羊肉产量（吨） |
| 全 市 | 33291 | 7486 | 850 | 7669 | 14505 | 225 |
| 海珠区 | 5616 | | | | | |
| 天河区 | 1050 | 61 | 8 | | | |
| 芳村区 | 820 | | | | | |
| 白云区 | 23294 | 1110 | 154 | 1134 | 2414 | 37 |
| 黄埔区 | 23 | | | 268 | 312 | 5 |
| 番禺市 | 710 | 296 | 39 | 1249 | 2304 | 37 |
| 花都市 | 1778 | 658 | 79 | 2184 | 4976 | 77 |
| 增城市 | | 4257 | 433 | 2623 | 4445 | 68 |
| 从化市 | | 1104 | 137 | 211 | 54 | 1 |

10—19 续表 2

单位：头

| 区、县级市 | 生猪全年饲养量 | 生猪年底存栏量 | 肉(肥)猪全年出栏量 | | 家禽全年出栏量(百只) | 禽蛋产量(吨) | 肉类总产量(吨) |
|---|---|---|---|---|---|---|---|
| | | | 头数 | 猪肉产量(吨) | | | |
| 全市 | 2784311 | 1077048 | 1707263 | 123291 | 1476532 | 36220 | 306181 |
| 海珠区 | 50030 | 18616 | 31414 | 2271 | 4186 | 15 | 2750 |
| 天河区 | 180406 | 73190 | 107216 | 7730 | 20524 | | 10335 |
| 芳村区 | 92641 | 34936 | 57705 | 4074 | 10979 | 225 | 5442 |
| 白云区 | 761750 | 262546 | 499204 | 34944 | 660510 | 17688 | 117691 |
| 黄埔区 | 91056 | 35399 | 55657 | 4024 | 27025 | 49 | 7371 |
| 番禺市 | 309244 | 119738 | 189506 | 13379 | 268879 | 3008 | 45903 |
| 花都市 | 303862 | 113332 | 190530 | 14290 | 225543 | 8794 | 42044 |
| 增城市 | 559315 | 214277 | 345038 | 25878 | 204123 | 2532 | 50582 |
| 从化市 | 436007 | 205014 | 230993 | 16701 | 54763 | 3909 | 24063 |

## 10—20 水产品生产情况

(1998 年)

| 区、县级市 | 水产品产量(吨) | # 淡水产品 | #养殖 | #塘鱼 | 养殖面积(公顷) | # 淡水养殖 | #鱼塘 |
|---|---|---|---|---|---|---|---|
| 全市 | 306837 | 232068 | 198732 | 182219 | 31231 | 29565 | 21072 |
| 海珠区 | 683 | 683 | 683 | 683 | 41 | 41 | 41 |
| 天河区 | 1333 | 1333 | 1333 | 1165 | 97 | 97 | 77 |
| 芳村区 | 618 | 618 | 618 | 618 | 79 | 79 | 79 |
| 白云区 | 50114 | 29239 | 27544 | 24984 | 4379 | 4379 | 3249 |
| 黄埔区 | 2199 | 2199 | 1679 | 1375 | 188 | 188 | 158 |
| 番禺市 | 174313 | 120419 | 92378 | 87143 | 11470 | 9804 | 7832 |
| 花都市 | 45985 | 45985 | 45985 | 44199 | 7274 | 7274 | 6013 |
| 增城市 | 26278 | 26278 | 23198 | 18395 | 4223 | 4223 | 2882 |
| 从化市 | 5314 | 5314 | 5314 | 3657 | 3480 | 3480 | 741 |

# 10—21 农村经济效益主要指标

| 项目 | 单位 | 1997年 | | 1998年 | |
|---|---|---|---|---|---|
| | | 全市 | #市区 | 全市 | #市区 |
| 劳动生产率(按1990年不变价计算) | | | | | |
| 按农业总产值计算 | 元 | 8086.00 | 10381.00 | 8481.00 | 10724.00 |
| 按农业增加值计算 | 元 | 4534.00 | 5424.00 | 4727.00 | 5601.00 |
| 农业(村)生产费用率 | % | 82.22 | 74.35 | 82.42 | 75.54 |
| 纯收入分配率 | % | 74.76 | 67.57 | 74.90 | 68.68 |
| 每百元农村总收入提供国家税收 | 元 | 1.46 | 2.21 | 1.49 | 2.13 |
| 每百元农村总收入提供公共积累 | 元 | 3.03 | 6.03 | 2.93 | 5.53 |

# 10—22 农村固定资产结构

(1998年)　　单位:万元

| 区、县级市 | 年末生产性固定资产原价 | 乡(镇)办集体所有 | 经联社集体所有 | 农民家庭自有 | 其他生产性固定资产 |
|---|---|---|---|---|---|
| **全市** | **3290418** | **1346495** | **1250009** | **562265** | **131649** |
| 海珠区 | 93885 | 8177 | 83122 | 2437 | 149 |
| 天河区 | 285978 | 48341 | 222415 | 14140 | 1082 |
| 芳村区 | 87153 | 7500 | 68511 | 8052 | 3090 |
| 白云区 | 628425 | 155566 | 329631 | 105615 | 37613 |
| 黄埔区 | 120183 | 7858 | 93887 | 15788 | 2650 |
| 番禺市 | 1226925 | 790910 | 263510 | 159723 | 12782 |
| 花都市 | 395272 | 194042 | 106029 | 90445 | 4756 |
| 增城市 | 322445 | 80933 | 49178 | 123129 | 69205 |
| 从化市 | 130152 | 53168 | 33726 | 42936 | 322 |

# 10—23 乡村企业主要财务指标

(1998年)　　单位:万元

| 项目 | 合计 | 农业 | 工业 | 建筑业 | 交通运输 | 批发零售餐饮服务及其他企业 |
|---|---|---|---|---|---|---|
| 营业收入 | 7690269 | 72266 | 5962116 | 397282 | 79244 | 1179361 |
| 费用支出 | 7226921 | 69013 | 5710182 | 369481 | 66055 | 1012190 |
| #营业成本 | 6575186 | 65126 | 5220687 | 354295 | 55361 | 879717 |
| 利润总额 | 417073 | 2850 | 223175 | 17525 | 11118 | 162405 |
| #所得税(应交) | 21292 | 38 | 12892 | 2136 | 608 | 5618 |
| 应交国家税金 | 172787 | 487 | 123407 | 12891 | 3050 | 32952 |
| 可供分配的利润 | 243486 | 2119 | 68190 | 13804 | 10683 | 148690 |
| 工资总额 | 540154 | 4042 | 435995 | 24455 | 7371 | 68291 |
| 固定资产原价 | 3046938 | 23607 | 2427406 | 42434 | 31734 | 521757 |
| 本年提取折旧基金 | 181381 | 712 | 149976 | 2097 | 4166 | 24430 |

# 10－24 主要农业机械年末拥有量

（1998年）

| 项目 | 单位 | 全市 | 海珠区 | 天河区 | 芳村区 | 白云区 |
|---|---|---|---|---|---|---|
| **农业机械总动力合计** | **千瓦** | **2457544** | **52478** | **135637** | **141622** | **705709** |
| 柴油发动机动力 | 千瓦 | 1493367 | 12439 | 60711 | 59134 | 309438 |
| 汽油发动机动力 | 千瓦 | 748719 | 38472 | 69896 | 77617 | 358038 |
| 电动机动力 | 千瓦 | 215458 | 1567 | 5030 | 4871 | 38233 |
| 耕作机械 | 千瓦 | 333683 | | 848 | 457 | 41870 |
| 大中型拖拉机 | 台 | 322 | | | | 35 |
| | 千瓦 | 12234 | | | | 1532 |
| 小型拖拉机 | 台 | 56200 | | 132 | 54 | 8012 |
| | 千瓦 | 321429 | | 848 | 457 | 40332 |
| 耕整机 | 台 | 5 | | | | 2 |
| | 千瓦 | 17 | | | | 6 |
| 机动水稻插秧机 | 部 | 1 | | | | |
| | 千瓦 | 3 | | | | |
| 大中型拖拉机机引农具 | 部 | 949 | | | | 107 |
| 小型拖拉机机引农具 | 部 | 101550 | | 109 | 54 | 13937 |
| 农用排灌机械 | 千瓦 | 164617 | 1950 | 5760 | 9016 | 34803 |
| 农用排灌动力机械 | 台 | 20489 | 80 | 357 | 550 | 3112 |
| | 千瓦 | 157060 | 900 | 5760 | 5645 | 34791 |
| 农用水泵 | 台 | 18627 | 80 | 136 | 296 | 2472 |
| 喷灌机械 | 套 | 323 | 10 | 12 | 30 | 36 |
| 收获机械 | 千瓦 | 108589 | | | | 16819 |
| 联合收割机 | 台 | 107 | | | | 20 |
| | 千瓦 | 2256 | | | | 370 |
| 机动收割（晒）机 | 台 | 131 | | | | |
| 机动脱粒机 | 台 | 37292 | | | | 6362 |
| | 千瓦 | 105940 | | | | 16449 |
| 植保机械 | 千瓦 | 3231 | 61 | 140 | 53 | 1653 |
| 机械喷雾（粉）器 | 部 | 1736 | 30 | 70 | 26 | 812 |
| | 千瓦 | 3231 | 61 | 140 | 53 | 1653 |

10—24 续表1

| 项目 | 单位 | 黄埔区 | 番禺市 | 花都市 | 增城市 | 从化市 |
|---|---|---|---|---|---|---|
| **农业机械总动力合计** | **千瓦** | **111288** | **404416** | **385910** | **382922** | **137562** |
| 柴油发动机动力 | 千瓦 | 29766 | 321764 | 315317 | 280542 | 104256 |
| 汽油发动机动力 | 千瓦 | 80667 | 23644 | 29584 | 54496 | 16305 |
| 电动机动力 | 千瓦 | 855 | 59008 | 41009 | 47884 | 17001 |
| 耕作机械 | 千瓦 | 516 | 73768 | 88355 | 104888 | 22981 |
| 大中型拖拉机 | 台 |  | 130 | 39 | 118 |  |
|  | 千瓦 |  | 5901 | 1466 | 3335 |  |
| 小型拖拉机 | 台 | 58 | 10425 | 19619 | 15298 | 2602 |
|  | 千瓦 | 516 | 67867 | 86889 | 101539 | 22981 |
| 耕整机 | 台 |  |  |  | 3 |  |
|  | 千瓦 |  |  |  | 11 |  |
| 机动水稻插秧机 | 部 |  |  |  | 1 |  |
|  | 千瓦 |  |  |  | 3 |  |
| 大中型拖拉机机引农具 | 部 |  | 264 | 432 | 146 |  |
| 小型拖拉机机引农具 | 部 |  | 23014 | 40534 | 22090 | 1812 |
| 农用排灌机械 | 千瓦 | 610 | 50841 | 24698 | 28261 | 8678 |
| 农用排灌动力机械 | 台 | 84 | 8127 | 3991 | 3108 | 1080 |
|  | 千瓦 | 610 | 48674 | 23896 | 28261 | 8523 |
| 农用水泵 | 台 | 28 | 8000 | 3492 | 3211 | 912 |
| 喷灌机械 | 套 | 2 | 20 | 30 | 15 | 168 |
| 收获机械 | 千瓦 | 167 | 45314 | 26199 | 14926 | 5164 |
| 联合收割机 | 台 |  | 44 | 18 | 21 | 4 |
|  | 千瓦 |  | 1125 | 199 | 461 | 101 |
| 机动收割(晒)机 | 台 |  | 50 | 65 | 16 |  |
| 机动脱粒机 | 台 | 37 | 12900 | 7898 | 7485 | 2610 |
|  | 千瓦 | 167 | 44039 | 25805 | 14417 | 5063 |
| 植保机械 | 千瓦 | 40 | 308 | 44 | 811 | 121 |
| 机械喷雾(粉)器 | 部 | 20 | 140 | 22 | 561 | 55 |
|  | 千瓦 | 40 | 308 | 44 | 811 | 121 |

10—24 续表 2

| 项目 | 单位 | 全市 | 海珠区 | 天河区 | 芳村区 | 白云区 |
|---|---|---|---|---|---|---|
| 畜牧机械 | 千瓦 | 31484 | 128 | 358 | | 3408 |
| 饲料粉碎机 | 台 | 2520 | 10 | 28 | | 228 |
| 林业机械 | 千瓦 | | | | | |
| 除草机 | 部 | | | | | |
| 渔业机械 | 千瓦 | 112256 | | | | 29636 |
| 渔用机动船 | 艘 | 5676 | | | | 257 |
| | 吨 | 39650 | | | | 15087 |
| | 千瓦 | 112220 | | | | 29600 |
| 农产品加工机械 | 千瓦 | 108059 | 778 | 453 | 154 | 7402 |
| 碾米机 | 部 | 4119 | 10 | 22 | 6 | 355 |
| 磨面机 | 部 | | | | | |
| 榨油机 | 部 | 952 | | 18 | | 89 |
| 淀粉加工机械 | 部 | | | | | |
| 运输机械 | 千瓦 | 1564506 | 49561 | 125028 | 131942 | 565790 |
| 农用载重汽车 | 部 | 20341 | 950 | 1105 | 991 | 10474 |
| | 千瓦 | 1384135 | 49161 | 118173 | 131942 | 559572 |
| 机动运输船 | 艘 | 8879 | 25 | | | 92 |
| | 吨 | 95448 | 100 | | | 4388 |
| | 千瓦 | 94703 | 400 | | | 3889 |
| 油灌车(油槽车) | 辆 | | | | | |
| | 千瓦 | | | | | |
| 农用运输车 | 辆 | 2565 | | 371 | | 94 |
| | 千瓦 | 82818 | | 6855 | | 2329 |
| 大中型拖车 | 辆 | 138 | | | | |
| 小型拖车 | 辆 | 23872 | | 87 | | 5 |
| 其他农业机械 | 千瓦 | 31119 | | 3050 | | 4328 |
| 推土机 | 台 | 552 | | 43 | | 75 |
| | 千瓦 | 30234 | | 3050 | | 4328 |

10—24 续表 3

| 项目 | 单位 | 黄埔区 | 番禺市 | 花都市 | 增城市 | 从化市 |
|---|---|---|---|---|---|---|
| 畜牧机械 | 千瓦 | 405 | 5931 | 2318 | 9415 | 9521 |
| 饲料粉碎机 | 台 | 15 | 750 | 322 | 655 | 512 |
| 林业机械 | 千瓦 | | | | | |
| 除草机 | 部 | | | | | |
| 渔业机械 | 千瓦 | 1153 | 77475 | 480 | 3512 | |
| 渔用机动船 | 艘 | 64 | 4370 | 601 | 384 | |
| | 吨 | 378 | 22806 | 595 | 784 | |
| | 千瓦 | 1153 | 77475 | 480 | 3512 | |
| 农产品加工机械 | 千瓦 | 230 | 19300 | 37748 | 27784 | 14210 |
| 碾米机 | 部 | 25 | 1300 | 936 | 945 | 520 |
| 磨面机 | 部 | | | | | |
| 榨油机 | 部 | 1 | 500 | 70 | 142 | 132 |
| 淀粉加工机械 | 部 | | | | | |
| 运输机械 | 千瓦 | 107287 | 122616 | 199643 | 188996 | 73643 |
| 农用载重汽车 | 部 | 875 | 650 | 2685 | 1825 | 786 |
| | 千瓦 | 70068 | 47474 | 174669 | 175462 | 57614 |
| 机动运输船 | 艘 | 1 | 7900 | 211 | 650 | |
| | 吨 | 2 | 80625 | 6662 | 3671 | |
| | 千瓦 | 12 | 71100 | 9931 | 9371 | |
| 油灌车(油槽车) | 辆 | | | | | |
| | 千瓦 | | | | | |
| 农用运输车 | 辆 | 513 | 150 | 529 | 191 | 717 |
| | 千瓦 | 35910 | 4042 | 14134 | 3519 | 16029 |
| 大中型拖车 | 辆 | | | 28 | 110 | |
| 小型拖车 | 辆 | | 2800 | 7404 | 12421 | 1155 |
| 其他农业机械 | 千瓦 | 880 | 8863 | 6425 | 4329 | 3244 |
| 推土机 | 台 | 11 | 165 | 111 | 84 | 63 |
| | 千瓦 | 880 | 8863 | 6425 | 4329 | 3244 |

# 10—25 农业“四化”情况

（1998年）

| 区、县级市 | 农村小水电站 | | 农村用电量（万千瓦·时） | 机耕面积 | | 有效灌溉面积 | |
|---|---|---|---|---|---|---|---|
| | 宗数（个） | 装机容量（千瓦） | | 合计（公顷） | 占耕地面积（%） | 合计（公顷） | 占耕地面积（%） |
| **全市** | 91 | 39315 | 578229 | 90334 | 72.01 | 119101 | 94.95 |
| 海珠区 | | | 33412 | | | 860 | 100.00 |
| 天河区 | | | 17119 | | | 884 | 99.77 |
| 芳村区 | | | 15726 | | | 988 | 100.00 |
| 白云区 | 1 | 275 | 97979 | 10240 | 56.24 | 18016 | 98.94 |
| 黄埔区 | | | 41393 | | | 804 | 99.75 |
| 番禺市 | | | 183765 | 31740 | 94.00 | 33709 | 99.83 |
| 花都市 | 9 | 1473 | 73026 | 15554 | 88.00 | 17671 | 99.98 |
| 增城市 | 6 | 3460 | 77483 | 23800 | 72.59 | 26839 | 81.86 |
| 从化市 | 75 | 34107 | 38326 | 9000 | 46.24 | 19330 | 99.32 |

10—25 **续表**

| 区、县级市 | 旱涝保收面积 | | 化肥供应量（吨） | | 平均每公顷耕地化肥供应量（千克） | | 农药供应总量（吨） | 平均每公顷耕地农药供应量（千克） |
|---|---|---|---|---|---|---|---|---|
| | 合计（公顷） | 占耕地面积（%） | 混合量 | 折纯量 | 按混合量计 | 按折纯量计 | | |
| **全市** | 103385 | 82.42 | 308673 | 109043 | 2461 | 869 | 4373 | 35 |
| 海珠区 | 840 | 97.67 | 170 | 75 | 198 | 87 | 2 | 2 |
| 天河区 | 790 | 89.16 | 4471 | 1875 | 5046 | 2116 | 4 | 5 |
| 芳村区 | 900 | 91.09 | 847 | 317 | 857 | 321 | 13 | 13 |
| 白云区 | 16667 | 91.53 | 21510 | 8345 | 1181 | 458 | 764 | 42 |
| 黄埔区 | 740 | 91.81 | 2700 | 1224 | 3350 | 1519 | 5 | 6 |
| 番禺市 | 31793 | 94.15 | 198041 | 68747 | 5865 | 2036 | 1341 | 40 |
| 花都市 | 16800 | 95.05 | 19460 | 6415 | 1101 | 363 | 268 | 15 |
| 增城市 | 20660 | 63.02 | 47962 | 18001 | 1463 | 549 | 1665 | 51 |
| 从化市 | 14195 | 72.93 | 13512 | 4044 | 694 | 208 | 311 | 16 |

# 10—26 主要农副产品产量与建国以来最高年份比较

（1998 年）

| 项 目 | 1998 年 | 建国以来最高年 | | 1998 年为建国以来最高年（%） |
|---|---|---|---|---|
| | | 年 份 | 产 量 | |
| **农产品总产量（吨）** | | | | |
| 粮食总产量 | 1032994 | 1984 | 1259928 | 81.99 |
| 稻 谷 | 985908 | 1984 | 1242952 | 79.32 |
| 花 生 | 23320 | 1982 | 56397 | 41.35 |
| 糖 蔗 | 874504 | 1985 | 2395940 | 36.50 |
| 蔬 菜 | 2562844 | 1997 | 2395695 | 106.98 |
| 水 果 | 292629 | 1992 | 406663 | 71.96 |
| **单位播种面积产量（千克/公顷）** | | | | |
| 粮食作物 | 5730 | 1997 | 5570 | 102.87 |
| 稻 谷 | 5877 | 1997 | 5699 | 103.12 |
| 花 生 | 2396 | 1991 | 2562 | 93.52 |
| 糖 蔗 | 119126 | 1991 | 121120 | 98.35 |
| 蔬 菜 | 23026 | 1997 | 22007 | 104.63 |
| 水 果 | 4985 | 1992 | 8420 | 59.20 |
| **畜禽产品产量（吨）** | | | | |
| 猪 肉 | 123291 | 1997 | 116473 | 105.85 |
| 牛羊肉 | 1075 | 1993 | 1747 | 61.53 |
| 牛 奶 | 33291 | 1991 | 33611 | 99.05 |
| 家 禽 | 181437 | 1997 | 177519 | 102.21 |
| 鲜 蛋 | 36220 | 1994 | 37321 | 97.05 |
| **水产品产量（吨）** | | | | |
| 海水产品 | 74769 | 1997 | 57981 | 128.95 |
| 淡水产品 | 232068 | 1997 | 217888 | 106.51 |

# 10—27 乡镇企业单位数

（1998 年）　　　　单位：个

| 项　　目 | 合　计 | 集体企业 | 镇　办 | 村　办 | 私有企业 |
|---|---|---|---|---|---|
| 全　市 | 92902 | 8698 | 1659 | 7039 | 84204 |
| 按地区分 | | | | | |
| 海珠区 | 656 | 215 | 42 | 173 | 441 |
| 天河区 | 2911 | 587 | 49 | 538 | 2324 |
| 芳村区 | 2078 | 376 | 28 | 348 | 1702 |
| 白云区 | 14370 | 2102 | 194 | 1908 | 12268 |
| 黄埔区 | 4076 | 284 | 76 | 208 | 3792 |
| 番禺市 | 26062 | 1724 | 505 | 1219 | 24338 |
| 花都市 | 14857 | 1089 | 282 | 807 | 13768 |
| 增城市 | 16783 | 1311 | 235 | 1076 | 15472 |
| 从化市 | 11109 | 1010 | 248 | 762 | 10099 |
| 按行业分 | | | | | |
| 农业 | 343 | 343 | 34 | 309 | |
| 工业 | 22446 | 6139 | 1166 | 4973 | 16307 |
| 建筑业 | 1948 | 185 | 101 | 84 | 1763 |
| 交通运输业 | 13898 | 203 | 27 | 176 | 13695 |
| 商业 | 38435 | 998 | 214 | 784 | 37437 |
| 饮食服务业 | 13593 | 609 | 59 | 550 | 12984 |
| 其他 | 2239 | 221 | 58 | 163 | 2018 |

# 10—28 乡镇企业人数

（1998 年）

单位：人

| 项目 | 合计 | 集体企业 | 镇办 | 村办 | 私有企业 |
|---|---|---|---|---|---|
| 全市 | 1102100 | 634533 | 253536 | 380997 | 467567 |
| 按地区分 | | | | | |
| 海珠区 | 38806 | 19956 | 8946 | 11010 | 18850 |
| 天河区 | 52105 | 43371 | 7567 | 35804 | 8734 |
| 芳村区 | 19501 | 13607 | 2003 | 11604 | 5894 |
| 白云区 | 189008 | 136879 | 35074 | 101805 | 52129 |
| 黄埔区 | 36979 | 25657 | 10911 | 14746 | 11322 |
| 番禺市 | 406940 | 249035 | 115744 | 133291 | 157905 |
| 花都市 | 142214 | 67066 | 32355 | 34711 | 75148 |
| 增城市 | 144995 | 47650 | 16669 | 30981 | 97345 |
| 从化市 | 71552 | 31312 | 24267 | 7045 | 40240 |
| 按行业分 | | | | | |
| 农业 | 4201 | 4201 | 902 | 3299 | |
| 工业 | 754997 | 531396 | 216276 | 315120 | 223601 |
| 建筑业 | 60709 | 32424 | 23329 | 9095 | 28285 |
| 交通运输业 | 41289 | 8495 | 1383 | 7112 | 32794 |
| 商业 | 122165 | 17376 | 4835 | 12541 | 104789 |
| 饮食服务业 | 101200 | 33269 | 4883 | 28386 | 67931 |
| 其他 | 17539 | 7372 | 1928 | 5444 | 10167 |

## 10—29 乡镇企业营业收入

(1998年)　　单位:万元

| 区、县级市 | 合　计 | 集体企业 | 镇　办 | 村　办 | 私有企业 |
|---|---|---|---|---|---|
| 全　市 | 13355103 | 7690269 | 3591562 | 4098707 | 5664834 |
| 海珠区 | 528000 | 223400 | 126635 | 96765 | 304600 |
| 天河区 | 722781 | 654896 | 97392 | 557504 | 67885 |
| 芳村区 | 267372 | 200365 | 31650 | 168715 | 67007 |
| 白云区 | 2238192 | 1470867 | 483500 | 987367 | 767325 |
| 黄埔区 | 410823 | 312055 | 108306 | 203749 | 98768 |
| 番禺市 | 4076595 | 2415280 | 1280404 | 1134876 | 1661315 |
| 花都市 | 2100577 | 1208418 | 739518 | 468900 | 892159 |
| 增城市 | 1949586 | 538540 | 153819 | 384721 | 1411046 |
| 从化市 | 1061177 | 666448 | 570338 | 96110 | 394729 |

## 10—30 乡镇企业出口情况

(1998年)　　单位:万元

| 区、县级市 | 企业单位数(个) | 年末职工人数(人) | 出口产品生产总值 | 出口产品交货值 |
|---|---|---|---|---|
| 全　市 | 647 | 119779 | 590786 | 563894 |
| 海珠区 | 2 | 981 | 468 | 468 |
| 天河区 | 27 | 9436 | 31304 | 31265 |
| 芳村区 | 3 | 370 | 286 | 281 |
| 白云区 | 89 | 18049 | 87746 | 87765 |
| 黄埔区 | 63 | 12595 | 106847 | 100747 |
| 番禺市 | 185 | 54968 | 180473 | 170521 |
| 花都市 | 38 | 5611 | 33412 | 29773 |
| 增城市 | 226 | 14819 | 97640 | 91140 |
| 从化市 | 14 | 2950 | 52610 | 51934 |

## 10—31 乡镇企业成本费用支出

（1998 年）　　单位：万元

| 区、县级市 | 合　计 | 集体企业 | 镇　办 | 村　办 | 私有企业 |
|---|---|---|---|---|---|
| 全　市 | 12385301 | 7226921 | 3493596 | 3733325 | 5158380 |
| 海珠区 | 503641 | 213861 | 125575 | 88286 | 289780 |
| 天河区 | 613297 | 552763 | 91010 | 461753 | 60534 |
| 芳村区 | 247145 | 186675 | 30216 | 156459 | 60470 |
| 白云区 | 2016871 | 1327402 | 461537 | 865865 | 689469 |
| 黄埔区 | 367708 | 289087 | 107904 | 181183 | 78621 |
| 番禺市 | 3863748 | 2369036 | 1286448 | 1082588 | 1494712 |
| 花都市 | 1949629 | 1141069 | 708701 | 432368 | 808560 |
| 增城市 | 1841803 | 526768 | 150545 | 376223 | 1315035 |
| 从化市 | 981459 | 620260 | 531660 | 88600 | 361199 |

## 10—32 乡镇企业实交国家税金

（1998 年）　　单位：万元

| 区、县级市 | 合　计 | 集体企业 | 镇　办 | 村　办 | 私有企业 |
|---|---|---|---|---|---|
| 全　市 | 233019 | 132690 | 53165 | 79525 | 100329 |
| 海珠区 | 15843 | 7733 | 5630 | 2103 | 8110 |
| 天河区 | 15178 | 13096 | 2284 | 10812 | 2082 |
| 芳村区 | 5897 | 4077 | 640 | 3437 | 1820 |
| 白云区 | 67317 | 44297 | 11445 | 32852 | 23020 |
| 黄埔区 | 8705 | 5342 | 1562 | 3780 | 3363 |
| 番禺市 | 64387 | 32742 | 19596 | 13146 | 31645 |
| 花都市 | 28224 | 14129 | 4984 | 9145 | 14095 |
| 增城市 | 17267 | 5570 | 2510 | 3060 | 11697 |
| 从化市 | 10201 | 5704 | 4514 | 1190 | 4497 |

## 10—33 乡镇企业税后利润净额

(1998 年)　　单位:万元

| 区、县级市 | 合　计 | 集体企业 | 镇　办 | 村　办 | 私有企业 |
|---|---|---|---|---|---|
| 全　市 | 737637 | 395781 | 84776 | 311005 | 341856 |
| 海珠区 | 20064 | 12852 | 3330 | 9522 | 7212 |
| 天河区 | 107257 | 101752 | 7115 | 94637 | 5505 |
| 芳村区 | 16054 | 11899 | 1052 | 10847 | 4155 |
| 白云区 | 175197 | 113802 | 15933 | 97869 | 61395 |
| 黄埔区 | 32595 | 17618 | —1070 | 18688 | 14977 |
| 番禺市 | 162762 | 32977 | —6734 | 39711 | 129785 |
| 花都市 | 121321 | 55403 | 27692 | 27711 | 65918 |
| 增城市 | 33948 | 6374 | 1286 | 5088 | 27574 |
| 从化市 | 68439 | 43104 | 36172 | 6932 | 25335 |

## 10—34 乡镇企业工资总额

(1998 年)　　单位:万元

| 区、县级市 | 合　计 | 集体企业 | 镇　办 | 村　办 | 私有企业 |
|---|---|---|---|---|---|
| 全　市 | 871847 | 540154 | 219555 | 320599 | 331693 |
| 海珠区 | 29480 | 17384 | 9596 | 7788 | 12096 |
| 天河区 | 39321 | 33807 | 6914 | 26893 | 5514 |
| 芳村区 | 17682 | 12040 | 2089 | 9951 | 5642 |
| 白云区 | 192591 | 147470 | 37844 | 109626 | 45121 |
| 黄埔区 | 32376 | 23172 | 11066 | 12106 | 9204 |
| 番禺市 | 350587 | 212362 | 105655 | 106707 | 138225 |
| 花都市 | 100384 | 51112 | 24663 | 26449 | 49272 |
| 增城市 | 72260 | 25747 | 8134 | 17613 | 46513 |
| 从化市 | 37166 | 17060 | 13594 | 3466 | 20106 |

## 10—35 乡镇企业资本金

（1998 年）

单位：万元

| 区、县级市 | 合　计 | 集体企业 | 镇　办 | 村　办 | 私有企业 |
|---|---|---|---|---|---|
| **全　市** | **3006528** | **2218475** | **1095661** | **1122814** | **788053** |
| 海珠区 | 117205 | 96239 | 62522 | 33717 | 20966 |
| 天河区 | 203700 | 197140 | 40885 | 156255 | 6560 |
| 芳村区 | 46076 | 43597 | 6293 | 37304 | 2479 |
| 白云区 | 408108 | 354555 | 93417 | 261138 | 53553 |
| 黄埔区 | 139686 | 127262 | 43604 | 83658 | 12424 |
| 番禺市 | 1176016 | 940258 | 559485 | 380773 | 235758 |
| 花都市 | 544935 | 244609 | 171496 | 73113 | 300326 |
| 增城市 | 243157 | 129035 | 48731 | 80304 | 114122 |
| 从化市 | 127645 | 85780 | 69228 | 16552 | 41865 |

## 10—36 乡镇企业年末固定资产原价

（1998 年）

单位：万元

| 区、县级市 | 合　计 | 集体企业 | 镇　办 | 村　办 | 私有企业 |
|---|---|---|---|---|---|
| **全　市** | **3863877** | **3046938** | **1611786** | **1435152** | **816939** |
| 海珠区 | 162060 | 138645 | 92253 | 46392 | 23415 |
| 天河区 | 243222 | 239098 | 52688 | 186410 | 4124 |
| 芳村区 | 54379 | 51141 | 5455 | 45686 | 3238 |
| 白云区 | 606586 | 536249 | 158353 | 377896 | 70337 |
| 黄埔区 | 207590 | 174254 | 68674 | 105580 | 33336 |
| 番禺市 | 1502622 | 1229394 | 790910 | 438484 | 273228 |
| 花都市 | 519526 | 371802 | 266351 | 105451 | 147724 |
| 增城市 | 397060 | 186680 | 80933 | 105747 | 210380 |
| 从化市 | 170832 | 119675 | 96169 | 23506 | 51157 |

# 10－37 乡镇企业总产值

（1998年）　　单位：万元

| 项　　目 | 合　计 | 集体企业 | 镇　办 | 村　办 | 私有企业 |
|---|---|---|---|---|---|
| 全　市 | 12565873 | 7474197 | 3677591 | 3796606 | 5091676 |
| 按地区分 | | | | | |
| 海珠区 | 343228 | 216384 | 128140 | 88244 | 126844 |
| 天河区 | 420390 | 371302 | 55430 | 315872 | 49088 |
| 芳村区 | 214138 | 175915 | 24310 | 151605 | 38223 |
| 白云区 | 1668927 | 1300839 | 411699 | 889140 | 368088 |
| 黄埔区 | 370467 | 276274 | 106408 | 169866 | 94193 |
| 番禺市 | 4027325 | 2537635 | 1353475 | 1184160 | 1489690 |
| 花都市 | 2295402 | 1342183 | 850643 | 491540 | 953219 |
| 增城市 | 2126648 | 571305 | 163096 | 408209 | 1555343 |
| 从化市 | 1099348 | 682360 | 584390 | 97970 | 416988 |
| 按行业分 | | | | | |
| 农业 | 84047 | 84047 | 31433 | 52614 | |
| 工业 | 9901348 | 6370587 | 3162326 | 3208261 | 3530761 |
| 建筑业 | 701363 | 449984 | 335622 | 114362 | 251379 |
| 交通运输业 | 350027 | 80133 | 5862 | 74271 | 269894 |
| 商业 | 767095 | 227753 | 81184 | 146569 | 539342 |
| 饮食业 | 761993 | 261693 | 61164 | 200529 | 500300 |

# 10—38 乡镇企业总产值

（1998年、按1990年不变价格计算）　　单位：万元

| 项目 | 合计 | 集体企业 | 镇办 | 村办 | 私有企业 |
|---|---|---|---|---|---|
| 全市 | 11419223 | 6829553 | 3392970 | 3436583 | 4589670 |
| 按地区分 | | | | | |
| 海珠区 | 301471 | 186913 | 110458 | 76455 | 114558 |
| 天河区 | 396283 | 347195 | 51305 | 295890 | 49088 |
| 芳村区 | 197463 | 159995 | 27009 | 132986 | 37468 |
| 白云区 | 1535153 | 1179148 | 348412 | 830736 | 356005 |
| 黄埔区 | 344770 | 253430 | 100691 | 152739 | 91340 |
| 番禺市 | 3856729 | 2455685 | 1364951 | 1090734 | 1401044 |
| 花都市 | 1974398 | 1148310 | 720081 | 428229 | 826088 |
| 增城市 | 1835597 | 487497 | 141491 | 346006 | 1348100 |
| 从化市 | 977359 | 611380 | 528572 | 82808 | 365979 |
| 按行业分 | | | | | |
| 农业 | 83036 | 83036 | 30690 | 52346 | |
| 工业 | 8851817 | 5767796 | 2898085 | 2869711 | 3084021 |
| 建筑业 | 665026 | 429507 | 319638 | 109869 | 235519 |
| 交通运输业 | 340007 | 78641 | 5693 | 72948 | 261366 |
| 商业 | 737218 | 215717 | 77046 | 138671 | 521501 |
| 饮食业 | 742119 | 254856 | 61818 | 193038 | 487263 |

# 10—39 农村经济收入分配和效益

单位：万元

| 项　　目 | 1995 年 |  | 1997 年 |  | 1998 年 |  |
|---|---|---|---|---|---|---|
|  | 合　计 | #农民家庭经营 | 合　计 | #农民家庭经营 | 合　计 | #农民家庭经营 |
| **总收入** | **8184750** | **2475536** | **11415313** | **3881154** | **12535014** | **4355003** |
| 农业 | 655494 | 590260 | 768513 | 698902 | 801638 | 741991 |
| 林业 | 10207 | 8781 | 11076 | 9318 | 11125 | 9846 |
| 牧业 | 290219 | 267114 | 345722 | 322628 | 359225 | 336080 |
| 渔业 | 137687 | 125971 | 220507 | 207926 | 229694 | 218524 |
| 工业 | 4594850 | 561418 | 6870906 | 1231688 | 7495402 | 1467961 |
| 建筑业 | 669210 | 205246 | 729973 | 307640 | 809153 | 342670 |
| 交通运输业 | 316579 | 249238 | 361499 | 294421 | 399007 | 317234 |
| 商业饮食业 | 699600 | 232834 | 1063990 | 516175 | 1144363 | 556478 |
| 服务业 | 264806 | 69237 | 346861 | 97079 | 443549 | 105238 |
| 其他 | 546098 | 165437 | 696266 | 195377 | 841858 | 258981 |
| **总费用** | **6408938** | **1548262** | **9385939** | **2700881** | **10331100** | **3063295** |
| **纯收入** | **1775812** | **927274** | **2029374** | **1180273** | **2203914** | **1291708** |
| 国家税收 | 157590 | 46994 | 166513 | 62956 | 186302 | 75383 |
| 集体提留 | 420524 | 26177 | 345629 | 15841 | 366816 | 16756 |
| 农村居民纯收入 | 1197698 | 854103 | 1517232 | 1101476 | 1650796 | 1199569 |

# 10—40 国有农、林、牧、渔场生产情况

（1998 年）

| 项　　目 | 单位 | 全　市 | 市　区 | 番禺市 | 花都市 | 增城市 | 从化市 |
|---|---|---|---|---|---|---|---|
| **农林牧渔场基本情况** | | | | | | | |
| 个 数 | 个 | 41 | 20 | 4 | 5 | 6 | 6 |
| ＃农场 | 个 | 31 | 18 | 4 | 3 | 1 | 5 |
| 户 数 | 户 | 28982 | 15497 | 5675 | 2031 | 305 | 5474 |
| 人 口 | 人 | 102293 | 54771 | 19318 | 6049 | 969 | 21186 |
| 劳动力 | 人 | 34808 | 21996 | 7010 | 2712 | 416 | 2674 |
| 年末耕地面积 | 公顷 | 3866 | 932 | 1648 | 54 | | 1232 |
| 水（旱）田面积 | 公顷 | 3295 | 842 | 1648 | 34 | | 771 |
| 旱地面积 | 公顷 | 571 | 90 | | 20 | | 461 |
| 当年实际机耕地面积 | 公顷 | 863 | 49 | 348 | 42 | | 424 |
| **主要农作物生产情况** | | | | | | | |
| 粮食播种面积 | 公顷 | 2613 | 665 | 475 | 15 | | 1458 |
| 粮食总产量 | 吨 | 12100 | 3172 | 2164 | 84 | | 6680 |
| 大豆播种面积 | 公顷 | 87 | | 80 | | | 7 |
| 大豆总产量 | 吨 | 101 | | 92 | | | 9 |
| 花生播种面积 | 公顷 | 164 | 25 | 7 | 1 | | 131 |
| 花生总产量 | 吨 | 363 | 68 | 16 | 3 | | 276 |
| 糖蔗播种面积 | 公顷 | 1333 | 8 | 1324 | | | 1 |
| 糖蔗总产量 | 吨 | 177873 | 659 | 177207 | | | 7 |
| 年末水果园面积 | 公顷 | 2271 | 621 | 299 | 268 | 122 | 961 |
| 水果总产量 | 吨 | 5172 | 1722 | 2524 | 156 | 187 | 583 |
| 年末茶叶面积 | 公顷 | 181 | 41 | | | 2 | 138 |
| 茶叶总产量 | 吨 | 109 | 41 | | | … | 68 |
| **畜牧业生产情况** | | | | | | | |
| 牛年末头数 | 头 | 11194 | 8990 | 105 | 662 | | 1437 |
| ＃黄牛 | 头 | 399 | 216 | | | | 183 |
| 水牛 | 头 | 2013 | 641 | 105 | 13 | | 1254 |
| 良种及改良种乳牛 | 头 | 8782 | 8133 | | 649 | | |
| 生猪年末存栏头数 | 头 | 36680 | 19709 | 4932 | 473 | | 11566 |
| 牛奶产量 | 吨 | 22799 | 21119 | | 1680 | | |

10—40 续表

| 项目 | 单位 | 全市 | 市区 | 番禺市 | 花都市 | 增城市 | 从化市 |
|---|---|---|---|---|---|---|---|
| 水产品产量 | 吨 | 9359 | 2480 | 5628 | 799 | 1 | 451 |
| #淡水养殖产量 | 吨 | 9359 | 2480 | 5628 | 799 | 1 | 451 |
| 淡水养殖面积 | 公顷 | 3202 | 821 | 717 | 80 | | 1584 |
| **主要农业机械年末拥有量** | | | | | | | |
| 大中型拖拉机 | 混合台 | 25 | 6 | 18 | | | 1 |
| | 千瓦 | 1238 | 210 | 963 | | | 65 |
| 小型拖拉机 | 台 | 186 | 96 | 26 | 15 | | 49 |
| | 千瓦 | 1060 | 281 | 227 | 128 | | 424 |
| 机动脱粒机 | 部 | 154 | 3 | 32 | 12 | | 107 |
| 磨面机 | 部 | 3 | | | | | 3 |
| 碾米机 | 部 | 37 | 12 | 2 | | | 23 |
| 农用载重汽车 | 辆 | 233 | 143 | 5 | 29 | | 56 |
| | 千瓦 | 17735 | 11583 | 486 | 2248 | | 3418 |
| 胶轮大车 | 辆 | 34 | | | 34 | | |
| 胶轮手推车 | 辆 | 1304 | 26 | 421 | 326 | | 531 |
| 农用排灌动力机械 | 台 | 545 | 153 | 241 | 57 | | 94 |
| | 千瓦 | 5539 | 1672 | 3290 | 301 | | 276 |
| #柴油机 | 台 | 236 | 22 | 100 | 25 | | 89 |
| | 千瓦 | 1817 | 651 | 746 | 156 | | 264 |
| 电动机 | 台 | 309 | 131 | 141 | 32 | | 5 |
| | 千瓦 | 3722 | 1021 | 2544 | 145 | | 12 |
| 农用水泵 | 台 | 514 | 115 | 222 | 18 | | 159 |
| 农业总产值(1990年不变价) | 万元 | 29593 | 12182 | 13205 | 1040 | 707 | 2459 |
| 当年农副产品销售总额 | 万元 | 34679 | 23432 | 5889 | 913 | 701 | 3744 |
| 工资总额 | 万元 | 26017 | 20077 | 3598 | 876 | 216 | 1250 |
| 利润 | 万元 | —7840 | —2745 | —3748 | —223 | —48 | —1076 |
| 税金 | 万元 | 6786 | 5326 | 982 | 11 | 12 | 455 |
| 利息 | 万元 | 13802 | 10704 | 2060 | 95 | 43 | 900 |
| 福利基金 | 万元 | 3757 | 2846 | 679 | 109 | 8 | 115 |

## 10-41 乡镇企业营业收入1.2亿元以上企业名单

（1998年）

| 企业名称 | 营业收入（万元） | 排列名次 | 企业名称 | 营业收入（万元） | 排列名次 |
|---|---|---|---|---|---|
| 广州市新珠江食品饮料集团公司 | 97024 | 1 | 番禺新华易燃气公司 | 18160 | 34 |
| 番禺潭洲振裕纺织印染有限公司 | 83347 | 2 | 花都市裕鸿电子有限公司 | 17921 | 35 |
| 番禺灵山创信鞋业有限公司 | 81555 | 3 | 花都市永大不锈钢型材有限公司 | 17860 | 36 |
| 白云镇泰广州有限公司 | 69929 | 4 | 黄埔区永昌鞋业公司 | 17844 | 37 |
| 番禺广州华凌空调设备有限公司 | 65259 | 5 | 黄埔区下沙经联公司房地产公司 | 17444 | 38 |
| 从化市东麟钻石厂 | 53545 | 6 | 白云区农业综合服务公司 | 16876 | 39 |
| 花都广州陆仕水产企业有限公司 | 49452 | 7 | 番禺市石碁镇星辉电器有限公司 | 16396 | 40 |
| 番禺化龙番禺世门手袋有限公司 | 47792 | 8 | 广州美业针织印染厂有限公司 | 16370 | 41 |
| 广州百事可乐饮料有限公司 | 46884 | 9 | 番禺市大石建筑工程公司 | 16272 | 42 |
| 番禺大岗镇大兴制鞋实业有限公司 | 45844 | 10 | 花都市广州江滨皮革制品有限公司 | 15612 | 43 |
| 广州石井水泥厂 | 40680 | 11 | 花都市广州宏昌胶粘带厂 | 15466 | 44 |
| 广州市江村家禽企业发展公司 | 39863 | 12 | 白云区白云土木建筑工程公司 | 15310 | 45 |
| 广州东鹏集团股份有限公司 | 36053 | 13 | 番禺市鱼窝头时代广场 | 15305 | 46 |
| 从化市精通天马摩托车有限公司 | 32749 | 14 | 番禺旧水坑五金综合总厂 | 15000 | 47 |
| 从化市广州丝宝精细化工有限公司 | 29359 | 15 | 番禺市金旺鞋业公司 | 14910 | 48 |
| 番禺市大石香江野生动物园 | 26834 | 16 | 花都市广州坤佳鞋业有限公司 | 14877 | 49 |
| 从化鑫林工艺有限公司 | 26125 | 17 | 番禺沙湾建筑工程公司 | 14710 | 50 |
| 花都市永大花都机械公司摩托车厂 | 25657 | 18 | 番禺广州南方家具有限公司 | 14199 | 51 |
| 广州飞达音响专业器材有限公司 | 25160 | 19 | 番禺大石南辉高速船制造有限公司 | 14100 | 52 |
| 黄埔区永发塑料有限公司 | 24782 | 20 | 白云区广州市三元里建筑工程公司 | 13700 | 53 |
| 番禺市镇泰工业有限公司 | 23466 | 21 | 海珠区杨协成(广州)有限公司 | 13681 | 54 |
| 海珠区镇泰海珠有限公司 | 23281 | 22 | 白云区广州强兴制鞋有限公司 | 13555 | 55 |
| 番禺广州星辉电子制品有限公司 | 22670 | 23 | 番禺市合兴原油化工有限公司 | 13500 | 56 |
| 番禺沙坑雅耀电气公司 | 22443 | 24 | 黄埔区姬堂鸿达鞋业公司 | 13401 | 57 |
| 白云区人和镇顺达饼干厂 | 21352 | 25 | 海珠区广州广一集团公司 | 12960 | 58 |
| 番禺市横沥合兴油脂厂 | 20514 | 26 | 番禺市广州崇德鞋业有限公司 | 12660 | 59 |
| 从化市永钊钻石厂 | 20418 | 27 | 番禺市南村利德鞋业有限公司 | 12600 | 60 |
| 白云区广州白云电器设备厂 | 20026 | 28 | 番禺恒达蓄电池总厂 | 12528 | 61 |
| 番禺珠江实业集团有限公司 | 19867 | 29 | 番禺市南村南北工业集团公司 | 12484 | 62 |
| 番禺市万顷沙镇互太纺织印染公司 | 19250 | 30 | 番禺市裕丰钢铁有限公司 | 12300 | 63 |
| 白云区广州市日成玩具制品有限公司 | 19212 | 31 | 番禺东涌京写万威电路版有限公司 | 12207 | 64 |
| 花都市华丰印染有限公司 | 19087 | 32 | 白云区石井建筑公司 | 12047 | 65 |
| 白云区广州维高集团有限公司 | 18562 | 33 | 番禺崇光皮件有限公司 | 12000 | 66 |

# 10－42 乡镇企业营业收入5亿元以上的镇名单

（1998年）

| 乡（镇）名称 | | 营业收入（万元） | 排列名次 | 乡（镇）名称 | | 营业收入（万元） | 排列名次 |
|---|---|---|---|---|---|---|---|
| 海珠区 | 新滘镇 | 528000 | 5 | | 横沥镇 | 61492 | 62 |
| 天河区 | 东圃镇 | 329722 | 12 | | 莲花山镇 | 54482 | 64 |
| | 沙河镇 | 281205 | 14 | | 万顷沙镇 | 53815 | 66 |
| 芳村区 | 东漖镇 | 237007 | 16 | 花都市 | 新华镇 | 625874 | 1 |
| 白云区 | 石井镇 | 399149 | 7 | | 狮岭镇 | 286982 | 13 |
| | 新市镇 | 358720 | 9 | | 花山镇 | 251301 | 15 |
| | 江高镇 | 219753 | 21 | | 花东镇 | 236008 | 17 |
| | 人和镇 | 151348 | 29 | | 炭步镇 | 233007 | 18 |
| | 太和镇 | 130183 | 32 | | 赤坭镇 | 168054 | 27 |
| | 神山镇 | 111010 | 41 | | 北兴镇 | 115136 | 38 |
| | 钟落潭镇 | 97997 | 43 | | 芙蓉镇 | 93113 | 46 |
| | 龙归镇 | 97902 | 44 | | 梯面镇 | 91102 | 47 |
| | 竹料镇 | 80764 | 51 | 增城市 | 新塘镇 | 617252 | 3 |
| | 蚌湖镇 | 70866 | 55 | | 荔城镇 | 344028 | 10 |
| | 罗岗镇 | 66279 | 59 | | 仙村镇 | 184511 | 24 |
| | 三元里街 | 54152 | 65 | | 永和镇 | 123667 | 35 |
| 黄埔区 | 大沙镇 | 232584 | 19 | | 石滩镇 | 116446 | 37 |
| | 南岗镇 | 167277 | 28 | | 沙埔镇 | 90323 | 48 |
| 番禺市 | 大石镇 | 618782 | 2 | | 正果镇 | 75459 | 52 |
| | 市桥镇 | 535587 | 4 | | 镇龙镇 | 70875 | 54 |
| | 石碁镇 | 430271 | 6 | | 派潭镇 | 69972 | 56 |
| | 沙湾镇 | 364632 | 8 | | 三江镇 | 63362 | 61 |
| | 钟村镇 | 343978 | 11 | | 中新镇 | 60317 | 63 |
| | 灵山镇 | 223908 | 20 | 从化市 | 太平镇 | 150086 | 30 |
| | 潭洲镇 | 196738 | 22 | | 旗杆镇 | 129048 | 33 |
| | 南村镇 | 185029 | 23 | | 城郊镇 | 118300 | 36 |
| | 榄核镇 | 175616 | 25 | | 江埔镇 | 108815 | 42 |
| | 东涌镇 | 168510 | 26 | | 鳌头镇 | 96829 | 45 |
| | 石楼镇 | 147026 | 31 | | 街口镇 | 81177 | 50 |
| | 化龙镇 | 126630 | 34 | | 神岗镇 | 73812 | 53 |
| | 大岗镇 | 114011 | 39 | | 龙潭镇 | 69687 | 57 |
| | 鱼窝头镇 | 111883 | 40 | | 桃园镇 | 64655 | 60 |
| | 黄阁镇 | 88729 | 49 | | 灌村镇 | 50071 | 67 |
| | 新造镇 | 67404 | 58 | | | | |

# 10－43 乡镇企业营业收入2.5亿元以上的村名单

（1998年）

| 乡（镇）村名称 | 营业收入（万元） | 排列名次 | 乡（镇）村名称 | 营业收入（万元） | 排列名次 |
|---|---|---|---|---|---|
| 海珠区新滘镇联星村 | 38181 | 18 | 番禺市灵山镇九比村 | 94163 | 1 |
| 土华村 | 34586 | 27 | 大石镇何　村 | 53794 | 8 |
| 石溪村 | 29320 | 37 | 东方村 | 38695 | 17 |
| 沥滘村 | 26604 | 49 | 沙溪村 | 35238 | 23 |
| 黄埔村 | 25258 | 57 | 大山村 | 31911 | 33 |
| 天河区东圃镇棠下村 | 57454 | 3 | 礼　村 | 28008 | 46 |
| 车陂村 | 53952 | 7 | 植　村 | 27344 | 47 |
| 吉山村 | 48448 | 11 | 西一村 | 27182 | 48 |
| 前进村 | 35233 | 24 | 东联村 | 26525 | 50 |
| 黄　村 | 32608 | 30 | 洛溪村 | 25428 | 54 |
| 珠　村 | 29288 | 38 | 冼　村 | 25420 | 55 |
| 棠东村 | 28731 | 41 | 沙湾镇陈涌村 | 52070 | 10 |
| 沙河镇杨箕村 | 57089 | 4 | 蚬涌村 | 40486 | 15 |
| 冼　村 | 53164 | 9 | 福涌村 | 39299 | 16 |
| 元岗村 | 30643 | 34 | 沙坑村 | 37042 | 20 |
| 猎德村 | 25203 | 59 | 草河村 | 35985 | 21 |
| 沙东街沙东村 | 34720 | 26 | 榄核镇榄核村 | 45167 | 12 |
| 登峰街登峰村 | 28631 | 42 | 人民村 | 33039 | 29 |
| 芳村区东漖镇东漖村 | 54420 | 5 | 钟村镇谢　村 | 32253 | 31 |
| 增滘村 | 29143 | 39 | 屏二村 | 30003 | 36 |
| 白云区江高镇江村村 | 78414 | 2 | 石碁镇石岗东村 | 26066 | 51 |
| 三元里街三元里村 | 54152 | 6 | 傍江西村 | 25367 | 56 |
| 石井镇庆丰村 | 30283 | 35 | 石碁村 | 25043 | 61 |
| 横沙村 | 28591 | 44 | 花都市新华镇三华村 | 35042 | 25 |
| 新市镇望岗村 | 25467 | 52 | 三东村 | 33634 | 28 |
| 黄埔区大沙镇茅岗村 | 40842 | 14 | 五华村 | 28627 | 43 |
| 下沙村 | 37614 | 19 | 田美村 | 28472 | 45 |
| 姬堂村 | 35751 | 22 | 花山镇小布村 | 25256 | 58 |
| 文冲村 | 31960 | 32 | 增城市新塘镇大墩村 | 45068 | 13 |
| 双沙村 | 25145 | 60 | 群星村 | 28765 | 40 |
| | | | 新何村 | 25437 | 53 |

# 主要统计指标解释

【农业总产值】以货币表现的农、林、牧、副、渔五业全部产品的总量，它反映一定时期内农业生产的总规模和总成果。

【农、林、牧、副、渔五业的统计范围】

(1)农作物种植业 包括粮、棉、油料、糖料、麻类、烟叶、蔬菜、药材、瓜类和其他农作物的种植，以及茶园、桑园、果园的生产经营。

(2)林业 包括林木的栽培(不包括茶园、桑园和果园的栽培、管理和收获等活动)、林产品的采集和村及村以下合作经济组织和农户的竹木采伐。

(3)牧业 包括除渔业养殖以外的一切动物饲养和放牧。

(4)副业 包括采集野生植物、捕猎野兽、野禽及农民家庭兼营的工业。

(5)渔业 包括水生动物和海藻类植物的养殖和捕捞。

农业总产值的计算方法通常是按农林牧渔业产品及其副产品的产量，分别乘以各自单位产品价格求得，少数生产周期较长，当年没有产品或产品产量不易统计的则采用间接方法匡算其产值。然后将五业产品产值相加即为农业总产值。

【农村经济总收入】指农村集体经济组织和农民家庭当年经营生产性和服务性活动所得到的可以用于抵偿本年开支，并在国家、集体和农民个人之间进行分配的全部收入。包括农林牧副渔业、农村工业、建筑业、运输业、商业、饮食业、服务业、劳动等各项经营收入和利息、租金等收入。但不包括那些不能用来分配，属于借贷性质或暂收性质的收入，如贷款收入、预购定金、国家投资、农民投资等。

农村经济总收入和农业总产值是两个不同的概念；第一，两者包括的范围不同。总收入除了包括农林牧副渔五业的收入以外，还包括其他生产性和非生产性事业活动所得到的可以直接支配的全部收入；而农业总产值则不包括后面这些。第二，就农林牧副渔五业而言，总产值要计算当年的全部成果，而总收入只计算当年可用于开支和分配的部分。例如，总产值要计算人造林木的生产量、大小家畜的繁殖、增长和增重的产值，总收入则不包括。第三，计算的价格不同。计算总产值，全部产品都按统一的不变价格或当年价格计算。而计算总收入一般只按当年价格计算(出售部分按实际出售价格计算，自用部分按当地收购的价格计算)

【粮食产量】指全社会的产量。包括国有经济经营的、集体统一经营的和农民家庭经营的粮食产量，还包括工矿企业办的农场和其他生产单位的产量。粮食除包括稻谷、小麦、玉米、高粱、谷子及其他杂粮外，还包括薯类和豆类。其产量计算方法，豆类按去豆荚后的干豆计算；薯类(包括甘薯和马铃薯，不包括芋头和木薯)1963 年以前按每 4 公斤鲜薯折 1 公斤粮食计算，从 1964 年开始及以后改为按 5 公斤鲜薯折 1 公斤粮食计算。城市郊区作为蔬菜的薯类(如：马铃薯等)按鲜品计算，并且不作为粮食统计。其他粮食一律按脱粒后的原粮计算。

【水产品产量】指人工养殖的水产品和天然生长的水产品的捕捞量。包括海水的鱼类、虾蟹类、贝类和藻类以及内陆水域的鱼类、虾蟹类和贝类，不包括淡水生植物。

【猪、牛、羊肉产量】指当年出栏并已屠宰后除去头蹄下水后带骨肉(即胴体重)的重量。

【耕地面积】指年初可以用来种植农作物、经常进行耕锄的田地，除包括熟地、当年新开荒地、连续撂荒未满三年的耕地和当年的休闲地(轮歇地)外，还包括以种植农作物为主并附带种植桑树、茶树、果树和其他林木的土地，以及沿海、沿湖地区已围垦利用的“海涂”、“湖田”等面积。但不包括属于专业性的桑园、茶园、果园、果木苗圃、林地、芦苇地、天然或人工草地面积。

【农作物播种面积】 指实际播种或移植有农作物的面积。凡是实际种植农作物的面积，不论种植在耕地上还是种植在非耕地上，均包括在农作物播种面积中，在播种季节基本结束后因遭灾而重新改种和补种的农作物面积也包括在内。

【有效灌溉面积】 指具有一定的水源，地块比较平整，灌溉工程或设备已经配套，在一般年景下当年能够进行正常灌溉的耕地面积。

【农用化肥施用量】 指本年内实际用于农业生产的化肥数量。包括氮肥、磷肥、钾肥和复合肥。化肥施用量要求按折纯量计算数量。折纯法化肥施用量是把氮肥、磷肥和钾肥分别按含氮、含五氧化二磷、含氧化钾的百分之一百成份折算后的数量。复合肥按其所含主要成分折算。

【农用机械总动力】 指主要用于农、林、牧、副、渔业的各种动力机械的动力总和。包括耕作机械、排灌机械、收获机械、农产品加工机械、运输机械、植物保护机械、牧业机械、林业机械、渔业机械和其他农业机械[内燃机按引擎马力折成瓦(特)计算,电动机按功率折成瓦(特)计算]。不包括专门用于乡、镇、村、组办工业、基本建设、非农业运输、科学试验和教学等非农业生产方面用的动力机械与作业机械。

【乡镇企业】 原来仅指农村人民公社和生产大队两级集体经济举办的社队企业。在农村政社组织管理体制分设以后,除了包括乡、村合作经济组织办企业外,还包括组办、联户办和个体办的企业。1984 年 3 月确定将这类企业统称“乡镇企业”。

乡镇企业一般应拥有固定的组织、生产场所、生产设备和人员;有核算制度,承担经济责任和纳税义务,是一个比较稳定的经济实体。

【农林牧副渔业劳动力】 指直接参加农林牧副渔业生产劳动的劳动力和直接从事采集、捕猎、农户家庭兼营(即以农业为主,利用农闲时间进行的)工业生产等副业劳动力。

# 第十一篇

# 工　　业

# 工业生产稳定增长 经济效益有所下降

1998 年，我市工业经济在困境中求发展，全年工业生产保持稳定增长态势，但由于受市场制约和亚洲金融危机的影响，工业经济效益有所下降。全市完成工业总产值 2512.70 亿元（现行价，增长速度按1990 年不变价计算），比上年增长 14.0%，基本达到计划增长目标。全市独立核算工业企业经济效益综合指数为 108.4%，比上年下降 9.3 个百分点。

我市工业经济发展特点：

1. 全年工业生产走势呈V型发展。从全年我市工业生产的发展轨迹来看，大体分三个阶段：一是 1—3 月呈平稳增长（增 12.9%）；二是 4—8 月增幅呈逐步下滑（从增 12.9%降至上半年增 11.8%，又降至1—8 月增 10.7%）；三是从 9 月起大幅反弹回升，平均每月拉升 0.8 个百分点，最终实现增长 14.0%，呈较明显的V字型发展态势。

2. 外向型经济保持较快增长。1998 年，外商及港澳台经济完成工业总产值 997.44 亿元，比上年增长 16.7%，比全市增幅高出 2.7 个百分点，占全市工业总产值比重为 39.7%；出口产品产值完成 632.14 亿元，比上年增长 19.5%，比全市增幅高出 5.6 个百分点，占全市工业总产值比重为 25.2%。外向型经济保持较快增长，拉动了全市工业生产的增长。

3. 重工业增长速度继续快于轻工业。1998 年，重工业总产值完成 946.54 亿元，比上年增长 16.3%；轻工业总产值完成 1566.16 亿元，比上年增长 12.8%。主要是受投资快速增长的拉动以及消费市场增长相对滞后的影响，重工业生产承接上年的发展优势，增长速度继续快于轻工业 3.5 个百分点。

4. 工业产销率有所提高。1998 年，全市工业产销率为 96.9%，比上年提高 1 个百分点。其中：国有经济产销率为 99.2%、外商及港澳台经济产销率为 97.1%、股份制经济产销率为 97.1%，均保持在较高水平上；而集体经济产销率为 95.7%、其他经济产销率为 93.7%，低于 96%的水平。

5. 大中型企业经济运行质量处于领先水平。1998 年，全市大中型企业完成工业总产值 1163.84 亿元，比上年增长 15.3%，增长速度高于全市平均水平 1.3 个百分点，占全市工业总产值比重为 46.3%，大中型企业经济效益综合指数为 132.1%，高于全市平均水平 23.7 个百分点，实现利润总额 48.62 亿元，为全市利润总额的 105.0%，各项主要经济指标均处于较高水平，对全市工业经济整体发展起到“龙头”带动作用。

6. 部分工业产品产量大幅度增长。1998 年，全市主要产品产量中，增幅较大的有房间空气调节器（增 74.2%）、升降移动机械（增 58.0%）、汽车（增 43.0%）、摩托车（增 28.6%）、软饮料（增 27.7%）、啤酒（增 26.1%）、味精（增 23.5%）、水泥（增 21.4%）、日用玻璃制品（增 20.4%）。另外，受市场制约，部分产品产量出现较大幅度下降，如人造板、化学原料药、家用洗衣机、家用电冰箱、电饭锅、程控交换机、煤气等。

7. 工业经济效益水平下降。1998 年，全市独立核算工业企业经济效益综合指数为 108.4%，比上年下降 9.3 个百分点，其中下降较大的个体指数有：总资产贡献率由上年的 10.3%下降至 6.1%，工业成本费用利润率由上年的 5.6%下降至 2.9%，分别下降了 4.2 和 2.7 个百分点；实现利税总额为 162.31 亿元，比上年下降 16.5%，其中利润总额为 46.32 亿元，比上年下降 43.7%，亏损企业亏损总额为 73.2 亿元，比上年增长 20.1%，亏损企业亏损面达 39.3%，比上年扩大了 3.4 个百分点，经济效益总体水平较上年有明显下降，成为我市工业经济运行中的一个最为突出的问题。

## 工业总产值及增加值

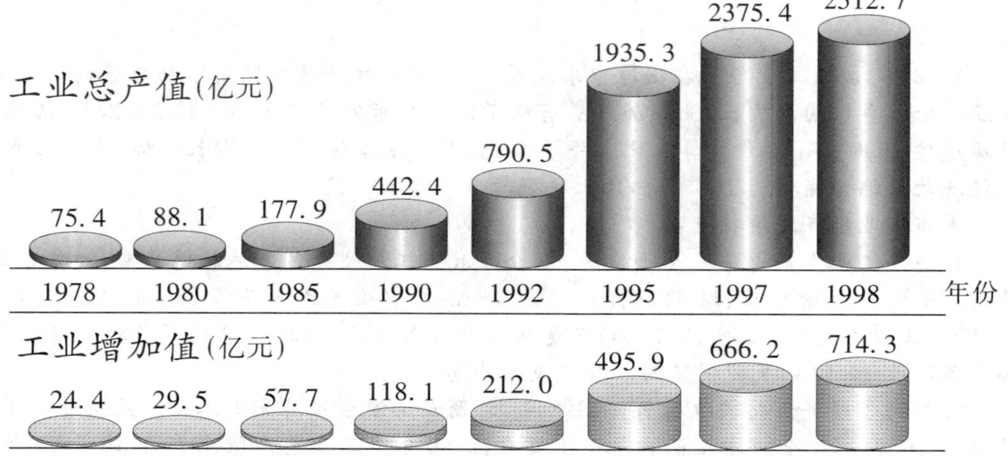


## 工业总产值构成(%)

### 按规模分

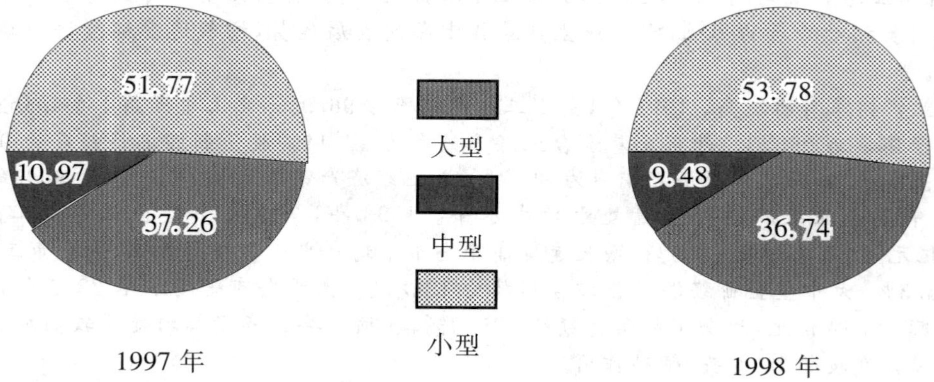


### 按轻重工业分

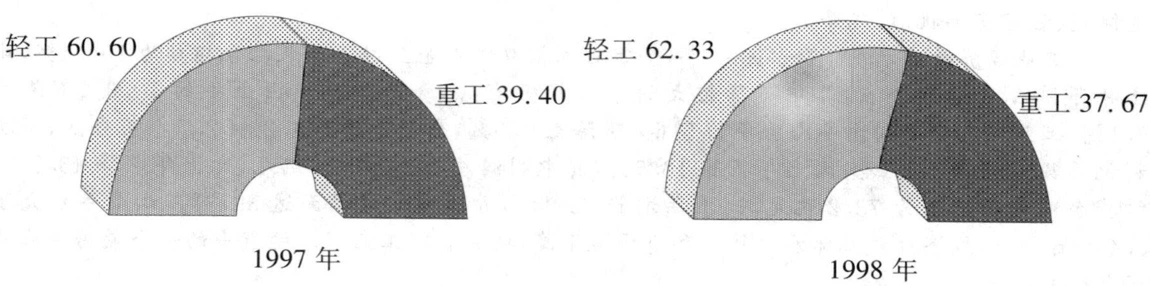

# 11-1 主要年份工业总产值

单位：万元

| 年份、时期 | 全市 | | | #市区 | | |
|---|---|---|---|---|---|---|
| | | 轻工业 | 重工业 | | 轻工业 | 重工业 |
| 1949 | 29670 | 26644 | 3026 | 26972 | 24059 | 2913 |
| 1952 | 49612 | 42657 | 6955 | 45295 | 38459 | 6836 |
| 1957 | 138497 | 111268 | 27229 | 125942 | 99054 | 26888 |
| 1962 | 180698 | 135171 | 45527 | 164568 | 120619 | 43949 |
| 1965 | 278331 | 195362 | 82969 | 256902 | 176240 | 80662 |
| 1970 | 473200 | 314691 | 158509 | 453498 | 298398 | 155100 |
| 1975 | 658434 | 414798 | 243636 | 622835 | 388380 | 234455 |
| 1978 | 753873 | 476737 | 277136 | 701598 | 439048 | 262550 |
| 1980 | 881242 | 574239 | 307003 | 799666 | 494913 | 304753 |
| 1985 | 1779333 | 1163704 | 615629 | 1583869 | 1022167 | 561702 |
| 1990 | 4424437 | 2830366 | 1594071 | 3647615 | 2293551 | 1354064 |
| 1995(原规定) | 19353440 | 11263263 | 8090177 | 12517030 | 7101660 | 5415370 |
| 1995(新规定) | 17224948 | 10263515 | 6961433 | 11066817 | 6491338 | 4575479 |
| 1996 | 20685796 | 12641264 | 8044532 | 12557994 | 7067668 | 5490326 |
| 1997 | 23753915 | 14395602 | 9358313 | 13865661 | 7905190 | 5960471 |
| 1998 | 25127025 | 15661603 | 9465422 | 13489966 | 7764942 | 5725024 |
| 1950—1952 | 128640 | 110683 | 17957 | 119573 | 101996 | 17577 |
| "一五"时期 | 527303 | 432382 | 94921 | 477274 | 383461 | 93813 |
| "二五"时期 | 1183456 | 833617 | 349839 | 1089357 | 752789 | 336568 |
| 1963—1965 | 701979 | 505233 | 196746 | 644413 | 453226 | 191187 |
| "三五"时期 | 1699709 | 1136488 | 563221 | 1596605 | 1046164 | 550441 |
| "四五"时期 | 2729688 | 1729515 | 1000173 | 2568167 | 1602080 | 966087 |
| "五五"时期 | 3861380 | 2443104 | 1418276 | 3578594 | 2216157 | 1362437 |
| "六五"时期 | 6447893 | 4209237 | 2238656 | 5841923 | 3719555 | 2122368 |
| "七五"时期 | 16252266 | 10438049 | 5814217 | 13730836 | 8768495 | 4962341 |
| "八五"时期 | 59397158 | 34984219 | 24412939 | 41609047 | 23595892 | 18013155 |
| 1979—1998 | 153365059 | 93405332 | 59959727 | 102657215 | 59775003 | 42882212 |

注：工业总产值包括个体和村及村以下工业。

# 11-2 主要年份工业总产值

（按1990年不变价格计算） 单位:万元

| 年份、时期 | 全市 | | | #市区 | | |
|---|---|---|---|---|---|---|
| | | 轻工业 | 重工业 | | 轻工业 | 重工业 |
| 1949 | 32960 | 28430 | 4530 | 29859 | 25559 | 4300 |
| 1952 | 57077 | 47129 | 9948 | 50230 | 40850 | 9380 |
| 1957 | 167616 | 129707 | 37909 | 147371 | 111014 | 36357 |
| 1962 | 230265 | 165699 | 64566 | 206663 | 145075 | 61588 |
| 1965 | 363036 | 245384 | 117652 | 331811 | 218013 | 113798 |
| 1970 | 646125 | 413836 | 232289 | 613807 | 386817 | 226990 |
| 1975 | 916130 | 551732 | 364398 | 871624 | 520540 | 351084 |
| 1978 | 1056253 | 638185 | 418068 | 983205 | 592310 | 390895 |
| 1980 | 1286085 | 792438 | 493647 | 1198235 | 731926 | 466309 |
| 1985 | 2351845 | 1467985 | 883860 | 2092210 | 1306166 | 786044 |
| 1990 | 4345682 | 2882641 | 1463041 | 3558835 | 2331815 | 1227020 |
| 1995(原规定) | 13854652 | 8690180 | 5164472 | 8599132 | 5378277 | 3220855 |
| 1995(新规定) | 13169472 | 8414840 | 4754632 | 8064184 | 5219891 | 2844293 |
| 1996 | 15684742 | 10607975 | 5076767 | 8841823 | 5686753 | 3155070 |
| 1997 | 18489780 | 12387980 | 6101800 | 10031803 | 6520848 | 3510955 |
| 1998 | 21069644 | 13973099 | 7096545 | 10669779 | 6591399 | 4078380 |
| 1950—1952 | 146337 | 126136 | 20201 | 132408 | 112927 | 19481 |
| “一五”时期 | 627218 | 516606 | 110612 | 548563 | 440603 | 107960 |
| “二五”时期 | 1475718 | 1044799 | 430919 | 1341101 | 926830 | 414271 |
| 1963—1965 | 910260 | 658416 | 251844 | 825595 | 580555 | 245040 |
| “三五”时期 | 2285860 | 1536299 | 749561 | 2125489 | 1392807 | 732682 |
| “四五”时期 | 3784008 | 2397464 | 1386544 | 3579959 | 2233264 | 1346695 |
| “五五”时期 | 5457579 | 3436370 | 2021209 | 5108729 | 3186355 | 1922374 |
| “六五”时期 | 8933853 | 5824122 | 3109731 | 8062962 | 5245231 | 2817731 |
| “七五”时期 | 17426769 | 11840078 | 5586691 | 14769572 | 9594737 | 5174835 |
| “八五”时期 | 47270331 | 30306808 | 16963523 | 32250708 | 20262326 | 11988382 |
| 1979—1998 | 131312232 | 86467807 | 44844425 | 72956634 | 46298257 | 26658377 |

注:工业总产值包括个体和村及村以下工业。

# 11—3 工业企业单位数

单位：个

| 项目 | 1985年 | 1990年 | 1995年 | 1997年 | 1998年 |
|---|---|---|---|---|---|
| **总计** | 3495 | 21895 | 27030 | 34515 | 40163 |
| #独立核算工业企业 | 2843 | 3499 | 5069 | 4225 | 4341 |
| **按地区分** | | | | | |
| 市区 | 2573 | 11333 | 11957 | 16895 | 19400 |
| 番禺市 | 363 | 2756 | 4949 | 4578 | 5323 |
| 花都市 | 200 | 2870 | 4862 | 4715 | 6137 |
| 增城市 | 216 | 3151 | 3968 | 5228 | 5747 |
| 从化市 | 143 | 1785 | 1294 | 3099 | 3556 |
| **按经济类型分** | | | | | |
| 1.不包括村办及个体工业 | 3495 | 4273 | 8508 | 7527 | 7890 |
| 国有经济 | 1028 | 1070 | 1055 | 950 | 906 |
| #独立核算企业 | | 768 | 770 | 724 | 690 |
| 集体经济 | 2432 | 2682 | 5163 | 4489 | 4646 |
| #独立核算企业 | | 2261 | 2178 | 1674 | 1616 |
| 县属企业 | | 134 | 914 | 742 | 744 |
| 城镇街道企业 | | 1128 | 3176 | 2923 | 3134 |
| 农村乡办企业 | | 721 | 411 | 75 | 539 |
| 私营经济 | | | 52 | 57 | 142 |
| 联营经济 | | | 135 | 108 | 95 |
| 股份制经济 | | | 44 | 31 | 84 |
| 中外合资经营企业 | | | 210 | 152 | 162 |
| 中外合作经营企业 | | | 79 | 39 | 43 |
| 外资企业 | | | 42 | 80 | 99 |
| 港、澳、台与大陆合资经营企业 | | | 772 | 672 | 701 |
| 港、澳、台与大陆合作经营企业 | | | 561 | 555 | 560 |
| 港、澳、台独资企业 | | | 367 | 388 | 429 |
| 其他经济 | ※35 | ※521 | 28 | 6 | 23 |

注：※除国有、集体以外的各种经济类型。

11—3 续表 单位:个

| 项目 | 1985年 | 1990年 | 1995年 | 1997年 | 1998年 |
|---|---|---|---|---|---|
| 2.个体及村办企业 | | 17622 | 18522 | 26988 | 32273 |
| 城镇联营工业 | | 44 | 317 | 375 | |
| 城镇个体工业 | | 5499 | 3478 | 9282 | |
| 农村村办工业 | | 4855 | 5485 | 6094 | |
| 农村联营工业 | | 1660 | 806 | 1795 | |
| 农村个体工业 | | 5564 | 6250 | 9442 | |
| **按隶属关系分** | | | | | |
| 中央企业 | | 108 | 130 | 94 | 126 |
| 省属企业 | | 135 | 231 | 162 | 163 |
| 市属企业 | | 21652 | 26669 | 34259 | 39874 |
| #县属企业 | | 1178 | 1921 | 1740 | 1758 |
| **按轻重工业分** | | | | | |
| 轻工业 | 2334 | 16299 | 18424 | 25252 | 30915 |
| 以农产品为原料 | 1199 | 9154 | 12154 | 16985 | 18963 |
| 以非农产品为原料 | 1135 | 7145 | 6270 | 8267 | 11952 |
| 重工业 | 1161 | 5596 | 8606 | 9263 | 9248 |
| 采掘工业 | 84 | 95 | 1168 | 1052 | 1040 |
| 原料工业 | 157 | 564 | 1216 | 1150 | 1140 |
| 制造工业 | 920 | 4937 | 6222 | 7061 | 7068 |
| **按生产规模分** | | | | | |
| 大型企业 | 43 | 115 | 141 | 221 | 256 |
| 中型企业 | 92 | 194 | 268 | 362 | 378 |
| 小型企业 | 3360 | 21586 | 26621 | 33932 | 39529 |

# 11-4 市区工业企业单位数

单位:个

| 项　　目 | 1985 年 | 1990 年 | 1995 年 | 1997 年 | 1998 年 |
|---|---|---|---|---|---|
| **总　计** | **2573** | **11333** | **11957** | **16895** | **19400** |
| #独立核算工业企业 | 2063 | 2387 | 3220 | 2686 | 2674 |
| **按经济类型分** | | | | | |
| 1.不包括村办及个体工业 | 2573 | 3038 | 6364 | 5631 | 5882 |
| 国有经济 | 790 | 803 | 785 | 682 | 681 |
| #独立核算企业 | | 582 | 604 | 571 | 543 |
| 集体经济 | 1753 | 1898 | 4410 | 3892 | 4057 |
| #独立核算企业 | | 1508 | 1310 | 1143 | 1117 |
| 城镇街道企业 | | 1055 | 3174 | 2922 | 3113 |
| 私营经济 | | | 20 | 13 | 67 |
| 联营经济 | | | 61 | 55 | 44 |
| 股份制经济 | | | 38 | 26 | 72 |
| 中外合资经营企业 | | | 165 | 116 | 116 |
| 中外合作经营企业 | | | 49 | 20 | 23 |
| 外资企业 | | | 24 | 41 | 49 |
| 港、澳、台与大陆合资经营企业 | | | 438 | 406 | 388 |
| 港、澳、台与大陆合作经营企业 | | | 242 | 241 | 237 |
| 港、澳、台独资企业 | | | 127 | 135 | 128 |
| 其他经济 | ※30 | ※337 | 5 | 4 | 20 |
| 2.个体及村办工业 | | 8295 | 5593 | 11264 | 13518 |
| 城镇联营工业 | | 34 | 79 | 125 | |
| 城镇个体工业 | | 5022 | 2284 | 7721 | |
| 农村村办工业 | | 1734 | 1864 | 1856 | |
| 农村联营工业 | | 558 | 173 | 368 | |
| 农村个体工业 | | 947 | 696 | 1194 | |
| **按隶属关系分** | | | | | |
| 中央企业 | 130 | 105 | 121 | 88 | 119 |
| 省属企业 | 78 | 118 | 211 | 142 | 147 |
| 市属企业 | 2365 | 11110 | 11625 | 16665 | 19134 |
| **按轻重工业分** | | | | | |
| 轻工业 | 1754 | 9121 | 8633 | 13353 | 15955 |
| 以农产品为原料 | 789 | 4799 | 4943 | 7833 | 9572 |
| 以非农产品为原料 | 965 | 4322 | 3690 | 5520 | 6383 |
| 重工业 | 819 | 2212 | 3324 | 3542 | 3445 |
| 采掘工业 | 28 | 25 | 125 | 104 | 87 |
| 原料工业 | 86 | 225 | 368 | 340 | 337 |
| 制造工业 | 705 | 1962 | 2831 | 3098 | 3021 |
| **按生产规模分** | | | | | |
| 大型企业 | 38 | 104 | 127 | 193 | 217 |
| 中型企业 | 84 | 168 | 208 | 295 | 304 |
| 小型企业 | 2451 | 11061 | 11622 | 16407 | 18879 |

注:※除国有、集体以外的各种经济类型。

# 11—5 工 业 总 产 值

（按1990年不变价格计算） 单位：万元

| 项目 | 1990年 | 1995年 | | 1997年 | 1998年 |
|---|---|---|---|---|---|
| | | 原规定 | 新规定 | | |
| **总计** | 4345682 | 13854652 | 13169472 | 18489780 | 21069644 |
| #独立核算工业企业 | 3860192 | 10650396 | 10084707 | 12831043 | 14412369 |
| **按地区分** | | | | | |
| 市区 | 3558835 | 8599132 | 8064184 | 10031803 | 10669779 |
| 番禺市 | 427529 | 2695600 | 2616742 | 4015485 | 4892243 |
| 花都市 | 185991 | 1302324 | 1262913 | 1812761 | 2180444 |
| 增城市 | 98249 | 948930 | 923768 | 1890261 | 2294692 |
| 从化市 | 75078 | 308666 | 301865 | 739470 | 1032486 |
| **按经济类型分** | | | | | |
| 1.不包括村办及个体工业 | 4021911 | 11131211 | 10540377 | 13834996 | 15240503 |
| 国有经济 | 2459212 | 3172558 | 3007722 | 3415351 | 3368990 |
| #独立核算企业 | 2362370 | 3009336 | 2848238 | 3255762 | 3223934 |
| 集体经济 | 715699 | 1808309 | 1480917 | 1786821 | 1714074 |
| #独立核算企业 | 681133 | 1622353 | 1310322 | 1549765 | 1460700 |
| 县属企业 | 68946 | 339489 | 320224 | 400635 | 408095 |
| 城镇街道企业 | 157216 | 399818 | 346911 | 416804 | 411576 |
| 农村乡办企业 | 134475 | 250925 | 232591 | 61043 | 651194 |
| 私营经济 | | 12203 | 11253 | 76158 | 181081 |
| 联营经济 | | 182099 | 175985 | 216831 | 135421 |
| 股份制经济 | | 401169 | 395427 | 500359 | 693269 |
| 中外合资经营企业 | | 1708568 | 1687141 | 2495083 | 3256773 |
| 中外合作经营企业 | | 306176 | 294938 | 456318 | 103988 |
| 外资企业 | | 127731 | 127923 | 400062 | 718939 |
| 港、澳、台与大陆合资经营企业 | | 2009620 | 1996570 | 2368211 | 2491952 |
| 港、澳、台与大陆合作经营企业 | | 812377 | 790214 | 1153979 | 1452884 |
| 港、澳、台独资企业 | | 581092 | 563105 | 955320 | 1110522 |
| 其他经济 | ※847000 | 9309 | 9182 | 10503 | 12610 |

注：※除国有、集体以外的各种经济类型。

11—5 续表

单位：万元

| 项目 | 1990年 | 1995年 | | 1997年 | 1998年 |
|---|---|---|---|---|---|
| | | 原规定 | 新规定 | | |
| 2.个体及村办企业 | 323771 | 2723441 | 2629095 | 4654784 | 5829141 |
| 城镇联营工业 | 521 | 58714 | 56680 | 107474 | |
| 城镇个体工业 | 13532 | 60440 | 58346 | 291387 | |
| 农村村办工业 | 218355 | 1850050 | 1785960 | 2474545 | |
| 农村联营工业 | 42647 | 106207 | 102528 | 602900 | |
| 农村个体工业 | 48716 | 319273 | 308213 | 1178478 | |
| **按隶属关系分** | | | | | |
| 中央企业 | 494010 | 966455 | 964139 | 1301969 | 1436701 |
| 省属企业 | 175596 | 425290 | 414853 | 433322 | 434219 |
| 市属企业 | 3676076 | 12462907 | 11790480 | 16754489 | 19198724 |
| #县属企业 | 496607 | 1855261 | 1812023 | 2817362 | 3037785 |
| **按轻重工业分** | | | | | |
| 轻工业 | 2882641 | 8690180 | 8414840 | 12387980 | 13973099 |
| 以农产品为原料 | 1462652 | 4889782 | 4697053 | 6856476 | 7627605 |
| 以非农产品为原料 | 1419989 | 3800398 | 3717787 | 5531504 | 6345494 |
| 重工业 | 1463041 | 5164472 | 4754632 | 6101800 | 7096545 |
| 采掘工业 | 33907 | 339236 | 333425 | 641102 | 657815 |
| 原料工业 | 589756 | 1499429 | 1416738 | 1750099 | 1982161 |
| 制造工业 | 839378 | 3325807 | 3004469 | 3710599 | 4456569 |
| **按生产规模分** | | | | | |
| 大型企业 | 1676656 | 3713875 | 3603252 | 5858421 | 7111021 |
| 中型企业 | 865675 | 1762582 | 1666029 | 2162150 | 2112983 |
| 小型企业 | 1803351 | 8378195 | 7900191 | 10469209 | 11845640 |

# 11-6 市区工业总产值

（按1990年不变价格计算）　　单位:万元

| 项目 | 1990年 | 1995年 原规定 | 1995年 新规定 | 1997年 | 1998年 |
|---|---|---|---|---|---|
| **总　计** | **3558835** | **8599132** | **8064184** | **10031803** | **10669779** |
| #独立核算工业企业 | 3278587 | 7561595 | 7068870 | 8608322 | 9047161 |
| **按经济类型分** | | | | | |
| 1.不包括村办及个体工业 | 3417976 | 7858526 | 7349234 | 8939749 | 9367449 |
| 国有经济 | 2248826 | 2824019 | 2686839 | 3049337 | 2937918 |
| #独立核算企业 | 2167468 | 2692247 | 2558420 | 2938429 | 2832428 |
| 集体经济 | 504014 | 1136961 | 849323 | 927262 | 925978 |
| #独立核算企业 | 473850 | 1009985 | 734037 | 768722 | 774457 |
| 城镇街道企业 | 119285 | 398586 | 345858 | 416298 | 401054 |
| 私营经济 | | 8464 | 7540 | 11730 | 62009 |
| 联营经济 | | 98793 | 92915 | 120140 | 45999 |
| 股份制经济 | | 344064 | 341228 | 448565 | 601871 |
| 中外合资经营企业 | | 1375593 | 1360332 | 1863594 | 2302201 |
| 中外合作经营企业 | | 233247 | 231571 | 334791 | 44627 |
| 外资企业 | | 81583 | 81802 | 212958 | 361059 |
| 港、澳、台与大陆合资经营企业 | | 1217685 | 1185416 | 1277125 | 1313982 |
| 港、澳、台与大陆合作经营企业 | | 277597 | 264956 | 322000 | 432431 |
| 港、澳、台独资企业 | | 252996 | 239915 | 369856 | 333614 |
| 其他经济 | ※665136 | 7524 | 7397 | 2391 | 5760 |
| 2.个体及村办企业 | 140859 | 740606 | 714950 | 1092054 | 1302330 |
| 城镇合作经营工业 | 326 | 2615 | 2524 | 7214 | |
| 城镇个体工业 | 9710 | 11854 | 11443 | 56398 | |
| 农村村办工业 | 108638 | 659193 | 636357 | 887490 | |
| 农村合作经营工业 | 14036 | 24073 | 23239 | 86297 | |
| 农村个体工业 | 8149 | 17882 | 17263 | 54655 | |
| **按隶属关系分** | | | | | |
| 中央企业 | 491818 | 957605 | 955638 | 1291629 | 1425051 |
| 省属企业 | 170129 | 412176 | 401772 | 426130 | 425074 |
| 市属企业 | 2896888 | 7229351 | 6706774 | 8314044 | 8819654 |
| **按轻重工业分** | | | | | |
| 轻工业 | 2331815 | 5378277 | 5219891 | 6520848 | 6591399 |
| 以农产品为原料 | 1093611 | 2838405 | 2728856 | 3558214 | 3498600 |
| 以非农产品为原料 | 1238204 | 2539872 | 2491035 | 2962634 | 3092799 |
| 重工业 | 1227020 | 3220855 | 2844293 | 3510955 | 4078380 |
| 采掘工业 | 9725 | 172938 | 172324 | 352707 | 365211 |
| 原料工业 | 539678 | 1049371 | 942036 | 1107565 | 1205809 |
| 制造工业 | 677617 | 1998546 | 1729933 | 2050683 | 2507360 |
| **按生产规模分** | | | | | |
| 大型企业 | 1564208 | 3438340 | 3337064 | 5094087 | 5820631 |
| 中型企业 | 798866 | 1304882 | 1240519 | 1630360 | 1460436 |
| 小型企业 | 1195761 | 3855910 | 3486601 | 3307356 | 3388712 |

注:※除国有、集体以外的各种经济类型。

# 11-7 工业企业单位数及工业总产值

（1998 年、按地区分）

单位：万元

| 项目 | 单位数（个） | #轻工业 | 工业总产值 | #轻工业 | 工业总产值（1990年不变价） | #轻工业 |
|---|---|---|---|---|---|---|
| 全市 | 40163 | 30915 | 25127025 | 15661603 | 21069644 | 13973099 |
| 市区 | 19400 | 15955 | 13489966 | 7764942 | 10669779 | 6591399 |
| 番禺市 | 5323 | 4245 | 5236744 | 3664875 | 4892243 | 3634916 |
| 花都市 | 6137 | 4934 | 2553745 | 1618451 | 2180444 | 1409460 |
| 增城市 | 5747 | 3695 | 2679296 | 1828780 | 2294692 | 1612921 |
| 从化市 | 3556 | 2086 | 1167274 | 784555 | 1032486 | 724403 |
| 1. 不包括个体及村办工业 | 7890 | 5170 | 18509812 | 10695295 | 15240503 | 9453839 |
| 市区 | 5882 | 3892 | 12005257 | 6612641 | 9367449 | 5550585 |
| 番禺市 | 733 | 500 | 3099148 | 1918635 | 2976145 | 2037247 |
| 花都市 | 472 | 300 | 1492111 | 826900 | 1254691 | 693843 |
| 增城市 | 412 | 261 | 1081374 | 712102 | 900681 | 599307 |
| 从化市 | 391 | 217 | 831922 | 625017 | 741537 | 572857 |
| 2. 个体及村办工业 | 32273 | 25745 | 6617213 | 4966308 | 5829141 | 4519260 |
| 市区 | 13518 | 12063 | 1484709 | 1152301 | 1302330 | 1040814 |
| 番禺市 | 4590 | 3745 | 2137596 | 1746240 | 1916098 | 1597669 |
| 花都市 | 5665 | 4634 | 1061634 | 791551 | 925753 | 715617 |
| 增城市 | 5335 | 3434 | 1597922 | 1116678 | 1394011 | 1013614 |
| 从化市 | 3165 | 1869 | 335352 | 159538 | 290949 | 151546 |

# 11—8 工业企业单位数及工业总产值

（1998 年）

单位：万元

| 项目 | 单位数（个） | #市区 | 工业总产值 | #市区 | 工业总产值（1990 年不变价） | #市区 |
|---|---|---|---|---|---|---|
| **总计** | 40163 | 19400 | 25127025 | 13489966 | 21069644 | 10669779 |
| #独立核算工业企业 | 4341 | 2674 | 17466879 | 11641570 | 14412369 | 9047161 |
| **按经济类型分** | | | | | | |
| 1. 不包括村办及个体工业 | 7890 | 5882 | 18509812 | 12005257 | 15240503 | 9367449 |
| 国有经济 | 906 | 681 | 5330859 | 4791058 | 3368990 | 2937918 |
| #独立核算企业 | 690 | 543 | 5160031 | 4683825 | 3223934 | 2832428 |
| 集体经济 | 4646 | 4057 | 2010492 | 1107709 | 1714074 | 925978 |
| #独立核算企业 | 1616 | 1117 | 1696330 | 922470 | 1460700 | 774457 |
| 县属企业 | 744 | 612 | 471111 | 199326 | 408095 | 170021 |
| 街道企业 | 3134 | 3113 | 493574 | 479698 | 411576 | 401054 |
| 农村乡办企业 | 539 | 118 | 774534 | 172282 | 651194 | 128239 |
| 私营经济 | 142 | 67 | 217245 | 73416 | 181081 | 62009 |
| 联营经济 | 95 | 44 | 153915 | 52700 | 135421 | 45999 |
| 股份制经济 | 84 | 72 | 807472 | 709816 | 693269 | 601871 |
| 中外合资经营企业 | 162 | 116 | 3047839 | 2179466 | 3256773 | 2302201 |
| 中外合作经营企业 | 43 | 23 | 106811 | 49620 | 103988 | 44627 |
| 外资企业 | 99 | 49 | 804361 | 411363 | 718939 | 361059 |
| 港、澳、台与大陆合资经营企业 | 701 | 388 | 3193682 | 1742455 | 2491952 | 1313982 |
| 港、澳、台与大陆合作经营企业 | 560 | 237 | 1631736 | 525086 | 1452884 | 432431 |
| 港、澳、台独资企业 | 429 | 128 | 1189984 | 355397 | 1110522 | 333614 |
| 其他经济 | 23 | 20 | 15416 | 7171 | 12610 | 5760 |
| 2. 个体及村办企业 | 32273 | 13518 | 6617213 | 1484709 | 5829141 | 1302330 |
| **按隶属关系分** | | | | | | |
| 中央企业 | 126 | 119 | 2562834 | 2542766 | 1436701 | 1425051 |
| 省属企业 | 163 | 147 | 896607 | 886247 | 434219 | 425074 |
| 市属企业 | 39874 | 19134 | 21667584 | 10060953 | 19198724 | 8819654 |
| #县属企业 | 1758 | 983 | 3579033 | 1030969 | 3037785 | 850734 |

11—8 续表1

单位：万元

| 项目 | 单位数(个) | #市区 | 工业总产值 | #市区 | 工业总产值(1990年不变价) | #市区 |
|---|---|---|---|---|---|---|
| **按轻重工业分** | | | | | | |
| 轻工业 | 30915 | 15955 | 15661603 | 7764942 | 13973099 | 6591399 |
| 以农产品为原料 | 18963 | 9572 | 9116173 | 4467188 | 7627605 | 3498600 |
| 以非农产品为原料 | 11952 | 6383 | 6545430 | 3297754 | 6345494 | 3092799 |
| 重工业 | 9248 | 3445 | 9465422 | 5725024 | 7096545 | 4078380 |
| 采掘工业 | 1040 | 87 | 1390732 | 1025211 | 657815 | 365211 |
| 原料工业 | 1140 | 337 | 3274466 | 2111513 | 1982161 | 1205809 |
| 制造工业 | 7068 | 3021 | 4800224 | 2588300 | 4456569 | 2507360 |
| **按生产规模分** | | | | | | |
| 大型企业 | 256 | 217 | 9232497 | 7818856 | 7111021 | 5820631 |
| 特大型企业 | 5 | 5 | 1885254 | 1885254 | 674932 | 674932 |
| 大一型企业 | 84 | 64 | 3725999 | 2657489 | 3063598 | 2095635 |
| 大二型企业 | 167 | 148 | 3621244 | 3276113 | 3372491 | 3050064 |
| 中型企业 | 378 | 304 | 2381254 | 1762976 | 2112983 | 1460436 |
| 中一型企业 | 150 | 122 | 1291111 | 973169 | 1200453 | 809298 |
| 中二型企业 | 228 | 182 | 1090143 | 789807 | 912530 | 651138 |
| 小型企业 | 39529 | 18879 | 13513274 | 3908134 | 11845640 | 3388712 |
| **按工业行业分** | | | | | | |
| 煤炭采选业 | 9 | | 2744 | | 1388 | |
| 石油和天然气开采业 | 2 | 2 | 993353 | 993353 | 339257 | 339257 |
| 黑色金属矿采选业 | 10 | 10 | 3054 | 3054 | 2222 | 2222 |
| 有色金属矿采选业 | 5 | | 2063 | | 1775 | |
| 非金属矿采选业 | 1377 | 56 | 361166 | 25148 | 313580 | 19883 |
| 其他矿采选业 | 86 | 3 | 25241 | 2282 | 24304 | 2197 |
| 木材及竹材采运业 | 62 | 1 | 17049 | 65 | 13674 | 70 |
| 食品加工业 | 2757 | 809 | 1090877 | 285079 | 701408 | 145929 |
| 食品制造业 | 1080 | 587 | 810218 | 548848 | 732335 | 496308 |
| 饮料制造业 | 308 | 86 | 558730 | 477111 | 405080 | 341552 |
| 烟草加工业 | 4 | 2 | 319445 | 319358 | 218293 | 218220 |
| 纺织业 | 763 | 321 | 915995 | 333888 | 764930 | 256500 |

11—8 续表2

单位：万元

| 项目 | 单位数（个） | #市区 | 工业总产值 | #市区 | 工业总产值（1990年不变价） | #市区 |
|---|---|---|---|---|---|---|
| 服装及其他纤维制品制造业 | 6396 | 4471 | 1761437 | 353577 | 1531311 | 289420 |
| 皮革、毛皮、羽绒及其制品业 | 4971 | 893 | 1625658 | 667856 | 1408249 | 555751 |
| 木材加工及竹、藤、棕、草制品业 | 1249 | 401 | 287861 | 71739 | 255836 | 60475 |
| 家具制造业 | 2277 | 1596 | 325007 | 122264 | 283234 | 103880 |
| 造纸及纸制品业 | 850 | 516 | 535376 | 317744 | 442122 | 256375 |
| 印刷业、记录媒介的复制 | 1497 | 1264 | 303269 | 192822 | 293126 | 184637 |
| #印刷业 | 1485 | 1253 | 292480 | 184686 | 279645 | 177383 |
| 文教体育用品制造业 | 528 | 243 | 621032 | 308326 | 534343 | 249346 |
| 石油加工及炼焦业 | 32 | 22 | 676642 | 667729 | 275745 | 269956 |
| 化学原料及化学制品制造业 | 891 | 461 | 1896376 | 1378889 | 1627872 | 1144877 |
| 医药制造业 | 145 | 81 | 441097 | 408808 | 494067 | 459796 |
| 化学纤维制造业 | 35 | 23 | 77546 | 29480 | 90961 | 44010 |
| 橡胶制品业 | 290 | 112 | 405239 | 162377 | 397870 | 154000 |
| 塑料制品业 | 1641 | 894 | 795634 | 328801 | 755100 | 317074 |
| 非金属矿物制品业 | 1751 | 479 | 1009794 | 353014 | 771532 | 229465 |
| 黑色金属冶炼及压延加工业 | 140 | 21 | 503077 | 336742 | 327123 | 197228 |
| 有色金属冶炼及压延加工业 | 156 | 47 | 219256 | 134142 | 315561 | 237494 |
| 金属制品业 | 3762 | 2443 | 1287221 | 473275 | 1147663 | 414555 |
| 普通机械制造业 | 608 | 337 | 560795 | 209344 | 568159 | 198531 |
| 专用设备制造业 | 748 | 577 | 282005 | 178454 | 258912 | 163508 |
| 交通运输设备制造业 | 1197 | 600 | 1681864 | 1161617 | 1639462 | 1187690 |
| 武器弹药制造业 | | | | | | |
| 电气机械及器材制造业 | 888 | 694 | 1309388 | 704976 | 1487675 | 685406 |
| 电子及通信设备制造业 | 664 | 421 | 1165375 | 787853 | 1357651 | 958463 |
| 仪器仪表及文化、办公用机械制造业 | 278 | 227 | 235105 | 145019 | 232501 | 142648 |
| 其他制造业 | 2516 | 670 | 799904 | 170888 | 751245 | 160254 |
| 电力、蒸气、热水的生产和供应业 | 110 | 22 | 802313 | 460152 | 207793 | 112675 |
| 煤气生产和供应业 | 8 | 3 | 28961 | 26243 | 11995 | 10475 |
| 自来水的生产和供应业 | 72 | 5 | 389858 | 349649 | 84290 | 59652 |

## 11—9 非独立核算工业企业单位数及工业总产值

（1998年） 单位：万元

| 项　　目 | 单位数（个） | #市区 | 工业总产值 | #市区 | 工业总产值（1990年不变价） | #市区 |
|---|---|---|---|---|---|---|
| **总　　计** | **3549** | **3208** | **1042933** | **363687** | **828134** | **320288** |
| **按经济类型分** | | | | | | |
| 国有经济 | 216 | 138 | 170828 | 107232 | 145057 | 105490 |
| 集体经济 | 3030 | 2940 | 314162 | 185238 | 253374 | 151522 |
| 私营经济 | 44 | 33 | 29266 | 1523 | 20205 | 1235 |
| 联营经济 | 17 | 4 | 22047 | 1777 | 18633 | 1420 |
| 股份制经济 | | | | | | |
| 中外合资经营企业 | 9 | 4 | 20675 | 9142 | 16606 | 8855 |
| 中外合作经营企业 | 6 | 4 | 3667 | 417 | 2681 | 315 |
| 外资企业 | 11 | 4 | 51741 | 1161 | 41293 | 996 |
| 港、澳、台与大陆合资经营企业 | 70 | 10 | 206742 | 10136 | 157798 | 8729 |
| 港、澳、台与大陆合作经营企业 | 70 | 32 | 125441 | 25511 | 95153 | 22632 |
| 港、澳、台独资企业 | 57 | 21 | 92961 | 17516 | 72685 | 15368 |
| 其他经济 | 19 | 18 | 5403 | 4034 | 4649 | 3726 |
| **按轻重工业分** | | | | | | |
| 轻工业 | 2481 | 2257 | 756239 | 261530 | 608596 | 233976 |
| 重工业 | 1068 | 951 | 286694 | 102157 | 219538 | 86312 |
| **按工业行业分** | | | | | | |
| 煤炭采选业 | | | | | | |
| 石油和天然气开采业 | | | | | | |
| 黑色金属矿采选业 | | | | | | |
| 有色金属矿采选业 | | | | | | |
| 非金属矿采选业 | 15 | 2 | 15404 | 48 | 10519 | 47 |
| 其他矿采选业 | | | | | | |
| 木材及竹材采运业 | 22 | | 7179 | | 6077 | |
| 食品加工业 | 62 | 36 | 97504 | 32774 | 54328 | 14836 |
| 食品制造业 | 55 | 47 | 30460 | 17513 | 31951 | 21365 |
| 饮料制造业 | 17 | 9 | 7056 | 2925 | 6135 | 2285 |
| 烟草加工业 | | | | | | |
| 纺织业 | 93 | 62 | 107366 | 15836 | 83463 | 13471 |

11—9 续表

单位:万元

| 项目 | 单位数(个) | #市区 | 工业总产值 | #市区 | 工业总产值(1990年不变价) | #市区 |
|---|---|---|---|---|---|---|
| 服装及其他纤维制品制造业 | 404 | 342 | 169290 | 26200 | 132057 | 21438 |
| 皮革、毛皮、羽绒及其制品业 | 105 | 93 | 45988 | 25446 | 38604 | 21938 |
| 木材加工及竹、藤、棕、草制品业 | 44 | 39 | 7985 | 3947 | 5908 | 3083 |
| 家具制造业 | 63 | 57 | 14567 | 3405 | 10259 | 2721 |
| 造纸及纸制品业 | 78 | 67 | 15704 | 5103 | 12590 | 4112 |
| 印刷业、记录媒介的复制 | 407 | 404 | 47776 | 36462 | 58431 | 49579 |
| #印刷业 | 405 | 402 | 46769 | 35454 | 57704 | 48852 |
| 文教体育用品制造业 | 82 | 74 | 27243 | 5398 | 20253 | 4421 |
| 石油加工及炼焦业 | 1 | 1 | 16 | 16 | 13 | 13 |
| 化学原料及化学制品制造业 | 131 | 121 | 34558 | 13549 | 27876 | 11851 |
| 医药制造业 | 13 | 10 | 10189 | 4921 | 10659 | 6171 |
| 化学纤维制造业 | 4 | 3 | 7702 | 7590 | 6892 | 6799 |
| 橡胶制品业 | 39 | 37 | 7274 | 3404 | 6806 | 3002 |
| 塑料制品业 | 217 | 207 | 30790 | 15039 | 25058 | 12885 |
| 非金属矿物制品业 | 81 | 60 | 54975 | 6720 | 36007 | 5175 |
| 黑色金属冶炼及压延加工业 | 5 | 4 | 1816 | 1497 | 1658 | 1382 |
| 有色金属冶炼及压延加工业 | 9 | 8 | 5072 | 399 | 2844 | 439 |
| 金属制品业 | 524 | 515 | 58539 | 41812 | 48067 | 33959 |
| 普通机械制造业 | 110 | 104 | 17995 | 8778 | 13985 | 7176 |
| 专用设备制造业 | 119 | 110 | 16804 | 7983 | 14648 | 6840 |
| 交通运输设备制造业 | 270 | 261 | 52668 | 30368 | 40644 | 24543 |
| 武器弹药制造业 | | | | | | |
| 电气机械及器材制造业 | 202 | 188 | 67667 | 13383 | 55080 | 11161 |
| 电子及通信设备制造业 | 157 | 149 | 34770 | 17339 | 29936 | 16593 |
| 仪器仪表及文化、办公用机械制造业 | 42 | 40 | 14473 | 4531 | 11931 | 4073 |
| 其他制造业 | 165 | 153 | 30121 | 11031 | 23745 | 8847 |
| 电力、蒸气、热水的生产和供应业 | 9 | 4 | 1883 | 209 | 623 | 40 |
| 煤气生产和供应业 | 2 | | 1947 | | 972 | |
| 自来水的生产和供应业 | 2 | 1 | 152 | 61 | 115 | 43 |

## 11—10 独立核算工业企业单位数、工业总产值和工业增加值

（1998 年）　　　　单位：万元

| 项目 | 单位数（个） | #市区 | 工业总产值 | #市区 | 工业增加值 | #市区 |
|---|---|---|---|---|---|---|
| **总　计** | 4341 | 2674 | 17466879 | 11641570 | 4886186 | 3447539 |
| **按地区分** | | | | | | |
| 市　区 | 2674 | 2674 | 11641570 | 11641570 | 3447539 | 3447539 |
| 番禺市 | 720 | | 3079590 | | 791063 | |
| 花都市 | 301 | | 1073514 | | 297306 | |
| 增城市 | 323 | | 862318 | | 172157 | |
| 从化市 | 323 | | 809887 | | 178121 | |
| **按经济类型分** | | | | | | |
| 国有经济 | 690 | 543 | 5160031 | 4683825 | 1722406 | 1637591 |
| 集体经济 | 1616 | 1117 | 1696330 | 922470 | 414324 | 240468 |
| #县属企业 | 261 | 166 | 407042 | 164160 | 91172 | 46869 |
| 街道企业 | 684 | 665 | 360361 | 346815 | 93970 | 90484 |
| 农村乡办企业 | 461 | 89 | 666907 | 163247 | 170257 | 47561 |
| 私营经济 | 98 | 34 | 187980 | 71892 | 44173 | 17573 |
| 联营经济 | 78 | 40 | 131868 | 50923 | 30149 | 11058 |
| 股份制经济 | 84 | 72 | 807472 | 709816 | 202471 | 192521 |
| 中外合资经营企业 | 153 | 112 | 3027164 | 2170324 | 804277 | 556601 |
| 中外合作经营企业 | 37 | 19 | 103143 | 49203 | 17962 | 9451 |
| 外资企业 | 88 | 45 | 752620 | 410203 | 200165 | 95158 |
| 港、澳、台与大陆合资经营企业 | 631 | 378 | 2986940 | 1732319 | 864158 | 482084 |
| 港、澳、台与大陆合作经营企业 | 490 | 205 | 1506295 | 499577 | 375124 | 144476 |
| 港、澳、台独资企业 | 372 | 107 | 1097023 | 337881 | 208498 | 59442 |
| 其他经济 | 4 | 2 | 10013 | 3137 | 2479 | 1116 |
| **按隶属关系分** | | | | | | |
| 中央企业 | 107 | 100 | 2540911 | 2520843 | 846696 | 838566 |
| 省属企业 | 145 | 133 | 888202 | 878054 | 448756 | 446745 |
| 市属企业 | 4089 | 2441 | 14037766 | 8242673 | 3590734 | 2162228 |
| #县属企业 | 995 | 425 | 3131120 | 970227 | 743148 | 251659 |

11—10 续表1

单位：万元

| 项目 | 单位数（个） | #市区 | 工业总产值 | #市区 | 工业增加值 | #市区 |
|---|---|---|---|---|---|---|
| **按轻重工业分** | | | | | | |
| 轻工业 | 2689 | 1635 | 9939056 | 6351111 | 2766335 | 1964744 |
| 以农产品为原料 | 1409 | 802 | 5505931 | 3574504 | 1575503 | 1147668 |
| 以非农产品为原料 | 1280 | 833 | 4433125 | 2776607 | 1190832 | 817076 |
| 重工业 | 1652 | 1039 | 7527823 | 5290459 | 2119851 | 1482795 |
| 采掘工业 | 48 | 11 | 1056681 | 998630 | 311145 | 298453 |
| 原料工业 | 320 | 151 | 2840669 | 2023662 | 902344 | 618601 |
| 制造工业 | 1284 | 877 | 3630473 | 2268167 | 906362 | 565741 |
| **按生产规模分** | | | | | | |
| 大型企业 | 256 | 217 | 9232497 | 7818856 | 2954819 | 2476179 |
| 特大型企业 | 5 | 5 | 1885254 | 1885254 | 613810 | 613810 |
| 大一型企业 | 84 | 64 | 3725999 | 2657489 | 1266237 | 866534 |
| 大二型企业 | 167 | 148 | 3621244 | 3276113 | 1074772 | 995835 |
| 中型企业 | 378 | 304 | 2381254 | 1762976 | 539730 | 444164 |
| 中一型企业 | 150 | 122 | 1291111 | 973169 | 326815 | 271727 |
| 中二型企业 | 228 | 182 | 1090143 | 789807 | 212915 | 172437 |
| 小型企业 | 3707 | 2153 | 5853128 | 2059738 | 1391637 | 527196 |
| **按工业行业分** | | | | | | |
| 煤炭采选业 | | | | | | |
| 石油和天然气开采业 | 2 | 2 | 993353 | 993353 | 297190 | 297190 |
| 黑色金属矿采选业 | | | | | | |
| 有色金属矿采选业 | 1 | | 463 | | 69 | |
| 非金属矿采选业 | 42 | 8 | 61696 | 5212 | 13824 | 1251 |
| 其他矿采选业 | | | | | | |
| 木材及竹材采运业 | 3 | 1 | 1170 | 65 | 61 | 12 |
| 食品加工业 | 81 | 41 | 512027 | 191457 | 118757 | 39221 |
| 食品制造业 | 107 | 70 | 641205 | 498018 | 173391 | 132924 |
| 饮料制造业 | 67 | 39 | 513709 | 471548 | 138147 | 134034 |
| 烟草加工业 | 2 | 2 | 319358 | 319358 | 226467 | 226467 |
| 纺织业 | 175 | 92 | 595391 | 239508 | 120994 | 56826 |

11—10 续表 2

单位:万元

| 项目 | 单位数(个) | #市区 | 工业总产值 | #市区 | 工业增加值 | #市区 |
|---|---|---|---|---|---|---|
| 服装及其他纤维制品制造业 | 383 | 177 | 622554 | 164174 | 150149 | 37857 |
| 皮革、毛皮、羽绒及其制品业 | 153 | 70 | 874245 | 504203 | 204704 | 122747 |
| 木材加工及竹、藤、棕、草制品业 | 51 | 28 | 78469 | 31843 | 12585 | 5075 |
| 家具制造业 | 78 | 52 | 105187 | 55089 | 24182 | 12699 |
| 造纸及纸制品业 | 110 | 57 | 358041 | 259537 | 66154 | 49275 |
| 印刷业、记录媒介的复制 | 174 | 147 | 143383 | 101148 | 35191 | 28372 |
| #印刷业 | 164 | 138 | 133603 | 94020 | 33027 | 27282 |
| 文教体育用品制造业 | 120 | 68 | 399146 | 209526 | 110501 | 71366 |
| 石油加工及炼焦业 | 9 | 7 | 671016 | 666426 | 153406 | 152522 |
| 化学原料及化学制品制造业 | 273 | 182 | 1692018 | 1312934 | 454191 | 361132 |
| 医药制造业 | 69 | 56 | 419588 | 402413 | 137416 | 134330 |
| 化学纤维制造业 | 16 | 8 | 65980 | 20556 | 9559 | 493 |
| 橡胶制品业 | 69 | 45 | 313072 | 113097 | 82989 | 28640 |
| 塑料制品业 | 252 | 160 | 455962 | 269213 | 101234 | 62181 |
| 非金属矿物制品业 | 216 | 79 | 569475 | 298243 | 163739 | 106081 |
| 黑色金属冶炼及压延加工业 | 15 | 6 | 417368 | 326112 | 93924 | 84102 |
| 有色金属冶炼及压延加工业 | 30 | 14 | 163721 | 110081 | 27733 | 18505 |
| 金属制品业 | 344 | 252 | 550770 | 251150 | 108224 | 38221 |
| 普通机械制造业 | 199 | 141 | 472556 | 192292 | 138616 | 51831 |
| 专用设备制造业 | 164 | 119 | 210722 | 158932 | 56243 | 43037 |
| 交通运输设备制造业 | 220 | 159 | 1492375 | 1092753 | 367426 | 257405 |
| 武器弹药制造业 | | | | | | |
| 电气机械及器材制造业 | 312 | 232 | 1109693 | 636660 | 271095 | 157640 |
| 电子及通信设备制造业 | 235 | 174 | 940671 | 721959 | 229917 | 190455 |
| 仪器仪表及文化、办公用机械制造业 | 95 | 71 | 135115 | 96836 | 21265 | 17190 |
| 其他制造业 | 172 | 90 | 361353 | 92100 | 81501 | 19154 |
| 电力、蒸气、热水的生产和供应业 | 52 | 18 | 795421 | 459942 | 424248 | 248400 |
| 煤气生产和供应业 | 5 | 3 | 26981 | 26243 | —786 | —299 |
| 自来水的生产和供应业 | 45 | 4 | 383625 | 349589 | 271880 | 261203 |

## 11－11 工 业 销 售 产 值

（1998 年）

单位：万元

| 项 目 | 按当年价格计算 | | 按1990年不变价格计算 | |
|---|---|---|---|---|
| | 1997 年 | 1998 年 | 1997 年 | 1998 年 |
| **总 计** | 17474226 | 18074239 | 13325459 | 14881863 |
| **按经济类型分** | | | | |
| 国有经济 | 5930679 | 5265089 | 3361422 | 3327425 |
| 集体经济 | 2002412 | 1910588 | 1718010 | 1628899 |
| 其他经济 | 9541135 | 10898562 | 8246027 | 9925539 |
| **按隶属关系分** | | | | |
| 中央企业、省属企业 | 3795225 | 3441591 | 1752216 | 1883354 |
| 市属企业 | 13679001 | 14632648 | 11573243 | 12998509 |
| **按轻重工业分** | | | | |
| 轻工业 | 10011043 | 10466751 | 8583066 | 9251823 |
| 重工业 | 7463183 | 7607488 | 4742393 | 5630040 |
| **按生产规模分** | | | | |
| 大中型企业 | 11062427 | 11465330 | 7745116 | 9106123 |
| 小型企业 | 6411799 | 6608909 | 5580343 | 5775740 |

## 11－12 工业企业出口产品产值及比重

单位：万元

| 年 份 | 工 业 总产值 | #市区 | 出口产品产 值 | #市区 | 出口产品产值比率（%） | #市区 |
|---|---|---|---|---|---|---|
| 1978 | 731313 | 689418 | 96278 | 92381 | 13.17 | 13.40 |
| 1980 | 850326 | | 141305 | | 16.62 | |
| 1985 | 1692215 | | 135850 | | 8.03 | |
| 1990 | 4111455 | 3509547 | 848193 | 656386 | 20.63 | 18.70 |
| 1991 | 5368392 | 4542743 | 1123339 | 824499 | 20.93 | 18.15 |
| 1992 | 7143664 | 5838912 | 1569733 | 1079245 | 21.97 | 18.48 |
| 1993 | 11422184 | | 2101759 | | 18.40 | |
| 1994 | 12519014 | | 3218537 | | 25.71 | |
| 1995 | 15850391 | | 4051313 | | 25.56 | |
| 1996 | 16303779 | | 4682145 | | 28.72 | |
| 1997 | 18142403 | | 5321594 | | 29.33 | |
| 1998 | 18509812 | | 5402864 | | 29.19 | |

注：本表不包括城镇个体、村及村以下工业总产值。

# 11—13　主要工业产品产量

| 产品名称 | 单位 | 1997年 | | 1998年 | |
|---|---|---|---|---|---|
| | | 全市 | #市区 | 全市 | #市区 |
| 原煤 | 吨 | 46280 | 350 | 14000 | |
| 木材 | 米³ | 71323 | 14906 | 62397 | |
| #原木 | 米³ | 64325 | 14906 | | |
| 食用植物油 | 吨 | 37163 | 1875 | 43366 | |
| 糖 | 吨 | 65758 | 5148 | 70284 | |
| 乳制品 | 吨 | 5864 | 5864 | 6388 | |
| 罐头 | 吨 | 9193 | 8981 | 9874 | |
| 饮料酒(混合量) | 吨 | 457058 | 441866 | | |
| #啤酒 | 吨 | 440548 | 439487 | 553872 | |
| 卷烟 | 箱 | 713669 | 713669 | 726437 | |
| 纱 | 吨 | 18579 | 18579 | 15364 | |
| 布 | 万米 | 10088.54 | 3577.95 | 10195.00 | |
| #棉布 | 万米 | 7939.72 | 2626.53 | 8579.48 | |
| 纯化纤布 | 万米 | 32.36 | 32.36 | 35.76 | |
| 针棉织品折用纱线 | 吨 | 31468 | 19639 | 30741 | |
| 毛线 | 吨 | 420 | 420 | 562 | |
| 呢绒 | 万米 | 23.85 | 23.85 | | |
| 丝 | 吨 | 336 | 336 | 193 | |
| 丝织品 | 万米 | 65.11 | 65.11 | 0.43 | |
| 服装 | 万件 | 55597.31 | 15603.34 | 52416.74 | |
| 鞣制皮革(折合牛皮) | 万张 | 67.93 | 65.35 | | |
| 皮鞋 | 万双 | 23353.91 | 16613.25 | 24188.65 | |
| 锯材 | 米³ | 62090 | 23129 | 25043 | |
| #市属 | 米³ | 60354 | 21393 | | |
| 人造板 | 米³ | 188083 | 70840 | 125739 | |
| 家具 | 万件 | 1236.54 | 498.28 | | |
| 机制纸及纸板 | 吨 | 421891 | 257153 | 472262 | |
| #新闻纸 | 吨 | 128970 | 128970 | 156565 | |
| 发电量 | 万千瓦.时 | 1832067.82 | 1106314.59 | 1902165.16 | |
| #市属 | 万千瓦.时 | 1099545.82 | 392886.59 | | |
| 原油加工量 | 吨 | 4597908 | 4597908 | 4744205 | |
| 汽油 | 吨 | 1176269 | 1176269 | 1315248 | |
| 煤油 | 吨 | 296039 | 296039 | 305129 | |
| 柴油 | 吨 | 1439760 | 1439760 | 1572748 | |
| 燃料油 | 吨 | 265021 | 265021 | 203434 | |
| 焦炭 | 吨 | 220376 | 220376 | 217903 | |
| 煤气(商品量) | 万米³ | 145065.71 | 144966.71 | | |
| 硫酸((折100%) | 吨 | 255948 | 186088 | 267970 | |

11—13 续表1

| 产品名称 | 单位 | 1997年 | | 1998年 | |
|---|---|---|---|---|---|
| | | 全市 | #市区 | 全市 | #市区 |
| 烧碱(氢氧化钠) | 吨 | 68307 | 68307 | 66995 | |
| 电石(碳化钙)(折300升/公斤) | 吨 | 1047 | 1047 | | |
| 农用氮、磷、钾化学肥料 | 吨 | 332460 | 303834 | 299395 | |
| 氮肥(折100%) | 吨 | 309953 | 293085 | 280500 | |
| 磷肥(折100%) | 吨 | 22507 | 10749 | 18895 | |
| 合成氨 | 吨 | 446946 | 403741 | 407564 | |
| 化学农药(折100%) | 吨 | 2714 | 2532 | 2919 | |
| 油漆 | 吨 | 82235.25 | 71810.25 | 90242.00 | |
| 塑料树脂及共聚物(即塑料) | 吨 | 71373 | 65884 | 62985 | |
| 肥皂 | 吨 | 5601.50 | 5601.50 | 4375.00 | |
| 合成洗涤剂 | 吨 | 186645 | 172642 | 174158 | |
| #合成洗衣粉 | 吨 | 43796 | 43108 | | |
| 化学原料药(24大类) | 吨 | 764 | 694 | 819 | |
| 中成药 | 吨 | 15568 | 15280 | 15453 | |
| 化学纤维 | 吨 | 23974 | 17645 | 34776 | |
| #粘胶纤维 | 吨 | 102 | 102 | 2689 | |
| 合成纤维 | 吨 | 23872 | 17543 | 32087 | |
| 轮胎外胎 | 条 | 2934812 | 424664 | 3208800 | |
| 轮胎内胎 | 条 | 1619774 | 418309 | | |
| 自行车外胎 | 万条 | 1471.42 | 1471.42 | | |
| 橡胶胶鞋 | 万双 | 1901.98 | 726.95 | 1993.24 | |
| 塑料制品 | 吨 | 315031.72 | 170303.72 | 308778.00 | |
| 水泥 | 万吨 | 979.31 | 278.15 | 1025.72 | |
| 日用玻璃制品 | 吨 | 216201 | 198710 | 242683 | |
| 生铁 | 吨 | 566417 | 565742 | 581124 | |
| 钢 | 吨 | 1112488 | 1112488 | 1133286 | |
| #市属 | 吨 | 1112488 | 1112488 | 1133286 | |
| 成品钢材 | 吨 | 1499824 | 1428816 | 1549260 | |
| 铜 | 吨 | 12669 | | 15168 | |
| 日用搪瓷制品 | 吨 | 1280.14 | 1263.14 | | |
| 日用精铝制品 | 吨 | 1274 | 1274 | 837 | |
| 内燃机生产量 | 万千瓦 | 10.17 | 10.17 | 5.16 | |
| 金属切削机床 | 台 | 5254 | 3164 | 4672 | |
| 矿山设备 | 吨 | 76 | 76 | 1145 | |
| 化工设备 | 吨 | 7216 | 7216 | 2343 | |
| 自行车 | 辆 | 1103515 | 1103515 | 1121238 | |
| 缝纫机 | 架 | 578574 | 578574 | 435644 | |
| 机械手表 | 只 | 881801 | 828400 | | |

11—13 续表 2

| 产品名称 | 单位 | 1997年 |  | 1998年 |  |
|---|---|---|---|---|---|
|  |  | 全市 | #市区 | 全市 | #市区 |
| 钟 | 只 | 8161883 | 8065883 | 7693028 |  |
| 照相机 | 架 | 576822 | 576822 | 640311 |  |
| 汽车 | 辆 | 7123 | 7123 | 9458 |  |
| #市属 | 辆 | 7123 | 7123 | 9458 |  |
| 燃气用具 | 台 | 398472 | 353911 |  |  |
| #燃气灶 | 台 | 328667 | 284616 |  |  |
| 燃气热水器 | 台 | 64005 | 63495 |  |  |
| 交流电动机 | 千瓦 | 313717 | 313717 | 327400 |  |
| 变压器 | 千伏安 | 3377573 | 2465286 | 3204266 |  |
| #市属 | 千伏安 | 2061573 | 1149286 |  |  |
| 干电池(折合手电池) | 万只 | 133370.03 | 121924.20 | 133346.97 |  |
| 家用洗衣机 | 台 | 104813 | 104813 | 50027 |  |
| 家用电冰箱 | 台 | 807792 | 807792 | 508504 |  |
| 电风扇 | 台 | 1246448 | 659028 | 1389242 |  |
| 房间空气调节器 | 台 | 314575 | 19589 | 522152 |  |
| 电熨斗 | 个 | 2013145 | 981569 |  |  |
| 灯泡 | 万只 | 5077.54 | 4890.54 | 5369.54 |  |
| #普通灯泡 | 万只 | 3035.61 | 3035.61 |  |  |
| 手电筒 | 万个 | 13855.50 | 13538.50 |  |  |
| 电话单机 | 部 | 1918161 | 1837580 | 4438783 |  |
| 微型电子计算机 | 部 | 9194 | 9194 | 1612 |  |
| 电视机 | 部 | 167413 | 167413 | 85000 |  |
| #彩色电视机 | 部 | 12635 | 12635 | 3200 |  |
| 录音机 | 部 | 2288344 | 91073 | 2597684 |  |
| #市属 | 部 | 2288344 | 91073 |  |  |
| 收音机 | 部 | 369673 | 369673 | 378600 |  |
| 电子计算器 | 部 | 4568624 | 1950540 | 3341978 |  |
| #市属 | 部 | 4565084 | 1947000 |  |  |
| 电度表 | 只 | 359317 | 359317 |  |  |
| 保温瓶 | 只 | 232900 | 232900 |  |  |
| 电梯 | 台 | 2819 | 1543 | 3049 |  |
| 摩托车 | 辆 | 371607 | 297064 | 456429 |  |
| 配混合饲料 | 吨 | 903739 | 748021 | 828147 |  |
| 碳酸饮料 | 吨 | 351174 | 350020 |  |  |
| 排油烟机 | 台 | 15321 | 9115 | 12796 |  |
| 钢琴 | 架 | 63716 | 63716 | 75076 |  |

## 11—14 主要年份独立核算工业企业全员劳动生产率

（按1990年不变价格计算） 单位:元/人

| 年份 | 合计 | 国有经济 | 集体经济 | 其他经济 |
|---|---|---|---|---|
| 全市 | | | | |
| 1952 | | 6281 | | |
| 1957 | | 9285 | | |
| 1962 | | 8812 | | |
| 1965 | | 14819 | | |
| 1970 | | 19555 | | |
| 1975 | | 22515 | | |
| 1978 | 17999 | 22594 | 7562 | |
| 1980 | 19683 | 23764 | 8271 | |
| 1985 | 27538 | 35777 | 12226 | 32683 |
| 1990 | 45096 | 51223 | 24442 | 70329 |
| 1995(原规定) | 109677 | 88918 | 76372 | 143234 |
| 1995(新规定) | 103852 | 84158 | 61683 | 141031 |
| 1997 | 139190 | 107393 | 87018 | 182160 |
| 1998 | 157800 | 120442 | 96027 | 197101 |
| 市区 | | | | |
| 1952 | | 6105 | | |
| 1957 | | 9039 | | |
| 1962 | | 8412 | | |
| 1965 | | 14366 | | |
| 1970 | | 19603 | | |
| 1975 | | 22831 | | |
| 1978 | 18508 | 22753 | 7755 | |
| 1980 | 19491 | 22881 | 8394 | |
| 1985 | 29414 | 36487 | 13837 | 26804 |
| 1990 | 48701 | 52903 | 25624 | 81096 |
| 1995(原规定) | 115077 | 91130 | 78221 | 165964 |
| 1995(新规定) | 107578 | 86600 | 56850 | 162397 |
| 1997 | 141549 | 111375 | 76602 | 200895 |
| 1998 | 160784 | 122752 | 87066 | 223883 |

注:此表按工业总产值计算。

## 11—15 独立核算工业企业全员劳动生产率

（1991年—1998年） 单位:元/人

| 年份 | 合计 | 国有经济 | 集体经济 | 其他经济 |
|---|---|---|---|---|
| 1991 | 15087 | 17591 | 8314 | 19529 |
| 1992 | 18427 | 22782 | 10033 | 20012 |
| 1993 | 33585 | 40340 | 18208 | 40121 |
| 1994 | 29770 | 33769 | 16022 | 36089 |
| 1995 | 39439 | 36865 | 18705 | 51993 |
| 1996 | 45422 | 40255 | 23546 | 59331 |
| 1997 | 51764 | 58637 | 24861 | 57910 |
| 1998 | 53499 | 64347 | 27238 | 55709 |

注:此表按工业增加值计算,以下劳动生产率表同。

## 11—16 独立核算工业企业全员劳动生产率

（1998 年）

| 项　　目 | 企业单位数（个） | 工业增加值（万元） | 职工年平均人数（人） | 劳动生产率（元/人） |
|---|---|---|---|---|
| **总　　计** | 4341 | 4886186 | 913330 | 53499 |
| **按地区分** | | | | |
| 市　区 | 2674 | 3447539 | 562691 | 61269 |
| 县级市 | 1667 | 1438647 | 350639 | 41029 |
| 番禺市 | 720 | 791063 | 215972 | 36628 |
| 花都市 | 301 | 297306 | 51534 | 57691 |
| 增城市 | 323 | 172157 | 47764 | 36043 |
| 从化市 | 323 | 178121 | 35369 | 50361 |
| **按轻重工业分** | | | | |
| 轻工业 | 2689 | 2766335 | 585747 | 47227 |
| 重工业 | 1652 | 2119851 | 327583 | 64712 |
| **按隶属关系分** | | | | |
| 中央企业 | 107 | 846696 | 49594 | 170725 |
| 省属企业 | 145 | 448756 | 32219 | 139283 |
| 市属企业 | 4089 | 3590734 | 831517 | 43183 |

## 11—17 国有经济独立核算工业企业全员劳动生产率

（1998 年）

| 项　　目 | 企业单位数（个） | 工业增加值（万元） | 职工年平均人数（人） | 劳动生产率（元/人） |
|---|---|---|---|---|
| **总　　计** | 690 | 1722406 | 267676 | 64347 |
| **按地区分** | | | | |
| 市　区 | 543 | 1637591 | 230744 | 70970 |
| 县级市 | 147 | 84815 | 36932 | 22965 |
| 番禺市 | 51 | 29462 | 20188 | 14594 |
| 花都市 | 43 | 29849 | 8949 | 33355 |
| 增城市 | 19 | 11961 | 3559 | 33608 |
| 从化市 | 34 | 13543 | 4236 | 31971 |
| **按轻重工业分** | | | | |
| 轻工业 | 336 | 817092 | 126943 | 64367 |
| 重工业 | 354 | 905314 | 140733 | 64328 |
| **按隶属关系分** | | | | |
| 中央企业 | 67 | 749615 | 38422 | 195100 |
| 省属企业 | 85 | 385961 | 24554 | 157189 |
| 市属企业 | 538 | 586830 | 204700 | 28668 |

## 11－18 集体经济独立核算工业企业全员劳动生产率

（1998 年）

| 项目 | 企业单位数（个） | 工业增加值（万元） | 职工年平均人数（人） | 劳动生产率（元/人） |
|---|---|---|---|---|
| **总计** | 1616 | 414324 | 152114 | 27238 |
| **按地区分** | | | | |
| 市区 | 1117 | 240468 | 88951 | 27034 |
| 县级市 | 499 | 173856 | 63163 | 27525 |
| 番禺市 | 164 | 70646 | 37224 | 18979 |
| 花都市 | 82 | 24232 | 8943 | 27096 |
| 增城市 | 109 | 28592 | 8521 | 33555 |
| 从化市 | 144 | 50386 | 8475 | 59453 |
| **按轻重工业分** | | | | |
| 轻工业 | 969 | 217383 | 94620 | 22974 |
| 重工业 | 647 | 196941 | 57494 | 34254 |
| **按隶属关系分** | | | | |
| 中央企业 | 11 | 250 | 203 | 12315 |
| 省属企业 | 17 | 585 | 1166 | 5017 |
| 市属企业 | 1588 | 413489 | 150745 | 27430 |

## 11－19 其他经济独立核算工业企业全员劳动生产率

（1998 年）

| 项目 | 企业单位数（个） | 工业增加值（万元） | 职工年平均人数（人） | 劳动生产率（元/人） |
|---|---|---|---|---|
| **总计** | 2035 | 2749456 | 493540 | 55709 |
| **按地区分** | | | | |
| 市区 | 1014 | 1569480 | 242996 | 64589 |
| 县级市 | 1021 | 1179976 | 250544 | 47097 |
| 番禺市 | 505 | 690955 | 158560 | 43577 |
| 花都市 | 176 | 243225 | 33642 | 72298 |
| 增城市 | 195 | 131604 | 35684 | 36880 |
| 从化市 | 145 | 114192 | 22658 | 50398 |
| **按轻重工业分** | | | | |
| 轻工业 | 1384 | 1731860 | 364184 | 47555 |
| 重工业 | 651 | 1017596 | 129356 | 78666 |
| **按隶属关系分** | | | | |
| 中央企业 | 29 | 96831 | 10969 | 88277 |
| 省属企业 | 43 | 62210 | 6499 | 95722 |
| 市属企业 | 1963 | 2590415 | 476072 | 54412 |

# 11—20 独立核算工业企业全员劳动生产率

（1998 年、按行业分） 单位：元/人

| 行业 | 全市 | 国有经济 | 集体经济 | 其他经济 |
|---|---|---|---|---|
| 合计 | 53499 | 64347 | 27238 | 55709 |
| 煤炭采选业 | | | | |
| 石油和天然气开采业 | 1551096 | 1551096 | | |
| 黑色金属矿采选业 | | | | |
| 有色金属矿采选业 | 5188 | 5188 | | |
| 非金属矿采选业 | 34405 | 15440 | 30873 | 76857 |
| 其他矿采选业 | | | | |
| 木材及竹材采运业 | 2346 | 2346 | | |
| 食品加工业 | 63297 | 17897 | 66658 | 128992 |
| 食品制造业 | 71381 | 26181 | 35814 | 105702 |
| 饮料制造业 | 100266 | 84757 | 11635 | 129941 |
| 烟草加工业 | 763029 | 763029 | | |
| 纺织业 | 31411 | 12898 | 20409 | 45048 |
| 服装及其他纤维制品制造业 | 16083 | 10522 | 16854 | 16203 |
| 皮革、毛皮、羽绒及其制品业 | 28112 | 15232 | 17254 | 29698 |
| 木材加工及竹、藤、棕、草制品业 | 19548 | 2708 | 31756 | 24511 |
| 家具制造业 | 30750 | 2188 | 18966 | 38510 |
| 造纸及纸制品业 | 39342 | 27699 | 36402 | 42221 |
| 印刷业、记录媒介的复制 | 27586 | 21754 | 34845 | 29963 |
| #印刷业 | 27374 | 22137 | 35103 | 28072 |
| 文教体育用品制造业 | 22719 | 49650 | 18556 | 18839 |
| 石油加工及炼焦业 | 140263 | 143964 | | —13541 |
| 化学原料及化学制品制造业 | 102272 | 24516 | 54684 | 167890 |
| 医药制造业 | 62320 | 43993 | 19169 | 94770 |
| 化学纤维制造业 | 42503 | 18752 | | 70563 |
| 橡胶制品业 | 28328 | 15165 | 12462 | 35844 |
| 塑料制品业 | 34010 | 6868 | 34620 | 34898 |
| 非金属矿物制品业 | 44848 | 24167 | 34334 | 63808 |
| 黑色金属冶炼及压延加工业 | 54750 | 19246 | 36107 | 86088 |
| 有色金属冶炼及压延加工业 | 33027 | 27547 | 28000 | 57263 |
| 金属制品业 | 26374 | 12354 | 18298 | 41125 |
| 普通机械制造业 | 43711 | 14911 | 27945 | 106177 |
| 专用设备制造业 | 22140 | 17199 | 30429 | 33567 |
| 交通运输设备制造业 | 55697 | 29436 | 46281 | 87020 |
| 武器弹药制造业 | | | | |
| 电气机械及器材制造业 | 40157 | 29378 | 28282 | 54624 |
| 电子及通信设备制造业 | 47425 | 28870 | 39034 | 55785 |
| 仪器仪表及文化、办公用机械制造业 | 13692 | 10729 | 12511 | 16893 |
| 其他制造业 | 29477 | 14078 | 12036 | 35498 |
| 电力、蒸气、热水的生产和供应业 | 291499 | 207087 | 74688 | 618626 |
| 煤气生产和供应业 | —2792 | —1283 | | —25838 |
| 自来水的生产和供应业 | 317172 | 394105 | 48708 | 10513 |

# 11－21 市区独立核算工业企业全员劳动生产率

（1998年、按行业分） 单位：元/人

| 行业 | 全市 | 国有经济 | 集体经济 | 其他经济 |
|---|---|---|---|---|
| 合计 | 61269 | 70970 | 27034 | 64589 |
| 煤炭采选业 | | | | |
| 石油和天然气开采业 | 1551096 | 1551096 | | |
| 黑色金属矿采选业 | | | | |
| 有色金属矿采选业 | | | | |
| 非金属矿采选业 | 15164 | 16531 | 15274 | 10000 |
| 其他矿采选业 | | | | |
| 木材及竹材采运业 | 779 | 779 | | |
| 食品加工业 | 84711 | 30247 | 68333 | 165089 |
| 食品制造业 | 84225 | 32918 | 42821 | 115366 |
| 饮料制造业 | 116826 | 92281 | 7522 | 152356 |
| 烟草加工业 | 763029 | 763029 | | |
| 纺织业 | 23339 | 10462 | 17903 | 44137 |
| 服装及其他纤维制品制造业 | 14809 | 10378 | 15136 | 15912 |
| 皮革、毛皮、羽绒及其制品业 | 30378 | 16328 | 17183 | 33056 |
| 木材加工及竹、藤、棕、草制品业 | 15702 | 4011 | 25312 | 28756 |
| 家具制造业 | 25347 | －325 | 21738 | 28819 |
| 造纸及纸制品业 | 44755 | 32617 | 33092 | 47141 |
| 印刷业、记录媒介的复制 | 30212 | 23836 | 32027 | 43161 |
| ＃印刷业 | 31038 | 24499 | 32254 | 44095 |
| 文教体育用品制造业 | 28601 | 49650 | 24917 | 21251 |
| 石油加工及炼焦业 | 141525 | 141964 | | －12010 |
| 化学原料及化学制品制造业 | 103610 | 25515 | 39849 | 186696 |
| 医药制造业 | 66461 | 45282 | 21499 | 96761 |
| 化学纤维制造业 | 3552 | －2398 | | 18941 |
| 橡胶制品业 | 19962 | 16419 | 13013 | 26071 |
| 塑料制品业 | 35630 | 4924 | 28156 | 39288 |
| 非金属矿物制品业 | 64814 | 20978 | 53743 | 91776 |
| 黑色金属冶炼及压延加工业 | 59123 | 19583 | 20800 | 99940 |
| 有色金属冶炼及压延加工业 | 28004 | 27171 | 24276 | 44500 |
| 金属制品业 | 14675 | 12780 | 15674 | 15434 |
| 普通机械制造业 | 22431 | 15031 | 22030 | 60467 |
| 专用设备制造业 | 19583 | 16275 | 24380 | 33994 |
| 交通运输设备制造业 | 47313 | 26499 | 29981 | 73915 |
| 武器弹药制造业 | | | | |
| 电气机械及器材制造业 | 31604 | 29794 | 30381 | 34569 |
| 电子及通信设备制造业 | 67705 | 29098 | 64354 | 90356 |
| 仪器仪表及文化、办公用机械制造业 | 15220 | 11800 | 13335 | 21674 |
| 其他制造业 | 19248 | 8433 | 12066 | 28404 |
| 电力、蒸气、热水的生产和供应业 | 220506 | 215839 | 142569 | 272998 |
| 煤气生产和供应业 | －1121 | －1121 | | |
| 自来水的生产和供应业 | 429893 | 431213 | 82609 | |

# 11—22 独立核算工业企业主要财务成本指标

单位：万元

| 项　　　　目 | 1990 年 | 1995 年 | 1997 年 | 1998 年 |
|---|---|---|---|---|
| 企业单位个数(个) | 3499 | 5069 | 4225 | 4341 |
| #亏损企业(个) | 962 | 1742 | 1518 | 1707 |
| 产品销售收入 | 3621926 | 13096243 | 15686371 | 16630697 |
| #产品销售税金及附加 | 287622 | 320467 | 434173 | 418581 |
| 产品销售利润 | 131024 | 1008670 | 2322762 | 2107197 |
| 盈利企业的利润总额 | 180681 | 911216 | 1432465 | 1195183 |
| 亏损企业的亏损总额 | 83008 | 364127 | 609625 | 731996 |
| 盈亏相抵后的利润总额 | 97673 | 547089 | 822840 | 463187 |
| 利税总额 | 389100 | 1320766 | 1944762 | 1623053 |
| 固定资产原价年末数 | 2071063 | 8278952 | 12110826 | 14104610 |
| #生产用 | 1781729 | 7075116 | 10453384 | 11829313 |
| 固定资产净值年末数 | 1510431 | 6281587 | 8917444 | 10246248 |
| 固定资产净值全年平均数 | 1361084 | 5652213 | 8579388 | 9856558 |
| 本年提取的折旧 | 114042 | 489945 | 730436 | 814324 |
| 流动资产全年平均数 | 2036575 | 8807657 | 11336249 | 12592099 |
| 流动资产年末合计 | 2226761 | 8955897 | 11780373 | 12789107 |
| 工业总产值(当年价、原规定) | 3920776 | 15261690 | | |
| 工业总产值(当年价、新规定) | | 13557693 | 16986804 | 17466879 |
| 工业总产值(1990 年不变价格、原规定) | 3860192 | 10650396 | | |
| 工业总产值(1990 年不变价格、新规定) | | 10084707 | 12831043 | 14412369 |
| 出口产品产值(1990 年不变价) | 867016 | | | |
| 出口产品产值(当年价) | 821961 | | | |
| 全部职工年末人数(人) | 867358 | | | |
| 全部职工年平均人数(人) | 855988 | 971069 | 921835 | 913330 |

注：已交利税费为全年所得税、调节税、利润(含两费)承包费已交数，以下各表同。

# 11－23 独立核算工业企业主要财务成本指标

（1998年）

单位：万元

| 项目 | 全市 | #轻工业 | #市区 | #轻工业 | #市属 | #轻工业 |
|---|---|---|---|---|---|---|
| 企业个数(个) | 4341 | 2689 | 2674 | 1635 | 4089 | 2572 |
| #亏损企业(个) | 1707 | 1079 | 968 | 583 | 1608 | 1033 |
| 产品销售收入 | 16630697 | 9466363 | 11232429 | 6144392 | 13303682 | 8573780 |
| 产品销售成本 | 13183165 | 7211856 | 8601312 | 4300068 | 10683945 | 6764167 |
| 产品销售费用 | 921754 | 746614 | 706840 | 602311 | 872953 | 710671 |
| 产品销售税金及附加 | 418581 | 294016 | 380130 | 278953 | 187274 | 152346 |
| 产品销售利润 | 2107197 | 1213877 | 1544147 | 963060 | 1559510 | 946596 |
| 利润总额 | 463187 | 241524 | 416743 | 278642 | 49438 | 22115 |
| 应交所得税 | 112477 | 75053 | 95780 | 66182 | 87021 | 62041 |
| 应交增值税 | 741285 | 416086 | 566500 | 350518 | 588115 | 364838 |
| 流动资产年末合计 | 12789107 | 7036070 | 8949215 | 4746047 | 10712013 | 6538342 |
| #存货 | 3485649 | 1904068 | 2430350 | 1280788 | 3027446 | 1761167 |
| #产成品存货 | 1199763 | 695460 | 741425 | 441951 | 1134554 | 674758 |
| 流动资产年平均余额 | 12592099 | 6946155 | 8800909 | 4661856 | 10472593 | 6468622 |
| 固定资产原价合计 | 14104610 | 6302475 | 9872399 | 4485109 | 11113904 | 5652316 |
| #生产经营用 | 11829313 | 5381146 | 8308849 | 3872701 | 9200432 | 4842993 |
| 本年折旧 | 814324 | 396128 | 553168 | 290378 | 685758 | 360028 |
| 固定资产净值年平均余额 | 9856558 | 4366394 | 6774208 | 3034555 | 7825050 | 3954468 |
| 年末负债合计 | 16160817 | 8193546 | 11340508 | 5713821 | 14272745 | 7669559 |
| 年末所有者权益合计 | 11153852 | 5176023 | 8239123 | 3610501 | 8187448 | 4589204 |
| #实收资本 | 7209319 | 3711757 | 4967448 | 2556632 | 6033663 | 3299521 |
| #国家资本 | 2021043 | 1017138 | 1754664 | 882798 | 1215626 | 683860 |
| 外商资本 | 2878946 | 1742880 | 1652236 | 1018268 | 2765266 | 1688950 |
| 本年应付工资 | 1247735 | 760586 | 890008 | 522225 | 1100706 | 712358 |
| 本年应付福利费 | 177421 | 115361 | 146051 | 95871 | 154313 | 106691 |
| 全部职工年平均人数(人) | 913330 | 585747 | 562691 | 334019 | 831517 | 564666 |
| 工业总产值(当年价格) | 17466879 | 9939056 | 11641570 | 6351111 | 14037766 | 9031759 |
| 工业总产值(1990年不变价格) | 14412369 | 8845243 | 9047161 | 5316610 | 12569770 | 8322840 |
| 工业增加值(当年价格) | 4886186 | 2766335 | 3447539 | 1964744 | 3590734 | 2243809 |

# 11—24 县级市独立核算工业企业主要财务成本指标

（1998 年）

单位：万元

| 项　　　目 | 番禺市 | 花都市 | 增城市 | 从化市 |
| --- | --- | --- | --- | --- |
| 企业个数(个) | 720 | 301 | 323 | 323 |
| #亏损企业(个) | 413 | 142 | 115 | 69 |
| 产品销售收入 | 2924552 | 913301 | 789362 | 771053 |
| 产品销售成本 | 2451167 | 783442 | 703059 | 644185 |
| 产品销售费用 | 111976 | 24111 | 24505 | 54322 |
| 产品销售税金及附加 | 10226 | 14732 | 6437 | 7056 |
| 产品销售利润 | 351183 | 91016 | 55361 | 65490 |
| 利润总额 | 30142 | 21750 | —224 | —5224 |
| 应交所得税 | 6388 | 2131 | 557 | 7621 |
| 应交增值税 | 108361 | 31686 | 13973 | 20765 |
| 流动资产年末合计 | 2034882 | 1033775 | 407642 | 363593 |
| #存货 | 666833 | 187895 | 114869 | 85702 |
| #产成品存货 | 264765 | 101861 | 53254 | 38458 |
| 流动资产年平均余额 | 2085435 | 998985 | 384987 | 321783 |
| 固定资产原价合计 | 2803932 | 628811 | 525271 | 274197 |
| #生产经营用 | 2529075 | 377078 | 374192 | 240119 |
| 本年折旧 | 198185 | 29202 | 23537 | 10232 |
| 固定资产净值年平均余额 | 2000362 | 469210 | 411334 | 201444 |
| 年末负债合计 | 3161089 | 725165 | 524560 | 409495 |
| 年末所有者权益合计 | 1425967 | 884097 | 380636 | 224029 |
| #实收资本 | 1338877 | 346038 | 341083 | 215873 |
| #国家资本 | 106550 | 61324 | 49132 | 49373 |
| 外商资本 | 780616 | 161420 | 174382 | 110292 |
| 本年应付工资 | 240224 | 52529 | 37610 | 27364 |
| 本年应付福利费 | 20423 | 5418 | 3048 | 2481 |
| 全部职工年平均人数(人) | 215972 | 51534 | 47764 | 35369 |
| 工业总产值(当年价格) | 3079590 | 1073514 | 862318 | 809887 |
| 工业总产值(1990 年不变价格) | 2965754 | 945775 | 730851 | 722828 |
| 工业增加值(当年价格) | 791063 | 297306 | 172157 | 178121 |

# 11－25 国有经济独立核算工业企业主要财务成本指标

（1998 年）　　单位：万元

| 项　　目 | 全　市 | #轻工业 | #市区 | #轻工业 | #市属 | #轻工业 |
|---|---|---|---|---|---|---|
| 企业个数（个） | 690 | 336 | 543 | 263 | 538 | 270 |
| #亏损企业（个） | 319 | 150 | 240 | 114 | 269 | 130 |
| 产品销售收入 | 5042224 | 1949118 | 4611854 | 1688570 | 2221502 | 1295206 |
| 产品销售成本 | 3907250 | 1315586 | 3533625 | 1085927 | 1818575 | 1048378 |
| 产品销售费用 | 100662 | 66621 | 87527 | 59006 | 84234 | 58522 |
| 产品销售税金及附加 | 255389 | 161269 | 252237 | 159126 | 27428 | 21991 |
| 产品销售利润 | 778923 | 405642 | 738465 | 384511 | 291265 | 166315 |
| 利润总额 | 264411 | 122668 | 282890 | 132481 | －127462 | －88553 |
| 应交所得税 | 35559 | 19460 | 34698 | 18864 | 15802 | 8786 |
| 应交增值税 | 247539 | 115410 | 232334 | 105681 | 118771 | 74506 |
| 流动资产年末合计 | 4139349 | 1707434 | 3785603 | 1487533 | 2470388 | 1336464 |
| #存货 | 1028990 | 446622 | 928202 | 389736 | 677293 | 341909 |
| #产成品存货 | 313500 | 161866 | 263953 | 127414 | 265387 | 151237 |
| 流动资产年平均余额 | 4195456 | 1728774 | 3852397 | 1513290 | 2474423 | 1373716 |
| 固定资产原价合计 | 5743233 | 2253267 | 5223465 | 1961047 | 3110170 | 1703845 |
| #生产经营用 | 4703226 | 1871860 | 4297302 | 1629050 | 2390307 | 1427652 |
| 本年折旧 | 261674 | 114407 | 241929 | 102947 | 154328 | 86590 |
| 固定资产净值年平均余额 | 3871021 | 1469909 | 3500282 | 1258701 | 2094910 | 1118448 |
| 年末负债合计 | 5390525 | 2593397 | 4760554 | 2211041 | 3901232 | 2206408 |
| 年末所有者权益合计 | 4410719 | 1450177 | 4168075 | 1312375 | 1829992 | 978368 |
| #实收资本 | 1985544 | 832558 | 1800434 | 737697 | 1063618 | 525962 |
| #国家资本 | 1356737 | 620391 | 1206089 | 542257 | 619147 | 323479 |
| 本年应付工资 | 395203 | 194244 | 354614 | 176127 | 286209 | 159457 |
| 本年应付福利费 | 63262 | 33833 | 58585 | 31196 | 47279 | 28345 |
| 全部职工年平均人数（人） | 267676 | 126943 | 230744 | 105559 | 204700 | 114020 |
| 工业总产值（当年价格） | 5160031 | 1982585 | 4683825 | 1692815 | 2258095 | 1325060 |
| 工业总产值（1990 年不变价格） | 3223934 | 1413496 | 2832428 | 1170333 | 1824478 | 1091778 |
| 工业增加值（当年价格） | 1722406 | 817092 | 1637591 | 765086 | 586830 | 361998 |

# 11－26 集体经济独立核算工业企业主要财务成本指标

（1998 年）　　　　单位：万元

| 项　　　目 | 全　市 | #轻工业 | #市区 | #轻工业 | #市属 | #轻工业 |
|---|---|---|---|---|---|---|
| 企业个数(个) | 1616 | 969 | 1117 | 706 | 1588 | 957 |
| #亏损企业(个) | 442 | 270 | 286 | 179 | 425 | 263 |
| 产品销售收入 | 1551944 | 849992 | 844867 | 443630 | 1545284 | 846278 |
| 产品销售成本 | 1306213 | 732517 | 701422 | 378202 | 1299917 | 728788 |
| 产品销售费用 | 56245 | 28723 | 33326 | 17361 | 55914 | 28546 |
| 产品销售税金及附加 | 18609 | 9344 | 9390 | 4893 | 18549 | 9329 |
| 产品销售利润 | 170877 | 79408 | 100729 | 43174 | 170904 | 79615 |
| 利润总额 | －6818 | －13035 | －2979 | －11243 | －5832 | －12161 |
| 应交所得税 | 8981 | 4449 | 5048 | 2334 | 8980 | 4448 |
| 应交增值税 | 54446 | 26090 | 33220 | 17174 | 54125 | 25896 |
| 流动资产年末合计 | 1294934 | 679261 | 829761 | 448249 | 1282470 | 669583 |
| #存货 | 371687 | 218381 | 260102 | 151150 | 367015 | 214813 |
| #产成品存货 | 150404 | 88179 | 94472 | 54661 | 148347 | 86359 |
| 流动资产年平均余额 | 1269305 | 671612 | 807185 | 442416 | 1256891 | 662111 |
| 固定资产原价合计 | 1020024 | 506517 | 480234 | 253179 | 1014560 | 501910 |
| #生产经营用 | 803983 | 401693 | 363522 | 195168 | 801382 | 399825 |
| 本年折旧 | 60321 | 29976 | 35065 | 16860 | 59993 | 29735 |
| 固定资产净值年平均余额 | 705460 | 338681 | 328672 | 165295 | 703002 | 336654 |
| 年末负债合计 | 1572529 | 835059 | 929515 | 514927 | 1557563 | 822230 |
| 年末所有者权益合计 | 697105 | 342696 | 396684 | 185609 | 694361 | 341224 |
| #实收资本 | 536166 | 302188 | 311649 | 183993 | 532806 | 299866 |
| 本年应付工资 | 135638 | 80592 | 83533 | 50165 | 134543 | 79873 |
| 本年应付福利费 | 19435 | 12574 | 13624 | 8616 | 19309 | 12484 |
| 全部职工年平均人数(人) | 152114 | 94620 | 88951 | 57921 | 150745 | 93601 |
| 工业总产值(当年价格) | 1696330 | 931698 | 922470 | 487822 | 1689843 | 927978 |
| 工业总产值(1990 年不变价格) | 1460700 | 829682 | 774457 | 427857 | 1454841 | 826145 |
| 工业增加值(当年价格) | 414324 | 217383 | 240468 | 117112 | 413489 | 217193 |

# 11－27 其他经济独立核算工业企业主要财务成本指标

(1998 年)　　　　单位：万元

| 项　　目 | 全　市 | #轻工业 | #市区 | #轻工业 | #市属 | #轻工业 |
|---|---|---|---|---|---|---|
| 企业个数(个) | 2035 | 1384 | 1014 | 666 | 1771 | 1262 |
| #亏损企业(个) | 946 | 659 | 442 | 290 | 877 | 622 |
| 产品销售收入 | 10036529 | 6667253 | 5775708 | 4012192 | 9536896 | 6432296 |
| 产品销售成本 | 7969702 | 5163753 | 4366265 | 2835939 | 7565453 | 4987001 |
| 产品销售费用 | 764847 | 651270 | 585987 | 525944 | 732805 | 623603 |
| 产品销售税金及附加 | 144583 | 123403 | 118503 | 114934 | 141297 | 121026 |
| 产品销售利润 | 1157397 | 728827 | 704953 | 535375 | 1097341 | 700666 |
| 利润总额 | 205594 | 131891 | 136832 | 157404 | 182732 | 122829 |
| 应交所得税 | 67937 | 51144 | 56034 | 44984 | 62239 | 48807 |
| 应交增值税 | 439300 | 274586 | 300946 | 227663 | 415219 | 264436 |
| 流动资产年末合计 | 7354824 | 4649375 | 4333851 | 2810265 | 6959155 | 4532295 |
| #存货 | 2084972 | 1239065 | 1242046 | 739902 | 1983138 | 1204445 |
| #产成品存货 | 735859 | 445415 | 383000 | 259876 | 720820 | 437162 |
| 流动资产年平均余额 | 7127338 | 4545769 | 4141327 | 2706150 | 6741279 | 4432795 |
| 固定资产原价合计 | 7341353 | 3542691 | 4168700 | 2270883 | 6989174 | 3446561 |
| #生产经营用 | 6322104 | 3107593 | 3648025 | 2048483 | 6008743 | 3015516 |
| 本年折旧 | 492329 | 251745 | 276174 | 170571 | 471437 | 243703 |
| 固定资产净值年平均余额 | 5280077 | 2557804 | 2945254 | 1610559 | 5027138 | 2499366 |
| 年末负债合计 | 9197763 | 4765090 | 5650439 | 2987853 | 8813950 | 4640921 |
| 年末所有者权益合计 | 6046028 | 3383150 | 3674364 | 2112517 | 5663095 | 3269612 |
| #实收资本 | 4687609 | 2577011 | 2855365 | 1634942 | 4437239 | 2473693 |
| #国家资本 | 664109 | 396732 | 548545 | 340532 | 596282 | 360366 |
| 外商资本 | 2878946 | 1742880 | 1652236 | 1018268 | 2765266 | 1688950 |
| 本年应付工资 | 716894 | 485750 | 451861 | 295933 | 679954 | 473028 |
| 本年应付福利费 | 94724 | 68954 | 73842 | 56059 | 87725 | 65862 |
| 全部职工年平均人数(人) | 493540 | 364184 | 242996 | 170539 | 433724 | 332537 |
| 工业总产值(当年价格) | 10610518 | 7024773 | 6035275 | 4170474 | 10089828 | 6778721 |
| 工业总产值(1990 年不变价格) | 9727735 | 6602065 | 5440276 | 3718420 | 9290451 | 6404917 |
| 工业增加值(当年价格) | 2749456 | 1731860 | 1569480 | 1082546 | 2590415 | 1664618 |

# 11—28 独立核算工业企业主要经济效益指标

（1998年、按经济类型分）

| 项目 | 单位 | 合计 | 国有经济 | 集体经济 | 其他经济 | 在合计中：大中型企业 |
|---|---|---|---|---|---|---|
| 工业经济效益综合指数 | % | 102.71 | 111.19 | 66.07 | 105.38 | 122.42 |
| 总资产贡献率 | % | 6.14 | 7.86 | 2.88 | 5.49 | 7.58 |
| 资本保值增值率 | % | 115.10 | 101.41 | 105.09 | 129.25 | 115.45 |
| 资产负债率 | % | 59.17 | 55.00 | 69.29 | 60.34 | 58.29 |
| 流动资产周转率 | 次 | 1.32 | 1.20 | 1.22 | 1.41 | 1.29 |
| 工业成本费用利润率 | % | 2.88 | 5.67 | —0.44 | 2.09 | 4.60 |
| 工业全员劳动生产率 | 元/人 | 53499 | 64347 | 27238 | 55709 | 77698 |
| 工业产品销售率 | % | 97.78 | 98.76 | 95.04 | 97.74 | 98.72 |
| 工业资金利税率 | % | 7.23 | 9.51 | 3.35 | 6.36 | 9.09 |
| 工业增加值率 | % | 27.97 | 33.38 | 24.42 | 25.91 | 30.09 |
| 企业亏损面 | % | 39.32 | 46.23 | 27.35 | 46.49 | 47.00 |
| 工业产成品存货可供销售天数 | 天 | 25.97 | 22.38 | 34.89 | 26.39 | 23.02 |
| 每百元资金提供的总产值(现价) | 元 | 77.81 | 63.97 | 85.90 | 85.52 | 71.30 |
| 每百元固定资产原价提供利税 | 元 | 11.51 | 13.36 | 6.49 | 10.75 | 13.53 |
| 每百元固定资产原价提供总产值(现价) | 元 | 123.84 | 89.85 | 166.30 | 144.53 | 106.07 |
| 每百元固定资产净值提供利税 | 元 | 15.84 | 18.59 | 9.27 | 14.61 | 18.54 |
| 每百元固定资产净值提供总产值(现价) | 元 | 170.47 | 125.03 | 237.46 | 196.32 | 145.43 |
| 每百元总产值(现价)实现利税 | 元 | 9.29 | 14.87 | 3.90 | 7.44 | 12.75 |
| 每百元总产值(现价)占用全部资产 | 元 | 156.38 | 189.94 | 133.80 | 143.67 | 175.42 |
| 平均每个职工拥有全部资产 | 元 | 299066 | 366159 | 149206 | 308866 | 452976 |
| 平均每个职工提供利税 | 元 | 17771 | 28667 | 4354 | 15996 | 32927 |

# 11－29 独立核算工业企业年末固定资产原价

（1998 年）

单位：万元

| 行业 | 合计 | 国有经济 | 集体经济 | 其他经济 |
|---|---|---|---|---|
| 合计 | 14104610 | 5743233 | 1020024 | 7341353 |
| 煤炭采选业 | | | | |
| 石油和天然气开采业 | 49991 | 49991 | | |
| 黑色金属矿采选业 | | | | |
| 有色金属矿采选业 | 882 | 882 | | |
| 非金属矿采选业 | 37222 | 16442 | 3488 | 17292 |
| 其他矿采选业 | | | | |
| 木材及竹材采运业 | 4071 | 4071 | | |
| 食品加工业 | 351473 | 167765 | 2270 | 181438 |
| 食品制造业 | 547645 | 69056 | 10027 | 468562 |
| 饮料制造业 | 441766 | 195054 | 8923 | 237789 |
| 烟草加工业 | 168318 | 168318 | | |
| 纺织业 | 453111 | 208507 | 8367 | 236237 |
| 服装及其他纤维制品制造业 | 239299 | 14965 | 52686 | 171648 |
| 皮革、毛皮、羽绒及其制品业 | 253538 | 32934 | 20145 | 200459 |
| 木材加工及竹、藤、棕、草制品业 | 108358 | 43285 | 15712 | 49361 |
| 家具制造业 | 51271 | 4987 | 6989 | 39295 |
| 造纸及纸制品业 | 313689 | 34391 | 17882 | 261416 |
| 印刷业、记录媒介的复制 | 157274 | 66819 | 17034 | 73421 |
| #印刷业 | 141468 | 56668 | 16295 | 68505 |
| 文教体育用品制造业 | 183569 | 41285 | 30840 | 111444 |
| 石油加工及炼焦业 | 475457 | 458920 | | 16537 |
| 化学原料及化学制品制造业 | 1020884 | 304316 | 46945 | 669623 |
| 医药制造业 | 273054 | 117120 | 13585 | 142349 |
| 化学纤维制造业 | 75915 | 47922 | | 27993 |
| 橡胶制品业 | 249731 | 59036 | 16878 | 173817 |
| 塑料制品业 | 309470 | 12042 | 38675 | 258753 |
| 非金属矿物制品业 | 646637 | 105331 | 144330 | 396976 |
| 黑色金属冶炼及压延加工业 | 439329 | 123508 | 4425 | 311396 |
| 有色金属冶炼及压延加工业 | 127860 | 71819 | 25387 | 30654 |
| 金属制品业 | 412440 | 70888 | 64997 | 276555 |
| 普通机械制造业 | 471870 | 188230 | 19654 | 263986 |
| 专用设备制造业 | 202508 | 146744 | 23074 | 32690 |
| 交通运输设备制造业 | 986680 | 357228 | 51402 | 578050 |
| 武器弹药制造业 | | | | |
| 电气机械及器材制造业 | 832176 | 203597 | 135926 | 492653 |
| 电子及通信设备制造业 | 425967 | 92145 | 28955 | 304867 |
| 仪器仪表及文化、办公用机械制造业 | 79626 | 31562 | 16754 | 31310 |
| 其他制造业 | 102668 | 5794 | 13531 | 83343 |
| 电力、蒸气、热水的生产和供应业 | 2697628 | 1413611 | 95361 | 1188656 |
| 煤气生产和供应业 | 146496 | 134835 | | 11661 |
| 自来水的生产和供应业 | 766737 | 679833 | 85782 | 1122 |

# 11－30 市区独立核算工业企业年末固定资产原价

（1998 年）　　单位：万元

| 行　业 | 合　计 | 国有经济 | 集体经济 | 其他经济 |
|---|---|---|---|---|
| **合　计** | **9872399** | **5223465** | **480234** | **4168700** |
| 煤炭采选业 | | | | |
| 石油和天然气开采业 | 49991 | 49991 | | |
| 黑色金属矿采选业 | | | | |
| 有色金属矿采选业 | | | | |
| 非金属矿采选业 | 11302 | 3358 | 704 | 7240 |
| 其他矿采选业 | | | | |
| 木材及竹材采运业 | 3566 | 3566 | | |
| 食品加工业 | 81524 | 40858 | 1169 | 39497 |
| 食品制造业 | 433381 | 60286 | 8160 | 364935 |
| 饮料制造业 | 386514 | 181015 | 5920 | 199579 |
| 烟草加工业 | 168318 | 168318 | | |
| 纺织业 | 285815 | 178918 | 6358 | 100539 |
| 服装及其他纤维制品制造业 | 65340 | 14715 | 10488 | 40137 |
| 皮革、毛皮、羽绒及其制品业 | 147258 | 32242 | 14635 | 100381 |
| 木材加工及竹、藤、棕、草制品业 | 56801 | 34393 | 2750 | 19658 |
| 家具制造业 | 34601 | 2739 | 3672 | 28190 |
| 造纸及纸制品业 | 240204 | 5427 | 8534 | 226243 |
| 印刷业、记录媒介的复制 | 98429 | 58172 | 9915 | 30342 |
| ＃印刷业 | 87027 | 48021 | 9177 | 29829 |
| 文教体育用品制造业 | 76401 | 41285 | 6831 | 28285 |
| 石油加工及炼焦业 | 467543 | 458920 | | 8623 |
| 化学原料及化学制品制造业 | 890644 | 285378 | 32767 | 572499 |
| 医药制造业 | 255880 | 112214 | 5833 | 137833 |
| 化学纤维制造业 | 53846 | 45949 | | 7897 |
| 橡胶制品业 | 84394 | 47025 | 13890 | 23479 |
| 塑料制品业 | 206345 | 10618 | 26050 | 169677 |
| 非金属矿物制品业 | 360414 | 46041 | 53468 | 260905 |
| 黑色金属冶炼及压延加工业 | 383950 | 116458 | 5 | 267487 |
| 有色金属冶炼及压延加工业 | 98338 | 68524 | 23109 | 6705 |
| 金属制品业 | 258877 | 64298 | 47897 | 146682 |
| 普通机械制造业 | 231412 | 174029 | 13326 | 44057 |
| 专用设备制造业 | 177946 | 143354 | 10316 | 24276 |
| 交通运输设备制造业 | 806909 | 291224 | 25149 | 490536 |
| 武器弹药制造业 | | | | |
| 电气机械及器材制造业 | 573445 | 184326 | 88273 | 300846 |
| 电子及通信设备制造业 | 320070 | 90688 | 26374 | 203008 |
| 仪器仪表及文化、办公用机械制造业 | 58833 | 27862 | 12086 | 18885 |
| 其他制造业 | 45105 | 4936 | 10398 | 29771 |
| 电力、蒸气、热水的生产和供应业 | 1673754 | 1394209 | 9879 | 269666 |
| 煤气生产和供应业 | 135677 | 134835 | | 842 |
| 自来水的生产和供应业 | 649572 | 647294 | 2278 | |

# 11—31 独立核算工业企业年末固定资产净值

（1998 年）

单位：万元

| 行业 | 合计 | 国有经济 | 集体经济 | 其他经济 |
|---|---|---|---|---|
| 合　计 | 10246248 | 4127040 | 714377 | 5404831 |
| 煤炭采选业 | | | | |
| 石油和天然气开采业 | 37129 | 37129 | | |
| 黑色金属矿采选业 | | | | |
| 有色金属矿采选业 | 644 | 644 | | |
| 非金属矿采选业 | 28409 | 12875 | 2405 | 13129 |
| 其他矿采选业 | | | | |
| 木材及竹材采运业 | 3576 | 3576 | | |
| 食品加工业 | 244473 | 114887 | 1468 | 128118 |
| 食品制造业 | 410879 | 48506 | 5947 | 356426 |
| 饮料制造业 | 325388 | 134590 | 5013 | 185785 |
| 烟草加工业 | 104249 | 104249 | | |
| 纺织业 | 327834 | 156217 | 4891 | 166726 |
| 服装及其他纤维制品制造业 | 160619 | 10396 | 33563 | 116660 |
| 皮革、毛皮、羽绒及其制品业 | 184138 | 23388 | 16083 | 144667 |
| 木材加工及竹、藤、棕、草制品业 | 79188 | 32772 | 11971 | 34445 |
| 家具制造业 | 35306 | 3829 | 4432 | 27045 |
| 造纸及纸制品业 | 235538 | 24723 | 12168 | 198647 |
| 印刷业、记录媒介的复制 | 111223 | 44934 | 12160 | 54129 |
| ＃印刷业 | 102560 | 39361 | 11761 | 51438 |
| 文教体育用品制造业 | 134098 | 27733 | 19758 | 86607 |
| 石油加工及炼焦业 | 280834 | 265895 | | 14939 |
| 化学原料及化学制品制造业 | 770153 | 211328 | 33416 | 525409 |
| 医药制造业 | 197586 | 83674 | 10435 | 103477 |
| 化学纤维制造业 | 47444 | 26800 | | 20644 |
| 橡胶制品业 | 174362 | 40472 | 9841 | 124049 |
| 塑料制品业 | 211666 | 7382 | 25145 | 179139 |
| 非金属矿物制品业 | 486638 | 74783 | 106931 | 304924 |
| 黑色金属冶炼及压延加工业 | 306849 | 99865 | 1914 | 205070 |
| 有色金属冶炼及压延加工业 | 99465 | 52407 | 21135 | 25923 |
| 金属制品业 | 307741 | 51257 | 43355 | 213129 |
| 普通机械制造业 | 354104 | 149434 | 13717 | 190953 |
| 专用设备制造业 | 135264 | 97180 | 15543 | 22541 |
| 交通运输设备制造业 | 782753 | 271049 | 39100 | 472604 |
| 武器弹药制造业 | | | | |
| 电气机械及器材制造业 | 591033 | 148478 | 98902 | 343653 |
| 电子及通信设备制造业 | 312115 | 61330 | 21449 | 229336 |
| 仪器仪表及文化、办公用机械制造业 | 50513 | 20413 | 11316 | 18784 |
| 其他制造业 | 71138 | 4413 | 6792 | 59933 |
| 电力、蒸气、热水的生产和供应业 | 1945186 | 1054500 | 63321 | 827365 |
| 煤气生产和供应业 | 125058 | 115576 | | 9482 |
| 自来水的生产和供应业 | 573655 | 510356 | 62206 | 1093 |

# 11—32 市区独立核算工业企业年末固定资产净值

（1998 年）

单位：万元

| 行　　业 | 合　计 | 国有经济 | 集体经济 | 其他经济 |
|---|---|---|---|---|
| 合　　计 | 7137098 | 3745938 | 332728 | 3058432 |
| 煤炭采选业 | | | | |
| 石油和天然气开采业 | 37129 | 37129 | | |
| 黑色金属矿采选业 | | | | |
| 有色金属矿采选业 | | | | |
| 非金属矿采选业 | 8853 | 3079 | 333 | 5441 |
| 其他矿采选业 | | | | |
| 木材及竹材采运业 | 3288 | 3288 | | |
| 食品加工业 | 52320 | 28365 | 518 | 23437 |
| 食品制造业 | 319136 | 42623 | 4710 | 271803 |
| 饮料制造业 | 280847 | 124794 | 3178 | 152875 |
| 烟草加工业 | 104249 | 104249 | | |
| 纺织业 | 200765 | 133775 | 3550 | 63440 |
| 服装及其他纤维制品制造业 | 42025 | 10249 | 5997 | 25779 |
| 皮革、毛皮、羽绒及其制品业 | 104484 | 23086 | 12242 | 69156 |
| 木材加工及竹、藤、棕、草制品业 | 45299 | 26843 | 2253 | 16203 |
| 家具制造业 | 23202 | 2083 | 2095 | 19024 |
| 造纸及纸制品业 | 178887 | 4608 | 4767 | 169512 |
| 印刷业、记录媒介的复制 | 63072 | 38410 | 7064 | 17598 |
| #印刷业 | 56923 | 32837 | 6665 | 17421 |
| 文教体育用品制造业 | 51590 | 27733 | 4374 | 19483 |
| 石油加工及炼焦业 | 273432 | 265895 | | 7537 |
| 化学原料及化学制品制造业 | 673270 | 199144 | 24575 | 449551 |
| 医药制造业 | 183383 | 79203 | 4577 | 99603 |
| 化学纤维制造业 | 31306 | 25633 | | 5673 |
| 橡胶制品业 | 51599 | 32141 | 7495 | 11963 |
| 塑料制品业 | 133217 | 6365 | 14989 | 111863 |
| 非金属矿物制品业 | 261352 | 34077 | 38584 | 188691 |
| 黑色金属冶炼及压延加工业 | 260371 | 93432 | 4 | 166935 |
| 有色金属冶炼及压延加工业 | 74468 | 49522 | 19735 | 5211 |
| 金属制品业 | 188381 | 46085 | 30987 | 111309 |
| 普通机械制造业 | 180316 | 138132 | 9324 | 32860 |
| 专用设备制造业 | 118378 | 95436 | 6930 | 16012 |
| 交通运输设备制造业 | 631895 | 214609 | 18806 | 398480 |
| 武器弹药制造业 | | | | |
| 电气机械及器材制造业 | 404584 | 131949 | 62397 | 210238 |
| 电子及通信设备制造业 | 232435 | 60158 | 20011 | 152266 |
| 仪器仪表及文化、办公用机械制造业 | 36249 | 17651 | 8443 | 10155 |
| 其他制造业 | 30485 | 3713 | 5371 | 21401 |
| 电力、蒸气、热水的生产和供应业 | 1255345 | 1043711 | 7508 | 204126 |
| 煤气生产和供应业 | 116383 | 115576 | | 807 |
| 自来水的生产和供应业 | 485103 | 483192 | 1911 | |

## 11—33 独立核算工业企业分组主要指标

(1998年)

单位：万元

| 项　　目 | 企业单位数（个） | 盈亏相抵后利润总额 | 固定资产原价年末数 | 工业增加值 | 工业总产值(1990年不变价格) | 工业总产值 | 职工年平均人数(人) |
|---|---|---|---|---|---|---|---|
| **总　计** | **4341** | **463187** | **14104610** | **4886186** | **14412369** | **17466879** | **913330** |
| **按总产值分组** | | | | | | | |
| 1亿元及以上 | 263 | 665922 | 7944609 | 3432269 | 9116683 | 11184126 | 317519 |
| 5000万元—9999万元 | 265 | 7354 | 1966634 | 492482 | 1844210 | 2164807 | 136818 |
| 4999万元以下 | 3813 | —210089 | 4193367 | 961435 | 3451476 | 4117946 | 458993 |
| **按固定资产原值分组** | | | | | | | |
| 1亿元及以上 | 228 | 610248 | 9771222 | 3068599 | 7106637 | 9407359 | 261032 |
| 5000万元—9999万元 | 224 | —47129 | 1573986 | 474295 | 1985242 | 2120930 | 131849 |
| 4999万元以下 | 3889 | —99932 | 2759402 | 1343292 | 5320490 | 5938590 | 520449 |
| **按利税总额分组** | | | | | | | |
| 1亿元及以上 | 39 | 780663 | 4446740 | 2177297 | 3791880 | 5856991 | 78219 |
| 5000万元—9999万元 | 33 | 63095 | 840744 | 316784 | 781966 | 828112 | 24403 |
| 4999万元以下 | 4269 | —380571 | 8817126 | 2392105 | 9838523 | 10781776 | 810708 |
| **按职工人数分组** | | | | | | | |
| 2000人及以上 | 52 | 145826 | 3519173 | 995302 | 2490355 | 3439989 | 179725 |
| 500人—1999人 | 375 | 441299 | 4274759 | 2255598 | 5908883 | 6960136 | 325239 |
| 499人及以下 | 3914 | —123938 | 6310678 | 1635286 | 6013131 | 7066754 | 408366 |

## 11—34 国有经济独立核算工业企业分组主要指标

(1998年)

单位：万元

| 项　　目 | 企业单位数（个） | 盈亏相抵后利润总额 | 固定资产原价年末数 | 工业增加值 | 工业总产值(1990年不变价格) | 工业总产值 | 职工年平均人数(人) |
|---|---|---|---|---|---|---|---|
| **总　计** | **690** | **264411** | **5743233** | **1722406** | **3223934** | **5160031** | **267676** |
| **按总产值分组** | | | | | | | |
| 1亿元及以上 | 63 | 345336 | 3637361 | 1423991 | 2272586 | 3940800 | 117551 |
| 5000万元—9999万元 | 46 | —11887 | 721864 | 105976 | 315385 | 403831 | 30555 |
| 4999万元以下 | 581 | —69038 | 1384008 | 192439 | 635963 | 815400 | 119570 |
| **按固定资产原值分组** | | | | | | | |
| 1亿元及以上 | 82 | 328624 | 4554654 | 1457480 | 2125766 | 3944613 | 134918 |
| 5000万元—9999万元 | 80 | —30515 | 532935 | 117663 | 508214 | 540138 | 44804 |
| 4999万元以下 | 528 | —33698 | 655644 | 147263 | 589954 | 675280 | 87954 |
| **按利税总额分组** | | | | | | | |
| 1亿元及以上 | 10 | 401039 | 2405969 | 1140305 | 1043995 | 2764567 | 34662 |
| 5000万元—9999万元 | 8 | 35117 | 259544 | 96167 | 111392 | 191652 | 6958 |
| 4999万元以下 | 672 | —171745 | 3077720 | 485934 | 2068547 | 2203812 | 226056 |
| **按职工人数分组** | | | | | | | |
| 2000人及以上 | 25 | 109134 | 2673592 | 554999 | 891889 | 1745241 | 86914 |
| 500人—1999人 | 109 | 195025 | 1616473 | 950299 | 1534628 | 2462283 | 95183 |
| 499人及以下 | 556 | —39748 | 1453168 | 217108 | 797417 | 952507 | 85579 |

## 11—35 独立核算工业企业年末固定资产情况

单位:万元

| 项　　目 | 1997年 | | 1998年 | |
|---|---|---|---|---|
| | 全　市 | #市　区 | 全　市 | #市　区 |
| **固定资产原价** | 12110826 | 8675208 | 14104610 | 9872399 |
| **按轻重工业分** | | | | |
| 轻工业 | 5432686 | 3937107 | 6302475 | 4485109 |
| 重工业 | 6678140 | 4738101 | 7802135 | 5387290 |
| **按经济类型分** | | | | |
| 国有经济 | 5231465 | 4684198 | 5743233 | 5223465 |
| 集体经济 | 900046 | 401784 | 1020024 | 480234 |
| 其他经济 | 5979315 | 3589226 | 7341353 | 4168700 |
| **固定资产净值** | 8917444 | 6353278 | 10246248 | 7137098 |
| **按轻重工业分** | | | | |
| 轻工业 | 3939706 | 2871622 | 4538735 | 3197082 |
| 重工业 | 4977738 | 3481656 | 5707513 | 3940016 |
| **按经济类型分** | | | | |
| 国有经济 | 3775403 | 3376501 | 4127040 | 3745938 |
| 集体经济 | 642633 | 280172 | 714377 | 332728 |
| 其他经济 | 4499408 | 2696605 | 5404831 | 3058432 |

## 11—36 市属工业新产品、新花色品种情况

单位:种

| 项　　目 | 1990年 | 1995年 | 1997年 | 1998年 |
|---|---|---|---|---|
| 试制成功的新产品 | 567 | 363 | 529 | 503 |
| #填补省内空白 | | | | |
| 达到国际先进水平 | 210 | 9 | 15 | 11 |
| 达到国际水平 | | 53 | 65 | 42 |
| 达到国内先进水平 | 160 | 98 | 223 | 209 |
| 已鉴定的新产品 | 567 | 363 | 529 | 503 |
| 已投产的新产品 | 468 | 307 | 443 | 361 |
| 新花色品种 | 13811 | 5653 | 9574 | 8867 |
| #已投产 | 7879 | 4449 | 5179 | 4481 |

# 11－37 独立核算大中型工业企业基本情况

（1998年、按经济类型分）

单位：万元

| 项　　目 | 合　计 | 国有经济 | 集体经济 | 其他经济 |
|---|---|---|---|---|
| 企业单位个数(个) | 634 | 242 | 52 | 340 |
| #亏损企业(个) | 298 | 118 | 19 | 161 |
| 工业总产值(1990年不变价格) | 9224004 | 2745494 | 371896 | 6106614 |
| 工业总产值(当年价格) | 11613751 | 4607063 | 439792 | 6566896 |
| 工业增加值(当年价格) | 3494549 | 1602576 | 105872 | 1786101 |
| 固定资产原价合计 | 10949439 | 5138519 | 374432 | 5436488 |
| #生产经营用 | 9345868 | 4275062 | 293133 | 4777673 |
| 流动资产年末合计 | 8717371 | 3630430 | 454509 | 4632432 |
| #产成品存货 | 714055 | 252449 | 40856 | 420750 |
| 流动资产年平均余额 | 8653177 | 3694824 | 448149 | 4510204 |
| 固定资产净值年平均余额 | 7634653 | 3432288 | 257511 | 3944854 |
| 产品销售收入 | 11167897 | 4499678 | 419864 | 6248355 |
| 产品销售成本 | 8420529 | 3451067 | 347323 | 4622139 |
| 产品销售费用 | 722177 | 80545 | 14033 | 627599 |
| 产品销售税金及附加 | 391024 | 251479 | 6139 | 133406 |
| 产品销售利润 | 1634167 | 716587 | 52369 | 865211 |
| 盈利企业的盈利总额 | 1025043 | 459193 | 10630 | 555220 |
| 亏损企业的亏损总额 | 538841 | 176293 | 15622 | 346926 |
| 盈亏相抵后的利润总额 | 486202 | 282900 | —4992 | 208294 |
| 应交所得税 | 92552 | 33527 | 1734 | 57291 |
| 应交增值税 | 603714 | 225271 | 17977 | 360466 |
| 转作资金的利润 | | | | |
| 应付利润 | 92898 | 24585 | 4169 | 64144 |
| 本年应付工资 | 790195 | 328604 | 37812 | 423779 |
| 本年应付福利 | 131736 | 54131 | 7250 | 70355 |
| 全部职工年平均人数(人) | 449762 | 207384 | 34211 | 208167 |

# 11－38 独立核算大中型工业企业基本情况

（1998 年、按企业规模分）

单位：万元

| 项　　目 | 合　计 | 大　型 | #轻工业 | 中　型 | #轻工业 |
|---|---|---|---|---|---|
| 企业单位个数(个) | 634 | 256 | 164 | 378 | 209 |
| #亏损企业(个) | 298 | 108 | 72 | 190 | 100 |
| 工业总产值(1990 年不变价格) | 9224004 | 7111021 | 4217838 | 2112983 | 1146893 |
| 工业总产值(当年价格) | 11613751 | 9232497 | 4915876 | 2381254 | 1212145 |
| 工业增加值(当年价格) | 3494549 | 2954819 | 1633119 | 539730 | 247933 |
| 固定资产原价合计 | 10949439 | 8590330 | 3816765 | 2359109 | 909667 |
| #生产经营用 | 9345868 | 7522949 | 3339290 | 1822919 | 760626 |
| 流动资产年末合计 | 8717371 | 6557701 | 3676026 | 2159670 | 896283 |
| #产成品存货 | 714055 | 480154 | 273041 | 233901 | 127815 |
| 流动资产年平均余额 | 8653177 | 6550170 | 3649657 | 2103007 | 883875 |
| 固定资产净值年平均余额 | 7634653 | 6037210 | 2609814 | 1597443 | 614732 |
| 产品销售收入 | 11167897 | 8917578 | 4808307 | 2250319 | 1127558 |
| 产品销售成本 | 8420529 | 6535126 | 3126506 | 1885403 | 953853 |
| 产品销售费用 | 722177 | 632876 | 559317 | 89301 | 60862 |
| 产品销售税金及附加 | 391024 | 381074 | 275257 | 9950 | 4372 |
| 产品销售利润 | 1634167 | 1368502 | 847227 | 265665 | 108471 |
| 盈利企业的盈利总额 | 1025043 | 934115 | 588828 | 90928 | 29604 |
| 亏损企业的亏损总额 | 538841 | 404915 | 280232 | 133926 | 62352 |
| 盈亏相抵后的利润总额 | 486202 | 529200 | 308596 | －42998 | －32748 |
| 应交所得税 | 92552 | 80590 | 60627 | 11962 | 3600 |
| 应交增值税 | 603714 | 511187 | 307770 | 92527 | 39278 |
| 转作资金的利润 | | | | | |
| 应付利润 | 92898 | 73089 | 65504 | 19809 | 3409 |
| 本年应付工资 | 790195 | 562272 | 347033 | 227923 | 109854 |
| 本年应付福利 | 131736 | 99004 | 70405 | 32732 | 16780 |
| 全部职工年平均人数(人) | 449762 | 284804 | 173349 | 164958 | 83927 |

# 11—39 市区独立核算大中型工业企业基本情况

（1998年、按企业规模分）

单位：万元

| 项目 | 合计 | 大型 | #轻工业 | 中型 | #轻工业 |
|---|---|---|---|---|---|
| 企业单位个数(个) | 521 | 217 | 143 | 304 | 161 |
| #亏损企业(个) | 240 | 95 | 64 | 145 | 74 |
| 工业总产值(1990年不变价格) | 7281067 | 5820631 | 3546901 | 1460436 | 704040 |
| 工业总产值(当年价格) | 9581832 | 7818856 | 4308017 | 1762976 | 803141 |
| 工业增加值(当年价格) | 2920343 | 2476179 | 1488333 | 444164 | 179383 |
| 固定资产原价合计 | 8792651 | 6941804 | 3287870 | 1850847 | 594287 |
| #生产经营用 | 7474797 | 6094787 | 2899808 | 1380010 | 480569 |
| 流动资产年末合计 | 7290178 | 5531124 | 3202736 | 1759054 | 630569 |
| #产成品存货 | 515420 | 345819 | 226489 | 169601 | 84036 |
| 流动资产年平均余额 | 7189485 | 5479314 | 3130630 | 1710171 | 617537 |
| 固定资产净值年平均余额 | 6038241 | 4807233 | 2233735 | 1231008 | 390957 |
| 产品销售收入 | 9274748 | 7572338 | 4190757 | 1702410 | 773228 |
| 产品销售成本 | 6952133 | 5539643 | 2635432 | 1412490 | 652738 |
| 产品销售费用 | 616559 | 553719 | 504482 | 62840 | 41606 |
| 产品销售税金及附加 | 371088 | 364323 | 270786 | 6765 | 3282 |
| 产品销售利润 | 1334968 | 1114653 | 780057 | 220315 | 75602 |
| 盈利企业的盈利总额 | 893370 | 811344 | 572026 | 82026 | 24639 |
| 亏损企业的亏损总额 | 468590 | 360035 | 246286 | 108555 | 50535 |
| 盈亏相抵后的利润总额 | 424780 | 451309 | 325740 | —26529 | —25896 |
| 应交所得税 | 86262 | 75038 | 59108 | 11224 | 3219 |
| 应交增值税 | 501643 | 423611 | 285416 | 78032 | 29046 |
| 转作资金的利润 | | | | | |
| 应付利润 | 80166 | 62978 | 59396 | 17188 | 3236 |
| 本年应付工资 | 673411 | 483574 | 299722 | 189837 | 86446 |
| 本年应付福利 | 116808 | 88250 | 64937 | 28558 | 13724 |
| 全部职工年平均人数(人) | 365097 | 237455 | 142808 | 127642 | 58683 |

# 11—40 市属独立核算大中型工业企业基本情况

（1998 年、按企业规模分 ）

单位:万元

| 项　目 | 合　计 | 大　型 | #轻工业 | 中　型 | #轻工业 |
|---|---|---|---|---|---|
| 企业单位个数(个) | 571 | 230 | 153 | 341 | 189 |
| #亏损企业(个) | 277 | 103 | 70 | 174 | 91 |
| 工业总产值(1990 年不变价格) | 7506415 | 5586665 | 3833792 | 1919750 | 1080946 |
| 工业总产值(当年价格) | 8329609 | 6147051 | 4168149 | 2182558 | 1138310 |
| 工业增加值(当年价格) | 2239616 | 1758556 | 1145211 | 481060 | 235335 |
| 固定资产原价合计 | 8090453 | 5942927 | 3276569 | 2147526 | 838487 |
| #生产经营用 | 6807633 | 5140327 | 2886331 | 1667306 | 707733 |
| 流动资产年末合计 | 6807095 | 4820779 | 3320442 | 1986316 | 839826 |
| #产成品存货 | 666518 | 448762 | 269822 | 217756 | 119888 |
| 流动资产年平均余额 | 6696335 | 4767976 | 3311410 | 1928359 | 826638 |
| 固定资产净值年平均余额 | 5691563 | 4231463 | 2264665 | 1460100 | 573467 |
| 产品销售收入 | 7986796 | 5923298 | 4073501 | 2063498 | 1056092 |
| 产品销售成本 | 6034352 | 4297246 | 2800632 | 1737106 | 897721 |
| 产品销售费用 | 685423 | 607125 | 542353 | 78298 | 51493 |
| 产品销售税金及附加 | 161584 | 153472 | 136336 | 8112 | 2824 |
| 产品销售利润 | 1105437 | 865455 | 594180 | 239982 | 104054 |
| 盈利企业的盈利总额 | 595802 | 520294 | 366382 | 75508 | 25988 |
| 亏损企业的亏损总额 | 524601 | 398889 | 279449 | 125712 | 57602 |
| 盈亏相抵后的利润总额 | 71201 | 121405 | 86933 | —50204 | —31614 |
| 应交所得税 | 68342 | 58421 | 48391 | 9921 | 3414 |
| 应交增值税 | 457285 | 376828 | 264153 | 80457 | 35646 |
| 转作资金的利润 | | | | | |
| 应付利润 | 53764 | 38278 | 41772 | 15486 | 2507 |
| 本年应付工资 | 662309 | 464260 | 317359 | 198049 | 99388 |
| 本年应付福利 | 111194 | 82215 | 63718 | 28979 | 15820 |
| 全部职工年平均人数(人) | 385159 | 235107 | 164873 | 150052 | 79926 |

# 11－41 独立核算大型工业企业基本情况

（1998 年）　　　　单位：万元

| 企业名称 | 工业总产值 | 固定资产原价年末数 | 产品销售收入 | 职工年平均人数(人) |
|---|---|---|---|---|
| **特大型企业：** | | | | |
| 广东抽水蓄能电站联营公司 | 16624 | 264642 | 16624 | 291 |
| 中国海洋石油南海东部公司 | 992858 | 43528 | 416564 | 1771 |
| 广州市自来水公司 | 101100 | 354167 | 100968 | 4508 |
| 广州电力工业局 | 113540 | 704237 | 638328 | 4601 |
| 中国石化广州石油化工总厂 | 661132 | 458399 | 663990 | 10655 |
| **大一型企业：** | | | | |
| 黄埔发电厂 | 143318 | 216210 | 143318 | 2333 |
| 广州市广州铝加工厂 | 8429 | 22427 | 7333 | 555 |
| 广州珠江钢琴集团有限公司 | 61181 | 30404 | 62139 | 3895 |
| 广州红棉保温容器实业公司(恒大公司) | 10584 | 24034 | 9596 | 2016 |
| 广州市珠江啤酒集团公司 | 123914 | 137580 | 113780 | 2386 |
| 广州市人民制革厂 | 10904 | 22253 | 10340 | 579 |
| 广州市电筒工业公司 | 35424 | 18234 | 32595 | 3556 |
| 万宝电器工业公司 | 35663 | 30179 | 29445 | 2330 |
| 广州广船国际股份有限公司 | 196741 | 134443 | 186508 | 5308 |
| 广州文冲船厂 | 66205 | 85710 | 58839 | 5424 |
| 广州市永大集团公司 | 35858 | 54804 | 29782 | 3161 |
| 广州绢麻工贸有限公司 | 6790 | 24566 | 6294 | 1846 |
| 华南缝制设备集团公司 | 22606 | 40227 | 25648 | 4526 |
| 广州美晨股份有限公司 | 41148 | 23757 | 38882 | 911 |
| 广州华光压缩机有限公司 | 6393 | 11427 | 7493 | 467 |
| 广东省国营紫坭糖厂 | 7933 | 34193 | 10747 | 1818 |
| 广州电池厂(广州市电池工贸企业集团公司) | 61934 | 32774 | 60446 | 3409 |
| 广州啤酒厂 | 215 | 18940 | 2164 | 196 |
| 广州鹰金钱企业集团公司 | 15530 | 19838 | 13323 | 1305 |
| 广州市五羊自行车企业集团公司 | 42881 | 20128 | 36854 | 3433 |
| 经济技术开发区瑞明电力股份有限公司 | 20138 | 39950 | 20138 | 390 |
| 广州市白云电器设备厂 | 21217 | 12083 | 20026 | 669 |
| 广东梅山糖业总公司 | 35554 | 81803 | 66872 | 1802 |
| 番禺市莲花山造纸厂 | 19071 | 14008 | 13233 | 1113 |
| 广东省东江——深圳供水工程管理局 | 248166 | 293126 | 248166 | 1545 |
| 广州银珠聚丙烯有限公司 | 24809 | 62242 | 24985 | 210 |
| 广州市金珠江化学有限公司 | 19593 | 23353 | 18453 | 1168 |
| 广州白云山制药股份有限公司 | 76798 | 30639 | 43436 | 2470 |
| 番禺市珠江实业集团有限公司 | 20517 | 31208 | 18964 | 1166 |

11—41 续表1

单位:万元

| 企业名称 | 工业总产值 | 固定资产原价年末数 | 产品销售收入 | 职工年平均人数(人) |
|---|---|---|---|---|
| 广东太古可口可乐有限公司 | 89476 | 24541 | 84110 | 1240 |
| 广东正大康地有限公司 | 57059 | 11065 | 52881 | 211 |
| 广州开发区欧文斯—科宁广州玻璃纤维公司 | 4440 | 33624 | 4845 | 153 |
| 广州太平洋马口铁有限公司 | 43544 | 52353 | 44124 | 316 |
| 广州万宝电热器具有限公司 | 3931 | 13658 | 4583 | 772 |
| 卡夫广通食品有限公司 | 15560 | 41130 | 17445 | 322 |
| 广州万宝压缩机有限公司 | 5706 | 43479 | 5264 | 479 |
| 广州钢铁股份有限公司 | 250390 | 267487 | 232476 | 6999 |
| 广州万宝电工器材工业有限公司 | 7006 | 12447 | 5269 | 142 |
| 广州三兴纤维板企业有限公司 | 5395 | 19135 | 6185 | 287 |
| 广州高露洁有限公司 | 31348 | 31153 | 22234 | 908 |
| 卜内门太古漆油(中国)有限公司 | 27110 | 27577 | 24822 | 272 |
| 广州生力啤酒有限公司 | 39577 | 21885 | 38678 | 855 |
| 广州珠江电力有限公司 | 105632 | 263069 | 105632 | 491 |
| 广州市珠江水泥厂 | 44558 | 88890 | 43979 | 1546 |
| 广州造纸有限公司 | 88378 | 120269 | 91835 | 4948 |
| 广东澳联玻璃有限公司 | 37477 | 70514 | 35419 | 1245 |
| 广州珠江轮胎有限公司 | 62353 | 32338 | 59200 | 2804 |
| 松下·万宝(广州)电熨斗有限公司 | 11976 | 11416 | 11293 | 449 |
| 松下万宝(广州)空调器有限公司 | 115315 | 64676 | 132553 | 1078 |
| 松下万宝(广州)压缩机有限公司 | 68893 | 124055 | 71582 | 1484 |
| 安利(中国)日用品有限公司 | 1053 | 74380 | 28101 | 897 |
| 广州京安云豹汽车有限公司 | 175504 | 30745 | 97114 | 1409 |
| 广州三菱电机华凌压缩机有限公司 | 37785 | 48400 | 32085 | 905 |
| 味可美(广州)食品有限公司 | 12607 | 14506 | 9054 | 127 |
| 广州奥的斯电梯有限公司 | 37633 | 23198 | 33841 | 822 |
| 广州绿十字药业有限公司 | 17809 | 14141 | 17934 | 371 |
| 广州屈臣氏食品饮料有限公司 | 34274 | 15669 | 35177 | 343 |
| 广州麦芽有限公司 | 43320 | 13918 | 40898 | 434 |
| 广州统一企业有限公司 | 21867 | 24063 | 21476 | 625 |
| 华纳(广州)有限公司 | 23857 | 27322 | 29994 | 239 |
| 南亚塑胶广州有限公司 | 22278 | 31737 | 29691 | 333 |
| 广州百事可乐饮料有限公司 | 45449 | 18391 | 43434 | 662 |

11—41 续表2　　　　单位：万元

| 企业名称 | 工业总产值 | 固定资产原价年末数 | 产品销售收入 | 职工年平均人数(人) |
|---|---|---|---|---|
| 日立电梯(广州)有限公司 | 110088 | 46821 | 116751 | 1724 |
| 杨协成(广州)有限公司第一分厂 | 11524 | 17193 | 8653 | 241 |
| 广州高露洁棕榄有限公司 | 33496 | 9709 | 79366 | 335 |
| 广州大旺食品有限公司 | 11291 | 15628 | 12449 | 704 |
| 广州顶津食品有限公司 | 5166 | 29552 | 5880 | 470 |
| 广州屈臣氏冷饮有限公司 | 4690 | 14352 | 3842 | 131 |
| 广州宏庆塑胶工业有限公司 | 17543 | 18721 | 14874 | 285 |
| 广州宏仁电子工业有限公司 | 38321 | 27848 | 32716 | 207 |
| 依利安达(广州)电子有限公司 | 48681 | 51360 | 48681 | 1106 |
| 广州东方电力有限公司 | 108128 | 391236 | 108128 | 149 |
| 番禺创信鞋业有限公司 | 81555 | 64570 | 81555 | 1522 |
| 美国通用电器塑料中国有限公司 | 86974 | 34267 | 81138 | 117 |
| 新太集团 | 65181 | 15124 | 63133 | 1118 |
| 广州白云山企业集团公司 | 17785 | 17125 | 21610 | 1854 |
| 广州天衣薄膜有限公司 | 6114 | 15110 | 6198 | 419 |
| 广州冷机股份有限公司 | 26232 | 26665 | 27038 | 1527 |
| 广州顶益国际食品有限公司 | 36386 | 56522 | 35890 | 1100 |
| **大二型企业：** | | | | |
| 广东新华印刷厂 | 6544 | 5116 | 6042 | 503 |
| 广州卷烟一厂 | 120112 | 75823 | 120508 | 1361 |
| 广州卷烟二厂 | 199246 | 92495 | 200936 | 1607 |
| 广东省畜产进出口集团羽绒实业公司 | 2136 | 5024 | 1818 | 509 |
| 广东省鱼珠林产集团有限公司 | 12545 | 31723 | 14198 | 1502 |
| 广州市萌芽实业总公司 | 1312 | 4855 | 1899 | 356 |
| 广州华穗轻质陶粒制品厂 | 1659 | 12175 | 1318 | 262 |
| 广州市煤气公司 | 25716 | 134733 | 24695 | 2614 |
| 华南计算机公司 | 5205 | 14899 | 6194 | 542 |
| 广州第一橡胶厂一分厂 | 8952 | 5613 | 8324 | 1250 |
| 广州市塑料制品三厂 | 4251 | 7103 | 5861 | 311 |
| 广州第一橡胶厂 | 16944 | 17233 | 15402 | 1435 |
| 广州市制锁工业公司 | 917 | 7328 | 886 | 471 |
| 广州第一棉纺织厂 | 14123 | 32112 | 14482 | 2477 |
| 交通部广州港口机械实业总公司 | 3609 | 11004 | 3517 | 652 |
| 广州市东方纸箱公司 | 9394 | 7311 | 8742 | 818 |
| 广州纺织机械厂 | 1130 | 4412 | 1083 | 596 |
| 广州第五针织厂 | 2883 | 5640 | 3323 | 494 |

11—41 续表 3

单位：万元

| 企业名称 | 工业总产值 | 固定资产原价年末数 | 产品销售收入 | 职工年平均人数(人) |
|---|---|---|---|---|
| 广州市利工民实业公司 | 2559 | 6100 | 2088 | 677 |
| 广州电缆厂 | 12828 | 15335 | 12717 | 663 |
| 广州华南印刷厂(中国人民解放军第七二一五 | 7799 | 10789 | 4821 | 666 |
| 广州南洋电器厂 | 12665 | 5948 | 12161 | 1060 |
| 鑫光集团广州珠江冶炼厂 | 17639 | 13917 | 14906 | 872 |
| 广州锌片厂 | 5551 | 14872 | 5563 | 1212 |
| 广州全新针织厂 | 7480 | 6717 | 7278 | 370 |
| 广州铜材厂 | 10068 | 9211 | 9976 | 1196 |
| 广州广播设备厂 | 2654 | 13693 | 2269 | 1121 |
| 广州针织厂 | 4751 | 9764 | 4665 | 1229 |
| 广州中药一厂 | 24508 | 8634 | 24223 | 890 |
| 广州陈李济药厂 | 13121 | 3685 | 13584 | 603 |
| 广州何济公制药厂 | 12111 | 7506 | 12033 | 647 |
| 广州侨光制药厂 | 18430 | 8419 | 18478 | 744 |
| 广州市人民印刷厂 | 4082 | 5378 | 4187 | 485 |
| 广州铁道车辆厂 | 12919 | 38036 | 14072 | 2579 |
| 广州铝制品三厂 | 1581 | 4165 | 1339 | 260 |
| 万宝集团洗衣机工业公司 | 2571 | 27480 | 2520 | 1560 |
| 广州摩托集团公司 | 10265 | 17769 | 26603 | 1307 |
| 广州市南方面粉股份有限公司 | 26670 | 15345 | 26728 | 783 |
| 广州敬修堂(药业)股份有限公司 | 11948 | 10611 | 12949 | 658 |
| 广州羊城药业股份有限公司 | 10000 | 5605 | 9556 | 577 |
| 广州天心药业股份有限公司 | 14572 | 9450 | 14648 | 513 |
| 广州光华药业股份有限公司 | 16799 | 9049 | 16715 | 767 |
| 广州市浪奇实业股份有限公司 | 32992 | 29789 | 32879 | 821 |
| 广州潘高寿药业股份有限公司 | 13618 | 11997 | 19229 | 751 |
| 广州珠江电信设备有限公司 | 23396 | 9019 | 19437 | 473 |
| 广州合成纤维公司 | 8540 | 16224 | 9244 | 523 |
| 广州市机床工具工业公司 | 8549 | 13748 | 8791 | 2089 |
| 广州黄埔造船厂 | 51929 | 36280 | 41964 | 3265 |
| 广东轻工业机械集团有限公司 | 24641 | 21595 | 27400 | 2367 |
| 广州气体厂 | 3674 | 14043 | 4011 | 488 |
| 广州复印机厂 | 7913 | 3274 | 9368 | 332 |
| 广州钟厂 | 1673 | 6015 | 1924 | 555 |
| 广州星群(药业)股份有限公司 | 20183 | 4957 | 18933 | 653 |
| 广州百花香料股份有限公司 | 18600 | 9766 | 16935 | 540 |

11—41 续表4

单位:万元

| 企业名称 | 工业总产值 | 固定资产原价年末数 | 产品销售收入 | 职工年平均人数(人) |
|---|---|---|---|---|
| 广州服装集团有限公司 | 2171 | 3523 | 2357 | 624 |
| 广州市中亚塑料股份有限公司 | 6418 | 6035 | 6563 | 280 |
| 广州市奥威隆皮革股份有限公司 | 2060 | 13902 | 5919 | 684 |
| 广州市富豪表业公司 | 3815 | 7108 | 4062 | 878 |
| 广州味精食品厂 | 5277 | 14765 | 5073 | 190 |
| 广州市华侨糖厂 | 16879 | 20980 | 17148 | 965 |
| 广州药用包装材料厂 | 4168 | 7565 | 4301 | 231 |
| 广州广漆化工实业有限公司 | 24787 | 14238 | 26432 | 1097 |
| 广州制药厂 | 4940 | 6396 | 5582 | 595 |
| 广东制药厂 | 2237 | 12551 | 2415 | 536 |
| 万宝冷机集团广州电器有限公司 | 3863 | 5677 | 3885 | 370 |
| 广州市石井水泥厂 | 43818 | 38962 | 40629 | 1258 |
| 花都市新裕贸易有限公司 | 6498 | 8636 | 5259 | 900 |
| 番禺市印染总厂 | 17282 | 12639 | 18156 | 993 |
| 广东省番禺市绣品服装厂 | 10188 | 5545 | 12278 | 1767 |
| 番禺市友利玩具厂 | 31152 | 22939 | 28807 | 3255 |
| 广东燕塘生物化学药业有限公司 | 5966 | 6853 | 4386 | 123 |
| 广州市金威龙实业股份有限公司 | 12035 | 8940 | 11391 | 506 |
| 万宝集团塑料电器有限公司 | 1023 | 8536 | 684 | 449 |
| 广州无线电集团有限公司 | 15446 | 13519 | 16273 | 1767 |
| 广州昊天化学(集团)有限公司 | 28733 | 46504 | 28724 | 2633 |
| 广州新联泰染织实业有限公司 | 4314 | 12072 | 4615 | 1296 |
| 广州广客汽车企业集团有限公司 | 25790 | 30656 | 25826 | 2374 |
| 广州广氮企业集团有限公司 | 21618 | 81264 | 16938 | 4472 |
| 广州丝绸印染厂有限公司 | 3539 | 9542 | 3239 | 596 |
| 广州南联航空食品有限公司 | 7755 | 5993 | 7755 | 497 |
| 百事—中国有限公司 | 39112 | 6409 | 39679 | 392 |
| 广东四明燕塘乳业有限公司 | 3468 | 9371 | 3384 | 214 |
| 广州越胜环境试验设备有限公司 | 1109 | 8778 | 1393 | 273 |
| 五羊—本田摩托(广州)有限公司 | 329962 | 78916 | 319050 | 2772 |
| 广州普林电路有限公司 | 4603 | 6526 | 5310 | 292 |
| 广州万邦鞋业有限公司 | 57929 | 7656 | 58174 | 3408 |
| 广州积士佳食品有限公司 | 6582 | 4012 | 6411 | 735 |
| 广州汇侨电子有限公司 | 14178 | 7231 | 13750 | 460 |

单位：万元

| 企 业 名 称 | 工业总产值 | 固定资产原价年末数 | 产品销售收入 | 职工年平均人数(人) |
|---|---|---|---|---|
| 广州宝洁有限公司 | 551506 | 74885 | 508322 | 1754 |
| 广州宝洁纸品有限公司 | 81030 | 46176 | 69083 | 255 |
| 广州美特容器有限公司 | 14080 | 19065 | 13035 | 396 |
| 广州致美斋食品有限公司 | 15686 | 5485 | 15510 | 610 |
| 广州经济技术开发区美达针织布有限公司 | 8173 | 3998 | 7956 | 178 |
| 广州雅芳有限公司 | 56215 | 9207 | 38201 | 384 |
| 广州冷冻食品有限公司 | 10437 | 15168 | 9508 | 630 |
| 镇泰广州有限公司 | 69060 | 9816 | 69929 | 6621 |
| 广美食品有限公司 | 13178 | 9387 | 12330 | 578 |
| 广州骏成汽车减振器制造有限公司 | 1997 | 9493 | 1619 | 160 |
| 百事—亚州饮料有限公司 | 10456 | 11290 | 8710 | 458 |
| 广州埃特尼特有限公司 | 9283 | 8118 | 9404 | 335 |
| 广州海丰鞋业有限公司 | 61835 | 5305 | 56383 | 5764 |
| 广州市广荣鞋业有限公司 | 25157 | 7376 | 24625 | 2387 |
| 广州市广达鞋业有限公司 | 21960 | 4133 | 18793 | 1664 |
| 广州荣诚鞋业有限公司 | 57180 | 10983 | 56028 | 3783 |
| 中国雪柜实业有限公司 | 52826 | 29753 | 39779 | 1076 |
| 广州蓄电池企业有限公司 | 14756 | 7840 | 13493 | 1029 |
| 广州奇星药业有限公司 | 15880 | 10037 | 15492 | 609 |
| 广州水泥厂 | 30691 | 21373 | 31090 | 1393 |
| 广州浪奇宝洁有限公司 | 25015 | 20886 | 24955 | 355 |
| 广州日宝钢材制品有限公司 | 17947 | 7399 | 17478 | 120 |
| 广州经济技术开发区德发食品工业有限公司 | 1514 | 4645 | 1181 | 140 |
| 广州豪华空调器有限公司 | 1730 | 20368 | 2745 | 220 |
| 广州高士线业有限公司 | 18984 | 11676 | 20389 | 607 |
| 箭牌口香糖有限公司 | 94767 | 36008 | 93566 | 1327 |
| 广州百特医疗用品有限公司 | 7722 | 9480 | 8209 | 123 |
| 广州亚美聚酯有限公司 | 8242 | 41790 | 4216 | 177 |
| 美赞臣(广州)有限公司 | 9833 | 22954 | 9490 | 148 |
| 广州越兴家乐食品有限公司 | 8871 | 5629 | 8445 | 280 |
| 广州南方传输系统有限公司 | 24001 | 7623 | 20458 | 209 |
| 仙妮蕾德(广州)有限公司 | 21430 | 5579 | 19120 | 221 |
| 国际香料(中国)有限公司 | 28325 | 10380 | 22932 | 284 |
| 广州市金品家具有限公司 | 563 | 5239 | 126 | 182 |
| 广州威达高实业有限公司 | 11080 | 18846 | 10605 | 1283 |

11—41 续表6

单位:万元

| 企 业 名 称 | 工业总产值 | 固定资产原价年末数 | 产品销售收 入 | 职工年平均人数(人) |
|---|---|---|---|---|
| 广州广氮气体工业有限公司 | 2762 | 6770 | 2757 | 204 |
| 广州协易制模有限公司 | 957 | 4340 | 2980 | 557 |
| 广州宝洁口腔保健用品有限公司 | 64539 | 21477 | 54844 | 136 |
| 广州哈里斯通信有限公司 | 14759 | 9469 | 14166 | 262 |
| 广州奥桑味精食品有限公司 | 39108 | 14065 | 35828 | 891 |
| 三协精机(广州)有限公司 | 14706 | 4493 | 18779 | 1000 |
| 广州万星电器有限公司 | 1495 | 3855 | 1083 | 378 |
| 先灵(广州)药业有限公司 | 9472 | 10607 | 7295 | 180 |
| 广州柳河精机有限公司 | 9525 | 7648 | 9557 | 354 |
| 广州广重精工有限公司 | 2693 | 4681 | 2063 | 136 |
| 广州雅马哈珠江钢琴有限责任公司 | 6933 | 4561 | 7104 | 199 |
| 广州迪生鸟取三洋电机有限公司 | 16030 | 6793 | 16072 | 420 |
| 广州旺旺食品有限公司 | 11956 | 14269 | 11658 | 250 |
| 豪雅(广州)光学有限公司 | 21296 | 13574 | 5412 | 265 |
| 埃尔夫阿托化学(广州)有限公司 | 2712 | 7704 | 2728 | 110 |
| 广州新力纸品包装有限公司 | 5245 | 5566 | 5360 | 135 |
| 德尔福.派克电气(广州)有限公司 | 7416 | 8976 | 9471 | 710 |
| 台一铜业(广州)有限公司 | 2422 | 9936 | 1430 | 180 |
| 广州华立—萨其宾化工有限公司 | 16523 | 7668 | 15854 | 873 |
| 永丰余纸业(广州)有限公司 | 9437 | 8349 | 9473 | 202 |
| 利民(番禺南沙)电器发展有限公司 | 25403 | 15474 | 23499 | 1932 |
| 联盛(番禺)塑料五金模具有限公司 | 9971 | 19470 | 9971 | 2493 |
| 番禺美特包装有限公司 | 6966 | 19617 | 5920 | 185 |
| 镇泰(中国)工业有限公司 | 23466 | 19943 | 22945 | 3859 |
| 广州番禺糖果有限公司 | 41940 | 23454 | 36010 | 687 |
| 广州番禺大兴制鞋实业有限公司 | 49393 | 8939 | 45884 | 4698 |
| 广州邮电通信设备有限公司 | 40693 | 21311 | 38595 | 1286 |
| 广州市羊城纸箱有限公司 | 11521 | 9580 | 9066 | 630 |
| 广州新华印务有限公司 | 4865 | 5835 | 4612 | 504 |
| 东风本田发动机有限公司 | 1853 | 32658 | 1853 | 263 |
| 广州本田汽车有限公司 | 8762 | 82068 | 8074 | 1401 |
| 广州市珠江中密度纤维板厂 | 2912 | 7881 | 2871 | 164 |

# 11—42 独立核算中型工业企业基本情况

（1998 年）　　单位：万元

| 企业名称 | 工业总产值 | 固定资产原价年末数 | 产品销售收入 | 职工年平均人数（人） |
|---|---|---|---|---|
| **中一型企业：** | | | | |
| 广东省有色金属加工厂 | 5025 | 4809 | 4823 | 470 |
| 广东省建筑机械厂 | 2164 | 3326 | 2000 | 447 |
| 广东省糖业机械制造厂 | 2448 | 5287 | 2105 | 561 |
| 广州市铸锻工业公司 | 2896 | 8326 | 2901 | 693 |
| 广州市牛奶公司乳品总厂 | 7060 | 5668 | 6923 | 623 |
| 广州羊城汽车厂 | 191 | 3007 | 149 | 273 |
| 广州市东风印刷厂 | 2201 | 2015 | 2240 | 132 |
| 广州照相制版厂 | 844 | 2494 | 900 | 125 |
| 广州带钢总厂 | 11610 | 36467 | 12065 | 1022 |
| 广州灯具厂 | 1133 | 2653 | 1049 | 248 |
| 广州钢管厂 | 17871 | 19607 | 15201 | 1038 |
| 广州皮鞋厂 | 1624 | 2504 | 1359 | 452 |
| 广州铝材厂 | 31935 | 11530 | 31877 | 1104 |
| 广州柴油机厂 | 15731 | 12632 | 13363 | 1722 |
| 广州市羊城水泥厂 | 3575 | 3089 | 3396 | 341 |
| 广州花城玻璃实业公司 | 11742 | 5684 | 9483 | 1245 |
| 广州市东方红印刷公司 | 1624 | 4650 | 1615 | 405 |
| 广州卫生材料厂 | 5731 | 3576 | 5255 | 343 |
| 广州众胜药厂 | 4506 | 4131 | 5198 | 424 |
| 广州明兴制药厂 | 8060 | 5864 | 8122 | 849 |
| 万宝集团冷柜工业公司 | 6724 | 3540 | 4814 | 540 |
| 万宝电器集团广州模具厂 | 2639 | 1367 | 2627 | 303 |
| 中国唱片广州公司 | 1290 | 2615 | 926 | 153 |
| 广州时装实业公司 | 2941 | 3747 | 3210 | 995 |
| 广州手表厂 | 612 | 3704 | 832 | 746 |
| 广州市人民化工厂 | 4296 | 3294 | 4157 | 400 |
| 广州钛白粉厂 | 5621 | 6613 | 5699 | 398 |
| 广州玻璃钢总厂 | 1197 | 5307 | 869 | 323 |
| 广州灰砂砖厂 | 1433 | 2537 | 1461 | 237 |
| 广州冷冻机厂 | 4419 | 4512 | 4046 | 444 |
| 广州水暖器材总厂 | 1526 | 2932 | 1528 | 447 |
| 广州市趣香饼家 | 5699 | 2953 | 6278 | 549 |
| 广州市广重铸锻公司 | 3144 | 5101 | 4731 | 479 |
| 广州市复印机硒鼓厂 | 917 | 2687 | 839 | 85 |
| 广州市维邦食品有限责任公司 | 6737 | 4319 | 6061 | 519 |
| 广州市方大包装用品有限公司 | 5207 | 2538 | 5473 | 329 |
| 广州迈特兴华制药厂有限公司 | 2697 | 4514 | 2495 | 481 |

11—42 续表1

单位:万元

| 企业名称 | 工业总产值 | 固定资产原价年末数 | 产品销售收入 | 职工年平均人数(人) |
|---|---|---|---|---|
| 广州南方钢厂 | 41395 | 45039 | 38938 | 2852 |
| 广州市广州糖果厂 | 6942 | 7880 | 6639 | 414 |
| 广州市珠江食品厂 | 6107 | 4790 | 5748 | 363 |
| 广州市坚红化工厂 | 5329 | 4580 | 5638 | 402 |
| 广州溶剂厂 | 17566 | 6417 | 17508 | 496 |
| 广州起重运输机械实业公司 | 6656 | 4821 | 5964 | 475 |
| 广州化学试剂厂 | 6550 | 4561 | 6567 | 522 |
| 广州第十一橡胶厂 | 7264 | 5205 | 7416 | 949 |
| 广州华南船舶修造厂 | 8271 | 11575 | 6272 | 1102 |
| 广州发电厂 | 46664 | 100447 | 46664 | 1600 |
| 广州食品添加剂技术开发公司 | 2705 | 2216 | 2641 | 133 |
| 广州胶管厂天河分厂 | 3453 | 4052 | 3470 | 285 |
| 广州市香雪制药股份有限公司 | 4353 | 4766 | 4804 | 525 |
| 广州市白云区饲料总厂 | 17105 | 2925 | 16032 | 160 |
| 增城市一大企业集团有限公司 | 13030 | 5891 | 9578 | 397 |
| 番禺市地方国营番禺氮肥厂 | 5997 | 7863 | 4786 | 524 |
| 广东省番禺市恒联食品机械厂 | 9972 | 6249 | 11573 | 502 |
| 番禺市服装一厂 | 5503 | 2734 | 5569 | 503 |
| 番禺市鱼窝头糖厂 | 7163 | 6888 | 6168 | 395 |
| 番禺市司力士实业公司 | 4593 | 2478 | 4596 | 964 |
| 广东邮电南方彩色印务有限公司 | 2500 | 5659 | 2191 | 194 |
| 广州市华南医疗器械有限公司 | 1756 | 4373 | 2015 | 452 |
| 广州虎辉集团有限公司 | 2372 | 3669 | 2377 | 790 |
| 广州维高集团有限公司 | 19651 | 6882 | 18562 | 1081 |
| 广州飞机维修工程有限公司 | 49053 | 31187 | 47299 | 1844 |
| 亨氏联合有限公司 | 16526 | 10650 | 15516 | 329 |
| 广州凯迪自行车有限公司 | 7659 | 2008 | 7610 | 350 |
| 广州市欧亚床垫家具有限公司 | 13462 | 3441 | 13347 | 425 |
| 穗屏企业有限公司饲料厂 | 26936 | 4781 | 22995 | 174 |
| 广州嘉利电器有限公司 | 3419 | 2910 | 2335 | 249 |
| 广州市南方家具有限公司 | 14239 | 2744 | 14321 | 88 |
| 广州远洋船舶修理厂有限公司 | 3368 | 23332 | 3131 | 609 |
| 广州人民鞋业制品有限公司 | 3258 | 825 | 3401 | 778 |
| 广州环球自行车工业有限公司 | 10186 | 3222 | 9533 | 340 |
| 广州羊城汽车有限公司 | 32510 | 24168 | 33282 | 1163 |
| 广州市华南橡胶轮胎有限公司 | 36971 | 50835 | 32438 | 1091 |

11—42 续表 2　　单位：万元

| 企业名称 | 工业总产值 | 固定资产原价年末数 | 产品销售收入 | 职工年平均人数(人) |
|---|---|---|---|---|
| 广州致达电子厂有限公司 | 1345 | 2031 | 1345 | 190 |
| 广州市羊城高压电器有限公司 | 3636 | 2356 | 4568 | 773 |
| 广州劲马锅炉实业有限公司 | 8389 | 3044 | 8587 | 852 |
| 广州明珠表业有限公司 | 2144 | 2961 | 1387 | 259 |
| 百乐食品(广州)有限公司 | 611 | 3435 | 551 | 60 |
| 广州颖昌鞋业有限公司 | 11012 | 2247 | 10986 | 1030 |
| 广州市广进塑料有限公司 | 5861 | 2933 | 5405 | 165 |
| 广州广熙塑料管道工程有限公司 | 2930 | 3448 | 3212 | 191 |
| 广州市五羊—欣陆水泥制品有限公司 | 5041 | 2238 | 4540 | 86 |
| 广州大新塑料有限公司 | 4568 | 2701 | 4682 | 754 |
| 广州金日科技有限公司 | 3861 | 4007 | 3355 | 211 |
| 住电钢线制品(广州)有限公司 | 3268 | 6968 | 3330 | 86 |
| 广州建明印刷有限公司 | 3354 | 5030 | 3354 | 90 |
| 广州岭南陶瓷墙地砖有限公司 | 4084 | 3804 | 4550 | 246 |
| 广州至法实业有限公司 | 14153 | 2847 | 14665 | 750 |
| 广州明治制果有限公司 | 792 | 2615 | 801 | 53 |
| 环球华大(广州)有限公司 | 666 | 8190 | 543 | 89 |
| 广州经济技术开发区环球帽制品有限公司 | 1049 | 3760 | 1049 | 250 |
| 广州市嘉华南方水泥有限公司 | 14367 | 6480 | 15891 | 840 |
| 广州利民电器实业有限公司 | 5023 | 3254 | 5023 | 442 |
| 广联针织染整厂有限公司 | 1620 | 3900 | 3150 | 123 |
| 广州昭和减震器有限公司 | 16047 | 7408 | 14858 | 246 |
| 广州普笙音箱厂有限公司 | 17116 | 2415 | 13670 | 307 |
| 杨协成(广州)有限公司 | 14125 | 10549 | 11463 | 279 |
| 广东南方制碱有限公司 | 22245 | 55162 | 17528 | 1417 |
| 李锦记(广州)食品有限公司 | 16097 | 7048 | 10648 | 180 |
| 广州市广宝电器有限公司 | 811 | 2369 | 733 | 121 |
| 广州新泉包装容器有限公司 | 7254 | 7595 | 6692 | 222 |
| 广州欣昌鞋业有限公司 | 73755 | 3323 | 73820 | 2985 |
| 广州华峰针织有限公司 | 5731 | 5015 | 8964 | 160 |
| 广州宝柏塑胶有限公司 | 469 | 3955 | 756 | 78 |
| 广州天星鞋业有限公司 | 10251 | 4636 | 10160 | 1027 |
| 利高曼(广州)有限公司 | 1869 | 7909 | 1867 | 70 |

| 企业名称 | 工业总产值 | 固定资产原价年末数 | 产品销售收入 | 职工年平均人数(人) |
|---|---|---|---|---|
| 广州美标益丰搪瓷有限公司 | 4303 | 11739 | 4277 | 204 |
| 广州洛民塑料有限公司 | 10582 | 3737 | 11294 | 444 |
| 广州永发塑料制品有限公司 | 30660 | 8585 | 24424 | 1838 |
| 广州新美制罐有限公司 | 6643 | 12163 | 6552 | 160 |
| 广州广盛电力有限公司 | 24103 | 62972 | 24103 | 287 |
| 埃尔夫润滑油(广州)有限公司 | 3544 | 7330 | 5158 | 44 |
| 东华广州油墨有限公司 | 1799 | 2355 | 1493 | 32 |
| 广州南新制药有限公司 | 13979 | 3868 | 9485 | 228 |
| 施耐德太古(广州)配电设备有限公司 | 5422 | 5283 | 5422 | 141 |
| 广州美亚金属制品有限公司 | 20526 | 7043 | 20142 | 206 |
| 果宝乐(广州)有限公司 | 1633 | 1547 | 1792 | 120 |
| 广州必旺食品有限公司 | 5098 | 3664 | 5011 | 232 |
| 广州人造革股份有限公司 | 2805 | 4645 | 2813 | 273 |
| 番禺联合企业文具制品厂 | 4116 | 11497 | 5502 | 1213 |
| 敏腾(广州)实业有限公司 | 9091 | 8310 | 9091 | 1981 |
| 番禺市珠江嘉美装饰材料有限公司 | 7296 | 4193 | 5311 | 320 |
| 番禺市合兴油脂有限公司 | 21512 | 9765 | 20362 | 240 |
| 广州市新蜜宝食品有限公司 | 703 | 2616 | 657 | 50 |
| 番禺全统食品工业有限公司 | 7885 | 5637 | 7651 | 291 |
| 锐鸿实业(番禺)有限公司 | 3900 | 10041 | 4099 | 388 |
| 广州恒光电子有限公司 | 16300 | 7927 | 16300 | 1180 |
| 广州联亚制衣有限公司 | 2599 | 4526 | 2899 | 877 |
| 广州华凌空调设备有限公司 | 105482 | 32713 | 70276 | 1183 |
| 番禺市珠江真空电器有限公司 | 370 | 4934 | 254 | 46 |
| 广州珠江美乐多饮品(香港)有限公司 | 4643 | 3743 | 3868 | 120 |
| 广州市珠江家具有限公司 | 469 | 3412 | 678 | 124 |
| 广州天朗涂料化工有限公司 | 2055 | 5001 | 1981 | 279 |
| 广州冷机制冷设备有限公司 | 574 | 1372 | 244 | 562 |
| 广东省茶叶进出口公司第一茶厂 | 9470 | 1197 | 11655 | 344 |
| 广州市冠华塑料制品厂 | 2798 | 2558 | 2913 | 308 |
| **中二型企业：** | | | | |
| 广东省施乐华雪柜厂 | 1699 | 2707 | 1765 | 249 |
| 广东省电力线路器材厂 | 7317 | 8057 | 9237 | 782 |
| 广东省华侨铝制品厂 | 180 | 2753 | 497 | 155 |

11—42 续表 4

单位：万元

| 企业名称 | 工业总产值 | 固定资产原价年末数 | 产品销售收入 | 职工年平均人数(人) |
| --- | --- | --- | --- | --- |
| 广东省花城企业公司 | 5652 | 2448 | 5695 | 470 |
| 广东省水利水电机械厂 | 3839 | 2475 | 3779 | 339 |
| 广东省电力局广州电力设备厂 | 4573 | 5324 | 5959 | 548 |
| 新中国船厂 | 10160 | 6254 | 6902 | 1289 |
| 广州光导纤维厂 | 352 | 3700 | 240 | 322 |
| 广东省建材机械厂 | 847 | 4965 | 854 | 369 |
| 广东省生物药厂 | 1446 | 3808 | 1350 | 302 |
| 广东省半导体器件厂 | 5204 | 3236 | 4287 | 348 |
| 广东国营燕塘牛奶公司 | 6670 | 2500 | 6431 | 243 |
| 太平洋影音公司 | 3252 | 4947 | 2423 | 248 |
| 广东省国营燕塘饲料厂 | 3283 | 2961 | 2796 | 78 |
| 广州市高能饲料厂 | 7148 | 3876 | 6524 | 90 |
| 广州市洗涤机械实业公司 | 2549 | 3449 | 2356 | 471 |
| 广州市电器工业公司 | 5280 | 4624 | 5064 | 610 |
| 广州胶带制品厂 | 5128 | 5534 | 5102 | 722 |
| 广州市长岛光电机械厂(解放军第四三零七厂) | 2950 | 3947 | 2158 | 463 |
| 广东省客车厂 | 5260 | 6231 | 5010 | 699 |
| 广州第二橡胶厂 | 1174 | 3342 | 1226 | 700 |
| 广州第六橡胶厂 | 3062 | 6898 | 3063 | 606 |
| 广州市星球轮胎厂 | 7057 | 7965 | 8811 | 840 |
| 广州胶管厂 | 3345 | 7486 | 3389 | 698 |
| 广州白云食品工业公司 | 4079 | 5217 | 4495 | 693 |
| 广州白云机电工业公司 | 2551 | 6296 | 2264 | 562 |
| 广州第二棉纺厂 | 11523 | 24703 | 11275 | 1536 |
| 广州果子食品厂 | 1628 | 1783 | 1347 | 408 |
| 广州针织机械厂 | 321 | 3420 | 362 | 519 |
| 广州第一染织厂 | 7135 | 2859 | 7208 | 869 |
| 广州市广州吸塑包装厂 | 2435 | 1411 | 2245 | 239 |
| 广州油墨厂 | 1651 | 4116 | 1718 | 165 |
| 广东云山汽车厂 | 11316 | 8374 | 8608 | 533 |
| 广州空军后勤部花城汽水厂 | 1090 | 6589 | 1036 | 231 |
| 广州市第四针织厂 | 2651 | 1997 | 2665 | 591 |
| 广州电机厂 | 3702 | 6014 | 3037 | 962 |
| 广州市南方厨具发展公司 | 1873 | 1929 | 1801 | 258 |
| 广州电磁线厂 | 4535 | 2591 | 4525 | 481 |
| 广州市荷花纺织装饰实业公司 | 2926 | 2842 | 3165 | 357 |

11—42 续表5

单位:万元

| 企业名称 | 工业总产值 | 固定资产原价年末数 | 产品销售收入 | 职工年平均人数(人) |
|---|---|---|---|---|
| 广州第七染织厂 | 1624 | 1881 | 1966 | 499 |
| 广州市东方体育器材厂 | 4879 | 1403 | 4634 | 117 |
| 广州市广州铸管厂 | 5007 | 3545 | 5359 | 428 |
| 广州同和实业公司 | 10469 | 9822 | 9746 | 1168 |
| 广州工具厂 | 3329 | 5203 | 3089 | 1075 |
| 珠海鑫光集团广州冶炼厂 | 7653 | 11135 | 7340 | 360 |
| 万宝电器集团家用电器工业公司 | 867 | 1269 | 363 | 378 |
| 广州有色金属冶炼厂 | 3835 | 2796 | 3399 | 197 |
| 广州双鱼体育用品厂 | 3169 | 1793 | 2964 | 162 |
| 广州人民机器厂 | 3481 | 6655 | 3064 | 796 |
| 广州凤凰电器工业公司 | 105 | 2102 | 369 | 290 |
| 广州汽车座椅厂 | 744 | 2173 | 702 | 223 |
| 广州砂轮厂 | 2182 | 2709 | 2014 | 297 |
| 广州汽车灯具厂 | 3275 | 3102 | 2965 | 300 |
| 广州光学仪器厂 | 3554 | 1861 | 3514 | 516 |
| 广州市花城制药厂 | 8625 | 5161 | 8041 | 650 |
| 广州珠江制药厂(广东水产制品厂) | 1968 | 3469 | 1912 | 328 |
| 广州叉车厂 | 743 | 2654 | 1138 | 563 |
| 广州轴承厂 | 87 | 5409 | 468 | 502 |
| 广州型腔模具厂 | 792 | 3670 | 970 | 195 |
| 广州远东风扇厂 | 3211 | 4407 | 2719 | 598 |
| 广州电风扇厂 | 31 | 3130 | 583 | 459 |
| 广州市新华通风设备厂 | 4338 | 1282 | 3693 | 283 |
| 广州试验仪器厂 | 1651 | 1897 | 1754 | 398 |
| 广州空气压缩机厂 | 2461 | 1391 | 2403 | 397 |
| 广州华南制线厂 | 1640 | 2146 | 1608 | 272 |
| 广州电解电容器厂 | 1858 | 2366 | 2427 | 489 |
| 广州钢力金属制品总厂 | 2553 | 1799 | 2586 | 721 |
| 广州粤华制药厂 | 3062 | 2040 | 2506 | 158 |
| 广州市南方汽车散热器联营公司 | 2440 | 3685 | 2358 | 282 |
| 广重企业集团公司 | 4218 | 46906 | 5131 | 1303 |
| 广州市胜风电子机械工业公司 | 4311 | 7731 | 4210 | 501 |
| 广州市凌兴齿轮厂 | 1674 | 1404 | 1514 | 202 |
| 广州金通仪器实业股份有限公司 | 1273 | 2227 | 1190 | 229 |
| 广东天普生物化学制药有限公司 | 8042 | 1736 | 6328 | 208 |
| 广州市威士达有限公司 | 549 | 5515 | 446 | 143 |
| 广州化学纤维公司 | 2949 | 11409 | 2179 | 388 |

11—42 续表 6

单位:万元

| 企 业 名 称 | 工业总产值 | 固定资产原价年末数 | 产品销售收入 | 职工年平均人数(人) |
|---|---|---|---|---|
| 广州劲马动力设备企业集团公司 | 900 | 7395 | 599 | 423 |
| 广州精细化学工业公司 | 4021 | 5422 | 3979 | 590 |
| 广州市调味食品厂 | 2657 | 1428 | 2765 | 227 |
| 广州市华南化工磁性材料公司 | 1144 | 4146 | 1585 | 313 |
| 广州农药厂 | 11432 | 5076 | 9627 | 502 |
| 广州硫酸厂 | 7338 | 5226 | 7616 | 636 |
| 广州市黄埔化工厂 | 3736 | 3306 | 3805 | 388 |
| 广州衡器厂 | 1188 | 2425 | 1053 | 257 |
| 广州市新华水泥厂 | 4385 | 5570 | 4303 | 533 |
| 广州畜产进出公司皮鞋厂 | 1561 | 1723 | 1871 | 279 |
| 广州白云配件工业公司 | 10794 | 14040 | 13844 | 1335 |
| 广州华乐制药厂(中国人民解放军第 9761 工厂) | 581 | 2041 | 637 | 166 |
| 广州有线通信工业公司 | 64 | 2018 | 64 | 377 |
| 广重压力容器公司 | 8064 | 7399 | 8260 | 568 |
| 广州市红云化工涂料公司 | 17276 | 9445 | 16644 | 583 |
| 广州市广重模具制造公司 | 2014 | 2896 | 3167 | 227 |
| 广重通用机械制造公司 | 7896 | 3434 | 10404 | 343 |
| 广州广重离心机制造公司 | 4208 | 1379 | 5379 | 281 |
| 广州市远华日用电器总厂 | 3707 | 1607 | 3884 | 356 |
| 广州市珠江甘蔗化工总厂 | 4498 | 6606 | 3940 | 805 |
| 广州市珠江船舶修造厂 | 1637 | 3261 | 1256 | 304 |
| 广州渔轮厂 | 3992 | 9649 | 3906 | 1316 |
| 广州市广州金笔厂 | 879 | 2928 | 633 | 348 |
| 广州市金源食品厂 | 3190 | 1642 | 3081 | 298 |
| 广州银座实业公司 | 4049 | 3045 | 3556 | 487 |
| 广州恒运企业集团股份有限公司 | 3996 | 11154 | 4024 | 129 |
| 广州市永红服装配件企业集团永红钮扣厂 | 1104 | 2698 | 891 | 232 |
| 广州电工合金厂 | 977 | 1801 | 1092 | 187 |
| 广州市珠江压力容器检验制造企业发展公司 | 3746 | 3791 | 7704 | 240 |
| 广州市第一水泵厂 | 11601 | 4235 | 10790 | 913 |
| 广州市沙河玻璃工艺制品厂 | 7651 | 2367 | 7695 | 1390 |
| 广州市丰田汽车特约维修中心 | 2754 | 5067 | 2948 | 216 |
| 珠江啤酒从化分装厂 | 18523 | 7663 | 18778 | 376 |
| 从化市通用机械厂 | 5894 | 733 | 5182 | 163 |
| 增城市化工集团股份有限公司 | 35906 | 8463 | 34629 | 2145 |
| 增城市通用机械股份有限公司 | 3405 | 2064 | 2377 | 213 |
| 增城市造纸厂 | 5177 | 13409 | 4929 | 426 |

11—42 续表7

单位：万元

| 企业名称 | 工业总产值 | 固定资产原价年末数 | 产品销售收入 | 职工年平均人数(人) |
|---|---|---|---|---|
| 增城市水泥有限公司 | 5973 | 6021 | 5969 | 467 |
| 番禺市自来水公司 | 7555 | 43457 | 8008 | 278 |
| 广州珠江饼干厂 | 6614 | 1893 | 4430 | 311 |
| 番禺市食品厂 | 2497 | 1715 | 2545 | 264 |
| 广东省番禺市红桥客车厂 | 10840 | 8418 | 9551 | 552 |
| 广东省番禺市瑞峰机电总厂 | 7599 | 5393 | 5347 | 525 |
| 番禺市保健食品厂 | 1276 | 3599 | 1279 | 421 |
| 番禺市市桥自行车零件厂 | 3891 | 3004 | 3692 | 410 |
| 番禺市针织服装厂 | 4714 | 4213 | 1749 | 708 |
| 番禺市市桥镇工艺时装实业公司 | 9282 | 11967 | 8720 | 1621 |
| 广州珠江面粉厂 | 8940 | 6129 | 7490 | 194 |
| 广州市番禺海鸥集团公司 | 7183 | 9009 | 7197 | 516 |
| 番禺市渡头糖酒厂 | 3062 | 2062 | 3596 | 337 |
| 番禺市电机总厂 | 10263 | 13749 | 10009 | 602 |
| 广东省番禺市万新时装厂 | 2673 | 1547 | 692 | 379 |
| 广州珠江精米制造厂 | 3189 | 2764 | 523 | 50 |
| 番禺市锻压轻工机械总厂 | 1740 | 5389 | 1141 | 343 |
| 广东省番禺市餐具总厂 | 6986 | 3620 | 6509 | 505 |
| 番禺市石基自来水集团公司 | 3127 | 4979 | 3940 | 516 |
| 广东燕塘环力有限公司 | 1054 | 2676 | 891 | 132 |
| 金鹏电子信息机器有限公司 | 1397 | 1847 | 1601 | 450 |
| 广州风帆酒店用品实业有限公司 | 418 | 1613 | 2432 | 115 |
| 广州五羊建设机械有限公司 | 3323 | 3906 | 3596 | 767 |
| 广州恒运热电C厂有限责任公司 | 22256 | 53270 | 20315 | 273 |
| 宝兴塑料食品容器厂 | 1760 | 2103 | 1756 | 74 |
| 广州科苑通讯有限发公司 | 2458 | 2568 | 2038 | 168 |
| 海华电子企业(中国)有限公司 | 960 | 1258 | 1895 | 120 |
| 中亚工业(广州)有限公司 | 2158 | 1922 | 1893 | 95 |
| 广州爱立信通信有限公司 | 7413 | 1664 | 7970 | 124 |
| 广州恒运热电有限公司 | 25105 | 65485 | 24283 | 377 |
| 广州东信印铁制罐有限公司 | 2309 | 2015 | 2314 | 211 |
| 广州华大缝纫机有限公司 | 622 | 2165 | 735 | 180 |
| 广州华意电路有限公司 | 2913 | 1917 | 2901 | 281 |
| 广州威华自行车有限公司 | 1814 | 2341 | 2135 | 135 |
| 广州美嘉彩印有限公司 | 2510 | 2355 | 1814 | 112 |
| 广州大中食品有限公司 | 808 | 1848 | 734 | 137 |

11—42 **续表 8**

单位：万元

| 企业名称 | 工业总产值 | 固定资产原价年末数 | 产品销售收入 | 职工年平均人数(人) |
|---|---|---|---|---|
| 广州建莱铜业有限公司 | 16172 | 6706 | 16232 | 440 |
| 广州(恒丰)染整厂有限公司 | 14839 | 2646 | 14976 | 588 |
| 广州东纺床单纺织品有限公司 | 1262 | 1682 | 1842 | 296 |
| 广州梅园针织印染厂有限公司 | 6699 | 1931 | 6479 | 313 |
| 广州精冲零件制造有限公司 | 326 | 1565 | 323 | 77 |
| 广州越华线业有限公司 | 2187 | 2283 | 2426 | 253 |
| 胜家—华南缝纫机有限公司 | 179 | 2952 | 864 | 62 |
| 广州珠江铜厂有限公司 | 9944 | 13450 | 8067 | 342 |
| 雅思床褥家具(广州)有限公司 | 2320 | 1425 | 2609 | 70 |
| 广州市天海经编装饰织物有限公司 | 7007 | 5366 | 8164 | 273 |
| 广州新星微电子有限公司 | 5554 | 3022 | 5552 | 131 |
| 广州国光电器有限公司 | 12876 | 2283 | 10258 | 444 |
| 广州胜力不织布有限公司 | 1407 | 1663 | 1137 | 84 |
| 广州豪力不织物有限公司 | 458 | 1510 | 637 | 77 |
| 广州嘉特利微电机实业有限公司 | 2771 | 1460 | 2394 | 185 |
| 广州康泰针织有限公司 | 1874 | 2299 | 1905 | 217 |
| 广州市诚隆鞋业有限公司 | 17399 | 1887 | 12366 | 1240 |
| 广州星光环保中心有限公司 | 623 | 3898 | 633 | 96 |
| 广州威达机械企业有限公司汽车电器厂 | 234 | 5880 | 319 | 206 |
| 广州三华实业有限公司 | 2891 | 2452 | 3390 | 569 |
| 广州市嘉华(黄陂)石矿有限公司 | 1530 | 6961 | 1589 | 49 |
| 广州威达机械企业有限公司汽车制造厂 | 14536 | 3686 | 15201 | 1598 |
| 广州创力电子有限公司 | 1750 | 6365 | 1317 | 40 |
| 广州蚬华实业有限公司 | 2561 | 6803 | 2559 | 126 |
| 广州永丰纺织厂有限公司 | 1047 | 2115 | 1487 | 108 |
| 松下电工万宝电器(广州)有限公司 | 20583 | 19789 | 24470 | 539 |
| 广州东化泰福电子有限公司 | 1888 | 1431 | 1956 | 256 |
| 广州广建石业有限公司 | 481 | 2233 | 489 | 65 |
| 广州安威迪新型材料有限公司 | 439 | 1672 | 376 | 33 |
| 广州禾瑞硅橡胶有限公司 | 3885 | 1868 | 3485 | 280 |
| 广州艺爱丝纤维有限公司 | 14295 | 24285 | 12213 | 143 |
| 广州导新模具注塑有限公司 | 759 | 3097 | 948 | 107 |
| 广州大新电器有限公司 | 5937 | 3259 | 8353 | 630 |
| 广州骏阳车用灯具有限公司 | 5932 | 1909 | 5571 | 81 |
| 广州市蚌湖发电有限公司 | 6653 | 15906 | 6374 | 64 |
| 高氏(广州)涂料有限公司 | 4144 | 3844 | 5056 | 105 |
| 金佰利(广州)纸业有限公司 | 5412 | 3520 | 5276 | 150 |

11—42 续表 9 单位:万元

| 企业名称 | 工业总产值 | 固定资产原价年末数 | 产品销售收入 | 职工年平均人数(人) |
|---|---|---|---|---|
| 广州富斯乐有限公司 | 2776 | 2174 | 1949 | 56 |
| 广州粤荣鞋业有限公司 | 16494 | 3091 | 16405 | 1373 |
| 广州中慧电子有限公司 | 13284 | 1894 | 14414 | 1129 |
| 广州经济技术开发区卜威工业有限公司 | 8451 | 2011 | 7935 | 85 |
| 广州BNP建筑钢品有限公司 | 7632 | 6601 | 3844 | 98 |
| 广州马瑞利汽车仪表有限公司 | 1698 | 1567 | 1970 | 51 |
| 广州将军机械有限公司 | 1403 | 2747 | 1403 | 60 |
| 广州金羊彩印有限公司 | 2641 | 3670 | 2641 | 220 |
| 广州JVC电器有限公司 | 25740 | 5030 | 25046 | 898 |
| 广州百丰织袜制衣有限公司 | 4768 | 3393 | 3490 | 120 |
| 广州德本兴业鞋材有限公司 | 2950 | 1852 | 2236 | 301 |
| 广州员村热电有限公司 | 18461 | 101802 | 18461 | 346 |
| 益群(广州)食品有限公司 | 222 | 2418 | 273 | 60 |
| 长兴(广州)化学工业有限公司 | 12767 | 2424 | 12437 | 128 |
| 广州国马不干胶贴标系统有限公司 | 716 | 2054 | 694 | 48 |
| 联信摩擦材料有限公司 | 944 | 1575 | 750 | 63 |
| 广州博世制动系统有限公司 | 2793 | 3241 | 2906 | 50 |
| 广州广氮二氧化碳有限公司 | 2978 | 2353 | 2958 | 66 |
| 广州青上化工有限公司 | 6467 | 5382 | 5008 | 65 |
| 广州珠江光电新材料有限公司 | 573 | 4881 | 176 | 65 |
| 国光电器股份有限公司 | 7271 | 4413 | 6506 | 896 |
| 广州仁祥软管包装有限公司 | 2984 | 3073 | 2984 | 30 |
| 京信通信系统(广州)有限公司 | 2561 | 3539 | 1900 | 120 |
| 陶氏化学(广州)有限公司 | 3558 | 3685 | 2341 | 36 |
| 广州超智精密制品有限公司 | 1094 | 1824 | 1032 | 548 |
| 番禺市广兴容器有限公司 | 6657 | 5132 | 5677 | 120 |
| 广州市番禺慕登时装有限公司 | 4335 | 1595 | 3026 | 677 |
| 利多鞋业投资有限公司 | 14726 | 1540 | 11856 | 1712 |
| 广州得宝冷冻设备有限公司 | 1682 | 5352 | 2400 | 283 |
| 番禺市奥利电子玩具有限公司 | 3245 | 1982 | 3203 | 478 |
| 增溢织造有限公司 | 24748 | 5670 | 24668 | 350 |
| 广州华德汽车弹簧有限公司 | 1312 | 6831 | 1043 | 110 |
| 广州华阳制衣有限公司 | 1612 | 3147 | 1595 | 466 |
| 广州广化机化建装备有限公司 | 1610 | 9395 | 1364 | 699 |
| 番禺市南兴集团公司 | 2639 | 4098 | 2644 | 2011 |
| 广州市渔轮修造厂 | 2149 | 4551 | 1454 | 362 |

# 主要统计指标解释

【工业】指从事自然资源的开采，对采掘品和农产品进行加工和再加工的物质生产部门。具体包括：(1)对自然资源的开采，如采矿、晒盐、森林采伐等(但不包括禽兽捕猎和水产捕捞)；(2)对农副产品的加工、再加工，如粮油加工、食品加工、轧花、缫丝、纺织、制革等；(3)对采掘品的加工、再加工，如炼铁、炼钢、化工生产、石油加工、机器制造、木材加工等，以及电力、自来水、煤气的生产和供应等；(4)对工业品的修理、翻新，如机器设备的修理、交通运输工具(包括小卧车)的修理等。

1984年以前农村的村及村以下办工业归属农业，1984年以后划归工业。

【独立核算工业企业和非独立核算工业生产单位】从核算形式的角度，按其行政和财务核算是否独立，工业分为独立核算工业企业和非独立核算工业生产单位。

独立核算工业企业，应同时具备下列三个条件：(1)行政上有独立的组织形式；(2)经济上独立核算，自负盈亏，编制独立的资金平衡表(或资产负债表)；(3)有权与其他单位签订合同，并在银行设有独立户头。独立核算工业企业不论是单一性生产或联合性生产的企业，均以整个企业作为一个基本填报单位。

非独立核算工业生产单位，是指不具备独立核算工业企业三个条件，附设于其他企业、事业、机关、团体、学校、科研机构、部队等单位的工业生产单位。但必须同时具备下列三个条件：(1)有固定的生产场所和生产设备；(2)有固定的生产工人和学徒在十人以上；(3)一般单位常年生产，季节性生产的单位全年开工时间在三个月以上。

【国有经济工业(即过去的全民所有制工业或国营工业)】指生产资料归国家所有的一种经济类型。包括中央和地方各级国家机关、部队、科研机构、学校、人民团体和国有经济企事业单位等举办的国有经济工业。1957年以前的公私合营和私营工业，后均改造为国营工业，1992年改为国有工业，这部分工业的资料不单独分列时，均包括在国有工业内。

【集体经济工业】指生产资料归公民集体所有的一种经济类型，是社会主义公有制经济的组成部分。包括城乡所有使用集体投资举办的企业，以及部分个人通过集资自愿放弃所有权并依法经工商行政管理机关认定为集体所有制的企业。

【私营经济工业】是指生产资料归公民私人所有、以雇佣劳动为基础的一种经济类型，包括所有按照《中华人民共和国私营企业暂行条例》规定登记注册的私营独资企业、私营合伙企业和私营有限责任公司。

【个体经济】是指生产资料归劳动者个人所有，以个体劳动为基础，劳动成果归劳动者个人占有和支配的一种经济类型。包括所有按照《民法通则》和《城乡个体工商户管理暂行条例》登记注册和个体工商户和个人合伙。

【联营经济】是指不同所有制性质的企业之间或者企业、事业单位之间共同投资组成新的经济实体的一种经济类型。联营经济只包括具备法人条件的紧密型联营企业，不具备法人条件的半紧密型联营企业和松散型联营企业，仍按其各自的所有制性质划归经济类型。相同所有制性质的企业之间或者企业、事业单位之间共同投资组成的紧密型联营企业，不列此类，按其所有制性质划分相应的经济类型。

【股份制经济】是指全部注册资本由全体股东共同出资，并以股份形式投资举办企业而形成的一种经济类型。股份制经济主要存在股份制有限公司和有限责任公司两种组织形式。

【外商投资经济】是指外国投资者根据中华人民共和国有关涉外经济的法律、法规，以合资、合作或独资的形式在中国大陆境内开办企业而形成的一种经济类型。外商投资经济包括中外合资经营企业、中外合作经营企业和外资企业三种形式。

中外合资经营企业是指外国合营者与中国合营者依照《中华人民共和国中外合资经营企业法》的规定，按一定的比例共同投资，共同管理，分享利润，共担风险，在中国大陆境内共同举办的企业。

中外合作经营企业是指外国合作者与中国合作者依照《中华人民共和国中外合作经营企业法》的规定，通过签订合同明确双方的责任、权利和义务，在中国大陆境内共同举办的企业。

外资企业是指依照《中华人民共和国外资企业法》的规定，在中国大陆境内设立的全部资本由外国投资者投资的企业。外国企业或其他经济组织在中国大陆境内合作开发资源、承包工程或承包经营管理的，也列入此类。

【港、澳、台投资经济】是指港、澳、台地区投资者参照中华人民共和国有关涉外经济的法律、法规，以合资、合作或独资的形式在大陆举办企业而形成的一种经济类型。港、澳、台投资经济参照外商投资经济可以分为合资经营企业、合作经营企业和独资企业三种形式。

【其他经济类型工业】 指除上述经济类型以外的其他经济类型。

【轻工业】指主要提供生活消费品和制作手工工具的工业。按其所使用的原料不同,可分为两大类:(1)以农产品为原料的轻工业,是指直接或间接以农产品为基本原料的轻工业。主要包括食品制造、饮料制造、烟草加工、纺织、缝纫、皮革和毛皮制作、造纸以及印刷等工业;(2)以非农产品为原料的轻工业,是指以工业品为原料的轻工业。主要包括文教体育用品、化学药品制造、合成纤维制造、日用化学制品、日用玻璃制品、日用金属制品、手工工具制造、医疗器械制造、文化和办公用机械制造等工业。

【重工业】是指为我国经济各部门提供物质技术基础的主要生产资料的工业。按其生产性质和产品用途,可以分为下列三类:(1)采掘(伐)工业,是指对自然资源的开采,包括石油开采、煤炭开采、金属矿开采、非金属矿开采和木材采伐等工业;(2)原材料工业,指向国民经济各部门提供基本材料、动力和燃料的工业。包括金属冶炼及加工、炼焦及焦炭化学、化工原料、水泥、人造板以及电力、石油和煤炭加工等工业。(3)加工工业,是指对工业原材料进行再加工制造的工业。包括装备国民经济各部门的机械设备制造工业、金属结构、水泥制品等工业,以及为农业提供的生产资料如化肥、农药等工业。

根据以上划分原则,修理业中以重工业产品为修理作业对象的划分为重工业,反之划分为轻工业。

【工业销售产值】以货币表现的工业企业在一定时期内销售的本企业生产的工业产品总量。包括已销售的成品、半成品价值,对外提供的工业性作业价值和对本单位基本建设部门、生活福利部门等提供的产品和工业性作业及自制设备的价值。已销售的成品、半成品不论是本期生产的,还是上期生产的,只要是本期销售出去的均包括在内。对外提供的工业性作业是指企业按合同对外提供的工业性劳务。企业为本单位基本建设部门、生活福利部门等提供的产品和工业性作业及自制设备也应视同销售,这部分也作为销售统计。

【工业总产值】是以货币表现的工业企业在一定时期内生产的已出售或可供出售工业产品总量,它反映一定时间内工业生产的总规模和总水平。它包括:在本企业内不再进行加工,经检验、包装入库(规定了需包装的产品除外)的成品价值,工业性作业价值,自制半成品、在产品期末期初差额价值(生产周期较长的企业计算)。工业总产值采用"工厂法"计算,即以工业企业作为一个整体,按企业工业生产活动的最终成果来计算,企业内部不允许重复计算,不能把企业内部各个车间(分厂)生产的成果相加。但在企业之间、行业之间、地区之间存在着重复计算。

轻重工业总产值的划分也是按"工厂法"计算的, 即一个工业企业在正常情况下生产的主要产品的性质属于轻工业,则该企业的全部总产值作为轻工业总产值;一个工业企业生产的主要产品的性质属于重工业,则该企业的全部总产值作为重工业总产值。

【工业增加值】 是指工业行业在报告期内以货币表现的工业生产活动的最终成果。

【固定资产原价】 固定资产原价是指企业在建造、购置、安装、改建、扩建、技术改造某项固定资产时所支出的全部货币总额。它一般包括买价、包装费、运杂费和安装费等。

【固定资产净值】 是指固定资产原价减去历年已提折旧额后的净额。

【流动资产】是指可以在一年或者超过一年的一个营业周期内变现或者耗用的资产,包括现金及各种存款、短期投资、应收及预付货款、存货等。

【利税总额】 指企业产品销售税金及附加、应交增值税和利润总额之和。

【工业经济效益综合指数】是从数量上衡量工业经济效益总水平的一种特殊相对数,是反映工业经济运行质量的指标。工业经济效益综合指数根据反映经济效益各个侧面的若干单项指标,经过综合计算得出。它是以各项工业经济效益指标实际数值分别除以该项指标的全国标准值并乘以各自的权数,加总后除以总权数求得的。计算公式:

$$\text{工业经济效益综合指数} = \frac{\sum\left(\dfrac{\text{某项经济效益指标报告期数值}}{\text{该项指标全国标准值}} \times \text{权数}\right)}{\text{总权数}}$$

权数可以反映各项工业经济效益指标在综合经济效益中的重要程度,是根据我国工业经济运行中的问题和特点,综合各方面的意见,用专家调查法确定的。具体分配如下:工业产品销售率15;工业资金利税率30;工业成本费用利润率15;工业增加值率10;工业全员劳动生产率10;流动资产周转率20;总权数为100。标准值是衡量经济效益水平及变动的统一尺度。全国标准值一经确定,各地区、各行业均与标准值进行对比,高低优劣一目了然。

【资产利税率】指一定时期内已实现的利润、税金总额与同期资产(固定资产净值和流动资产)之比。计算公式：

$$工业资产利税率(\%)=\frac{报告期累计实现利税总额}{\begin{matrix}报告期流动\\资产平均余额\end{matrix}+\begin{matrix}报告期固定资产\\净值平均余额\end{matrix}}\times\frac{12}{累计月数}\times 100\%$$

资金利税率反映每单位(通常是每万元)资金所提供的利润税金额。它是考察和评价部门或企业资金运用的经济效益,分析资金投入效果的主要分析指标。

【工业成本费用利润率】 指在一定时期内实现的利润与成本费用之比,是反映工业生产成本及费用投入的经济效益指标,同时也是反映降低成本的经济效益的指标。计算公式:

$$工业成本费用利润率(\%)=\frac{报告期实现利润总额}{报告期成本费用总额}\times 100\%$$

【工业增加值率】 指在一定时期内工业增加值占同期工业总产值的比重,反映降低中间消耗的经济效益。计算公式:

$$工业增加值率(\%)=\frac{报告期现价工业增加值}{报告期现价工业总产值}\times 100\%$$

【流动资产周转次数】指在一定时期内流动资产完成的周转次数,反映流动资产的周转速度。计算公式:

$$流动资产周转次数=\frac{报告期累计产品销售收入}{报告期平均流动资产}\times\frac{12}{累计月数}$$

【产品销售率】指一定时期内销售产值与同期全部工业总产值之比,反映工业产品生产已实现销售的程度。计算公式:

$$工业产品销售率(\%)=\frac{报告期现价工业销售产值}{报告期现价工业总产值}\times 100\%$$

【产品销售收入】指企业销售产品的销售收入和提供劳务等主要经营业务取得的业务总额。

【产品销售成本】指企业销售产品和提供劳务等主要经营业务的实际成本。

【产品销售税金及附加】指企业销售产品和提供工业性劳务等主要经营业务应负担的城市维护建设税、消费税、资源税和教育费附加。

【产品销售利润】指企业销售产品和提供工业性劳务等主要经营业务收入扣除其成本、费用、税金后的利润。

【利润总额】 指企业实现的利润。

【应交增值税】 指企业在报告期内应交纳的增值税额。

【产值利税率】 指报告期已实现的利润、税金总额(包括利润总额、产品销售税金及附加和应交增值税)占同期全部工业总产值的百分比,计算公式:

$$产值利税率(\%)=\frac{利税总额}{工业总产值}\times 100\%$$

【全员劳动生产率】指根据产品的价值量指标计算的平均每一个职工在单位时间内的产品生产量。是考核企业经济活动的重要指标,是企业生产技术水平、经营管理水平、职工技术熟练程度和劳动积极性的综合表现。目前我国的全员劳动生产率是将工业企业的工业增加值除以同一时期全部职工的平均人数来计算的。计算公式:

$$工业全员劳动生产率(元/人)=\frac{报告期累计工业增加值}{报告期全部职工平均人数}\times\frac{12}{累计月数}$$

为了使各年度的全员劳动生产率数字可以比较,1990 年以前各年的全员劳动生产率均按指数换算成 1990 年不变价格。

【资本金】指企业在工商行政管理部门登记的注册资金合计。企业资本金按投资主体可分为国家资本金、法人资本金、个人资本金和外商资本金等。资本金合计包括企业各种投资主体注册的全部资本金。

【所有者权益】指企业投资人对企业净资产的所有权。企业净资产等于企业全部资产减去全部负债后的余额,其中包括投资者对企业的最初投入,以及资本公积金、盈余公积金和未分配利润,对股份制企业即为股东权益。

# 第十二篇

# 建　筑　业

# 建筑业稳中求发展

1998年，在全市固定资产投资力度不断加大的形势下，我市建筑业稳中求发展，生产呈稳步增长的格局，但经济效益有所下降。

基本情况及主要特点：

1.非国有经济成份的企业个数所占比例提高。1998年，全市有建筑安装企业497户，其中，国有企业159户，集体企业248户，私营企业12户，股份制企业43户，港澳台投资企业32户，联营企业3户。全市具备一级资质的企业68户，二级资质的企业121户，三级资质的企业140户，四级资质的企业115户。全市建筑业全年平均人数32.46万人，比上年增长9.5%。其中，国有企业15.98万人，减少8.7%；集体企业12.88万人，增长10.7%；1998年，非国有经济成份的企业个数所占比例提高，由1997年的61.5%提高到68%。

2.建筑业总产值增幅提高。全市企业完成建筑业总产值228.7亿元，比上年增长16.3%，增幅比上年提高12.51个百分点。按经济类型分，国有企业完成132.97亿元，比上年增长3.2%；集体企业完成68.71亿元，增长7.8%；其他经济企业完成27.02亿元，增长5.8倍。按隶属关系分：其中中央属企业完成26.73亿元，比上年增长23.6%；省属企业完成66.39亿元增长，24.2%；市属企业完成130.61亿元，增长7.6%。

3.房屋施工面积有所增长。全市施工企业房屋建筑面积3086.95万平方米，比上年增长11.7%。其中国有企业施工面积1325.47万平方米，增长13.2%；集体企业1510.75万平方米，下降4.4%。全市施工企业房屋建筑面积中，新开工面积1151.13万平方米，比上年增长24.0%，其中，国有企业487.34万平方米，增长25.2%；集体企业572.55万平方米，增长10.0%。

4.房屋竣工面积增加，建筑业竣工产值下降。全市房屋建筑竣工面积1054.71万平方米，增长12.1%。其中，国有企业416.50万平方米，增长19.5%；集体企业576.67万平方米，下降2.2%。全市建筑企业竣工产值159.68亿元，比上年下降11.0%。其中，国有企业竣工产值97.25亿元，下降20.2%。全市竣工产值下降幅度大的主要原因是基数大，1997年竣工产值中有超过10亿元的虎门大桥等大项目竣工产值的支撑。

5.按工程个数计算的优良品率略有降低。全市建筑企业竣工工程4986个，其中优良工程1650个，分别比上年增长15.7%和1.9%。房屋竣工面积1054.71万平方米，其中优良面积384.58万平方米，分别增长12.1%和16.8%。按工程个数计算的优良品率33.1%，比上年降低4.51个百分点，按面积计算的优良品率36.5%，提高1.48个百分点。

6.建筑企业总收入增加，但实现利润总额下降。全市企业总收入258.54亿元，比上年增长17.6%。其中，工程结算收入247.30亿元，其他业务收入11.24亿元，分别比上年增长20%和21%。中央、省属企业工程结算收入和业务收入的增长水平均在15%以上，而市属企业这两项指标增长水平呈现一高一低的态势。市属企业工程结算收入141.37亿元，增长15.9%，其他业务收入8.23亿元，则下降8.04%。

全市企业实现利润总额2.13亿元，比上年下降44.7%。其中，国有企业和集体企业利润总额分别为1.08亿元和0.54亿元，分别下降52.6%和64.2%。造成全市实现利润总额下降的主要原因，是由于工程结算费用和其他业务费用增加较大，且增长速度大于收入增长速度所致。

## 建筑业增加值

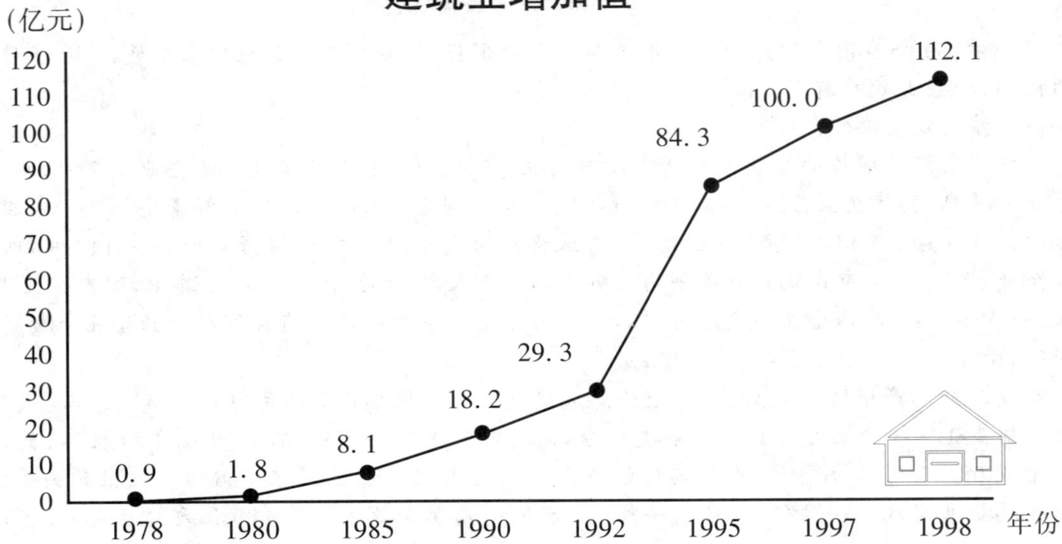


## 建筑企业施工、竣工产值

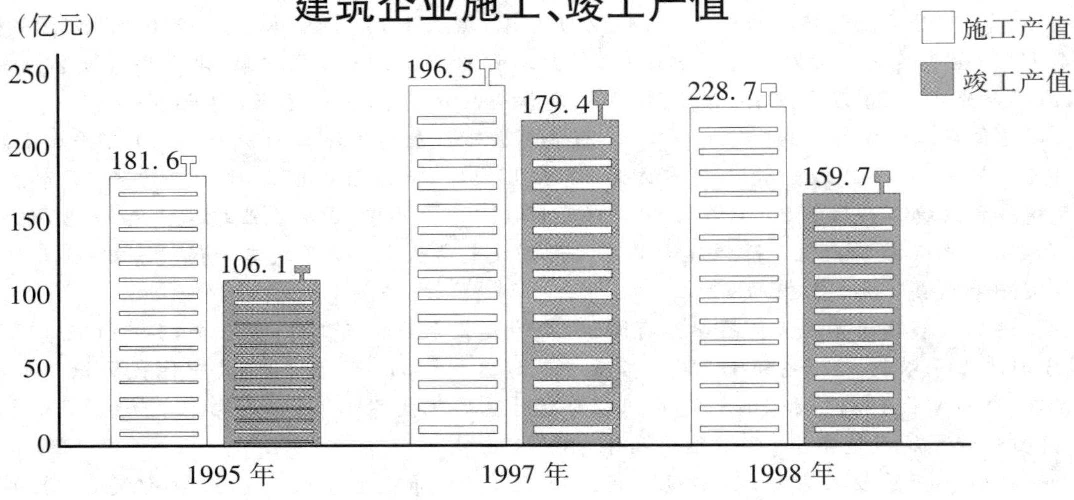


## 建筑安装企业全员劳动生产率

(按增加值计算)

元/人

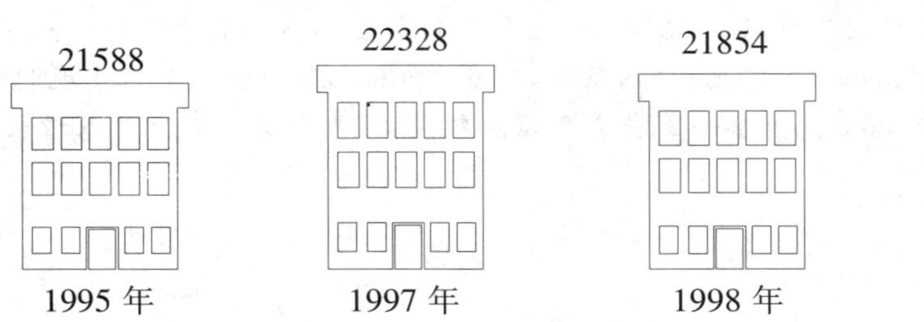

# 12—1 建筑安装企业主要指标

（1998 年）

| 项目 | 单位 | 合计 | #国有经济 | #联营经济 | #股份制经济 | #港澳台投资经济 | #集体经济 |
|---|---|---|---|---|---|---|---|
| 企业单位数 | 个 | 497 | 159 | 3 | 43 | 32 | 248 |
| 自行完成施工产值 | 万元 | 2287004 | 1329730 | 6002 | 169056 | 77511 | 687139 |
| 单位工程施工个数 | 个 | 8402 | 4512 | 34 | 326 | 307 | 3133 |
| #新开工 | 个 | 4915 | 2687 | 20 | 183 | 227 | 1746 |
| 房屋建筑施工面积 | 米$^2$ | 30869460 | 13254670 | 124415 | 1827755 | 288534 | 15107511 |
| #新开工 | 米$^2$ | 11511314 | 4873423 | 83505 | 643828 | 99201 | 5725544 |
| 房屋竣工面积 | 米$^2$ | 10547135 | 4164978 | 37386 | 312075 | 85657 | 5766739 |
| #住宅 | 米$^2$ | 6207907 | 2351180 | 32972 | 230673 | 43824 | 3440296 |
| 工程质量 | | | | | | | |
| 单位工程竣工个数 | 个 | 4986 | 2581 | 20 | 170 | 227 | 1923 |
| #优良工程个数 | 个 | 1650 | 1179 | 3 | 48 | 26 | 380 |
| 优良品率 | % | 33.09 | 45.68 | 15.00 | 28.24 | 11.45 | 19.76 |
| 劳动生产率 | 元/人 | 21854 | 27928 | 15171 | 27715 | 14317 | 14263 |
| 财务状况 | | | | | | | |
| 工程结算收入 | 万元 | 2473038 | 1534646 | 6072 | 140600 | 68487 | 713053 |
| 工程结算成本 | 万元 | 2216957 | 1373904 | 5346 | 119890 | 62439 | 646080 |
| 利润总额 | 万元 | 21313 | 10846 | 46 | 3844 | 1094 | 5367 |
| 年平均人数 | 人 | 324621 | 159770 | 1122 | 20639 | 11249 | 128789 |

注：劳动生产率按建筑业增加值计算。

# 12—2 建筑业产值及价格指数

单位：万元

| 项目 | 1997 年 | | | 1998 年 | | |
|---|---|---|---|---|---|---|
| | 按当年价格计算 | 按上年价格计算 | 价格指数（%） | 按当年价格计算 | 按上年价格计算 | 价格指数（%） |
| 自行完成的施工产值 | 1928175 | 1863331 | 103.48 | 2122525 | 2083767 | 101.86 |
| 直接费用 | 1560172 | 1503780 | 103.75 | 1662448 | 1680089 | 98.95 |
| #人工费 | 227748 | 202101 | 112.69 | 260419 | 224132 | 116.19 |
| 材料费 | 1129158 | 1120419 | 100.78 | 1182920 | 1240478 | 95.36 |
| 其他费用 | 368003 | 359551 | 102.35 | 460077 | 404108 | 113.85 |
| 主要材料价值及价格指数 | | | | | | |
| 钢材 | 257425 | 262117 | 98.21 | 350269 | 371362 | 94.32 |
| 木材 | 49499 | 49371 | 100.26 | 58522 | 56152 | 104.22 |
| 水泥 | 152321 | 158883 | 95.87 | 161652 | 136682 | 96.32 |
| 地方材料 | 151284 | 150158 | 100.75 | 199198 | 199517 | 99.84 |
| 其他材料 | 518629 | 499890 | 103.75 | 443279 | 478341 | 92.67 |

# 12－3 建筑业企业情况

（1998年）

单位：万元

| 项目 | 企业个数（个） | 自行完成施工产值 | | | | | 竣工产值 |
|---|---|---|---|---|---|---|---|
| | | | 建筑工程 | 安装工程 | 房屋构筑物修理 | 非标设备制造 | |
| **总计** | 497 | 2287004 | 2011326 | 208096 | 60368 | 7214 | 1596755 |
| **按地区分** | | | | | | | |
| 市区 | 358 | 1779925 | 1522365 | 197146 | 54504 | 5910 | 1217270 |
| 县级市 | 139 | 507079 | 488961 | 10950 | 5864 | 1304 | 379485 |
| 番禺市 | 68 | 179923 | 170935 | 4502 | 4486 | | 207547 |
| 花都市 | 29 | 198491 | 196291 | 894 | 1306 | | 77379 |
| 增城市 | 20 | 78765 | 73753 | 3708 | | 1304 | 54555 |
| 从化市 | 22 | 49900 | 47982 | 1846 | 72 | | 40004 |
| **按经济类型分** | | | | | | | |
| 国有经济 | 159 | 1329730 | 1134918 | 162509 | 25176 | 7127 | 972520 |
| 联营经济 | 3 | 6002 | 5816 | | 186 | | 4524 |
| 股份制经济 | 43 | 169056 | 148016 | 19160 | 1868 | 12 | 39463 |
| 港澳台投资经济 | 32 | 77511 | 60868 | 8650 | 7993 | | 38573 |
| 集体经济 | 248 | 687139 | 644725 | 17319 | 25020 | 75 | 525918 |
| 私营经济 | 12 | 17566 | 16983 | 458 | 125 | | 15757 |
| **按主管系统分** | | | | | | | |
| 建设部系统 | 303 | 1298016 | 1208149 | 55526 | 34254 | 87 | 1022109 |
| 冶金工业系统 | 6 | 52589 | 42381 | 5917 | 3957 | 334 | 49393 |
| 有色金属系统 | 20 | 18725 | 13840 | | 4885 | | 12972 |
| 煤炭工业系统 | 3 | 14226 | 12228 | | 1998 | | 8638 |
| 石油工业系统 | 2 | 13401 | 91 | 12272 | 30 | 1008 | 12832 |
| 化学工业系统 | 3 | 19986 | 7197 | 10914 | 1400 | 475 | 23995 |
| 石化总公司系统 | 1 | 1840 | 1840 | | | | 332 |
| 水利电力系统 | 14 | 211130 | 136206 | 69514 | 360 | 5050 | 101543 |
| 机械工业系统 | 2 | 4303 | 4112 | 191 | | | 4202 |
| 林业系统 | 1 | 1490 | 1167 | | 323 | | 1490 |
| 国防工业系统 | 1 | 208 | 208 | | | | 208 |
| 建材工业系统 | 2 | 1380 | 1107 | | 273 | | 307 |
| 轻纺工业系统 | 4 | 27503 | 26122 | | 1381 | | 20134 |
| 铁道系统 | 4 | 56351 | 55404 | | 947 | | 18859 |
| 交通系统 | 17 | 244800 | 243867 | 404 | 269 | 260 | 151241 |
| 邮电系统 | 3 | 42653 | 35570 | 7083 | | | 15588 |
| 农牧渔业系统 | 8 | 33207 | 32518 | 271 | 418 | | 17672 |
| 商业系统 | 11 | 18674 | 17183 | 652 | 839 | | 19373 |
| 公安系统 | 3 | 4010 | 3350 | 140 | 520 | | 2360 |
| 其他系统 | 89 | 222512 | 168786 | 45212 | 8514 | | 113507 |

12—3 续表

| 项目 | 年平均人数（人） | 劳动生产率（元/人） | 房屋建筑施工面积（米$^2$） | 房屋竣工面积（米$^2$） | #住宅 |
|---|---|---|---|---|---|
| 总计 | 324621 | 21854 | 30869460 | 10547135 | 6207907 |
| 按地区分 | | | | | |
| 市区 | 234392 | 24128 | 20064154 | 6334795 | 3593496 |
| 县级市 | 90229 | 15946 | 10805306 | 4212340 | 2614411 |
| 番禺市 | 32466 | 15511 | 5019552 | 2153056 | 1279639 |
| 花都市 | 27415 | 15119 | 2839015 | 1019949 | 727152 |
| 增城市 | 14594 | 24707 | 1756357 | 420005 | 300120 |
| 从化市 | 15754 | 10166 | 1190382 | 619330 | 307500 |
| 按经济类型分 | | | | | |
| 国有经济 | 159770 | 27928 | 13254670 | 4164978 | 2351180 |
| 联营经济 | 1122 | 15171 | 124415 | 37386 | 32972 |
| 股份制经济 | 20639 | 27715 | 1827755 | 312075 | 230673 |
| 港澳台投资经济 | 11249 | 14317 | 288534 | 85657 | 43824 |
| 集体经济 | 128789 | 14263 | 15107511 | 5766739 | 3440296 |
| 私营经济 | 3052 | 14781 | 266575 | 180300 | 108962 |
| 按主管系统分 | | | | | |
| 建设部系统 | 205412 | 19290 | 24418482 | 8739937 | 5298784 |
| 冶金工业系统 | 6671 | 21295 | 528632 | 213809 | 107739 |
| 有色工业系统 | 3337 | 10567 | 313062 | 133632 | 89679 |
| 煤炭工业系统 | 2094 | 18968 | 204963 | 52569 | 4500 |
| 石油工业系统 | 1419 | 42688 | 480 | 450 | |
| 化学工业系统 | 3390 | 25561 | 97986 | 35411 | 22618 |
| 石化总公司系统 | 185 | 6141 | | | |
| 水利电力系统 | 24708 | 36451 | 1469473 | 319615 | 57393 |
| 机械工业系统 | 880 | 27685 | 119253 | 40716 | 19510 |
| 林业系统 | 166 | 13470 | 2500 | 2500 | |
| 国防工业系统 | 21 | 23190 | 3000 | 3000 | |
| 建材工业系统 | 243 | 26086 | 39124 | 11949 | 11949 |
| 轻纺工业系统 | 3975 | 11326 | 260770 | 62150 | 2575 |
| 铁道系统 | 5663 | 25551 | 82631 | 17486 | 13642 |
| 交通系统 | 18342 | 49148 | 18379 | | |
| 邮电系统 | 1892 | 26011 | | | |
| 农牧渔业系统 | 5939 | 19604 | 604770 | 160630 | 117728 |
| 商业系统 | 3848 | 15276 | 421852 | 169907 | 127033 |
| 公安系统 | 578 | 12654 | 50116 | 11360 | 1660 |
| 其他系统 | 35858 | 14204 | 2233987 | 572014 | 333097 |

## 12—4 建筑业企业财务成本

(1998 年)　　单位:万元

| 项目 | 全市 | #中央属企业 | #省属企业 | #市属企业 | #县级市企业 | #市区 | #国有经济 |
|---|---|---|---|---|---|---|---|
| 实收资本合计 | 474042 | 79270 | 106057 | 190612 | 81538 | 364795 | 244041 |
| #国家资本 | 287265 | 75907 | 94293 | 106381 | 10684 | 254396 | 239608 |
| 外商资本 | | | | | | | |
| 固定资产合计 | 583083 | 123239 | 157621 | 187477 | 107672 | 444003 | 364496 |
| 固定资产原价 | 901858 | 233616 | 255860 | 269448 | 134609 | 715939 | 591949 |
| 工程结算成本 | 2216957 | 214450 | 689441 | 888703 | 391119 | 1719305 | 1253363 |
| 工程结算收入 | 2473038 | 247736 | 774974 | 986622 | 427055 | 1923874 | 1395423 |
| 利润总额 | 21313 | —2569 | 8252 | 13408 | 632 | 20286 | 9769 |
| 盈余企业数(个) | 400 | 21 | 43 | 222 | 99 | 288 | 109 |
| 盈余金额 | 41487 | 4772 | 9748 | 16943 | 8317 | 32705 | 19603 |
| 亏损企业数(个) | 97 | 5 | 14 | 48 | 25 | 70 | 29 |
| 亏损金额 | —20174 | —7341 | —1496 | —3535 | —7685 | —12419 | —9834 |

## 12—5 建筑业企业年末技术装备情况

(1998 年)

| 项目 | 自有机械设备净值(万元) | 全部设备功率(千瓦) | 全员技术装备率(元/人) | 全员劳动装备率(千瓦/人) |
|---|---|---|---|---|
| **总计** | **242692** | **2543920** | **7476** | **7.84** |
| #市区 | 182096 | 1304758 | 7769 | 5.57 |
| **按隶属关系分** | | | | |
| 中央属企业 | 56705 | 392517 | 24141 | 16.71 |
| 省属企业 | 73794 | 1225357 | 9446 | 15.69 |
| 市属企业 | 72937 | 573139 | 5307 | 4.17 |
| 县级市属企业 | 37963 | 345394 | 4814 | 4.38 |
| 其他企业 | 1293 | 7513 | 1927 | 1.12 |
| **按经济类型分** | | | | |
| 国有经济 | 164313 | 1885540 | 10284 | 11.80 |
| 联营经济 | 369 | 4874 | 3289 | 4.34 |
| 股份制经济 | 15355 | 86895 | 7440 | 4.21 |
| 港澳台投资经济 | 2735 | 15301 | 2431 | 1.36 |
| 集体经济 | 58642 | 543976 | 4553 | 4.22 |
| 私营经济 | 1278 | 7334 | 4187 | 2.40 |

## 12—6 建筑业企业盈亏情况

（1998 年）

单位：万元

| 项目 | 汇总户数（户） | 盈余 | | 亏损 | | 盈(+)亏(−)总额 |
|---|---|---|---|---|---|---|
| | | 户数（户） | 金额 | 户数（户） | 金额 | |
| 合计 | 497 | 400 | 41487 | 97 | 20174 | 21313 |
| #市区 | 358 | 288 | 32705 | 70 | 12419 | 20286 |
| 国有经济 | 159 | 125 | 20850 | 34 | 10004 | 10846 |
| 联营经济 | 3 | 3 | 46 | | | 46 |
| 股份制经济 | 43 | 34 | 4565 | 9 | 721 | 3844 |
| 港澳台投资经济 | 32 | 17 | 1612 | 15 | 518 | 1094 |
| 集体经济 | 248 | 212 | 14243 | 36 | 8876 | 5367 |
| 私营经济 | 12 | 9 | 171 | 3 | 55 | 116 |

## 12—7 建筑业企业总收入

单位：万元

| 项目 | 1997 年 | | | 1998 年 | | |
|---|---|---|---|---|---|---|
| | 合计 | 工程结算收入 | 业务收入 | 合计 | 工程结算收入 | 业务收入 |
| 总计 | 2196971 | 2060802 | 136169 | 2585409 | 2473038 | 112371 |
| **按隶属关系分** | | | | | | |
| 中央属企业 | 215877 | 209951 | 5926 | 254656 | 247736 | 6920 |
| 省属企业 | 671923 | 631169 | 40754 | 797848 | 774974 | 22874 |
| 市属企业 | 893707 | 806981 | 86726 | 1064782 | 986622 | 78160 |
| 县级属市企业 | 415464 | 412701 | 2763 | 431233 | 427055 | 4178 |
| 其他企业 | | | | 36890 | 36651 | 239 |
| **按经济类型分** | | | | | | |
| 国有经济 | 1485349 | 1380920 | 104429 | 1632182 | 1534646 | 97536 |
| 联营经济 | 383 | 383 | | 6088 | 6072 | 16 |
| 股份制经济 | 5500 | 5495 | 5 | 144020 | 140600 | 3420 |
| 港澳台经济 | 44258 | 43689 | 569 | 71539 | 68487 | 3052 |
| 集体经济 | 661481 | 630315 | 31166 | 721284 | 713053 | 8231 |
| 私营经济 | | | | 10296 | 10180 | 116 |
| **按地区分** | | | | | | |
| 市区 | 1696115 | 1564857 | 131258 | 2029632 | 1923874 | 105758 |
| 县级市 | 500856 | 495945 | 4911 | 555777 | 549164 | 6613 |
| 番禺市 | 219563 | 217647 | 1916 | 253183 | 249945 | 3238 |
| 花都市 | 133938 | 132647 | 1291 | 138352 | 136705 | 1648 |
| 增城市 | 103528 | 102418 | 1110 | 119104 | 117905 | 1199 |
| 从化市 | 43827 | 43233 | 594 | 45138 | 44609 | 528 |

# 12—8 建筑业企业增加值及其构成

（1998 年）

单位：万元

| 项　　目 | 增加值 | 本年固定资产折旧 | 主营业务应付工资 | 主营业务应付福利 | 劳动待业保险费 | 工程结算税金及附加 | 管理费用中税金 | 工程结算利润 |
|---|---|---|---|---|---|---|---|---|
| 总　　计 | 709417 | 51247 | 327437 | 42548 | 28137 | 75067 | 3967 | 181014 |
| 按地区分 | | | | | | | | |
| 市　区 | 565539 | 40499 | 258322 | 35145 | 23636 | 54906 | 3368 | 149663 |
| 县级市 | 143878 | 10748 | 69115 | 7403 | 4501 | 20161 | 599 | 31351 |
| 番禺市 | 50357 | 6014 | 26124 | 2924 | 1385 | 7078 | 264 | 6568 |
| 花都市 | 41451 | 1286 | 20693 | 1785 | 935 | 6568 | 124 | 10060 |
| 增城市 | 36055 | 2915 | 14925 | 1865 | 2082 | 4131 | 131 | 10006 |
| 从化市 | 16015 | 533 | 7373 | 829 | 99 | 2384 | 80 | 4717 |
| 按经济类型分 | | | | | | | | |
| 国有经济 | 446203 | 34880 | 195965 | 28228 | 23700 | 41623 | 2688 | 119119 |
| 联营经济 | 1702 | 16 | 928 | 14 | 13 | 266 | 5 | 460 |
| 股份制经济 | 57201 | 4847 | 27503 | 2983 | 932 | 4305 | 226 | 16405 |
| 港澳台投资经济 | 16106 | 834 | 8559 | 536 | 102 | 1436 | 28 | 4611 |
| 集体经济 | 183694 | 10065 | 91759 | 10493 | 3389 | 27102 | 1014 | 39872 |
| 私营经济 | 4511 | 605 | 2723 | 294 | 1 | 335 | 6 | 547 |
| 按隶属关系分 | | | | | | | | |
| 中央属企业 | 82905 | 10030 | 31336 | 3651 | 3986 | 7425 | 616 | 25861 |
| 省属企业 | 222221 | 15947 | 95408 | 13143 | 11023 | 24219 | 1167 | 61314 |
| 市属企业 | 289915 | 17079 | 142562 | 19478 | 11201 | 26642 | 1676 | 71277 |
| 县级市属企业 | 105738 | 7394 | 54149 | 5850 | 1922 | 16231 | 487 | 19705 |
| 其他企业 | 8638 | 797 | 3982 | 426 | 5 | 550 | 21 | 2857 |
| 在市属企业中 | | | | | | | | |
| 市建总公司 | 52552 | 2364 | 30932 | 4797 | 4185 | 3240 | 306 | 6730 |
| 市房地产实业总公司 | 31084 | 744 | 18358 | 2769 | 738 | 2165 | 248 | 6061 |
| 市政工程总公司 | 25761 | 1970 | 8495 | 1736 | 3000 | 729 | 225 | 9606 |

# 12—9 建筑业企业工程质量

（1998年）

| 项　目 | 竣工工程（个） | #优良 | 房屋竣工面积（米$^2$） | #优良 | 优良品率（%） | |
|---|---|---|---|---|---|---|
| | | | | | 竣工工程 | 竣工面积 |
| **总　计** | 4986 | 1650 | 10547135 | 3845763 | 33.09 | 36.46 |
| **按隶属关系分** | | | | | | |
| 中央属企业 | 732 | 286 | 415207 | 236345 | 39.07 | 56.92 |
| 省属企业 | 682 | 413 | 1434234 | 566153 | 60.56 | 39.47 |
| 市属企业 | 2207 | 630 | 4474226 | 1648388 | 28.55 | 36.84 |
| 县级市属企业 | 1292 | 306 | 4043168 | 1310397 | 23.68 | 32.41 |
| 其他企业 | 73 | 15 | 180300 | 84480 | 20.55 | 46.86 |
| **按经济类型分** | | | | | | |
| 国有经济 | 2581 | 1179 | 4164978 | 1848781 | 45.68 | 44.39 |
| 联营经济 | 20 | 3 | 37386 | 10009 | 15.00 | 26.77 |
| 股份制经济 | 170 | 48 | 312075 | 122371 | 28.24 | 39.21 |
| 港澳台投资经济 | 227 | 26 | 85657 | | 11.45 | |
| 集体经济 | 1923 | 380 | 5766739 | 1780122 | 19.76 | 30.87 |
| 私营经济 | 65 | 14 | 180300 | 84480 | 21.54 | 46.86 |
| **按主管系统分** | | | | | | |
| 建设部系统 | 2750 | 742 | 8739937 | 3267601 | 26.98 | 37.39 |
| 冶金工业系统 | 57 | 25 | 213809 | 42328 | 43.86 | 19.80 |
| 有色工业系统 | 145 | 2 | 133632 | 35580 | 1.38 | 26.63 |
| 煤炭工业系统 | 16 | 13 | 52569 | 24500 | 81.25 | 46.61 |
| 石油工业系统 | 23 | 17 | 450 | | 73.91 | |
| 化学工业系统 | 120 | 107 | 35411 | 4480 | 89.17 | 12.65 |
| 石化总公司系统 | 24 | | | | | |
| 水利电力系统 | 307 | 216 | 319615 | 111019 | 70.36 | 34.74 |
| 机械工业系统 | 7 | 5 | 40716 | 29324 | 71.43 | 72.02 |
| 林业系统 | 1 | | 2500 | | | |
| 国防工业系统 | 2 | | 3000 | | | |
| 建材工业系统 | 7 | | 11949 | | | |
| 轻纺工业系统 | 10 | 5 | 62150 | 69659 | 50.00 | 112.08 |
| 铁道系统 | 48 | 44 | 17486 | 9772 | 91.67 | 55.88 |
| 交通系统 | 144 | 70 | | | 48.61 | |
| 邮电系统 | 599 | 238 | | | 39.73 | |
| 农牧渔业系统 | 41 | 13 | 160630 | 19222 | 31.71 | 11.97 |
| 商业系统 | 55 | 3 | 169907 | 42226 | 5.45 | 24.85 |
| 公安系统 | 9 | 2 | 11360 | 9750 | 22.22 | 85.83 |
| 其他系统 | 621 | 148 | 572014 | 180302 | 23.83 | 31.52 |

# 12—10 建筑业企业主要经济效益指标

（1998 年）

| 项　　目 | 竣工率（%） | 本年竣工产值（万元） | 自行完成施工产值（万元） | 单位工程竣工率（%） | 竣工单位工程个数（个） | 施工单位工程个数（个） |
|---|---|---|---|---|---|---|
| 总　计 | 69.82 | 1596755 | 2287004 | 59.34 | 4986 | 8402 |
| 按地区分 | | | | | | |
| 市　区 | 68.39 | 1217270 | 1779925 | 62.11 | 3619 | 5827 |
| 县级市 | 74.84 | 379485 | 507079 | 53.09 | 1367 | 2575 |
| 番禺市 | 115.35 | 207547 | 179923 | 57.11 | 578 | 1012 |
| 花都市 | 38.98 | 77379 | 198491 | 55.19 | 505 | 915 |
| 增城市 | 69.26 | 54555 | 78765 | 35.84 | 143 | 399 |
| 从化市 | 80.17 | 40004 | 49900 | 56.63 | 141 | 249 |
| 按经济类型分 | | | | | | |
| 国有经济 | 73.14 | 972520 | 1329730 | 57.20 | 2581 | 4512 |
| 联营经济 | 75.37 | 4524 | 6002 | 58.82 | 20 | 34 |
| 股份制经济 | 23.34 | 39463 | 169056 | 52.15 | 170 | 326 |
| 港澳台投资经济 | 49.76 | 38573 | 77511 | 73.94 | 227 | 307 |
| 集体经济 | 76.54 | 525918 | 687139 | 61.38 | 1923 | 3133 |
| 私营经济 | 89.70 | 15757 | 17566 | 72.22 | 65 | 90 |
| 按隶属关系分 | | | | | | |
| 中央属企业 | 79.82 | 213329 | 267275 | 67.59 | 732 | 1083 |
| 省属企业 | 55.98 | 371700 | 663939 | 47.63 | 682 | 1432 |
| 市属企业 | 73.24 | 648405 | 885260 | 63.68 | 2207 | 3466 |
| 县级市属企业 | 82.16 | 345744 | 420817 | 55.93 | 1292 | 2310 |
| 其他企业 | 35.36 | 17577 | 49713 | 65.77 | 73 | 111 |
| 在市属企业中 | | | | | | |
| 市建总公司 | 78.21 | 136037 | 173940 | 38.53 | 84 | 218 |
| 市房地产实业总公司 | 78.70 | 70208 | 89211 | 56.61 | 167 | 295 |
| 市政工程总公司 | 11.64 | 4945 | 42484 | 31.48 | 17 | 54 |

12—10 续表

| 项　　　　目 | 产　值<br>利润率<br>（%） | 自行完成<br>施工产值<br>（万元） | 利　润<br>总　额<br>（万元） | 资本金<br>合　计<br>（万元） |
|---|---|---|---|---|
| **总　　计** | **0.93** | **2287004** | **21313** | **474042** |
| **按地区分** | | | | |
| 市　区 | 1.14 | 1779925 | 20286 | 364795 |
| 县级市 | 0.20 | 507079 | 1027 | 109247 |
| 番禺市 | —1.89 | 179923 | —3396 | 42380 |
| 花都市 | 1.13 | 198491 | 2239 | 19245 |
| 增城市 | 1.05 | 78765 | 830 | 30179 |
| 从化市 | 2.71 | 49900 | 1354 | 17443 |
| **按经济类型分** | | | | |
| 国有经济 | 0.82 | 1329730 | 10846 | 276947 |
| 联营经济 | 0.76 | 6002 | 46 | 1831 |
| 股份制经济 | 2.27 | 169056 | 3844 | 28948 |
| 港澳台投资经济 | 1.41 | 77511 | 1093 | 26562 |
| 集体经济 | 0.78 | 687139 | 5367 | 133516 |
| 私营经济 | 0.66 | 17566 | 117 | 6238 |
| **按隶属关系分** | | | | |
| 中央属企业 | —0.96 | 267275 | —2569 | 79270 |
| 省属企业 | 1.24 | 663939 | 8252 | 106057 |
| 市属企业 | 1.51 | 885260 | 13408 | 190612 |
| 县级市属企业 | 0.15 | 420817 | 632 | 81538 |
| 其他企业 | 3.20 | 49713 | 1590 | 16565 |
| 在市属企业中 | | | | |
| 市建总公司 | 0.46 | 173940 | 808 | 20008 |
| 市房地产实业总公司 | 2.44 | 89211 | 2173 | 15596 |
| 市政工程总公司 | 1.05 | 42484 | 447 | 23000 |

# 12－11 建筑业企业(资质一级)一览表

(1998 年)

| 企业名称 | 施工产值(万元) | 建筑业增加值(万元) | 固定资产原价(万元) | 从业平均人数(人) | 劳动生产率(元/人) | 技术装备率(元/人) | 优良品率(%) |
|---|---|---|---|---|---|---|---|
| 广东省长大公路有限公司 | 95825 | 38192 | 36866 | 6398 | 149773 | 13643 | |
| 广东省电力工业局第一工程局 | 70529 | 32641 | 29172 | 7902 | 89254 | 13813 | 98.51 |
| 广东省工业设备安装公司 | 43538 | 14770 | 19995 | 4650 | 93629 | 965 | 33.33 |
| 广州市市政工程总公司 | 42484 | 25761 | 46512 | 4764 | 89178 | 14895 | 17.65 |
| 广东火电工程总公司 | 38888 | 8822 | 39186 | 3815 | 101934 | 27767 | 86.36 |
| 广州市第一建筑工程公司 | 37865 | 9361 | 8635 | 5095 | 74317 | 567 | 70.00 |
| 广东省水利水电第二工程局 | 36646 | 22878 | 33206 | 4644 | 78910 | 32974 | 84.62 |
| 广东省第三建筑工程公司 | 35639 | 11139 | 7235 | 6058 | 58830 | 3245 | 30.00 |
| 广州市机电安装公司 | 35498 | 7085 | 4739 | 2971 | 119482 | 1958 | 100.00 |
| 中港第四航务局第一工程公司 | 34946 | 10532 | 23376 | 1416 | 246792 | 29504 | 25.00 |
| 广东省邮电工程公司 | 34917 | 2826 | 7834 | 1560 | 223827 | 11395 | 21.35 |
| 交通部第四航务工程局第二工程公司 | 32152 | 10447 | 20985 | 1667 | 192874 | 16992 | 55.00 |
| 广东省航务工程总公司 | 31677 | 7417 | 6882 | 2077 | 152514 | 1877 | 100.00 |
| 广东省第一建筑工程公司 | 30578 | 10248 | 4874 | 4475 | 68330 | 7570 | 25.00 |
| 铁道部大桥工程局第三桥梁工程处 | 30035 | 8255 | 7468 | 2701 | 111198 | 10879 | |
| 广东省第四建筑工程公司 | 29364 | 9214 | 10621 | 3777 | 77743 | 5050 | 83.33 |
| 中海发展(广州)有限公司 | 28627 | 2166 | 1751 | 2930 | 97703 | | 100.00 |
| 广州市建筑置业公司 | 28398 | 11081 | 5582 | 2750 | 103267 | 4047 | 16.67 |
| 广州市住宅建设发展公司 | 27488 | 7253 | 11650 | 2442 | 112564 | 11224 | 88.24 |
| 广州市第三建筑工程有限公司 | 26513 | 7747 | 8151 | 4054 | 65401 | 5939 | 70.00 |
| 广州市第二建筑工程公司 | 25427 | 10822 | 7524 | 3768 | 67480 | 7808 | 90.00 |
| 广州市建筑机械施工公司 | 23479 | 7334 | 12879 | 3966 | 59200 | 7828 | |
| 广东省电力工业局输变电工程公司 | 22698 | 10576 | 5187 | 2292 | 99031 | 10925 | 100.00 |
| 广东省基础工程公司 | 22000 | 8245 | 9992 | 2362 | 93141 | 9949 | 56.10 |
| 番禺市桥梁开发建设工程公司 | 21106 | 1051 | 19859 | 2400 | 87943 | 20686 | |
| 广州市第四建筑工程公司 | 21021 | 8977 | 8668 | 4013 | 52383 | 7944 | 52.94 |
| 广州铁路第一工程公司 | 20500 | 3862 | 5880 | 2350 | 87235 | 7212 | 94.29 |
| 花都市建筑工程公司 | 17894 | 3972 | 3016 | 3200 | 55919 | 502 | 39.13 |
| 广州市自来水工程公司 | 17420 | 9014 | 5362 | 1897 | 91827 | 13532 | 97.37 |
| 广东中人企业(集团)有限公司 | 17368 | 6225 | 6217 | 3058 | 56795 | 15151 | 75.00 |
| 广州市房屋开发建设有限公司 | 17359 | 5590 | 2964 | 1650 | 105204 | 7558 | 18.75 |
| 番禺市建筑安装工程公司 | 17038 | 6245 | 7675 | 3192 | 53377 | 6753 | 65.12 |

注:劳动生产率是以“千元”为单位的施工产值计算,下同。

12—11　续表 1

| 企业名称 | 施工产值（万元） | 建筑业增加值（万元） | 固定资产原价（万元） | 从业平均人数（人） | 劳动生产率（元/人） | 技术装备率（元/人） | 优良品率（%） |
|---|---|---|---|---|---|---|---|
| 广州市市政工程维修处 | 15508 | 9140 | 10880 | 2158 | 71861 | 12311 | 40.00 |
| 广州市水电设备安装公司 | 15013 | 6153 | 4754 | 757 | 198322 | 11878 | 23.08 |
| 广州航道第二疏浚工程公司 | 14215 | 5716 | 59771 | 1279 | 111142 | 173311 | |
| 广东海外建设总公司 | 13500 | 2705 | 405 | 1710 | 78947 | 1140 | 40.00 |
| 中建三局一公司广州分公司 | 13401 | 4836 | 1988 | 805 | 166470 | 12041 | 85.71 |
| 广东省装饰总公司 | 13360 | 1216 | 465 | 1430 | 93428 | 1119 | |
| 广东省石油化工建设集团公司 | 12731 | 6546 | 8127 | 1772 | 71844 | 7321 | 93.69 |
| 广东省水利水电机械施工公司 | 12534 | 5311 | 9406 | 1321 | 94886 | 3051 | |
| 广州航道局第一疏浚工程公司 | 11778 | 5748 | 31424 | 1386 | 84981 | 155 | 50.00 |
| 中国水产广州建港工程公司 | 11503 | 4017 | 8264 | 1326 | 86750 | 3689 | 100.00 |
| 广东省华侨建设工程公司 | 11463 | 1039 | 267 | 1968 | 58249 | 207 | |
| 广东省建筑工程机械施工公司 | 10684 | 4464 | 3591 | 1021 | 104644 | 4906 | 16.67 |
| 广州协安建设工程有限公司 | 10119 | 2372 | 521 | 1018 | 99401 | 2838 | 16.67 |
| 广州珠江装修工程公司 | 9304 | 1691 | 525 | 995 | 93512 | 1568 | |
| 广东省煤炭建筑工程公司 | 8512 | 2459 | 1157 | 1356 | 62773 | 2335 | 25.00 |
| 广州市公路局公路工程公司 | 7839 | 3914 | 9395 | 523 | 149891 | 30249 | 50.00 |
| 广州市园林建筑工程公司 | 6872 | 1344 | 1125 | 702 | 97889 | 726 | 30.59 |
| 广东省建筑构件工程公司 | 6716 | 1610 | 3810 | 808 | 83120 | 3725 | 6.90 |
| 华辉装修建筑工程公司 | 6051 | 1615 | 558 | 907 | 66709 | 649 | 75.00 |
| 广东健雅室内工程设计施工有限公司 | 5500 | 1051 | 279 | 561 | 98039 | 1920 | 62.07 |
| 广东省水电安装公司 | 5059 | 2491 | 4934 | 1034 | 48928 | 29882 | 50.00 |
| 广州市城总装饰有限公司 | 4938 | 875 | 1923 | 498 | 99147 | | 53.85 |
| 中国煤田地质总局江南基础工程公司 | 4254 | 918 | 3095 | 458 | 92882 | 33552 | 100.00 |
| 广州铝材厂装饰工程公司 | 4151 | 1081 | 685 | 419 | 99062 | 9907 | 20.00 |
| 广东长城建设集团有限公司 | 4012 | 1821 | 16689 | 440 | 91182 | 31898 | |
| 广东省地质工程公司 | 3488 | 1193 | 2402 | 358 | 97441 | 37263 | |
| 广东中南建设物业发展总公司 | 2931 | 1805 | 4468 | 638 | 45937 | 32539 | 100.00 |
| 广东省华侨建设装饰工程公司 | 2525 | 305 | 97 | 258 | 97868 | 1744 | |
| 广东大地基础工程总公司 | 1396 | 533 | 935 | 142 | 98275 | 38373 | |
| 广州白云山建筑装修工程公司 | 824 | 332 | 141 | 110 | 74945 | | 40.00 |
| 广州国际工程公司 | 755 | 64 | 118 | 26 | 290346 | | |

# 12—12 建筑业企业(资质二级)一览表

(1998 年)

| 企业名称 | 施工产值(万元) | 建筑业增加值(万元) | 固定资产原价(万元) | 从业平均人数(人) | 劳动生产率(元/人) | 技术装备率(元/人) | 优良品率(%) |
|---|---|---|---|---|---|---|---|
| 广州市冶金建设公司 | 21905 | 5558 | 1455 | 2276 | 96244 | 4898 | 20.00 |
| 花都市第二建筑工程公司 | 17390 | 4090 | 1943 | 1756 | 99034 | 6281 | 11.11 |
| 广东省富银建筑工程有限公司 | 17375 | 951 | 131 | 1819 | 95521 | 340 | 100.00 |
| 花都市第三建筑工程公司 | 16199 | 3039 | 1690 | 2038 | 79482 | 3820 | 62.07 |
| 广东省冶金建筑安装公司 | 14975 | 1269 | 577 | 2754 | 54375 | 784 | 21.43 |
| 广州白云第一建筑集团公司 | 13925 | 5237 | 4808 | 2750 | 50635 | 11731 | 40.00 |
| 花都市土木建筑工程公司 | 13645 | 3397 | 1655 | 2057 | 66335 | 4051 | 38.46 |
| 广州石油化工总厂建筑安装程公司 | 13221 | 5777 | 6644 | 1381 | 95731 | 14051 | 75.00 |
| 广州市自来水专业工程队 | 12946 | 4042 | 755 | 2091 | 61914 | 1380 | 98.36 |
| 花都市第四建筑工程公司 | 12508 | 2624 | 537 | 2018 | 61982 | 2056 | 33.33 |
| 广州市黄埔区建筑工程总公司 | 12001 | 1773 | 201 | 3982 | 30139 | 240 | 19.05 |
| 广州市天河区建安总公司 | 11178 | 2740 | 373 | 1200 | 93148 | 1667 | 40.00 |
| 越秀区住建公司 | 11069 | 4590 | 109 | 1952 | 56708 | 377 | 25.00 |
| 广州市三元里建筑工程公司 | 10504 | 2776 | 1241 | 2009 | 52285 | 2427 | 33.33 |
| 番禺市第三建筑工程公司 | 10393 | 4591 | 1718 | 2037 | 51020 | 5480 | 61.11 |
| 广州市白云区石井建筑工程公司 | 10092 | 1719 | 1523 | 2008 | 50259 | 2804 | 37.50 |
| 花都市住宅建设公司 | 10028 | 1998 | 1193 | 2003 | 50064 | 4612 | 1.57 |
| 广州市白云区土木建筑工程公司 | 9616 | 2316 | 178 | 1545 | 62239 | 1076 | |
| 广东省番禺市大石建筑工程公司 | 9401 | 2273 | 680 | 950 | 98958 | 6086 | 11.76 |
| 广州市黄埔区第二建筑工程公司 | 9320 | 2264 | 1160 | 2042 | 45642 | 4163 | 35.71 |
| 广东粤建实业发展公司 | 8707 | 314 | 62 | 880 | 98943 | 276 | 100.00 |
| 广州市黄埔区市政建设总公司 | 8196 | 2593 | 1396 | 900 | 91070 | 3636 | 57.14 |
| 从化市第三建筑集团有限公司 | 8100 | 3439 | 2592 | 2213 | 36602 | 3927 | 12.50 |
| 增城市建筑工程公司 | 7844 | 1773 | 8014 | 2020 | 38830 | 6236 | 70.00 |
| 增城市第二建筑工程公司 | 7652 | 2139 | 1173 | 1502 | 50945 | 343 | 27.59 |
| 广州市电信工程公司 | 7626 | 2034 | 911 | 311 | 245206 | 13688 | 91.25 |
| 番禺市第二建设集团公司 | 7312 | 1997 | 1122 | 1938 | 37728 | 1018 | 31.58 |
| 广州市二轻工业建筑公司 | 7100 | 1705 | 1938 | 1765 | 40227 | 3482 | 37.50 |
| 广东富海建筑工程有限公司 | 7080 | 1009 | 230 | 769 | 92068 | 1469 | |
| 广州市白云区第二建筑工程公司 | 7059 | 1951 | 1864 | 1131 | 62412 | 10964 | 54.55 |
| 广州市化工建筑工程公司 | 6990 | 2019 | 2079 | 1495 | 46755 | 1926 | 33.33 |
| 广州市江高建筑工程公司 | 6797 | 1960 | 1262 | 1590 | 42748 | 5818 | 75.00 |
| 荔湾区建筑工程总公司 | 6608 | 410 | 1036 | 680 | 97175 | | 12.50 |
| 从化市第四建筑公司 | 6571 | 2006 | 1242 | 1897 | 34640 | 3038 | 30.77 |
| 广东省电力工业局技术改进公司 | 6194 | 3073 | 3923 | 614 | 100886 | 18020 | |
| 广州市轻工建筑安装工程公司 | 6187 | 1374 | 1827 | 623 | 99302 | 21103 | 100.00 |
| 从化市建筑市政工程总公司 | 6172 | 2257 | 3248 | 1930 | 31980 | 6114 | 40.00 |
| 广州市天河置业发展有限公司 | 6050 | 2641 | 2494 | 2063 | 29326 | 4872 | |
| 广州市国营华安建筑开发公司 | 6016 | 653 | 1301 | 620 | 97027 | 527 | 43.75 |
| 番禺市艺高装璜设计安装工程公司 | 6012 | 3469 | 544 | 898 | 66949 | | |

12—12 续表1

| 企业名称 | 施工产值（万元） | 建筑业增加值（万元） | 固定资产原价（万元） | 从业平均人数（人） | 劳动生产率（元/人） | 技术装备率（元/人） | 优良品率（%） |
|---|---|---|---|---|---|---|---|
| 广东省粤海设计装饰工程公司 | 5988 | 391 | 184 | 640 | 93563 | 1180 | |
| 从化市建筑工程总公司 | 5660 | 1828 | 1823 | 2850 | 19860 | 5093 | 33.33 |
| 广东广信建筑装饰工程有限公司 | 5536 | 959 | 1154 | 615 | 90010 | 13094 | |
| 广州市东山区建筑安装工程公司 | 5534 | 2619 | 3819 | 1155 | 47915 | 5372 | 25.00 |
| 广州市白云区市政建设工程公司 | 5437 | 1319 | 254 | 658 | 82622 | 4172 | |
| 白云区第五建筑工程公司第二分公司 | 5200 | 1919 | 3048 | 2054 | 25316 | 5278 | |
| 从化市第一建筑工程公司 | 5044 | 518 | 1372 | 622 | 81093 | 13344 | 33.33 |
| 中港第四航务工程局第四工程公司 | 4970 | 2776 | 14421 | 757 | 65651 | 60832 | |
| 广州住友建设发展公司 | 4959 | 2189 | 2113 | 1252 | 39609 | 3754 | 25.00 |
| 五羊装饰设计工程公司 | 4946 | 873 | 71 | 534 | 92618 | | |
| 广州市芳村区建筑工程公司 | 4800 | 3013 | 2105 | 1142 | 42032 | 8765 | 40.00 |
| 广州市白云区第三建筑工程公司 | 4518 | 849 | 1980 | 467 | 96745 | 29979 | |
| 番禺市江南建设集团公司 | 4354 | 956 | 4724 | 450 | 96756 | 38691 | 83.33 |
| 广州恒建工程有限公司 | 4162 | 625 | 50 | 435 | 95676 | 600 | |
| 广州铝质装饰工程有限公司 | 4138 | 1226 | 1492 | 444 | 93194 | 3682 | |
| 广州市机电建筑工程公司 | 4113 | 1448 | 1123 | 784 | 52458 | 2180 | 71.43 |
| 广东鼎信工程有限公司 | 4100 | 1087 | 1016 | 796 | 51508 | 11513 | |
| 广州穗城建筑工程公司 | 4078 | 2369 | 1151 | 838 | 48658 | 4080 | 50.00 |
| 广州市芳村区市政建设工程公司 | 4070 | 1421 | 2655 | 1180 | 34491 | 3036 | 5.88 |
| 广州市穗通冷气装饰工程公司 | 3931 | 1961 | 4923 | 446 | 88137 | 7209 | |
| 广东南国建设公司 | 3727 | 864 | 85 | 398 | 93631 | 962 | |
| 广州市美术公司 | 3688 | 1092 | 1224 | 468 | 78795 | | 76.92 |
| 广东省农垦建设实业总公司 | 3491 | 1335 | 3873 | 571 | 61142 | 37363 | 100.00 |
| 广州市城镇装饰工程公司 | 3398 | 468 | 192 | 347 | 97914 | | 52.94 |
| 广州铁路广州电务工程公司 | 3112 | 1406 | 693 | 332 | 93720 | 5870 | 100.00 |
| 广州市海珠区第二建筑工程公司 | 2944 | 1233 | 263 | 400 | 73603 | 680 | |
| 广东高建实业有限公司 | 2926 | 779 | 905 | 1920 | 15241 | 3449 | |
| 广州市水电建设工程公司 | 2922 | 1196 | 1260 | 380 | 76900 | 11597 | 16.67 |
| 广州市煤气工程公司 | 2864 | 1118 | 968 | 605 | 47332 | 3413 | |
| 广州市海珠区建筑工程总公司 | 2761 | 796 | 1395 | 280 | 98604 | 3950 | 40.00 |
| 广东省电力通信设备工程公司 | 2579 | 692 | 2004 | 351 | 73479 | | |
| 广州市海珠区第一建筑公司 | 2471 | 1420 | 191 | 450 | 54918 | 987 | 25.00 |
| 广州市海珠区第三建筑公司 | 2409 | 476 | 137 | 412 | 58481 | 631 | 100.00 |
| 广东省建筑装饰集团公司 | 2300 | 558 | 73 | 307 | 74919 | 254 | |
| 广州白云铝质装修工程有限公司 | 2213 | 656 | 1477 | 264 | 83837 | | |
| 华侨现代服务有限公司 | 2067 | 501 | 520 | 217 | 95272 | 11521 | |
| 广州盛仁建筑装饰工程有限公司 | 2032 | 486 | 309 | 263 | 77251 | | |
| 广州市荔湾区建筑装饰工程总公司 | 2005 | 525 | 308 | 201 | 99761 | 9264 | |
| 中科院广州化学灌浆工程公司 | 1973 | 439 | 854 | 128 | 154133 | 35156 | 76.47 |
| 广东省建东建筑工程公司 | 1958 | 648 | 166 | 198 | 98889 | 5338 | 83.33 |

12—12 续表 2

| 企业名称 | 施工产值（万元） | 建筑业增加值（万元） | 固定资产原价（万元） | 从业平均人数（人） | 劳动生产率（元/人） | 技术装备率（元/人） | 优良品率（%） |
|---|---|---|---|---|---|---|---|
| 南方装饰公司 | 1840 | 114 | 39 | 185 | 99449 | | |
| 广州市展览装饰工程 | 1792 | 590 | 13 | 182 | 98440 | | |
| 广州航道局港航工程公司 | 1702 | 1313 | 2022 | 280 | 60786 | | 100.00 |
| 广州白云穗港酒店设备工程公司 | 1521 | 750 | 368 | 159 | 95629 | 8145 | |
| 广东省林业基建工程公司 | 1490 | 224 | 321 | 166 | 89759 | 4590 | |
| 广东省煤炭宏大建筑企业公司 | 1460 | 595 | 1117 | 280 | 52143 | 19571 | 100.00 |
| 交通部第四航务工程局机电工程公司 | 1432 | 346 | 3197 | 330 | 43391 | 3045 | 77.78 |
| 广东省建业技术工程公司 | 1347 | 221 | 555 | 180 | 74850 | 24083 | 12.50 |
| 荔湾区第二建筑工程公司 | 1095 | 443 | 630 | 465 | 23548 | 8817 | |
| 广州市荔湾区市政建设工程总公司 | 1021 | 606 | 1766 | 577 | 17688 | 9055 | |
| 富粤建筑装饰工程公司 | 977 | 96 | 476 | 180 | 54250 | 17500 | |
| 广州市白云区江村建筑工程有限公司 | 909 | 202 | 439 | 312 | 29147 | 10096 | |
| 广州市室内装饰配套公司 | 856 | 207 | 26 | 157 | 54529 | 917 | |
| 广州市海珠区海珠装修公司 | 835 | 363 | 102 | 145 | 57559 | 379 | |
| 广州民生建筑工程有限公司 | 799 | 263 | 640 | 328 | 24369 | | |
| 番禺南方装饰安装工程有限公司 | 671 | 323 | 229 | 132 | 50818 | 114 | |
| 省商业建筑装饰工程公司 | 650 | 346 | 330 | 155 | 41935 | 9677 | |
| 富丽(穗港)建筑装修工程公司 | 614 | 246 | 300 | 113 | 54336 | 7088 | |
| 广州市设计院工程建设总承包公司 | 589 | 281 | 33 | 231 | 25489 | | |
| 广州市广钢现代环境装饰公司 | 571 | 211 | 100 | 78 | 73244 | | |
| 番禺西南铝装修公司 | 540 | 99 | 90 | 129 | 41884 | | |
| 广东省建筑工程总公司房地产开发公司 | 503 | 124 | 73 | 150 | 33533 | 3567 | |
| 番禺市港番装饰工程公司 | 488 | 308 | 112 | 80 | 61000 | 863 | |
| 广州市海珠区海建市政工程公司 | 421 | 476 | 175 | 156 | 26962 | 160 | |
| 广州海上救助打捞局 | 366 | 297 | 600 | 117 | 31282 | 3419 | |
| 广东省工程承包公司 | 322 | 232 | 73 | 435 | 7402 | | 100.00 |
| 广东广源工程公司 | 283 | 27 | 304 | 60 | 47167 | 35833 | 100.00 |
| 香广建筑装修工程公司 | 281 | 64 | 70 | 29 | 96793 | | |
| 广州市建生建筑装修工程公司 | 277 | 48 | 406 | 48 | 57750 | 13958 | |
| 穗港发建筑装饰工程公司 | 271 | 194 | 961 | 100 | 27100 | 9700 | |
| 广东省粤艺装饰公司 | 265 | 101 | 60 | 123 | 21561 | 813 | |
| 广东岭南古建园林工程公司 | 219 | 304 | 84 | 132 | 16591 | 1606 | 100.00 |
| 广州市白云区通达建筑工程公司 | 208 | 49 | 47 | 21 | 99048 | 15286 | |
| 广东省食品企业集团冷气装饰工程公司 | 186 | 312 | 37 | 100 | 18600 | 1320 | |
| 广州经济技术开发区东松冷气装饰公司 | 140 | 148 | 29 | 86 | 16267 | | |
| 广州协建工程有限公司 | 124 | 94 | 380 | 139 | 8942 | 13007 | |
| 广州市海珠区建筑水电安装公司 | 116 | 694 | 134 | 260 | 4473 | 1415 | |
| 越秀区装饰工程公司 | 22 | 27 | 299 | 23 | 9696 | 115609 | |

# 主要统计指标解释

【建筑业总产值(即自行完成施工产值)】指建筑业企业或附营建筑施工单位自行完成的按工程进度计算的建筑安装生产总值。建筑业产值包括：

1.建筑工程产值：指列入建筑工程预算内的各种工程价值。

2.设备安装工程产值：指设备安装工程价值。

3.房屋、构筑物修理产值：指房屋、构筑物修理所完成的价值，但不包括被修理房屋、构筑物本身的价值和生产设备的修理价值。

4.非标准设备制造产值：指加工制造没有定型的、非标准的生产设备的加工费和原材料价值，不论是现场还是附属加工厂为本单位承建工程制造的非标准设备的价值，都应计算产值。

【竣工产值】指在报告期内，按照设计所规定的工程内容全部完成，达到了设计规定的交工条件，经有关部门检查验收鉴定合格的单位工程价值之和。

【房屋建筑施工面积】指在报告期内施工的全部房屋建筑面积。包括本期内新开工的、上期施工跨入本期继续施工、上期停建本期复工的房屋建筑面积；不包括上期开工后又停工，本期未施工的房屋建筑面积。

【房屋建筑竣工面积】指在报告期内，按照设计所规定的工程内容全部完成，达到了设计规定的交工条件，经有关部门检查验收鉴定合格的房屋建筑面积。

【工程结算收入】指企业(或单位)按工程的分部分项目自行完成的建筑产品价值并已与甲方在报告期内办理结算手续的工程价款收入，以及向甲方收取的除工程价款以外的按规定列作营业收入的各种款项，如临时设施费、劳动保险费、施工机械调迁费等以及向甲方收取的各种索赔款。

# 第十三篇

# 运输和邮电

# 运输业在困难中求发展，邮电业在竞争中上水平

1998年，我市运输邮电企业在货源偏紧，市场竞争相当激烈的情况下，迎难而上求发展，采取有效措施确保客运、货运、港口吞吐量的平稳增长，保持了邮电业务量的高速发展。

运输邮电市场主要特点：

(一)货运量呈适量增长

1998年，全市社会货运量达24443万吨，货物周转量达2621.06亿吨公里，按可比口径计算(下同)分别比上年增长5.2%和3.6%，其中公路、民航增幅较大，完成货运量11237万吨和17万吨，分别比上年增长10.3%和21.4%，完成货物周转量64.06亿吨公里和3.48亿吨公里，分别增长9.0%和30.7%。水路完成货运量10700万吨，比上年增长3.5%，完成货物周转量2381.43亿吨公里，增长4.4%，呈平稳增长态势；但铁路、管道货运量则出现下降，分别下降为9.0%和0.3%。

(二)客运量稳步增长，公路运输增幅较大

1998年，全市社会运输企业完成客运量19587万人次，旅客周转量为256.31亿人公里，分别比上年增长10.5%和6.0%。由于各种运输方式特点各有不同，客运量出现了新的变化。

铁路和公路运输稳定增长。全年完成客运量2453万人次和16440万人次，分别比上年增长3.8%和13.6%；完成旅客周转量122.11亿人公里和58.01亿人公里，分别增长4.5%和16.5%。

水路、民航运输量下降。全年水路和民航完成客运量258万人次和436万人次，分别比上年下降47.8%和6.9%；完成旅客周转量2.58亿人公里和73.61亿人公里，比上年分别下降47.8%和增长4.9%。

(三)港口货物吞吐量上升，而旅客吞吐量下降

1998年，全市港口完成货物吞吐量8716万吨，比上年增长3.9%，其中货物出口量3184万吨，进口量5532万吨，分别比上年增长4.7%和3.5%。广州港货物吞吐量保持稳定增长，全港完成货物吞吐量7863万吨，比上年增长4.6%，确保了全国第三大港口的地位。其中，集装箱年吞吐量达78.9万吨，实现30.5%的高增长。由于受水路客运衰退影响，全年只完成旅客吞吐量68.7万人次，比上年下降37.3%。

(四)电信经营形成竞争局面，邮电业务保持高速增长

1998年，全市完成邮电业务总量86.39亿元，比上年增长21.4%，保持高速增长势头。随着邮政和电信业务正式分家，改变了以往两家业务交叉经营的局面，而中国联通公司和长城公司移动电话在我市放号渐上规模，又打破了电信部门的独家经营，形成三足鼎立的竞争局面，促使电信经营出现了可喜变化：一是价格下降，趋向合理。二是加大投资力度，发展新业务。电信部门全年固定资产投资约16亿元，建成用户光纤3万多纤公里，因特网二期工程扩容工程可接入数字中继3000线，新增市话交换机20.85万门，移动通信GSM新增用户容量75万户，使年末电话到达户数188.38万户(包农话)，移动电话达到100.84万部，市话普及率从上年末的每百人拥有电话53部上升至今年的67部。三是促进服务水平的提高。如开设“一条龙”服务窗口，加快业务办理速度。这些变化加快了电信事业的发展，使全市电信业务总量达83.52亿元，比上年增长21.8%

市邮政部门也提出以提高服务质量、科技含量为重点的经营策略。全年基建投资达5.49亿元，全市新增邮政网点9个，邮政代办所33个；储汇金融网工程、网上邮局工程已开通使用，第三套信函分拣设备也已投入使用。市邮件处理中心、邮政计算机网也正在加紧建设。这些工程项目的投入使用，促进了邮政业务的发展。全年完成邮政业务总量2.86亿元，比上年增长10.1%。

## 货物、旅客运输量

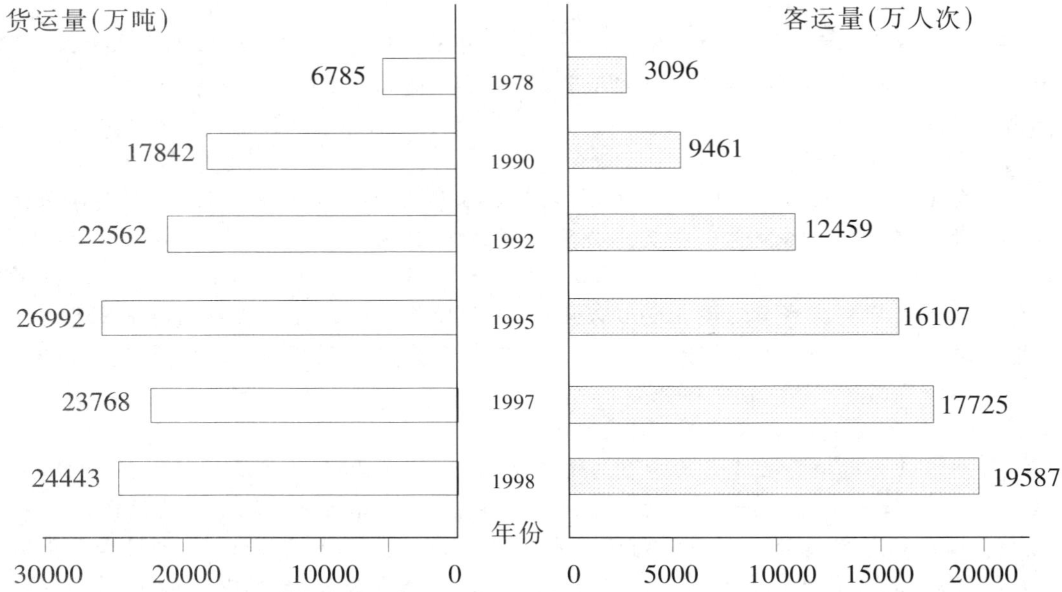


## 邮电业务总量

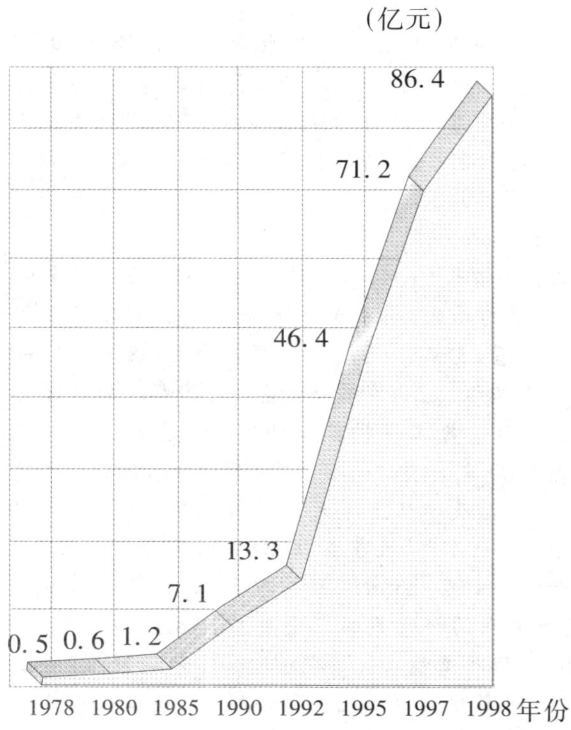


## 年末市话交换机总容量

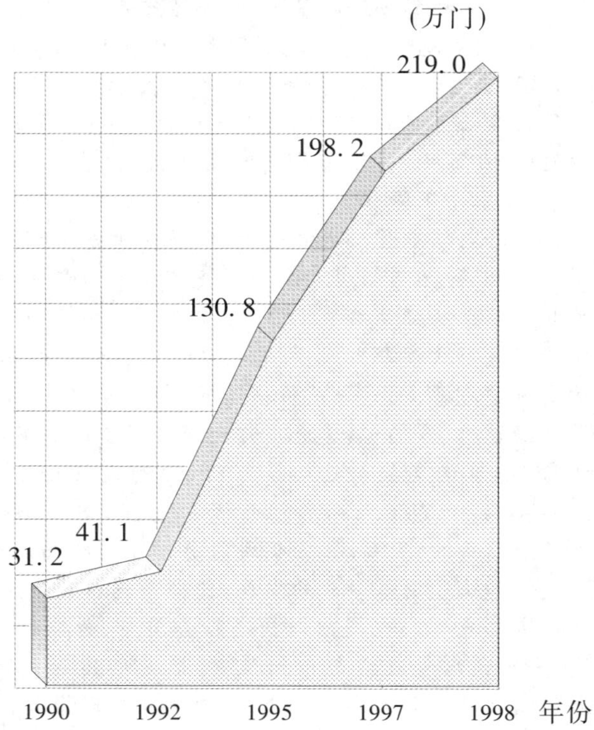

# 13—1 交通邮电基本情况

| 项目 | 单位 | 1995年 | | 1997年 | | 1998年 | |
|---|---|---|---|---|---|---|---|
| | | 全市 | #市区 | 全市 | #市区 | 全市 | #市区 |
| 铁路客运量 | 万人次 | 2306 | 2306 | 2363 | 2363 | 2453 | 2453 |
| 铁路货物到发量 | 万吨 | 3648 | 3648 | 3461 | 3461 | 3346 | 3346 |
| 公路客运量 | 万人次 | 5283 | 5074 | 4907 | 4594 | 6700 | 5279 |
| 公路货运量 | 万吨 | 498 | 456 | 314 | 295 | 268 | 257 |
| 水路客运量 | 万人次 | 378 | 378 | 209 | 209 | 68 | 68 |
| 水路货运量 | 万吨 | 8297 | 7650 | 8335 | 8335 | 7685 | 7685 |
| 航空客运量 | 万人次 | 480 | 480 | 468 | 468 | 436 | 436 |
| 航空货运量 | 吨 | 113280 | 113280 | 144241 | 144241 | 170300 | 170300 |
| 港口货物吞吐量 | 万吨 | 8340 | 7186 | 8390 | 7518 | 8716 | 7863 |
| 年末邮电局所数 | 处 | 422 | 328 | 626 | 461 | 705 | 478 |
| 邮电业务总量(1990年不变价格) | 万元 | 463690 | 363243 | 711698 | 576651 | 863868 | 684932 |
| 报纸发行量 | 万份 | 179453 | 175583 | 166713 | 163378 | 156527 | 153396 |
| 杂志发行量 | 万份 | 4837 | 4837 | 4884 | 4884 | 5015 | 5015 |
| 年末电话机数 | 部 | 1863434 | 1589281 | 2171049 | 1711124 | 2468524 | 1865318 |
| 市话 | 部 | 1589281 | 1589281 | 1912419 | 1711124 | 2127107 | 1865318 |
| 农话 | 部 | 274153 | | 258630 | | 341417 | |
| 移动电话期末户数 | 户 | 275676 | 227985 | 655815 | 544766 | 1008406 | 837980 |
| 无线寻呼期末户数 | 户 | 1027000 | 844200 | 1452650 | 1201342 | 1507544 | 1272766 |

注:1.本表客货运量为交通系统口径,其他为全社会口径;2.市话包括四县级市市区数。

## 13—2 全社会客货运输(吞吐)量

(1998 年)

| 项目 | 客运量(万人次) | 旅客周转量(万人千米) | 货运量(万吨) | 货物周转量(万吨千米) | 旅客离港量(万人次) | 货物吞吐量(万吨) | #集装箱 |
|---|---|---|---|---|---|---|---|
| 合计 | 19587 | 2563072 | 24443 | 26210641 | 43 | 8716 | 1003 |
| 公路运输 | 16440 | 580092 | 11237 | 640633 | | | |
| #交通部系统 | 6700 | 184380 | 268 | 14500 | | | |
| 个体及联户 | 2069 | 66959 | 5743 | 212386 | | | |
| 水路运输 | 258 | 25761 | 10700 | 23814371 | | | |
| #交通部系统 | 68 | 10863 | 7685 | 22869365 | | | |
| 个体及联户 | 45 | 3883 | 1510 | 12533 | | | |
| 港口 | | | | | 43 | 8716 | 1003 |
| 铁路运输 | 2453 | 1221100 | 2122 | 1719700 | | | |
| 国有铁路 | 2453 | 1221100 | 2122 | 1719700 | | | |
| 民航运输 | 436 | 736119 | 17 | 34764 | | | |
| 直属 | 436 | 736119 | 17 | 34764 | | | |
| 管道 | | | 367 | 1173 | | | |

## 13—3 全社会车辆数

(1998 年)

单位:辆

| 项目 | 全市 | 市区 | 番禺市 | 花都市 | 增城市 | 从化市 |
|---|---|---|---|---|---|---|
| 民用汽车 | 300279 | 235727 | 27996 | 13017 | 17107 | 6432 |
| 大型客车 | 15182 | 13561 | 941 | 195 | 318 | 167 |
| 小型客车 | 143210 | 121772 | 10774 | 3796 | 4911 | 1957 |
| 大型货车 | 35302 | 21741 | 3641 | 3837 | 4416 | 1667 |
| 小型货车 | 95762 | 69584 | 11850 | 4880 | 6947 | 2501 |
| 专用载货汽车 | 5571 | 4636 | 453 | 138 | 292 | 52 |
| 其他专用汽车 | 3487 | 2885 | 242 | 120 | 183 | 57 |
| 大小特种车 | 1765 | 1548 | 95 | 51 | 40 | 31 |
| 轮胎式拖拉机 | 4011 | 137 | 1353 | 1047 | 614 | 860 |
| #手扶拖拉机 | 2401 | | 1113 | 508 | 488 | 292 |
| 摩托车 | 803126 | 384802 | 227700 | 76177 | 80570 | 33877 |
| #两轮摩托车 | 801443 | 384051 | 227499 | 75590 | 80554 | 33749 |
| 其他机动车 | 99 | 99 | | | | |
| 载货挂车 | 79 | 79 | | | | |

## 13-4 交通运输、邮电主要指标

（1998年）

| 项目 | 单位 | 全市 | 市区 | 番禺市 | 花都市 | 增城市 | 从化市 |
|---|---|---|---|---|---|---|---|
| 公路线路长度 | 千米 | 4367 | 958 | 564 | 614 | 1239 | 992 |
| 客运量 | 万人次 | 19587 | 16061 | 1508 | 589 | 823 | 606 |
| 旅客周转量 | 万人千米 | 2563072 | 2405200 | 69203 | 30757 | 43572 | 14340 |
| 货运量 | 万吨 | 24443 | 20720 | 1692 | 550 | 1002 | 479 |
| 货物周转量 | 万吨千米 | 26210641 | 25424321 | 305736 | 157264 | 159439 | 163881 |
| 邮电业务总量(1990年不变价格) | 万元 | 863868 | 684932 | 93309 | 27803 | 41513 | 16311 |

注：公路线路长度不包括高速公路。

## 13-5 交通系统旅客运输量

| 项目 | 1985年 | 1990年 | 1995年 | 1997年 | 1998年 |
|---|---|---|---|---|---|
| **客运量合计(万人次)** | **4519** | **5980** | **9366** | **7947** | **9657** |
| 铁路 | 1898 | 1939 | 2530 | 2363 | 2453 |
| 公路 | 1720 | 3010 | 5978 | 4907 | 6700 |
| 水路 | 668 | 588 | 378 | 209 | 68 |
| 民航 | 233 | 443 | 480 | 468 | 436 |
| **旅客周转量合计(万人千米)** | **803710** | **1185458** | **1928130** | **2031788** | **2152462** |
| 铁路 | 360669 | 547685 | 1156969 | 1169034 | 1221100 |
| 公路 | 131212 | 123783 | 149179 | 141087 | 184380 |
| 水路 | 105267 | 96753 | 55153 | 20055 | 10863 |
| 民航 | 206562 | 417237 | 566829 | 701612 | 736119 |

# 13—6 铁路货物到发量

单位：万吨

| 货物名称 | 1997年 | | | 1998年 | | |
|---|---|---|---|---|---|---|
| | 合计 | 到达量 | 发送量 | 合计 | 到达量 | 发送量 |
| 合计 | 3461.10 | 2011.90 | 1449.20 | 3346.38 | 1897.15 | 1449.23 |
| 煤炭及制品 | 468.50 | 409.80 | 58.70 | 438.02 | 379.35 | 58.67 |
| 石油、天然气及制品 | 145.20 | 66.40 | 78.80 | 142.55 | 63.77 | 78.78 |
| 金属矿石 | 140.40 | 19.90 | 120.50 | 146.76 | 26.22 | 120.54 |
| 钢铁 | 412.80 | 366.00 | 46.80 | 399.25 | 352.42 | 46.83 |
| 矿物性建筑材料 | 377.50 | 49.60 | 327.90 | 369.61 | 41.74 | 327.87 |
| 水泥 | 67.70 | 67.70 | | 75.19 | 75.19 | |
| 木材 | 74.30 | 45.90 | 28.40 | 67.74 | 39.30 | 28.44 |
| 非金属矿石 | 129.90 | 126.90 | 3.00 | 130.67 | 127.90 | 2.77 |
| 化学肥料及农药 | 89.70 | 23.00 | 66.70 | 110.15 | 43.44 | 66.71 |
| 盐 | 11.60 | 11.10 | 0.50 | 11.54 | 11.03 | 0.51 |
| 粮食 | 222.50 | 215.30 | 7.20 | 224.18 | 217.00 | 7.18 |
| 机械、设备、电器 | 84.70 | 17.90 | 66.80 | 80.34 | 13.52 | 66.82 |
| 化工原料及制品 | 214.60 | 143.20 | 71.40 | 189.70 | 118.26 | 71.44 |
| 有色金属 | 30.60 | 26.10 | 4.50 | 25.01 | 19.76 | 5.25 |
| 轻工、医药产品 | 215.50 | 57.70 | 157.80 | 202.32 | 44.62 | 157.70 |
| 农、林、牧、渔业产品 | 153.10 | 86.20 | 66.90 | 122.88 | 56.32 | 66.56 |
| 其他货类 | 622.50 | 279.20 | 343.30 | 610.47 | 267.31 | 343.16 |

注：本表包括市郊的广北、广西、广南、黄埔、广州、石围塘、江高镇、棠溪、广州东、石牌、吉山、大郎、下元站的数字。

## 13—7 交通系统水路运输量及货物分类

（1998 年）　　单位：万吨

| 项　　目 | 合　计 | 远　洋 | 海　运 | 内　河 | #市航运 |
|---|---|---|---|---|---|
| 货运量 | 7685.0 | 775.9 | 5351.6 | 1557.5 | 1161.0 |
| 货物周转量（万吨千米） | 22894253 | 5951946 | 16758495 | 183812 | 104847 |
| 客运量（万人次） | 68 | | | 68 | |
| 旅客周转量（万人千米） | 10863 | | | 10863 | |
| 货物分类： | | | | | |
| 煤炭及制品 | 1709.72 | 20.20 | 1525.71 | 163.81 | 83.00 |
| 石油、天然气及制品 | 2693.54 | 1.90 | 2663.04 | 28.60 | 3.00 |
| 金属矿石 | 614.59 | 50.50 | 564.00 | 0.09 | |
| 钢铁 | 231.58 | 83.40 | 86.99 | 61.19 | 26.00 |
| 矿物性建筑材料 | 273.95 | 2.90 | 20.04 | 251.01 | 250.00 |
| 水泥 | 80.57 | 4.40 | 1.84 | 74.33 | 71.00 |
| 木材 | 85.66 | 31.00 | 24.40 | 30.26 | 12.00 |
| 非金属矿石 | 229.75 | 10.10 | 71.60 | 148.05 | 121.00 |
| 化学肥料及农药 | 139.72 | 71.70 | 51.82 | 16.20 | 16.00 |
| 盐 | 23.83 | 0.30 | 19.73 | 3.80 | 1.00 |
| 粮食 | 480.93 | 217.80 | 246.93 | 16.20 | 15.00 |
| 机械设备、电器 | 23.57 | 16.80 | 0.53 | 6.24 | 1.00 |
| 化工原料及制品 | 84.17 | 15.40 | 21.87 | 46.90 | 40.00 |
| 有色金属 | 6.13 | | 1.44 | 4.69 | |
| 轻工、医药产品 | 209.50 | 64.10 | 14.89 | 130.51 | 4.00 |
| 农、林、牧、渔业产品 | 21.72 | | 2.95 | 18.77 | 18.00 |
| 其他货类 | 776.07 | 185.40 | 33.82 | 556.85 | 500.00 |

# 13-8 港口吞吐量及货物分类

(1998 年)

单位：万吨

| 项　目 | 合　计 | 进　口 | 出　口 | #广州港 | 进　口 | 出　口 |
|---|---|---|---|---|---|---|
| 旅客吞吐量(万人次) | 90.68 | 47.56 | 43.12 | 68.69 | 36.56 | 32.13 |
| 货物吞吐量 | 8716.18 | 5531.73 | 3184.45 | 7863.18 | 5130.73 | 2732.45 |
| 本港码头 | 5383.00 | 3209.17 | 2173.83 | 5328.00 | 3170.17 | 2157.83 |
| 企业码头 | 3333.18 | 2322.56 | 1010.62 | 2535.18 | 1960.56 | 574.62 |
| **货物分类：** | | | | | | |
| 煤炭及制品 | 2126.41 | 1690.49 | 435.92 | 2047.41 | 1615.49 | 431.92 |
| 石油、天然气及制品 | 2295.89 | 1286.05 | 1009.84 | 2284.89 | 1275.05 | 1009.84 |
| 金属矿石 | 170.19 | 165.87 | 4.32 | 170.19 | 165.87 | 4.32 |
| 钢铁 | 368.73 | 347.03 | 21.70 | 359.74 | 338.80 | 20.94 |
| 矿物性建筑材料 | 485.89 | 258.14 | 227.75 | 385.89 | 215.14 | 170.75 |
| 水泥 | 38.92 | 2.35 | 36.57 | 1.92 | 1.35 | 0.57 |
| 木材 | 68.39 | 65.73 | 2.66 | 66.39 | 63.73 | 2.66 |
| 非金属矿石 | 413.62 | 162.29 | 251.33 | 143.62 | 100.29 | 43.33 |
| 化学肥料及农药 | 191.00 | 109.90 | 81.10 | 179.00 | 106.90 | 72.10 |
| 盐 | 36.05 | 25.56 | 10.49 | 36.05 | 25.56 | 10.49 |
| 粮食 | 665.31 | 332.23 | 333.08 | 663.31 | 331.23 | 332.08 |
| 机械设备、电器 | 303.69 | 139.78 | 163.91 | 264.69 | 114.78 | 149.91 |
| 化工原料及制品 | 291.81 | 166.96 | 124.85 | 209.81 | 124.96 | 84.85 |
| 有色金属 | 39.36 | 13.28 | 26.08 | 30.36 | 9.28 | 21.08 |
| 轻工、医药产品 | 382.06 | 215.78 | 166.28 | 325.06 | 188.78 | 136.28 |
| #日用工业品 | 32.72 | 10.76 | 21.96 | 32.72 | 10.76 | 21.96 |
| 农、林、牧、渔业产品 | 283.69 | 191.69 | 92.00 | 244.69 | 155.69 | 89.00 |
| 其他货类 | 555.17 | 358.60 | 196.57 | 450.16 | 297.83 | 152.33 |

# 13—9 广州港国际标准集装箱吞吐量

| 项目 | 1997年 | | | 1998年 | | |
|---|---|---|---|---|---|---|
| | 合计 | 进口 | 出口 | 合计 | 进口 | 出口 |
| 箱数合计(箱) | 687303 | 325189 | 362114 | 841384 | 401421 | 439963 |
| 重量合计(吨) | 5984692 | 2712934 | 3271758 | 7890219 | 3814020 | 4076199 |
| 国内小计 | | | | | | |
| 1.箱数(箱) | 63962 | 42388 | 21574 | 138972 | 77401 | 61571 |
| 2.重量(吨) | 350357 | 149607 | 200750 | 1443775 | 658460 | 785315 |
| 国际小计 | | | | | | |
| 1.箱数(箱) | 623341 | 282801 | 340540 | 702412 | 324020 | 378392 |
| #香港 | 591229 | 263970 | 327259 | 673181 | 309051 | 364130 |
| 日本 | 19348 | 12402 | 6946 | 8836 | 5240 | 3596 |
| 南韩 | 949 | 415 | 534 | 768 | 450 | 318 |
| 马来西亚 | 1373 | 319 | 1054 | 146 | 36 | 110 |
| 新加坡 | 3305 | 606 | 2699 | 363 | 187 | 176 |
| 泰国 | 4923 | 4429 | 494 | 16765 | 8346 | 8419 |
| 意大利 | 18 | 18 | | | | |
| 印尼 | 806 | 36 | 770 | 227 | 40 | 187 |
| 2.重量(吨) | 5634335 | 2563327 | 3071008 | 6446444 | 3155560 | 3290884 |
| #香港 | 5288374 | 2411725 | 2876649 | 6132825 | 2941303 | 3191522 |
| 日本 | 101499 | 628 | 100871 | 108795 | 56625 | 52170 |
| 南韩 | 15326 | 7296 | 8030 | 11035 | 5915 | 5120 |
| 马来西亚 | 19558 | 4906 | 14652 | 1546 | 337 | 1209 |
| 新加坡 | 46015 | 7425 | 38590 | 6238 | 3232 | 3006 |
| 泰国 | 76507 | 68148 | 8359 | 161923 | 140760 | 21163 |
| 意大利 | 419 | 419 | | | | |
| 印尼 | 13258 | 628 | 12630 | 3012 | 731 | 2281 |

## 13—10 独立核算运输企业财务指标

单位：万元

| 项 目 | 1997年 | | | 1998年 | | |
|---|---|---|---|---|---|---|
| | 合 计 | #国有经济 | #集体经济 | 合 计 | #国有经济 | #集体经济 |
| 企业个数(个) | 41 | 21 | 16 | 40 | 19 | 17 |
| 资本金合计 | 496777 | 470214 | 18054 | 448621 | 424510 | 16103 |
| 流动资产年末合计 | 527982 | 486878 | 31250 | 613941 | 571024 | 29605 |
| 固定资产年末合计 | 978309 | 932619 | 36036 | 944821 | 884765 | 40590 |
| 固定资产原价 | 1611798 | 1534628 | 60798 | 1704853 | 1599843 | 74492 |
| 累计折旧 | 730463 | 696280 | 27465 | 818192 | 767764 | 38168 |
| 无形及递延资产合计 | 11910 | 10805 | 468 | 15388 | 10280 | 1326 |
| 资产合计 | 1698580 | 1106535 | 68765 | 1805575 | 1691506 | 77395 |
| 流动负债合计 | 414819 | 371939 | 37622 | 479571 | 427337 | 42518 |
| 长期负债合计 | 431039 | 415835 | 12557 | 447588 | 423352 | 14228 |
| 负债合计 | 845858 | 787774 | 50179 | 927159 | 850689 | 56746 |
| 所有者权益 | 852622 | 818761 | 18586 | 878416 | 840817 | 20649 |
| 主营业务收入 | 1016617 | 979851 | 25445 | 577144 | 532544 | 34223 |
| 营业税金及附加 | 17674 | 16452 | 792 | 14262 | 12857 | 1114 |
| 营业成本 | 864482 | 837242 | 18686 | 490424 | 459832 | 22480 |
| 营运业务利润 | 134358 | 126054 | 5967 | 68495 | 59764 | 6757 |
| 管理费用 | 88477 | 77905 | 8966 | 95066 | 84072 | 6629 |
| 财务费用 | 56266 | 54458 | 1584 | 39034 | 37290 | 1512 |
| 营业利润 | —2279 | —2506 | —1135 | —62637 | —63287 | —807 |
| 利润总额 | 20886 | 24038 | —4024 | 7113 | 8287 | —2759 |
| 应交所得税 | 7295 | 7276 | 7 | 1422 | 1326 | 4 |
| 应付利润 | 161 | 27 | 118 | 5 | 5 | |

注：本表口径为县及县以上独立核算公路运输、水上运输、内河(沿海)港口企业。

# 13－11 市属交通系统公路货物运输基本情况

单位：万吨

| 项　　目 | 1995年 | | 1997年 | | 1998年 | |
|---|---|---|---|---|---|---|
| | 合计 | #市区 | 合计 | #市区 | 合计 | #市区 |
| 运输车量数(辆) | | | | | | |
| 货运汽车 | 728 | 637 | 597 | 534 | 501 | 459 |
| 载货挂车 | 33 | 33 | 27 | 27 | 21 | 21 |
| 货物运输量 | 498.00 | 456.00 | 310.38 | 294.59 | 269.74 | 257.40 |
| 汽车 | 498.00 | 456.00 | 310.38 | 294.59 | 269.74 | 257.40 |
| #载货挂车 | 4.00 | 4.00 | 2.71 | 2.71 | 0.63 | 0.63 |
| 货物周转量(万吨千米) | 22012.00 | 19677.00 | 17347.34 | 16466.85 | 14535.14 | 13962.80 |
| 汽车 | 22012.00 | 19677.00 | 17347.34 | 16466.85 | 14535.14 | 13962.80 |
| #载货挂车 | 218.00 | 218.00 | 103.53 | 103.53 | 5.36 | 5.36 |
| 货物分类 | | | | | | |
| 煤炭及制品 | 44.26 | 44.26 | 15.10 | 15.10 | 9.85 | 9.85 |
| 石油、天然气及制品 | 0.01 | 0.01 | 1.92 | 1.92 | 1.86 | 1.86 |
| 金属矿石 | 0.09 | 0.09 | 0.03 | 0.03 | | |
| 钢铁 | 36.00 | 36.00 | 11.66 | 11.66 | 10.73 | 10.73 |
| 矿物性建筑材料 | 14.34 | 14.34 | 3.39 | 3.39 | 6.32 | 6.32 |
| 水泥 | 4.71 | 4.71 | 3.85 | 3.85 | 0.70 | 0.70 |
| 木材 | 4.51 | 4.51 | 0.64 | 0.64 | 0.32 | 0.32 |
| 非金属矿石 | 11.74 | 11.74 | 9.42 | 9.42 | 9.37 | 9.37 |
| 化学肥料及农药 | 0.17 | 0.17 | 0.26 | 0.26 | | |
| 盐 | 0.17 | 0.17 | 0.11 | 0.11 | 0.07 | 0.07 |
| 粮食 | 0.28 | 0.28 | 0.08 | 0.08 | 0.15 | 0.15 |
| 机械、设备、电器 | 26.51 | 26.51 | 18.03 | 18.03 | 14.39 | 14.39 |
| 化工原料及制品 | 6.62 | 6.62 | 3.04 | 3.04 | 2.51 | 2.51 |
| 有色金属 | 0.12 | 0.12 | 0.25 | 0.25 | 0.49 | 0.49 |
| 轻工、医药产品 | 20.27 | 20.27 | 16.55 | 16.55 | 12.73 | 12.73 |
| #日用工业品 | 18.92 | 18.92 | 11.72 | 11.72 | 8.74 | 8.74 |
| 农、林、牧、渔业产品 | 0.44 | 0.44 | 0.27 | 0.27 | 0.10 | 0.10 |
| 其他货类 | 327.76 | 285.76 | 225.78 | 209.99 | 200.15 | 187.81 |

## 13—12 民用运输船舶拥有量

| 项目 | 1995 年 | | 1997 年 | | 1998 年 | |
|---|---|---|---|---|---|---|
| | 全市 | #交通系统 | 全市 | #交通系统 | 全市 | #交通系统 |
| 数量(艘) | 5892 | 1837 | 6463 | 1486 | 6427 | 1318 |
| 1. 机动船 | 4681 | 1336 | 5618 | 1174 | 5586 | 1092 |
| 客船 | 421 | 52 | 419 | 26 | 426 | 22 |
| 客货船 | 4 | 4 | 1 | 1 | 3 | 1 |
| 货船 | 3974 | 1176 | 4927 | 1066 | 4887 | 1007 |
| 拖船 | 282 | 104 | 271 | 81 | 270 | 62 |
| 2. 驳船 | 1211 | 501 | 845 | 312 | 841 | 226 |
| 载客量(客位) | 83702 | 14056 | 79762 | 7144 | 80392 | 5854 |
| 1. 机动船 | 83702 | 14056 | 79564 | 7144 | 80179 | 5854 |
| 客船 | 81557 | 11911 | 79519 | 7099 | 79724 | 5809 |
| 客货船 | 2145 | 2145 | 45 | 45 | 455 | 45 |
| 2. 驳船 | | | 198 | | 213 | |
| 净载重量(吨位) | 5744362 | 5265106 | 4339433 | 3983161 | 3417879 | 3049413 |
| 1. 机动船 | 5362695 | 5109104 | 4147679 | 3864292 | 3227425 | 2955979 |
| 客货船 | 3880 | 3877 | 17 | 17 | 28 | 17 |
| 货船 | 5358815 | 5105227 | 4147662 | 3864275 | 3227397 | 2955962 |
| 2. 驳船 | 381667 | 156002 | 191754 | 118869 | 190454 | 93434 |
| 功率(千瓦) | 2374079 | 1925479 | 1809350 | 1451572 | 1524843 | 1178012 |
| 机动船 | 2374079 | 1925479 | 1809350 | 1451572 | 1524843 | 1178012 |
| #拖船 | 194819 | 18411 | 195010 | 16597 | 196082 | 13933 |

## 13—13 市属交通系统水路运输量及周转量

| 项目 | 1990 年 | 1995 年 | 1997 年 | 1998 年 |
|---|---|---|---|---|
| 运输总量(万吨) | 1608 | 1477 | 1194 | 1161 |
| 货运量 | 1532 | 1435 | 1175 | 1161 |
| 驳运量 | 76 | 42 | 19 | |
| 周转总量(万吨千米) | 96708 | 136146 | 109064 | 104847 |
| 货运周转量 | 95420 | 135390 | 108684 | 104847 |
| 驳运周转量 | 1288 | 756 | 380 | |
| 在货物运输量中 | | | | |
| 1. 货运量(万吨) | 1532 | 1425 | 1175 | 1161 |
| 内河 | 1400 | 942 | 653 | 689 |
| 外贸 | 132 | 483 | 522 | 472 |
| #进口 | 30 | 153 | 232 | 239 |
| 沿海 | | | | |
| 2. 货物周转量(万吨千米) | 95420 | 108075 | 108684 | 104847 |
| 内河 | 75189 | 51186 | 39049 | 38510 |
| 外贸 | 20231 | 56889 | 69635 | 66337 |
| #进口 | 4132 | 21154 | 32848 | 33893 |
| 沿海 | | | | |

## 13—14 广州港港口吞吐量

| 项目 | 1997年 | | | 1998年 | | |
|---|---|---|---|---|---|---|
| | 合计 | 进口 | 出口 | 合计 | 进口 | 出口 |
| 货物吞吐量(万吨) | 7518.00 | 4948.26 | 2569.74 | 7863.18 | 5130.73 | 2732.45 |
| 外贸合计 | 2307.51 | 1801.17 | 506.34 | 2304.21 | 1747.46 | 556.75 |
| 内贸合计 | 5210.49 | 3147.09 | 2063.40 | 5558.97 | 3383.27 | 2175.70 |
| 沿海 | 2873.96 | 2582.35 | 291.61 | 3152.86 | 2780.27 | 372.59 |
| 内河 | 2336.53 | 564.74 | 1771.79 | 2406.11 | 603.00 | 1803.11 |
| 旅客进出港人数(万人次) | 109.67 | 57.88 | 51.79 | 68.68 | 36.55 | 32.13 |
| 国内航线 | 100.21 | 52.58 | 47.63 | 68.38 | 36.33 | 32.05 |
| 国际航线 | 9.46 | 5.30 | 4.16 | 0.30 | 0.22 | 0.08 |

## 13—15 邮政电信网

单位:个

| 项目 | 1995年 | | 1997年 | | 1998年 | |
|---|---|---|---|---|---|---|
| | 全市 | #市区 | 全市 | #市区 | 全市 | #市区 |
| 邮政网 | | | | | | |
| 自办邮政局、所 | 208 | 123 | 251 | 134 | 227 | 136 |
| 市、县局 | 5 | 1 | 13 | 9 | 5 | 1 |
| 支局、所 | 203 | 122 | 238 | 125 | 222 | 135 |
| 代办所 | 82 | 73 | 165 | 117 | 197 | 143 |
| 邮政储蓄所 | 130 | 78 | 154 | 97 | 166 | 99 |
| 信箱、信筒 | 1651 | 715 | 1881 | 796 | 1765 | 780 |
| 电信网 | | | | | | |
| 自办电信局所 | 26 | 26 | 32 | 32 | 109 | 31 |
| 电信局 | 1 | 1 | 1 | 1 | 5 | 1 |
| 支局、所 | 25 | 25 | 31 | 31 | 104 | 30 |
| 代办所 | 106 | 106 | 178 | 178 | 172 | 168 |

# 13-16 邮电业务收入

单位：万元

| 项目 | 1995年 | | 1997年 | | 1998年 | |
|---|---|---|---|---|---|---|
| | 全市 | #市区 | 全市 | #市区 | 全市 | #市区 |
| 合计 | 380323 | 343096 | 687781 | 573948 | 841107 | 701397 |
| #港澳及国际 | 101317 | 79332 | 105074 | 84534 | 99760 | 79719 |
| 1. 市邮政局 | 73341 | 36114 | 60512 | 60512 | 61054 | 61054 |
| #港澳及国际 | 29791 | 7806 | 5253 | 5253 | 8406 | 8406 |
| 2. 市电信局 | 306982 | 306982 | 627269 | 513436 | 780053 | 640343 |
| #港澳及国际 | 71526 | 71526 | 99821 | 79281 | 91354 | 71311 |
| 邮政收入 | 43010 | 36114 | 70970 | 60512 | 73264 | 61054 |
| 函件 | 4827 | 4445 | 11743 | 11308 | 11559 | 10238 |
| 特快专递 | 16164 | 14705 | 19261 | 17341 | 20355 | 15597 |
| 邮政快件 | 1524 | 1200 | 2100 | 1700 | 2005 | 1003 |
| 包件 | 3012 | 2606 | 4439 | 3804 | 5043 | 4390 |
| 报刊 | 3345 | 2926 | 6149 | 5581 | 5203 | 4562 |
| 其他 | 14138 | 10232 | 27278 | 20778 | 29099 | 25264 |
| 长途电信收入 | 175825 | 145494 | 271071 | 226051 | 302747 | 258762 |
| 国内长途电话 | 75551 | 67768 | 135041 | 117217 | 197856 | 175296 |
| 国际及港澳电话 | 93303 | 71526 | 120780 | 97470 | 84494 | 64451 |
| 电报 | 1535 | 1389 | 1096 | 910 | 841 | 753 |
| 其他 | 5436 | 4811 | 14154 | 10454 | 19556 | 18262 |
| 市内电话收入 | 94682 | 94682 | 176049 | 156545 | 204445 | 186438 |
| 其他收入 | 66806 | 66806 | 169691 | 130840 | 260651 | 195143 |
| 无线寻呼 | 1245 | 1245 | 1657 | 1657 | 5401 | 5144 |
| 移动电话 | 65415 | 65415 | 168034 | 129183 | 255250 | 189999 |
| 其他 | 146 | 146 | | | | |

# 13—17 邮电业务交换量

| 项目 | 单位 | 1995年 | | 1997年 | | 1998年 | |
|---|---|---|---|---|---|---|---|
| | | 全市 | #市区 | 全市 | #市区 | 全市 | #市区 |
| 邮电业务总量(1990年不变价格) | 万元 | 463690 | 363243 | 711698 | 576651 | 863868 | 684932 |
| #计费 | 万元 | 460439 | 360482 | 709040 | 574495 | 859062 | 682591 |
| 总量中:1.邮政局 | 万元 | 125483 | 25036 | 26015 | 26015 | 28630 | 28630 |
| 2.电信局 | 万元 | 338207 | 338207 | 685683 | 550636 | 835238 | 656302 |
| 国内分类业务总量 | | | | | | | |
| 函件 | 万件 | 24220 | 20881 | 27125 | 23643 | 26783 | 23057 |
| 包件 | 万件 | 381 | 348 | 339 | 295 | 362 | 318 |
| 汇票 | 万张 | 913 | 658 | 917 | 657 | 950 | 683 |
| 订销报纸累计数 | 万份 | 33449 | 29482 | 24958 | 21112 | 20845 | 16987 |
| 订销杂志累计数 | 万份 | 2346 | 2204 | 1778 | 1655 | 1257 | 1257 |
| 邮政快件 | 万件 | 1489 | 1037 | 1268 | 863 | 785 | 467 |
| 特快专递 | 万件 | 227 | 220 | 298 | 275 | 346 | 320 |
| 邮政储蓄年末收储余额 | 万元 | 97859 | 62528 | 198479 | 133291 | 253759 | 156430 |
| 电报 | 万份 | 221 | 183 | 78 | 55 | 60 | 42 |
| 长途电话 | 万张 | 46270 | 38941 | 70311 | 61046 | 90356 | 75996 |
| 市话年末到达户数 | 户 | 1002120 | 1002120 | 1471552 | 1300504 | 1647324 | 1454617 |
| 农话年末到达户数 | 户 | 251170 | | 198468 | | 236509 | |
| 长途直拨有权用户期末数 | 户 | 845958 | 567641 | 1121334 | 777925 | 1233561 | 860797 |
| #直拨国际港澳 | 户 | 608476 | 366024 | 754262 | 505797 | 498135 | 428538 |
| 国际及港澳分类业务 | | | | | | | |
| 函件 | 万件 | 2320 | 2266 | 2393 | 2334 | 1177 | 1177 |
| 包件 | 万件 | 5 | 5 | 5 | 5 | 4 | 4 |
| 特快专递 | 万件 | 25 | 24 | 24 | 23 | 23 | 22 |
| 国际电话 | 万张 | 587 | 523 | 829 | 748 | 874 | 741 |
| 港澳电话 | 万张 | 4411 | 3442 | 5465 | 4364 | 5658 | 4392 |
| 市内电话交换机总容量 | 门 | 1307500 | 1307500 | 1981897 | 1736812 | 2190437 | 1933352 |

注:市话年末到达户数、市话交换机总容量的全市数包括四县级市市区数。

# 主要统计指标解释

【货(客)运量】 指在一定时期内，各运输工具实际运送的货物(旅客)的数量。是反映运输业为国民经济和人民生活服务的数量指标，也是制定和检查运输生产计划，研究运输发展规模和速度的重要指标。货运按吨计算，客运按人计算。货物不论运输距离长短，货物类别，均按实际重量统计；旅客不论行程远近或票价多少，均按一人一次作为客运量统计。半价票、小孩票也按一人统计。

【货物(旅客)周转量】 指在一定时期内，由各种运输工具运送的货物(旅客)数量与其相应运输距离的乘积之总和，是反映运输业生产总成果的重要指标，也是编制和检查运输生产计划，计算运输效率、劳动生产率以及核算运输单位成本的主要基础资料。通常以吨公里和人公里为计算单位。计算货物周转量通常按发出站与到达站之间的最短距离，也就是计费距离计算。

【沿海主要港口货物吞吐量】 指由水运进出沿海主要港区范围，并经过装卸的货物数量，包括邮件及办理托运手续的行李、包裹以及补给运输船舶的燃、物料和淡水。其计量单位为吨。货物吞吐量的货种分类及其主要流向流量，反映了港口在国内外物资交流和对外贸易运输中的地位和作用。吞吐量可以分为进口、出口，又可以分为国内贸易和对外贸易。

【邮电业务总量】 指以货币表现的邮电部门用于传递信息和提供其他邮电服务的总数量。它综合反映了一定时期邮电工作的总成果，是研究邮电业务量构成和发展趋势的重要指标。根据邮电管理体制不同，分为中央国营业务总量和地方国营业务总量。它用各种邮电分类业务量，如函件件数、电报份数、长话张数、市内电话和农村电话的年均户数、订销报刊累计份数等，分别乘以相应的平均单价(不变价)，加总后再加上出租电路和设备的收入、代用户维护电话交换机和线路等设备的收入、其他业务收入求得。

【无线寻呼电话用户】 指携带小型寻呼机，接收市话用户通过无线寻呼中心，在规定范围内向其发出声音、数字或文字显示信息的用户。目前在邮电部门办理登记手续的无线寻呼电话用户，每一部寻呼机按一户计算。

【移动电话用户】 指在邮电部门登记，通过移动电话交换机进入移动电话网，占有移动电话号码的电话用户。用户数量以实际办理登记手续进入邮电部门移动电话网的户数进行计算，一部或一台移动电话统计为一户。

# 第十四篇

# 国内贸易

# 内需扩大　消费增长

1998 年，广州消费品市场在国家适度增加投资、扩大内需经济政策的影响下保持稳定增长，全市实现社会消费品零售总额 904.57 亿元，比上年增长 12.7%，剔除价格因素实际增长 17.0%，比全国和全省平均水平高 7.44 个和 2.34 个百分点。在全国十大城市中，我市社会消费品零售总额在上海和北京之后居第三位，实际增长速度由上年的第三位上升到第二位。

市场运行的特点

1. 国有大、中型企业保持较大规模。全年限额以上贸易企业商品销售额达 1071 亿元，占全市贸易业销售总额的 46.1%。在全市零售企业中，国有的新大新公司、广州百货大厦、友谊商店等企业全年零售额分别达到 10.81 亿元、10.70 亿元、9.14 亿元，位居全市零售企业的前三位。

2. 货仓式商场成为商业市场发展的一个亮点。正大万客隆、好又多、百佳超级市场、吉之岛、宏城超级商场、岛内价、顺民城等，其经营网点不断增加，商品销售规模不断扩大。以上各大货仓商场 1998 年全年商品销售额均超亿元。

3. 私营、个体经济商业保持快速增长。到 1998 年底止，从事贸易业的个体、私营企业为 14.87 万户，比上年末增长 5.4%，占全部个体、私营企业数比重的 61.4%。个体、私营企业消费品零售额 287.01 亿元，比上年增长 16.9%，占全市消费品零售额的比重由上年的 30.6%上升到 31.7%。

4. 餐饮业持续兴旺。全年餐饮业零售额为 158.38 亿元，比上年增长 14.2%，比全市消费品零售总额增速高出 1.48 个百分点。

5. 城乡集市贸易成交持续活跃。全年商品交易市场成交额为 378.62 亿元，比上年增长 20.5%。其中消费品市场成交额为 361.39 亿元，比上年增长 22.7%。年成交额超亿元的商品交易市场有 31 个，成交额超 10 亿元的商品交易市场有 6 个，均比上年多 2 个。

6. 主要家电销售畅旺。1998 年的春节、世界杯足球赛期间，家电商品出现旺销；进入炎夏以及 12 月份购物卡、券的集中使用，更使家电商品销售推向高潮。全年大中型批发零售贸易业彩色电视机、家用电冰箱、家用洗衣机和房间空调器的零售量分别为 13.43 万台、11.45 万台、11.36 万台和 7.66 万台，比上年分别增长 24.0%、37.7%、33.0%和 39.7%。

消费增长的因素

1. 工农业生产稳步发展。全年工业总产值 2520.75 亿元，比上年增长 13.9%，其中轻工业产值 1573.39 亿元，增长 12.4%；农业总产值 154.02 亿元，增长 4.6%。工农业生产的稳步发展为广州消费品市场提供了充足的货源。全年贸易业商品购进总额 2159.20 亿元，比上年增长 9.6%；商品销售总额 2324 亿元，增长 10.2%。

2. 固定资产投资拉力增大。1998 年国家制定了适度增加固定资产投资，扩大内需的经济政策。全年固定资产投资额达 746 亿元，比上年增长 13.6%。固定资产投资的增加带动了整个消费品市场的增长。

3. 市场建设不断发展。全年商品交易市场建设投资总额 4.92 亿元，新建市场 91 个，新建市场面积 35.48 万平方米。到 1998 年末，全市共有各类商品交易市场 990 个，比上年增加 37 个，其中消费品市场 902 个，生产资料市场 88 个，分别增加 30 个和 7 个。

4. 城乡居民收入继续增加。全年职工工资总额 278.75 亿元，比上年增长 6.6%。另据城市居民抽样调查资料显示：1998 年我市城市居民人均可支配收入 11256 元，增长 7.8%。城乡居民收入的增加，带动了消费支出的增长，城市居民全年人均消费性支出 9422 元，比上年增长 7.5%。

## 社会消费品零售总额

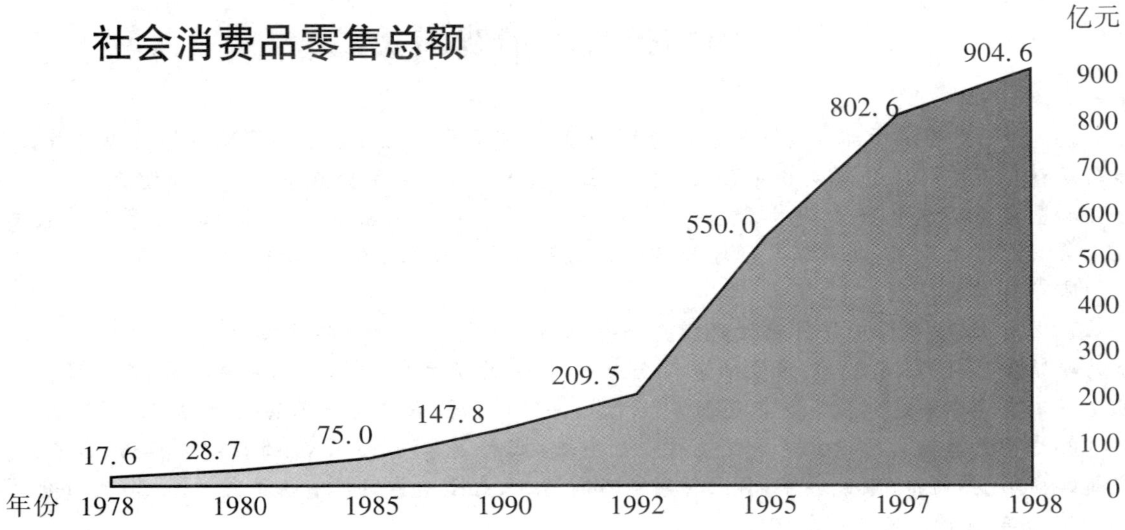


## 社会消费品零售总额构成(%)

### 按经济类型分

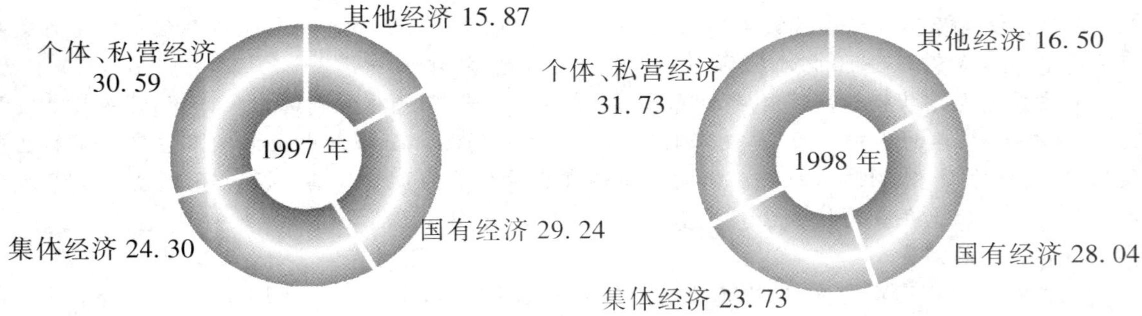


### 按用途分

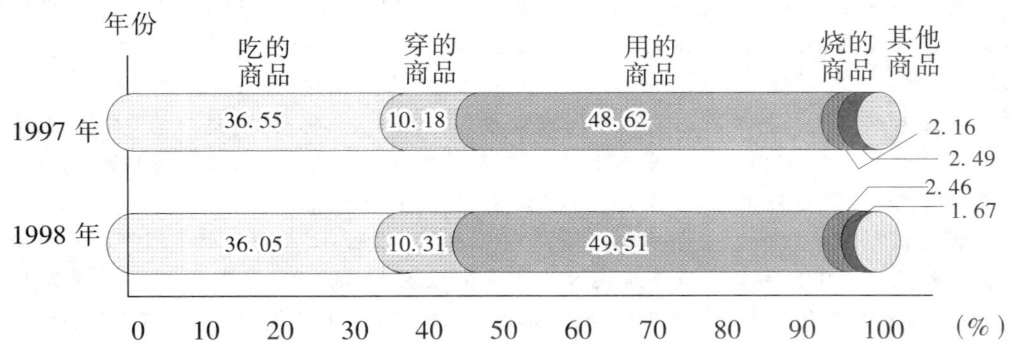

# 14－1 主要年份社会消费品零售总额

单位：万元

| 年份、时期 | 总　计 | 按销售对象分 | | 按行业分 | | | |
|---|---|---|---|---|---|---|---|
| | | 对居民的零售额 | 对机团的零售额 | 批发零售业 | 餐饮业 | 制造业 | 其他行业 |
| 1952 | 44933 | 41598 | 3335 | 36125 | 5410 | 2666 | 732 |
| 1957 | 80584 | 73990 | 6594 | 63461 | 10589 | 3836 | 2698 |
| 1962 | 94690 | 87462 | 7228 | 75341 | 14173 | 2792 | 2384 |
| 1965 | 94760 | 85456 | 9304 | 80811 | 8796 | 3539 | 1614 |
| 1970 | 107918 | 97563 | 10355 | 92930 | 9143 | 3826 | 2019 |
| 1975 | 152120 | 135728 | 16392 | 129124 | 13048 | 6460 | 3488 |
| 1978 | 176300 | 158296 | 18004 | 148378 | 16242 | 7327 | 4353 |
| 1980 | 287127 | 252948 | 34179 | 224457 | 23307 | 24261 | 15102 |
| 1985 | 749841 | 675806 | 74035 | 499571 | 115750 | 64827 | 69693 |
| 1990 | 1477826 | 1327884 | 149942 | 945047 | 239607 | 74574 | 218598 |
| 1995 | 5499678 | 4920837 | 578841 | 3437585 | 962855 | 331749 | 767489 |
| 1996 | 6864426 | 6147983 | 716443 | 4549455 | 1193692 | 370657 | 750622 |
| 1997 | 8025887 | 7032651 | 993236 | 5329267 | 1387026 | 509907 | 799687 |
| 1998 | 9045719 | 7912743 | 1132976 | 6010638 | 1583833 | 561812 | 889436 |
| 1950－1952 | 110675 | 102504 | 8171 | 88711 | 14075 | 5733 | 2156 |
| “一五”时期 | 330144 | 298017 | 32127 | 264031 | 42188 | 15324 | 8601 |
| “二五”时期 | 462103 | 414194 | 47909 | 379250 | 60237 | 13899 | 8717 |
| 1963－1965 | 285516 | 259275 | 26241 | 241319 | 28612 | 10466 | 5119 |
| “三五”时期 | 519550 | 471635 | 47915 | 450008 | 48523 | 13577 | 7442 |
| “四五”时期 | 663567 | 596511 | 67056 | 564390 | 59398 | 24513 | 15266 |
| “五五”时期 | 998522 | 884578 | 113944 | 820608 | 86244 | 58472 | 33198 |
| “六五”时期 | 2459903 | 2194642 | 265261 | 1775024 | 260620 | 222331 | 201928 |
| “七五”时期 | 5978373 | 5373287 | 605086 | 3847414 | 892809 | 388958 | 849192 |
| “八五”时期 | 16808010 | 15059958 | 1748052 | 10491118 | 2944665 | 959784 | 2412443 |
| 1979－1998 | 49680435 | 44160497 | 5519938 | 32399340 | 8305119 | 3051051 | 5924925 |

# 14—2 市区主要年份社会消费品零售总额

单位:万元

| 年份、时期 | 总　计 | 按销售对象分 | | 按　行　业　分 | | | |
|---|---|---|---|---|---|---|---|
| | | 对居民的零售额 | 对机团的零售额 | 批　发零售业 | 餐饮业 | 制造业 | 其他行业 |
| 1952 | 38114 | 34974 | 3140 | 30079 | 4966 | 2389 | 680 |
| 1957 | 70384 | 64112 | 6272 | 54860 | 9711 | 3222 | 2591 |
| 1962 | 79258 | 72350 | 6908 | 63084 | 11892 | 2145 | 2137 |
| 1965 | 79712 | 70892 | 8820 | 67980 | 7525 | 2962 | 1245 |
| 1970 | 87903 | 79000 | 8903 | 75923 | 7818 | 2854 | 1308 |
| 1975 | 124120 | 110141 | 13979 | 105362 | 11068 | 5306 | 2384 |
| 1978 | 143227 | 127407 | 15820 | 119936 | 13745 | 6116 | 3430 |
| 1980 | 237418 | 206330 | 31088 | 184858 | 19935 | 21400 | 11225 |
| 1985 | 632251 | 568894 | 63357 | 416357 | 108856 | 54359 | 52679 |
| 1990 | 1222915 | 1101153 | 121762 | 794325 | 216701 | 53849 | 158040 |
| 1995 | 4343763 | 3928495 | 415268 | 2783824 | 813012 | 191899 | 555028 |
| 1996 | 5618364 | 5045291 | 573073 | 3795232 | 1030453 | 217521 | 575158 |
| 1997 | 6685149 | 6003464 | 681685 | 4530462 | 1217018 | 340696 | 596973 |
| 1998 | 7552787 | 6682328 | 870459 | 5144895 | 1380089 | 377159 | 650644 |
| 1950—1952 | 92138 | 84484 | 7654 | 72289 | 12808 | 5001 | 2040 |
| “一五”时期 | 286386 | 255652 | 30734 | 226098 | 38952 | 13086 | 8250 |
| “二五”时期 | 398912 | 354003 | 44909 | 328277 | 52851 | 9603 | 8181 |
| 1963—1965 | 236890 | 211815 | 25075 | 199805 | 24526 | 8563 | 3996 |
| “三五”时期 | 424891 | 381372 | 43519 | 368228 | 41593 | 9863 | 5207 |
| “四五”时期 | 539323 | 482104 | 57219 | 459701 | 50258 | 19559 | 9805 |
| “五五”时期 | 814538 | 713654 | 100884 | 666816 | 73122 | 49682 | 24918 |
| “六五”时期 | 2039838 | 1809849 | 229989 | 1476139 | 234727 | 183998 | 144974 |
| “七五”时期 | 4998672 | 4510506 | 488166 | 3272004 | 814484 | 296896 | 615288 |
| “八五”时期 | 13367366 | 12052752 | 1314614 | 8547217 | 2535895 | 565612 | 1718642 |
| 1979—1998 | 40671020 | 36459912 | 4211108 | 27089245 | 7248979 | 2014513 | 4318283 |

# 14—3 社会消费品零售总额

（1998年）　　单位：万元

| 项　　目 | 全　市 | 市　区 | 番禺市 | 花都市 | 增城市 | 从化市 |
|---|---|---|---|---|---|---|
| **社会消费品零售总额** | 9045719 | 7552787 | 511000 | 390059 | 365000 | 226873 |
| **按经济类型分** | | | | | | |
| 国有经济 | 2536150 | 2291302 | 70681 | 79818 | 60466 | 33883 |
| 集体经济 | 2146717 | 1881889 | 83439 | 87959 | 20500 | 72930 |
| 私营经济 | 684608 | 455058 | 50006 | 68808 | 90170 | 20566 |
| 个体经济 | 2185487 | 1680267 | 244258 | 88475 | 98238 | 74249 |
| 联营经济 | 79305 | 70638 | 531 | 537 | 6370 | 1229 |
| 股份制经济 | 431450 | 430605 | | | | 845 |
| 外商投资经济 | 267890 | 263813 | | 4077 | | |
| 港澳台投资经济 | 325216 | 296093 | 2143 | 14684 | 11760 | 536 |
| 其他经济 | 388896 | 183122 | 59942 | 45701 | 77496 | 22635 |
| **按行业分** | | | | | | |
| 批发零售贸易业 | 6010638 | 5144895 | 351933 | 166852 | 203479 | 143479 |
| 餐饮业 | 1583833 | 1380089 | 76652 | 66495 | 41568 | 19029 |
| 制造业 | 561812 | 377159 | 15722 | 88008 | 42360 | 38563 |
| 其他 | 889436 | 650644 | 66693 | 68704 | 77593 | 25802 |
| #农民对非农业居民零售 | 345519 | 156818 | 59942 | 41651 | 64473 | 22635 |
| **按企业规模分** | | | | | | |
| 大型企业 | 1330193 | 1286334 | 38410 | 4517 | | 932 |
| 中型企业 | 834670 | 705458 | 63775 | 37095 | 9912 | 18430 |
| 小型企业及个体 | 6880856 | 5560995 | 408815 | 348447 | 355088 | 207511 |
| **按用途分** | | | | | | |
| 吃的商品 | 3261120 | 2572897 | 232433 | 165669 | 177677 | 112444 |
| 穿的商品 | 932670 | 758176 | 60284 | 45041 | 44393 | 24776 |
| 用的商品 | 4478610 | 3908008 | 192813 | 160966 | 134362 | 82461 |
| 烧的商品 | 222325 | 181460 | 14795 | 11075 | 7844 | 7151 |
| 其他商品 | 150994 | 132246 | 10675 | 7308 | 724 | 41 |

# 14-4 大中型批发零售贸易业商品购、销、存总额

（1998 年）

单位：万元

| 项目 | 购进总额 | #从生产者购进 | 销售总额 | 批发 | 零售 | 年末库存 |
|---|---|---|---|---|---|---|
| 总计 | 9359065 | 5115598 | 10710119 | 9135807 | 1574312 | 967368 |
| **按经济类型分** | | | | | | |
| 国有经济 | 7273923 | 4101484 | 8315171 | 7510182 | 804989 | 672375 |
| 集体经济 | 1083215 | 486657 | 1202073 | 1061443 | 140630 | 183109 |
| 私营经济 | 39369 | 26038 | 44367 | 6136 | 38231 | 4864 |
| 联营经济 | 114287 | 94786 | 120088 | 96534 | 23554 | 6673 |
| 股份制经济 | 420680 | 201734 | 495658 | 265201 | 230457 | 55408 |
| #国有绝对控股 | 176791 | 72951 | 228367 | 75762 | 152605 | 22458 |
| 外商投资经济 | 156726 | 70138 | 200449 | 113466 | 86983 | 6589 |
| 港澳台投资经济 | 270865 | 134761 | 332313 | 82845 | 249468 | 38350 |
| **按行业分** | | | | | | |
| 食品、饮料、烟草批发业 | 1491265 | 713373 | 1692070 | 1609507 | 82563 | 83429 |
| 棉、麻、土畜产品批发业 | 96727 | 46752 | 134567 | 133402 | 1165 | 14008 |
| 纺织品、服装和鞋帽批发业 | 602325 | 475404 | 766301 | 762037 | 4264 | 46784 |
| 日用百货批发业 | 291439 | 164754 | 336832 | 318929 | 17903 | 54922 |
| 日用杂品批发业 | 21774 | 7875 | 20315 | 19345 | 970 | 2508 |
| 五金、交电、化工批发业 | 436401 | 295540 | 518562 | 489070 | 29492 | 40759 |
| 药品及医疗器械批发业 | 524691 | 253385 | 582260 | 498758 | 83502 | 78916 |
| 能源批发业 | 1187107 | 467069 | 1251349 | 1215390 | 35959 | 75485 |
| 化工材料批发业 | 379434 | 216011 | 431668 | 427632 | 4036 | 41147 |
| 木材批发业 | 41395 | 38556 | 76814 | 76814 | | 6849 |
| 建筑材料批发业 | 134452 | 64929 | 139124 | 138935 | 189 | 16372 |
| 矿产品批发业 | 22461 | 22461 | 28926 | 28926 | | 1216 |
| 金属材料批发业 | 1337793 | 1071246 | 1464905 | 1456377 | 8528 | 123844 |
| 机械、电子设备批发业 | 509476 | 326752 | 538563 | 526859 | 11704 | 57948 |
| 汽车、摩托车及零配件批发业 | 110630 | 49971 | 125556 | 75910 | 49646 | 18400 |
| 再生物资回收批发业 | 21864 | 5304 | 26295 | 23520 | 2775 | 1789 |
| 工艺美术批发业 | 74854 | 73831 | 89720 | 89442 | 278 | 8047 |
| 图书报刊批发业 | 128052 | 104112 | 155432 | 151691 | 3741 | 19856 |
| 农业生产资料批发业 | 456048 | 105952 | 534516 | 509223 | 25293 | 55266 |
| 其他类未包括的批发业 | 320226 | 140106 | 337295 | 331154 | 6141 | 32403 |
| 食品、饮料和烟草零售业 | 92956 | 45511 | 101904 | 22311 | 79593 | 13548 |
| 日用百货零售业 | 805611 | 307323 | 1021596 | 58679 | 962917 | 130596 |
| 纺织品、服装和鞋帽零售业 | 85757 | 51560 | 110399 | 71897 | 38502 | 8486 |
| 日用杂品零售业 | 2551 | 1740 | 3254 | 1789 | 1465 | 1617 |
| 五金、交电、化工零售业 | 28877 | 8558 | 32681 | 21468 | 11213 | 4006 |
| 药品及医疗器械零售业 | 34567 | 4145 | 43946 | 7324 | 36622 | 8329 |
| 图书报刊零售业 | 39383 | 13765 | 40158 | 5732 | 34426 | 9835 |
| 其他零售业 | 80949 | 39613 | 105111 | 63686 | 41425 | 11003 |

# 14-5 市区大中型批发零售贸易业商品购、销、存总额

（1998 年）　　　　单位：万元

| 项　　目 | 购进总额 | #从生产者购进 | 销售总额 | 批　发 | 零　售 | 年末库存 |
|---|---|---|---|---|---|---|
| **总　　计** | **8828642** | **4895171** | **10151564** | **9725774** | **1425790** | **907264** |
| **按经济类型分** | | | | | | |
| 国有经济 | 6994659 | 4022369 | 7999856 | 7291232 | 708624 | 638329 |
| 集体经济 | 832056 | 345345 | 958833 | 870360 | 88473 | 157051 |
| 私营经济 | 39369 | 26038 | 44367 | 6136 | 38231 | 4864 |
| 联营经济 | 114287 | 94786 | 120088 | 96534 | 23554 | 6673 |
| 股份制经济 | 420680 | 201734 | 495658 | 265201 | 230457 | 55408 |
| #国有绝对控股 | 176791 | 72951 | 228367 | 75762 | 152605 | 22458 |
| 外商投资经济 | 156726 | 70138 | 200449 | 113466 | 86983 | 6589 |
| 港澳台投资经济 | 270865 | 134761 | 332313 | 82845 | 249468 | 38350 |
| **按行业分** | | | | | | |
| 食品、饮料、烟草批发业 | 1341840 | 672778 | 1526625 | 1469301 | 57324 | 72614 |
| 棉、麻、土畜产品批发业 | 96727 | 46752 | 134567 | 133402 | 1165 | 14008 |
| 纺织品、服装和鞋帽批发业 | 602325 | 475404 | 766301 | 762037 | 4264 | 46784 |
| 日用百货批发业 | 289119 | 164594 | 334413 | 316819 | 17594 | 54634 |
| 日用杂品批发业 | 20491 | 7696 | 18902 | 18047 | 855 | 2011 |
| 五金、交电、化工批发业 | 324960 | 193566 | 428213 | 415857 | 12356 | 29058 |
| 药品及医疗器械批发业 | 519381 | 251654 | 573704 | 494550 | 79154 | 77358 |
| 能源批发业 | 1138016 | 448469 | 1197841 | 1165194 | 32647 | 72925 |
| 化工材料批发业 | 376699 | 215971 | 428873 | 425077 | 3796 | 40607 |
| 木材批发业 | 41395 | 38556 | 76814 | 76814 | | 6849 |
| 建筑材料批发业 | 134452 | 64929 | 139124 | 138935 | 189 | 16372 |
| 矿产品批发业 | 22461 | 22461 | 28926 | 28926 | | 1216 |
| 金属材料批发业 | 1331858 | 1065311 | 1458566 | 1450038 | 8528 | 123844 |
| 机械、电子设备批发业 | 506439 | 323715 | 535526 | 523822 | 11704 | 57948 |
| 汽车、摩托车及零配件批发业 | 100523 | 49971 | 114826 | 71185 | 43641 | 17603 |
| 再生物资回收批发业 | 16249 | 5304 | 19435 | 16660 | 2775 | 1789 |
| 工艺美术批发业 | 74854 | 73831 | 89720 | 89442 | 278 | 8047 |
| 图书报刊批发业 | 128052 | 104112 | 155432 | 151691 | 3741 | 19856 |
| 农业生产资料批发业 | 340104 | 77135 | 411527 | 409176 | 2351 | 44072 |
| 其他类未包括的批发业 | 320226 | 140106 | 337295 | 331154 | 6141 | 32403 |
| 食品、饮料和烟草零售业 | 92956 | 45511 | 101904 | 22311 | 79593 | 13548 |
| 日用百货零售业 | 757154 | 289830 | 961348 | 52956 | 908392 | 114587 |
| 纺织品、服装和鞋帽零售业 | 83264 | 51124 | 108766 | 71813 | 36953 | 6809 |
| 日用杂品零售业 | 2551 | 1740 | 3254 | 1789 | 1465 | 1617 |
| 五金、交电、化工零售业 | 16013 | 7885 | 18634 | 15305 | 3329 | 1836 |
| 药品及医疗器械零售业 | 34567 | 4145 | 43946 | 7324 | 36622 | 8329 |
| 图书报刊零售业 | 38098 | 13765 | 38537 | 4889 | 33648 | 9778 |
| 其他零售业 | 77868 | 38856 | 98545 | 61260 | 37285 | 10762 |

## 14—6 大中型批发零售贸易业商品分类销售、库存总额

(1998 年)　　　　单位:万元

| 项　　目 | 销　　售 | 批　　发 | 零　　售 | 年末库存 |
|---|---|---|---|---|
| 合　　计 | 10710119 | 9135807 | 1574312 | 967368 |
| 食品类 | 1002202 | 787179 | 215023 | 70150 |
| #肉禽蛋类 | 238819 | 216821 | 21998 | 16602 |
| 饮料类 | 51312 | 24190 | 27122 | 5769 |
| 烟酒类 | 778688 | 701445 | 77243 | 37758 |
| 服装、鞋帽类 | 828645 | 599973 | 228672 | 43493 |
| 针、纺织品类 | 311762 | 261717 | 50045 | 37186 |
| 化妆品类 | 63231 | 18282 | 44949 | 40241 |
| 金银珠宝类 | 113383 | 47297 | 66086 | 22141 |
| 日用品类 | 682815 | 512421 | 170394 | 47778 |
| #洗涤用品类 | 28822 | 2689 | 26133 | 2354 |
| 五金、电料类 | 112133 | 101128 | 11005 | 8623 |
| 体育、娱乐用品类 | 90752 | 64079 | 26673 | 4662 |
| 书报杂志类 | 205841 | 164305 | 41536 | 30468 |
| 电子出版物及音像制品类 | 4663 | 23 | 4640 | 427 |
| 家用电器和音像器材类 | 489370 | 277416 | 211954 | 49170 |
| 中西药品类 | 640188 | 506373 | 133815 | 88130 |
| 文化办公用品类 | 105264 | 63629 | 41635 | 15677 |
| 家具类 | 56922 | 41192 | 15730 | 2312 |
| 通讯器材类 | 120878 | 116432 | 4446 | 17828 |
| 煤炭及制品类 | 227398 | 225900 | 1498 | 13489 |
| 木材及制品类 | 45590 | 45585 | 5 | 2393 |
| 石油及制品类 | 1200189 | 1138217 | 61972 | 65575 |
| 化工材料类 | 1043249 | 1037680 | 5569 | 120005 |
| 黑色金属材料类 | 1024411 | 1019667 | 4744 | 76727 |
| 有色金属材料类 | 114979 | 110948 | 4031 | 6775 |
| 建筑及装潢材料类 | 82987 | 81421 | 1566 | 5555 |
| 机电产品及设备类 | 831965 | 745033 | 86932 | 87779 |
| #农机类 | 31408 | 31102 | 306 | 3762 |
| 种子饲料类 | 45897 | 45701 | 196 | 3879 |
| 棉麻土畜类 | 56361 | 53840 | 2521 | 12194 |
| 其他类 | 379044 | 344734 | 34310 | 51184 |

# 14－7 市区大中型批发零售贸易业商品分类销售、库存总额

（1998 年） 单位：万元

| 项　　目 | 销　　售 | 批　　发 | 零　　售 | 年末库存 |
|---|---|---|---|---|
| 合　　计 | 10151564 | 8725774 | 1425790 | 907264 |
| 食品类 | 867587 | 679249 | 188338 | 61568 |
| ＃肉禽蛋类 | 187120 | 170126 | 16994 | 16039 |
| 饮料类 | 49868 | 23915 | 25953 | 5566 |
| 烟酒类 | 733319 | 663907 | 69412 | 34154 |
| 服装、鞋帽类 | 814526 | 594778 | 219748 | 38181 |
| 针、纺织品类 | 305833 | 260065 | 45768 | 35635 |
| 化妆品类 | 60630 | 18243 | 42387 | 39473 |
| 金银珠宝类 | 105549 | 47297 | 58252 | 19566 |
| 日用品类 | 667383 | 510382 | 157001 | 43831 |
| ＃洗涤用品类 | 26068 | 2564 | 23504 | 1830 |
| 五金、电料类 | 108990 | 99608 | 9382 | 7093 |
| 体育、娱乐用品类 | 89329 | 64075 | 25254 | 4151 |
| 书报杂志类 | 203468 | 163433 | 40035 | 30320 |
| 电子出版物及音像制品类 | 4563 | 23 | 4540 | 356 |
| 家用电器和音像器材类 | 384163 | 205579 | 178584 | 33894 |
| 中西药品类 | 628409 | 500938 | 127471 | 86064 |
| 文化办公用品类 | 101077 | 61493 | 39584 | 14615 |
| 家具类 | 56511 | 41156 | 15355 | 2154 |
| 通讯器材类 | 120847 | 116404 | 4443 | 17825 |
| 煤炭及制品类 | 222438 | 220945 | 1493 | 13299 |
| 木材及制品类 | 41608 | 41608 |  | 1590 |
| 石油及制品类 | 1123086 | 1075219 | 47867 | 62294 |
| 化工材料类 | 975843 | 970523 | 5320 | 115703 |
| 黑色金属材料类 | 1022162 | 1017418 | 4744 | 76693 |
| 有色金属材料类 | 114816 | 110785 | 4031 | 6775 |
| 建筑及装潢材料类 | 82573 | 81168 | 1405 | 5462 |
| 机电产品及设备类 | 802709 | 727707 | 75002 | 84516 |
| ＃农机类 | 21384 | 21384 |  | 1853 |
| 种子饲料类 | 43305 | 43305 |  | 3605 |
| 棉麻土畜类 | 56277 | 53840 | 2437 | 12163 |
| 其他类 | 364695 | 332711 | 31984 | 50718 |

# 14—8 批发零售贸易业商品购、销、存总额

（1998 年、按地区分）　　单位：万元

| 项　目 | 全　市 | 市　区 | 番禺市 | 花都市 | 增城市 | 从化市 |
|---|---|---|---|---|---|---|
| **商品购进总额** | **21592032** | **19681408** | **897090** | **370246** | **396553** | **246735** |
| #从生产者购进 | 11026436 | 10481895 | 259913 | 90591 | 142800 | 51237 |
| **商品销售总额** | **23239962** | **21161618** | **931879** | **411850** | **476201** | **258414** |
| 批发 | 17229324 | 16099030 | 497639 | 244998 | 272722 | 114935 |
| #对生产经营单位批发 | 5227361 | 5025960 | 123140 | 48881 | 23687 | 5693 |
| 零售 | 6010638 | 5062588 | 434240 | 166852 | 203479 | 143479 |
| **年末库存总额** | **2289732** | **2127944** | **75674** | **35883** | **23328** | **26903** |
| **1. 大中型企业** | | | | | | |
| 商品购进总额 | 9359065 | 8828642 | 369989 | 60595 | 56354 | 43485 |
| #从生产者购进 | 5115598 | 4895171 | 172015 | 18423 | 19726 | 10263 |
| 进口 | 742202 | 727584 | 14618 | | | |
| 商品销售总额 | 10710119 | 10151564 | 382292 | 67793 | 61284 | 47186 |
| 批发 | 9135807 | 8725774 | 288549 | 39348 | 52040 | 30096 |
| 对生产经营单位批发 | 1374275 | 1303449 | 54875 | 3605 | 11968 | 378 |
| 对批发零售贸易业批发 | 5643544 | 5316441 | 233674 | 35743 | 30815 | 26871 |
| 出口 | 2117988 | 2105884 | | | 9257 | 2847 |
| 零售 | 1574312 | 1425790 | 93743 | 28445 | 9244 | 17090 |
| 年末库存总额 | 967368 | 907264 | 42631 | 10715 | 2015 | 4743 |
| **2. 小型企业及个体** | | | | | | |
| 商品购进总额 | 12232967 | 10852766 | 527101 | 309651 | 340199 | 203250 |
| #从生产者购进 | 5910838 | 5586724 | 87898 | 72168 | 123074 | 40974 |
| 商品销售总额 | 12529843 | 11010054 | 549587 | 344057 | 414917 | 211228 |
| 批发 | 8093517 | 7373256 | 209090 | 205650 | 220682 | 84839 |
| #对生产经营单位批发 | 3853086 | 3722511 | 68265 | 45276 | 11719 | 5315 |
| 零售 | 4436326 | 3636798 | 340497 | 138407 | 194235 | 126389 |
| 年末库存总额 | 1322364 | 1220680 | 33043 | 25168 | 21313 | 22160 |

# 14－9 大中型批发零售贸易业主要商品销售、库存数量

（1998 年）

| 商品名称 | 单位 | 总销售 | 批发 | #对生产经营单位批发 | #出口 | 零售 | 年末库存 |
|---|---|---|---|---|---|---|---|
| 粮食 | 吨 | 1345848 | 1233671 | 36268 | 10929 | 112177 | 51521 |
| 食用植物油 | 吨 | 44928 | 34378 | 4828 | 40 | 10550 | 3637 |
| 食糖 | 吨 | 148343 | 143743 | 16396 | 161 | 4600 | 48985 |
| 猪和猪肉 | 吨 | 156695 | 145523 | 3056 | 14242 | 11172 | 12203 |
| 鲜蛋 | 吨 | 6647 | 5614 | 444 | | 1033 | 702 |
| 鲜菜 | 吨 | 52687 | 43039 | 1779 | 27681 | 9648 | 41 |
| 水产品 | 吨 | 70131 | 68091 | 11948 | 7286 | 2040 | 2468 |
| 家禽 | 百只 | 188269 | 177205 | 859 | 70851 | 11064 | 4786 |
| 卷烟 | 箱 | 1079050 | 1004622 | 211 | 24446 | 74428 | 34044 |
| 酒 | 吨 | 38366 | 32114 | 356 | 124 | 6252 | 3830 |
| 鞋 | 万双 | 2014 | 1671 | 13 | 1386 | 343 | 177 |
| 布 | 万米 | 14540 | 14322 | 1441 | 10437 | 218 | 2074 |
| 棉花 | 吨 | 8062 | 8028 | 8004 | | 34 | 3649 |
| 服装 | 万件 | 12491 | 11465 | 7 | 10343 | 1026 | 396 |
| 电视机 | 台 | 202610 | 53668 | | | 148942 | 23234 |
| #彩色电视机 | 台 | 167335 | 33085 | | | 134250 | 20658 |
| #64cm 以上电视机 | 台 | 68399 | 13696 | | | 54703 | 6504 |
| 组合音响 | 台 | 53663 | 38355 | 408 | 28870 | 15308 | 2869 |
| 摄像机 | 台 | 2889 | 798 | | | 2091 | 419 |
| 录像机 | 台 | 1843 | 293 | | | 1550 | 472 |
| 影碟机 | 台 | 57320 | 2353 | | | 54967 | 6683 |
| 家用电冰箱 | 台 | 261847 | 147359 | 43 | | 114488 | 47179 |
| 家用洗衣机 | 台 | 258505 | 144865 | 133 | 7307 | 113640 | 41501 |
| 房间空调器 | 台 | 239403 | 162822 | 233 | 135 | 76581 | 19651 |
| 微波炉 | 台 | 312752 | 220077 | | 7314 | 92675 | 16306 |
| 微型计算机 | 台 | 32674 | 9236 | 754 | | 23438 | 2374 |
| 普通电话机 | 部 | 259556 | 208330 | | | 51226 | 5942 |
| 移动电话机 | 部 | 11005 | 9141 | | | 1864 | 428 |
| 寻呼机 | 部 | 22320 | 22320 | | | | 800 |

14—9 续表

| 商品名称 | 单位 | 总销售 | 批发 | #对生产经营单位批发 | #出口 | 零售 | 年末库存 |
|---|---|---|---|---|---|---|---|
| 煤炭 | 万吨 | 1346 | 1335 | 118 | | 11 | 51 |
| 木材 | 米³ | 269598 | 269598 | 141692 | 121128 | | 4577 |
| 汽油 | 吨 | 2342279 | 2209063 | 201317 | 175957 | 133216 | 156221 |
| 柴油 | 吨 | 2516939 | 2427035 | 273599 | 17904 | 89904 | 118031 |
| 硫酸 | 吨 | 40 | 40 | | 17 | | |
| 纯碱 | 吨 | 124912 | 124912 | 44673 | 100 | | 8495 |
| 烧碱 | 吨 | 4690 | 4690 | 624 | 630 | | 375 |
| 橡胶 | 吨 | 23011 | 23011 | 12163 | | | 5122 |
| 化学肥料 | 万吨 | 304 | 304 | 25 | | | 29 |
| 农用薄膜 | 吨 | 1853 | 1853 | 407 | | | 501 |
| 化学农药 | 吨 | 26124 | 26124 | 4528 | 105 | | 4274 |
| 钢材 | 万吨 | 303 | 302 | 70 | | 1 | 22 |
| 铜 | 吨 | 4900 | 4900 | 533 | | | 248 |
| 铝 | 吨 | 20638 | 20638 | 7079 | | | 85 |
| 铅 | 吨 | 2045 | 2045 | 263 | 1148 | | 89 |
| 锌 | 吨 | 25615 | 25615 | 16487 | 300 | | 330 |
| 锡 | 吨 | 3760 | 3760 | 42 | 1488 | | 29 |
| 铜材 | 吨 | 1185 | 1185 | 517 | | | 18 |
| 铝材 | 吨 | 6618 | 6618 | 3436 | 1993 | | 220 |
| 水泥 | 吨 | 1080417 | 1072181 | 305562 | 188409 | 8236 | 40244 |
| 汽车 | 辆 | 47466 | 46011 | 26062 | 7 | 1455 | 6113 |
| #轿车 | 辆 | 16690 | 15235 | 7187 | | 1455 | 1309 |
| 摩托车 | 辆 | 17452 | 9188 | 165 | 67 | 8264 | 898 |
| 拖拉机 | 台 | 693 | 693 | 440 | | | 389 |

# 14—10 市区大中型批发零售贸易业主要商品销售、库存数量

（1998 年）

| 商 品 名 称 | 单位 | 总销售 | | | | | 年末库存 |
|---|---|---|---|---|---|---|---|
| | | | 批 发 | #对生产经营单位批发 | #出 口 | 零 售 | |
| 粮食 | 吨 | 1121147 | 1075407 | 17904 | 10929 | 45740 | 33058 |
| 食用植物油 | 吨 | 38846 | 29176 | 4816 | 40 | 9670 | 3275 |
| 食糖 | 吨 | 113705 | 113219 | 15707 | 13 | 486 | 47399 |
| 猪和猪肉 | 吨 | 123857 | 116540 | 3052 | 13953 | 7317 | 12010 |
| 鲜蛋 | 吨 | 6642 | 5609 | 443 | | 1033 | 702 |
| 鲜菜 | 吨 | 51676 | 42051 | 1779 | 26693 | 9625 | 41 |
| 水产品 | 吨 | 70131 | 68091 | 11948 | 7286 | 2040 | 2468 |
| 家禽 | 百只 | 92647 | 81611 | 715 | 66044 | 11036 | 2910 |
| 卷烟 | 箱 | 1016438 | 949959 | 211 | 24446 | 66479 | 32168 |
| 酒 | 吨 | 34664 | 29393 | 356 | 124 | 5271 | 3613 |
| 鞋 | 万双 | 1953 | 1669 | 13 | 1386 | 284 | 147 |
| 布 | 万米 | 14499 | 14297 | 1423 | 10437 | 202 | 2059 |
| 棉花 | 吨 | 8042 | 8028 | 8004 | | 14 | 3576 |
| 服装 | 万件 | 12233 | 11281 | 7 | 10159 | 952 | 360 |
| 电视机 | 台 | 182124 | 50531 | | | 131593 | 17640 |
| #彩色电视机 | 台 | 147760 | 29948 | | | 117812 | 15249 |
| #64cm 以上电视机 | 台 | 62206 | 12983 | | | 49223 | 5683 |
| 组合音响 | 台 | 51590 | 36733 | | 28870 | 14857 | 2746 |
| 摄像机 | 台 | 2698 | 614 | | | 2084 | 412 |
| 录像机 | 台 | 1735 | 277 | | | 1458 | 422 |
| 影碟机 | 台 | 54565 | 831 | | | 53734 | 6114 |
| 家用电冰箱 | 台 | 153871 | 90458 | 43 | | 63413 | 14816 |
| 家用洗衣机 | 台 | 222120 | 127186 | 133 | 7307 | 94934 | 34828 |
| 房间空调器 | 台 | 78721 | 28190 | 233 | 135 | 50531 | 9583 |
| 微波炉 | 台 | 309734 | 220039 | | 7314 | 89695 | 15778 |
| 微型计算机 | 台 | 32262 | 9236 | 754 | | 23026 | 2006 |
| 普通电话机 | 部 | 259376 | 208330 | | | 51046 | 5702 |
| 移动电话机 | 部 | 11005 | 9141 | | | 1864 | 428 |
| 寻呼机 | 部 | 22320 | 22320 | | | | 800 |

14—10 续表

| 商品名称 | 单位 | 总销售 | 批发 | #对生产经营单位批发 | #出口 | 零售 | 年末库存 |
|---|---|---|---|---|---|---|---|
| 煤炭 | 万吨 | 1331 | 1320 | 102 | | 11 | 51 |
| 木材 | 米³ | 255315 | 255315 | 131179 | 121128 | | 202 |
| 汽油 | 吨 | 2206178 | 2095339 | 175703 | 175957 | 110839 | 151864 |
| 柴油 | 吨 | 2440836 | 2364549 | 264392 | 17904 | 76287 | 116819 |
| 硫酸 | 吨 | 40 | 40 | | 17 | | |
| 纯碱 | 吨 | 122462 | 122462 | 42553 | 100 | | 8474 |
| 烧碱 | 吨 | 4442 | 4442 | 397 | 630 | | 347 |
| 橡胶 | 吨 | 23011 | 23011 | 12163 | | | 5122 |
| 化学肥料 | 万吨 | 264 | 264 | 13 | | | 26 |
| 农用薄膜 | 吨 | 1473 | 1473 | 253 | | | 447 |
| 化学农药 | 吨 | 22922 | 22922 | 3882 | 105 | | 4070 |
| 钢材 | 万吨 | 303 | 302 | 69 | | 1 | 22 |
| 铜 | 吨 | 4784 | 4784 | 417 | | | 248 |
| 铝 | 吨 | 20638 | 20638 | 7079 | | | 85 |
| 铅 | 吨 | 2045 | 2045 | 263 | 1148 | | 89 |
| 锌 | 吨 | 25615 | 25615 | 16487 | 300 | | 330 |
| 锡 | 吨 | 3760 | 3760 | 42 | 1488 | | 29 |
| 铜材 | 吨 | 1185 | 1185 | 517 | | | 18 |
| 铝材 | 吨 | 6618 | 6618 | 3436 | 1993 | | 220 |
| 水泥 | 吨 | 1075477 | 1067241 | 300622 | 188409 | 8236 | 40244 |
| 汽车 | 辆 | 46283 | 45112 | 26007 | 7 | 1171 | 6033 |
| #轿车 | 辆 | 16282 | 15111 | 7187 | | 1171 | 1283 |
| 摩托车 | 辆 | 9059 | 6014 | 165 | 67 | 3045 | 429 |
| 拖拉机 | 台 | 436 | 436 | 306 | | | 328 |

# 14－11 大中型批发零售贸易业主要商品销售、库存总额

（1998 年）　　单位：万元

| 商品名称 | 总销售 | 批发 | #对生产经营单位批发 | #出口 | 零售 | 年末库存 |
|---|---|---|---|---|---|---|
| 粮食 | 266686 | 235883 | 13658 | 5846 | 30803 | 11600 |
| 食用植物油 | 50327 | 32479 | 10763 | 12 | 17848 | 3454 |
| 食糖 | 35427 | 33842 | 4366 | 68 | 1585 | 4230 |
| 猪和猪肉 | 176150 | 163856 | 2813 | 23206 | 12294 | 12410 |
| 鲜蛋 | 4866 | 4114 | 268 | | 752 | 435 |
| 鲜菜 | 14459 | 12714 | 220 | 6795 | 1745 | 8 |
| 水产品 | 99572 | 95862 | 31481 | 13258 | 3710 | 2524 |
| 家禽 | 39248 | 36482 | 123 | 20612 | 2766 | 633 |
| 卷烟 | 692822 | 643605 | 109 | 12871 | 49217 | 28333 |
| 酒 | 54983 | 38415 | 1095 | 93 | 16568 | 7299 |
| 鞋 | 97560 | 55803 | 480 | 50141 | 41757 | 7488 |
| 布 | 78729 | 76157 | 17466 | 49744 | 2572 | 6504 |
| 棉花 | 11724 | 11590 | 11475 | | 134 | 4952 |
| 服装 | 608102 | 445506 | 202 | 359445 | 162596 | 28866 |
| 电视机 | 58510 | 8416 | | | 50094 | 6713 |
| #彩色电视机 | 53903 | 7665 | | | 46238 | 6357 |
| #64cm 以上电视机 | 31778 | 4044 | | | 27734 | 2954 |
| 组合音响 | 8096 | 3017 | 355 | 274 | 5079 | 904 |
| 摄像机 | 2234 | 561 | | | 1673 | 287 |
| 录像机 | 515 | 75 | | | 440 | 148 |
| 影碟机 | 7524 | 439 | | | 7085 | 885 |
| 家用电冰箱 | 55325 | 30186 | 9 | | 25139 | 8989 |
| 家用洗衣机 | 39246 | 17087 | 27 | 243 | 22159 | 6015 |
| 房间空调器 | 90873 | 60268 | 89 | 52 | 30605 | 7331 |
| 微波炉 | 23631 | 16283 | | 360 | 7348 | 1597 |
| 微型计算机 | 13433 | 9410 | 741 | | 4023 | 1071 |
| 普通电话机 | 4608 | 3077 | | | 1531 | 186 |
| 移动电话机 | 3619 | 3002 | | | 617 | 148 |
| 寻呼机 | 1322 | 1322 | | | | 40 |

14—11 续表

单位:万元

| 商品名称 | 总销售 | | | | | 年末库存 |
| --- | --- | --- | --- | --- | --- | --- |
| | | 批发 | #对生产经营单位批发 | #出口 | 零售 | |
| 煤炭 | 219610 | 218112 | 31642 | 503 | 1498 | 13489 |
| 木材 | 38555 | 38555 | 20490 | 16380 | | 843 |
| 汽油 | 469530 | 435956 | 44057 | 3279 | 33574 | 33092 |
| 柴油 | 467102 | 448699 | 60438 | 322 | 18403 | 23070 |
| 硫酸 | 8 | 8 | | 4 | | |
| 纯碱 | 16170 | 16170 | 5487 | 21 | | 1326 |
| 烧碱 | 9587 | 9587 | 333 | 101 | | 101 |
| 橡胶 | 97009 | 97009 | 11743 | | | 12458 |
| 化学肥料 | 386205 | 386205 | 34998 | | | 35979 |
| 农用薄膜 | 1548 | 1548 | 303 | | | 434 |
| 化学农药 | 46912 | 46912 | 6771 | 1447 | | 7059 |
| 钢材 | 840953 | 836209 | 187367 | | 4744 | 55660 |
| 铜 | 7380 | 7380 | 890 | | | 514 |
| 铝 | 28258 | 28258 | 9699 | | | 1077 |
| 铅 | 931 | 931 | 127 | 471 | | 42 |
| 锌 | 21587 | 21587 | 13551 | 149 | | 271 |
| 锡 | 6823 | 6823 | 179 | 5873 | | 121 |
| 铜材 | 1588 | 1588 | 703 | | | 40 |
| 铝材 | 12952 | 12952 | 6394 | 4126 | | 338 |
| 水泥 | 36845 | 36584 | 11083 | 6220 | 261 | 1271 |
| 汽车 | 503782 | 485852 | 285202 | 375 | 17930 | 48092 |
| #轿车 | 207659 | 189729 | 99581 | | 17930 | 10836 |
| 摩托车 | 19740 | 9993 | 95 | 104 | 9747 | 1041 |
| 拖拉机 | 2868 | 2868 | 1973 | | | 840 |

## 14—12 市区大中型批发零售贸易业主要商品销售、库存总额

（1998 年）　　　　单位：万元

| 商品名称 | 总销售 | 批发 | #对生产经营单位批发 | #出口 | 零售 | 年末库存 |
|---|---|---|---|---|---|---|
| 粮食 | 220873 | 203122 | 8771 | 5846 | 17751 | 6911 |
| 食用植物油 | 46487 | 29450 | 10746 | 12 | 17037 | 3118 |
| 食糖 | 22820 | 22574 | 4142 | 8 | 246 | 3767 |
| 猪和猪肉 | 142829 | 134496 | 2809 | 22836 | 8333 | 12236 |
| 鲜蛋 | 4862 | 4110 | 264 | | 752 | 435 |
| 鲜菜 | 14240 | 12498 | 220 | 6579 | 1742 | 8 |
| 水产品 | 99572 | 95862 | 31481 | 13258 | 3710 | 2524 |
| 家禽 | 23036 | 20277 | 99 | 19384 | 2759 | 323 |
| 卷烟 | 660332 | 616867 | 109 | 12871 | 43465 | 27112 |
| 酒 | 42956 | 28083 | 1095 | 93 | 14873 | 5176 |
| 鞋 | 94983 | 55761 | 480 | 50141 | 39222 | 6294 |
| 布 | 78509 | 76035 | 17379 | 49744 | 2474 | 6368 |
| 棉花 | 11641 | 11590 | 11475 | | 51 | 4924 |
| 服装 | 598708 | 440638 | 202 | 354600 | 158070 | 25893 |
| 电视机 | 52084 | 7677 | | | 44407 | 5215 |
| #彩色电视机 | 47687 | 6926 | | | 40761 | 4904 |
| #64cm 以上电视机 | 28812 | 3675 | | | 25137 | 2583 |
| 组合音响 | 7263 | 2329 | | 274 | 4934 | 868 |
| 摄像机 | 2099 | 429 | | | 1670 | 284 |
| 录像机 | 494 | 71 | | | 423 | 139 |
| 影碟机 | 7059 | 92 | | | 6967 | 824 |
| 家用电冰箱 | 38050 | 21525 | 9 | | 16525 | 3743 |
| 家用洗衣机 | 34565 | 14916 | 27 | 243 | 19649 | 5236 |
| 房间空调器 | 33777 | 12467 | 89 | 52 | 21310 | 3697 |
| 微波炉 | 23310 | 16277 | | 360 | 7033 | 1412 |
| 微型计算机 | 13425 | 9410 | 741 | | 4015 | 1064 |
| 普通电话机 | 4605 | 3077 | | | 1528 | 183 |
| 移动电话机 | 3619 | 3002 | | | 617 | 148 |
| 寻呼机 | 1322 | 1322 | | | | 40 |

14—12 续表

单位:万元

| 商品名称 | 总销售 | 批发 | #对生产经营单位批发 | #出口 | 零售 | 年末库存 |
|---|---|---|---|---|---|---|
| 煤炭 | 214651 | 213158 | 27191 | | 1493 | 13299 |
| 木材 | 34985 | 34985 | 17669 | 16380 | | 65 |
| 汽油 | 437876 | 411429 | 38741 | 3279 | 26447 | 32116 |
| 柴油 | 451978 | 437010 | 57248 | 322 | 14968 | 22774 |
| 硫酸 | 8 | 8 | | 4 | | |
| 纯碱 | 15832 | 15832 | 5215 | 21 | | 1322 |
| 烧碱 | 9508 | 9508 | 260 | 101 | | 92 |
| 橡胶 | 97009 | 97009 | 11743 | | | 12458 |
| 化学肥料 | 327423 | 327423 | 18466 | | | 32441 |
| 农用薄膜 | 1288 | 1288 | 191 | | | 378 |
| 化学农药 | 42641 | 42641 | 6102 | 1447 | | 6750 |
| 钢材 | 838705 | 833961 | 185226 | | 4744 | 55660 |
| 铜 | 7217 | 7217 | 727 | | | 514 |
| 铝 | 28258 | 28258 | 9699 | | | 1077 |
| 铅 | 931 | 931 | 127 | 471 | | 42 |
| 锌 | 21587 | 21587 | 13551 | 149 | | 271 |
| 锡 | 6823 | 6823 | 179 | 5873 | | 121 |
| 铜材 | 1588 | 1588 | 703 | | | 40 |
| 铝材 | 12952 | 12952 | 6394 | 4126 | | 338 |
| 水泥 | 36692 | 36431 | 10930 | 6220 | 261 | 1271 |
| 汽车 | 491528 | 476756 | 284341 | 375 | 14772 | 47295 |
| #轿车 | 203118 | 188346 | 99581 | | 14772 | 10567 |
| 摩托车 | 11673 | 7511 | 95 | 104 | 4162 | 533 |
| 拖拉机 | 2723 | 2723 | 1907 | | | 818 |

# 14—13 市属商业系统批发零售贸易业主要商品购销量

（1998年）

| 商品名称 | 单位 | 商品总购进 | #市外购进 | #地产品购进 | 商品总销售 | #市外批发 |
|---|---|---|---|---|---|---|
| 粮食 | 吨 | 1214219 | 405372 | 172810 | 1318900 | 229392 |
| 食用植物油 | 吨 | 28525 | 11999 | 1163 | 32229 | 439 |
| 猪和猪肉 | 吨 | 173951 | 136984 | 6014 | 173559 | 10236 |
| 鲜蛋 | 吨 | 6376 | 5897 | 376 | 5840 | 15 |
| 鲜菜 | 吨 | 67787 | 46635 | 2539 | 68258 | 3168 |
| 水产品 | 吨 | 29755 | 21507 | 1060 | 42754 | 2785 |
| 家禽 | 百只 | 100619 | 97489 | 165 | 106713 | 57357 |
| #鸡 | 百只 | 97973 | 95350 | 165 | 103830 | 57348 |
| 盐 | 吨 | 2433 | 401 | 196 | 2470 | 34 |
| 食糖 | 吨 | 24888 | 12963 | 5139 | 25204 | 4008 |
| 卷烟 | 箱 | 225806 | 99597 | 58637 | 226975 | 27210 |
| 酒 | 吨 | 22875 | 15488 | 678 | 24914 | 1146 |
| 棉花 | 吨 | 158 | 96 | 33 | 165 | 8 |
| 布 | 万米 | 689 | 365 | 10 | 832 | 88 |
| 呢绒 | 万米 | 25 | 25 |  | 27 |  |
| 绸缎 | 万米 | 5 | 5 |  | 9 |  |
| 各种服装 | 万件 | 786 | 378 | 163 | 805 | 1 |
| 各种针织内衣裤 | 万件 | 339 | 128 | 78 | 345 |  |
| 鞋 | 万双 | 397 | 129 | 122 | 438 | 15 |
| #皮鞋 | 万双 | 125 | 65 | 39 | 126 | 1 |
| 黄金饰品 | 万元 | 37843 | 22249 | 7940 | 47356 |  |
| 照相机 | 架 | 67182 | 15855 | 4326 | 65827 | 977 |
| 自行车 | 辆 | 117782 | 45973 | 23636 | 115710 | 17186 |
| 摩托车 | 辆 | 12282 | 6781 | 13 | 12397 | 355 |
| 电视机 | 台 | 195949 | 123243 | 10390 | 190457 | 20409 |
| #彩色电视机 | 台 | 180077 | 107979 | 10380 | 169323 | 6529 |
| 音响 | 台 | 17291 | 8338 | 270 | 16530 | 835 |
| 录音机 | 台 | 99106 | 21063 | 1254 | 96394 | 760 |
| 录像机 | 台 | 1586 | 623 | 95 | 1651 | 15 |
| 家用电风扇 | 台 | 834573 | 574075 | 29490 | 709628 | 210545 |
| 家用洗衣机 | 台 | 204201 | 147892 | 6035 | 205604 | 29048 |
| 家用电冰箱 | 台 | 214216 | 163435 | 13160 | 182945 | 17927 |
| 房间空调器 | 台 | 241918 | 203762 | 8243 | 234438 | 35448 |
| 抽油烟机 | 台 | 62374 | 30006 | 8013 | 59193 | 1195 |
| 化学肥料 | 万吨 | 109 | 74 |  | 107 | 50 |
| 化学农药 | 吨 | 6079 | 3232 |  | 7033 | 1712 |
| 农用薄膜 | 吨 | 1365 | 315 |  | 1293 | 69 |
| 汽油 | 吨 | 484936 | 261907 |  | 480884 | 6563 |
| 柴油 | 吨 | 258484 | 159459 |  | 260699 | 3565 |
| 煤油 | 吨 | 12495 | 9061 |  | 11080 | 9 |

# 14－14 商品交易市场成交量

单位:吨

| 商品名称 | 1997年 | | | 1998年 | | |
|---|---|---|---|---|---|---|
| | 全市 | 城市 | 农村 | 全市 | 城市 | 农村 |
| **消费品** | | | | | | |
| 粮食类 | 276896 | 198712 | 78184 | 265885 | 186974 | 78911 |
| ＃大米 | 241799 | 178306 | 63493 | 219232 | 157333 | 61899 |
| 小麦 | 1012 | 578 | 434 | 838 | 585 | 253 |
| 油脂油料类 | 31552 | 16283 | 15269 | 40880 | 24802 | 16078 |
| 棉烟麻类 | 5187 | 4376 | 811 | 4892 | 4029 | 863 |
| 肉食禽蛋类 | 421588 | 320015 | 101573 | 410028 | 300320 | 109708 |
| ＃猪肉 | 207869 | 152869 | 55000 | 197260 | 142817 | 54443 |
| 牛肉 | 32640 | 27805 | 4835 | 35366 | 29241 | 6125 |
| 羊肉 | 3603 | 3018 | 585 | 3274 | 2551 | 723 |
| 鲜蛋 | 78786 | 65024 | 13762 | 65107 | 50287 | 14820 |
| 家禽 | 74451 | 54309 | 20142 | 69819 | 49086 | 20733 |
| 水产品类 | 242450 | 195715 | 46735 | 271987 | 221715 | 50272 |
| 蔬菜类 | 606189 | 486275 | 119914 | 2616756 | 2469845 | 146911 |
| 干鲜果类 | 709943 | 627583 | 82360 | 1033756 | 881127 | 152629 |
| 大牲畜类(头) | 28249 | | 28249 | 30554 | | 30554 |
| 家畜幼禽类 | 5597 | | 5597 | 4793 | | 4793 |
| **生产资料类** | | | | | | |
| 机动车(辆) | 14585 | 1139 | 13446 | 9157 | 1506 | 7651 |
| ＃汽车 | 3216 | 1139 | 2077 | 3788 | 1506 | 2282 |
| 钢材 | 273756 | 173756 | 100000 | 109527 | 19527 | 90000 |
| 木材(米$^3$) | 123964 | 110908 | 13056 | 71215 | 64515 | 6700 |
| 化肥 | | | | | | |
| 农药 | | | | | | |

## 14－15 商品交易市场成交额

单位：万元

| 项目 | 1997年 | | | 1998年 | | |
|---|---|---|---|---|---|---|
| | 全市 | 城市 | 农村 | 合计 | 城市 | 农村 |
| **总计** | 3141777 | 2578780 | 562997 | 3786214 | 3155937 | 630277 |
| **按市场类型分** | | | | | | |
| 消费品市场 | 2945032 | 2476715 | 468317 | 3613883 | 3046976 | 566907 |
| 综合市场 | 572563 | 387741 | 184822 | 743950 | 478526 | 265424 |
| 农副产品市场 | 1618777 | 1420902 | 197875 | 2047879 | 1845169 | 202710 |
| 工业消费品市场 | 753692 | 668072 | 85620 | 822054 | 723281 | 98773 |
| 其他 | | | | | | |
| 生产资料市场 | 196745 | 102065 | 94680 | 172331 | 108961 | 63370 |
| 综合市场 | 16000 | 16000 | | 36981 | 36981 | |
| 农业生产资料市场 | 7272 | 7272 | | | | |
| 工业生产资料市场 | 173473 | 78793 | 94680 | 135350 | 71980 | 63370 |
| 其他 | | | | | | |
| **按商品类别分** | | | | | | |
| 消费品 | 2945032 | 2474452 | 470580 | 3613883 | 3046976 | 566907 |
| 粮食类 | 98470 | 69381 | 29089 | 92275 | 65193 | 27082 |
| 油脂油料类 | 33929 | 18950 | 14979 | 40812 | 25202 | 15610 |
| 棉烟麻类 | 5360 | 4278 | 1082 | 6371 | 3356 | 3015 |
| 肉食禽蛋类 | 690222 | 537987 | 152235 | 625127 | 469996 | 155131 |
| 水产品类 | 506398 | 442113 | 64285 | 546021 | 483137 | 62884 |
| 蔬菜类 | 349065 | 316652 | 32413 | 699434 | 665396 | 34038 |
| 干鲜果类 | 355526 | 308353 | 47173 | 526643 | 411128 | 115515 |
| 大牲畜类 | 5259 | | 5259 | 5332 | | 5332 |
| 家畜幼禽类 | 11968 | | 11968 | 13124 | 2316 | 10808 |
| 工业品类 | 781479 | 678026 | 103453 | 862807 | 734528 | 128279 |
| 其他 | 107356 | 98712 | 8644 | 195937 | 186724 | 9213 |
| 生产资料 | 196745 | 104328 | 92417 | 172331 | 108961 | 63370 |
| 机动车 | 82506 | 17450 | 65056 | 91449 | 52739 | 38710 |
| #汽车 | 49216 | 17450 | 31766 | 68872 | 33526 | 35346 |
| 钢材 | 75722 | 48722 | 27000 | 28989 | 4688 | 24301 |
| 木材 | 13009 | 12648 | 361 | 10940 | 10581 | 359 |
| 其他 | 25508 | 25508 | | 40953 | 40953 | |

# 14—16 年成交额超亿元的消费品市场情况一览表

（1998 年）

| 市场名称 | 市场类型 | 主要上市商品 | 市场总面积（米²） | 固定摊位（个） | 年成交额（亿元） |
|---|---|---|---|---|---|
| **合　　计** | 31（个） | | 386922 | 17923 | 161 |
| **城　　市** | 28（个） | | 354018 | 16540 | 150 |
| 黄沙水产市场 | 农产品专业 | 水产品 | 5000 | 189 | 21 |
| 白马服装市场 | 工业品专业 | 服装 | 35000 | 296 | 20 |
| 天平水果批发市场 | 农产品专业 | 水果 | 10000 | 1440 | 20 |
| 江南农副产品市场 | 农产品专业 | 鲜菜 | 55000 | 1880 | 12 |
| 太平洋电子市场 | 工业品专业 | 计算机及配件 | 5000 | 200 | 11 |
| 清平农副产品市场 | 农产品综合 | 农副产品 | 6000 | 900 | 10 |
| 沙河服装城 | 工业品专业 | 服装 | 43070 | 4906 | 9 |
| 太平洋电脑市场 | 工业品专业 | 计算机及配件 | 5000 | 230 | 6 |
| 南北水果批发市场 | 农产品专业 | 水果 | 30000 | 243 | 5 |
| 日用工业品市场 | 工业品专业 | 家用电器 | 5983 | 464 | 5 |
| 海印电器总汇二场 | 工业品专业 | 家用电器 | 4500 | 156 | 4 |
| 西村果菜批发市场 | 农产品专业 | 农副产品 | 10000 | 68 | 3 |
| 越秀蔬菜批发市场 | 农产品专业 | 鲜菜 | 25000 | 150 | 3 |
| 万国商业广场 | 工业品综合 | 服装、电器 | 23000 | 432 | 2 |
| 欧陆鞋业城 | 工业品专业 | 皮鞋、皮具 | 3600 | 183 | 2 |
| 源胜玉器工艺街 | 工业品专业 | 玉器工艺 | 998 | 395 | 2 |
| 珠光市场 | 农产品综合 | 肉菜 | 5832 | 543 | 2 |
| 白马服装批发市场 | 工业品专业 | 服装 | 5643 | 200 | 2 |
| 大沙东综合市场 | 农产品综合 | 肉菜 | 3500 | 750 | 2 |
| 白云家电城 | 工业品专业 | 家用电器 | 7560 | 284 | 1 |
| 三元里农贸市场 | 农产品综合 | 肉菜 | 2300 | 370 | 1 |
| 萧岗农贸市场 | 农产品综合 | 肉菜 | 13000 | 590 | 1 |
| 广花农副产品市场 | 农产品综合 | 粮禽蛋 | 10000 | 156 | 1 |
| 石井综合市场 | 农产品综合 | 肉菜 | 8000 | 195 | 1 |
| 新源野生动物市场 | 农产品专业 | 蛇 | 16500 | 200 | 1 |
| 豪贤农贸市场 | 农产品综合 | 肉菜 | 2400 | 270 | 1 |
| 大沙综合批发市场 | 农产品综合 | 肉菜 | 8532 | 650 | 1 |
| 新梓元皮具百货批发广场 | 工业品综合 | 日用品、皮具 | 3600 | 200 | 1 |
| **农　　村** | 3（个） | | 32904 | 1383 | 11 |
| 新塘新发商业中心 | 工业品专业 | 家用电器 | 11610 | 255 | 9 |
| 新华市场 | 农产品综合 | 肉菜 | 9700 | 418 | 1 |
| 赤坭宏发市场 | 农产品综合 | 肉菜 | 11594 | 710 | 1 |

# 14－17 批发贸易业机构、网点、人员数

（1998 年）

| 项目 | 机构（个） | #市区 | 网点（个） | #市区 | 人员（人） | #市区 |
|---|---|---|---|---|---|---|
| **总计** | 17334 | 16198 | 33080 | 26596 | 307129 | 265040 |
| **按经济类型分** | | | | | | |
| 国有经济 | 1897 | 1589 | 3092 | 2337 | 108226 | 94936 |
| 集体经济 | 12712 | 12277 | 13604 | 12234 | 134606 | 120677 |
| 私营经济 | 2014 | 1683 | 2325 | 1959 | 22546 | 17309 |
| 个体经济 | | | 13277 | 9356 | 25955 | 17617 |
| 联营经济 | 144 | 124 | 153 | 129 | 3286 | 2699 |
| 股份制经济 | 443 | 409 | 495 | 461 | 8016 | 7586 |
| 外商投资经济 | 30 | 29 | 34 | 32 | 1709 | 1671 |
| 港澳台投资经济 | 54 | 51 | 57 | 51 | 2108 | 1948 |
| 其他经济 | 40 | 36 | 43 | 37 | 677 | 597 |
| **按企业规模分** | | | | | | |
| 大型企业 | 59 | 57 | 201 | 170 | 34295 | 33114 |
| 中型企业 | 529 | 464 | 1616 | 1161 | 52376 | 42535 |
| 小型企业 | 16746 | 15677 | 31263 | 25265 | 220458 | 189391 |
| **按行业分** | | | | | | |
| 食品、饮料和烟草批发业 | 1512 | 1283 | 9226 | 6672 | 61837 | 48039 |
| 棉、麻、土畜产品批发业 | 72 | 66 | 119 | 82 | 2149 | 2074 |
| 纺织品、服装和鞋帽批发业 | 981 | 942 | 1878 | 1489 | 18226 | 16845 |
| 日用百货批发业 | 2116 | 2083 | 3895 | 3208 | 31360 | 28642 |
| 日用杂品批发业 | 318 | 307 | 539 | 467 | 4965 | 4407 |
| 五金、交电、化工批发业 | 3312 | 3179 | 4714 | 4213 | 38909 | 35582 |
| 药品及医疗器械批发业 | 422 | 397 | 690 | 563 | 12712 | 11111 |
| 能源批发业 | 507 | 423 | 562 | 450 | 14448 | 12069 |
| 化工材料批发业 | 800 | 771 | 820 | 790 | 9713 | 9330 |
| 木材批发业 | 272 | 260 | 312 | 298 | 4336 | 4031 |
| 建筑材料批发业 | 1537 | 1391 | 2293 | 1965 | 19618 | 16798 |
| 矿产品批发业 | 53 | 49 | 53 | 49 | 829 | 721 |
| 金属材料批发业 | 682 | 607 | 727 | 650 | 12626 | 11730 |
| 机械、电子设备批发业 | 2013 | 1953 | 2532 | 2312 | 29979 | 28574 |
| 汽车、摩托车及零配件批发业 | 1078 | 1014 | 1584 | 1427 | 11853 | 10672 |
| 再生物资回收批发业 | 139 | 130 | 406 | 350 | 3025 | 2752 |
| 工艺美术品批发业 | 166 | 161 | 242 | 224 | 3016 | 2845 |
| 图书报刊批发业 | 41 | 41 | 61 | 58 | 2058 | 2006 |
| 农业生产资料批发业 | 254 | 138 | 1330 | 289 | 12738 | 4668 |
| 其他类未包括的批发业 | 1059 | 1003 | 1097 | 1040 | 12732 | 12144 |

# 14—18 零售贸易业机构、网点、人员数

（1998 年）

| 项　　目 | 机　构（个） | #市　区 | 网　点（个） | #市　区 | 人　员（人） | #市　区 |
|---|---|---|---|---|---|---|
| **总　　计** | 12945 | 11364 | 146465 | 107317 | 364136 | 292115 |
| **按经济类型分** | | | | | | |
| 国有经济 | 785 | 620 | 3431 | 3166 | 50293 | 44251 |
| 集体经济 | 9926 | 9019 | 14888 | 12979 | 85235 | 81321 |
| 私营经济 | 1939 | 1494 | 6275 | 4833 | 34010 | 28501 |
| 个体经济 | | | 119497 | 84206 | 173479 | 117750 |
| 联营经济 | 61 | 42 | 465 | 279 | 2190 | 1836 |
| 股份制经济 | 151 | 132 | 1259 | 1239 | 9462 | 9104 |
| 外商投资经济 | 15 | 13 | 90 | 80 | 1443 | 1434 |
| 港澳台投资经济 | 29 | 24 | 514 | 508 | 7513 | 7509 |
| 其他经济 | 39 | 20 | 46 | 27 | 511 | 409 |
| **按企业规模分** | | | | | | |
| 大型企业 | 25 | 22 | 166 | 144 | 25425 | 25193 |
| 中型企业 | 391 | 338 | 2430 | 1979 | 45536 | 36732 |
| 小型企业 | 12529 | 11004 | 143869 | 105194 | 293175 | 230190 |
| **按行业分** | | | | | | |
| 食品、饮料和烟草零售业 | 1826 | 1547 | 39125 | 27820 | 85305 | 68613 |
| 日用百货零售业 | 3005 | 2682 | 41513 | 30995 | 124963 | 102212 |
| 纺织品、服装和鞋帽零售业 | 931 | 814 | 8035 | 6881 | 19558 | 17279 |
| 日用杂品零售业 | 443 | 398 | 2665 | 2221 | 6494 | 5567 |
| 五金、交电、化工零售业 | 3629 | 3271 | 27053 | 20825 | 54214 | 42821 |
| 药品及医疗器械零售业 | 258 | 211 | 2404 | 1934 | 9371 | 7561 |
| 图书报刊零售业 | 124 | 109 | 845 | 729 | 2847 | 2358 |
| 其他零售业 | 2729 | 2332 | 24825 | 15912 | 61384 | 45704 |

## 14—19 餐饮业机构、网点、人员数

（1998 年）

| 项　　目 | 机　构（个） | #市　区 | 网　点（个） | #市　区 | 人　员（人） | #市　区 |
|---|---|---|---|---|---|---|
| **总　　计** | 2137 | 1685 | 16113 | 10404 | 136098 | 95974 |
| **按经济类型分** | | | | | | |
| 国有经济 | 167 | 141 | 228 | 202 | 22073 | 19198 |
| 集体经济 | 1489 | 1358 | 1538 | 1534 | 34635 | 30029 |
| 私营经济 | 344 | 101 | 508 | 314 | 11017 | 7189 |
| 个体经济 | | | 13690 | 8252 | 47153 | 24230 |
| 联营经济 | 3 | 1 | 3 | 1 | 847 | 110 |
| 股份制经济 | 25 | 19 | 30 | 26 | 1680 | 949 |
| 外商投资经济 | 42 | 34 | 45 | 39 | 8452 | 6531 |
| 港澳台投资经济 | 51 | 30 | 55 | 35 | 9819 | 7625 |
| 其他经济 | 16 | 1 | 16 | 1 | 422 | 113 |
| **按企业规模分** | | | | | | |
| 大型企业 | 67 | 60 | 104 | 98 | 29837 | 28205 |
| 中型企业 | 96 | 79 | 200 | 153 | 18715 | 13793 |
| 小型企业 | 1974 | 1546 | 15809 | 10153 | 87546 | 53976 |
| **按行业分** | | | | | | |
| 正　餐 | 1210 | 856 | 10679 | 7183 | 114531 | 79223 |
| 快　餐 | 489 | 409 | 1295 | 1066 | 10643 | 9772 |
| 其他餐饮业 | 438 | 420 | 4139 | 2155 | 10924 | 6979 |

## 14—20 餐　饮　业　营　业　收　入

（1998 年）　　单位：万元

| 项　　目 | 全　市 | 市　区 | 番禺市 | 花都市 | 增城市 | 从化市 |
|---|---|---|---|---|---|---|
| **总　　计** | 1594652 | 1385331 | 76652 | 66495 | 47144 | 19030 |
| **按经济类型分** | | | | | | |
| 国有经济 | 420762 | 393054 | 3756 | 17137 | 4162 | 2653 |
| 集体经济 | 304829 | 280280 | 1498 | 16439 | 2665 | 3947 |
| 私营经济 | 215906 | 192014 | 2715 | 8371 | 11931 | 875 |
| 个体经济 | 442450 | 331274 | 68683 | 17032 | 14686 | 10775 |
| 联营经济 | 5524 | 3820 | | 544 | 1160 | |
| 股份制经济 | 1782 | 1782 | | | | |
| 外商投资经济 | 105957 | 104171 | | 1786 | | |
| 港澳台投资经济 | 96227 | 78358 | | 4549 | 12540 | 780 |
| 其他经济 | 1215 | 578 | | 637 | | |
| **按企业规模分** | | | | | | |
| 大中型 | 596233 | 568989 | 11136 | 13167 | 668 | 2273 |
| 小型、个体 | 998419 | 816342 | 65516 | 53328 | 46476 | 16757 |

## 14—21 服务业分行业机构、网点、人员数

（1998 年）

| 项　　目 | 机　构（个） | #市区 | 网　点（个） | #市区 | 人　员（人） | #市区 |
|---|---|---|---|---|---|---|
| 合　　计 | 6106 | 4336 | 33277 | 21814 | 255637 | 214901 |
| 旅馆业 | 1281 | 880 | 2635 | 1545 | 121210 | 106624 |
| 理发业 | 812 | 616 | 12409 | 8099 | 37760 | 26694 |
| 浴池业 | 16 | 12 | 16 | 12 | 817 | 673 |
| 洗染业 | 171 | 156 | 190 | 180 | 3042 | 2906 |
| 摄影业 | 510 | 439 | 1964 | 1251 | 7890 | 5632 |
| 日用品修理业 | 446 | 361 | 8629 | 4547 | 25725 | 18491 |
| 其他服务业 | 2870 | 1872 | 7434 | 6180 | 59193 | 53881 |

## 14—22 贸易、餐饮、服务业网点和人员数

（按城乡分）

| 项　　目 | 网　点（个） | | | 人　员（人） | | |
|---|---|---|---|---|---|---|
| | 1995 年 | 1997 年 | 1998 年 | 1995 年 | 1997 年 | 1998 年 |
| 合　　计 | 221899 | 234867 | 228935 | 1025738 | 1081401 | 1063000 |
| 城　镇 | 170221 | 185593 | 180701 | 897642 | 952202 | 934696 |
| 　贸易业 | 136258 | 150018 | 145063 | 513087 | 606324 | 590257 |
| 　餐饮业 | 11156 | 11099 | 10673 | 167270 | 129101 | 114178 |
| 　服务业 | 22807 | 24476 | 24965 | 217285 | 216777 | 230261 |
| 农　村 | 51678 | 49274 | 48234 | 128096 | 129199 | 128304 |
| 　贸易业 | 40694 | 36712 | 34482 | 89850 | 80595 | 81008 |
| 　餐饮业 | 5321 | 5493 | 5440 | 23652 | 28734 | 21920 |
| 　服务业 | 5663 | 7069 | 8312 | 14594 | 19870 | 25376 |

## 14—23 贸易、餐饮、服务业网点密度和销售水平

| 项　　　　目 | 1990 年 | 1995 年 | 1997 年 | 1998 年 |
| --- | --- | --- | --- | --- |
| 平均每万人口拥有的网点数(个) | | | | |
| 贸易业 | 153 | 274 | 280 | 266 |
| 餐饮业 | 17 | 25 | 25 | 24 |
| 服务业 | 29 | 44 | 47 | 49 |
| 平均每万人口拥有的服务人员数(人) | | | | |
| 贸易业 | 674 | 932 | 1031 | 996 |
| 餐饮业 | 142 | 295 | 237 | 202 |
| 服务业 | 232 | 359 | 355 | 379 |
| 平均每一网点的零售额(元) | | | | |
| 贸易业 | 103620 | 194267 | 285400 | 334771 |
| 餐饮业 | 232719 | 584363 | 835961 | 982954 |
| 平均每一从业人员的零售额(元) | | | | |
| 贸易业 | 23603 | 57014 | 77582 | 89542 |
| 餐饮业 | 28354 | 50432 | 87878 | 116374 |

## 14—24 市区贸易、餐饮、服务业网点密度和销售水平

| 项　　　　目 | 1990 年 | 1995 年 | 1997 年 | 1998 年 |
| --- | --- | --- | --- | --- |
| 平均每万人口拥有的网点数(个) | | | | |
| 贸易业 | 168 | 326 | 352 | 335 |
| 餐饮业 | 20 | 27 | 27 | 26 |
| 服务业 | 36 | 48 | 52 | 55 |
| 平均每万人口拥有的服务人员数(人) | | | | |
| 贸易业 | 913 | 1226 | 1442 | 1395 |
| 餐饮业 | 198 | 418 | 281 | 240 |
| 服务业 | 359 | 514 | 525 | 538 |
| 平均每一网点的零售额(元) | | | | |
| 贸易业 | 135053 | 221847 | 325277 | 384197 |
| 餐饮业 | 302740 | 783475 | 1136020 | 1326498 |
| 平均每一从业人员的零售额(元) | | | | |
| 贸易业 | 24906 | 58900 | 79418 | 92342 |
| 餐饮业 | 30563 | 50429 | 109344 | 143798 |

# 14－25 大中型批发零售贸易业财务状况

（1998 年）

单位：万元

| 项　　目 | 资产总计 | #流动资产 | #固定资产 | #无形及递延资产 | 流动负债 | 长期负债 | 所有者权益 |
|---|---|---|---|---|---|---|---|
| **总　计** | 7144028 | 4856953 | 1305307 | 288740 | 5021634 | 504697 | 1586859 |
| **按经济类型分** | | | | | | | |
| 国有经济 | 5773798 | 3984403 | 1085662 | 108502 | 4098359 | 366524 | 1279292 |
| 集体经济 | 624070 | 473319 | 98435 | 9367 | 483610 | 39728 | 100157 |
| 私营经济 | 17204 | 11775 | 1320 | 2704 | 12979 | 105 | 4120 |
| 联营经济 | 25604 | 21068 | 2111 | 1790 | 20734 | 24 | 4771 |
| 股份制经济 | 247891 | 152408 | 60065 | 12912 | 162518 | 4849 | 80523 |
| #国有绝对控股 | 168844 | 90185 | 53412 | 8479 | 107264 | 2464 | 59116 |
| 外商投资经济 | 271142 | 98168 | 27637 | 136338 | 115884 | 72496 | 82762 |
| 港澳台投资经济 | 184319 | 115812 | 30077 | 17127 | 127550 | 20971 | 35234 |
| **按行业分** | | | | | | | |
| 食品、饮料、烟草批发业 | 1096837 | 732066 | 240745 | 7829 | 724532 | 60234 | 310263 |
| 棉、麻、土畜产品批发业 | 112899 | 78758 | 17137 | 114 | 78567 | 11138 | 23184 |
| 纺织品、服装和鞋帽批发业 | 703955 | 509367 | 121796 | 5598 | 472163 | 17455 | 205580 |
| 日用百货批发业 | 195891 | 130559 | 37582 | 2264 | 145020 | 10178 | 40643 |
| 日用杂品批发业 | 25363 | 20116 | 2811 | 311 | 17946 | 885 | 6531 |
| 五金、交电、化工批发业 | 352651 | 261991 | 54106 | 1852 | 283319 | 14893 | 54146 |
| 药品及医疗器械批发业 | 265848 | 200543 | 42926 | 4006 | 198470 | 16701 | 50676 |
| 能源批发业 | 663795 | 364181 | 104764 | 125572 | 345675 | 89712 | 213692 |
| 化工材料批发业 | 271326 | 205754 | 39291 | 1785 | 207473 | 15960 | 47869 |
| 木材批发业 | 63797 | 46852 | 13998 | 434 | 46291 | 1148 | 16358 |
| 建筑材料批发业 | 129909 | 104751 | 11410 | 1514 | 118060 | 2745 | 9104 |
| 矿产品批发业 | 41755 | 20165 | 5892 | 88 | 23967 | 17601 | 187 |
| 金属材料批发业 | 787960 | 611208 | 112242 | 6299 | 633583 | 18096 | 133032 |
| 机械、电子设备批发业 | 651023 | 481414 | 108133 | 6313 | 502236 | 44190 | 104596 |
| 汽车、摩托车及零配件批发业 | 80280 | 67977 | 7657 | 1126 | 71098 | 606 | 7271 |
| 再生物资回收批发业 | 26465 | 17247 | 8619 | 130 | 20205 | 5374 | 886 |
| 工艺美术品批发业 | 54299 | 29969 | 21763 | 161 | 15402 | 28725 | 10171 |
| 图书报刊批发业 | 70868 | 52392 | 7553 | 601 | 42387 | 1166 | 27315 |
| 农业生产资料批发业 | 303443 | 224694 | 50411 | 4168 | 236465 | 22245 | 44727 |
| 其他类未包括的批发业 | 312992 | 194943 | 41905 | 1647 | 208042 | 27335 | 77613 |
| 食品、饮料和烟草零售业 | 46628 | 33302 | 9496 | 3469 | 29857 | 1117 | 15653 |
| 日用百货零售业 | 705134 | 332491 | 221442 | 98061 | 472486 | 81083 | 151334 |
| 纺织品、服装和鞋帽零售业 | 46165 | 37881 | 6514 | 1643 | 39734 | 888 | 5513 |
| 日用杂品零售业 | 3430 | 2296 | 981 | 153 | 2013 | 265 | 1152 |
| 五金、交电、化工零售业 | 28403 | 12913 | 2624 | 11553 | 12257 | 9804 | 6341 |
| 药品及医疗器械零售业 | 18309 | 14462 | 3204 | 643 | 10949 | 861 | 6499 |
| 图书报刊零售业 | 14830 | 13340 | 1217 | 73 | 11277 | 462 | 3091 |
| 其他零售业 | 69773 | 55321 | 9088 | 1333 | 52160 | 3830 | 13432 |

14—25 续表1

单位:万元

| 项目 | 商品销售收入净额 | 商品销售成本 | 经营费用 | 商品销售税金及附加费 | 商品销售利润 | 代购代销收入 | 主营业务利润 |
|---|---|---|---|---|---|---|---|
| **总计** | 9529130 | 8753116 | 376986 | 16091 | 382937 | 23404 | 406341 |
| **按经济类型分** | | | | | | | |
| 国有经济 | 7559453 | 6979539 | 272353 | 11575 | 295986 | 18261 | 314247 |
| 集体经济 | 926184 | 864251 | 31407 | 1478 | 29048 | 171 | 29219 |
| 私营经济 | 42358 | 37416 | 2759 | 60 | 2123 | | 2123 |
| 联营经济 | 103724 | 98747 | 2182 | 140 | 2655 | | 2655 |
| 股份制经济 | 453109 | 398000 | 23130 | 2233 | 29746 | 4861 | 34607 |
| #国有绝对控股 | 210785 | 181663 | 10547 | 1264 | 17311 | 4804 | 22115 |
| 外商投资经济 | 162928 | 138736 | 16278 | | 7914 | | 7914 |
| 港澳台投资经济 | 281374 | 236427 | 28877 | 605 | 15465 | 111 | 15576 |
| **按行业分** | | | | | | | |
| 食品、饮料、烟草批发业 | 1497662 | 1391975 | 50713 | 1928 | 53046 | 1014 | 54060 |
| 棉、麻、土畜产品批发业 | 135982 | 123613 | 4880 | 217 | 7272 | 115 | 7387 |
| 纺织品、服装和鞋帽批发业 | 843576 | 739674 | 24377 | 806 | 78719 | 2161 | 80880 |
| 日用百货批发业 | 219881 | 201927 | 7931 | 213 | 9810 | 369 | 10179 |
| 日用杂品批发业 | 20792 | 19632 | 789 | 70 | 301 | 40 | 341 |
| 五金、交电、化工批发业 | 428137 | 406370 | 12309 | 455 | 9003 | 1250 | 10253 |
| 药品及医疗器械批发业 | 526569 | 480720 | 17801 | 680 | 27368 | 32 | 27400 |
| 能源批发业 | 1191406 | 1121494 | 43036 | 1662 | 25214 | 399 | 25613 |
| 化工材料批发业 | 393219 | 369848 | 16303 | 401 | 6667 | 3175 | 9842 |
| 木材批发业 | 66237 | 61576 | 4349 | 52 | 260 | 446 | 706 |
| 建筑材料批发业 | 130751 | 123350 | 3995 | 128 | 3278 | 489 | 3767 |
| 矿产品批发业 | 26346 | 23637 | 1022 | 48 | 1639 | 138 | 1777 |
| 金属材料批发业 | 1202289 | 1154608 | 29497 | 798 | 17386 | 313 | 17699 |
| 机械、电子设备批发业 | 568336 | 538557 | 14980 | 1493 | 13306 | 10705 | 24011 |
| 汽车、摩托车及零配件批发业 | 117092 | 111693 | 1895 | 126 | 3378 | 4 | 3382 |
| 再生物资回收批发业 | 23134 | 20942 | 615 | 84 | 1493 | | 1493 |
| 工艺美术品批发业 | 85159 | 78687 | 3394 | 98 | 2980 | 146 | 3126 |
| 图书报刊批发业 | 120518 | 104737 | 8025 | 78 | 7678 | 15 | 7693 |
| 农业生产资料批发业 | 349169 | 325370 | 13280 | 368 | 10151 | 128 | 10279 |
| 其他类未包括的批发业 | 323128 | 304347 | 9892 | 224 | 8665 | 2255 | 10920 |
| 食品、饮料和烟草零售业 | 90369 | 78077 | 10197 | 307 | 1788 | 18 | 1806 |
| 日用百货零售业 | 867513 | 723519 | 67621 | 4672 | 71701 | 76 | 71777 |
| 纺织品、服装和鞋帽零售业 | 93533 | 74646 | 13501 | 339 | 5047 | | 5047 |
| 日用杂品零售业 | 1121 | 943 | 198 | 2 | —22 | | —22 |
| 五金、交电、化工零售业 | 36132 | 29321 | 2574 | 354 | 3883 | | 3883 |
| 药品及医疗器械零售业 | 41491 | 33126 | 4526 | 188 | 3651 | | 3651 |
| 图书报刊零售业 | 33302 | 24387 | 3442 | 103 | 5370 | | 5370 |
| 其他零售业 | 96286 | 86340 | 5844 | 197 | 3905 | 116 | 4021 |

14—25 续表 2

单位:万元

| 项目 | 其他业务利润 | 管理费用 | 财务费用 | 营业利润 | 利润总额 | 本年应付工资总额 | 本年应交增值税 |
|---|---|---|---|---|---|---|---|
| 总计 | 120319 | 420235 | 170133 | —63708 | 43450 | 207701 | 82340 |
| **按经济类型分** | | | | | | | |
| 国有经济 | 104309 | 320408 | 144082 | —45934 | 45688 | 160149 | 54213 |
| 集体经济 | 7223 | 24206 | 14457 | —2221 | 8304 | 13926 | 6538 |
| 私营经济 | | 2711 | 70 | —658 | —669 | 842 | 597 |
| 联营经济 | 185 | 3372 | 388 | —920 | —941 | 1134 | 501 |
| 股份制经济 | 4475 | 28095 | 4100 | 6887 | 8238 | 15753 | 9488 |
| #国有绝对控股 | 2792 | 15086 | 2688 | 7133 | 7932 | 10826 | 3571 |
| 外商投资经济 | 1835 | 13741 | 5710 | —9702 | —9550 | 5967 | 1915 |
| 港澳台投资经济 | 2292 | 27702 | 1326 | —11160 | —7620 | 9930 | 9088 |
| **按行业分** | | | | | | | |
| 食品、饮料、烟草批发业 | 20039 | 65619 | 29297 | —20817 | 34603 | 36352 | 17172 |
| 棉、麻、土畜产品批发业 | 1537 | 5644 | 3345 | —65 | 1052 | 3134 | —2 |
| 纺织品、服装和鞋帽批发业 | 7760 | 46923 | 13255 | 28462 | 29852 | 18422 | —4233 |
| 日用百货批发业 | 5779 | 12388 | 5552 | —1982 | —1060 | 5060 | 1146 |
| 日用杂品批发业 | 286 | 821 | 108 | —302 | —207 | 515 | —171 |
| 五金、交电、化工批发业 | 9366 | 16259 | 11542 | —8182 | —5452 | 7482 | 854 |
| 药品及医疗器械批发业 | 2760 | 20254 | 8246 | 1660 | 2443 | 10662 | 7285 |
| 能源批发业 | 14377 | 33347 | 15584 | —8941 | 450 | 17246 | 10942 |
| 化工材料批发业 | 4926 | 11830 | 9682 | —6744 | —4974 | 4792 | 5760 |
| 木材批发业 | 185 | 2090 | 2589 | —3788 | —4964 | 2006 | 801 |
| 建筑材料批发业 | 2599 | 5332 | 2923 | —1889 | —1517 | 1899 | 1439 |
| 矿产品批发业 | 165 | 1344 | 1977 | —1379 | —995 | 378 | 17 |
| 金属材料批发业 | 10082 | 22885 | 11165 | —6269 | —1071 | 8006 | 4958 |
| 机械、电子设备批发业 | 8321 | 24181 | 16068 | —7917 | —2933 | 11076 | 326 |
| 汽车、摩托车及零配件批发业 | 1394 | 3773 | 1987 | —984 | —337 | 774 | 852 |
| 再生物资回收批发业 | 979 | 2660 | 687 | —875 | —349 | 1251 | 812 |
| 工艺美术品批发业 | 2166 | 2965 | 2245 | 82 | 475 | 1800 | —222 |
| 图书报刊批发业 | 889 | 3970 | —216 | 4828 | 5700 | 1824 | 1803 |
| 农业生产资料批发业 | 3193 | 9689 | 7924 | —4141 | 361 | 5699 | 598 |
| 其他类未包括的批发业 | 6711 | 16522 | 10524 | —9415 | —2178 | 5881 | —1297 |
| 食品、饮料和烟草零售业 | 2437 | 6734 | 167 | —2658 | —1765 | 4806 | 1496 |
| 日用百货零售业 | 11806 | 85802 | 12863 | —15082 | —9888 | 47898 | 23811 |
| 纺织品、服装和鞋帽零售业 | 26 | 5968 | —19 | —876 | 571 | 2158 | 4338 |
| 日用杂品零售业 | 148 | 114 | 49 | —37 | 25 | 148 | 16 |
| 五金、交电、化工零售业 | 139 | 1095 | 1036 | 1891 | 2613 | 673 | 318 |
| 药品及医疗器械零售业 | 60 | 2327 | —12 | 1396 | 1828 | 3307 | 1444 |
| 图书报刊零售业 | 1475 | 3806 | —84 | 3123 | 3337 | 2004 | 319 |
| 其他零售业 | 714 | 5893 | 1649 | —2807 | —2170 | 2448 | 1758 |

# 14—26 市区大中型批发零售贸易业财务状况

（1998 年）

单位：万元

| 项　　目 | 资产总计 | #流动资产 | #固定资产 | #无形及递延资产 | 流动负债 | 长期负债 | 所有者权益 |
|---|---|---|---|---|---|---|---|
| **总　　计** | **6761560** | **4648057** | **1182527** | **262869** | **4758518** | **433680** | **1539987** |
| **按经济类型分** | | | | | | | |
| 国有经济 | 5517858 | 3861656 | 991769 | 86932 | 3928353 | 317992 | 1243340 |
| 集体经济 | 497542 | 387170 | 69548 | 5066 | 390500 | 17243 | 89237 |
| 私营经济 | 17204 | 11775 | 1320 | 2704 | 12979 | 105 | 4120 |
| 联营经济 | 25604 | 21068 | 2111 | 1790 | 20734 | 24 | 4771 |
| 股份制经济 | 247891 | 152408 | 60065 | 12912 | 162518 | 4849 | 80523 |
| #国有绝对控股 | 168844 | 90185 | 53412 | 8479 | 107264 | 2464 | 59116 |
| 外商投资经济 | 271142 | 98168 | 27637 | 136338 | 115884 | 72496 | 82762 |
| 港澳台投资经济 | 184319 | 115812 | 30077 | 17127 | 127550 | 20971 | 35234 |
| **按行业分** | | | | | | | |
| 食品、饮料、烟草批发业 | 1005062 | 674205 | 213397 | 5647 | 666690 | 40806 | 296063 |
| 棉、麻、土畜产品批发业 | 112899 | 78758 | 17137 | 114 | 78567 | 11138 | 23184 |
| 纺织品、服装和鞋帽批发业 | 703955 | 509367 | 121796 | 5598 | 472163 | 17455 | 205580 |
| 日用百货批发业 | 193901 | 129531 | 37100 | 2192 | 143266 | 10175 | 40410 |
| 日用杂品批发业 | 21186 | 17104 | 1932 | 35 | 14955 | 162 | 6069 |
| 五金、交电、化工批发业 | 329713 | 244272 | 53224 | 1622 | 268379 | 8520 | 52522 |
| 药品及医疗器械批发业 | 261212 | 196972 | 41931 | 4006 | 195251 | 16598 | 49362 |
| 能源批发业 | 599192 | 336563 | 83277 | 115674 | 299702 | 82012 | 202762 |
| 化工材料批发业 | 269732 | 204508 | 38963 | 1785 | 206453 | 15895 | 47360 |
| 木材批发业 | 63797 | 46852 | 13998 | 434 | 46291 | 1148 | 16358 |
| 建筑材料批发业 | 129909 | 104751 | 11410 | 1514 | 118060 | 2745 | 9104 |
| 矿产品批发业 | 41755 | 20165 | 5892 | 88 | 23967 | 17601 | 187 |
| 金属材料批发业 | 785493 | 608799 | 112233 | 6250 | 631182 | 18096 | 132966 |
| 机械、电子设备批发业 | 650043 | 480851 | 108104 | 5925 | 500971 | 44190 | 104881 |
| 汽车、摩托车及零配件批发业 | 77693 | 65493 | 7554 | 1126 | 69969 | 606 | 6875 |
| 再生物资回收批发业 | 22885 | 14057 | 8442 | 8 | 17814 | 4358 | 713 |
| 工艺美术品批发业 | 54299 | 29969 | 21763 | 161 | 15402 | 28725 | 10171 |
| 图书报刊批发业 | 70868 | 52392 | 7553 | 601 | 42387 | 1166 | 27315 |
| 农业生产资料批发业 | 217794 | 167963 | 26324 | 2459 | 171250 | 8744 | 37800 |
| 其他类未包括的批发业 | 312992 | 194943 | 41905 | 1647 | 208042 | 27335 | 77613 |
| 食品、饮料和烟草零售业 | 46628 | 33302 | 9496 | 3469 | 29857 | 1117 | 15653 |
| 日用百货零售业 | 630429 | 311894 | 184646 | 87284 | 425395 | 60819 | 144041 |
| 纺织品、服装和鞋帽零售业 | 35687 | 32787 | 1208 | 1635 | 30778 | —45 | 4954 |
| 日用杂品零售业 | 3430 | 2296 | 981 | 153 | 2013 | 265 | 1152 |
| 五金、交电、化工零售业 | 22572 | 8788 | 1332 | 11442 | 7921 | 9123 | 5527 |
| 药品及医疗器械零售业 | 18309 | 14462 | 3204 | 643 | 10949 | 861 | 6499 |
| 图书报刊零售业 | 13752 | 12807 | 703 | 42 | 10579 | 462 | 2711 |
| 其他零售业 | 66373 | 54206 | 7022 | 1315 | 50265 | 3603 | 12155 |

14—26 续表 1

单位:万元

| 项　　目 | 商品销售收入净额 | 商品销售成本 | 经营费用 | 商品销售税金及附加费 | 商品销售利润 | 代购代销收入 | 主营业务利润 |
|---|---|---|---|---|---|---|---|
| **总　　计** | **9048958** | **8312551** | **355724** | **14821** | **365862** | **23233** | **389095** |
| **按经济类型分** | | | | | | | |
| 国有经济 | 7290040 | 6737627 | 257890 | 10711 | 283812 | 18210 | 302022 |
| 集体经济 | 715425 | 665598 | 24608 | 1072 | 24147 | 51 | 24198 |
| 私营经济 | 42358 | 37416 | 2759 | 60 | 2123 | | 2123 |
| 联营经济 | 103724 | 98747 | 2182 | 140 | 2655 | | 2655 |
| 股份制经济 | 453109 | 398000 | 23130 | 2233 | 29746 | 4861 | 34607 |
| #国有绝对控股 | 210785 | 181663 | 10547 | 1264 | 17311 | 4804 | 22115 |
| 外商投资经济 | 162928 | 138736 | 16278 | | 7914 | | 7914 |
| 港澳台投资经济 | 281374 | 236427 | 28877 | 605 | 15465 | 111 | 15576 |
| **按行业分** | | | | | | | |
| 食品、饮料、烟草批发业 | 1353346 | 1259813 | 43623 | 1701 | 48209 | 1004 | 49213 |
| 棉、麻、土畜产品批发业 | 135982 | 123613 | 4880 | 217 | 7272 | 115 | 7387 |
| 纺织品、服装和鞋帽批发业 | 843576 | 739674 | 24377 | 806 | 78719 | 2161 | 80880 |
| 日用百货批发业 | 217808 | 200011 | 7870 | 210 | 9717 | 369 | 10086 |
| 日用杂品批发业 | 19586 | 18627 | 663 | 68 | 228 | 40 | 268 |
| 五金、交电、化工批发业 | 349831 | 330618 | 10975 | 275 | 7963 | 1250 | 9213 |
| 药品及医疗器械批发业 | 519256 | 474880 | 17359 | 654 | 26363 | 32 | 26395 |
| 能源批发业 | 1149954 | 1084194 | 40901 | 1460 | 23399 | 387 | 23786 |
| 化工材料批发业 | 390678 | 367652 | 16091 | 398 | 6537 | 3175 | 9712 |
| 木材批发业 | 66237 | 61576 | 4349 | 52 | 260 | 446 | 706 |
| 建筑材料批发业 | 130751 | 123350 | 3995 | 128 | 3278 | 489 | 3767 |
| 矿产品批发业 | 26346 | 23637 | 1022 | 48 | 1639 | 138 | 1777 |
| 金属材料批发业 | 1195886 | 1148672 | 29152 | 790 | 17272 | 313 | 17585 |
| 机械、电子设备批发业 | 565560 | 535814 | 14974 | 1491 | 13281 | 10705 | 23986 |
| 汽车、摩托车及零配件批发业 | 106358 | 101308 | 1803 | 115 | 3132 | 4 | 3136 |
| 再生物资回收批发业 | 16328 | 14265 | 560 | 78 | 1425 | | 1425 |
| 工艺美术品批发业 | 85159 | 78687 | 3394 | 98 | 2980 | 146 | 3126 |
| 图书报刊批发业 | 120518 | 104737 | 8025 | 78 | 7678 | 15 | 7693 |
| 农业生产资料批发业 | 240344 | 224080 | 9213 | 265 | 6786 | 18 | 6804 |
| 其他类未包括的批发业 | 323128 | 304347 | 9892 | 224 | 8665 | 2255 | 10920 |
| 食品、饮料和烟草零售业 | 90369 | 78077 | 10197 | 307 | 1788 | 18 | 1806 |
| 日用百货零售业 | 822206 | 686560 | 63469 | 4286 | 67891 | 37 | 67928 |
| 纺织品、服装和鞋帽零售业 | 92179 | 73515 | 13336 | 314 | 5014 | | 5014 |
| 日用杂品零售业 | 1121 | 943 | 198 | 2 | —22 | | —22 |
| 五金、交电、化工零售业 | 23852 | 17705 | 2078 | 287 | 3782 | | 3782 |
| 药品及医疗器械零售业 | 41491 | 33126 | 4526 | 188 | 3651 | | 3651 |
| 图书报刊零售业 | 31928 | 23296 | 3324 | 103 | 5205 | | 5205 |
| 其他零售业 | 89180 | 79774 | 5478 | 178 | 3750 | 116 | 3866 |

14—26 续表 2

单位:万元

| 项目 | 其他业务利润 | 管理费用 | 财务费用 | 营业利润 | 利润总额 | 本年应付工资总额 | 本年应交增值税 |
|---|---|---|---|---|---|---|---|
| 总计 | 115958 | 404645 | 161682 | —61274 | 42563 | 197120 | 78543 |
| 按经济类型分 | | | | | | | |
| 国有经济 | 100748 | 309315 | 138370 | —44915 | 44258 | 152775 | 51512 |
| 集体经济 | 6423 | 19709 | 11718 | —806 | 8847 | 10719 | 5442 |
| 私营经济 | | 2711 | 70 | —658 | —669 | 842 | 597 |
| 联营经济 | 185 | 3372 | 388 | —920 | —941 | 1134 | 501 |
| 股份制经济 | 4475 | 28095 | 4100 | 6887 | 8238 | 15753 | 9488 |
| #国有绝对控股 | 2792 | 15086 | 2688 | 7133 | 7932 | 10826 | 3571 |
| 外商投资经济 | 1835 | 13741 | 5710 | —9702 | —9550 | 5967 | 1915 |
| 港澳台投资经济 | 2292 | 27702 | 1326 | —11160 | —7620 | 9930 | 9088 |
| 按行业分 | | | | | | | |
| 食品、饮料、烟草批发业 | 17132 | 59533 | 27013 | —20201 | 33213 | 33028 | 16030 |
| 棉、麻、土畜产品批发业 | 1537 | 5644 | 3345 | —65 | 1052 | 3134 | —2 |
| 纺织品、服装和鞋帽批发业 | 7760 | 46923 | 13255 | 28462 | 29852 | 18422 | —4233 |
| 日用百货批发业 | 5706 | 12273 | 5522 | —2003 | —1072 | 5029 | 1126 |
| 日用杂品批发业 | 286 | 785 | 97 | —328 | —217 | 484 | —148 |
| 五金、交电、化工批发业 | 9366 | 15439 | 11330 | —8190 | —5475 | 7204 | 694 |
| 药品及医疗器械批发业 | 2753 | 19494 | 7959 | 1695 | 2323 | 10383 | 7164 |
| 能源批发业 | 14137 | 32083 | 14883 | —9043 | 296 | 16570 | 10452 |
| 化工材料批发业 | 4921 | 11720 | 9641 | —6728 | —4993 | 4777 | 5731 |
| 木材批发业 | 185 | 2090 | 2589 | —3788 | —4964 | 2006 | 801 |
| 建筑材料批发业 | 2599 | 5332 | 2923 | —1889 | —1517 | 1899 | 1439 |
| 矿产品批发业 | 165 | 1344 | 1977 | —1379 | —995 | 378 | 17 |
| 金属材料批发业 | 10082 | 22629 | 11317 | —6279 | —1102 | 7974 | 4834 |
| 机械、电子设备批发业 | 8321 | 24146 | 16004 | —7843 | —2858 | 11070 | 492 |
| 汽车、摩托车及零配件批发业 | 1366 | 3577 | 1933 | —1008 | —354 | 747 | 749 |
| 再生物资回收批发业 | 986 | 2629 | 670 | —888 | —358 | 1230 | 644 |
| 工艺美术品批发业 | 2166 | 2965 | 2245 | 82 | 475 | 1800 | —222 |
| 图书报刊批发业 | 889 | 3970 | —216 | 4828 | 5700 | 1824 | 1803 |
| 农业生产资料批发业 | 2591 | 6760 | 5602 | —2967 | 754 | 3210 | 152 |
| 其他类未包括的批发业 | 6711 | 16522 | 10524 | —9415 | —2178 | 5881 | —1297 |
| 食品、饮料和烟草零售业 | 2437 | 6734 | 167 | —2658 | —1765 | 4806 | 1496 |
| 日用百货零售业 | 11386 | 83584 | 10431 | —14701 | —9667 | 45023 | 22814 |
| 纺织品、服装和鞋帽零售业 | —50 | 5917 | —72 | —881 | 561 | 2070 | 4338 |
| 日用杂品零售业 | 148 | 114 | 49 | —37 | 25 | 148 | 16 |
| 五金、交电、化工零售业 | 105 | 677 | 963 | 2247 | 2870 | 457 | 235 |
| 药品及医疗器械零售业 | 60 | 2327 | —12 | 1396 | 1828 | 3307 | 1444 |
| 图书报刊零售业 | 1475 | 3666 | —87 | 3101 | 3317 | 1942 | 272 |
| 其他零售业 | 738 | 5768 | 1630 | —2794 | —2188 | 2317 | 1702 |

# 14—27 大中型餐饮业财务状况

（1998 年）　　单位：万元

| 项　　目 | 合　计 | 国有经济 | 集体经济 | 私营经济 | 外　商投资经济 | 港澳台投资经济 |
|---|---|---|---|---|---|---|
| **年末资产负债** | | | | | | |
| 流动资产合计 | 112268 | 51840 | 12504 | 7649 | 18672 | 20298 |
| 固定资产合计 | 165530 | 65457 | 9154 | 4861 | 62175 | 14539 |
| 固定资产原价 | 183515 | 59543 | 13650 | 5844 | 69677 | 25316 |
| 累计折旧 | 42699 | 18164 | 4917 | 985 | 7502 | 10935 |
| 无形及递延资产合计 | 79192 | 17712 | 8852 | 499 | 35780 | 11644 |
| 资产总计 | 370646 | 141905 | 30724 | 13195 | 118627 | 50841 |
| 流动负债合计 | 249675 | 87978 | 26833 | 5017 | 91599 | 31735 |
| 长期负债合计 | 42354 | 14129 | 1127 | 896 | 18959 | 862 |
| 所有者权益合计 | 75106 | 39798 | 2205 | 7183 | 8069 | 15391 |
| **损益及分配** | | | | | | |
| 主营业务收入 | 312622 | 130772 | 44724 | 14767 | 67299 | 48667 |
| 主营业务成本 | 153270 | 67909 | 22016 | 7449 | 29496 | 23172 |
| 营业费用 | 115992 | 38303 | 19853 | 5358 | 29763 | 20090 |
| 业务税金及附加费 | 13689 | 4896 | 2006 | 655 | 3398 | 2468 |
| 主营业务利润 | 29671 | 19664 | 849 | 1305 | 4642 | 2937 |
| 其他业务利润 | 805 | 159 | 64 | | 196 | 125 |
| 管理费用 | 33139 | 13789 | 4861 | 1546 | 5212 | 6847 |
| 财务费用 | 11546 | 1646 | 20 | 58 | 7747 | 1232 |
| 营业利润 | −14209 | 4388 | −3968 | −299 | −8121 | −5017 |
| 利润总额 | −10373 | 6314 | −3445 | −347 | −6855 | −4849 |
| **工资、福利费、增值税** | | | | | | |
| 本年应付工资总额 | 43800 | 17994 | 7690 | 2367 | 6749 | 7702 |
| 本年应付福利费总额 | 4396 | 2489 | 527 | 42 | 415 | 906 |
| 本年应缴增值税额 | 1166 | 780 | 52 | 10 | 19 | 305 |

# 14—28 市区大中型餐饮业财务状况

（1998 年）

单位：万元

| 项目 | 合计 | 国有经济 | 集体经济 | 私营经济 | 外商投资经济 | 港澳台投资经济 |
|---|---|---|---|---|---|---|
| **年末资产负债** | | | | | | |
| 流动资产合计 | 90641 | 43076 | 12474 | 7347 | 7574 | 18865 |
| 固定资产合计 | 98046 | 43734 | 9094 | 4464 | 18016 | 13394 |
| 固定资产原价 | 116718 | 41965 | 13550 | 5332 | 22785 | 23601 |
| 累计折旧 | 36020 | 14944 | 4877 | 869 | 4769 | 10365 |
| 无形及递延资产合计 | 63490 | 14702 | 8852 | 429 | 23506 | 11296 |
| 资产总计 | 262614 | 107263 | 30634 | 12426 | 49378 | 47559 |
| 流动负债合计 | 175573 | 59402 | 26823 | 4281 | 49461 | 29093 |
| 长期负债合计 | 19517 | 10251 | 1127 | 896 | | 862 |
| 所有者权益合计 | 64081 | 37610 | 2125 | 7218 | —83 | 14751 |
| **损益及分配** | | | | | | |
| 主营业务收入 | 292241 | 123818 | 44508 | 12824 | 58167 | 46531 |
| 主营业务成本 | 144380 | 64579 | 21891 | 6280 | 26502 | 21900 |
| 营业费用 | 105274 | 35029 | 19794 | 4683 | 24302 | 18841 |
| 业务税金及附加费 | 12754 | 4584 | 1986 | 579 | 2937 | 2402 |
| 主营业务利润 | 29833 | 19626 | 837 | 1282 | 4426 | 3388 |
| 其他业务利润 | 617 | 11 | 64 | | 156 | 125 |
| 管理费用 | 30680 | 12649 | 4854 | 1406 | 4109 | 6778 |
| 财务费用 | 6806 | 1360 | 19 | 29 | 3404 | 1151 |
| 营业利润 | —7036 | 5628 | —3972 | —153 | —2931 | —4416 |
| 利润总额 | —4302 | 7017 | —3449 | —198 | —2132 | —4349 |
| **工资、福利费、增值税** | | | | | | |
| 本年应付工资总额 | 39922 | 16347 | 7657 | 1986 | 5208 | 7426 |
| 本年应付福利费总额 | 3807 | 2340 | 527 | 42 | 288 | 593 |
| 本年应缴增值税额 | 1146 | 760 | 52 | 10 | 19 | 305 |

## 14—29 销售额超 5 亿元的贸易企业一览表

（1998 年）　　　　单位：万元

| 企业名称 | 主要从事业务 | 销售额合计 | 批发 | 零售 | 年末库存 |
|---|---|---|---|---|---|
| 广东物资集团公司 | 黑色金属材料批发 | 706957 | 706957 | | 54756 |
| 广东省烟草公司 | 卷烟批发 | 542620 | 533035 | 9585 | 21000 |
| 广东省石油企业集团公司 | 石油商品批发 | 463142 | 463142 | | 45485 |
| 广东省轻工业品进出口(集团)公司 | 轻工产品进出口 | 226295 | 226295 | | |
| 广州宝钢南方贸易有限公司 | 钢材贸易 | 221828 | 221828 | | 9603 |
| 广东省纺织品进出口(集团)公司 | 纺织品批发业 | 202504 | 199945 | 2559 | 8913 |
| 广州市医药公司 | 药品批发零售 | 185731 | 185355 | 376 | 33433 |
| 广东省电力工业燃料公司 | 供应煤炭燃油 | 163179 | 163179 | | |
| 广东省农业生产资料总公司 | 经营农业生产资料 | 162265 | 162265 | | 32743 |
| 广州纺织品进出口公司 | 纺织品进出口 | 156289 | 156271 | 18 | 2717 |
| 中国农业生产资料广州公司 | 经营农业生产资料 | 152242 | 152242 | | |
| 广州石油企业集团有限公司 | 石油及制品批发、零售 | 139609 | 113320 | 26289 | 5709 |
| 广州中穗石油化工发展公司 | 批发零售石油及制品 | 138193 | 138001 | 192 | 3 |
| 广东省新华书店 | 书刊杂志销售 | 123107 | 122302 | 805 | 14236 |
| 中国北方工业公司 | 机电进出口 | 114618 | 114618 | | |
| 广州市广州百货大夏 | 百货零售业 | 111215 | 4202 | 107013 | 5616 |
| 广州市新大新公司 | 百货零售业 | 110926 | 2863 | 108063 | 5270 |
| 广东省邮电器材公司 | 交换机批发 | 104570 | 104570 | | 5330 |
| 广州市化工原料公司 | 批发零售化工原料 | 97256 | 93864 | 3392 | 4490 |
| 广州友谊商店股份有限公司 | 百货零售业 | 95948 | 4520 | 91428 | 11951 |
| 华南蓝天航空油料有限公司 | 油料销售 | 94200 | 94200 | | 108 |
| 番禺市供销合作社沙园集团公司 | 五金家用电器批发 | 90349 | 73213 | 17136 | 11701 |
| 广东省丝绸(集团)公司 | 丝绸进出口 | 86609 | 86602 | 7 | 8954 |
| 广州广钢集团贸易有限公司 | 黑色金属材料批发 | 83625 | 83625 | | 682 |
| 广东省食品进出口集团公司 | 外贸进出口 | 81160 | 80902 | 258 | 7767 |
| 广州正大万客隆(佳景)有限公司 | 百货零售 | 80290 | | 80290 | 4449 |
| 广州市烟草贸易公司 | 烟草批发零售 | 79933 | 72203 | 7730 | 2893 |
| 中国化工供销华南公司 | 化工材料批发 | 79684 | 79684 | | 11170 |
| 广东省土产进出口(集团)公司 | 木材批发业 | 76814 | 76814 | | 6849 |
| 广州越秀企业(集团)公司 | 纺织品进出口 | 76092 | 76092 | | |
| 中国铁路物资广州公司 | 黑色金属材料批发业 | 71392 | 71392 | | 909 |
| 广州食品企业集团有限公司 | 肉禽蛋及其制品批发 | 70567 | 60660 | 9907 | 10558 |
| 广东省工艺品进出口(集团)公司 | 工艺美术品批发业 | 67653 | 67405 | 248 | 6519 |
| 广东省五金矿产进出口集团公司 | 五金矿产进出口业务 | 64849 | 64847 | 2 | 3795 |
| 广州市药材公司 | 中草药及制品批发 | 64047 | 45155 | 18892 | 11778 |
| 广州虎威华侨企业有限公司 | 服装批发零售 | 62868 | 53516 | 9352 | 1833 |
| 联想集团广州公司 | 销售计算机 | 58950 | 58950 | | 4619 |
| 中国抽纱广东进出口公司 | 抽纱品纺织品等进出口 | 58803 | 58803 | | 1283 |
| 广东省化工进出口集团公司 | 化工产品进出口 | 58550 | 58550 | | 4138 |
| 广州东山百货大楼股份有限公司 | 百货零售 | 55949 | 8845 | 47104 | 3986 |
| 广东省纺织工业总公司 | 棉花纱化纤原料批发 | 53721 | 53314 | 407 | 11654 |
| 广东省二轻工业供销公司 | 金属材料销售 | 52029 | 52029 | | 28660 |
| 广州轻工业品(集团)鞋帽箱包进出口公司 | 鞋帽箱包出口 | 51177 | 51177 | | 327 |
| 广州市南方大厦有限公司 | 批发零售 | 50057 | 2100 | 47957 | 8510 |

# 14—30 零售额超亿元的零售企业一览表

（1998 年）

| 企 业 名 称 | 销售额（万元） | #零售额 | 从业人数（人） | 营业面积（米²） |
|---|---|---|---|---|
| 广州市新大新公司 | 110926 | 108063 | 2735 | 25115 |
| 广州市广州百货大夏 | 111215 | 107013 | 2398 | 26000 |
| 广州友谊商店股份有限公司 | 95948 | 91428 | 2232 | 25000 |
| 广州正大万客隆(佳景)有限公司 | 80290 | 80290 | 588 | 19000 |
| 广州市好又多百货商业广场有限公司 | 49358 | 49358 | 687 | 16000 |
| 广州市南方大厦有限公司 | 50057 | 47957 | 1984 | 28500 |
| 广州东山百货大楼股份有限公司 | 55949 | 47104 | 1177 | 8989 |
| 广东天贸南方大厦百货有限公司 | 45516 | 45516 | 800 | 20959 |
| 广州王府井百货大楼有限责任公司 | 32360 | 32360 | 1050 | 16080 |
| 广州市岛内价货仓商场发展有限公司 | 30772 | 30772 | 720 | 12500 |
| 广东吉之岛天贸百货有限公司 | 27217 | 27217 | 703 | 7800 |
| 广州百佳超级市场有限公司 | 23333 | 23333 | 231 | 20000 |
| 广州市医药公司健民医药连锁店 | 23764 | 19125 | 521 | 4237 |
| 广州市华夏康隆百货有限公司 | 18703 | 17759 | 535 | 12500 |
| 广州市华夏百货公司 | 19010 | 16589 | 670 | 5700 |
| 广州市永安集团有限公司 | 17890 | 16446 | 978 | 20759 |
| 广州市海珠购物中心 | 17582 | 16242 | 779 | 8500 |
| 广州购书中心有限公司 | 15624 | 15099 | 483 | 10734 |
| 广州市药材公司采芝林药业连锁店 | 14812 | 14812 | 1089 | 8900 |
| 广州市沙河百货有限公司 | 14899 | 14350 | 665 | 7500 |
| 广州市妇女儿童用品公司 | 11923 | 11784 | 337 | 3500 |
| 广州市广源商业股份有限公司 | 11612 | 11612 | 500 | 8000 |
| 广州屈臣氏个人用品商店有限公司 | 10862 | 10862 | 261 | 3719 |

# 14－31 工商企业基本情况

（1998 年末）

| 项　　目 | 企业数（户） | #国有经济 | #集体经济 | #联营经济 | #股份制经济 | #股份合作制企业 | 注册资金（万元） |
|---|---|---|---|---|---|---|---|
| **总　　计** | 136249 | 18207 | 81215 | 2770 | 18231 | 15483 | 15853912 |
| **按地区分** | | | | | | | |
| 市　区 | 117644 | 14613 | 69108 | 1965 | 16260 | 15383 | 13507059 |
| 市工商局 | 27753 | 10953 | 6837 | 844 | 9000 | 61 | 10055106 |
| 东山区 | 10622 | 269 | 8731 | 39 | 671 | 825 | 293539 |
| 荔湾区 | 14577 | 427 | 9793 | 44 | 520 | 3751 | 290741 |
| 越秀区 | 14018 | 260 | 10558 | 372 | 1581 | 1170 | 291551 |
| 海珠区 | 21318 | 234 | 12534 | 30 | 900 | 7605 | 411609 |
| 天河区 | 7366 | 524 | 4852 | 126 | 937 | 908 | 414422 |
| 芳村区 | 3735 | 255 | 2770 | 27 | 462 | 221 | 155359 |
| 白云区 | 12574 | 685 | 10440 | 210 | 526 | 710 | 498110 |
| 黄埔区 | 3217 | 193 | 2058 | 44 | 894 | 28 | 241516 |
| 开发区 | 1455 | 477 | 360 | 188 | 403 | 21 | 551858 |
| 保税区 | 604 | 162 | 31 | 31 | 360 | 20 | 286047 |
| 交易分局 | 288 | 65 | 139 | 8 | 6 | 63 | 5574 |
| 珠江局 | 117 | 109 | 5 | 2 | | | 11627 |
| 县级市 | 18605 | 3594 | 12107 | 805 | 1971 | 100 | 2346853 |
| 番禺市 | 6459 | 1104 | 4267 | 402 | 681 | 5 | 719677 |
| 花都市 | 4095 | 875 | 2669 | 131 | 409 | 6 | 485972 |
| 增城市 | 5843 | 1048 | 3920 | 199 | 567 | 86 | 733198 |
| 从化市 | 2208 | 567 | 1251 | 73 | 314 | 3 | 408006 |
| **按行业分** | | | | | | | |
| 农、林、牧渔业 | 584 | 144 | 295 | 29 | 110 | 6 | 117339 |
| #农、林、牧、渔服务业 | 41 | 3 | 31 | | 7 | | 3560 |
| 采掘业 | 780 | 116 | 611 | 38 | 11 | 3 | 40145 |
| 制造业 | 22308 | 1912 | 15677 | 525 | 1754 | 2417 | 3651365 |
| 电力、煤气及水的生产和供应业 | 277 | 44 | 170 | 19 | 40 | 4 | 585772 |
| 建筑业 | 3987 | 463 | 2272 | 51 | 863 | 337 | 929577 |
| 地质勘查业、水利管理业 | 55 | 20 | 16 | 3 | 16 | | 9511 |
| 交通运输、仓储及邮电通信业 | 2722 | 550 | 1495 | 89 | 409 | 175 | 1014851 |
| 批发和零售贸易、餐饮业 | 80160 | 9691 | 48174 | 1456 | 10252 | 10404 | 4949622 |
| 金融、保险业 | 2454 | 1596 | 598 | 46 | 207 | 4 | 1021258 |
| 房地产业 | 1948 | 316 | 409 | 60 | 1139 | 24 | 1447698 |
| 社会服务业 | 16205 | 2355 | 9132 | 328 | 2520 | 1783 | 1280030 |
| 卫生、体育和社会福利业 | 186 | 19 | 73 | 5 | 16 | 72 | 14461 |
| 教育、文化艺术及广播电影电视业 | 1925 | 309 | 1296 | 34 | 128 | 156 | 177218 |
| 科学研究和综合技术服务业 | 2168 | 503 | 908 | 63 | 644 | 50 | 443065 |
| 其他行业 | 490 | 169 | 89 | 24 | 122 | 48 | 172000 |

# 14－32 私营企业基本情况

（1998 年末、按地区分）

| 项目 | 开业户数（户） | 歇业户数（户） | 年末户数（户） | 年末人数（人） | | |
|---|---|---|---|---|---|---|
| | | | | | 投资人数 | 雇工人数 |
| **合计** | **9373** | **2837** | **30584** | **258473** | **60490** | **197983** |
| 市区 | 8312 | 1791 | 25040 | 178634 | 49925 | 128709 |
| 市工商局 | 5843 | 1030 | 15924 | 112032 | 33500 | 78532 |
| 东山区 | 48 | 16 | 220 | 1445 | 365 | 1080 |
| 荔湾区 | 253 | 81 | 963 | 5480 | 1708 | 3772 |
| 越秀区 | 97 | 7 | 194 | 1320 | 391 | 929 |
| 海珠区 | 99 | 10 | 567 | 2840 | 830 | 2010 |
| 天河区 | 399 | 367 | 1658 | 13467 | 3518 | 9949 |
| 芳村区 | 80 | 9 | 389 | 3572 | 593 | 2979 |
| 白云区 | 280 | 95 | 2557 | 23137 | 3551 | 19586 |
| 黄埔区 | 136 | 35 | 594 | 3733 | 1049 | 2684 |
| 开发区 | 862 | 112 | 681 | 5181 | 1273 | 3908 |
| 保税区 | 125 | 14 | 672 | 3505 | 1475 | 2030 |
| 交易分局 | 90 | 15 | 330 | 1568 | 334 | 1234 |
| 二分局 | | | 291 | 1354 | 1338 | 16 |
| 县级市 | 1061 | 1046 | 5544 | 79839 | 10565 | 69274 |
| 番禺市 | 327 | 130 | 1403 | 19636 | 2875 | 16761 |
| 花都市 | 190 | 63 | 902 | 15340 | 1608 | 13732 |
| 增城市 | 447 | 844 | 2702 | 38307 | 5027 | 33280 |
| 从化市 | 97 | 9 | 537 | 6556 | 1055 | 5501 |

## 14—33 私营企业基本情况

（1998年末、按行业分）

| 行业 | 全市 | | | #城镇 | | |
|---|---|---|---|---|---|---|
| | 户数（户） | 人数（人） | 注册资金（万元） | 户数（户） | 人数（人） | 注册资金（万元） |
| **合计** | 30584 | 258473 | 2399674 | 26173 | 196074 | 2097890 |
| 农、林、牧、渔业 | 150 | 1286 | 17451 | 74 | 613 | 7267 |
| #农、林、牧、渔服务业 | 10 | 80 | 436 | 9 | 76 | 433 |
| 采掘业 | 132 | 1678 | 11867 | 77 | 594 | 8699 |
| 制造业 | 5302 | 74795 | 366709 | 2631 | 29392 | 176634 |
| 建筑业 | 543 | 4163 | 62748 | 462 | 3293 | 53906 |
| 交通运输、仓储业 | 542 | 3447 | 30559 | 490 | 3042 | 28736 |
| #仓储业 | 22 | 288 | 3036 | 20 | 283 | 2933 |
| 批发零售贸易餐饮业 | 16305 | 114103 | 1307652 | 15174 | 104034 | 1244781 |
| #餐饮业 | 392 | 7011 | 32804 | 300 | 5273 | 23742 |
| 社会服务业 | 6496 | 51462 | 464372 | 6168 | 47727 | 440380 |
| #日用修理业 | 120 | 1474 | 2347 | 78 | 2494 | 1675 |
| 旅馆业 | 129 | 1265 | 11920 | 128 | 1255 | 11887 |
| 娱乐服务业 | 51 | 459 | 4511 | 49 | 429 | 4411 |
| 其他行业 | 1114 | 7539 | 138316 | 1097 | 7379 | 137487 |

## 14—34 商品交易市场分类情况

单位：个

| 项目 | 1997年末 | | | 1998年末 | | |
|---|---|---|---|---|---|---|
| | 批发市场 | 城市 | 农村 | 批发市场 | 城市 | 农村 |
| **消费品市场** | 872 | 681 | 191 | 902 | 730 | 172 |
| 消费品综合市场 | 130 | 89 | 41 | 136 | 96 | 40 |
| 农副产品市场 | 361 | 254 | 107 | 416 | 317 | 99 |
| 农副产品综合市场 | 301 | 214 | 87 | 362 | 278 | 84 |
| 农副产品专业市场 | 60 | 40 | 20 | 54 | 39 | 15 |
| 工业消费品市场 | 376 | 333 | 43 | 350 | 317 | 33 |
| 工业消费品综合市场 | 268 | 229 | 39 | 212 | 180 | 32 |
| 工业消费品专业市场 | 108 | 104 | 4 | 138 | 137 | 1 |
| 其他市场 | 5 | 5 | | | | |
| **生产资料市场** | 81 | 67 | 14 | 88 | 78 | 10 |
| 生产资料综合市场 | 1 | 1 | | 16 | 15 | 1 |
| 农业生产资料市场 | 5 | 4 | 1 | 2 | 1 | 1 |
| 农业生产资料综合市场 | 1 | 1 | | 1 | 1 | |
| 农业生产资料专业市场 | 4 | 3 | 1 | 1 | | 1 |
| 工业生产资料市场 | 75 | 62 | 13 | 66 | 59 | 7 |
| 工业生产资料综合市场 | 7 | 6 | 1 | 31 | 28 | 3 |
| 工业生产资料专业市场 | 68 | 56 | 12 | 35 | 31 | 4 |
| 其他市场 | | | | 4 | 3 | 1 |

## 14—35 消费品批发市场情况

（1998 年）

| 项目 | 批发市场（个） | #城市 | 成交额（万元） | #城市 | 成交量（吨） | #城市 |
|---|---|---|---|---|---|---|
| 工业消费品市场 | 350 | 317 | 822054 | 723281 | | |
| 农副产品市场 | 54 | 34 | 771308 | 635015 | | |
| 蔬菜市场 | 12 | 5 | 180163 | 74989 | 776465 | 488372 |
| 干鲜果市场 | 8 | 8 | 283731 | 283731 | 385515 | 385515 |
| 水产品市场 | 6 | 4 | 211348 | 211348 | 61025 | 61025 |
| 肉食禽蛋市场 | 3 | 2 | 2689 | 1712 | 1214 | 132 |
| 粮食市场 | 4 | 3 | 21887 | 21887 | 63164 | 63164 |
| 食用植物油市场 | 3 | | 11447 | | 1635 | |
| 仔猪市场 | | | | | | |
| 中药材市场 | 1 | 1 | 28569 | 28569 | 15932 | 15932 |
| 其他市场 | 17 | 11 | 31474 | 12779 | 8998 | 3133 |

## 14—36 城乡个体工商业基本情况

| 项目 | 1997 年 | | | 1998 年 | | |
|---|---|---|---|---|---|---|
| | 期末户数（户） | 从业人数（人） | 注册资金（万元） | 期末户数（户） | 从业人数（人） | 注册资金（万元） |
| **合计** | **203886** | **343802** | **273099** | **211667** | **375021** | **320593** |
| 市区 | 120822 | 179678 | 157681 | 127659 | 202818 | 178509 |
| 市工商局 | | | | | | |
| 东山区 | 8457 | 9636 | 9905 | 8593 | 9773 | 10533 |
| 荔湾区 | 10955 | 13849 | 12786 | 11704 | 14598 | 14131 |
| 越秀区 | 12387 | 18036 | 17445 | 13272 | 19050 | 18341 |
| 海珠区 | 13365 | 14652 | 9837 | 15181 | 16505 | 11866 |
| 天河区 | 17498 | 31245 | 22149 | 18246 | 47409 | 26674 |
| 芳村区 | 5606 | 9002 | 4096 | 6002 | 9439 | 4498 |
| 白云区 | 33040 | 49537 | 48886 | 33492 | 50182 | 56032 |
| 黄埔区 | 7881 | 12436 | 9843 | 8044 | 12890 | 10117 |
| 开发区 | 871 | 2572 | 1254 | 428 | 1743 | 1037 |
| 保税区 | 556 | 639 | 333 | 677 | 708 | 403 |
| 交易分局 | 7852 | 13854 | 15994 | 9369 | 15847 | 19112 |
| 一分局 | 1262 | 2080 | 2565 | 1345 | 2080 | 2916 |
| 二分局 | 1092 | 2140 | 2588 | 1306 | 2594 | 2849 |
| 县级市 | 83064 | 164124 | 115418 | 84008 | 172203 | 142084 |
| 番禺市 | 26391 | 66886 | 52408 | 27955 | 72983 | 68566 |
| 花都市 | 24816 | 41251 | 25043 | 26475 | 44441 | 27787 |
| 增城市 | 19864 | 34980 | 27787 | 17362 | 33268 | 28330 |
| 从化市 | 11993 | 21007 | 10180 | 12216 | 21511 | 17401 |

## 14－37 城乡个体工商业基本情况

（1998年末、按行业分）

| 行业 | 户数（户） | #城镇 | 从业人员（人） | #城镇 | 注册资金（万元） | #城镇 |
|---|---|---|---|---|---|---|
| 合计 | 211667 | 141082 | 375021 | 234654 | 320593 | 204938 |
| 农、林、牧、渔业 | 67 | 26 | 206 | 103 | 1272 | 491 |
| #农、林、牧、渔服务业 | 19 | 3 | 56 | 8 | 310 | 95 |
| 采掘业 | 250 | 54 | 590 | 136 | 1503 | 422 |
| 制造业 | 17200 | 10122 | 51098 | 22457 | 52372 | 21935 |
| 建筑业 | 57 | 26 | 110 | 45 | 345 | 155 |
| 交通运输、仓储业 | 21849 | 8344 | 26114 | 10283 | 51372 | 20088 |
| #仓储业 | 113 | 111 | 148 | 144 | 218 | 217 |
| 批发零售贸易餐饮业 | 146464 | 104617 | 246587 | 166336 | 181895 | 139285 |
| #餐饮业 | 13690 | 8278 | 47153 | 27355 | 30614 | 15482 |
| 社会服务业 | 25123 | 17499 | 48721 | 34403 | 30296 | 21972 |
| #日用修理业 | 6866 | 4359 | 10005 | 6033 | 4805 | 2840 |
| 旅馆业 | 251 | 132 | 786 | 544 | 1117 | 806 |
| 娱乐服务业 | 1074 | 740 | 2557 | 1766 | 2348 | 1721 |
| 其他行业 | 657 | 394 | 1595 | 891 | 1538 | 590 |

## 14－38 社会商品购买力来源与分配

单位：万元

| 项目 | 1997年 | | 1998年 | |
|---|---|---|---|---|
| | 合计 | #城镇居民 | 合计 | #城镇居民 |
| **年初结余货币总额** | 14134601 | 11270688 | 16730727 | 13330997 |
| 储蓄存款 | 12932258 | 10845770 | 15400749 | 12997577 |
| 手存现金 | 1202343 | 424918 | 1329978 | 333420 |
| **货币收入总额** | 16511094 | 12494055 | 18493079 | 14547086 |
| #本地居民 | 13273457 | 11038394 | 15247544 | 12981820 |
| 国有单位职工工资 | 1798987 | 1726851 | 1900631 | 1824606 |
| 城镇集体单位职工工资 | 338388 | 305166 | 344677 | 313656 |
| 各种合营单位职工工资 | 447801 | 415541 | 548561 | 506623 |
| 城镇个体劳动者净货币收入 | 927971 | 927971 | 1000768 | 1000768 |
| 其他职业者收入 | 110364 | 110364 | 178239 | 160075 |
| 农民从集体统一经营中得到的收入 | 477526 | | 406124 | |
| 农民从经济联合体中得到的收入 | 32599 | | 33117 | |
| 农民出售农副产品的收入 | 824818 | | 847221 | |
| 农民从事工业和手工业的净货币收入 | 42021 | | 46643 | |

14—38 续表 单位：万元

| 项　　目 | 1997年 | | 1998年 | |
|---|---|---|---|---|
| | 合　计 | #城镇居民 | 合　计 | #城镇居民 |
| 农民劳务净收入 | 290149 | | 280516 | |
| 居民从国家财政得到的收入 | 46226 | 32194 | 53781 | 36141 |
| 银行和信用社农贷净增加额 | 54819 | | —9082 | |
| 居民其他货币收入 | 6098292 | 5584999 | 7119318 | 6613482 |
| 外宾购买消费品的货币 | 97695 | | 107465 | |
| 社会集团购买公用消费品的货币 | 993236 | | 1132976 | |
| 乡(镇)购买农业生产资料的货币 | 6365 | | 7638 | |
| 外地汇(带)入货币总额 | 3923837 | 3390969 | 4494486 | 4091735 |
| **非商品性支出总额** | **3005843** | **2395756** | **3411172** | **2425810** |
| 居民文化生活服务支出 | 1040564 | 834206 | 1194730 | 846646 |
| 本地居民 | 877894 | 671536 | 1030867 | 682783 |
| 外地居民 | 162670 | 162670 | 163863 | 163863 |
| 居民向国家缴纳的各种税金 | 84123 | 61651 | 116828 | 63666 |
| 居民其他货币支出 | 1881156 | 1499899 | 2099614 | 1515498 |
| **当年社会商品购买力总额** | **10909125** | **8037990** | **12243236** | **9377881** |
| 已实现的购买力 | 8312999 | 5977681 | 9404565 | 6634486 |
| 居民消费品购买力 | 6934956 | 5977681 | 7805278 | 6634486 |
| 本地居民 | 4700513 | 3767241 | 5430522 | 4312416 |
| 外地居民 | 2234443 | 2210440 | 2374756 | 2322070 |
| 外宾消费品购买力 | 97695 | | 107465 | |
| 社会集团公用消费品购买力 | 993236 | | 1132976 | |
| 农民农业生产资料购买力 | 287112 | | 358846 | |
| 当年结余购买力 | 2596126 | 2060309 | 2838671 | 2743395 |
| **年末结余货币总额** | **16730727** | **13330997** | **19569398** | **16074392** |
| 储蓄存款 | 15400749 | 12997577 | 18377898 | 15705080 |
| 手存现金 | 1329978 | 333420 | 1191500 | 369312 |
| **补充资料:** | | | | |
| 本地常住居民平均人数(人) | 6612685 | 4059522 | 6703131 | 4133984 |
| 本地常住居民消费品购买力 | 4700513 | 3767241 | 5430522 | 4312416 |
| 本地常住居民平均每人消费品购买力(元) | 7108 | 9280 | 8101 | 10415 |
| 本地常住居民文化生活服务支出 | 877894 | 671536 | 1030867 | 682783 |
| 本地常住居民平均每人文化生活服务支出(元) | 1328 | 1654 | 1538 | 1649 |

# 主要统计指标解释

【社会消费品零售额】指各种经济类型的批发零售贸易业、餐饮业、制造业和其他行业对城乡居民和社会集团的消费品零售额。这个指标反映通过各种商品流通渠道向居民和社会集团供应的生活消费品来满足他们生活需要，是研究人民生活，社会消费品购买力、货币流通等问题的重要指标。社会消费品零售额包括：(1)售给城乡居民作为生活用的商品和修建房屋用的建筑材料；(2)售给机关、团体、学校、部队、企业、事业单位的职工食堂和旅店(招待所)附设专门供本店旅客食用，不对外营业的食堂的各种食品、燃料；企业、单位和国营农场直接售给本单位职工和职工食堂的自己生产的产品；(3)售给部队干部、战士生活用的粮食、副食品、衣着品、日用品、燃料；(4)售给来华的外国人、华侨、港澳台同胞的消费品；(5)居民自费购买的中、西药品、中药材及医疗用品；(6)报社、出版社直接售给居民和社会集团的报纸、图书、杂志、集邮公司出售的新、旧纪念邮票、特种邮票、首日封、集邮册、集邮工具等；(7)旧货寄售商店自购、自销部分的商品零售额；(8)煤气公司、液化石油气站售给居民和社会集团的煤气灶具和罐装液化石油气；(9)城市建设，房产管理等部门、企业、事业单位售给居民的商品房；(10)农民售给非农业居民和社会集团的商品。不包括售给国民经济各部门企业、事业单位(包括国有经济的农场)生产经营用的各种原材料、燃料、设备、工具等和售给批发零售贸易业、餐饮业作为转卖用的商品、旧货寄售商店受托寄售卖出的商品、服务业的营业收入、邮局出售邮票的收入、自来水、电力、煤气生产(供应)单位的产品供应收入，也不包括农民之间的商品销售。

【批发零售贸易业商品购、销、存总额】指以各种经济类型的批发、零售贸易业(不包括个体)为总体的商品购、销、存。

【商品购进总额】指从本企业(单位)以外的单位和个人购进(包括从国外直接进口)作为转卖或加工后转卖的商品。这个指标反映批发零售贸易业从国内、国外市场上购进商品的总量。商品购进总额包括：(1)从工农业生产者购进的商品；(2)从报社、出版社的出版发行部门购进的图书、杂志和报纸；(3)从各种经济类型的批发零售贸易企业(单位)购进的商品；(4)从其他单位购进的商品，如从机关、团体、企业、单位购进的剩余物资，从餐饮业、服务业购进的商品，从海关、市场管理部门购进的缉私和没收的商品，从居民收购的废旧商品等；(5)从国(境)外直接进口的商品。不包括企业(单位)为自身经营用，和未通过买卖行为而收入的商品以及销售退回、商品升溢等。

【商品销售总额】指对本企业(单位)以外的单位和个人出售[包括对国(境)外直接出口]的商品。这个指标反映批发零售贸易业在国内市场上销售商品以及出口商品的总量。商品销售总额包括：(1)售给城乡居民和社会集团消费用的商品；(2)售给工业、农业、建筑业、运输邮电业、批发零售贸易业、餐饮业、服务业等作为生产、经营使用的商品；(3)售给批发零售贸易业作为转卖或加工后转卖的商品；(4)对国(境)外直接出口的商品。不包括：出售本企业(单位)自用的废旧包装用品。未通过买卖行为付出的商品，经本单位介绍，由买卖双方直接结算，本单位只收取手续费的业务，购货退出的商品以及商品损耗和损失等。

【批发零售贸易业年末库存】指年末各种经济类型的批发零售贸易企业(单位)已取得所有权的商品。它反映各地区、各批发零售贸易企业(单位)的商品库存情况，和对市场商品供应的保证程度。期末库存包括：(1)存放在批发零售贸易业经营单位(如门市部、批发站、经营处)仓库、货场、货柜和货架中的商品；(2)挑选、整理、包装中的商品；(3)已记入购进而尚未运到本单位的商品，即发货单或银行承兑凭证已到而货未到部分；(4)寄放他处的商品，如因购货方拒绝承付而暂时存放在购货方的商品和已办完加工成品收回手续而未提回的商品；(5)委托其他单位代销(未作销售或调出)尚未售出的商品；(6)代其他单位购进尚未交付的商品。不包括所有权不属于本单位的商品、拨付除批发零售贸易业以外的其他行业所属独立核算加工厂等加工生产尚未收回成品的商品、代国家物资储备部门保管的商品等。期末库存总额计算方法是：农副产品采购单位按购进价格计算，批发单位按进货价格计算，零售单位按什么价格核算就按什么价格计算。

【城乡集市贸易成交额】指在农村集市和城市集市上买卖双方(包括农民、非农业居民、机关、团体、工商企业、个体商贩)成交的全部商品金额，是反映集市贸易规模的综合性指标。

【网点】指本批发零售贸易企业(单位)设立的从事批发、零售贸易业务的自然单位[包括本企业(单位)自身]，凡具有独立固定的营业场所，配备一定的业务人员，不论单位大小，不论是否单独核算，均按自然网点计算，即有一个点就算一个网点。不包括同一营业场所内各柜组以及派出的流动推销小组，流动售货车等。

【人员】指在批发、零售贸易网点工作并取得劳动报酬的从业人员。包括职工、聘请的离退休人员等。

# 第十五篇

# 对外经济贸易和旅游

# 外向型经济在调整中发展

1998年，在国内外经济环境偏紧的情况下，全市利用外资继续保持增长势头，外贸进出口总值有所下降，旅游业稳步发展。

一、利用外资保持增长势头

1998年，尽管受到亚洲金融危机的影响，但利用外资仍保持增长势头。全年签订利用外资项目986个，合同利用外资额24.51亿美元，实际利用外资额30.45亿美元，合同利用外资和实际利用外资分别比上年增长11.4%和5.2%。外商直接投资利用外资的特点：

1.投资规模逐步扩大。1998年，全市平均每个外商直接投资项目合同外资额达300.43万美元，较上年(256.92万美元)增长16.9%；新签项目中投资总额在1000万美元以上的项目共有108个，比上年增加76个；其合同外资额占直接投资的57.5%。

2.产业结构继续调整。外商投资第二产业的合同外资额12.07亿美元，实际利用外资15亿美元，分别比上年增长17.2%和11.6%，占全市外商直接投资的62.5%和55.2%，分别比上年提高1.85和1.02个百分点。第三产业合同外资额及实际利用外资额分别为7.05亿美元和11.85亿美元，分别增长10.1%和6.2%。

3.投资国别不断增多。全年共有46个国家和地区来我市投资，是历年来投资来源地分布最多的一年。与我市签订合同外资居前五位的国家(地区)分别是香港、英属维尔京群岛、日本、美国和台湾。香港地区对我市投资仍居首位，其合同外资和实际利用外资分别增长18.8%和3.2%。

二、外贸进出口总值有所下降

受亚洲金融风暴的影响，我市外贸进出口总值出现负增长。据海关统计，1998年广州地区外贸进出口总值178.77亿美元，比上年下降4.6%，其中出口103.38亿美元，下降2.4%，进口75.39亿美元，下降7.5%，实现贸易顺差27.99亿美元。

1.一般贸易出口下降，进口上升。全年一般贸易出口36.31亿美元，比上年下降4.3%；占全市出口总值的35.1%，比上年下降0.7个百分点。一般贸易进口22.79亿美元，增长26.5%。

2.外商投资企业出口增加，国有企业出口下降。全年外商投资企业出口50.78亿美元，比上年增长1.1%，占全市外贸出口的49.1%，比上年增加1.7个百分点；国有企业出口48.07亿美元，下降5.6%。

3.传统出口商品大部分下降，机电产品出口上升。在出口额超亿美元的商品中，下降的占57.1%，其中服装及附件出口比上年下降3.7%；鞋类下降6.2%；原油下降30.2%；贵金属首饰下降3.2%。主要出口商品中，机电产品增长2.1%；玩具增长4.7%。

4.除亚洲外，对其它各大洲的出口仍继续增长。全年对亚洲出口55.99亿美元，比上年下降7.7%；对欧洲出口13.36亿美元，增长7.1%；对北美洲出口27.58亿美元，增长2.6%；此外对大洋洲、拉丁美洲和非洲的出口也分别增长9.4%、4.3%和12.3%。

三、旅游业稳步发展

1998年，我市城市接待过夜旅游者总人数2044.86万人次，比上年增长3.1%，其中接待国内旅游者1741.27万人次，增长3.1%；接待海外旅游者为303.59万人次，增长3.1%；接待港澳同胞人数占海外旅游者的63.4%。来穗的外国游客中，居前五位的国家分别是日本、美国、马来西亚、新加坡、法国。旅游业经营状况良好，全年旅游业总收入323.46亿元，增长10.9%，旅游外汇收入10.63亿美元，增长4.0%，旅游业增加值98.62亿元，占全市国内生产总值的5.3%。1998年，广州市被评为中国优秀旅游城市。

## 主要涉外宾馆接待国际旅游者人数

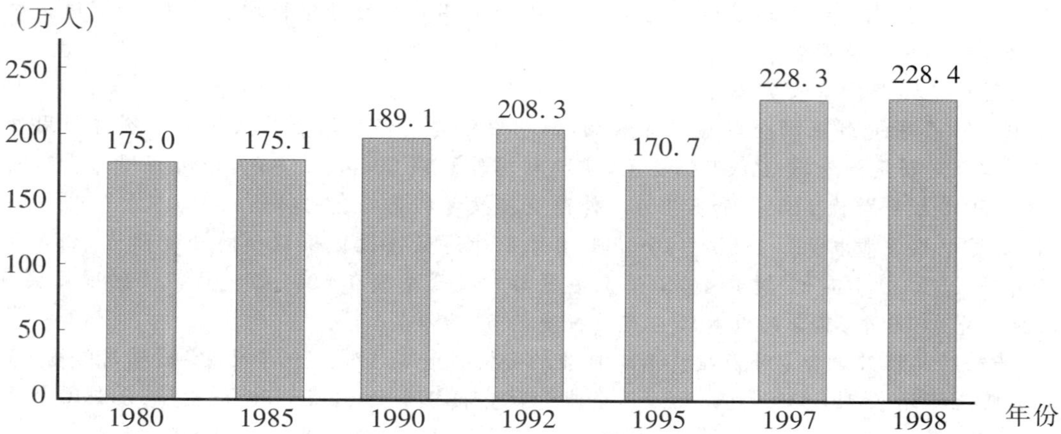


## 海关出口商品总值构成(%)

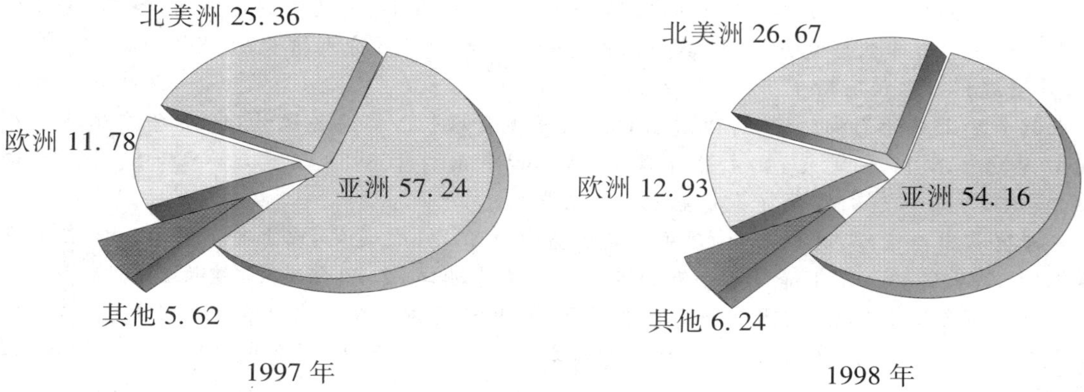


## 实际利用外资

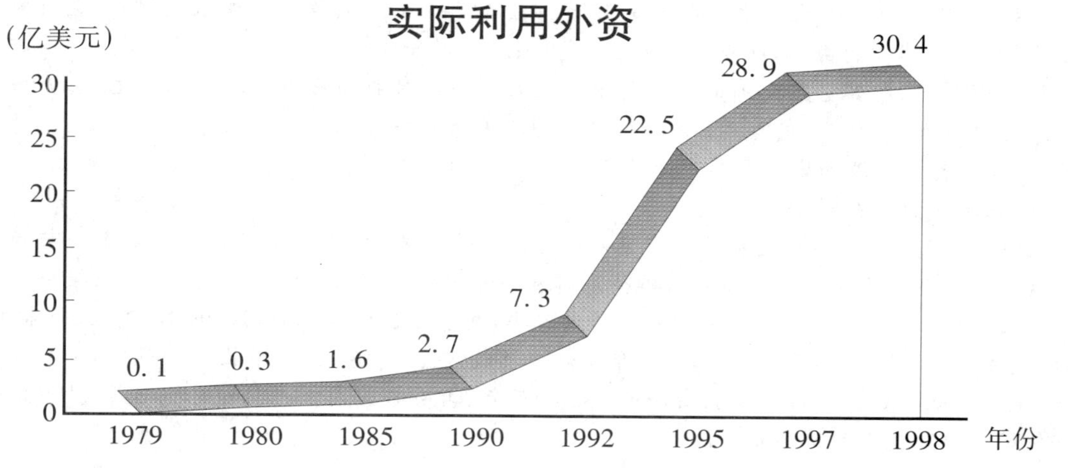

## 15—1 广州、黄埔海关关区口岸数

单位：万美元

| 项　　目 | 1985 年 | 1990 年 | 1995 年 | 1996 年 | 1997 年 | 1998 年 |
|---|---|---|---|---|---|---|
| 广州、黄埔关合计 | | | | | | |
| 进出口总值 | 749991 | 1390558 | 4071119 | 4328352 | 5435298 | 5579535 |
| 出口总值 | 177807 | 706980 | 2183841 | 2309315 | 2986176 | 3171653 |
| 进口总值 | 572184 | 683578 | 1887278 | 2019037 | 2449122 | 2407882 |
| 差额(出超+，入超—) | —394377 | 23402 | 296563 | 290278 | 537054 | 763771 |
| 1.广州关 | | | | | | |
| 进出口总值 | 332206 | 785557 | 1824351 | 1773177 | 2088716 | 2027951 |
| 出口总值 | 121777 | 465898 | 1082980 | 1072525 | 1223029 | 1226289 |
| 进口总值 | 210429 | 319659 | 741371 | 700652 | 865687 | 801662 |
| 差额(出超+，入超—) | —88652 | 146239 | 341609 | 371873 | 357342 | 424627 |
| 2.黄埔关 | | | | | | |
| 进出口总值 | 417785 | 605001 | 2246768 | 2555175 | 3346582 | 3551584 |
| 出口总值 | 56030 | 241082 | 1100861 | 1236790 | 1763147 | 1945364 |
| 进口总值 | 361755 | 363919 | 1145907 | 1318385 | 1583435 | 1606220 |
| 差额(出超+，入超—) | —305725 | —122837 | —45046 | —81595 | 179712 | 339144 |

## 15—2 广州市口岸国际旅客出入境人数

单位：人次

| 项　　目 | 1997 年 | | 1998 年 | |
|---|---|---|---|---|
| | 入　境 | 出　境 | 入　境 | 出　境 |
| 合　　计 | 1450661 | 1330648 | 1333213 | 1250602 |
| 外国人 | 410718 | 397437 | 378015 | 399772 |
| 华　侨 | 10109 | 19094 | 6741 | 7991 |
| 港澳和台湾同胞 | 1029834 | 914117 | 948457 | 842839 |
| #台湾同胞 | 131914 | 136861 | 118146 | 124033 |

## 15-3 海关进出口商品总值

单位：万美元

| 项目 | 1997年 | | | 1998年 | | |
|---|---|---|---|---|---|---|
| | 合计 | 出口 | 进口 | 合计 | 出口 | 进口 |
| **总计** | 1874573 | 1059494 | 815079 | 1787684 | 1033814 | 753870 |
| **按贸易方式分** | | | | | | |
| 一般贸易 | 559582 | 379377 | 180205 | 590999 | 363098 | 227901 |
| 国家间国际组织无偿援助和捐赠的物资 | 940 | 120 | 820 | 555 | 165 | 390 |
| 华侨港澳同胞外籍华人捐赠的物资 | 139 | | 139 | 141 | | 141 |
| 补偿贸易 | 848 | 487 | 361 | 459 | 448 | 11 |
| 来料加工装配贸易 | 266303 | 154256 | 112047 | 249961 | 146163 | 103798 |
| 进料加工贸易 | 776775 | 483067 | 293708 | 776096 | 480789 | 295307 |
| 寄售代销贸易 | 25 | 25 | | | | |
| 边境小额贸易 | | | | 2 | 2 | |
| 来料加工装配进口的设备 | 1007 | | 1007 | 1099 | | 1099 |
| 对外承包工程货物 | 4 | 4 | | | | |
| 租赁贸易 | 57266 | | 57266 | 536 | 500 | 36 |
| 外商投资企业作为投资进口的设备物品 | 111108 | | 111108 | 73994 | | 73994 |
| 出料加工贸易 | | | | | | |
| 保税仓库进出境货物 | 55019 | 10942 | 44077 | 41352 | 7313 | 34039 |
| 保税区仓储或转口货物 | 16499 | 7527 | 8972 | 23207 | 9801 | 13406 |
| 易货贸易 | 183 | 13 | 170 | 447 | 277 | 170 |
| 免税外汇商品 | 3487 | | 3487 | 2294 | | 2294 |
| 其他贸易 | 25388 | 23676 | 1712 | 26542 | 25258 | 1284 |
| **按经济类型分** | | | | | | |
| 国有企业 | 830645 | 509327 | 321318 | 781971 | 480730 | 301241 |
| 集体企业 | 27131 | 17585 | 9546 | 27708 | 16421 | 11287 |
| "三资"企业 | 967016 | 502520 | 464496 | 934549 | 507876 | 426673 |
| 合资企业 | 388334 | 199958 | 188376 | 316893 | 201283 | 115610 |
| 合作企业 | 322743 | 160916 | 161827 | 317177 | 149518 | 167659 |
| 独资企业 | 255939 | 141646 | 114293 | 300479 | 157075 | 143404 |
| 个体企业 | 61 | 53 | 8 | 20 | 17 | 3 |
| 其他企业 | 49720 | 30009 | 19711 | 43436 | 28770 | 14666 |

注：本表是海关进出口总值中广州市的进出口数。

15—3 续表 单位：万美元

| 项目 | 1997年 | | | 1998年 | | |
|---|---|---|---|---|---|---|
| | 合计 | 出口 | 进口 | 合计 | 出口 | 进口 |
| 按国别(地区)分 | | | | | | |
| 亚洲小计 | 1072123 | 606443 | 465680 | 1027766 | 559890 | 467876 |
| #香港 | 467117 | 381218 | 85899 | 441008 | 367130 | 73878 |
| 澳门 | 3676 | 3497 | 179 | 4494 | 4192 | 302 |
| 印度尼西亚 | 34041 | 21701 | 12340 | 25351 | 7938 | 17413 |
| 日本 | 221445 | 91637 | 129808 | 217563 | 87764 | 129799 |
| 马来西亚 | 22468 | 6955 | 15513 | 21753 | 5200 | 16553 |
| 新加坡 | 34438 | 14884 | 19554 | 41295 | 20100 | 21195 |
| 韩国 | 85424 | 32827 | 52597 | 81238 | 22926 | 58312 |
| 泰国 | 19056 | 5753 | 13303 | 15732 | 5258 | 10474 |
| 台湾 | 106570 | 6950 | 99620 | 109838 | 6404 | 103434 |
| 非洲小计 | 26410 | 18920 | 7490 | 27404 | 21249 | 6155 |
| 欧洲小计 | 325902 | 124806 | 201096 | 287192 | 133647 | 153545 |
| #英国 | 28713 | 15497 | 13216 | 27482 | 16977 | 10505 |
| 德国 | 69429 | 30209 | 39220 | 81366 | 36465 | 44901 |
| 法国 | 70368 | 10731 | 59637 | 14981 | 10133 | 4848 |
| 意大利 | 16938 | 8921 | 8017 | 14827 | 8593 | 6234 |
| 荷兰 | 13989 | 12394 | 1595 | 14357 | 12492 | 1865 |
| 西班牙 | 8372 | 6087 | 2285 | 7791 | 6374 | 1417 |
| 瑞典 | 20842 | 2692 | 18150 | 41402 | 3086 | 38316 |
| 瑞士 | 25939 | 1967 | 23972 | 18028 | 2169 | 15859 |
| 俄罗斯联邦 | 13649 | 2852 | 10797 | 8083 | 2558 | 5525 |
| 拉丁美洲小计 | 37893 | 23443 | 14450 | 32154 | 24452 | 7702 |
| 北美洲小计 | 379974 | 268694 | 111280 | 383521 | 275769 | 107752 |
| #加拿大 | 15738 | 11292 | 4446 | 22800 | 16270 | 6530 |
| 美国 | 364235 | 257401 | 106834 | 360713 | 259491 | 101222 |
| 大洋洲小计 | 32271 | 17188 | 15083 | 29647 | 18807 | 10840 |
| #澳大利亚 | 26090 | 15120 | 10970 | 24965 | 16952 | 8013 |
| 新西兰 | 4082 | 1464 | 2618 | 3636 | 1482 | 2154 |

# 15—4 海关进口商品总值

（1998年）

单位：万美元

| 项目 | 全市 | 市区 | 番禺市 | 花都市 | 增城市 | 从化市 |
|---|---|---|---|---|---|---|
| **总计** | 753870 | 509512 | 184708 | 18466 | 25396 | 15788 |
| **按贸易方式分** | | | | | | |
| 一般贸易 | 227901 | 209469 | 9035 | 5566 | 3522 | 309 |
| 国家间国际组织无偿援助和捐赠的物资 | 390 | 340 | 50 | | | |
| 华侨港澳同胞外籍华人捐赠的物资 | 141 | 58 | 4 | 1 | 78 | |
| 补偿贸易 | 11 | 11 | | | | |
| 来料加工装配贸易 | 103798 | 47778 | 46137 | 2402 | 4146 | 3335 |
| 进料加工贸易 | 295307 | 156646 | 102476 | 8578 | 16184 | 11423 |
| 寄售代销贸易 | | | | | | |
| 边境小额贸易 | | | | | | |
| 来料加工装配进口的设备 | 1099 | 302 | 401 | 67 | 308 | 21 |
| 对外承包工程货物 | | | | | | |
| 租赁贸易 | 36 | 36 | | | | |
| 外商投资企业作为投资进口的设备物品 | 73994 | 64159 | 7235 | 1426 | 700 | 474 |
| 出料加工贸易 | | | | | | |
| 保税仓库进出境货物 | 34039 | 14559 | 18414 | 426 | 414 | 226 |
| 保税区仓储或转口货物 | 13406 | 13406 | | | | |
| 易货贸易 | 170 | 170 | | | | |
| 免税外汇商品 | 2294 | 1367 | 927 | | | |
| 其他贸易 | 1284 | 1211 | 29 | | 44 | |
| **按经济类型分** | | | | | | |
| 国有企业 | 301241 | 259179 | 28881 | 5273 | 5187 | 2721 |
| 集体企业 | 11287 | 4950 | 6149 | | | 188 |
| "三资"企业 | 426673 | 236362 | 144410 | 13192 | 19830 | 12879 |
| 合资企业 | 115610 | 61840 | 37869 | 5840 | 9696 | 365 |
| 合作企业 | 167659 | 98503 | 48317 | 3464 | 5956 | 11419 |
| 独资企业 | 143404 | 76019 | 58224 | 3888 | 4178 | 1095 |
| 个体企业 | 3 | 3 | | | | |
| 其他企业 | 14666 | 9018 | 5268 | 1 | 379 | |

# 15—5 海关出口商品总值

（1998 年）　　　　单位：万美元

| 项　　目 | 全　市 | 市　区 | 番禺市 | 花都市 | 增城市 | 从化市 |
|---|---|---|---|---|---|---|
| **总　计** | 1033814 | 714663 | 250222 | 20531 | 27588 | 20810 |
| **按贸易方式分** | | | | | | |
| 一般贸易 | 363098 | 341738 | 13766 | 2547 | 3405 | 1642 |
| 国家间国际组织无偿援助和捐赠的物资 | 165 | 163 | | | 2 | |
| 华侨港澳同胞外籍华人捐赠的物资 | | | | | | |
| 补偿贸易 | 448 | 448 | | | | |
| 来料加工装配贸易 | 146163 | 76607 | 58381 | 3476 | 4816 | 2883 |
| 进料加工贸易 | 480789 | 257046 | 174075 | 14458 | 18933 | 16277 |
| 寄售代销贸易 | | | | | | |
| 边境小额贸易 | 2 | 2 | | | | |
| 来料加工装配进口的设备 | | | | | | |
| 对外承包工程货物 | | | | | | |
| 租赁贸易 | 500 | 500 | | | | |
| 外商投资企业作为投资进口的设备物品 | | | | | | |
| 出料加工贸易 | | | | | | |
| 保税仓库进出境货物 | 7313 | 2825 | 4000 | 50 | 430 | 8 |
| 保税区仓储或转口货物 | 9801 | 9801 | | | | |
| 易货贸易 | 277 | 277 | | | | |
| 免税外汇商品 | | | | | | |
| 其他贸易 | 25258 | 25256 | | | 2 | |
| **按经济类型分** | | | | | | |
| 国有企业 | 480730 | 424798 | 42268 | 2354 | 7607 | 3703 |
| 集体企业 | 16421 | 10834 | 5362 | | | 225 |
| "三资"企业 | 507876 | 252076 | 200763 | 18177 | 19978 | 16882 |
| 合资企业 | 201283 | 134507 | 49803 | 8567 | 7927 | 479 |
| 合作企业 | 149518 | 63207 | 63055 | 3980 | 5485 | 13791 |
| 独资企业 | 157075 | 54362 | 87905 | 5630 | 6566 | 2612 |
| 个体企业 | 17 | 17 | | | | |
| 其他企业 | 28770 | 26938 | 1829 | | 3 | |

# 15-6 海关出口主要商品数量和金额

| 商品名称 | 单位 | 1997年 | | 1998年 | |
|---|---|---|---|---|---|
| | | 数量 | 金额（万美元） | 数量 | 金额（万美元） |
| 活猪 | 万头 | 18 | 2513 | 17 | 2340 |
| 活家禽 | 万只 | 786 | 1872 | 799 | 1988 |
| 鲜冻猪肉 | 吨 | 7783 | 1347 | 8997 | 1459 |
| 水海产品 | 吨 | 14501 | 2946 | 15758 | 2686 |
| 鲜蛋 | 万个 | 2182 | 114 | 1879 | 91 |
| 谷物及谷物粉 | 吨 | 10747 | 462 | 16600 | 627 |
| 蔬菜 | 吨 | 62442 | 2538 | 51809 | 2194 |
| 鲜干水果及坚果 | 吨 | 23989 | 1261 | 25912 | 1092 |
| 食用植物油 | 吨 | 115812 | 7994 | 57247 | 4135 |
| 茶叶 | 吨 | 16520 | 2091 | 13840 | 2006 |
| 药材 | 吨 | 6088 | 1108 | 5390 | 849 |
| 纸烟 | 万支 | 189894 | 2185 | 183656 | 2214 |
| 生丝 | 吨 | 686 | 1568 | 910 | 2026 |
| 原油 | 吨 | 5394139 | 78002 | 5282170 | 54405 |
| 成品油 | 吨 | 300158 | 6037 | 257853 | 4251 |
| 医药品 | 吨 | 5694 | 4278 | 7235 | 4456 |
| 烟花炮竹 | 吨 | 17099 | 2898 | 17610 | 2873 |
| 纺织纱线织物及制品 | | | 56239 | | 52233 |
| 水泥 | 吨 | 327129 | 1459 | 475009 | 2083 |
| 珍珠宝石及半宝石 | | | 10501 | | 14724 |
| 钢材 | 吨 | 152884 | 6350 | 176484 | 6236 |
| 电扇 | 万台 | 993 | 4124 | 1066 | 3057 |
| 电子计算器 | 万台 | 1629 | 3553 | 2093 | 4555 |
| 原电池 | 万个 | 167284 | 8170 | 201028 | 9726 |
| 集装箱 | 个 | 65177 | 19670 | 72377 | 20855 |
| 服装及衣着附件 | | | 155285 | | 149543 |
| 照相机 | 万架 | 397 | 10595 | 375 | 9431 |
| 手表 | 万只 | 4277 | 12023 | 4525 | 11790 |
| 船舶 | 艘 | 953 | 10157 | 140 | 15030 |
| 家具 | | | 14550 | | 14291 |
| 灯具照明装置及类似品 | | | 12638 | | 13257 |
| 鞋类 | | | 123211 | | 115597 |
| 塑料制品 | 吨 | 102320 | 16674 | 106810 | 18070 |
| 玩具 | | | 36083 | | 37765 |
| 贵金属或包贵金属的首饰 | 万克 | 4973 | 35633 | 5380 | 34478 |

# 15-7 海关进口主要商品数量和金额

| 商品名称 | 单位 | 1997年 | | 1998年 | |
|---|---|---|---|---|---|
| | | 数量 | 金额（万美元） | 数量 | 金额（万美元） |
| 谷物及谷物粉 | 吨 | 178857 | 4546 | 209039 | 3702 |
| 食用植物油 | 吨 | 215521 | 11675 | 154579 | 8807 |
| 天然橡胶 | 吨 | 22847 | 2413 | 24513 | 1957 |
| 合成橡胶 | 吨 | 45218 | 4764 | 44543 | 4407 |
| 原木 | 米$^3$ | 451455 | 5654 | 468855 | 5510 |
| 原油 | 吨 | 512282 | 7267 | 466392 | 4410 |
| 成品油 | 吨 | 3056852 | 32674 | 3665610 | 31637 |
| 医药品 | 吨 | 639 | 1267 | 676 | 2536 |
| 肥料 | 吨 | 177418 | 3387 | 74112 | 1665 |
| 尿素 | 吨 | 68861 | 1109 | 1062 | 14 |
| 牛皮革及马皮革 | 吨 | 51760 | 22074 | 49320 | 22265 |
| 纸及纸板 | 吨 | 455677 | 21883 | 483455 | 22958 |
| 丝绸 | 万米 | 793 | 2951 | 492 | 1613 |
| 棉机织物 | 万米 | 22991 | 19818 | 21634 | 19106 |
| 涂复或浸渍塑料的织物 | 吨 | 48967 | 12650 | 44053 | 10925 |
| 针织或钩编织物 | 吨 | 39549 | 8537 | 38840 | 8614 |
| 钻石 | 千克 | 250 | 11344 | 321 | 16586 |
| 钢材 | 吨 | 747837 | 36539 | 777191 | 39006 |
| 铜 | 吨 | 31660 | 8903 | 48524 | 12081 |
| 铝 | 吨 | 20844 | 5007 | 29606 | 6068 |
| 机械提升搬运装卸设备 | | | 6042 | | 5964 |
| 印刷、装订机械 | | | 6859 | | 1666 |
| 纺织机械 | | | 3122 | | 2138 |
| 金属加工机床 | 台 | 3530 | 6100 | 3827 | 4323 |
| 橡胶或塑料加工机械 | | | 6721 | | 6056 |
| 有线电话电报设备的零附件 | 吨 | 5693 | 17368 | 7325 | 7091 |
| 电视、收音机及无线电讯设备的零附件 | | | 8438 | | 5088 |
| 通断及保护电路装置 | | | 8145 | | 6694 |
| 电线和电缆 | 吨 | 7618 | 3441 | 7156 | 2723 |
| 初级形状的塑料 | 吨 | 389600 | 35786 | 433310 | 38432 |
| 飞机 | 架 | 13 | 68193 | 1 | 9600 |

## 15—8 各时期对外经济贸易主要指标

单位：万美元

| 时期、年份 | 外贸进口总值 | 外贸出口总值 | 新签合同数(项) | 合同利用外资 | 实际利用外资 |
|---|---|---|---|---|---|
| "五五"时期 | | 80961 | 1932 | 27263 | 3997 |
| #1979—1980 | | 40525 | 1932 | 27263 | 3997 |
| "六五"时期 | | 185623 | 16946 | 113436 | 45457 |
| "七五"时期 | 273075 | 512599 | 11285 | 228032 | 108638 |
| "八五"时期 | 1166230 | 1912506 | 13694 | 2658701 | 687128 |
| 1996 | 397033 | 651384 | 1793 | 510301 | 260002 |
| 1997 | 406871 | 753810 | 3066 | 219922 | 289379 |
| 1998 | 504507 | 801772 | 986 | 245058 | 304467 |
| 1979—1998 | 2747716 | 4858219 | 49702 | 4002713 | 1699068 |

## 15—9 外贸进口商品总值

单位：万美元

| 年份 | 合计 | | | |
|---|---|---|---|---|
| | | 外贸系统 | 三资企业 | 三来一补 |
| 1986 | 22151 | 15194 | 5742 | 1215 |
| 1987 | 53816 | 42947 | 10257 | 612 |
| 1988 | 69636 | 55848 | 12220 | 1568 |
| 1989 | 60312 | 41073 | 18539 | 700 |
| 1990 | 67160 | 34011 | 32876 | 273 |
| 1991 | 117889 | 41938 | 75605 | 346 |
| 1992 | 174686 | 54881 | 119183 | 622 |
| 1993 | 248511 | 65221 | 147334 | 35956 |
| 1994 | 281388 | 71175 | 175493 | 34720 |
| 1995 | 343756 | 50985 | 242932 | 49839 |
| 1996 | 397033 | 58639 | 281591 | 56803 |
| 1997 | 406871 | 62933 | 282455 | 61483 |
| 1998 | 504507 | 64047 | 377951 | 62509 |

# 15—10 外贸出口商品总值

单位：万美元

| 项目 | 1980 年 | 1985 年 | 1990 年 | 1995 年 | 1997 年 | 1998 年 |
|---|---|---|---|---|---|---|
| 总计 | 24302 | 41334 | 144285 | 624722 | 753810 | 801772 |
| **按贸易方式分** | | | | | | |
| 正常贸易 | 21175 | 35140 | 98353 | 237234 | 188518 | 172739 |
| 来料加工 | 2688 | 4639 | 8467 | 90504 | 107883 | 108024 |
| 补偿贸易 | 439 | 392 | 2549 | 1309 | 243 | 312 |
| 外商投资 | | 1163 | 34916 | 294024 | 457166 | 520697 |
| 易货贸易 | | | | 22 | | |
| 偿还贷款 | | | | 1629 | | |
| **按系统、地区分** | | | | | | |
| 外经贸系统 | 21175 | 31447 | 54334 | 121080 | 97651 | 84809 |
| 轻工 | 10991 | 11616 | 18258 | 20211 | 17302 | 22647 |
| 工艺 | 2756 | 3704 | 5378 | 6352 | 4003 | |
| 纺织 | 112 | 5413 | 7578 | 20183 | 24003 | 18834 |
| 粮油食品 | 4269 | 4194 | 7814 | 7311 | 5378 | 5726 |
| 土产 | 2484 | 1418 | 2255 | 890 | 909 | 909 |
| 畜产 | 478 | 1072 | 2568 | 10006 | 10135 | 7369 |
| 五矿 | 85 | 660 | 2134 | 3128 | 3149 | |
| 化工 | | 766 | 1574 | 2421 | 1968 | 2019 |
| 机械 | | 159 | 896 | 2508 | 2601 | |
| 医药保健 | | 1309 | 2045 | 2488 | 1547 | 1786 |
| 机械设备 | | 203 | 2127 | 1801 | | |
| 农机 | | 49 | 309 | 319 | | |
| 丝绸 | | 855 | 542 | | | |
| 冶金 | | | 291 | | | |
| 包装 | | | | 1043 | | |
| 其他 | | 29 | 565 | 42419 | 26656 | 25519 |
| 工业系统 | | 3693 | 44019 | 38831 | 24578 | 24152 |
| 商业系统 | | | | 4552 | 2141 | 1691 |
| 其他系统 | 3127 | 5031 | 11016 | 6586 | 2910 | 3225 |
| 各开发区 | | | | 17736 | 17370 | 26973 |
| 八区 | | | | 27346 | 29964 | 32001 |
| 四县级市 | | | | 64018 | 77508 | 77355 |
| 外商投资企业 | | 1163 | 34916 | 294024 | 457166 | 520697 |
| 中央在穗公司 | | | | 50549 | 44522 | 30869 |

# 15-11 利用外资情况

单位：万美元

| 项　　目 | 1990 年 | 1995 年 | 1997 年 | 1998 年 | 1979—1998 年 |
|---|---|---|---|---|---|
| 合同数(项) | 2711 | 2564 | 3066 | 986 | 49702 |
| 合同利用外资额 | 55426 | 685657 | 219922 | 245058 | 4002713 |
| 实际利用外资额 | 26737 | 225298 | 289379 | 304467 | 1699068 |
| 对外借款 | | | | | |
| 合同数(项) | 3 | | 6 | | 56 |
| 合同借款额 | 5067 | 8391 | 39574 | 31394 | 251455 |
| 实际借款额 | 6643 | 8391 | 39574 | 31394 | 215011 |
| 外商直接投资 | | | | | |
| 合同数(项) | 389 | 1774 | 661 | 643 | 10650 |
| 合同利用外资额 | 47183 | 673101 | 169824 | 193178 | 3665649 |
| 实际利用外资额 | 18087 | 214444 | 248003 | 271608 | 1450561 |
| 1.合资经营企业(项) | 144 | 439 | 136 | 136 | 3234 |
| 合同利用外资额 | 10706 | 140826 | 32484 | 49037 | 629813 |
| 实际利用外资额 | 8505 | 49868 | 64190 | 59304 | 367764 |
| 2.合作经营企业(项) | 133 | 852 | 241 | 193 | 5122 |
| 合同利用外资额 | 24227 | 439053 | 100202 | 84112 | 2600610 |
| 实际利用外资额 | 6031 | 138609 | 124359 | 151389 | 838296 |
| 3.外商独资企业(项) | 112 | 483 | 284 | 314 | 2294 |
| 合同利用外资额 | 12250 | 93222 | 37138 | 60029 | 435226 |
| 实际利用外资额 | 3551 | 25967 | 59454 | 60915 | 244501 |
| 外商其他投资 | | | | | |
| 合同数(项) | 2319 | 790 | 2399 | 343 | 38996 |
| 合同利用外资额 | 3176 | 4165 | 10524 | 20486 | 85609 |
| 实际利用外资额 | 2007 | 2463 | 1802 | 1465 | 33496 |
| 1.国际租赁(项) | 12 | 18 | | | 121 |
| 合同额 | 1455 | 3616 | | | 21840 |
| 实际额 | 765 | 2331 | | 179 | 10590 |
| 2.补偿贸易(项) | 7 | | | | 107 |
| 合同投资额 | 479 | | | | 12111 |
| 实际投资额 | 377 | | | | 8421 |
| 3.加工装配(项) | 2300 | 772 | 2399 | 343 | 38768 |
| 合同规定引进设备价值 | 1242 | 549 | 10524 | 20486 | 51658 |
| 已到设备价值 | 865 | 132 | 1802 | 1286 | 14485 |

# 15—12 实际利用外资

（1998 年）

单位：万美元

| 项目 | 金额 | 项目 | 金额 |
|---|---|---|---|
| **总　计** | 304467 | **按国别（地区）分** | |
| **按国民经济行业分** | | 香　港 | 174637 |
| 农、林、牧、渔业 | 3032 | 澳　门 | 5992 |
| 采掘业 | 301 | 台　湾 | 6069 |
| 制造业 | 144846 | 日　本 | 22719 |
| 电力、煤气及水的生产和供应业 | 5183 | 菲律宾 | 92 |
| 建筑业 | 32564 | 泰　国 | 34 |
| 地质勘查业、水利管理业 | 42 | 新加坡 | 6552 |
| 交通运输、仓储及邮电通讯业 | 6238 | 英　国 | 5778 |
| 批发和零售贸易、餐饮业 | 6342 | 德　国 | 2679 |
| 房地产业 | 85428 | 加拿大 | 1733 |
| 社会服务业 | 10755 | 美　国 | 16093 |
| 卫生、体育和社会福利业 | 1132 | 澳大利亚 | 1486 |
| 教育、文化艺术及广播电影电视业 | 308 | 法　国 | 6333 |
| 科学研究和综合技术服务业 | 146 | 荷　兰 | 1267 |
| 其他行业 | 8150 | 西班牙 | 63 |
| | | 奥地利 | 630 |
| | | 其　他 | 52310 |

# 15—13 实际利用外资

（1998 年、按地区分）

单位：万美元

| 项目 | 全市 | | | | | |
|---|---|---|---|---|---|---|
| | | 市区 | 番禺市 | 花都市 | 增城市 | 从化市 |
| **合　计** | 304467 | 234754 | 23771 | 21000 | 19900 | 5042 |
| 对外借款 | 31394 | 31394 | | | | |
| 外国政府贷款 | | | | | | |
| 出口信贷 | | | | | | |
| 外国银行商业贷款 | 31394 | 31394 | | | | |
| 外商直接投资 | 271608 | 203103 | 22728 | 21000 | 19900 | 4877 |
| 合资经营企业 | 59304 | 47926 | 3549 | 5630 | 1663 | 536 |
| 合作经营企业 | 151389 | 119700 | 5341 | 12671 | 10546 | 3131 |
| 外商独资企业 | 60915 | 35477 | 13838 | 2699 | 7691 | 1210 |
| 外商其他投资 | 1465 | 257 | 1043 | | | 165 |
| 国际租赁 | 179 | 179 | | | | |
| 补偿贸易 | | | | | | |
| 加工装配（引进设备价值） | 1286 | 78 | 1043 | | | 165 |

# 15－14 利用外资签约情况

（1998年）　　　　单位：万美元

| 项目 | 全市 | 市区 | 番禺市 | 花都市 | 增城市 | 从化市 |
|---|---|---|---|---|---|---|
| 合同数（项） | 986 | 672 | 204 | 29 | 48 | 33 |
| 合同利用外资额 | 245058 | 178382 | 42361 | 2303 | 18308 | 3704 |
| 对外借款 | | | | | | |
| 合同数（项） | | | | | | |
| 合同借款额 | 31394 | 31394 | | | | |
| 1.外国政府贷款（项） | | | | | | |
| 合同借款额 | | | | | | |
| 2.国际金融组织贷款（项） | | | | | | |
| 合同借款额 | | | | | | |
| 3.出口信贷（项） | | | | | | |
| 合同借款额 | | | | | | |
| 4.外国银行商业贷款（项） | | | | | | |
| 合同借款额 | 31394 | 31394 | | | | |
| 外商直接投资 | | | | | | |
| 合同数（项） | 643 | 405 | 145 | 29 | 48 | 16 |
| 合同利用外资 | 193178 | 146832 | 22196 | 2303 | 18308 | 3539 |
| 1.合资经营企业（项） | 136 | 98 | 28 | 3 | 4 | 3 |
| 合同利用外资额 | 49037 | 41053 | 2564 | 939 | 4481 | |
| 2.合作经营企业（项） | 193 | 148 | 15 | 7 | 18 | 5 |
| 合同利用外资额 | 84112 | 69102 | 3252 | －294 | 10373 | 1679 |
| 3.外商独资企业（项） | 314 | 159 | 102 | 19 | 26 | 8 |
| 合同利用外资额 | 60029 | 36677 | 16380 | 1658 | 3454 | 1860 |
| 外商其他投资 | | | | | | |
| 合同数（项） | 343 | 267 | 59 | | | 17 |
| 合同额 | 20486 | 156 | 20165 | | | 165 |
| 1.国际租赁（项） | | | | | | |
| 合同额 | | | | | | |
| 2.补偿贸易（项） | | | | | | |
| 合同额 | | | | | | |
| 3.加工装配（项） | 343 | 267 | 59 | | | 17 |
| 合同规定引进设备价值 | 20486 | 156 | 20165 | | | 165 |

## 15—15 直接投资项目利用外资分类

单位：万美元

| 项目 | 1997年 | | | 1998年 | | |
|---|---|---|---|---|---|---|
| | 合同数（项） | 合同利用外资额 | 实际利用外资额 | 合同数（项） | 合同利用外资额 | 实际利用外资额 |
| **总计** | 661 | 169824 | 248003 | 643 | 193178 | 271608 |
| **按国民经济行业分** | | | | | | |
| 农、林、牧、渔业 | 15 | 2888 | 1872 | 19 | 2056 | 3032 |
| 采掘业 | 7 | 1216 | 1046 | | 103 | 301 |
| 制造业 | 452 | 93348 | 126814 | 406 | 115633 | 111987 |
| 电力、煤气及水的生产和供应业 | | 154 | 4039 | 1 | －139 | 5183 |
| 建筑业 | 8 | 8223 | 2571 | 11 | 5075 | 32564 |
| 地质勘查业、水利管理业 | | | | | | 42 |
| 交通运输、仓储及邮电通信业 | 10 | 4757 | 7732 | 10 | 2 | 6238 |
| 批发和零售贸易、餐饮业 | 38 | 10615 | 5880 | 11 | －937 | 6342 |
| 金融、保险业 | | | | | | |
| 房地产业 | 45 | 39923 | 70888 | 80 | 54960 | 85428 |
| 社会服务业 | 26 | －130 | 8803 | 37 | 5711 | 10755 |
| 卫生、体育和社会福利业 | 1 | 23 | 6123 | 5 | 2280 | 1132 |
| 教育、文化艺术及广播电影电视业 | 2 | 971 | 3956 | | | 308 |
| 科学研究和综合技术服务业 | 3 | 58 | 17 | 4 | 1199 | 146 |
| 其他行业 | 54 | 7778 | 8262 | 59 | 7235 | 8150 |
| **按国别(地区)分** | | | | | | |
| 香港 | 438 | 86301 | 156967 | 377 | 102497 | 162023 |
| 澳门 | 8 | 4019 | 7101 | 7 | 2124 | 5992 |
| 台湾 | 101 | 4136 | 10085 | 88 | 7369 | 6069 |
| 日本 | 7 | 804 | 9056 | 10 | 8128 | 17294 |
| 菲律宾 | | | 8 | | 110 | 92 |
| 泰国 | 5 | 90 | 539 | 1 | 3 | 34 |
| 新加坡 | 14 | 11536 | 10969 | 15 | 5518 | 4052 |
| 英国 | 10 | 12325 | 12105 | 3 | 6075 | 3928 |
| 德国 | 3 | 2707 | 1143 | 1 | 1311 | 1379 |
| 加拿大 | 9 | 614 | 7393 | 7 | 232 | 1333 |
| 美国 | 26 | 9821 | 10972 | 30 | －2935 | 10053 |
| 澳大利亚 | 4 | 1363 | 868 | 8 | 3215 | 1306 |
| 法国 | | －51 | 2123 | 3 | 40 | 4733 |
| 荷兰 | 2 | 1256 | 1359 | 4 | －212 | 1267 |
| 西班牙 | | | 352 | 2 | 115 | 63 |
| 奥地利 | 1 | 8 | 4115 | 1 | 1260 | 630 |
| 其他 | 33 | 34895 | 12848 | 86 | 58328 | 51360 |

# 15—16 外商投资企业基本情况

（1998年末）　　单位：万美元

| 项　　目 | 年末企业数（户） | 投资总额 | 注册资本 | #外方 |
|---|---|---|---|---|
| 总　　计 | 8470 | 4953888 | 2473206 | 1925192 |
| 按经济类型分 | | | | |
| 中外合资经营企业 | 2461 | 1215871 | 734202 | 422175 |
| 中外合作经营企业 | 3882 | 3144960 | 1382432 | 1163016 |
| 外商独资企业 | 2123 | 506301 | 331643 | 331643 |
| 中外股份企业 | 4 | 86756 | 24929 | 8358 |
| 按国民经济行业分 | | | | |
| 农、林、牧、渔、水利业 | 116 | 31667 | 20800 | 17182 |
| 采掘业 | 71 | 11349 | 9295 | 7847 |
| 制造业 | 6089 | 1928619 | 1211629 | 895027 |
| 电力煤气及水的生产和供应业 | 39 | 147125 | 60253 | 30680 |
| 建筑业 | 159 | 198826 | 52183 | 34755 |
| 地质勘探业、水利管理业 | 3 | 1064 | 661 | 611 |
| 交通运输、仓储及邮电通信业 | 144 | 131549 | 39011 | 29783 |
| 批发和零售贸易、餐饮业 | 527 | 117430 | 90562 | 72797 |
| 金融、保险业 | 3 | 7061 | 3686 | 3621 |
| 房地产业 | 810 | 2061170 | 794589 | 682457 |
| 社会服务业 | 385 | 244946 | 148343 | 117489 |
| 卫生、体育和社会福利事业 | 27 | 31986 | 16978 | 14444 |
| 教育、文化艺术和广播电视事业 | 36 | 13192 | 9568 | 7142 |
| 科学研究和综合技术服务业 | 34 | 13248 | 9451 | 6861 |
| 其他行业 | 27 | 14656 | 6197 | 4496 |
| 按国别（地区）分 | | | | |
| 香　港 | 6583 | 3659078 | 1810802 | 1409582 |
| 台　湾 | 650 | 69816 | 56916 | 51158 |
| 美　国 | 251 | 155456 | 92171 | 76313 |
| 澳　门 | 131 | 140825 | 66789 | 46910 |
| 新加坡 | 120 | 88486 | 47955 | 40710 |
| 日　本 | 90 | 141403 | 77501 | 47103 |
| 澳大利亚 | 59 | 35179 | 25936 | 15358 |
| 加拿大 | 61 | 9795 | 7820 | 5931 |
| 马来西亚 | 39 | 9495 | 6302 | 5880 |
| 泰　国 | 38 | 4898 | 3142 | 2554 |
| 其　他 | 448 | 639457 | 277872 | 223693 |

# 15—17 合同外资额1000万美元以上利用外资项目

（1998年）

| 项　　　目 | 投资方式 | 经　营　范　围 |
|---|---|---|
| 增城市永业燃气有限公司 | 合资 | 加工、储存燃气 |
| 广东新长城通信工程有限公司 | 合作 | 从事光缆、无线电网络工程的建设、维护 |
| 广州东峻开发有限公司 | 合作 | 经营房地产开发 |
| 广州珠江侨都房地产有限公司 | 合作 | 经营房地产开发 |
| 爱索尔（广州）包装有限公司 | 独资 | 生产、加工复合软管及复合片材 |
| 松下电工电子材料（广州）有限公司 | 独资 | 生产、加工、销售印刷线路板以及相关产品 |
| 广州伊林变压器有限公司 | 合资 | 设计、生产各类变压器及相关产品 |
| 广州中建迪生卫星工程有限公司 | 合资 | 通讯网络、卫星通信设备及网络工程技术咨询 |
| 广州经济技术开发区迦姆饲料添加剂有限公司 | 合资 | 生产、加工迦姆系列饲料添加剂 |
| 广州经济技术开发区东银大厦房地产有限公司 | 合资 | 经营房地产开发 |
| 东风本田发动机有限公司 | 合资 | 开发生产轿车用发动机、变速器及其零部件 |
| 广州经济技术开发区天柱机械实业有限公司 | 合作 | 生产、加工、安装钢结构立式自动停车场 |
| 广州市新国房地产开发有限公司 | 合作 | 经营房地产开发 |
| 广州利诚房地产开发有限公司 | 合作 | 经营房地产开发 |
| 从化海涛生物肥料有限公司 | 合作 | 生产、加工近百种生物有机复合肥及其制品 |
| 广州市致威城市房产有限公司 | 合作 | 经营房地产开发 |
| 广州宏隆房地产发展有限公司 | 合作 | 经营房地产开发 |
| 中台精密机械（广州）有限公司 | 独资 | 生产、加工精密电脑控制塑胶射出成型机等 |
| 广州宏豪塑胶工业有限公司 | 独资 | 生产TVC胶皮、柔软皮 |
| 广州经济技术开发区顶益调味料有限公司 | 独资 | 生产、加工合成香料及各类调味料 |
| 广州经济技术开发区顶益食品包装有限公司 | 独资 | 生产、加工食品包装材料 |
| 广州经济技术开发区顶津饮品有限公司 | 独资 | 生产、加工饮料、塑瓶及系列包装材料 |
| 广州经济技术开发区裕胜企业有限公司 | 独资 | 设计、制造、加工各类塑胶、橡胶电线电缆 |
| 广州经济技术开发区世享企业有限公司 | 独资 | 设计、制造、加工各类交联电力电缆及高压电缆 |
| 广州罗岗高尔夫球公所有限公司 | 合作 | 经营一个国际标准高尔夫球场 |
| 广州华脉信息工程有限公司 | 合作 | 研制、开发计算机系统软件及电子数据交换网络 |
| 广州国信康乐园发展有限公司 | 合作 | 经营房地产开发 |
| 广州丽运房地产开发有限公司 | 合作 | 经营房地产开发 |
| 广州本田汽车有限公司 | 合资 | 开发、生产轿车及零部件 |
| 广州光宏科技有限公司 | 合作 | 生产、组装SMT用印刷线路板钻孔 |
| 广州保税区伟成房地产开发公司 | 合作 | 经营房地产开发 |
| 广州侨鑫房地产开发有限公司 | 合作 | 经营房地产开发 |
| 广州友丰房地产有限公司 | 合作 | 经营房地产开发 |
| 广州宏庆塑胶工业有限公司 | 独资 | 生产、加工PU合成皮 |
| 广州宏铭塑胶工业有限公司 | 独资 | 生产BOPP膜 |
| 越秀投资（中国）有限公司 | 独资 | 投资工业、农业、基础设施、能源等 |

## 15—18 对外承包和劳务合作

| 项　　目 | 单　位 | 1990 年 | 1995 年 | 1996 年 | 1997 年 | 1998 年 |
|---|---|---|---|---|---|---|
| 新签合同数 | 个 | 121 | 795 | 921 | 1638 | 1516 |
| 合同金额 | 万美元 | 1737 | 5382 | 2023 | 6730 | 918 |
| 完成营业额 | 万美元 | 893 | 5440 | 4176 | 4351 | 4112 |
| 外汇净收入 | 万美元 | 770 | | | | |
| 营业利润 | 万美元 | 97 | | | | |
| 派出人数 | 人次 | 927 | 1121 | 648 | 1155 | 1309 |
| 年末在外人数 | 人 | 984 | 1126 | 2226 | 1971 | 2283 |

注:1997 年以后的数据由市外经委整理提供。

## 15—19 外商投资企业注册情况

单位:户

| 项　　目 | 1990 年 | 1995 年 | 1996 年 | 1997 年 | 1998 年 |
|---|---|---|---|---|---|
| **合　　计** | **1500** | **7825** | **8423** | **8455** | **8470** |
| 中外合资经营企业 | 681 | 2519 | 2622 | 2566 | 2461 |
| 中外合作经营企业 | 655 | 3907 | 4150 | 4042 | 3882 |
| 外商独资经营企业 | 164 | 1399 | 1647 | 1843 | 2123 |
| 中外股份企业 | | | 4 | 4 | 4 |

# 15—20 主要宾馆接待过夜旅游者情况

| 项　　　　目 | 1990 年 | 1995 年 | 1997 年 | 1998 年 |
|---|---|---|---|---|
| 人数合计(人次) | 6680975 | 9646246 | 14099409 | 14043251 |
| 国际旅游者 | 1890998 | 1706706 | 2283256 | 2283666 |
| 1.外国人 | 324498 | 478845 | 603691 | 556754 |
| #日 本 | 65536 | 68793 | 92676 | 104856 |
| 菲律宾 | 3488 | 3281 | 7542 | 5616 |
| 新加坡 | 27539 | 23715 | 25279 | 21240 |
| 美 国 | 47323 | 49163 | 55042 | 62779 |
| 加拿大 | 12140 | 11161 | 16829 | 17593 |
| 英 国 | 18801 | 15417 | 20017 | 19835 |
| 法 国 | 13262 | 20582 | 18592 | 20249 |
| 德 国 | 10696 | 17108 | 16384 | 19093 |
| 意大利 | 7323 | 8051 | 7646 | 9356 |
| 瑞 士 | 2915 | 3179 | 4062 | 2686 |
| 澳大利亚 | 11088 | 11424 | 14168 | 14126 |
| 新西兰 | 2494 | 2179 | 4353 | 3697 |
| 2.华 侨 | 70706 | 101089 | 126499 | 112443 |
| 3.港澳和台湾同胞 | 1495794 | 1126772 | 1553066 | 1614469 |
| #台湾同胞 | 476805 | 159153 | 241052 | 224985 |
| 国内旅游者 | 4789977 | 7939540 | 11816153 | 11759585 |
| 人天数合计(人天) | 12883274 | 20686998 | 31436576 | 29912124 |
| 国际旅游者 | 3187131 | 3620613 | 4974878 | 4750025 |
| 1.外国人 | 665214 | 1282729 | 1622364 | 1453128 |
| 2.华 侨 | 128303 | 217573 | 309870 | 258619 |
| 3.港澳和台湾同胞 | 2393614 | 2120311 | 3042644 | 3038278 |
| #台湾同胞 | 722045 | 304284 | 536363 | 497217 |
| 国内旅游者 | 9696143 | 17066385 | 26461698 | 25162099 |
| 附:平均每天来穗国际旅游人数(人次) | 5181 | 4676 | 6255 | 6257 |
| 主要宾馆开房率(%) | 67.66 | 62.91 | 61.05 | 61.03 |

附:1998 年城市接持过夜旅游者 2044.86 万人次,其中国际旅游者 303.59 万人次,国内旅游者 1741.27 万人次。
注:1995 年以前只包括主要涉外宾馆,1997 年起包括主要宾馆。

## 15—21 旅游行业经营情况

单位：万元

| 项　　目 | 1990年 | 1995年 | 1997年 | 1998年 |
|---|---|---|---|---|
| 营业收入 | 322159 | 1062978 | 2916782 | 3234618 |
| 营业成本 | 145303 | 392071 | 925990 | 1000691 |
| 费　　用 | 139584 | 538746 | 1561177 | 1889161 |
| 税　　金 | 10842 | 45872 | 222085 | 151369 |
| 营业利润 | 26430 | 86289 | 207530 | 193397 |
| 投资收益 |  | 11001 | 16660 | 8634 |
| 营业外收支净额 | 884 | 15330 | 25845 | 43878 |
| 利润总额 | 27314 | 112620 | 250035 | 245909 |
| 年末职工人数(人) | 76719 | 107349 | 411634 | 419445 |
| 期末固定资产原价 | 312632 | 806374 | 2828187 | 3331312 |
| 期末固定资产净值 | 191669 | 512944 | 1819355 | 2028685 |

注：1996年起统计范围在往年基础上增加了旅游景点、旅游商店、饮食、民航等旅游服务单位，数字与以前年份不可比。

## 15—22 主要宾馆(酒店)住宿设施情况

| 项　　目 | 1990年 | 1995年 | 1996年 | 1997年 | 1998年 |
|---|---|---|---|---|---|
| 宾馆酒店数(家) | 106 | 204 | 315 | 315 | 315 |
| ＃星级宾馆酒店数 | 48 | 76 | 86 | 90 | 95 |
| 五星级宾馆酒店数 | 4 | 5 | 5 | 5 | 5 |
| 四星级宾馆酒店数 | 1 | 6 | 9 | 9 | 10 |
| 三星级宾馆酒店数 | 10 | 22 | 27 | 29 | 31 |
| 二星级宾馆酒店数 | 31 | 42 | 44 | 46 | 48 |
| 一星级宾馆酒店数 | 2 | 1 | 1 | 1 | 1 |
| 客房总数(间) | 25405 | 44051 | 71817 | 72952 | 64586 |
| 床位总数(张) | 53288 | 90009 | 144395 | 144715 | 128959 |

# 15—23 旅行社基本情况

单位:万元

| 项 目 | 1995 年 | 1996 年 | 1997 年 | 1998 年 |
|---|---|---|---|---|
| **企业情况** | | | | |
| 企业数(家) | 90 | 96 | 103 | 115 |
| 年末职工人数(人) | 8627 | 6846 | 7194 | 5880 |
| **接待能力** | | | | |
| 接待旅游者人数(万人次) | 84.54 | 104.94 | 124.16 | 137.43 |
| 国际旅游者 | 32.50 | 33.43 | 34.22 | 24.57 |
| 国内旅游者 | 52.04 | 71.51 | 89.94 | 112.86 |
| #本市居民出境游 | 15.71 | 18.23 | 18.56 | 19.01 |
| **经营情况** | | | | |
| 营业收入 | 162507 | 179239 | 209011 | 213572 |
| 营业成本 | 128939 | 139881 | 165280 | 173906 |
| 营业费用 | 14962 | 16915 | 19174 | 16819 |
| 营业税金及附加 | 2145 | 2403 | 2420 | 2195 |
| 经营利润 | 16461 | 20040 | 22137 | 20652 |
| 管理费用 | 11889 | 14940 | 16603 | 16047 |
| 财务费用 | —21 | 1459 | 3246 | 2203 |
| 营业利润 | 4593 | 3641 | 2288 | 2402 |
| 投资收益 | 2092 | 2170 | 1553 | 1388 |
| 营业外收支净额 | 1928 | 1583 | 600 | 1162 |
| 利润总额 | 8613 | 7394 | 4441 | 4952 |

# 15—24 宾馆(旅店)业住宿设施情况

(1998年)

| 宾馆(旅店)名称 | 开业年份 | 宾馆星级 | 客房数(间) | 床位数(张) |
|---|---|---|---|---|
| 合　计 | | | 119341 | 248194 |
| 星级宾馆小计 | | | 24198 | 47018 |
| 广东国际大酒店 | 1992 | 5 | 704 | 1194 |
| 花园酒店 | 1984 | 5 | 908 | 1353 |
| 白天鹅宾馆 | 1983 | 5 | 843 | 1600 |
| 中国大酒店 | 1984 | 5 | 1013 | 2026 |
| 东方宾馆 | 1961 | 5 | 1040 | 2080 |
| 远洋宾馆 | 1986 | 4 | 231 | 381 |
| 广州凯旋华美达大酒店 | 1991 | 4 | 200 | 326 |
| 广信江湾大酒店 | 1992 | 4 | 323 | 625 |
| 文化假日酒店 | 1989 | 4 | 420 | 960 |
| 广州胜利宾馆(主楼) | 1956 | 4 | 260 | 526 |
| 广东迎宾馆 | 1952 | 4 | 310 | 597 |
| 广东大厦 | 1988 | 4 | 508 | 1016 |
| 华厦大酒店 | 1991 | 4 | 568 | 984 |
| 江南大酒店 | 1988 | 4 | 477 | 806 |
| 中央酒店 | 1986 | 4 | 231 | 428 |
| 三寓宾馆 | 1984 | 3 | 689 | 1292 |
| 东山宾馆 | 1986 | 3 | 464 | 972 |
| 白云宾馆 | 1976 | 3 | 795 | 1556 |
| 华泰宾馆 | 1952 | 3 | 1034 | 2622 |
| 湖滨宾馆 | 1989 | 3 | 230 | 460 |
| 东方丝绸大厦 | 1990 | 3 | 192 | 361 |
| 广州金城宾馆 | 1991 | 3 | 215 | 430 |
| 艺星大厦 | 1991 | 3 | 58 | 114 |
| 云山大酒店 | 1982 | 3 | 326 | 643 |
| 粤海酒店 | 1991 | 3 | 51 | 125 |
| 华侨酒店 | 1983 | 3 | 380 | 760 |
| 胜利宾馆 | 1956 | 3 | 119 | 232 |
| 雷州酒店 | 1992 | 3 | 342 | 406 |
| 新大地宾馆 | 1986 | 3 | 358 | 716 |
| 友谊宾馆 | 1988 | 3 | 220 | 450 |
| 湖天宾馆 | 1991 | 3 | 212 | 417 |

15—24 **续表 1**

| 宾馆(旅店)名称 | 开业年份 | 宾馆星级 | 客房数(间) | 床位数(张) |
|---|---|---|---|---|
| 流花宾馆 | 1972 | 3 | 554 | 1108 |
| 广州宾馆 | 1968 | 3 | 263 | 560 |
| 爱群大酒店 | 1937 | 3 | 325 | 646 |
| 红棉大酒店 | 1980 | 3 | 344 | 663 |
| 天河大厦 | 1987 | 3 | 138 | 268 |
| 广州市总统大酒店 | 1995 | 3 | 220 | 352 |
| 广州市神州酒店 | 1997 | 3 | 71 | 150 |
| 南湖旅游中心 | 1981 | 3 | 156 | 320 |
| 皇都酒店(已停业) | 1991 | 3 | | |
| 广州金桥宾馆 | 1994 | 3 | 56 | 114 |
| 广东华侨友谊酒店 | 1992 | 3 | 150 | 300 |
| 广州市白云国际机场宾馆 | 1994 | 3 | 328 | 583 |
| 广东温泉宾馆 | 1952 | 3 | 247 | 296 |
| 从化华侨大厦 | 1989 | 3 | 90 | 181 |
| 番禺市美丽华大酒店 | 1986 | 3 | 156 | 362 |
| 粤新大酒店 | 1984 | 2 | 127 | 254 |
| 华粤大厦 | 1985 | 2 | 113 | 226 |
| 花城宾馆 | 1982 | 2 | 150 | 320 |
| 华燕宾馆 | 1986 | 2 | 233 | 514 |
| 广东体育宾馆 | 1987 | 2 | 71 | 138 |
| 长城宾馆 | 1987 | 2 | 282 | 611 |
| 新侨酒店 | 1986 | 2 | 60 | 120 |
| 合群大酒店 | 1989 | 2 | 120 | 280 |
| 华山宾馆 | 1989 | 2 | 248 | 496 |
| 东风大酒店 | 1987 | 2 | 161 | 318 |
| 东海大厦 | 1989 | 2 | 90 | 137 |
| 金叶大厦 | 1991 | 2 | 200 | 400 |
| 广州市东城宾馆 | 1986 | 2 | 153 | 306 |
| 广州西部大酒店 | 1989 | 2 | 165 | 330 |
| 浙江大厦 | 1990 | 2 | 150 | 300 |
| 广东邮电大厦 | 1988 | 2 | 75 | 145 |
| 飞霞大厦 | 1988 | 2 | 98 | 224 |
| 中化大酒店 | 1989 | 2 | 76 | 152 |

15—24 续表2

| 宾馆(旅店)名称 | 开业年份 | 宾馆星级 | 客房数(间) | 床位数(张) |
|---|---|---|---|---|
| 粤桂宾馆 | 1998 | 2 | 28 | 56 |
| 华丽宫大酒店 | 1986 | 2 | 254 | 480 |
| 南方大厦酒店 | 1955 | 2 | 220 | 387 |
| 湖北对外经贸中心 | 1988 | 2 | 288 | 600 |
| 广州金川宾馆 | 1993 | 2 | 75 | 164 |
| 车站大酒店 | 1989 | 2 | 177 | 207 |
| 新亚大酒店 | 1927 | 2 | 122 | 228 |
| 新华大酒店 | 1933 | 2 | 185 | 331 |
| 东亚大酒店 | 1914 | 2 | 168 | 315 |
| 广东大酒店 | 1967 | 2 | 113 | 217 |
| 白宫酒店 | 1928 | 2 | 160 | 320 |
| 北京大酒店 | 1986 | 2 | 114 | 225 |
| 五羊城酒店 | 1982 | 2 | 266 | 442 |
| 华南大厦酒店 | 1987 | 2 | 63 | 137 |
| 天河宾馆 | 1987 | 2 | 184 | 342 |
| 望星楼宾馆 | 1988 | 2 | 94 | 202 |
| 燕岭大厦 | 1987 | 2 | 238 | 476 |
| 沙河大饭店 | 1986 | 2 | 81 | 166 |
| 登峰大酒店 | 1987 | 2 | 201 | 438 |
| 天河酒店 | 1987 | 2 | 71 | 142 |
| 广州广运宾馆 | 1991 | 2 | 60 | 151 |
| 翔云楼 | 1988 | 2 | 139 | 300 |
| 广钢大厦 | 1988 | 2 | 32 | 72 |
| 广东省华侨旅社 | 1972 | 2 | 304 | 660 |
| 河北大厦 | 1990 | 2 | 127 | 257 |
| 梅花园林宾馆 | 1981 | 2 | 60 | 120 |
| 乐苑酒店 | 1984 | 2 | 100 | 200 |
| 新兴大酒店 | 1992 | 2 | 285 | 602 |
| 山西大厦 | 1988 | 2 | 174 | 344 |
| 广州市天翔大酒店 | 1995 | 2 | 83 | 124 |
| 西城大酒店 | 1982 | 1 | 341 | 681 |
| 未评星级宾馆(旅店)小计 | | | 95143 | 201176 |

# 15—25 主要旅游景点情况

（1998 年）

| 景点名称 | 所属区域地址 | 接待人数（人次） | 营业收入（万元） |
| --- | --- | --- | --- |
| 世界大观 | 天河区东圃镇东沙路 | 392303 | 2632 |
| 东方乐园 | 白云区大金钟路 | 668550 | 5130 |
| 南湖乐园 | 天河区沙河同和 | 179183 | 607 |
| 太阳岛乐园 | 白云区人和镇 | 124161 | 148 |
| 航天奇观 | 天河区东圃镇东沙路 | 611286 | 2543 |
| 广州赛马会 | 天河区黄埔大道 889 号 | 666319 | 6833 |
| 光孝寺 | 越秀区光孝路 109 号 | 1156428 | 138 |
| 六榕寺 | 越秀区六榕路 87 号 | 674023 | 67 |
| 清真先贤古墓 | 越秀区解放北路 901 号 | 224 | |
| 怀圣清真寺 | 越秀区光塔路 56 号 | 1897 | |
| 中山纪念堂 | 越秀区东风中路 | 196933 | 155 |
| 黄花岗公园 | 东山区先烈中路 79 号 | 203300 | 331 |
| 流花湖公园 | 越秀区流花路 | 1186100 | 237 |
| 草暖公园 | 越秀区环市西路 187 号 | 204337 | 356 |
| 越秀公园 | 越秀区解放北路 | 2199800 | 660 |
| 兰圃 | 越秀区解放北路 901 号 | 132300 | 79 |
| 文化公园 | 荔湾区西堤二马路 37 号 | 1066400 | 533 |
| 广州起义烈士陵园 | 东山区中山二路 92 号 | 569100 | 171 |
| 荔湾湖公园 | 荔湾区龙津西路 155 号 | 876000 | 175 |
| 东山湖公园 | 东山区东湖路 123 号 | 908500 | 182 |
| 广州动物园 | 东山区先烈中路 120 号 | 3890744 | 3100 |
| 广州海洋馆 | 东山区先烈中路 120 号 | 1067719 | 8978 |
| 东风公园 | 天河区广州大道北 | 152300 | 30 |
| 三台岭游览区（云台花园、索道） | 天河区广园路白云山南麓 | 983518 | 1374 |
| 鸣春谷游览区 | 白云区白云山顶 | 1357022 | 356 |
| 明珠楼游览区 | 白云区白云山黄婆洞水库 | 281350 | 355 |
| 摩星岭游览区（广州碑林、摩星岭） | 白云区白云山顶 | 327503 | 369 |
| 麓湖游览区 | 天河区麓湖路 | 1313424 | 702 |
| 雕塑公园 | 白云区下塘西路 | 239530 | 247 |
| 华南植物园 | 天河区沙河龙洞 | 211262 | 413 |
| 南越王墓博物馆 | 越秀区解放北路 867 号 | 179003 | 89 |

15—25 续表

| 景点名称 | 所属区域地址 | 接待人数（人次） | 营业收入（万元） |
|---|---|---|---|
| 陈家祠 | 荔湾区中山七路恩龙里 | 251368 | 226 |
| 镇海楼（广州博物馆） | 越秀区越秀公园内 | 76928 | 37 |
| 农民运动讲习所旧址 | 东山区中山四路42号 | 139881 | 5 |
| 黄埔军校旧址 | 黄埔区黄埔长洲岛 | 173945 | 165 |
| 洪秀全故居纪念馆 | 花都市新华镇新华路52号 | 115556 | 53 |
| 南海神庙 | 黄埔区南岗镇庙头村 | 72409 | 63 |
| 丹水坑风景旅游区 | 黄埔区南岗镇 | 122499 | 225 |
| 莲花山旅游区 | 番禺市莲花山镇 | 865843 | 4109 |
| 余荫山房 | 番禺市南村镇北大街 | 62228 | 70 |
| 飞龙世界娱乐城 | 番禺市大石镇飘峰山 | 146827 | 849 |
| 飞图梦幻影城 | 番禺市南村镇大镇岗 | 396507 | 2789 |
| 利泰瀑布游览区 | 番禺市南村镇大镇岗 | 22804 | 277 |
| 番禺香江野生动物世界 | 番禺市大石镇礼村 | 2090000 | 13210 |
| 番禺博物馆 | 番禺市市桥镇沙头银平路 | 17578 | 12 |
| 番禺原野庄园 | 番禺市钟村镇谢村 | 49310 | |
| 留耕堂 | 番禺市沙湾镇北村 | 12010 | 2 |
| 南沙天后宫 | 番禺市大角山 | 156154 | 340 |
| 芙蓉度假区 | 花都市芙蓉镇 | 96540 | 1158 |
| 盘古王庙游览区 | 花都市狮岭镇盘古路 | 120000 | 101 |
| 九龙潭旅游度假区 | 花都市北兴镇 | 14810 | 112 |
| 梯面旅游区 | 花都市梯面镇 | 75479 | 83 |
| 天湖旅游区 | 从化市温泉镇天湖 | 172852 | 940 |
| 流溪河国家森林公园 | 从化市流溪河林场 | 176000 | 870 |
| 黄龙湖游览区 | 从化市良口镇 | 4832 | 94 |
| 广州抽水蓄能电站度假区 | 从化市吕田镇小杉 | 26385 | 328 |
| 沙湾宝墨园 | 番禺市沙湾镇景丽村 | 155883 | 287 |
| 何仙姑家庙、古藤 | 增城市小楼镇 | 19738 | 6 |
| 百花山庄 | 增城市荔城镇百花林水库 | 102066 | 2058 |

## 15－26 广州市与各友好城市交流情况

| 项　　目 | 1979年至1984年 | 1985年 | 1990年 | 1995年 | 1997年 | 1998年 |
|---|---|---|---|---|---|---|
| **批数(批)** | | | | | | |
| 出访交流考察 | 34 | 8 | 12 | 35 | 49 | 29 |
| 接待来访团组 | 100 | 19 | 27 | 63 | 62 | 23 |
| 派外进修生 | 3 | | | 1 | 3 | 3 |
| **人数(人次)** | | | | | | |
| 出访交流考察 | 295 | 44 | 138 | 267 | 558 | 279 |
| 接待来访团组 | 2014 | 420 | 301 | 532 | 518 | 208 |
| 派外进修生 | 10 | | 1 | 1 | 3 | 4 |

## 15－27 广州市与国外结成友好城市一览表

(1998年末)

| 国　　别 | 城　　市 | 缔结日期(年、月、日) |
|---|---|---|
| 日　　本 | 福　　冈 | 1979.5.2 |
| 美　　国 | 洛　杉　矶 | 1981.12.8 |
| 菲　律　宾 | 马　尼　拉 | 1982.11.5 |
| 加　拿　大 | 温　哥　华 | 1985.3.27 |
| 澳大利亚 | 悉　　尼 | 1986.5.12 |
| 意　大　利 | 巴　　里 | 1986.11.12 |
| 法　　国 | 里　　昂 | 1988.1.19 |
| 德　　国 | 法兰克福 | 1988.4.11 |
| 新　西　兰 | 奥　克　兰 | 1989.2.17 |
| 韩　　国 | 光　　州 | 1996.10.25 |
| 瑞　　典 | 林雪平市 | 1997.11.24 |

## 15—28 出口商品总值超5000万美元的外贸企业一览表

（1998年）　　单位：万美元

| 企业名称 | 进出口总值 | 出口总值 | 进口总值 |
|---|---|---|---|
| 中国海洋石油南海东部公司 | 54415 | 54405 | 10 |
| 广东省丝绸进出口（集团）公司 | 16308 | 15101 | 1207 |
| 广州纺织品进出口公司 | 15999 | 14716 | 1283 |
| 广州东宝（番澳）首饰有限公司 | 26726 | 13752 | 12974 |
| 广州工艺品番禺进出口公司 | 25418 | 13615 | 11803 |
| 广州广船国际股份有限公司 | 15211 | 11168 | 4043 |
| 中国北方工业广州公司 | 14179 | 9713 | 4466 |
| 广州进道集装箱有限公司 | 17203 | 9686 | 7517 |
| 广州番禺市对外贸易（集团）公司 | 14318 | 9630 | 4688 |
| 番禺潭洲振裕纺织染印有限公司 | 18357 | 9277 | 9080 |
| 从化东麟钻石有限公司 | 17928 | 8888 | 9040 |
| 广州欣昌鞋业有限公司 | 12867 | 8867 | 4000 |
| 广东省工艺品进出口（集团）公司 | 9907 | 8798 | 1109 |
| 番禺创信鞋业有限公司 | 13381 | 8798 | 4583 |
| 广东省食品进出口集团公司 | 8792 | 8547 | 245 |
| 镇泰（广州）有限公司 | 12451 | 8517 | 3934 |
| 广州海丰鞋业有限公司 | 9091 | 7573 | 1518 |
| 广州保税区康胜国际贸易有限公司 | 14334 | 7211 | 7123 |
| 广州荣诚鞋业有限公司 | 9436 | 7179 | 2257 |
| 广州万邦鞋业有限公司 | 9037 | 7160 | 1877 |
| 依利安达（广州）电子有限公司 | 8721 | 6646 | 2075 |
| 中国抽纱广东进出口公司 | 7129 | 6560 | 569 |
| 广东省土产进出口（集团）公司 | 10547 | 6542 | 4005 |
| 番禺市对外经济贸易公司 | 12705 | 6439 | 6266 |
| 广东省畜产进出口集团公司 | 7495 | 6306 | 1189 |
| 广州越秀企业（集团）公司 | 7493 | 5919 | 1574 |
| 广州对外经济发展总公司 | 10143 | 5876 | 4267 |
| 广州广船国际集装箱厂 | 7994 | 5796 | 2198 |
| 广州市对外贸易黄埔公司 | 13622 | 5731 | 7891 |
| 广州经济技术开发区商业进出口贸易公司 | 7849 | 5724 | 2125 |
| 美国通用电器塑料中国有限公司 | 12319 | 5530 | 6789 |
| 广东省五金矿产进出口集团公司 | 11920 | 5472 | 6448 |
| 广州市纺织工业联合进出口公司 | 6097 | 5450 | 647 |
| 广东省机械进出口集团公司 | 33432 | 5351 | 28081 |
| 番禺世门手袋有限公司 | 8655 | 5276 | 3379 |
| 广州畜产进出口公司 | 6126 | 5251 | 875 |
| 广州市华光电子钟表公司 | 9178 | 5187 | 3991 |
| 广东省纺织品进出口美丰服装有限公司 | 5760 | 5172 | 588 |

# 主要统计指标解释

【利用外资】 指我国各级政府、部门、企业和其他经济组织通过对外借款、吸收外商直接投资以及用其他方式筹措的境外现汇、设备、技术等。

【对外借款】 是我国利用外资的主要部分。包括我国通过外国政府贷款，国际金融组织贷款，外国银行商业贷款，出口信贷以及对外发行债券，股票等方式，从境外筹措的资金。

【外商直接投资】 是指外国企业和经济组织或个人(包括华侨、港澳台同胞以及我国在境外注册的企业)按我国有关政策、法规，用现汇、实物、技术等在我国境内开办外商独资企业、与我国境内的企业或经济组织共同举办中外合资经济企业、合作经营企业或作合作开发资源的投资(包括外商投资收益的再投资)以及经政府有关部门批准的项目投资总额内，企业从境外借入的资金。

【对外承包工程】包括各对外承包公司以招标议标承包方式承揽的下列业务(1)承包国外工程建设项目；(2)承包我国对外经援项目；(3)承包我国驻外机构的工程建设项目；(4)承包我国境内利用外资进行建设的工程项目；(5)与外国承包公司合营或联合承包工程项目时我国公司分包部分；(6)以服务成果向业主收费的技术服务项目(包括承担地形地貌测绘；地质资源勘探与普查；建设区域规划；提供设计文件、图纸、生产工艺技术资料和工程技术经济咨询；工程项目的可行性考察、研究和评估；进行技术指导和培训人员等)；(7)对外承包兼营的房屋开发业务。对外承包工程的营业额是以货币表现的本期内完成的对外承包工程的工作量，包括以前年度签订的合同和本年度新签订的合同在报告期完成的工作量。

【对外劳务合作】 指以收取工资的形式向业主或承包商提供技术和劳动服务的活动。我国对外承包公司在境外开办的合营企业、中国公司同时又提供劳务的，其劳务部分也纳入劳务合作统计。劳务合作营业额按报告期内向雇主提交的结算数(包括工资、加班费和奖金等)统计。

【旅游人数】 指来我国参观、访问、旅行、探亲、访友、休养、考察、参加会议和从事经济、科技、文化、教育、体育、宗教等活动的外国人、华侨、港澳和台湾同胞的人数。不包括外国在我国的常住机构，如领使馆、通讯社、企业办事处的工作人员；来我国常驻的外国专家、留学生以及在岸逗留不过夜人员。

【国际旅游(外汇)收入】 指入境旅游的外国人、华侨、港澳台同胞在中国大陆旅游过程中发生的一切旅游支出，对于国家来说就是国际旅游(外汇)收入。

【进出口总额】 海关进出口总额指实际进出我国国境的货物总金额。包括对外贸易实际进出口货物，来料加工装配进出口货物，国家间、联合国及国际组织无偿援助物资和赠送品，华侨、港澳台同胞和外籍华人捐赠品，租赁期满归承租人所有的租赁货物，进料加工进出口货物，边境地方贸易及边境地区小额贸易进出口货物(边民互市贸易除外)，中外合资经营企业、中外合作经营企业、外商独资经营企业进出口货物和公用物品，到、离岸价格在规定限额以上的进出口货样和广告品(无商业价值、无使用价值和免费提供出口的除外)，从保税仓库提取在中国境内销售的进口货物，以及其他进出口货物。进出口总额用以观察一个国家在对外贸易方面的总规模。我国规定出口货物按离岸价格统计，进口货物按到岸价格统计。

# 第十六篇

# 教育、科技和文化

# 教育、科技、文化事业蓬勃发展

1998年，广州市坚持科教兴市战略，优先发展教育、科技事业，促进了教育、科技事业的蓬勃发展，文化事业也显示出一派勃勃生机。

一、教育事业不断发展，教育质量稳步提高。

教育投入大幅增加。1998年我市财政部门用于教育事业费支出达17.85亿元，用于教育基建投资达3.3亿元，分别比上年增长23.7%和71.3%。高等教育规模继续扩大。全市有普通高等学校27所，比上年增加1所；在校学生10.84万人，比上年增长5.9%，再创历史新水平。高等教育培养的大批高级人才，为我市可持续发展提供了人才保证。中等职业技术教育结构得到调整。全市有中等职业技术学校223所，比上年减少8所，在校学生20.86万人，占高中阶段在校学生总数的73.6%。基础教育进一步加强。1998年我市以普及高中教育为重点，加快推进“普高”工作，全市有高中学校141所，比上年增加5所，高中在校学生7.48万人，比上年增长6.2%。初中入学率达93.9%，比上年提高0.5个百分点。适龄儿童入学率达99.9%。全面推进素质教育，教学质量稳步提高，小学毕业生考试平均及格率为95.9%，初中毕业生考试平均及格率为70.9%，分别比上年提高1.1和3.0个百分点。

二、科学技术事业进一步发展

1998年广州市独立研究与开发机构有566个，职工人数达4.89万人，比上年增长27.1%，其中科研人员2.88万人，比上年增长20.3%。近年我市民营科技企业发展较快，1998年全市民营科技企业达1591家，新增企业164家，比上年增长11.5%。从业人员达44964人，其中科技人员24352人，占职工总数的54.0%。全年民营企业技工贸总收入达138.25亿元，比上年增长82.9%。全市已认定的265家高新技术企业中，有174家是民营科技企业，占总数的65.7%。大中型工业企业科技活动平稳发展，全市共有大中型工业企业607家，参与科技活动人员达18654人；科技开发机构达250个，比上年增加4个；科技活动经费筹集额达15.9亿元，比上年增长15.2%；科技经费支出额达14.64亿元，比上年增长0.3%。全市大中型工业企业新产品产值和销售收入分别比上年增长9.4%和12.1%。高技术产品生产进一步发展，全市高新技术产品生产企业达315家，比上年增加74家，增长30.7%；年末职工人数达10.54万人，比上年增长34.6%；产品研究开发人员达7145人，增长13.1%；高新技术产品产值达180.85亿元，比上年增长18.2%；高新技术产品销售收入达167.09亿元，比上年增长12.3%；高新技术产品实现利税总额达35.38亿元，比上年增长10.1%。

三、文化事业生机勃勃

1998年我市大力发展文化事业，努力繁荣文化艺术，继承和弘扬了岭南文化。成功举办了多项大型文艺文化活动：红线女从艺六十年系列庆贺活动、'98广州国际艺术博览会、广州首次抗洪赈灾义演、纪念改革开放二十周年文艺系列活动。一批优秀作品在国际、国内比赛中获奖，其中：国际奖3项、国家奖23项、省级奖24项、市级奖3项。1998年全市有艺术表演场所44间，艺术表演团体19个，全年新排上演剧目83个，演出总场次5737场，观众384万人次。全市有电影院52间，比上年增加3间。全年摄制电影12部，其中故事片8部，发行各种新影片114部，放映电影7.42万场，观众达538万人次。群众文化活动十分活跃。1998年全市有群众艺术馆、文化馆14个、文化站169个，组织文艺活动3519次，举办展览637个，比上年增长20.9%。全市有公共图书馆15个，总藏量达770万册，比上年增长7.5%。全年出版图书3.23亿册，出版报纸19.06亿份，出版杂志2.11亿册，分别比上年增长9.4%和2.2%。

## 各类学校及在校学生数

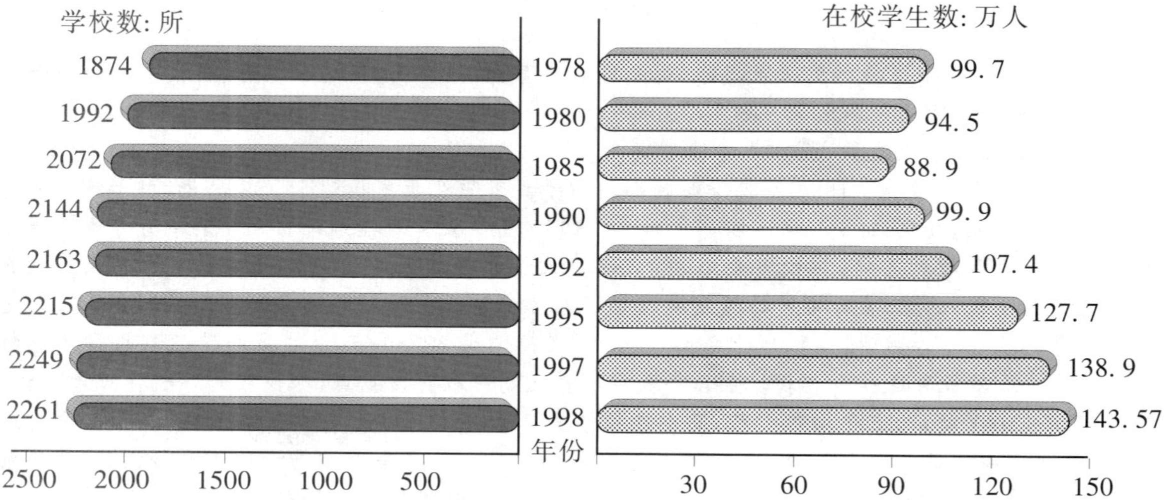


## 各类科学研究开发机构数

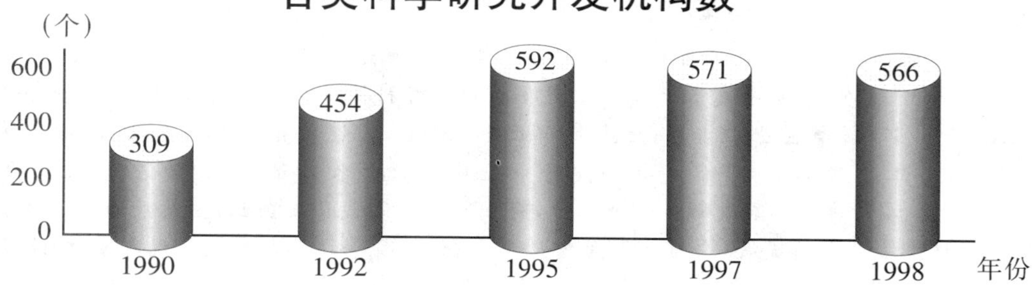


## 各类专业技术人员(国有经济)

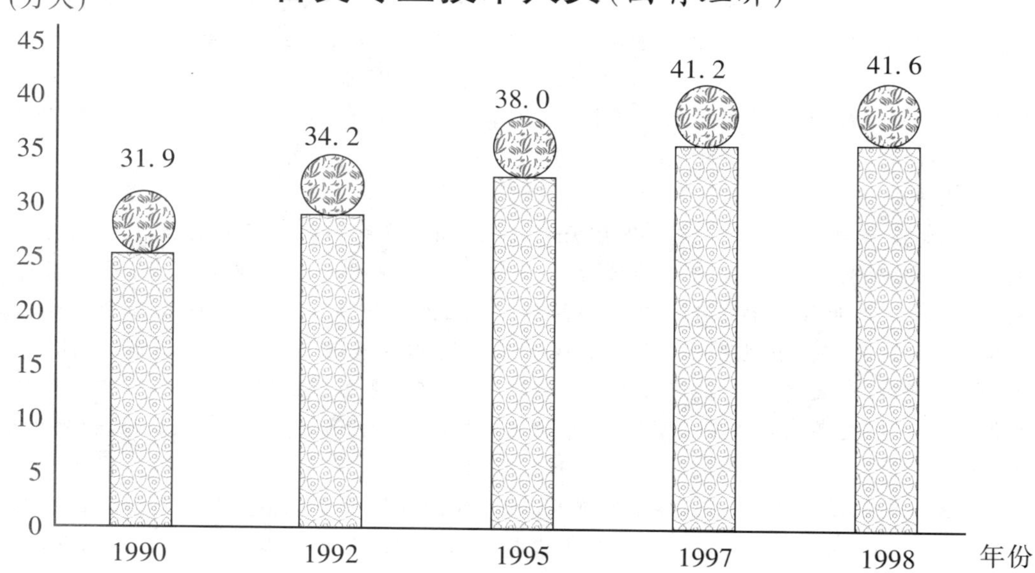

# 16—1 高 等 院 校 基 本 情 况

（1998 年）

单位：人

| 院校名称 | 在校学生数 | 毕业生数 | 招生数 | 教职工人数 | #专任教师 | #教授 | #副教授 | #讲师 |
|---|---|---|---|---|---|---|---|---|
| 合　计 | 108378 | 27268 | 34367 | 30674 | 11619 | 1133 | 3713 | 4460 |
| 中山大学 | 9000 | 2325 | 2609 | 4093 | 1273 | 266 | 366 | 497 |
| 暨南大学 | 7841 | 2030 | 2237 | 3640 | 1048 | 169 | 408 | 313 |
| 华南理工大学 | 10651 | 2718 | 2873 | 3935 | 1372 | 155 | 518 | 518 |
| 广东工业大学 | 13697 | 3681 | 4038 | 2763 | 1238 | 82 | 362 | 579 |
| 华南农业大学 | 5702 | 1537 | 1727 | 1868 | 683 | 57 | 209 | 279 |
| 中山医科大学 | 2904 | 487 | 700 | 1543 | 481 | 52 | 112 | 166 |
| 广州中医药大学 | 2158 | 383 | 635 | 994 | 349 | 30 | 119 | 130 |
| 广州医学院 | 2400 | 486 | 608 | 728 | 231 | 28 | 84 | 85 |
| 广东药学院 | 2665 | 527 | 822 | 644 | 254 | 11 | 83 | 102 |
| 华南师范大学 | 10594 | 2489 | 3196 | 2459 | 1074 | 93 | 359 | 369 |
| 广州师范学院 | 4687 | 1366 | 1456 | 888 | 435 | 41 | 183 | 115 |
| 广东外语外贸大学 | 4943 | 1019 | 1460 | 1291 | 511 | 26 | 153 | 186 |
| 广州体育学院 | 2036 | 637 | 752 | 486 | 220 | 18 | 54 | 92 |
| 广州美术学院 | 773 | 178 | 218 | 397 | 211 | 21 | 60 | 92 |
| 星海音乐学院 | 766 | 305 | 340 | 394 | 188 | 12 | 43 | 67 |
| 广东职业技术师范学院 | 2620 | 746 | 820 | 510 | 247 | 7 | 70 | 96 |
| 广东商学院 | 5024 | 1277 | 1821 | 744 | 362 | 21 | 101 | 173 |
| 广州大学 | 3329 | 1084 | 1100 | 544 | 228 | 6 | 78 | 114 |
| 仲恺农业技术学院 | 2341 | 411 | 700 | 424 | 186 | 5 | 52 | 93 |
| 广州高等师范专科学校 | 1537 | 879 | 639 | 462 | 202 | 3 | 62 | 80 |
| 广州金融高等专科学校 | 2092 | 705 | 686 | 350 | 134 |  | 45 | 37 |
| 广州航海高等专科学校 | 1163 | 382 | 421 | 345 | 155 | 2 | 30 | 88 |
| 广东公安高等专科学校 | 1189 | 253 | 548 | 509 | 214 | 3 | 48 | 87 |
| 民办南华工商学院 | 1116 | 486 | 561 | 143 | 44 | 1 | 6 | 13 |
| 私立华联学院 | 1574 | 210 | 888 | 222 | 124 | 15 | 73 | 28 |
| 番禺职业技术学校 | 1208 | 229 | 506 | 98 | 43 | 3 | 12 | 21 |
| 民办培正商学院 | 982 | 103 | 425 | 88 | 46 | 5 | 12 | 15 |
| 其他学校附设大专班 | 3386 | 335 | 1581 | 112 | 66 | 1 | 11 | 25 |

## 16—2 高等院校各类专业学生数

(1998 年)

单位:人

| 项目 | 毕业生数 | #本科 | 招生数 | #本科 | 在校学生数 | #本科 |
|---|---|---|---|---|---|---|
| 合计 | 27268 | 15122 | 34367 | 22956 | 108378 | 78965 |
| 哲学 | 63 | 63 | 85 | 85 | 314 | 314 |
| 经济学 | 6849 | 3381 | 8056 | 4297 | 24632 | 14866 |
| 法学 | 1418 | 626 | 2238 | 1155 | 6044 | 3723 |
| 教育学 | 1038 | 627 | 1326 | 924 | 3855 | 3103 |
| 文学 | 3421 | 1923 | 5119 | 3366 | 14581 | 10699 |
| 历史学 | 467 | 312 | 562 | 476 | 1863 | 1667 |
| 理学 | 2804 | 1823 | 3966 | 3261 | 12555 | 10841 |
| 工学 | 8303 | 4383 | 8973 | 5996 | 30109 | 21340 |
| 农学 | 817 | 568 | 1124 | 1008 | 3554 | 3166 |
| 医学 | 2088 | 1416 | 2918 | 2388 | 10871 | 9246 |

附:全市研究生毕业生 1759 人,招生 2921 人,在校学生 7521 人,其中:博士研究生毕业生 406 人,招生 560 人,在校学生 1461 人;硕士研究生毕业生 1324 人,招生 2331 人,在校学生 6000 人。

## 16—3 各类学校数及在校学生数

(1998 年)

| 项目 | 全市 | 市区 | 番禺市 | 花都市 | 增城市 | 从化市 |
|---|---|---|---|---|---|---|
| **各类学校数合计(所)** | 2261 | 1035 | 359 | 244 | 374 | 249 |
| 高等学校 | 27 | 25 | 1 | 1 | | |
| 中等学校 | 586 | 390 | 71 | 43 | 48 | 34 |
| 普通中学 | 363 | 199 | 54 | 35 | 45 | 30 |
| #高中 | 141 | 99 | 17 | 6 | 11 | 8 |
| 中等专业学校 | 99 | 91 | 4 | 2 | 1 | 1 |
| #师范学校 | 8 | 6 | 1 | 1 | | |
| 技工学校 | 75 | 69 | 2 | 3 | | 1 |
| 职业中学 | 49 | 31 | 11 | 3 | 2 | 2 |
| 小学 | 1634 | 610 | 286 | 199 | 325 | 214 |
| 特殊学校 | 14 | 10 | 1 | 1 | 1 | 1 |
| **各类学校在校学生数(人)** | 1435704 | 887629 | 175558 | 119765 | 148358 | 104394 |
| 高等学校 | 108378 | 106188 | 1208 | 982 | | |
| 中等学校 | 588124 | 399195 | 60586 | 41546 | 51436 | 35361 |
| 普通中学 | 379505 | 207507 | 52069 | 38012 | 48722 | 33195 |
| #高中 | 74803 | 45085 | 10376 | 5975 | 8069 | 5298 |
| 中等专业学校 | 120288 | 116489 | 1089 | 1037 | 1055 | 618 |
| #师范学校 | 8514 | 6752 | 628 | 680 | 454 | |
| 技工学校 | 58396 | 53831 | 1790 | 1639 | | 1136 |
| 职业中学 | 29935 | 21368 | 5638 | 858 | 1659 | 412 |
| 小学 | 733375 | 378137 | 112773 | 77028 | 96697 | 68740 |
| 特殊学校 | 5827 | 4109 | 991 | 209 | 225 | 293 |

## 16—4 各类学校招生数及毕业生数

(1998 年) 单位:人

| 项目 | 全市 | 市区 | 番禺市 | 花都市 | 增城市 | 从化市 |
|---|---|---|---|---|---|---|
| **各类学校招生数** | 359274 | 230703 | 41668 | 28442 | 34332 | 24129 |
| 高等学校 | 34367 | 33436 | 506 | 425 | | |
| 中等学校 | 205233 | 136121 | 22447 | 15311 | 18643 | 12711 |
| 普通中学 | 137913 | 74816 | 19568 | 13960 | 17751 | 11818 |
| #高中 | 27101 | 15627 | 4159 | 2379 | 2941 | 1995 |
| 中等专业学校 | 34792 | 33950 | 326 | 260 | 129 | 127 |
| #师范学校 | 2002 | 1652 | 200 | 150 | | |
| 技工学校 | 21635 | 20025 | 372 | 763 | | 475 |
| 职业中学 | 10893 | 7330 | 2181 | 328 | 763 | 291 |
| 小学 | 119085 | 60697 | 18638 | 12699 | 15683 | 11368 |
| 特殊学校 | 589 | 449 | 77 | 7 | 6 | 50 |
| **各类学校毕业生数** | 302161 | 197540 | 32326 | 23342 | 28856 | 20097 |
| 高等学校 | 27268 | 26936 | 229 | 103 | | |
| 中等学校 | 161736 | 109900 | 16500 | 11517 | 13794 | 10025 |
| 普通中学 | 106654 | 58940 | 14477 | 10479 | 13219 | 9539 |
| #高中 | 21184 | 13896 | 2670 | 1548 | 1754 | 1316 |
| 中等专业学校 | 30801 | 29439 | 503 | 310 | 402 | 147 |
| #师范学校 | 3094 | 2297 | 295 | 200 | 302 | |
| 技工学校 | 14465 | 13614 | 372 | 269 | | 210 |
| 职业中学 | 9816 | 7907 | 1148 | 459 | 173 | 129 |
| 小学 | 112349 | 60020 | 15548 | 11697 | 15027 | 10057 |
| 特殊学校 | 808 | 684 | 49 | 25 | 35 | 15 |

## 16—5 高中、初中、小学毕业考试及格率

| 项目 | 单位 | 1997 年 | | | 1998 年 | | |
|---|---|---|---|---|---|---|---|
| | | 全市 | 市区 | 县级市 | 全市 | 市区 | 县级市 |
| 高中参加考试人数 | 人 | 20001 | 13221 | 6780 | 21537 | 13917 | 7620 |
| 考试平均及格人数 | 人 | 18312 | 12750 | 5562 | 19480 | 13068 | 6412 |
| 及格率 | % | 91.56 | 96.44 | 82.04 | 90.45 | 93.90 | 84.15 |
| 初中参加考试人数 | 人 | 77838 | 41641 | 36197 | 86086 | 45340 | 40746 |
| 考试平均及格人数 | 人 | 52876 | 30121 | 22755 | 61048 | 33455 | 27593 |
| 及格率 | % | 67.93 | 72.33 | 62.86 | 70.92 | 73.79 | 67.72 |
| 小学参加考试人数 | 人 | 103727 | 53091 | 50636 | 112141 | 59590 | 52551 |
| 考试平均及格人数 | 人 | 98324 | 51174 | 47150 | 107500 | 57335 | 50165 |
| 及格率 | % | 94.79 | 96.39 | 93.12 | 95.86 | 96.22 | 95.46 |

## 16－6 各类学校教职工人数及专任教师数

（1998 年）

单位：人

| 项目 | 全市 | 市区 | 番禺市 | 花都市 | 增城市 | 从化市 |
|---|---|---|---|---|---|---|
| **各类学校教职工人数** | 119063 | 88488 | 9622 | 6591 | 8401 | 5961 |
| 高等学校 | 30674 | 30488 | 98 | 88 | | |
| 中等学校 | 48419 | 35402 | 4325 | 2849 | 3088 | 2755 |
| 普通中学 | 29780 | 18263 | 3562 | 2577 | 2839 | 2539 |
| 中等专业学校 | 10743 | 10281 | 174 | 98 | 116 | 74 |
| #师范学校 | 1096 | 880 | 91 | 73 | 52 | |
| 技工学校 | 5294 | 4970 | 129 | 101 | | 94 |
| 职业中学 | 2602 | 1888 | 460 | 73 | 133 | 48 |
| 小学 | 39531 | 22215 | 5164 | 3645 | 5301 | 3206 |
| 特殊学校 | 439 | 383 | 35 | 9 | 12 | |
| **各类学校专任教师数** | 77963 | 52244 | 8518 | 5484 | 6983 | 4734 |
| 高等学校 | 11619 | 11530 | 43 | 46 | | |
| 中等学校 | 32892 | 22335 | 3757 | 2263 | 2473 | 2064 |
| 普通中学 | 22342 | 12861 | 3183 | 2069 | 2312 | 1917 |
| #高中 | 5134 | 3268 | 651 | 348 | 520 | 347 |
| 中等专业学校 | 5354 | 5062 | 112 | 66 | 68 | 46 |
| #师范学校 | 679 | 538 | 70 | 47 | 24 | |
| 技工学校 | 3194 | 2983 | 82 | 65 | | 64 |
| 职业中学 | 2002 | 1429 | 380 | 63 | 93 | 37 |
| 小学 | 33118 | 18097 | 4687 | 3166 | 4498 | 2670 |
| 特殊学校 | 334 | 282 | 31 | 9 | 12 | |

## 16－7 高中、初中、小学毕业生升学情况

| 项目 | 单位 | 1997 年 | | | 1998 年 | | |
|---|---|---|---|---|---|---|---|
| | | 全市 | 市区 | 县级市 | 全市 | 市区 | 县级市 |
| 高中毕业生数 | 人 | 19823 | 13184 | 6639 | 21184 | 13896 | 7288 |
| 已升学人数 | 人 | 12867 | 9440 | 3427 | 12125 | 9052 | 3073 |
| 升学率 | % | 64.91 | 71.60 | 51.62 | 57.24 | 65.14 | 42.17 |
| 初中毕业生数 | 人 | 77353 | 41359 | 35994 | 85470 | 45044 | 40426 |
| 已升学人数 | 人 | 63801 | 38713 | 25088 | 71029 | 40492 | 30537 |
| 升学率 | % | 82.48 | 93.60 | 69.70 | 83.10 | 89.89 | 75.54 |
| 小学毕业生数 | 人 | 104037 | 53387 | 50650 | 112349 | 60020 | 52329 |
| 已升学人数 | 人 | 103243 | 53346 | 49897 | 110827 | 59204 | 51623 |
| 升学率 | % | 99.24 | 99.92 | 98.51 | 98.65 | 98.64 | 98.65 |

# 16-8 学生流动情况

| 项目 | 单位 | 1997年 | | | 1998年 | | |
|---|---|---|---|---|---|---|---|
| | | 全市 | 市区 | 县级市 | 全市 | 市区 | 县级市 |
| 高中 | | | | | | | |
| 上学年初学生 | 人 | 66193 | 42331 | 23862 | 70454 | 43777 | 26677 |
| #辍学生 | 人 | 684 | 211 | 473 | 1117 | 346 | 771 |
| 辍学率(%) | % | 1.03 | 0.50 | 1.98 | 1.59 | 0.79 | 2.89 |
| 初中 | | | | | | | |
| 上学年初学生 | 人 | 272583 | 143554 | 129029 | 288546 | 152122 | 136424 |
| #辍学生 | 人 | 7166 | 1761 | 5405 | 7597 | 2924 | 4673 |
| 辍学率(%) | % | 2.63 | 1.23 | 4.19 | 2.63 | 1.92 | 3.43 |
| 小学 | | | | | | | |
| 上学年初学生 | 人 | 705134 | 362880 | 342254 | 723183 | 372492 | 350691 |
| #辍学生 | 人 | −231 | −1863 | 1632 | −3484 | −4973 | 1489 |
| 辍学率(%) | % | −0.03 | −0.51 | 0.48 | −0.48 | −1.34 | 0.42 |

# 16-9 普及小学教育的几个比率

| 项目 | 单位 | 1997年 | | | 1998年 | | |
|---|---|---|---|---|---|---|---|
| | | 全市 | 市区 | 县级市 | 全市 | 市区 | 县级市 |
| 适龄儿童入学率(%) | % | 99.95 | 99.96 | 99.93 | 99.92 | 99.87 | 99.97 |
| 7—12岁学龄儿童数 | 人 | 704745 | 363556 | 341189 | 713712 | 367894 | 345818 |
| #已入学人数 | 人 | 704376 | 363423 | 340953 | 713129 | 367419 | 345710 |
| 小学巩固率(%) | % | 99.77 | 99.62 | 99.94 | 99.69 | 99.51 | 99.88 |
| 学年初学生数 | 人 | 705134 | 362880 | 342254 | 723183 | 372492 | 350691 |
| 学年末学生数 | 人 | 703545 | 361496 | 342049 | 720942 | 370657 | 350285 |
| 毕业率(%) | % | 99.36 | 99.18 | 99.55 | 98.92 | 98.96 | 98.86 |
| 学年初毕业班人数 | 人 | 104708 | 53829 | 50879 | 113578 | 60648 | 52930 |
| 毕业生人数 | 人 | 104037 | 53387 | 50650 | 112349 | 60020 | 52329 |

## 16—10 成人教育基本情况

单位:人

| 项目 | 1997年 | | | 1998年 | | |
|---|---|---|---|---|---|---|
| | 全市 | 市区 | 县级市 | 全市 | 市区 | 县级市 |
| **成人高等教育** | | | | | | |
| 学校数(所) | 35 | 35 | | 32 | 32 | |
| 教职工人数 | 8662 | 8662 | | 8882 | 8882 | |
| #专任教师数 | 4146 | 4146 | | 4416 | 4416 | |
| 兼任教师数 | 2540 | 2540 | | 3040 | 3040 | |
| 招生数 | 38530 | 38530 | | 39017 | 38974 | 43 |
| 毕业生 | 29432 | 29432 | | 28174 | 28174 | |
| 在校学生数 | 100187 | 100187 | | 109707 | 109649 | 58 |
| **成人中等教育** | | | | | | |
| 学校数(所) | 80 | 61 | 19 | 71 | 52 | 19 |
| 教职工人数 | 2580 | 2005 | 575 | 2594 | 1831 | 763 |
| #专任教师数 | 1397 | 1035 | 362 | 1524 | 992 | 532 |
| 兼任教师数 | 2911 | 2581 | 330 | 3407 | 2976 | 431 |
| 招生数 | 26759 | 22506 | 4253 | 26405 | 21293 | 5112 |
| 毕业生 | 35388 | 28706 | 6682 | 21398 | 17785 | 3613 |
| 在校学生数 | 71168 | 59353 | 11815 | 70362 | 54825 | 15537 |
| **职工教育** | | | | | | |
| 学校数(所) | 491 | 436 | 55 | 283 | 235 | 48 |
| 职工教育专职干部人数 | 4218 | 3689 | 529 | 3260 | 2791 | 469 |
| 专任教师数 | 3701 | 3371 | 330 | 3841 | 3442 | 399 |
| 职工人数 | 1496916 | 1334140 | 162776 | 1295265 | 1098202 | 197063 |
| #学习人数 | 603312 | 521377 | 81935 | 559791 | 458114 | 101677 |
| #毕结业人数 | 531982 | 459186 | 72796 | 491489 | 400198 | 91291 |

## 16—11 各级成人教育在校学生数

单位:人

| 项目 | 1997年 | | | 1998年 | | |
|---|---|---|---|---|---|---|
| | 全市 | 市区 | 县级市 | 全市 | 市区 | 县级市 |
| 成人高等教育 | 100187 | 100187 | | 109707 | 109649 | 58 |
| 广播电视大学 | 29724 | 29724 | | 26178 | 26178 | |
| 职工大学 | 11807 | 11807 | | 12478 | 12478 | |
| 函授大学、夜大学 | 36914 | 36914 | | 44265 | 44207 | 58 |
| 管理干部学院 | 15802 | 15802 | | 19697 | 19697 | |
| 教育学院 | 5940 | 5940 | | 7089 | 7089 | |
| 成人中等学校 | 71168 | 59353 | 11815 | 70362 | 54825 | 15537 |
| 成人中等专业学校 | 62745 | 54461 | 8284 | 60343 | 51299 | 9044 |
| 成人中学 | 2383 | 1882 | 501 | 4235 | 853 | 3382 |
| 教师进修学校 | 6040 | 3010 | 3030 | 5784 | 2673 | 3111 |

## 16—12 幼儿园基本情况

| 项目 | 1997年 | | | 1998年 | | |
|---|---|---|---|---|---|---|
| | 全市 | 市区 | 县级市 | 全市 | 市区 | 县级市 |
| 幼儿园数(所) | 1371 | 906 | 465 | 1431 | 920 | 511 |
| 教育部门办 | 69 | 63 | 6 | 70 | 62 | 8 |
| 其他部门办 | 399 | 336 | 63 | 371 | 315 | 56 |
| 集体办 | 643 | 346 | 297 | 633 | 341 | 292 |
| 民办 | 260 | 161 | 99 | 357 | 202 | 155 |
| 教职工人数(人) | 23949 | 17941 | 6008 | 24867 | 18296 | 6571 |
| #教师 | 11522 | 7820 | 3702 | 12224 | 8356 | 3868 |
| 保健员 | 989 | 845 | 144 | 978 | 837 | 141 |
| 在园幼儿数(人) | 247424 | 141063 | 106361 | 231589 | 136428 | 95161 |

## 16—13 各类科学研究与开发机构基本情况

| 项目 | 单位 | 1997年 | | | 1998年 | | |
|---|---|---|---|---|---|---|---|
| | | 全市 | #市区 | #市属 | 全市 | #市区 | #市属 |
| 机构数 | 个 | 571 | 558 | 464 | 566 | 552 | 460 |
| #自然科学 | 个 | 529 | 516 | 435 | 553 | 539 | 453 |
| 职工人数 | 人 | 38507 | 37893 | 22371 | 48940 | 48275 | 31617 |
| #自然科学 | 人 | 37718 | 37104 | 21961 | 48195 | 47530 | 31206 |
| 在职工人数中的科研人员 | 人 | 23903 | 23715 | 12695 | 28756 | 28578 | 17284 |
| #自然科学 | 人 | 23203 | 23015 | 12341 | 28121 | 27943 | 16643 |

# 16—14 市属各类专业人员

单位：人

| 行业 | 1995年 | | 1997年 | | 1998年 | |
|---|---|---|---|---|---|---|
| | 合计 | #县级市 | 合计 | #县级市 | 合计 | #县级市 |
| **合计** | **193432** | **37811** | **208164** | **45718** | **208404** | **47654** |
| 农、林、牧、渔业 | 5726 | 541 | 6030 | 743 | 6815 | 818 |
| 采掘业 | 174 | | 175 | | 174 | |
| 制造业 | 38667 | 2352 | 39690 | 2519 | 35913 | 2631 |
| 电力、煤气及水的生产和供应业 | 1547 | 23 | 2322 | 218 | 2424 | 233 |
| 建筑业 | 7447 | 310 | 9097 | 314 | 9185 | 371 |
| 地质勘查业、水利管理业 | 773 | 297 | 983 | 421 | 996 | 409 |
| 交通运输、仓储及邮电通信业 | 9846 | 279 | 9163 | 296 | 9169 | 314 |
| 批发和零售贸易、餐饮业 | 10929 | 1463 | 10819 | 1427 | 10176 | 1473 |
| 金融、保险业 | 1973 | 110 | 2363 | 108 | 2615 | 86 |
| 房地产业 | 2205 | 208 | 2617 | 325 | 3293 | 363 |
| 社会服务业 | 3346 | 492 | 4072 | 362 | 3496 | 552 |
| 卫生、体育和社会福利业 | 24895 | 6384 | 26766 | 7621 | 27464 | 8158 |
| 教育、文化艺术及广播电影电视业 | 66986 | 22059 | 72132 | 27248 | 74456 | 28646 |
| 科学研究和综合技术服务业 | 4565 | 367 | 5270 | 362 | 4854 | 241 |
| 国家机关、政党机关和社会团体 | 9191 | 2118 | 9191 | 2118 | 9191 | 2118 |
| 其他行业 | 5162 | 808 | 7474 | 1636 | 8183 | 1241 |

# 16—15 各类专业技术人员

（按职称分）

单位：人

| 项　　　目 | 1997年 | | | 1998年 | | |
|---|---|---|---|---|---|---|
| | 全　市 | #市区 | #市属 | 全　市 | #市区 | #市属 |
| **合　　计** | **411540** | **357953** | **208164** | **415477** | **359336** | **208404** |
| 工程技术人员 | 96912 | 91577 | 44577 | 99355 | 93481 | 43491 |
| 高级工程师 | 9701 | 9483 | 2931 | 9669 | 9450 | 2736 |
| 工程师 | 29739 | 28598 | 12487 | 31331 | 30064 | 12570 |
| 助理工程师、技术员 | 49933 | 46338 | 25454 | 51305 | 47345 | 24827 |
| 未聘任专业技术职务的 | 7539 | 7158 | 3705 | 7050 | 6622 | 3358 |
| 农业技术人员 | 3339 | 2598 | 1928 | 3264 | 2463 | 1913 |
| 高级农艺师 | 182 | 168 | 48 | 212 | 198 | 53 |
| 农艺师 | 1183 | 952 | 585 | 1118 | 896 | 546 |
| 助理工程师、技术员 | 1762 | 1303 | 1191 | 1708 | 1210 | 1185 |
| 未聘任专业技术职务的 | 212 | 175 | 104 | 226 | 159 | 129 |
| 科学研究人员 | 7984 | 7953 | 856 | 7726 | 7701 | 902 |
| 正副研究员 | 2141 | 2137 | 173 | 2043 | 2039 | 179 |
| 助理研究员 | 3893 | 3877 | 357 | 3623 | 3612 | 391 |
| 研究实习员、实验员 | 1724 | 1713 | 258 | 1665 | 1655 | 262 |
| 未聘任专业技术职务的 | 226 | 226 | 68 | 395 | 395 | 70 |
| 卫生技术人员 | 50159 | 42588 | 29827 | 50404 | 42291 | 30252 |
| 正副主任医师 | 3199 | 2994 | 1496 | 3508 | 3276 | 1577 |
| 主治医师 | 10312 | 9336 | 5548 | 11154 | 10150 | 5607 |
| 医（护）师（士） | 34540 | 28388 | 21649 | 34218 | 27671 | 22080 |
| 未聘任专业技术职务的 | 2108 | 1870 | 1134 | 1524 | 1194 | 988 |
| 教学人员 | 98235 | 71062 | 68945 | 98613 | 69967 | 71070 |
| 高等院校 | 16692 | 16493 | 2577 | 16633 | 16455 | 2667 |
| 正副教授 | 5647 | 5611 | 726 | 5676 | 5650 | 760 |
| 讲　师 | 6678 | 6588 | 1129 | 6570 | 6483 | 1111 |
| 助　教 | 3827 | 3755 | 647 | 3842 | 3782 | 715 |
| 未聘任专业技术职务的 | 540 | 539 | 75 | 545 | 540 | 81 |
| 中专技工学校 | 9048 | 8443 | 3668 | 9314 | 8544 | 3893 |
| 高级讲师 | 1109 | 1056 | 415 | 1142 | 1082 | 455 |
| 讲师 | 3299 | 3096 | 1506 | 3481 | 3231 | 1562 |
| 助理讲师、教员 | 3913 | 3608 | 1522 | 3959 | 3624 | 1600 |
| 未聘任专业技术职务的 | 727 | 683 | 225 | 732 | 607 | 276 |
| 中　学 | 30553 | 20037 | 25952 | 29555 | 18837 | 26531 |
| 高级教师 | 2678 | 2430 | 2226 | 2622 | 2368 | 2166 |
| 一级教师 | 9433 | 7127 | 7990 | 9940 | 7211 | 8567 |
| 二级、三级教师 | 14888 | 8441 | 12650 | 13276 | 7436 | 12532 |
| 未聘任专业技术职务的 | 3554 | 2039 | 3086 | 3717 | 1822 | 3266 |

注：本表不包括集体、其他所有制。

16—15 续表1

单位:人

| 项目 | 1997年 | | | 1998年 | | |
|---|---|---|---|---|---|---|
| | 全市 | #市区 | #市属 | 全市 | #市区 | #市属 |
| 小学 | 41942 | 26089 | 36748 | 43111 | 26131 | 37979 |
| 高级教师 | 11098 | 8453 | 9757 | 11859 | 8700 | 10536 |
| 一、二、三级教师 | 26360 | 15233 | 22801 | 26991 | 15607 | 23477 |
| 未聘任专业技术职务的 | 4484 | 2403 | 4190 | 4261 | 1824 | 3966 |
| 民航飞行技术人员 | 375 | 375 | 2 | 413 | 412 | 4 |
| 一级飞行技术人员 | 59 | 59 | | 73 | 72 | 2 |
| 二级飞行技术人员 | 83 | 83 | | 106 | 106 | |
| 三级、四级飞行技术人员 | 181 | 181 | 1 | 146 | 146 | 1 |
| 未聘任专业技术职务的 | 52 | 52 | 1 | 88 | 88 | 1 |
| 船舶技术人员 | 11003 | 11000 | 197 | 10665 | 10662 | 190 |
| 高级船长 | 101 | 101 | 7 | 207 | 207 | 9 |
| 船长、大副 | 4581 | 4578 | 98 | 4394 | 4391 | 91 |
| 二副、三副 | 4912 | 4912 | 90 | 4867 | 4867 | 89 |
| 未聘任专业技术职务的 | 1409 | 1409 | 2 | 1197 | 1197 | 1 |
| 经济人员 | 58217 | 53357 | 24736 | 58670 | 53995 | 23814 |
| 高级经济师 | 879 | 861 | 201 | 952 | 936 | 180 |
| 经济师 | 13476 | 12975 | 4999 | 14702 | 14132 | 5244 |
| 助理经济师、经济员 | 36831 | 33123 | 17075 | 36920 | 33155 | 15950 |
| 未聘任专业技术职务的 | 7031 | 6398 | 2461 | 6096 | 5772 | 2440 |
| 会计人员 | 45204 | 39056 | 19333 | 46336 | 40097 | 19521 |
| 高级会计师 | 321 | 321 | 86 | 372 | 370 | 106 |
| 会计师 | 6862 | 6539 | 2577 | 7464 | 7120 | 2731 |
| 助理会计师、会计员 | 34362 | 29121 | 15268 | 34840 | 29265 | 15259 |
| 未聘任专业技术职务的 | 3659 | 3075 | 1402 | 3660 | 3342 | 1425 |
| 统计人员 | 5596 | 5217 | 3284 | 5234 | 4867 | 3068 |
| 高级统计师 | 36 | 35 | 6 | 36 | 34 | 5 |
| 统计师 | 768 | 731 | 442 | 813 | 770 | 463 |
| 助理统计师、统计员 | 4420 | 4092 | 2684 | 4026 | 3720 | 2464 |
| 未聘任专业技术职务的 | 372 | 359 | 152 | 359 | 343 | 136 |
| 翻译人员 | 1814 | 1788 | 508 | 1864 | 1839 | 510 |
| 正副译审 | 75 | 75 | 15 | 101 | 101 | 22 |
| 翻　译 | 825 | 822 | 161 | 814 | 812 | 184 |
| 助理翻译 | 772 | 749 | 276 | 748 | 725 | 265 |
| 未聘任专业技术职务的 | 142 | 142 | 56 | 201 | 201 | 39 |
| 图书、档案、文博人员 | 4994 | 4822 | 2163 | 5023 | 4844 | 2186 |
| 正副研究馆员 | 213 | 210 | 39 | 235 | 231 | 44 |
| 馆员 | 1381 | 1352 | 504 | 1456 | 1425 | 528 |
| 助理馆员、管理员 | 3011 | 2897 | 1457 | 2969 | 2856 | 1447 |
| 未聘任专业技术职务的 | 389 | 363 | 163 | 363 | 332 | 167 |

16—15 续表2　　单位:人

| 项　目 | 1997年 | | | 1998年 | | |
|---|---|---|---|---|---|---|
| | 全　市 | #市区 | #市属 | 全　市 | #市区 | #市属 |
| 新闻、出版人员 | 3601 | 3524 | 876 | 3802 | 3701 | 970 |
| 正副编审、高级、主任记者 | 688 | 686 | 125 | 640 | 638 | 126 |
| 编辑、记者、一级校对 | 1484 | 1466 | 353 | 1572 | 1542 | 393 |
| 助理编辑、记者、二、三级校对 | 1276 | 1219 | 359 | 1439 | 1371 | 410 |
| 未聘任专业技术职务的 | 153 | 153 | 39 | 151 | 150 | 41 |
| 律师、公证人员 | 760 | 646 | 379 | 849 | 738 | 367 |
| 一、二级律师、公证员 | 55 | 55 | 29 | 64 | 64 | 32 |
| 三级律师、公证员 | 173 | 153 | 94 | 125 | 107 | 93 |
| 四级律师、公证员、助理 | 491 | 409 | 225 | 448 | 371 | 205 |
| 未聘任专业技术职务的 | 41 | 29 | 31 | 212 | 196 | 37 |
| 播音人员 | 133 | 107 | 52 | 137 | 108 | 61 |
| 播音指导、主任播音员 | 2 | 2 | | 2 | 2 | |
| 一级播音员 | 25 | 22 | 2 | 26 | 26 | 2 |
| 二级、三级播音员 | 91 | 72 | 45 | 98 | 73 | 55 |
| 未聘任专业技术职务的 | 15 | 11 | 5 | 11 | 7 | 4 |
| 工艺美术人员 | 705 | 689 | 374 | 619 | 578 | 356 |
| 高级工艺美术师 | 32 | 32 | 11 | 28 | 28 | 8 |
| 工艺美术师 | 166 | 163 | 75 | 130 | 129 | 54 |
| 助理工艺师、美术员 | 438 | 429 | 262 | 398 | 368 | 253 |
| 未聘任专业技术职务的 | 69 | 65 | 26 | 63 | 53 | 41 |
| 体育人员 | 683 | 629 | 312 | 663 | 608 | 314 |
| 主教练 | 167 | 167 | 45 | 156 | 156 | 44 |
| 教　练 | 282 | 258 | 145 | 272 | 255 | 141 |
| 助理教练 | 188 | 160 | 115 | 189 | 155 | 120 |
| 未聘任专业技术职务的 | 46 | 44 | 7 | 46 | 42 | 9 |
| 艺术人员 | 2053 | 2017 | 776 | 2106 | 2069 | 808 |
| 一、二级艺术人员 | 471 | 471 | 192 | 534 | 534 | 197 |
| 三级艺术人员 | 944 | 933 | 382 | 894 | 883 | 368 |
| 四级艺术人员 | 586 | 561 | 201 | 594 | 568 | 209 |
| 未聘任专业技术职务的 | 52 | 52 | 1 | 84 | 84 | 34 |
| 政工人员 | 16471 | 15646 | 9038 | 16212 | 15394 | 8606 |
| 高级政工师 | 925 | 908 | 382 | 1018 | 998 | 369 |
| 政工师 | 6932 | 6619 | 3752 | 7224 | 6868 | 3678 |
| 助理政工师、政工员 | 8614 | 8119 | 4904 | 7970 | 7528 | 4559 |
| 海关专业人员 | 3302 | 3302 | 1 | 3522 | 3521 | 1 |

## 16—16 市属科协基本情况

（1998年）

| 项目 | 单位 | 合计 | 市科协 | 区科协 | 县级市科协 | 市级学会 | 厂矿科协 |
|---|---|---|---|---|---|---|---|
| 机构数 | 个 | 158 | 1 | 86 | 9 | 4 | 58 |
| 机关人数 | 人 | 493 | 49 | 246 | 38 | 27 | 133 |
| 学会会员人数 | 人 | 67501 | | 42573 | 21130 | 3798 | |
| 厂矿科协会员人数 | 人 | 12966 | | | | | 12966 |
| 农村技术协会会员人数 | 人 | 1210 | 50 | | 131 | 1029 | |
| 学术报告 | | | | | | | |
| 举行国内、国际学术交流活动 | | | | | | | |
| #次数 | 次 | 1681 | 10 | 356 | 1011 | 154 | 150 |
| 参加人数 | 人 | 60033 | 950 | 21241 | 26775 | 5511 | 5556 |
| 交流论文篇数 | 篇 | 5298 | 352 | 2710 | 1229 | 405 | 602 |
| 接待国外专家学者 | | | | | | | |
| #次数 | 次 | 60 | | 47 | 9 | 4 | |
| 接待人数 | 人 | 512 | | 359 | 131 | 22 | |
| 组织科技报告场次 | 场 | 46 | | 26 | 20 | | |
| 举办各种培训班班数 | 班 | 702 | 24 | 277 | 137 | 96 | 168 |
| 参加各种培训班人数 | 人 | 43667 | 2250 | 13263 | 15841 | 3584 | 8729 |
| 完成咨询合同数 | 项 | 587 | 310 | 277 | | | |
| 咨询合同实现金额 | 万元 | 1225 | 917 | 308 | | | |

## 16—17 大中型工业企业技术开发成果

| 项目 | 单位 | 1997年 | | 1998年 | |
|---|---|---|---|---|---|
| | | 全市 | #市区 | 全市 | #市区 |
| 本年技术开发成果获奖数 | 项 | 136 | 135 | 134 | 128 |
| #获国家级奖励 | 项 | 9 | 9 | 6 | 5 |
| 获省、部级奖励 | 项 | 46 | 45 | 56 | 55 |
| 专利申请数 | 件 | 149 | 149 | 84 | 67 |
| 专利授权数 | 件 | 108 | 108 | 108 | 96 |
| 技术开发项目数 | 项 | 2218 | 2192 | 1841 | 1791 |
| #应用研究 | 项 | 31 | 31 | 7 | 7 |
| 实验发展 | 项 | 567 | 551 | 1474 | 1438 |

## 16—18 大中型工业企业技术开发机构、人员情况

单位:人

| 项目 | 1997年 | | 1998年 | |
|---|---|---|---|---|
| | 全市 | #市区 | 全市 | #市区 |
| 大中型工业企业数(个) | 583 | 519 | 607 | 544 |
| 企业技术开发机构数(个) | 246 | 238 | 250 | 239 |
| 有设立开发机构的大中型企业(个) | 176 | 168 | 173 | 162 |
| 技术开发人员总计(人) | 19264 | 18980 | 18651 | 17716 |
| #工程技术人员 | 11618 | 11473 | 11270 | 10715 |
| 具有高、中级职称或大学本科及以上学历的人员 | 10049 | 9894 | 9576 | 9534 |
| 技术开发机构的人员 | 5503 | 5387 | 6050 | 5387 |
| #具有高中级职称或大学本科及以上学历的人员 | 3433 | 3278 | 3654 | 3147 |

## 16—19 大中型工业企业技术开发经费总额

单位:万元

| 项目 | 1995年 | | 1997年 | | 1998年 | |
|---|---|---|---|---|---|---|
| | 全市 | #市区 | 全市 | #市区 | 全市 | #市区 |
| 上年结转 | 11900 | 11422 | | | | |
| 本年筹集额 | 66535 | 62225 | 137178 | 135423 | 159091 | 146390 |
| 上级拨款 | 1443 | 1413 | 1443 | 1443 | 3594 | 3592 |
| 专项贷款 | 18345 | 15228 | 47852 | 47022 | 47895 | 41138 |
| 本企业自筹 | 45961 | 44808 | 85053 | 84128 | 106484 | 100595 |
| 接受外单位委托 | 637 | 637 | 1531 | 1531 | | |
| 其他 | 149 | 139 | 1299 | 1299 | 1118 | 1065 |
| 技术开发经费支出总额 | 66519 | 62013 | 145911 | 141948 | 146379 | 137881 |
| #应用研究 | | | 197 | 197 | 373 | 373 |
| 实验发展 | 14177 | 13471 | 54373 | 50716 | 71845 | 71372 |

# 16—20 高新技术产品企业概况

(1998年) 单位:万元

| 项 目 | 企业数(个) | 年末职工人数(人) | #产品研究开发人员 | 工业总产值 | 工业增加值(生产法) | 产品销售收入 | 实现利税总额 | 享受减免税总额 | 技术开发经费支出总额 |
|---|---|---|---|---|---|---|---|---|---|
| **总 计** | 315 | 105384 | 7145 | 3610722 | 834414 | 3530410 | 615499 | 61704 | 68942 |
| **按地区分** | | | | | | | | | |
| 东山区 | 37 | 3747 | 686 | 95035 | 37642 | 90679 | 7595 | 595 | 5814 |
| 荔湾区 | 5 | 1569 | 95 | 25536 | 8677 | 25509 | 3428 | 20 | 548 |
| 越秀区 | 5 | 761 | 81 | 24113 | 9520 | 22180 | 4994 | 27 | 345 |
| 海珠区 | 49 | 36632 | 1570 | 669651 | 157456 | 685630 | 50037 | 29578 | 9812 |
| 天河区 | 99 | 11053 | 1532 | 317964 | 68767 | 296598 | 30930 | 2853 | 21119 |
| 芳村区 | 9 | 8689 | 249 | 270999 | 66199 | 258301 | 13301 | 169 | 3792 |
| 白云区 | 29 | 9365 | 871 | 177570 | 50380 | 176992 | 21933 | 614 | 8088 |
| 黄埔区 | 15 | 15565 | 508 | 723366 | 13405 | 720513 | 123078 | 707 | 6089 |
| 番禺市 | 8 | 5432 | 183 | 316559 | 86945 | 330623 | 37517 | 6824 | 1132 |
| 花都市 | 13 | 2015 | 279 | 27574 | 3095 | 24593 | 3412 | 823 | 1693 |
| 增城市 | 5 | 772 | 134 | 17280 | 5777 | 17906 | 2246 | 137 | 418 |
| 从化市 | 9 | 1363 | 146 | 18503 | 4571 | 14016 | —843 | 20 | 1166 |
| 广州经济技术开发区 | 22 | 5776 | 208 | 817380 | 303484 | 769674 | 310341 | 18751 | 4662 |
| 南沙经济技术开发区 | 1 | 98 | 8 | 4066 | 925 | 4066 | | 244 | 294 |
| 广州高新技术产业开业区 | 9 | 2547 | 595 | 105126 | 17571 | 93130 | 7530 | 342 | 3970 |
| **按技术领域分** | | | | | | | | | |
| 电子与信息技术 | 81 | 12190 | 2250 | 399809 | 102890 | 365308 | 34169 | 8654 | 21495 |
| 机电一体化技术 | 75 | 37568 | 1695 | 1097864 | 278573 | 1070490 | 111526 | 31025 | 17894 |
| 生物技术 | 42 | 6784 | 511 | 232024 | 62087 | 216922 | 29919 | 1540 | 9367 |
| 新材料技术 | 83 | 27546 | 1736 | 1540750 | 315398 | 1488908 | 428673 | 13828 | 11704 |
| 新能源高效节能环保技术 | 20 | 12710 | 562 | 245812 | 50829 | 251702 | -1961 | 6632 | 3047 |
| 环保技术 | 9 | 7287 | 368 | 92649 | 24952 | 135064 | 14649 | 25 | 5363 |
| 其他技术 | 5 | 1299 | 23 | 1814 | -315 | 2016 | -1476 | | 72 |

# 16—21 高新技术产品情况

（1998年）　　单位：万元

| 项　目 | 企业数（个） | 产品数（个） | 工业总产值 | 工业增加值（生产法） | 产品销售收入 | #出口销售收入 | 实现利税总额 | 享受减免税总额 |
|---|---|---|---|---|---|---|---|---|
| 总　计 | 315 | 524 | 1808503 | 479370 | 1670899 | 96276 | 353785 | 22294 |
| 按地区分 | | | | | | | | |
| 东山区 | 37 | 74 | 60756 | 12037 | 56257 | 468 | 5094 | 588 |
| 荔湾区 | 5 | 10 | 6218 | 48 | 5909 | | 1399 | |
| 越秀区 | 5 | 8 | 3619 | 66 | 2925 | 17 | 133 | |
| 海珠区 | 49 | 98 | 180957 | 31070 | 169421 | 7436 | 23620 | 7396 |
| 天河区 | 99 | 137 | 247137 | 55105 | 211129 | 2516 | 23678 | 2839 |
| 芳村区 | 9 | 21 | 78583 | 2159 | 30304 | 664 | 2199 | 83 |
| 白云区 | 29 | 50 | 92842 | 28439 | 92471 | 5655 | 17507 | 598 |
| 黄埔区 | 15 | 26 | 82465 | 9198 | 81572 | 4022 | 15028 | 234 |
| 番禺市 | 8 | 9 | 307754 | 87183 | 315742 | 19319 | 31895 | 141 |
| 花都市 | 13 | 15 | 12586 | 2136 | 11260 | 1988 | 922 | 57 |
| 增城市 | 5 | 6 | 17184 | 5778 | 17906 | 849 | 2226 | 27 |
| 从化市 | 9 | 16 | 12838 | 1887 | 9722 | 1712 | —619 | 20 |
| 广州经济技术开发区 | 22 | 37 | 631316 | 225457 | 594554 | 36484 | 224881 | 9726 |
| 南沙经济技术开发区 | 1 | 1 | 4066 | 925 | 4066 | 489 | | 243 |
| 广州高新技术产业开业区 | 9 | 16 | 70182 | 17882 | 67661 | 14657 | 5822 | 342 |
| 按技术领域分 | | | | | | | | |
| 电子与信息技术 | 81 | 127 | 305155 | 68866 | 269537 | 14349 | 30876 | 4168 |
| 机电一体化技术 | 75 | 127 | 560563 | 131469 | 507656 | 34621 | 70192 | 8061 |
| 生物技术 | 42 | 73 | 145746 | 31095 | 138408 | 3872 | 20022 | 1029 |
| 新材料技术 | 83 | 142 | 598352 | 208752 | 562806 | 35390 | 229637 | 9019 |
| 新能源高效节能环保技术 | 20 | 30 | 176540 | 36710 | 172357 | 3719 | -61 | |
| 环保技术 | 9 | 20 | 21077 | 2524 | 19110 | 4325 | 3589 | 17 |
| 其他技术 | 5 | 5 | 1070 | -46 | 1025 | | -470 | |

# 16—22 文化事业主要指标

| 项目 | 单位 | 1997年 | | 1998年 | |
|---|---|---|---|---|---|
| | | 全市 | #市区 | 全市 | #市区 |
| **电影事业** | | | | | |
| 全年摄制完成影片 | 部 | 12 | 12 | 12 | 12 |
| #故事片 | 部 | 4 | 4 | 8 | 8 |
| 全年发行各种新影片 | 部 | 112 | 112 | 114 | 114 |
| #国产故事片 | 部 | 65 | 65 | 71 | 71 |
| 电影放映单位 | 个 | 215 | 140 | 226 | 146 |
| #电影院 | 间 | 49 | 27 | 52 | 29 |
| 电影院座位 | 个 | 38681 | 18431 | 39945 | 19313 |
| #影剧院 | 间 | 20 | 12 | 18 | 12 |
| 影剧院座位 | 个 | 19385 | 12411 | 17987 | 12299 |
| #电影开放礼堂俱乐部 | 间 | 21 | 21 | 23 | 23 |
| 电影开放礼堂俱乐部座位 | 个 | 18471 | 18471 | 19669 | 19669 |
| #其他电影放映单位、队 | 个 | 125 | 80 | 133 | 82 |
| 电影映出场次 | 场 | 93714 | 76391 | 74163 | 62266 |
| 电影观众人数 | 万人次 | 596 | 342 | 538 | 395 |
| **艺术事业** | | | | | |
| 艺术表演团体 | 个 | 19 | 18 | 19 | 18 |
| 艺术表演场所 | 间 | 44 | 36 | 44 | 38 |
| #剧场、影剧院 | 间 | 22 | 14 | 20 | 14 |
| 剧场、影剧院座位 | 个 | 26074 | 19100 | 24646 | 18958 |
| 开放礼堂俱乐部 | 间 | 22 | 22 | 24 | 24 |
| 开放礼堂俱乐部座位 | 个 | 19055 | 19055 | 20253 | 20253 |
| 艺术表演演出场次 | 场 | 6275 | 5420 | 5737 | 4711 |
| 艺术表演观众人次 | 万人次 | 400 | 288 | 384 | 276 |
| **广播电视事业** | | | | | |
| 1.广播 | | | | | |
| 广播电台 | 座 | 8 | 4 | 8 | 4 |
| 节目套数 | 套 | 16 | 12 | 16 | 12 |
| 中波发射台和转播台 | 座 | 2 | 1 | 2 | 1 |
| 平均日播音 | 小时:分 | 246:25 | 191:55 | 251:23 | 191:55 |
| 广播剧(立体声) | 集 | 42 | 42 | 181 | 67 |
| 连续剧 | 集 | 38 | 38 | 172 | 58 |
| 系列剧 | 集 | | | 5 | 5 |
| 单本剧 | 集 | 4 | 4 | 3 | 3 |
| 广播小品 | 集 | | | 1 | 1 |
| 广播覆盖人口率 | % | 99.63 | 100 | 99.63 | 100 |

16－22 续表

| 项目 | 单位 | 1997年 | | 1998年 | |
|---|---|---|---|---|---|
| | | 全市 | #市区 | 全市 | #市区 |
| 2.电视 | | | | | |
| 电视台 | 座 | 5 | 3 | 5 | 3 |
| 节目套数 | 套 | 7 | 5 | 7 | 5 |
| 平均周播放时间 | 小时:分 | 600:54 | 407:24 | 719:56 | 526:26 |
| 电视剧 | 集 | 619 | 619 | 851 | 851 |
| 自制 | 集 | 190 | 190 | 178 | 178 |
| 译制 | 集 | 279 | 279 | 653 | 653 |
| 合拍 | 集 | 150 | 150 | 20 | 20 |
| 电视覆盖人口率 | % | 99.21 | 100 | 99.21 | 100 |
| **图书馆、群众文化事业** | | | | | |
| 公共图书馆 | 间 | 15 | 11 | 15 | 11 |
| 公共图书馆藏书 | 万册 | 716 | 670 | 770 | 719 |
| 群众艺术馆、文化馆 | 间 | 14 | 10 | 14 | 10 |
| 文化站 | 间 | 182 | 119 | 169 | 107 |
| 图书发行量 | 万册 | 8958 | 7237 | 8910 | 7565 |
| 档案馆 | 个 | 24 | 20 | 25 | 21 |
| 档案馆藏档案 | 万卷 | 195 | 187 | 218 | 210 |
| **文物事业** | | | | | |
| 博物馆 | 个 | 23 | 20 | 23 | 20 |
| #纪念馆 | 个 | 14 | 13 | 14 | 13 |
| 藏品件数 | 件 | 193887 | 192085 | 197156 | 195329 |
| #一级品 | 件 | 903 | 903 | 906 | 906 |
| 文物单位 | 个 | 4 | 4 | 4 | 4 |
| 文物商店 | 间 | 2 | 2 | 2 | 2 |
| **出版事业** | | | | | |
| 全年出版报纸 | 种 | 76 | 75 | 72 | 71 |
| 全年出版报纸 | 万份 | 174150 | 173890 | 190571 | 190173 |
| 全年出版图书 | 种 | 3939 | 3939 | 3681 | 3681 |
| 全年出版图书 | 万册 | 39596 | 39596 | 32343 | 32343 |
| 全年出版杂志刊物 | 种 | 260 | 260 | 254 | 254 |
| 全年出版杂志刊物 | 万册 | 20669 | 20669 | 21127 | 21127 |
| **社会文化市场** | | | | | |
| 卡拉OK厅 | 间 | 885 | 691 | 816 | 631 |
| 歌舞厅 | 间 | 66 | 51 | 46 | 32 |
| 舞厅 | 间 | 39 | 30 | 37 | 28 |

# 主要统计指标解释

【普通高等学校】指按照国家规定的设置标准和审批程序批准举办，通过国家统一招生考试，招收高中毕业生为主要培养对象，实施高等教育的全日制大学、独立设置的学院和高等专科学校、短期职业大学。

【成人高等学校】指按照国家有关规定审批，招收通过全国成人高教统一招生考试的具有高中毕业或同等学历的在职从业人员利用脱产、半脱产、业余或函授等多种形式对其实施高等学历教育，培养高等教育专科或本科毕业水平的专门人才，修业年限、课程设置和总学时数均按高等学历教育要求付诸实施的学校。包括广播电视大学、职工高等学校、农民高等学校、管理干部学院、教育学院、独立设置的函授学院等。

【小学学龄儿童入学率】指调查范围内已入小学学习的学龄儿童占校内外学龄儿童总数(包括弱智儿童在内，但不包括盲聋哑儿童)的比重。计算公式：

$$小学学龄儿童入学率=\frac{已入学的小学学龄儿童数}{校内外小学学龄儿童总数}\times 100\%$$

【独立研究与开发机构】指有明确的任务和研究方向，有一定学术水平的业务骨干和一定数量的研究人员，具有研究、开发、开展学术工作的基本条件，主要进行科学研究与技术开发活动，并且在行政上有独立的组织形式，财务上独立核算盈亏，有权与其他单位签订合同，在银行有单独户头的单位。包括国务院各部门、中国科学院、中国社会科学院和各省、自治区、直辖市以及地(市)以上[含地(市)]各部门所属的国有独立的科学研究与技术开发机构。

【独立研究与开发机构职工】指在科学研究与技术开发机构工作，并由其支付工资的各种人员。包括长期职工和临时职工，不包括编制以外的离休、退休人员和停薪留职人员，但包括招聘人员。

【工程技术人员】指在国民经济各行业从事工程技术工作的自然科学技术专业人员，包括：高级工程师、工程师、助理工程师、技术员和未评定职称的技术人员。

【农业技术人员】指在国民经济各行业从事农业技术工作的自然科学技术专业人员，包括：高级农艺师、农艺师、助理农艺师、技术员和未评定职称的技术人员。

【卫生技术人员】指在国民经济各行业从事卫生医务工作的自然科学技术专业人员，包括：正副主任医师、主治医师、医师、医(护)士和未评定职称的技术人员。

【科学研究人员】指在国民经济各行业从事科学技术活动的自然科学技术专业人员，包括：正副研究员、助理研究员、研究实习员、技术员和未评定职称的技术人员。

【自然科学教学人员】指在国民经济各行业从事自然科学技术方面教学活动的专业人员，包括：正副教授、讲师、助教、教师和在中学从事自然科学技术方面教学活动的人员。

【文化事业机构】指从事专业文化工作和为专业文化工作服务的独立建制的单独核算的单位。不包括这些单位另外举办独立核算的其他机构和各部门的业余文化组织。

【艺术表演团体】指从事戏曲、音乐、舞蹈、杂技等专业艺术表演，有独立帐户、实行单独核算的团体。不包括半工半艺、半农半艺和民间职业剧团。

【电影放映单位】指具有放映机器设备、固定或不固定的放映场所与专职或兼职的放映技术人员，经有关部门登记批准，经常为一定的观众对象放映电影的机构。包括经批准对外开放进行营业，并与电影发行放映管理机构分帐的专用放映单位和军委系统租片单位。

【电影观众人数(人次)】指各种类型放映单位及军委系统租片单位映出的观众人次数。一个观众连续看了一部长片和短片专场规定的短片，为二人次。

【艺术表演观众人数(人次)】指售票、包场演出或民族地区免费演出的艺术表演观众人次数。不包括彩排审查和内部观摩演出的观看人次数。

# 第十七篇

## 体育、卫生、社会福利和其他

# 社会事业取得新成绩

1998年，广州市在大力发展经济建设的同时，重视协调社会事业的发展，并取得新的成绩。

一、体育事业方兴未艾

体育投入大幅增加。1998年我市财政用于体育经费支出达12830万元，比上年增长75.7%，其中基建支出达6035万元，比上年增加34.9倍，是近几年体育经费增长幅度较大的一年。全民健身活动蓬勃开展。据不完全统计，在'98全民健身活动月期间，全市开展各类体育活动1253项，参与人数达250万人次。全年举办县、区级以上运动会301次，参加的运动员68.46万人，比上年增长18.0%。全市有81.11万中小学生达到《国家体育锻炼标准》，达标率为97.3%，比上年提高0.4个百分点。其中优秀级的有24.03万人，占达标总数的29.6%，比上年提高1.1个百分点。竞技体育再创佳绩。1998年我市运动员在国际、国内重大比赛中，共夺得世界冠军6个，亚洲冠军8个，全国冠军27个；打破1项世界纪录。

二、卫生医疗条件进一步改善

1998年全市拥有各级各类卫生机构2013个，比上年增加24个，其中医院224间；医疗床位3.53万张，其中医院床位3.08万张，比上年增长2.4%；卫生技术人员5.41万人，比上年增长0.7%，其中医生2.28万人，护师、护士1.89万人。平均每千人拥有医生3.38人，医院床位4.57张，比上年增加0.06张。农村卫生工作得到加强。1998年全市有乡村医生1752人，卫生员909人，农村设置的医疗点1269个，比上年增加17个。实行合作医疗或医疗保险的村539个，覆盖率为42.9%。妇幼保健水平不断提高。孕产妇保健系统管理率达86.2%，儿童保健系统管理率达87.4%，均比上年提高1.7个百分点；积极推进爱婴行动，全市149所有妇产科的医院全部被评为爱婴医院，比上年增加24间。预防工作取得成效，儿童四苗全程接种率均达99%以上。

三、民政事业不断发展

社会保障制度逐步建立。1998年城市居民获得最低生活保障救济的有8623人，农村困难户得到政府临时救济的有3.40万人，农村五保户得到政府定期救济的有4420人，集体供养的5299人；全年全市社会救济福利事业费支出达1.12亿元，比上年增长20.1%，救灾支出913万元。社会保障网络覆盖面不断扩大，农村建立社会保障网络乡镇数有68个，覆盖率达88.3%。社区服务日趋完善。1998年全市有城镇社区服务设施643个，比上年增加351个，其中城镇社区服务中心79个，便民利民服务网点9800个。全市有社会福利院所146间，床位7043张，比上年增长6.6%，收养人数达4749人。有社会福利企业440个，安置残疾职工5075人。

四、环境保护工作取得成效

1998年广州市政府十分重视环境保护工作，从实施可持续发展战略出发，以工业污染防治为重点，加强城市基础设施建设，强化环境保护监督执法，使阶段性环境综合整治初见成效。城市环境质量有所改善，大气环境、水环境、噪声环境均比上年有所好转。工业"三废"防治取得进展。全市工业废水处理率达91.1%，工业废气处理率达93.2%，工业固体废物综合治理率达95.5%，分别比上年提高3.7、2.5和2.5个百分点。市区烟尘控制区覆盖率达100%，噪声达标区覆盖率达71.6%，比上年增长17.8个百分点。全年工业污染治理投资达1.27亿元，比上年增长17.5%，完成治理项目90个，完成限期治理项目11个。新增治理废水处理能力1.42万吨/日，新增治理废气处理能力11.38万标立米/时，新增治理固体废物处理能力352吨/日。

# 卫生事业基本情况

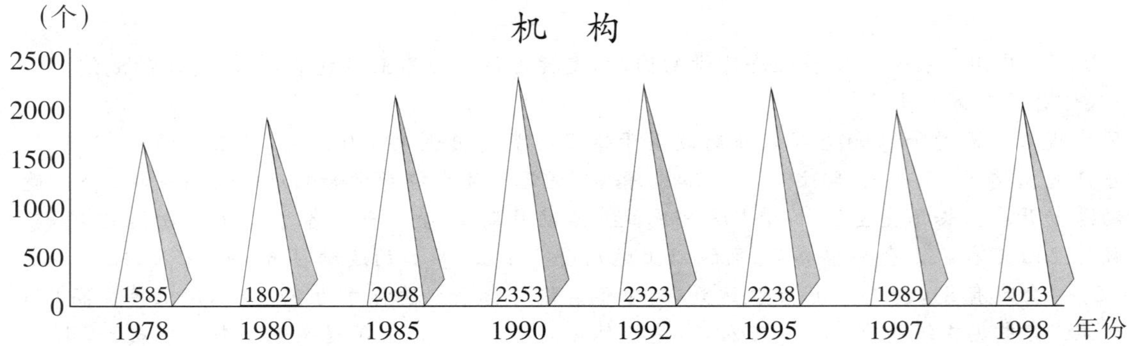

(个)
机 构
2500
2000
1500
1000
500
0
1585
1802
2098
2353
2323
2238
1989
2013
1978
1980
1985
1990
1992
1995
1997
1998
年份


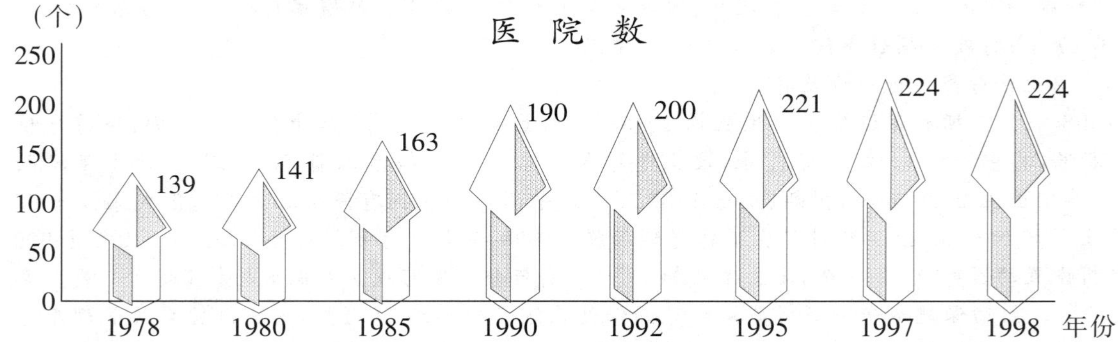

(个)
医 院 数
250
200
150
100
50
0
139
141
163
190
200
221
224
224
1978
1980
1985
1990
1992
1995
1997
1998
年份


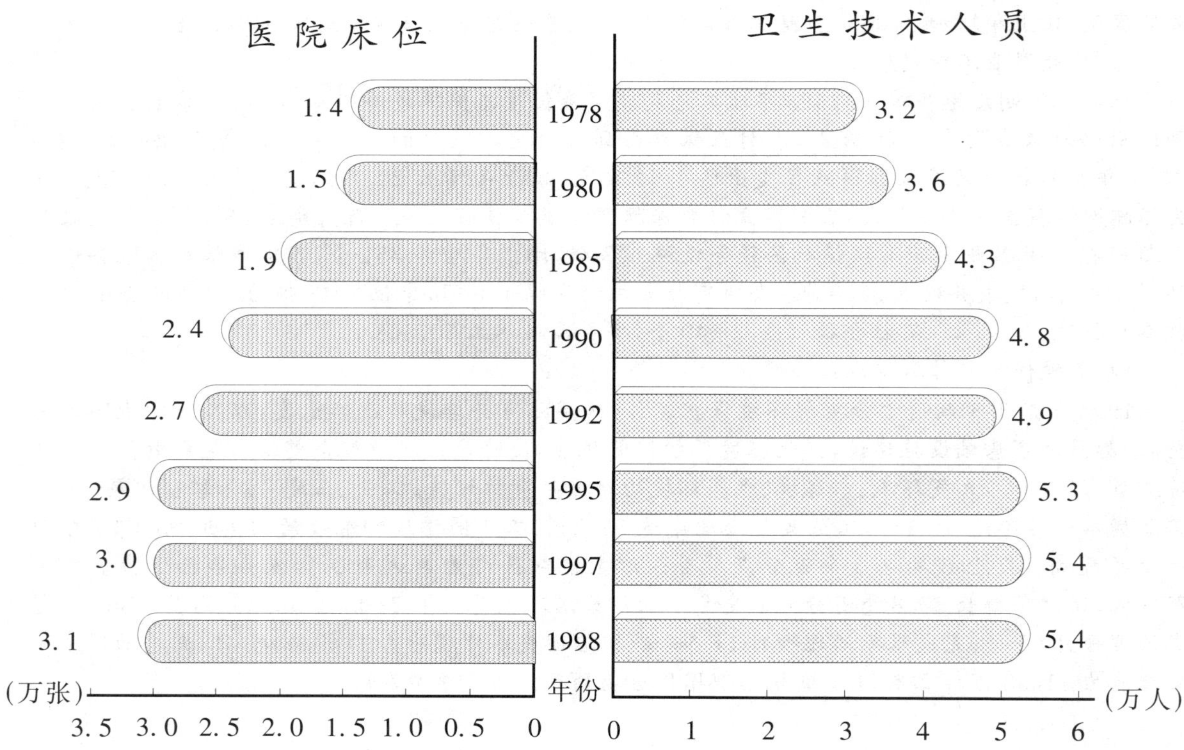

医 院 床 位
卫 生 技 术 人 员
1.4
1978
3.2
1.5
1980
3.6
1.9
1985
4.3
2.4
1990
4.8
2.7
1992
4.9
2.9
1995
5.3
3.0
1997
5.4
3.1
1998
5.4
(万张)
年份
(万人)
3.5 3.0 2.5 2.0 1.5 1.0 0.5 0
0 1 2 3 4 5 6

# 17—1 体育事业基本情况

| 项　　目 | 单位 | 1990年 | 1995年 | 1996年 | 1997年 | 1998年 |
| --- | --- | --- | --- | --- | --- | --- |
| 新建体育场地 | 个 | 15 | | | | |
| 群众体育活动情况 | | | | | | |
| 举办县区级以上运动会 | 次 | 469 | 539 | 384 | 519 | 301 |
| 参加运动会的运动员人数 | 万人 | 30.1 | 59.4 | 56.2 | 58.0 | 68.5 |
| 达到《国家体育锻练标准》人数 | 万人 | 58.2 | 71.6 | 70.2 | 77.0 | 81.1 |
| 优秀级 | 万人 | 13.3 | 19.2 | 19.4 | 22.0 | 24.0 |
| 良好级 | 万人 | 28.0 | 28.6 | 27.2 | 30.0 | 32.0 |
| 及格级 | 万人 | 16.9 | 23.8 | 23.6 | 25.0 | 25.1 |
| 运动员在各次比赛中取得的成绩 | | | | | | |
| 破记录 | | | | | | |
| 破世界纪录 | 项 | 5 | | | | 1 |
| 破亚洲纪录 | 项 | | | | 1 | |
| 破全国纪录 | 项 | 2 | 1 | 1 | 2 | |
| 获得冠军 | | | | | | |
| 获得世界冠军 | 个 | 1 | 9 | 7 | 6 | 6 |
| 获得亚洲冠军 | 个 | 5 | 1 | 9 | 6 | 8 |
| 获得全国冠军 | 个 | 20 | 30 | 31 | 18 | 27 |

# 17—2 卫生事业机构数

（1998年）　　　　单位：个

| 项　　目 | 全　市 | 市　区 | 番禺市 | 花都市 | 增城市 | 从化市 |
| --- | --- | --- | --- | --- | --- | --- |
| **各类卫生机构合计** | 2013 | 1743 | 100 | 57 | 41 | 72 |
| #卫生部门机构 | 225 | 153 | 32 | 19 | 11 | 10 |
| 医院小计 | 224 | 141 | 26 | 16 | 20 | 21 |
| 县及县以上医院 | 152 | 127 | 6 | 7 | 6 | 6 |
| #工业及其他部门医院 | 52 | 46 | | 3 | | 3 |
| 区卫生院 | 72 | 14 | 20 | 9 | 14 | 15 |
| 疗养院、所 | 16 | 10 | 1 | 1 | | 4 |
| 门诊部、所 | 1647 | 1494 | 63 | 34 | 15 | 41 |
| 专科防治所、站 | 25 | 20 | 2 | 1 | 1 | 1 |
| 卫生防疫机构 | 37 | 32 | 2 | 1 | 1 | 1 |
| #卫生防疫站 | 24 | 20 | 1 | 1 | 1 | 1 |
| 妇幼保健站 | 1 | 1 | | | | |
| 药品检验所、室 | 14 | 10 | 1 | 1 | 1 | 1 |
| 其他卫生事业机构 | 22 | 13 | 3 | 2 | 2 | 2 |
| 医药研究机构 | 10 | 9 | 1 | | | |
| 高等医药院校 | 5 | 5 | | | | |
| 中等医药院校 | 12 | 8 | 1 | 1 | 1 | 1 |

# 17—3 卫生事业机构床位数

(1998 年)　　单位:张

| 项　　目 | 全　市 | 市　区 | 番禺市 | 花都市 | 增城市 | 从化市 |
|---|---|---|---|---|---|---|
| **各类卫生机构床位合计** | 35306 | 27816 | 2622 | 1430 | 1653 | 1785 |
| 　#卫生部门床位 | 23321 | 18442 | 2347 | 988 | 756 | 788 |
| 医院床位小计 | 30791 | 24973 | 2305 | 1130 | 1653 | 730 |
| 　县及县以上医院 | 27974 | 24422 | 1302 | 662 | 1099 | 489 |
| 　　#工业及其他部门医院 | 6349 | 5884 | 129 | 142 | 143 | 51 |
| 　区卫生院 | 2817 | 551 | 1003 | 468 | 554 | 241 |
| 疗养院、所床位 | 3118 | 1726 | 94 | 300 | | 998 |
| 门诊部、所床位 | 248 | 221 | | | | 27 |
| 专科防治所、站床位 | 78 | 78 | | | | |
| 其他床位 | 1071 | 818 | 223 | | | 30 |

# 17—4 卫生事业机构工作人员

(1998 年)　　单位:人

| 项　　目 | 全　市 | 市　区 | 番禺市 | 花都市 | 增城市 | 从化市 |
|---|---|---|---|---|---|---|
| **合　　计** | **71036** | **58796** | **4399** | **2284** | **3287** | **2270** |
| 　#卫生技术人员小计 | 54053 | 43973 | 3829 | 1905 | 2643 | 1703 |
| 　　医生 | 22817 | 18808 | 1529 | 793 | 1006 | 681 |
| 　　　中医师 | 3515 | 3060 | 234 | 68 | 96 | 57 |
| 　　　西医师 | 16908 | 14270 | 1094 | 579 | 554 | 411 |
| 　　　中西结合高级医师 | 188 | 179 | 1 | 2 | 6 | |
| 　　　西医士 | 1794 | 1018 | 155 | 128 | 309 | 184 |
| 　　　中医士 | 385 | 263 | 42 | 14 | 39 | 27 |
| 　　　其他中医 | 27 | 18 | 3 | 2 | 2 | 2 |
| 　　护师 | 10092 | 8526 | 686 | 255 | 348 | 277 |
| 　　护士 | 8843 | 6756 | 707 | 443 | 627 | 310 |
| 　　助产士 | 380 | 267 | 29 | 36 | 34 | 14 |
| 　　其他卫生技术人员 | 11921 | 9616 | 878 | 378 | 628 | 421 |
| 在合计中: | | | | | | |
| 　卫生部门的机构工作人员 | 45617 | 37448 | 3815 | 1809 | 1467 | 1078 |
| 　　#卫生技术人员小计 | 34160 | 27353 | 3379 | 1511 | 1100 | 817 |
| 　　　医生 | 13507 | 10863 | 1335 | 606 | 392 | 311 |
| 　　　　中医师 | 2148 | 1809 | 207 | 50 | 51 | 31 |
| 　　　　西医师 | 10533 | 8570 | 990 | 469 | 273 | 231 |
| 　　　　中西结合高级医师 | 56 | 55 | 1 | | | |
| 　　　　西医士 | 649 | 371 | 107 | 77 | 54 | 40 |
| 　　　　中医士 | 118 | 58 | 28 | 9 | 14 | 9 |
| 　　　　其他中医 | 3 | | 2 | 1 | | |
| 　　　护师 | 6759 | 5556 | 622 | 201 | 209 | 171 |
| 　　　护士 | 5973 | 4586 | 625 | 389 | 241 | 132 |
| 　　　助产士 | 284 | 212 | 26 | 32 | 7 | 7 |
| 　　　其他卫生技术人员 | 7637 | 6136 | 771 | 283 | 251 | 196 |

## 17—5 医院、区卫生院工作情况

（1998 年）

| 项　　目 | 单　位 | 医　院 | 市　区 | 县级市 | # 卫生院 | 市区卫生院 | 县级市卫生院 |
|---|---|---|---|---|---|---|---|
| 填报单位 | 个 | 223 | 140 | 83 | 72 | 14 | 58 |
| 诊疗人次数 | 万人次 | 4310 | 3282 | 1028 | 723 | 149 | 574 |
| #门诊人次数 | 万人次 | 3929 | 3019 | 910 | 646 | 134 | 512 |
| 急诊人次数 | 万人次 | 313 | 205 | 108 | 67 | 14 | 53 |
| 健康检查人数 | 万人次 | 154 | 104 | 50 | 45 | 17 | 28 |
| 入院人数 | 万人 | 53 | 37 | 16 | 9 | 2 | 7 |
| 出院人数 | 万人 | 53 | 37 | 16 | 9 | 2 | 7 |
| #出院病人数 | 万人 | 46 | 33 | 13 | 7 | 1 | 6 |
| 年末实有病床数 | 张 | 30791 | 24973 | 5818 | 2817 | 551 | 2266 |
| 平均开放病床数 | 张 | 29890 | 24235 | 5655 | 2708 | 551 | 2157 |
| 病床使用率 | % | 76.46 | 78.45 | 67.93 | 58.92 | 55.39 | 59.83 |
| 病床周转率 | 次/年 | 17.68 | 15.16 | 28.49 | 33.84 | 29.79 | 34.87 |
| 出院者平均住院日 | 日 | 15.23 | 18.26 | 8.33 | 7.17 | 11.87 | 6.15 |
| 每千人口拥有病床数 | 张 | 5.24 | 6.97 | 2.73 | | | |
| 每千人拥有医院病床数 | 张 | 4.57 | 6.25 | 2.12 | | | |
| 每千人拥有医生数 | 人 | 3.38 | 4.71 | 1.46 | | | |

## 17—6 县及县以上医院工作情况

（1998 年）

| 项　　目 | 单　位 | 合　计 | 按部门分 | | | | 按地区分 | |
|---|---|---|---|---|---|---|---|---|
| | | | 卫生部门 | 工业及其他部门 | 集体所有制 | 其　他 | 市　区 | 县级市 |
| 填报单位 | 个 | 151 | 75 | 52 | 15 | 9 | 126 | 25 |
| 诊疗人次数 | 万人次 | 3587 | 2830 | 541 | 205 | 11 | 3132 | 455 |
| #门诊人次数 | 万人次 | 3283 | 2604 | 476 | 193 | 10 | 2885 | 398 |
| 急诊人次数 | 万人次 | 246 | 199 | 39 | 7 | 1 | 191 | 55 |
| 健康检查人数 | 万人次 | 109 | 70 | 33 | 6 | | 88 | 21 |
| 入院人数 | 万人 | 44 | 37 | 6 | 1 | | 35 | 9 |
| 出院人数 | 万人 | 44 | 37 | 6 | 1 | | 35 | 9 |
| #出院病人数 | 万人 | 39 | 33 | 5 | 1 | | 32 | 7 |
| 年末实有病床数 | 张 | 27974 | 19927 | 6349 | 902 | 796 | 24422 | 3552 |
| 平均开放病床数 | 张 | 27182 | 19609 | 6014 | 814 | 745 | 23684 | 3498 |
| 病床使用率 | % | 78.20 | 82.33 | 69.23 | 60.19 | 60.87 | 78.98 | 72.92 |
| 病床周转率 | 次/年 | 16.07 | 18.65 | 10.06 | 7.74 | 5.85 | 14.82 | 24.56 |
| 出院者平均住院日 | 日 | 16.92 | 16.03 | 20.07 | 28.51 | 31.40 | 18.56 | 10.23 |

# 17—7 农村村级卫生组织情况

(1998 年)

| 项　　　目 | 单位 | 全　市 | 市　区 | 番禺市 | 花都市 | 增城市 | 从化市 |
|---|---|---|---|---|---|---|---|
| 农村村级个数 | 个 | 1257 | 258 | 305 | 183 | 301 | 210 |
| #实行合作医疗或医疗保险的村 | 个 | 539 | 182 | 226 | 127 | 4 | |
| 无医疗点的村 | 个 | 115 | 11 | 32 | 10 | 30 | 32 |
| 农村设置的医疗点数 | 个 | 1269 | 288 | 301 | 176 | 319 | 185 |
| 村或群众集体办 | 个 | 946 | 230 | 216 | 173 | 150 | 177 |
| 乡村医生或卫生员联合办 | 个 | 161 | 36 | 33 | | 92 | |
| 乡卫生院设点 | 个 | 64 | 9 | 31 | 3 | 13 | 8 |
| 个体办 | 个 | 97 | 12 | 21 | | 64 | |
| 其他 | 个 | 1 | 1 | | | | |
| 乡村医生和卫生员数 | 人 | 2661 | 885 | 569 | 331 | 515 | 361 |
| 乡村医生 | 人 | 1752 | 578 | 318 | 278 | 402 | 176 |
| 卫生员 | 人 | 909 | 307 | 251 | 53 | 113 | 185 |
| 农村接生员数 | 人 | 227 | 78 | | 103 | 42 | 4 |

# 17—8 卫生事业其他指标

| 项　　　目 | 单位 | 1980 年 | 1985 年 | 1990 年 | 1995 年 | 1997 年 | 1998 年 |
|---|---|---|---|---|---|---|---|
| **防病工作** | | | | | | | |
| 甲、乙类传染病发病率 | 1/10 万 | 450.08 | 330.55 | 248.43 | 271.40 | 136.98 | 149.20 |
| 甲、乙类传染病死亡率 | 1/10 万 | 1.07 | 1.67 | 0.45 | 0.33 | 0.51 | 1.15 |
| 卡介苗接种率 | % | | 97.96 | 99.26 | 99.46 | 99.26 | 99.60 |
| 脊髓灰质炎接种率 | % | | 97.19 | 99.05 | 99.44 | 99.16 | 99.52 |
| 百白破接种率 | % | | 90.85 | 99.05 | 99.29 | 98.97 | 99.45 |
| 麻疹接种率 | % | | 94.97 | 98.16 | 99.01 | 98.94 | 98.31 |
| **妇幼工作** | | | | | | | |
| 孕产妇保健系统管理率 | % | | | | 77.65 | 84.43 | 86.15 |
| 孕产妇保健管理覆盖率 | % | | | 59.47 | 91.59 | 96.06 | 93.89 |
| 儿童保健系统管理率 | % | | | | 77.65 | 85.67 | 87.39 |
| 儿童保健管理覆盖率 | % | | | 39.15 | 93.83 | 96.81 | 92.03 |
| 出生缺陷率(监测点) | % | | | | | 1.04 | 1.13 |
| 出生低体重儿发生率 | % | | | 4.59 | 3.53 | 3.03 | 3.64 |
| 0—4 岁儿童中、重度营养不良患病率 | % | | | 5.67 | 2.52 | 2.58 | 2.26 |
| 婚前检查受检率 | % | | | | 56.49 | 72.08 | 74.86 |
| 婚前检查检出疾病率 | % | | | | 9.52 | 11.44 | 10.29 |
| **生命指标** | | | | | | | |
| 平均期望寿命 | 岁 | 72.72 | 74.62 | 74.16 | 73.11 | 73.06 | 73.25 |
| #男性 | 岁 | 70.08 | 72.07 | 71.78 | 70.51 | 70.62 | 71.33 |
| 女性 | 岁 | 75.17 | 77.08 | 77.22 | 76.90 | 76.36 | 76.36 |
| 孕产妇死亡率 | 1/10 万 | | 26.00 | 36.60 | 26.60 | 28.98 | 18.44 |
| 0—4 岁儿童死亡率 | ‰ | | 24.76 | 23.74 | 19.19 | 16.77 | 14.83 |

注:1. 甲、乙类传染病从 1997 年起增加肺结核和新生儿破伤风两种病;2. 平均期望寿命以死因统计年报计算。

# 17—9 结婚和离婚对数

单位:对

| 区、县级市 | 1997年 | | 1998年 | |
|---|---|---|---|---|
| | 登记结婚对数 | 离婚对数 | 登记结婚对数 | 离婚对数 |
| 全　　市 | 60852 | 7314 | 59675 | 8147 |
| 市　区 | 34466 | 5294 | 36157 | 5968 |
| 东山区 | 5017 | 1122 | 5700 | 1204 |
| 荔湾区 | 3846 | 842 | 3678 | 913 |
| 越秀区 | 3518 | 629 | 3861 | 718 |
| 海珠区 | 5904 | 1176 | 6253 | 1307 |
| 天河区 | 4133 | 576 | 4618 | 703 |
| 芳村区 | 1501 | 206 | 1611 | 279 |
| 白云区 | 7378 | 560 | 7411 | 615 |
| 黄埔区 | 2386 | 182 | 2289 | 227 |
| 市民政局 | 783 | 1 | 736 | |
| 市法院 | | | | 2 |
| 县级市 | 26386 | 2020 | 23518 | 2179 |
| 番禺市 | 9004 | 849 | 7520 | 935 |
| 花都市 | 5265 | 393 | 5027 | 544 |
| 增城市 | 7843 | 440 | 6952 | 379 |
| 从化市 | 4274 | 338 | 4019 | 321 |

# 17—10 优抚和社会救济、福利事业情况

| 项　　目 | 单位 | 1990 年 | 1995 年 | 1997 年 | 1998 年 |
|---|---|---|---|---|---|
| **优抚事业** | | | | | |
| 优抚收养单位数 | 个 | 1 | 1 | 1 | 1 |
| 优抚收养单位床位数 | 张 | 84 | 100 | 80 | 180 |
| 年末优抚收养人数 | 人 | 84 | 50 | 11 | 41 |
| 优抚对象人数 | 人 | 72001 | 60866 | 62257 | 64091 |
| 优抚对象享受定恤定补人数 | 人 | 5579 | 7029 | 7414 | 7371 |
| 优待烈军属户数 | 户 | 7191 | 6068 | 7156 | 7395 |
| 优抚事业费用 | 万元 | 473 | 2536 | 3592 | 3686 |
| **社会救济** | | | | | |
| 城市最低生活保障人数 | 人 | | 14131 | 5524 | 8623 |
| 农村困难户临时救济人数 | 人次 | | 66161 | 23223 | 33998 |
| 农村困难户定期救济人数 | 人 | | 3016 | 17212 | 275 |
| 社会散居孤老残幼人数 | 人 | | 8152 | 8082 | 7410 |
| #农村五保户定期救济人数 | 人 | | 3297 | 3385 | 4420 |
| 农村五保户集体供养人数 | 人 | | 5175 | 3064 | 5299 |
| 社会救济福利事业费 | 万元 | 1718 | 5722 | 9327 | 11200 |
| 救灾支出 | 万元 | 63 | 242 | 3069 | 913 |
| **社会福利** | | | | | |
| 社会福利院数 | 个 | 120 | 139 | 147 | 146 |
| 社会福利事业单位床位数 | 张 | 2804 | 5238 | 6607 | 7043 |
| 社会福利事业单位收养人数 | 人 | 2656 | 3956 | 4878 | 4749 |
| 社会福利企业单位数 | 个 | 774 | 3113 | 1659 | 440 |
| 社会福利企业残疾职工人数 | 人 | 4924 | 5816 | 5536 | 5075 |
| **城乡基层社会保障** | | | | | |
| 农村建立社会保障网络乡镇数 | 个 | 4 | 56 | 69 | 68 |
| 城镇社区服务设施数 | 个 | 3351 | 348 | 292 | 643 |
| #城镇社区服务中心 | 个 | | 69 | 85 | 79 |
| 民政部门发放离退休费 | 万元 | 2253 | 3843 | 5495 | 6583 |

注:1998 年社会救济指标口径与以前年份不同。

## 17—11 律师、公证、基层司法基本情况

| 项目 | 单位 | 1990 年 | 1995 年 | 1997 年 | 1998 年 |
|---|---|---|---|---|---|
| **律师工作** | | | | | |
| 律师事务所 | 个 | 23 | 95 | 124 | 139 |
| 执业律师 | 人 | 593 | 1940 | 2237 | 2146 |
| 担任常年法律顾问 | 家 | 1580 | 3496 | 3468 | 3588 |
| 民事诉讼代理 | 件 | 3593 | 5753 | 5011 | 6136 |
| 经济诉讼代理 | 件 | 2757 | 4077 | 6205 | 6983 |
| 行政诉讼代理 | 件 | | 85 | 136 | 106 |
| 非诉讼法律事务 | 件 | 5806 | 11890 | 9208 | 11308 |
| 刑事辩护及代理 | 件 | 2764 | 1920 | 1933 | 2441 |
| 涉外法律事务 | 件 | 1732 | 3866 | 3024 | 4032 |
| 索回赔、欠款 | 万元 | 21838 | 45751 | 92140 | 81056 |
| **公证工作** | | | | | |
| 公证处 | 个 | 13 | 14 | 14 | 14 |
| 公证人员 | 人 | 167 | 288 | 290 | 284 |
| 办结公证总数 | 件 | 195176 | 250096 | 294147 | 326892 |
| 国内民事公证 | 件 | 56585 | 53431 | 63460 | 85575 |
| 国内经济公证 | 件 | 31622 | 77788 | 104346 | 122228 |
| 涉外民事公证 | 件 | 104346 | 113038 | 121124 | 117408 |
| 涉外经济公证 | 件 | 2623 | 5839 | 5217 | 1681 |
| 帮助避免经济损失 | 万元 | 2031 | 17386 | 31222 | 43236 |
| **基层司法工作** | | | | | |
| 法律服务所 | 个 | 168 | 180 | 183 | 173 |
| 法律服务所人员 | 人 | 611 | 550 | 550 | 553 |
| 担任法律顾问 | 家 | 1406 | 2484 | 2433 | 2866 |
| 民事诉讼代理 | 件 | 755 | 1963 | 2340 | 2743 |
| 非诉讼代理 | 件 | 32748 | 39199 | 34868 | 37397 |
| 协办公证 | 件 | 15322 | 34126 | 31476 | 24417 |
| 帮助挽回经济损失 | 万元 | 2342 | 11206 | 15312 | 55828 |
| 年末人民调解委员会 | 个 | 4084 | 3766 | 3774 | 3579 |
| 年末调解人员 | 人 | 32324 | 35608 | 40666 | 34570 |
| 调解纠纷总数 | 件 | 10583 | 8070 | 8145 | 8425 |

注：律师、公证情况从1995年起包括省属数，下表同。

# 17—12 市区律师、公证、基层司法基本情况

| 项目 | 单位 | 1990 年 | 1995 年 | 1997 年 | 1998 年 |
|---|---|---|---|---|---|
| **律师工作** | | | | | |
| 律师事务所 | 个 | 16 | 87 | 115 | 130 |
| 执业律师 | 人 | 539 | 1839 | 1927 | 2092 |
| 担任常年法律顾问 | 家 | 1343 | 3142 | 3140 | 3275 |
| 民事诉讼代理 | 件 | 3243 | 5391 | 4462 | 5366 |
| 经济诉讼代理 | 件 | 2371 | 3702 | 5689 | 6443 |
| 行政诉讼代理 | 件 | | 75 | 121 | 86 |
| 非诉讼法律事务 | 件 | 5466 | 7538 | 6349 | 8191 |
| 刑事辩护及代理 | 件 | 2373 | 1631 | 1726 | 2137 |
| 涉外法律事务 | 件 | 1633 | 2514 | 1800 | 3118 |
| 索回赔、欠款 | 万元 | 13080 | 43429 | 90973 | 77003 |
| **公证工作** | | | | | |
| 公证处 | 个 | 9 | 10 | 10 | 10 |
| 公证人员 | 人 | 134 | 255 | 259 | 252 |
| 办结公证总数 | 件 | 136424 | 220357 | 275488 | 284092 |
| 国内民事公证 | 件 | 15949 | 50523 | 62398 | 82943 |
| 国内经济公证 | 件 | 21722 | 58152 | 92728 | 92764 |
| 涉外民事公证 | 件 | 96392 | 106624 | 115775 | 106853 |
| 涉外经济公证 | 件 | 2361 | 5058 | 4587 | 1532 |
| 帮助避免经济损失 | 万元 | 1769 | 17386 | 31222 | 43236 |
| **基层司法工作** | | | | | |
| 法律服务所 | 个 | 108 | 115 | 118 | 107 |
| 法律服务所人员 | 人 | 447 | 343 | 349 | 354 |
| 担任法律顾问 | 家 | 775 | 1743 | 1783 | 1905 |
| 民事诉讼代理 | 件 | 480 | 1426 | 1739 | 1767 |
| 非诉讼代理 | 件 | 29641 | 36169 | 32412 | 33674 |
| 协办公证 | 件 | 10617 | 30026 | 27951 | 18390 |
| 帮助挽回经济损失 | 万元 | 994 | 3507 | 7980 | 6660 |
| 年末人民调解委员会 | 个 | 2614 | 2282 | 2258 | 2120 |
| 年末调解人员 | 人 | 24390 | 25851 | 29775 | 19761 |
| 调解纠纷总数 | 件 | 6763 | 5301 | 6073 | 6318 |

## 17—13 社会治安主要指标

| 项目 | 单位 | 1995年 | | 1997年 | | 1998年 | |
|---|---|---|---|---|---|---|---|
| | | 全市 | #市区 | 全市 | #市区 | 全市 | #市区 |
| **刑事案件** | | | | | | | |
| 立案合计 | 件 | 59775 | 49871 | 47903 | 39097 | 45415 | 37213 |
| 当年破案数 | 件 | 35951 | 29780 | 28384 | 22643 | 25802 | 20378 |
| 当年破案率 | % | 60.14 | 59.71 | 59.25 | 57.91 | 56.81 | 54.76 |
| **治安案件** | | | | | | | |
| 受理数 | 件 | 45412 | 39836 | 42541 | 37074 | 42784 | 37557 |
| 查处数 | 件 | 40962 | 35554 | 38005 | 32669 | 39146 | 33980 |
| **城市交通事故** | | | | | | | |
| 交通事故 | 件 | 9767 | 5850 | 6843 | 2514 | 7853 | 4227 |
| 死伤人数 | 人 | 5684 | 2385 | 7146 | 2575 | 8834 | 4601 |
| #死亡人数 | 人 | 1211 | 529 | 1121 | 332 | 1294 | 627 |
| 损失折款 | 万元 | 6431 | 2702 | 4472 | 1589 | 4901 | 2845 |
| **火灾** | | | | | | | |
| 火灾起数 | 起 | 287 | 201 | 248 | 171 | 273 | 194 |
| 死伤人数 | 人 | 95 | 71 | 107 | 72 | 132 | 91 |
| #死亡人数 | 人 | 70 | 54 | 39 | 21 | 60 | 42 |
| 损失折款 | 万元 | 2616 | 1952 | 1705 | 1178 | 1718 | 1144 |

## 17—14 城市环境污染及处理

单位:万吨

| 项目 | 1995年 | | 1997年 | | 1998年 | |
|---|---|---|---|---|---|---|
| | 全市 | #市区 | 全市 | #市区 | 全市 | #市区 |
| 废水排放量 | 105158 | 90822 | 105327 | 91166 | 108082 | 92478 |
| 工业废水 | 30930 | 24652 | 26764 | 21348 | 25467 | 20071 |
| #符合排放标准的 | 19685 | 15535 | 15453 | 12599 | 16066 | 12873 |
| 经过处理的 | 25872 | 21174 | 21853 | 17129 | 22540 | 16972 |
| #达标外排的 | 12104 | 10466 | 9481 | 8020 | 10770 | 9122 |
| 城市生活污水 | 74228 | 66170 | 78563 | 69818 | 82615 | 72407 |
| 工业废气排放量(亿标米$^3$) | 1871.60 | 1164.90 | 1587.37 | 1155.67 | 1611.11 | 1232.14 |
| 工业粉尘排放量 | 4.05 | 0.75 | 20.91 | 1.20 | 21.79 | 1.24 |
| 工业粉尘回收量 | 58.99 | 46.99 | 74.89 | 64.97 | 82.28 | 74.65 |
| 工业固体废物产生量 | 313 | 238 | 308 | 231 | 314 | 232 |
| 工业固体废物综合利用量 | 224 | 161 | 229 | 178 | 252 | 193 |
| 工业固体废物处置量 | 89 | 78 | 60 | 37 | 38 | 31 |
| 历年工业废渣堆存总量 | 356 | 329 | 420 | 391 | 444 | 413 |
| 市区交通噪音(等效声级)(分贝) | | 72.6 | | 71.8 | | 71.2 |
| 市区烟尘控制区面积(千米$^2$) | | 214.00 | | 261.75 | | 266.75 |

注:1.1995年的统计范围不包括乡镇企业,1997年起包括乡镇企业;2.去年市环保局提供的1997年市区工业粉尘排放量5.6万吨有误,现据市环保局要求更正为1.2万吨。

# 主要统计指标解释

【医院】指名称为医院，设有固定床位能收容病人住院并能为病人提供医疗、护理服务的医疗机构。包括县及县以上医院、农村乡卫生院、其他医院三部分。按所属性质分为卫生部门、工业及其他部门，集体经济单位三类。其中县及县以上医院按业务性质分为综合医院和专科医院。

【卫生技术人员】指卫生事业机构支付工资的全部固定职工和合同制职工中现任职务为卫生技术工作的专业人员。包括中医师、西医师、中西医结合高级医师、护师、中药师、西药师、检验师、其他技师、中医士、西医士、护士、助产士、中药剂士、西药剂士、检验士、其他技士、其他中医、护理员、中药剂员、西药剂员、检验员，其他初级卫生技术人员。

【医生】指经卫生部门审查合格，从事医疗工作的专业人员。分为中医医生和西医医生。包括卫生技术人员中的中医师、西医师、中西结合高级医师、中医士、西医士和其他中医。

【社会福利事业单位】指集中收养社会孤老、残、幼的机构。包括由民政部门管理的社会福利院、儿童福利院、精神病人福利院和城镇集体办的福利院，以及农村集体举办的敬老院。

【社会福利事业单位收养人数】包括民政部门管理的和城镇及农村集体举办的社会福利事业单位中收养的老人、少年儿童、缺乏生活自理能力的残废人员和精神病人。

【社会福利企业单位】指以安置城镇有一定劳动能力的盲、聋、哑和肢体残疾人员就业为目的，享受国家减免税待遇的国有或集体经济性质的企业。包括福利工厂、福利商业服务业、假肢厂和安置农场等单位。

【律师】指受聘参加法律顾问处工作，提任法律顾问、刑(民)事代理人、刑事辩护人、办理非诉讼事件、解答法律询问，代写法律事务文书等主要从事律师业务的专职法律工作者和兼职律师。

【公证人员】指在国家公证机关依法办理公证事务的司法人员。包括公证员、助理公证员和公证处工作的其他人员。

【办理公证文书】指公证处在一定时期内办结的公证文书件数。公证文书系按司法部规定或批准的格式制作。包括国内公证和涉外公证两部分。其中国内公证分为经济合同公证同民事法律关系公证两大类。

【调解人员】在人民调解委员会担负调解民间一般民事纠纷和轻微违法行为所引起的纠纷的工作人员。包括调解委员会的委员和调解小组的调解员。

【调解民间纠纷】指调解委员会依照法律规定，根据自愿原则，用说服教育的方法调解民间发生的有关民事权利和义务的争执，促成当事双方达到协议和谅解，解决纠纷。包括婚姻家庭纠纷，财产权益纠纷等。不包括法院受理调解的民事案件数。

【工业废水排放达标量】指各项指标都达到国家、地方排放标准的外排工业废水量，包括经过处理后外排达标的和未经处理外排达标的两部分工业废水。国家排放标准见GB8978—88。

【工业废水处理量】指报告期内各种水治理设施实际处理的工业废水量，包括处理后外排的和处理后回用的工业废水量。虽经处理仍未达到国家或地方排放标准的废水量也应计算在内。计算时，如遇有车间和厂排放口均有治理设施，并对同一废水分级处理时，不应重复计算工业废水处理量。

【工业废气排放量】指企业厂区内燃料燃烧和生产工艺过程中产生的各种排入空气的含有污染物的气体的总量，以标准状态[273K,101325Pa]计。

【工业粉尘排放量】指工业企业在生产工艺过程中排放的固体微粒总重量。如钢铁企业的耐火材料粉尘、焦化企业的筛焦系统粉尘、烧结机的粉尘、石灰窑的粉尘、建材企业的水泥粉尘等。不包括电厂排入大气的烟尘。

【工业粉尘回收量】指经生产工艺废气净化处理装置处理回收的粉尘和尘泥量(包括干法和湿法)。不包括电厂的烟尘。通常情况下：

工业粉尘产生量＝工业粉尘排放量＋工业粉尘回收量

【工业固体废物产生量】指工业企业在生产过程中产生的固体状、半固体状和高浓度液体状废弃物的总量，包括危险废物、冶炼废渣、粉煤灰、炉渣、煤矸石、化工废渣、尾矿、放射性废物和其它废物等；不包括矿山开采的剥离废石和掘进废石(煤矸石和呈酸性或碱性的废石除外)。酸性或碱性废石是指采掘的废石其流经水、雨淋水的PH值小于4或PH值大于10.5者。

【工业固体废物处置量】 指以符合环境保护要求的方式将固体废物放置在不再回取的场所的固体废物量，如填埋、焚烧、经封场处理的专业贮存场（库）、深层灌注、回填矿井等（包括当年处置往年的堆存量）。

【工业固体废物综合利用量】 指已用作农业肥料、造田、生产建筑材料、筑路以及其它方式综合利用的固体废物量（包括当年利用往年的工业固体废物堆存量）。综合利用量由原产固体废物的单位统计。

【废水排放总量】 包括生产废水和生活污水。生产废水指企、事业单位在生产、科研过程中向外环境排放的所有排放口的废水量总和。生活污水指城镇居民区和企、事业单位职工集中居住区排放的污水量。

【工业废水排放量】 指经过企业厂区所有排放口排到企业外部的工业废水量。包括生产废水、外排的直接冷却水、超标排放的矿井地下水和与工业废水混排的厂区生活污水，不包括外排的间接冷却水（清污不分流的间接冷却水应计算在内）。

# 附　　录

# 附1 全国国民经济主要指标

| 项　　目 | 单位 | 1980年 | 1985年 | 1990年 | 1995年 | 1997年 | 1998年 |
|---|---|---|---|---|---|---|---|
| 年末总人口 | 万人 | 98705 | 105851 | 114333 | 121121 | 123626 | 124810 |
| 年末从业人数 | 万人 | 42361 | 49873 | 63909 | 67947 | 69600 | 69957 |
| #职工人数 | 万人 | 10444 | 12358 | 14059 | 14908 | 14668 | |
| 国内生产总值 | 亿元 | 4517.8 | 8989.1 | 18598.4 | 57494.9 | 73452.5 | 79552.8 |
| 农业总产值 | 亿元 | 1922.6 | 3619.5 | 7662.1 | 20340.9 | 24709.2 | 25068.3 |
| 工业总产值 | 亿元 | 5154.3 | 9716.5 | 23924.4 | 91893.8 | 112127.6 | |
| 全社会固定资产投资额 | 亿元 | 910.9 | 2543.2 | 4517.6 | 20019.3 | 25300.0 | 28457.0 |
| 社会消费品零售总额 | 亿元 | 1794.0 | 3801.4 | 7250.3 | 20620.0 | 26843.3 | 29152.5 |
| 货运量 | 万吨 | 546537 | 745763 | 970602 | 1234810 | 1275511 | |
| 客运量 | 万人次 | 341785 | 620206 | 772682 | 1172596 | 1323976 | |
| 港口货物吞吐量 | 万吨 | 21731 | 31154 | 48321 | 80166 | 90519 | |
| 邮电业务总量(1990年不变价格) | 亿元 | 13.3 | 29.6 | 81.7 | 988.9 | 1773.3 | 2413.0 |
| 海关进口总值 | 亿美元 | 200.2 | 422.5 | 533.5 | 1320.8 | 1423.6 | 1402.0 |
| 海关出口总值 | 亿美元 | 181.2 | 273.5 | 620.9 | 1487.8 | 1827.0 | 1838.0 |
| 实际利用外资 | 亿美元 | | 46.5 | 102.9 | 481.3 | 644.1 | 589.0 |
| 财政收入 | 亿元 | 1159.9 | 2004.8 | 2937.1 | 6242.2 | 8651.1 | |
| 财政支出 | 亿元 | 1228.8 | 2004.3 | 3083.6 | 6823.7 | 9233.6 | |
| 居民消费价格指数 | % | | 109.3 | 103.1 | 117.1 | 102.8 | 99.2 |
| 商品零售价格指数 | % | 106.0 | 108.8 | 102.1 | 114.8 | 100.8 | 97.4 |
| 职工年人均工资 | 元 | 762 | 1148 | 2140 | 5500 | 6470 | |
| 城镇居民年人均可支配收入 | 元 | 478 | 739 | 1510 | 4283 | 5160 | 5425 |
| 农村居民年人均纯收入 | 元 | 191 | 398 | 686 | 1578 | 2090 | 2160 |
| 各类学校在校学生数 | 万人 | 20419.2 | 18633.1 | 17553.1 | 19677.3 | 21307.3 | |
| #高等学校 | 万人 | 114.4 | 170.3 | 206.3 | 290.6 | 317.4 | 341.0 |
| 普通中学 | 万人 | 5508.1 | 4706.0 | 4586.0 | 5371.0 | 6017.9 | 7514.0 |
| 小学 | 万人 | 14627.0 | 13370.2 | 12241.4 | 13195.2 | 13995.4 | 13954.0 |
| 医院病床数 | 万张 | 198.2 | 222.9 | 262.4 | 283.6 | 290.3 | 291.0 |
| 卫生技术人员 | 万人 | 279.8 | 341.1 | 389.8 | 425.7 | 439.8 | 442.0 |
| #医生 | 万人 | 115.3 | 141.3 | 176.3 | 191.8 | 198.5 | 141.0 |

注:1998年为初步统计数据。

# 附2 广东省国民经济主要指标

| 项　　目 | 单位 | 1980年 | 1985年 | 1990年 | 1995年 | 1997年 | 1998年 |
|---|---|---|---|---|---|---|---|
| 年末总人口 | 万人 | 5227.67 | 5655.60 | 6246.32 | 6788.74 | 7013.73 | 7115.65 |
| 年末从业人数 | 万人 | 2367.78 | 2731.11 | 3118.10 | 3551.20 | 3706.80 | 3783.87 |
| #职工人数 | 万人 | 563.62 | 660.82 | 785.49 | 911.90 | 897.32 | 884.80 |
| 国内生产总值 | 亿元 | 249.65 | 577.38 | 1559.03 | 5733.97 | 7315.51 | 7937.23 |
| 农业总产值 | 亿元 | 126.25 | 245.21 | 600.71 | 1445.48 | 1623.21 | 1701.05 |
| 工业总产值 | 亿元 | 223.02 | 532.71 | 1902.25 | 9720.55 | 12372.68 | 13799.16 |
| 全社会固定资产投资额 | 亿元 | 38.29 | 184.59 | 381.47 | 2327.22 | 2298.14 | 2668.13 |
| 社会消费品零售总额 | 亿元 | 117.47 | 289.23 | 667.36 | 2304.15 | 2918.66 | 3248.54 |
| 交通部门货运量 | 万吨 | 14201 | 15004 | 18792 | 24636 | 24604 | 24155 |
| 交通部门客运量 | 万人次 | 21444 | 38603 | 34152 | 49220 | 55050 | 66386 |
| 港口货物吞吐量 | 万吨 | 3075 | 5073 | 6895 | 11904 | 12384 | 12866 |
| 邮电业务总量(1990年不变价格) | 亿元 | 1.86 | 3.63 | 26.30 | 204.93 | 330.40 | 418.18 |
| 海关进口总值 | 亿美元 | 3.56 | 24.26 | 196.77 | 473.80 | 555.56 | 542.79 |
| 海关出口总值 | 亿美元 | 21.95 | 29.53 | 222.21 | 565.92 | 745.64 | 757.24 |
| 实际利用外资 | 亿美元 | 2.14 | 9.19 | 20.23 | 121.00 | 142.05 | 150.99 |
| 财政收入 | 亿元 | 36.10 | 65.46 | 131.02 | 382.34 | 543.95 | 636.66 |
| 财政支出 | 亿元 | 24.93 | 60.84 | 150.69 | 525.63 | 682.66 | 823.43 |
| 城市居民消费价格指数 | % | 109.50 | 117.10 | 97.40 | 113.10 | 102.10 | 98.20 |
| 城市商品零售价格指数 | % | 108.50 | 113.60 | 95.60 | 110.80 | 100.10 | 97.00 |
| 职工年人均工资 | 元 | 789 | 1393 | 2929 | 8250 | 9698 | 10233 |
| 城镇居民年人均可支配收入 | 元 | 473 | 954 | 2303 | 7439 | 8562 | 8840 |
| 农村居民年人均纯收入 | 元 | 274 | 495 | 1043 | 2699 | 3468 | 3527 |
| 各类学校在校学生数 | 万人 | 1012.96 | 934.15 | 1030.46 | 1289.60 | 1390.04 | 1423.15 |
| #高等学校 | 万人 | 4.10 | 6.99 | 9.59 | 15.18 | 17.47 | 18.50 |
| 普通中学 | 万人 | 252.11 | 236.45 | 234.03 | 339.46 | 400.85 | 423.61 |
| 小学 | 万人 | 748.86 | 671.25 | 747.29 | 883.19 | 911.34 | 918.02 |
| 医院病床数 | 万张 | 8.50 | 9.82 | 11.41 | 13.78 | 14.45 | 14.76 |
| 卫生技术人员 | 万人 | 14.45 | 17.53 | 19.48 | 22.99 | 24.59 | 25.22 |
| #医生 | 万人 | 5.51 | 6.56 | 8.11 | 9.89 | 10.38 | 10.55 |

注:进出口总值1990年以前为外贸口径,1990年起为海关口径。

# 附3 全国十大城市国民经济主要指标

（1998 年）

| 项　　目 | 单位 | 广州市 | 北京市 | 天津市 | 上海市 | 重庆市 |
|---|---|---|---|---|---|---|
| 年末总人口 | 万人 | 674.14 | 1245.60 | 905.09 | 1306.58 | 3059.69 |
| 年末从业人数 | 万人 | 445.39 | 622.20 | 508.10 | 836.21 | 1686.71 |
| #职工人数 | 万人 | 197.03 | 450.10 | 209.67 | 412.61 | 278.25 |
| 国内生产总值 | 亿元 | 1841.61 | 2009.90 | 1340.70 | 3688.20 | 1434.47 |
| 农业总产值 | 亿元 | 154.02 | 176.60 | 156.16 | 206.75 | 434.37 |
| 工业总产值 | 亿元 | 2512.70 | 1960.70 | 2862.62 | 5897.34 | 1288.00 |
| 全社会固定资产投资额 | 亿元 | 758.83 | 1115.30 | 575.86 | 1964.83 | 498.14 |
| 社会消费品零售总额 | 亿元 | 904.57 | 1167.20 | 587.12 | 1471.03 | 553.70 |
| 货运量 | 万吨 | 24443 | 30127 | 24505 | 46230 | 26494 |
| 客运量 | 万人次 | 19587 | 12419 | 3207 | 6139 | 49773 |
| 港口货物吞吐量 | 万吨 | 8716 |  | 6818 | 16388 | 2477 |
| 邮电业务总量(1990 年不变价格） | 亿元 | 86.39 | 127.80 | 47.41 | 139.87 | 34.04 |
| 海关进口总值 | 亿美元 | 75.39 | 36.80 | 88.35 | 261.80 | 5.20 |
| 海关出口总值 | 亿美元 | 103.38 | 28.20 | 134.84 | 374.58 | 5.14 |
| 实际利用外资 | 亿美元 | 30.45 | 28.70 | 30.58 | 48.16 | 5.52 |
| 财政收入 | 亿元 | 132.19 | 227.30 | 101.40 | 1146.00 | 85.80 |
| 财政支出 | 亿元 | 175.11 | 281.10 | 137.93 | 480.70 | 135.95 |
| 居民消费价格指数 | % | 97.7 | 102.4 | 99.5 | 100.0 | 96.4 |
| 商品零售价格指数 | % | 96.3 | 98.3 | 96.6 | 95.1 | 94.5 |
| 职工年人均工资 | 元 | 14318 | 12300 | 9946 | 12059 | 5710 |
| 城镇居民年人均可支配收入 | 元 | 11256 | 8472 | 7111 | 8773 | 5467 |
| 农村居民年人均纯收入 | 元 | 5629 | 4029 | 3890 | 5407 | 1720 |
| 高等学校在校学生数 | 万人 | 10.84 | 21.30 | 7.87 | 16.51 | 8.69 |
| 中等专业学校在校学生数 | 万人 | 12.03 | 11.80 | 8.72 | 12.38 | 9.15 |
| 普通中学在校学生数 | 万人 | 37.95 | 60.99 | 52.31 | 73.85 | 108.37 |
| 小学在校学生数 | 万人 | 73.34 | 91.95 | 82.67 | 96.14 | 288.44 |
| 医院个数 | 个 | 224 | 449 | 482 | 473 | 2438 |
| 医院病床数 | 万张 | 3.08 | 6.30 | 6.83 | 6.83 | 6.59 |
| 医生 | 万人 | 2.28 | 5.19 | 3.15 | 5.03 | 4.34 |

附3续

| 项　　目 | 单位 | 沈阳市 | 武汉市 | 南京市 | 哈尔滨市 | 西安市 |
|---|---|---|---|---|---|---|
| 年末总人口 | 万人 | 674.86 | 731.79 | 532.31 | 963.62 | 668.22 |
| 年末从业人数 | 万人 | 379.49 | 415.20 | 278.63 | 498.56 | 393.95 |
| #职工人数 | 万人 | 193.50 | 202.37 | 142.15 | 218.68 | 118.57 |
| 国内生产总值 | 亿元 | 938.80 | 1015.89 | 825.13 | 816.16 | 560.40 |
| 农业总产值 | 亿元 | 120.88 | 124.64 | 97.96 | 294.54 | 85.33 |
| 工业总产值 | 亿元 | 1333.08 | 1228.82 | 1411.27 | 802.49 | 793.00 |
| 全社会固定资产投资额 | 亿元 | 183.85 | 420.43 | 376.60 | 175.93 | 154.78 |
| 社会消费品零售总额 | 亿元 | 473.35 | 527.32 | 382.39 | 377.58 | 271.85 |
| 货运量 | 万吨 | 14809 | 14693 | 11941 | 7051 | 9429 |
| 客运量 | 万人次 | 7598 | 11241 | 13784 | 6556 | 9223 |
| 港口货物吞吐量 | 万吨 |  | 1888 | 5395 |  |  |
| 邮电业务总量(1990年不变价格) | 亿元 | 19.75 | 35.62 | 27.10 | 31.94 | 20.49 |
| 外贸进口总值 | 亿美元 | 6.66 | 7.30 | 5.00 | 4.52 | 0.78 |
| 外贸出口总值 | 亿美元 | 8.95 | 10.82 | 11.74 | 4.25 | 2.42 |
| 实际利用外资 | 亿美元 | 10.21 | 10.56 | 8.36 | 1.83 | 2.23 |
| 财政收入 | 亿元 | 54.20 | 50.77 | 50.78 | 41.91 | 35.01 |
| 财政支出 | 亿元 | 70.86 | 57.53 | 59.65 | 58.73 | 36.60 |
| 居民消费价格指数 | % | 99.0 | 97.4 | 100.0 | 100.6 | 97.9 |
| 商品零售价格指数 | % | 96.5 | 96.2 | 98.2 | 97.8 | 95.5 |
| 职工年人均工资 | 元 | 7811 | 6746 | 9449 | 5560 | 6922 |
| 城镇居民年人均可支配收入 | 元 | 4932 | 5913 | 7018 | 4450 | 5670 |
| 农村居民年人均纯收入 | 元 | 2898 | 2730 | 3724 | 2588 | 2052 |
| 高等学校在校学生数 | 万人 | 9.59 | 17.33 | 13.24 | 8.26 | 12.66 |
| 中等专业学校在校学生数 | 万人 | 3.97 | 16.77 | 7.73 | 5.39 | 5.08 |
| 普通中学在校学生数 | 万人 | 32.57 | 40.70 | 21.80 | 52.37 | 39.79 |
| 小学在校学生数 | 万人 | 59.23 | 78.89 | 48.11 | 87.40 | 82.03 |
| 医院个数 | 个 | 369 | 220 | 165 | 484 | 410 |
| 医院病床数 | 万张 | 3.81 | 2.79 | 1.75 | 3.28 | 2.87 |
| 医生 | 万人 | 2.04 | 2.39 | 1.57 | 2.10 | 1.87 |

# 附4 珠江三角洲十二市国民经济主要指标

（1998年）

| 项　　目 | 单位 | 广州市 | 深圳市 | 珠海市 | 佛山市 | 惠州市 | 肇庆市 |
|---|---|---|---|---|---|---|---|
| 年末总人口 | 万人 | 674.14 | 394.96 | 118.92 | 324.98 | 270.00 | 372.47 |
| 年末从业人数 | 万人 | 445.39 | 286.37 | 70.29 | 238.56 | 183.03 | 198.73 |
| #职工人数 | 万人 | 197.03 | 91.93 | 28.54 | 53.03 | 42.76 | 30.16 |
| 国内生产总值 | 亿元 | 1841.61 | 1289.28 | 263.50 | 782.56 | 355.92 | 361.99 |
| 人均国内生产总值 | 元 | 27474 | 33289 | 22348 | 24230 | 13267 | 9773 |
| 农业总产值 | 亿元 | 154.02 | 29.82 | 19.92 | 114.46 | 90.89 | 145.89 |
| 工业总产值 | 亿元 | 2512.70 | 1848.38 | 491.98 | 1679.37 | 702.19 | 524.55 |
| 全社会固定资产投资额 | 亿元 | 758.83 | 474.63 | 96.13 | 149.15 | 60.38 | 73.81 |
| 社会消费品零售总额 | 亿元 | 904.57 | 423.05 | 100.31 | 275.93 | 110.06 | 105.25 |
| 城乡集市贸易成交额 | 亿元 | 378.62 |  | 35.56 | 102.77 | 43.29 | 43.11 |
| 货物运输量 | 万吨 | 24443 | 4048 | 3400 | 9500 | 2192 | 3600 |
| 邮电业务总量(1990年不变价格) | 亿元 | 86.39 | 76.47 | 13.29 | 36.10 | 15.12 | 7.30 |
| 海关出口总值 | 亿美元 | 103.38 | 264.24 | 29.95 | ※49.76 | ※39.00 | ※11.45 |
| #一般贸易 | 亿美元 | 36.31 | 24.53 | 9.62 | 14.52 | 2.34 | 2.81 |
| 实际利用外资 | 亿美元 | 30.45 | 25.52 | 11.07 | 11.36 | 9.70 | 4.01 |
| 财政收入 | 亿元 | 132.19 | 164.91 | 18.73 | 37.08 | 9.66 | 8.44 |
| 财政支出 | 亿元 | 175.11 | 176.94 | 23.32 | 49.50 | 15.20 | 15.59 |
| 居民消费价格指数 | % | 97.7 | 99.3 | 98.4 | 99.3 | 97.4 | 98.2 |
| 商品零售价格指数 | % | 96.3 | 97.5 | 96.6 | 97.0 | 96.9 | 97.4 |
| 职工年人均工资 | 元 | 14318 | 18381 | 13510 | 10936 | 7835 | 7475 |
| 城镇居民年人均可支配收入 | 元 | 11256 | 19886 | 13632 | 10522 | 8983 | 6495 |
| 农村居民年人均纯收入 | 元 | 5629 | 7350 | 3795 | 5204 | 3422 | 3645 |
| 高等学校在校学生数 | 万人 | 10.84 | 0.85 |  | 0.64 | 0.36 | 0.57 |
| 中等专业学校在校学生数 | 万人 | 12.03 | 0.39 | 0.50 | 1.26 | 1.24 | 2.02 |
| 普通中学在校学生数 | 万人 | 37.95 | 8.60 | 4.00 | 21.13 | 16.35 | 20.04 |
| 小学在校学生数 | 万人 | 73.34 | 21.57 | 9.59 | 39.54 | 33.51 | 42.40 |
| 医院病床数 | 万张 | 3.08 | 0.86 | 0.29 | 1.11 | 0.57 | 0.66 |
| 卫生技术人员 | 万人 | 5.41 | 1.50 | 0.42 | 1.65 | 0.99 | 1.38 |
| #医生 | 万人 | 2.28 | 0.72 | 0.18 | 0.68 | 0.40 | 0.42 |

注：带※号的为外贸口径，下表同。

附4续

| 项　　目 | 单位 | 江门 | 东莞市 | 中山市 | 顺德市 | 南海市 | 番禺市 |
|---|---|---|---|---|---|---|---|
| 年末总人口 | 万人 | 378.90 | 148.77 | 130.08 | 105.32 | 107.09 | 89.55 |
| 年末从业人数 | 万人 | 223.09 | 87.75 | 105.05 | 75.65 | 63.41 | 78.66 |
| #职工人数 | 万人 | 45.57 | 16.45 | 14.94 | 12.71 | 11.26 | 16.41 |
| 国内生产总值 | 亿元 | 480.90 | 355.50 | 249.03 | 259.28 | 282.54 | 244.51 |
| 人均国内生产总值 | 元 | 12700 | 24029 | 19272 | 24679 | 26550 | 27541 |
| 农业总产值 | 亿元 | 121.43 | 53.60 | 34.68 | 40.55 | 43.00 | 40.10 |
| 工业总产值 | 亿元 | 1053.01 | 732.22 | 580.78 | 604.64 | 572.52 | 523.67 |
| 全社会固定资产投资额 | 亿元 | 82.48 | 77.00 | 66.24 | 40.28 | 46.93 | 56.05 |
| 社会消费品零售总额 | 亿元 | 165.05 | 130.25 | 85.53 | 69.89 | 106.02 | 51.10 |
| 城乡集市贸易成交额 | 亿元 | 44.55 | 106.71 | 66.70 | 14.63 | 19.54 | 16.45 |
| 货物运输量 | 万吨 | 2700 | 4776 | 2700 | 5500 | 3300 | 1692 |
| 邮电业务总量(1990年不变价格) | 亿元 | 17.64 | 36.16 | 17.47 | 12.33 | 11.25 | 9.33 |
| 海关出口总值 | 亿美元 | ※30.57 | 130.61 | 27.32 | 21.14 | | 25.02 |
| #一般贸易 | 亿美元 | 10.77 | 1.54 | 0.85 | 4.26 | | 1.38 |
| 实际利用外资 | 亿美元 | 5.84 | 15.48 | 5.58 | 4.25 | 2.87 | 2.38 |
| 财政收入 | 亿元 | 17.30 | 15.10 | 12.42 | 11.89 | 11.14 | 10.06 |
| 财政支出 | 亿元 | 23.02 | 17.91 | 14.24 | 15.23 | 13.82 | 12.98 |
| 居民消费价格指数 | % | 99.4 | 99.9 | 99.5 | 98.4 | 99.1 | |
| 商品零售价格指数 | % | 98.2 | 98.7 | 97.9 | 98.1 | 97.1 | |
| 职工年人均工资 | 元 | 8287 | 11422 | 11655 | 10963 | 11098 | 11547 |
| 城镇居民年人均可支配收入 | 元 | | 11506 | 10368 | 14157 | 11073 | |
| 农村居民年人均纯收入 | 元 | 3968 | 5534 | 4320 | 4552 | 6214 | 6281 |
| 高等学校在校学生数 | 万人 | 0.39 | 0.22 | 0.25 | | | 0.12 |
| 中等专业学校在校学生数 | 万人 | 0.56 | 0.48 | 0.45 | 0.09 | | 0.11 |
| 普通中学在校学生数 | 万人 | 20.52 | 10.12 | 7.34 | 6.73 | 8.17 | 5.21 |
| 小学在校学生数 | 万人 | 44.27 | 23.58 | 17.28 | 13.02 | 15.32 | 11.28 |
| 医院病床数 | 万张 | 0.88 | 0.59 | 0.37 | 0.31 | 0.29 | 0.23 |
| 卫生技术人员 | 万人 | 1.39 | 0.71 | 0.53 | 0.46 | 0.39 | 0.38 |
| #医生 | 万人 | 0.49 | 0.26 | 0.22 | 0.19 | 0.16 | 0.15 |

# 附5 香港主要统计指标

| 项　　目 | 单位 | 1993年 | 1995年 | 1997年 | 1998年 |
|---|---|---|---|---|---|
| 总人口(年中数) | 万人 | 590.10 | 615.60 | 650.21 | 668.72 |
| 　男性 | 万人 | 298.23 | 308.40 | 327.13 | 336.73 |
| 　女性 | 万人 | 291.87 | 307.20 | 323.08 | 331.99 |
| 居民户数 | 万户 | 170.8 | 179.0 | 196.2 | 204.2 |
| 出生率 | ‰ | 12.0 | 11.0 | 9.1 | 7.9 |
| 死亡率 | ‰ | 5.2 | 5.0 | 4.9 | 4.8 |
| 劳动人口 | 万人 | 291.1 | 301.8 | 333.0 | 343.4 |
| 劳动人口就业率 | % | 62.60 | 62.20 | 62.70 | 62.3 |
| 　男性 | % | 78.2 | 76.7 | 76.2 | 75.6 |
| 　女性 | % | 47.0 | 48.0 | 49.3 | 49.0 |
| 失业率 | % | 2.0 | 3.5 | 2.5 | 5.7 |
| 就业不足率 | % | 1.5 | 2.5 | 1.3 | 3.0 |
| 本地生产总值(按1990年价格计) | 亿港元 | 6902 | 7620 | 8313 | 7886 |
| 　人均生产总值 | 港元 | 116967 | 123781 | 127854 | 117932 |
| 本地生产总值(按当年价格计) | 亿港元 | 8975 | 10846 | 13441 | 12891 |
| 　人均生产总值 | 港元 | 152087 | 176178 | 206719 | 192776 |
| 外贸总值 | 亿港元 | 21188 | 28353 | 30710 | 27768 |
| 　1. 出口总值(离岸价) | 亿港元 | 10462 | 13442 | 14559 | 13477 |
| 　　　香港产品出口 | 亿港元 | 2230 | 2317 | 2114 | 1885 |
| 　　　香港产品转口 | 亿港元 | 8232 | 11125 | 12445 | 11592 |
| 　2. 进口总值(到岸价) | 亿港元 | 10726 | 14911 | 16151 | 14291 |
| 耗电量及电力供应 | 兆焦耳 | 116012 | 112817 | 118088 | 127643 |
| 　#工业 | 兆焦耳 | 22309 | 20222 | 18965 | 18489 |
| 　　商业 | 兆焦耳 | 53131 | 59908 | 67849 | 73857 |
| 　　住宅 | 兆焦耳 | 24092 | 27063 | 28937 | 32793 |
| 工业生产指数(1986年为100) | % | 125.3 | 126.0 | 120.6 | 110.0 |
| 　#服装制品业(鞋类除外) | % | 113.0 | 115.0 | 105.6 | 96.6 |
| 　　纺织制品业(含针织业) | % | 116.0 | 111.0 | 106.4 | 95.1 |
| 　　电器及电子制品、机械、专业设备及光学用品制造业 | % | 159.5 | 179.0 | 166.0 | 153.2 |

附 5 续

| 项　　目 | 单位 | 1993 年 | 1995 年 | 1997 年 | 1998 年 |
|---|---|---|---|---|---|
| 私人房屋竣工费用 | 亿港元 | 264 | 282 | 290 | 525 |
| 竣工面积 | 万米[2] | 260.7 | 214.0 | 184.8 | 252.6 |
| #工业 | 万米[2] | 42.0 | 42.7 | 39.2 | 39.9 |
| 商业 | 万米[2] | 73.8 | 54.2 | 54.1 | 87.2 |
| 住宅 | 万米[2] | 96.2 | 86.6 | 71.2 | 87.5 |
| 持牌车辆总数 | 万辆 | 44.0 | 46.6 | 50.0 | 50.1 |
| #货车 | 万辆 | 12.0 | 11.8 | 11.8 | 11.5 |
| 私家车 | 万辆 | 26.0 | 28.5 | 31.5 | 31.8 |
| 进出香港货物总量 | 万吨 |  | 14414.5 |  |  |
| 进出香港旅客总数 | 万人次 | 8223.3 | 9212.6 | 10554.4 | 11548.7 |
| 道路长度 | 公里 | 1625 | 1717 | 1831 | 1865 |
| 公共交通工具客运量 | 百万人次 | 3698 | 3826 | 3963 | 3925 |
| 每千人拥有电话数 | 部 | 493 | 519 | 548 | 554 |
| 访港旅客总人次 | 万人次 | 893.8 | 1020.0 | 1040.6 | 957.5 |
| 酒店房间入住率 | % | 87 | 85 | 76 | 76 |
| 政府收入 | 亿港元 | 1353 | 1750 | 2084 | 2752 |
| 政府支出 | 亿港元 | 1073 | 1432 | 1736 | 1942 |
| #保安服务 | 亿港元 | 163 | 190 | 244 | 238 |
| 经济服务 | 亿港元 | 81 | 73 | 119 | 178 |
| 社会服务 | 亿港元 | 210 | 303 | 431 | 497 |
| 环保基础设施及公共服务 | 亿港元 |  | 399 |  |  |
| 消费物价指数 |  |  |  |  |  |
| (以 1994 年 10 月—1995 年 9 月为 100) |  |  |  |  |  |
| 甲类指数 | % | 108.5 | 101.8 | 105.7 | 102.6 |
| 乙类指数 | % | 108.7 | 101.9 | 105.8 | 102.8 |
| 恒生指数 | % | 109.5 | 102.0 | 106.1 | 103.2 |
| 工资指数(以 1992 年 9 月为 100) |  |  |  |  |  |
| 名义工资指数 | % | 110.4 | 129.3 | 147.3 | 150.6 |
| 实际工资指数 | % | 102.4 | 101.6 | 104.5 | 104.4 |
| 全日制大专学校学生 | 万人 | 4.87 | 6.40 | 6.57 | 6.62 |

# 中国统计出版社最新资料书简目

中国统计年鉴－1999(汉英)
中国统计摘要－1999
国际统计年鉴－1999
中国农村统计年鉴－1999
中国城市统计年鉴－1998
中国市场统计年鉴－1999
中国劳动统计年鉴－1999(汉英)
中国人口统计年鉴－1999
中国科技统计年鉴－1999
中国能源统计年鉴－1991－1999
中国建筑业统计年鉴－1999
中国工业经济统计年鉴－1999
中国对外经济统计年鉴－1998
中国固定资产投资统计年鉴－1999
中国物价及城镇居民家庭收支调查统计年鉴－1999
北京统计年鉴－1999(汉英)
天津统计年鉴－1999
河北经济年鉴－1999
山西统计年鉴－1999
内蒙古统计年鉴－1999
辽宁统计年鉴－1999
吉林统计年鉴－1999(汉英)
黑龙江统计年鉴－1999
上海统计年鉴－1999(汉英)
江苏统计年鉴－1999(汉英)
浙江统计年鉴－1999(汉英)
安徽统计年鉴－1999
福建统计年鉴－1999
江西统计年鉴－1999
山东统计年鉴－1999
河南统计年鉴－1999
湖北统计年鉴－1999
湖南统计年鉴－1999
广东统计年鉴－1999(汉英)
广西统计年鉴－1999
海南统计年鉴－1999
重庆统计年鉴－1999(汉英)
新疆生产建设兵团统计年鉴－1999

四川统计年鉴－1999
贵州统计年鉴－1999
云南统计年鉴－1999
西藏统计年鉴－1999
陕西统计年鉴－1999
青海统计年鉴－1999
宁夏年鉴－1999
新疆统计年鉴－1999
石家庄统计年鉴－1999
唐山统计年鉴－1999
邯郸统计年鉴－1999
衡水统计年鉴－1999
廊坊经济统计年鉴－1999
呼和浩特经济统计年鉴－1999
四平统计年鉴－1999
延吉统计年鉴－1999
哈尔滨统计年鉴－1999
双鸭山社会经济统计年鉴－1999
延边统计年鉴－1999
徐州统计年鉴－1999
杭州统计年鉴－1999
苏州统计年鉴－1999
无锡统计年鉴－1999
常州统计年鉴－1999
宁波统计年鉴－1999
绍兴统计年鉴－1999
嘉兴统计年鉴－1999
金华统计年鉴－1999
舟山统计年鉴－1999
温州统计年鉴－1999
台州统计年鉴－1999
济南统计年鉴－1999
青岛统计年鉴－1999
泰安统计年鉴－1999
潍坊统计年鉴－1999
德州统计年鉴－1999
南昌统计年鉴－1999
开封统计年鉴－1999

三门峡统计年鉴－1999
平顶山统计年鉴－1999
洛阳统计年鉴－1999
武汉统计年鉴－1999
十堰统计年鉴－1999
宜昌统计年鉴－1999
海口统计年鉴－1999
广州统计年鉴－1999
惠州统计年鉴－1999
珠海统计年鉴－1999
东莞统计年鉴－1999
南宁统计年鉴－1999
宜春统计年鉴－1999
西安统计年鉴－1999
成都统计年鉴－1999
西宁统计年鉴－1999
乌鲁木齐统计年鉴－1999
巴音郭楞统计年鉴－1999
吐鲁番统计年鉴－1999
九江经济统计年鉴－1999
深圳统计信息年鉴－1999
桂林经济社会统计年鉴－1999
上海浦东新区统计年鉴－1999(汉英)
大理统计年鉴－1999
甘肃年鉴－1999
沈阳年鉴－1999
福州年鉴－1999
宝山年鉴－1999
石河子统计年鉴－1999
厦门经济特区年鉴－1999
福州经济开发区马尾区年鉴－1999
黑龙江垦区统计年鉴－1999
河北农村统计年鉴－1999
广东农村统计年鉴－1999
湖北农村统计年鉴－1999
福建农村统计年鉴－1999
中国黄金海岸年鉴－1999
柳州地区社会经济统计年鉴－1999
齐齐哈尔经济社会统计年鉴－1999

---

欲购以上图书请与中国统计出版社发行部联系。电话:(010)63459084　63262295
通讯地址:北京市西城区三里河月坛南街 75 号。邮政编码:100826　门市电话:68585978